U0906696

中国水利水电建设集团公司

中国水利水电第十三工程局卷(1962～2006)

中国水利水电建设集团公司史志编辑委员会

中国电力出版社
CHINA ELECTRIC POWER PRESS

2006年7月29日，中共中央总书记、国家主席、中央军委主席胡锦涛视察水电十三局参建的唐山曹妃甸填海造陆工程

国务院总理温家宝视察水电十三局参建的安徽临淮岗洪水控制工程

2003年12月7日，全国政协主席贾庆林(右)与水电十三局巴基斯坦经理部负责人合影

2000年5月1日，中央政治局常委、中纪委书记吴官正(右一、时任山东省委书记)视察水电十三局承建的济南玉清湖水库工程

2001年5月4日，全国政协副主席宋健（右三）视察水电十三局荣城绿岛湖工程

1965年，时任水电部副部长的钱正英（右）在马颊河疏浚工程局党委书记、局长张浙（中）陪同下视察马颊河治理工程

1969年10月16日，时任济南军区司令员杨得志（右）视察马颊河疏浚工程局

2001年12月，国务院南水北调办公室主任张基尧（前排右二）视察水电十三局承建的临淮岗深孔闸工程

2003年1月3日，云南省省长徐荣凯(右一)视察水电十三局杞麓湖调蓄水隧道工程

2003年10月2日，中央政治局委员、新疆自治区党委书记王乐泉(左一)视察水电十三局中巴公路工程

2004年5月18日，孟加拉国总理哈西娜（前排中）为水电十三局孟加拉帕克西大桥河道整治工程项目剪彩

2005年10月19日，巴基斯坦国家水电发展署主席视察水电十三局承建的巴基斯坦杜伯华水电站项目

2006年7月12日，坦桑尼亚总理洛瓦（右）会见水电十三局时任副局长何占颂

国内工程——疏浚吹填

山东马颊河疏浚工程（1963～1972年）

挖泥船在天津蓟运河裁弯段施工（1970年）

上海太浦河治理工程（1991～1995年）

江苏望虞河国际标段疏浚工程（1994～1996年）

山东荣城凤凰湖吹填造地工程（2000～2003年）

江苏大唐吕四港电厂围堤吹填工程（2003～2004年）

天津港疏浚工程（2004～2006年）

唐山曹妃甸围海造地工程（2006年）

广西柳桂高速公路第11合同段(1993～1996年)

石家庄至安阳高速公路连接线工程(1996～1998年)

江西九江至景德镇公路(1997～1999年)

河南商丘至开封高速公路（1999～2001年）

湖北十堰柳林立交桥（2001～2003年）

商亳高速商丘至营廓集段（2002～2004年）

江西赣粤高速公路桃江特大桥（2002～2003年）

河南苑坪高速公路（2005～2007年）

河南苑坪高速公路和隧道（2005～2007年）

山东德州四女寺水利枢纽扩建工程(1972～1974年)

水电十三局参建葛洲坝水电站大江截流(1981年)

河北岳城水库大坝加高加固工程(1987～1992年)

新疆引额济克干渠工程(1998～1999年)

山东济南鹊山水库沉沙条渠工程(1999～2000年)

山东济南玉清湖水库工程(1999～2000年)

山东南四湖三闸改建工程(1999～2000年)

浙江衢州塔底水电站工程(2003～2006年)

新疆引额济乌沙漠渠道工程(2002～2003年)

浙江温州戍浦江河口大闸枢纽工程(2003～2006年)

安徽东淝闸加固扩建工程(2004～2006年)

安徽淮河临淮岗深孔闸工程（2004～2006年）

安徽淮河临淮岗洪水控制工程鸟瞰图（2004～2006年）

广西桥巩水电站工程（2005年参建）

山东临邑邢侗公园工程（1998年）

北京“六海”治理工程（1998～1999年）

广东深圳河治理工程（1995～2000年）

安徽安庆城市防洪墙工程(2000～2001年)

重庆涪陵滨江路及景观工程(2003～2004年)

西藏拉萨河整治工程(2003年)

吉林延吉污水处理厂工程（2003～2006年）

济南经一路综合改造工程（2004年）

济南轻工学院人行桥工程（2005～2006年）

山东济南济微路工程（2005～2007年）

山东济南奥体中心市政道路工程（2006～2009年）

巴基斯坦贾米诺渠首冲沙闸工程（1989～1993年）

马来西亚美里三林工业园区吹填工程（1996～1997年）

孟加拉帕可西大桥河道治理工程（2000～2003年）

斯里兰卡中斯友谊村建设项目（2005～2006年）

阿尔及利亚米纳灌区改扩建工程（2004～2006年）

也门荷台达一期污水处理工程(2004～2007年)

泰国巴帕南水闸引河开挖工程(1997～1999年)

阿富汗公路工程(2004年)

乌兹别克斯坦农业灌区项目(2005～2008年)

阿尔及利亚依特昂巴灌区整治工程(2005～2007年)

坦桑尼亚117公路工程(2005年)

安哥拉甘德杰拉斯大坝扩建工程（2005～2007年）

安哥拉万博中心医院工程（2006年）

安哥拉万博教育管理学院工程（2006年）

卡塔尔多哈路赛场地工程（2006～2008年）

多元化发展

位于山东德州经济开发区的水电十三局工业园

水电十三局橡胶厂生产的MC尼龙管

水电十三局橡胶厂螺旋钢管生产车间

水电十三局橡胶厂生产的挖泥船新型自浮式浮体

水电十三局机电安装分局为苏丹麦洛维水电站制作的异型压力钢管(四变八方，直径8.5米)

风电设备制作与安装

重庆乌江彭水电站闸门制作现场

丰满水电站平面定轮门

水电十三局机电安装分局为埃塞俄比亚泰可则电站制作的进水口闸门

水电十三局职工医院

改建前的原家属区

水电十三局德州基地住宅小区

汽车销售服务中心

多种经营处加油站

餐饮服务

海狸3800绞吸式挖泥船

海狸4600绞吸式挖泥船

Ellicott6870绞吸式挖泥船

水泥乳化沥青砂浆车

阿特拉斯D7钻机

HZS120混凝土拌和站

B24连续
墙液压抓斗

JD3000沥青混合料拌和站

安迈4000型沥青混凝土拌和站

T1255铣刨机

GP2600滑模混凝土摊铺机

渠道衬砌机

水电十三局
参股购置的地铁
施工设备盾构机

水电十三局内部报刊、局史

建局40周年文艺演出

卡塔尔项目员工为第十五届亚运会我国运动员加油助威

水电十三局组织吴桥杂技团到安哥拉演出

活跃在工程项目的青年突击队

参加德州市万人健步行活动

文艺演出

资质和荣誉

企业法人营业执照

注册号 3714001802429

企业名称 中国水利水电第十三工程局

住所 德州市东风东路88号

法定代表人 童劲松

注册资金 壹亿壹仟捌佰陆拾捌万元

经济性质 国有经济

经营方式

经营范围 主营

兼营

发照机关

年 月 日

中华人民共和国国家工商行政管理总局制

企业法人营业执照

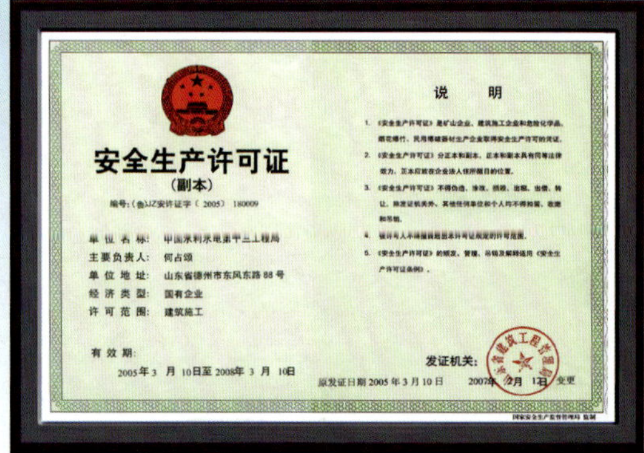

安全生产许可证

（副本）

单位名称：中国水利水电第十三工程局

主要负责人：何占璟

单位地址：山东省德州市东风东路88号

经济类型：国有企业

许可范围：建筑施工

有效期：2005年3月10日至2008年3月10日

发证机关：

说　明

安生生产许可证

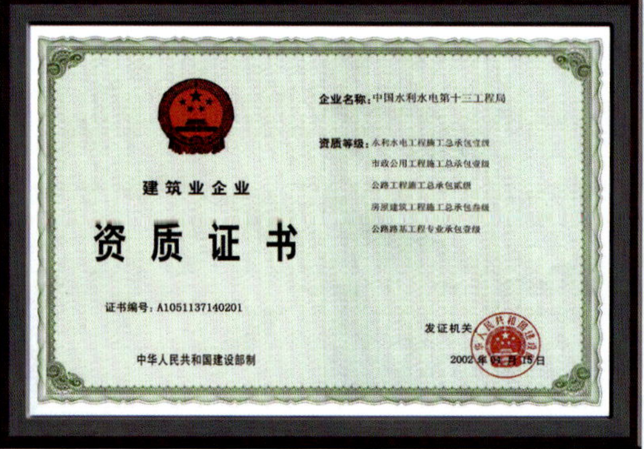

企业名称：中国水利水电第十三工程局

建筑业企业

资质证书

证书编号：A1051137140201

中华人民共和国建设部制

发证机关

资质证书

质量管理体系认证证书

职业健康安全管理体系认证证书

环境管理体系认证证书

1978年，水电十三局与有关单位合作的科研成果《海河治理经验》获全国科学大会奖

山东济南市济微路工程获中国市政金杯示范工程奖

广西南吴高速公路工程获中国市政金杯示范工程奖

山东济南市经一路工程获中国市政金杯示范工程奖

中华人民共和国

500家最大建筑业企业

国务院发展研究中心
建设部
国家统计局
1993年

国家电力 STATE POWER

双文明单位

(2000 – 2001)

国家电力公司

国家电力 STATE POWER

思想政治工作先进单位

国家电力公司
二〇〇〇年八月

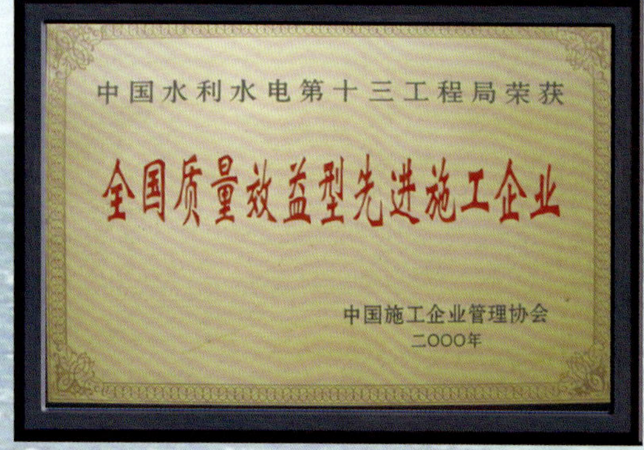

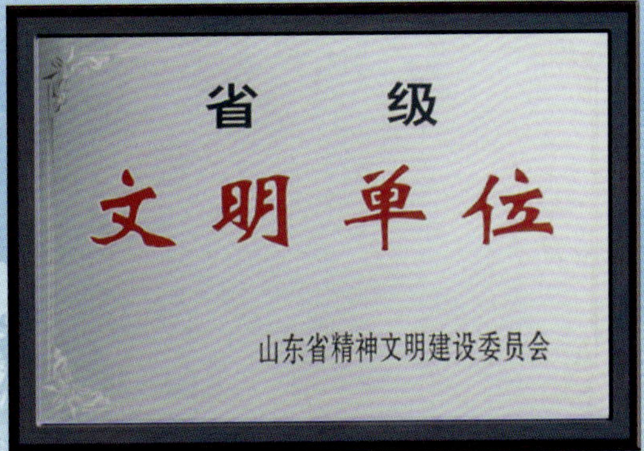

曹妃甸工程建设

建设奖

中共河北省委
河北省人民政府
二〇〇五年十二月

中央企业法制宣传教育
2001—2005年

先进单位

国务院国有资产监督管理委员会
二〇〇六年四月

疏洪导水
造福人民

李鹏
一九九二年七月二十八日

原国务院总理李鹏题词

从严、求实、开拓、拼搏。

钱正英
一九九二年

原政协全国委员会副主席钱正英题词

继承优良光荣传统，弘扬艰苦创业精神，深化改革进程，加强科技进步，提高管理水平，为水利水电事业再立新功。

陈赓仪
1992.5.28.

原水利部副部长、水电总局局长、三峡总公司筹备处主任陈赓仪题词

转换经营机制加快改革步伐增强企业活力

陆佑楣
一九九二年六月

原能源部副部长陆佑楣题词

降龙伏虎

壬申年七月 贺毅

原局副总工程师，原武警部队水电指挥部主任贺毅题词

兴修水利水电
造福全国人民

张浙 1992.6.

原局党委书记、局长、原长江水利委员会第一副主任张浙题词

中国水电
SINOHYDRO

中国水利水电建设集团公司公司史志

编 辑 委 员 会

（2004 年 5 月～2008 年 4 月）

编委会编辑部

中国水利水电建设集团公司史志

编 辑 委 员 会

（2008 年 4 月～　　　　）

编 委 会 编 辑 部

总　　序

中国的水利水电建设事业已经走过了五十多年的光辉历程，取得了举世瞩目的伟大成就，走在了世界的前列。中国水利水电建设集团公司作为中国治理江河和水电资源开发的主力军，为中国的水利水电建设走在世界前列、为中国水电走向世界作出了卓越的贡献。1950 年 8 月，燃料工业部正式成立水力发电工程局，揭开了中国水利水电建设集团公司发展历史的第一页。在 50 多年的历史中，伴随着共和国的成长和水电事业的发展，从初创的水电工程局，到以后的水电建设局、水电建设总局、水电工程总公司，发展成为今天的中国水利水电建设集团公司，在中国特色社会主义大道上一路攀升，在雄居国内水利水电及相关产业市场制高点的同时，已全方位融入国际市场，成为由中央管理的、具有国际竞争力的大型跨国企业集团。

50 多年来，特别是改革开放以来，中国水利水电建设集团公司始终站在中国水利水电建设的最前沿，站在中国水利水电建设技术创新的最前沿，站在中国水利水电建设体制改革的最前沿，站在中国建筑业市场的最前沿，站在中国水利水电建设与国际接轨的最前沿。一代代水电人持续发扬特别能吃苦，特别能战斗，特别能忍耐，特别能奉献的精神，承担了国内 70%以上的大中型水电站和水利枢纽工程建设任务，集团公司整体建设实力和水平已经处于世界同行业先进水平，为中国水电开发建设规模跃居世界第一作出了突出贡献。与此同时，成功地走出国门，昂首进入国际市场，在世界数十个国家和地区进行工程承包建设、经济技术合作和投资经营活动，在国际上树立起了“中国水电建设第一品牌”的良好形象，“中国水电”在国际上已经成为中国水电建设行业的第一品牌和行业代表。

集团公司在全面从事国内外水电建设的同时，全面开拓非水电建筑市场，积极稳健地开展投融资业务，房地产开发经营业务，进出口贸易业务等，集团公司四大主业协同发展，建筑工程承包、资产经营两条主线稳健延伸，国际国内两大市场双向拓展，各项事业健康、持续、蓬勃发展。公司已由当初单一的水利水电施工企业发展成为今天集工程总承包、投资开发、国际经营等多元发展为一体的综合性大型企业集团，成为中国企业 100 强和全球最大国际承包企业中的重要成员。

中国水利水电建设集团的发展历程，就像长江黄河，从源头奔流向前，一路吸纳了支流河川的水量，也接受了这些河川带来的许多成分，汇聚成滚滚向前的时代洪流，培育了与时俱进的企业精神，形成了独具特色的水电企业文化。江河行地，海纳百川，水电企业文化之引以为荣，在于有容纳之量、消化之功和融合之美。每每看到共和国的大地上一座座大型水电站傲然屹立、一个个重点基础项目落成典礼；每每回顾水电建设的先辈们纵横江河、奋斗不息的往昔；每每在激情燃烧的工地上相聚风雨同舟、共成事业的战友；每每在异国他乡，紧紧握住征战国际工程的勇士们一双双长满老茧的手；置身于患难与共、朝夕相处的数十万水电职工之中，就会被水电人所创造的历史所震撼，为他们所铸就的辉煌而呐喊。喜看近年集团公司欣欣向荣的发展新面貌，展望任重道远、灿烂辉煌的未来，内心激情久久不能平静，历史负重感时时催人奋进。亲历峥嵘岁月，见证发展历程，一代代水电人数十年所承担的诸多历史重任、经历的诸多艰难曲折、经受的诸多历史磨炼和可歌可泣的奋斗生涯就在眼前，一代代水电人所具有的特别闪光的精神和深厚的水电文化内涵，正在世人面前展现着独特的魅力。

一代代水电人无愧于祖国和民族的重托，用智慧、心血和双手已经和正在创造出经得起时代和历史检验的物质财富，已经和正在创造出经得起时代和历史检验的精神财富。为铭记这波澜壮阔的创业史和发展史，为不忘曾经为发展中国水电事业奋斗终生的一代代建设者的历史功绩，传承和光大这宝贵的历史经验和精神财富，集团公司站在时代和历史的高度，以神圣的使命感决定开展集团公司的史志编研工作。通过各方不懈的努力，将集团公司的光辉历程编辑成鉴、编修成志、编著成史，形成集团公司史志鉴系列编著，载入史册，以便前有所稽，后有所鉴，承前启后，继往开来，服务当代，有益后世。做到对前人负责，对今人负责，对后人负责，对历史负责。

集团公司的史志编著，是企业文化的组成部分，具有突出的水电企业特色。史志编著要实事求是、与时俱进，坚持辩证唯物主义和历史唯物主义的观点和方法，坚持科学严谨的工作态度，求真务实，以生产力发展为主线，以经济建设为中心，注重突出集团公司企业特点，充分反映时代特征，体现与时俱进的精神，深刻总结发展经验，完整、准确地记载集团公司艰苦卓绝的创业史和发展史。编著中抓住重点，充分反映集团公司形成、发展的过程，体现企业创业发展的历史和坚持创新的成就；充分反映工程建设发展的轨迹、成就、经验和特点；充分把握企业改革的现状，体现企业改革的成果；充分把握对外开放的步伐，展现企业实施国际化发展战略的业绩；充分体现企业科技进步和管理创新的成果；充分把握精神文明建设的作用，体现集团公司的先进文化特色，传记贡献突出的水电建设者。

集团公司史志编著工作，是一项编纂浩繁的文化工程，也是一个系统工程。由于时间跨度太长，资料收集难度较大，编纂工作遇到了许多困难。几年来，经过集团及所属企业各级领导和广大史志工作者的不懈努力，史志编著工作已经取得阶段性成果，在《年鉴》公开出版发行的同时，按照史志编著工作《实施方案》的要求，周密规划了编著卷目，明确各卷编著的篇目框架，明确编著的具体质量要求、进度安排和工作责任。集团公司史志编著工作，由集团公司《年鉴》，集团公司《组织机构志》、《大事记》、《光辉历程》历史画册、《人物志》和成员企业 18 个工程局(厂)《分志》等 22 卷一整套系列编著组成。《年鉴》从集团公司组建开始，一年一卷，逐年编纂，连续出版。集团公司《志》的编修时段为 1950 年至 2006 年。22 卷史志系列编著是一个有机的整体，总体上卷目架构系统合理，篇目框架设置科学，体现时代要求，突出企业特色，展现企业文化融合，体现全集团共有价值观。目前《年鉴》已出版三卷，受到有关方面的认可和好评；《志》书的编修工作正在全面开展，有的《分志》已成书付印，有的《志》书正在编修成稿，各卷志书将先后如期付梓问世。

质量是《年鉴》和《志》书的生命，是《年鉴》和《志》书的价值所在。集团公司从事史志鉴工作的同志们，在史志编著工作中坚持正确的指导思想，反映时代的特点，树立精品意识，编著精品工程，把好编著的政治质量标准、体例质量标准、资料质量标准、著述质量标准、入选照片质量标准、编排设计与印刷出版质量标准，学习贯彻《地方志工作条例》精神，按照质量要求，做到存真求实，确保质量，全面、客观地记述企业的历史和现状，使史志编著具有长效服务的生命力，起着"资治、教化、存史、致用"和启迪未来的重要作用。我愿在此向参与集团公司史志系列编著的所有同志们表示衷心感谢，向 22 卷史志系列编著将先后如期付梓出版表示热烈祝贺，向开创集团公司历史的先辈们和正在铸就集团公司灿烂辉煌的战友们表示崇高敬意！我相信，集团公司 22 卷史志系列编著，将以自己的鲜明特色，成为佳作良志，在众多的企业志鉴中占有一席之地。

历史是不能忘记的，而铭记历史是为了更好地面向现在和未来。当前，中国水电集团正以科学发展观为统领，努力建设具有较强国际竞争力的质量效益型跨国企业集团。这一目标催人奋进，必将鼓舞水电人开创更加美好的未来，谱写更加光辉的篇章！

中国水利水电建设集团公司
原党组书记、总经理 郭建堂

2008 年 6 月 30 日

《中国水利水电建设集团公司志》系列编著总目录

一、中国水利水电建设集团公司组织机构志(1950～2006)
二、中国水利水电建设集团公司大事记(1950～2006)
三、中国水利水电建设集团公司光辉历程(1950～2006)
四、中国水利水电建设集团公司人物志(1950～2006)
五、中国水利水电建设集团公司志《中国水利水电第一工程局卷》(1958～2006)
六、中国水利水电建设集团公司志《中国水利水电第二工程局卷》(1958～2006)
七、中国水利水电建设集团公司志《中国水利水电第三工程局卷》(1958～2006)
八、中国水利水电建设集团公司志《中国水利水电第四工程局卷》(1958～2006)
九、中国水利水电建设集团公司志《中国水利水电第五工程局卷》(1954～2006)
十、中国水利水电建设集团公司志《中国水利水电第六工程局卷》(1958～2006)
十一、中国水利水电建设集团公司志《中国水利水电第七工程局卷》(1965～2006)
十二、中国水利水电建设集团公司志《中国水利水电第八工程局卷》(1952～2006)
十三、中国水利水电建设集团公司志《中国水利水电第九工程局卷》(1958～2006)
十四、中国水利水电建设集团公司志《中国水利水电第十工程局卷》(1981～2006)
十五、中国水利水电建设集团公司志《中国水利水电第十一工程局卷》(1955～2006)
十六、中国水利水电建设集团公司志《中国水利水电第十二工程局卷》(1956～2006)
十七、中国水利水电建设集团公司志《中国水利水电第十三工程局卷》(1962～2006)
十八、中国水利水电建设集团公司志《中国水利水电第十四工程局卷》(1954～2006)
十九、中国水利水电建设集团公司志《中国水电建设集团十五工程局有限公司卷》(1952～2006)
二十、中国水利水电建设集团公司志《中国水利水电闽江工程局卷》(1955～2006)
二十一、中国水利水电建设集团公司志《中国水电基础局有限公司卷》(1959～2006)
二十二、中国水利水电建设集团公司志《夹江水工机械厂卷》(1966～2006)

中国水利水电建设集团公司志
中国水利水电第十三工程局卷

编纂委员会

主　任　于　晓　何占颂　赵景涛

副主任　刘炳刚　刘光荣

委　员　（按姓氏笔画为序）

于　杰　于　明　王瑞卿　王新华　曲士新　刘国梁

刘荣杰　刘莉民　刘晓辉　刘长群　闫修春　汤顺奎

孙会学　李汝伟　李华奎　杨　涛　杨长才　苏剑波

苑吉峰　周志辉　金立犹　庞云翼　郎保国　秦　超

赵乃明　袁立华　索华炜　徐世东　徐建亭　徐德阳

殷国宝　钱春立　席国超　唐培洪　屠东海　董洪福

潘韵萍

顾　问　（按姓氏笔画为序）

马凤楹　刘　福　刘汉清　张广旗　张天存　张剑英

张训化　周松山　黄正宇　康明东　潘国良

主　编　苏剑波

编　辑　张建中　韩国芬

序　言

人类社会的进步，离不开对历史经验的借鉴，一个企业的发展，同样需要从走过的道路中检点得失、寻求规律。过去的一切，无论是成功的经验还是失败的教训，对于开创未来、更好地发展，都具有十分重要的现实意义。正是为了这一目的，《中国水利水电建设集团公司志　中国水利水电第十三工程局卷》，经过众多专兼职工作者一年多来的不懈努力，现在与大家见面了。这部志书，是中国水利水电第十三工程局（简称水电十三局）44 年创业历史的结晶，也是企业文化建设和精神文明建设的一个重要成果。

水电十三局原名水利电力部（简称水电部）马颊河疏浚工程局，组建于 1962 年，最初是一支以水利疏浚、江河治理为专业的施工队伍；改革开放以来，发展成为一家以国际工程承包为主业的国有大型一级建筑施工企业，在国内水利水电建设、基础设施建设，尤其是在国际工程承包领域都取得了重要成就。建局 44 年来，从计划经济时期到市场经济时期，从国内市场到国际市场，水电十三局人走过了一条艰难曲折又独具特色的发展道路。在各级党委、政府的关怀支持下，在水电集团公司领导下，在与国内外竞争对手的同台竞技中，水电十三局人充分发扬“不甘落后，争创一流；不怕挫折，锲而不舍；不畏艰难，勇挑重担；不计名利，乐于奉献”的团队精神，经过长期艰苦卓绝的奋斗，克服了无数难以想象的困难，疏浚治理了一条条淤塞的江河，筑起了一座座大坝、公路桥梁，建起了一处处基础设施，为国家的水利水电建设事业和经济发展，作出了重要的贡献。

44 年来，水电十三局人勇于进取，不断开拓，在国内、国际工程市场上不断发展。从当初承担河道疏浚单一业务，发展到能够承担水利水电、填海造陆、高速公路、高速铁路、桥梁隧道、市政工程等大型基础设施建设项目；从一支普通的部属国有建筑施工队伍，成长为能够承揽国内外重要工程的大型建筑施工企业。

44 年来，全局广大干部职工为国家发展贡献了智慧和汗水，作出了奉献和牺牲，饱尝了曲折的艰辛和成功的喜悦，同时也积累了丰富的宝贵经验，这本志书就是他们奋斗历程的如实记载。通过本书人们可以看到，自 1962 年在山东德州建局，水电十三局人从 20 世纪 60 年代在山东马颊河畔吃窝头、喝咸水艰苦创业，到 70 年代驾车走遍大江南北“削峰”支援；从 80 年代走出国门，在印度河畔住帐篷修水利，到 90 年代开拓非洲，新世纪跻身中东高端市场，近半个世纪以来，水电十三局人筚路蓝缕，栉风沐雨，一路曲折磨难，一路坚忍不拔，高歌猛进。

通过本志书还可以了解到，水电十三局组建之初的主业是江河疏浚吹填，"疏洪导水，造福人民"（李鹏总理对水电十三局的题词），工作特点是经常"受命于危难之间"。从当初治理鲁北水患，到70年代承担起全国的重点水电站、火电厂施工高峰期的"削峰"任务，80年代的加固长江大堤、葛洲坝大江截流紧急清淤，直到进入市场经济后的太湖治理，1998年的北京"六海"清淤等，这支特别能战斗的施工队伍，从来都是拉得出，打得响，在国家建设中发挥了重要作用。

真正使水电十三局引人瞩目、声名鹊起的，是20世纪80年代中期打入国际市场之后。20多年来，水电十三局以两条旧挖泥船起家，从国际工程劳务分包入手，发展到自主竞争承包、工程总承包，走出了一条成功的国际化经营之路，作为水电系统开拓国际市场的先驱，不但为国家创造了可观的外汇收入，而且为水电系统更大规模地走向国际市场提供了宝贵的经验。到2006年，水电十三局的国际业务已经占到全部业务六成以上。全局营业收入、经济效益连年跃居水电集团公司前列，成为名副其实的"职工人数的小局，企业规模的大局"。水电十三局的发展历程，对于中国施工企业开拓国际市场，无疑极具参考借鉴价值。也许，这就是本志书的意义之所在。

在本书出版之际，水电十三局将迎来建局50周年华诞。本书虽然受年代断限制约，只记述了水电十三局前44年的历史，2006年以后的发展成就没能纳入其中，未免有遗珠之憾。但从本书中，读者也可以基本了解水电十三局的发展轨迹了。

忆往昔，岁月峥嵘；望未来，前景无限。我相信，富有开拓拼搏精神的水电十三局人，一定会在未来的岁月里，在广阔无垠的国际工程市场领域中，不断增强核心竞争力，不断创造新的奇迹！

是为序。

中国水电十三局有限公司执行董事　总 经 理

中国水电十三局有限公司党委书记　副总经理

2012年6月

编辑说明

一、《中国水利水电建设集团公司志　中国水利水电第十三工程局卷》（1962～2006）是集团公司志的组成部分。本志以马列主义、毛泽东思想、邓小平理论、“三个代表”重要思想及科学发展观为指导，以《地方志工作条例》为依据，运用辩证唯物主义和历史唯物主义观点，力求真实、全面地反映水电十三局建局以来44年的历史，达到思想性、科学性和资料性相统一。

二、本志的年代断限：上限从1962年11月3日水电部马颊河疏浚工程局成立起，下限至2006年12月31日。本着“科学选材、求实存真”的原则，全面反映水电十三局各方面的发展轨迹，突出在治理江河、基础设施建设，特别是在国际工程承包业务中取得的业绩和成就。

三、本书以志为主体，同时采用述、记、图、表、录等多种体裁，力求全面、翔实地记载水电十三局各方面的情况。

四、本书采用规范的语体文，行文力求朴实简洁，严谨流畅，述而不论。《大事记》用编年体，志书主体部分采取“横排门类、竖写史实”的基本体例形式，采用篇、章、节三级编次。

五、本志中心机构名称在志书中首次出现时用全称，再次出现时用简称，外国的国名、地名、政府机构、工程项目名称一般用中文译名，无中文译名时用英文名称。

六、本志资料来源主要是水电十三局各部门、各单位提供的资料，局档案室现存文献资料，《中国水电十三局三十年》、《中国水利水电第十三工程局局史（1992～2002）》等。

目　　录

第四篇　非水电工程

第五篇　国际化经营

第六篇　工业、多种经营

第七篇　勘测设计和河道管理

第八篇　企　业　改　革

第九篇　企　业　管　理

第十篇　科技　教育培训

第十一篇　基　地　后　勤

第十二篇　党群工作和企业文化建设

第十三篇　人　物

概 述

在中国水利水电建设行业的各路大军中，中国水利水电第十三工程局是一支与众不同的队伍。它具有独特的产业结构和业务结构，独特的发展道路和企业文化。作为水电工程局，在计划经济时期，它没有独立承建过一座水电站，却参加过全国多数大型水电站的建设施工；它隶属于水电建设队伍行列，却长期以机械化水利疏浚为核心业务和专业特色；它是一家职工人数不多、规模不大的企业，但却是全国水电系统率先走向世界、在国际工程承包领域获得了巨大发展、成为国内外市场协调发展的大型建筑施工企业。

一、疏洪导水建奇功

翻开中国古代文明史，上古时代，在人类祖先与大自然的搏斗中，最早记述的便是大禹治水的事迹。《孟子·滕文公上》记载："禹疏九河，瀹济漯而注诸海"，"然后中国可得而食也"。当年大禹疏浚的九条河流（太史、复釜、胡苏、徒骇、钩盘、鬲津、马颊、简、洁），多数在鲁北地区，其中马颊河是骨干河道之一。

马颊河发源于河南省濮阳县，干流全长480公里，南与徒骇河流域相连，西、北与漳卫河流域接壤，流域总面积9600平方公里。因上宽下狭，形如"马颊"，因以得名。它流经河南、河北和山东省的鲁北地区，在无棣县境内注入渤海。

由于地处黄河尾闾，鲁北地区在历史上洪涝灾害频繁。20世纪60年代初，鲁北地区又遭连年暴雨，古老的马颊河年久失修，淤积严重，洪水泛滥成灾，大量农田颗粒无收。"鲁北三区"（德州、惠民、聊城）由此成为全国有名的贫困地区。就是在这样的背景下，水电部马颊河疏浚工程局应运而生。

马颊河疏浚工程局的前身是水电部闽江工程局。1962年，因国家遇到严重自然灾害，闽江工程局承建的福建建溪水电站被迫下马，上万名职工处于停工待业状态。此时，国务院批转了水电部《关于调闽江工程局部分施工力量承担山东省马颊河疏浚工程任务的报告》。于是3000多名水电建设者在党委书记兼局长张浙的带领下，挥师北上，在马颊河畔安营扎寨。

1963～1972年的10年间，全局干部职工以河为家，艰苦创业。尽管其间受到"文化大革命"的严重干扰，但是生产基本上没有停止。他们驾驶着当时国内最先进的挖泥船，栉风沐雨，日夜奋战，终于在1972年全面完成了马颊河疏浚治理工程。共疏浚开挖土方8285万米^3，拓宽、浚深了从陵县义渡口至入海口数百公里的河道，建成大小桥、涵、闸近百座，完成投资1.12亿元。经过10年治理，昔日狭窄淤积、泄水不畅的千年害河，变成了一条旱能灌、涝能排的"救命河"、"致富河"。深受其害的两岸人民，从此摆脱了祖祖辈辈以来洪涝灾害的梦魇。

马颊河的成功治理，不但为改变鲁北地区贫困落后的面貌发挥了巨大的社会效益，而且为我国在平原地区开展大规模机械化疏浚事业积累了宝贵的实践经验。它充分证明了使用机械化施工，比动用成千上万的民工、人工作业具有无可比拟的优越性。与此同时，经过10年磨炼，水电十三局培养了一大批疏浚专业人才，发展成为全国水利疏浚行业一支施工能力强、专业技术水平高的大型施工企业，奠定了其在国家水利疏浚行业的龙头地位，成为国家水利疏浚行业技术标准的制定者。国家水利水电行业现行的SL 17—1990《疏浚工程施工技术规范》，就是由水电十三局编制的。

马颊河疏浚工程的成功实施，使水电十三局一战成名。之后，水电十三局又按照水电部、水利部的计划指令，转战四方，先后承担了海河流域的漳卫新河、秦口河、徒骇河、卫河、子牙独流减河、北四河、双龙河、海河治理工程；长江流域的安徽无为大堤、同马大堤、荆江大堤、九江大堤吹填加固工程；洞庭湖流域的沅江大堤、湘阴资水大堤加固工程；黄河水系的黄河口改道、内蒙河套总排干和沿海青岛、烟台疏浚与吹填工程；太湖流域的太浦河、望虞河拓宽疏浚工程；淮河流域的淮河、南四湖、洪泽湖二河、新薛河、白马河治理工程；珠江流域的深圳河、珠海洪湾水道疏浚工程；以及北京"六海"清淤，天津港、唐山曹妃甸填海造陆等国家重点工程，为促进国家经济发展和保障人民生命财产安全，作出了巨大的贡献。

尤其值得一提的是，1998年，当首都北京的中南海等"六海"需要疏浚治理时，水电十三局与安能建设总公司组成的联合体，凭借优良的信誉和技术实力一举中标，仅用3个多月就出色完成了"六海"清淤一期工程，为改善党中央和国家机关办公环境作出了突出贡献。施工中他们打破常规，巧妙地利用地下暗涵和市内长河，架设了十几公里的输泥管道，50多万米^{3}的湖底污泥，穿过车水马龙的北二环积水潭立交桥、西直门立交桥、西直门火车站等繁华路段输往城外，既没有影响交通，也没有造成任何污染，成功地解决了施工与环保的矛盾，创造了疏浚施工中的奇迹。

进入市场经济后，在巩固国内传统市场的同时，水电十三局的疏浚队伍走出国门，先后在南亚、东南亚、中东开展业务，并取得了可观的经济效益。

疏浚与吹填作为水电十三局的主业之一，建局44年来，累计完成疏浚、吹填土方3.35亿米^3，完成产值21.35亿元。如果把这些土方堆成一条高、宽各1米的土坝，可环绕地球赤道6周多!

水电十三局在治理大江、大河、大湖中所作出的突出贡献，受到党和国家、各级地方政府和人民的高度评价。1992年11月，在水电十三局庆祝建局30周年之际，国务院总理李鹏欣然为水电十三局挥笔题词"疏洪导水，造福人民"，对水电十三局的历史功绩给予了高度赞誉。

2006年12月，中国水利水电建设集团公司决定成立集团港航公司，将水电十三局全部水上疏浚船舶设备、人员划归港航公司。从此，水电十三局结束了长达44年的疏浚吹填施工业务。

二、"天降大任于斯人"

20世纪70年代，是水电十三局职能扩大，在国家水利水电建设、勘测规划设计中立下汗马功劳的年代。1970年，在马颊河疏浚工程基本完成后，水电十三局的职能发生了一系列的重大变化。

一是在继续从事水利疏浚施工的同时，增加了水电站“削峰”施工的职能。所谓“削峰”，就是在水电站施工的高峰和关键时期，在承建单位施工能力不足、又急需完成阶段性目标的情况下，由水电十三局派出机械化施工队伍，承担大批量的突击任务，确保按期截流或安全度汛。当时，水电部为水电十三局配备了数百台先进的进口大型土石方施工机械设备，水电十三局作为预备队、生力军，随时听候上级指令。自此，水电十三局在从事水下疏浚施工的同时，又具备了强大的陆上土石方施工能力。自20世纪70年代初至80年代中期的近15年里，水电十三局的施工队伍转战四方，驰骋在全国各地，先后承担了甘肃白龙江、青海龙羊峡、陕西安康、广西大化、长江葛洲坝、云南鲁布革、福建水口、沙溪口、吉林红石等全国20多个省市的大型水电站“削峰”突击任务，还承担了多个重点火电厂的建设支援任务，树立了水电十三局人善打硬仗的企业形象。

二是增加了海河流域水利勘测、规划设计的职能。1970年9月，为促进施工生产与设计一体化，水电部决定：将设在北京的海河设计院成建制下放到山东省德州市，归水电十三局统一领导。这一时期是工程局勘测、规划设计力量最强，创造科技成果最多的时期，拥有冯寅、曹楚生、郭起光等一批国家级水利规划设计专家。

20世纪70年代初，海河流域出现了严重的旱灾，京津地区缺水局面日益紧张。1972年12月23日，周恩来总理亲自主持召开了海河流域治理工作的汇报讨论会，水电十三局党委书记初文、总工程师郭起光参加了会议。不久，受水电部委托，水电十三局邀请有关省市、科研机构、大专院校等22个单位，承担了海河、滦河流域水资源调研工作。经过一年多调研，完成了《海滦河流域年径流分析报告》，向国家提出了“从速开辟新水源，加快南水北调的步伐，实为当务之急”的建议。

1973年9月，按照水电部部署，水电十三局与黄河水利委员会、国务院治淮规划办公室抽调的一批专家，组成了南水北调规划组，具体研究南水北调（东线）方案。1976年3月，提出了《南水北调近期工程规划报告》，由水利部联合有关部门上报给国务院，为推动南水北调这一关系国计民生、造福千秋万代的世纪工程的实施，提供了重要的科学决策依据和建设蓝图。

在多年海河流域的治理中，水电十三局勘测设计院先后承担了永定新河、漳卫新河、卫运河扩大，卫河治理，北运河修复加固，南水北调（东线）穿黄枢纽，潘家口水利枢纽，密云水库加固，岳城水库扩建等30多项水利水电工程的规划、勘测、设计任务，多次组织引黄济津调水工程，为根治海河作出了突出贡献。在1978年第一次全国科学大会上，水电十三局与有关单位合作完成的成果《海河治理经验》，获得了全国科学大会的奖励。潘家口水利枢纽第一期工程，获国家级优秀地质勘察金质奖和优秀工程设计奖。

三是增加了河道管理和三省水利矛盾的协调管理职能。1970年6月，国家决定将驻地在山东德州的水利部、农业部漳卫南运河管理局，划归水电十三局统一领导，主要负责协调冀、鲁、豫三省边界地区水利矛盾以及漳卫南运河流域的河道管理和治理任务。此后10年间，水电十三局先后组织了漳卫新河的扩大治理工程，岳城水库、四女寺水利枢纽的管理工作。成立了河南、河北、山东三省水利纠纷协调机构，多次组织召开三省有关负责人会议，协调水利矛盾，为合理分配水利资源，推动当地工、农业发展做了大量工作。

到80年代初，随着上级管理体制的变化，水电部对水电十三局承担的设计规划职能和水利管理职能做了调整，局勘测设计院、河道管理分局相继划出，水电十三局又恢复了单一水利水电施工企业的性质。

三、转轨变型苦求索

从20世纪80年代中期到90年代中期，是水电十三局经受改革的阵痛、经营最困难的阶段，也是逐步实现企业转轨变型、孕育新发展的关键时期。为适应市场，走出困境，水电十三局人进行了积极而艰苦的探索，取得了显著的成绩，找到了企业发展的新途径，也付出了比较大的代价，积累了宝贵的经验和教训。

进入80年代中期后，随着国家经济体制改革的开展，水电十三局进入了由计划经济向市场经济的转变时期。此时，国家基本建设投资大大压缩，指令性计划任务逐年减少，水电站新开工项目迅速萎缩。一些担任主体施工的工程局尚且“吃不饱”，作为“削峰”单位的水电十三局，更是面临着“无米下锅”的窘境。大批施工设备闲置，大量人员窝工，职工工资不能按时足额发放。由于社会、企业刚刚开始转型，干部职工的思想观念还没有从计划经济的习惯中彻底摆脱出来，跟不上迅速变化的形势，“等靠要”、“吃大锅饭”的观念根深蒂固，改革步子迈得不大，经营机制不活，企业逐步陷入了困境。到1990年底，水电十三局首次出现了700万元的大额亏损，一时全局震动。面对困境，不甘落后的水电十三局人开始了积极的探索。

一是大力发展多种经营，兴办第三产业。水电十三局提出了“工程施工，多种经营，两大支柱，协调发展”的指导思想。从80年代中期开始，先后成立了劳动服务公司、生活服务公司、多种经营开发部、企业处、实业开发部，负责多种经营实业开发。陆续开办了汽车修理、德州扒鸡生产、工艺黑陶、旅馆饭店、橡胶制品等上百个门类。但是由于经验不足、人才缺乏、不善经营，这些项目成功的不多。上级拨付和企业自筹的资金，大多交了“学费”。但在水电十三局生产任务不足的时期，多种经营为维持企业生存、稳定职工队伍起到了一定的作用。后来随着工程市场的发展，四大核心业务优势凸显，多种经营逐渐萎缩。到2006年底，全局多种经营产值仅达到3800万元。

二是“借船出海”、开拓国际工程承包市场。这是水电十三局后来实现跨越式发展的关键。1987年，以承接巴基斯坦KPOD/DPOD水利工程为标志，水电十三局开始步入国际工程承包领域。最初是以劳务合作的形式，承接了中国水利水电对外公司中标的一个项目。在取得初步成功后，水电十三局党政领导班子连续几天召开会议，经过反复研究和激烈讨论，最终达成一致意见，决定以独立分包、自担风险的形式经营下一步的工程。这在当时是个非常大胆、富有远见卓识的决策。当时，水电十三局还是个初涉国际市场的“小学生”，缺乏经验，不熟悉规则，缺乏承担风险的能力，而国际市场风险莫测。当时水电十三局正处在转型时期，经济状况十分困难，万一出现亏损，后果不堪设想。但后来的实践证明，当时的决策是正确的。从此，水电十三局走上了国际化经营的道路。

继KPOD/DPOD工程后，水电十三局又陆续承接了一系列的国外工程，并取得了初步的经济效益。国外项目的收入，不但为维持水电十三局的生存起到了重要的作用，而且更重要的是打开了干部职工的视野和思路，增强了信心，使深陷困境的企业看到了光明和希望，为今后发展开辟了一条广阔的道路。1995 年，水电十三局正式提出了“国内求生存，国外求发展”的战略思路，进一步确定了国际工程业务在全局总体经营格局中的重要地位。

三是开拓国内工程市场。1991 年初，水电十三局党委发出了《致全局共产党员和职工的一封信》，号召党员带头，为扭亏治亏作贡献。水电十三局面向市场加大了经营力度。通过竞争，“南下北上”，先后中标承建了内蒙古河套总排干工程、珠海疏浚吹填工程、深圳河治理工程、太湖治理工程等大型重点项目，为遏制企业滑坡、扭转亏损局面起到了重要作用。

四是进入非水电施工领域。水电十三局主动改变了“上级让干什么就干什么”的惯性思维，按照“市场需要什么就干什么”的思路，在水电系统率先进入工民建、高速公路、桥梁、市政施工领域。从 80 年代起，先后承建了德州铁路货棚、平原棉纺织厂、临邑邢侗公园、广西柳桂高速公路、南宁吴圩机场高速公路等工程，取得了一定的经济社会效益，树立了企业品牌，为后来在非水电工程领域的发展打下了基础。

当然，这一时期由于初涉国际工程市场，经营规模有限，国外项目收入尚不足以成为水电十三局的经济支柱。同时，国内业务经营机制落后，适应市场能力不强，到 1996 年，水电十三局总体经济效益仍然处于亏损状态。

四、国际市场创辉煌

1997～2006 年的 10 年间，是水电十三局走出经营困境、实现跨越式发展的“黄金时代”。

1996 年底，全局完成国内外产值 3 亿元，亏损 714 万元，在中国水利水电建设集团公司 18 个工程局经营业绩综合考核中排名居后。到 2006 年末，全局年营业收入增长到 27 亿元，提高了 9 倍；其中国外营业收入占到总收入的 60％以上，经济效益由连年亏损到实际实现利润超过 1 亿元，其中 95％以上的利润来自于国外业务。全员劳动生产率、人均创利水平、签订合同额、企业总资产、职工人均收入等主要经济指标均进入系统前 5 名，位列集团公司“第一方阵”。

水电十三局为什么在短短 10 年内，实现了跨越式发展呢？主要原因：一是解放思想，转变观念，抓住市场机遇，较早地转变了发展方式，调整了产业结构和业务结构，把国际工程承包作为主攻方向。客观上，自二十世纪八九十年代以来，基础设施建设热潮在许多国家蓬勃兴起，尤其是战后非洲百废待兴，大力开展基础设施建设，为国际工程承包业务提供了广阔的空间，水电十三局人抓住了先机，开拓了市场。二是国家大力实施“走出去”战略，从法律法规、信贷税收等政策方面，支持有能力的企业走出国门、参与国际市场的竞争与合作，为国外业务的开展创造了有利环境。三是经过几届领导班子的不懈努力，改革了一系列制约发展的体制机制上的弊端，掌握了国际市场的运作规则，熟悉了国际惯例，锻炼培养了一批国际化经营的人才。四是集团公司在 1997 年 10 月，再次调整了水电十三局的领导班子，聘任了锐意改革、具有丰富国际市场工作经验的童劲松担任水电十三局局长，制定了正确的发展战略，对外抢抓市场机遇，加大经营力度，奋力开拓国际市场，狠抓合同履约，逐步树立了在国际市场竞争中的优势地位；对内大刀阔斧搞改革，破除计划经济遗留下的影响。首先对经营机制进行了较彻底的改革，建立了强有力的激励约束机制，鼓励经营人员打破平均主义，多劳多得，将经营业绩与个人收入紧密挂钩，有力地调动了经营人员的积极性。国内外市场局面迅速打开，签订工程合同额迅猛增长，多年来任务不饱满的状况在较短时间内发生了根本性改观。同时，审时度势，制定了符合实际的发展战略，提出了“三步走”的跨越式发展目标，确立了把国际工程承包业务作为主要发展方向和核心业务，全局的优势资源向国外项目集中。后来又确定了“国外为主，国内国外协调持续发展”的战略，提出了打造国际工程核心竞争力，把水电十三局建设成为以国际工程业务为主的国际化强局目标。水电十三局国际业务进入快速发展阶段，国际工程营业额在企业营业收入中所占的比重逐年增加，经济效益逐年提高。

20 年来，水电十三局通过“借船出海”，与多家窗口单位合作，先后开辟了南亚、东南亚、中亚、西亚、中东、东非、西南非、北非、中非市场。在巴基斯坦、孟加拉、马来西亚、越南、泰国、菲律宾、乌兹别克斯坦、坦桑尼亚、肯尼亚、也门、阿尔及利亚、阿富汗、斯里兰卡、苏丹、埃塞俄比亚、刚果、安哥拉和卡塔尔等 18 个国家承揽实施了各类国际承包工程 62 项，已完成 32 项。

从事国际工程承包 20 年来，水电十三局的国际工程承包综合能力逐步提高，经营规模不断扩张。年完成合同额从最初的几百万美元到 2006 年的 2.13 亿美元；经营地域不断扩展，市场领域不断扩大。从亚洲到非洲多国，从最初在一个国家到 2006 年在 12 个国家同时施工，从单一的水利疏浚与吹填工程到水利水电、市政基础设施、公路桥梁、金属结构工程等，经营层次不断提升，管理模式不断创新。从成建制的劳务承包到单价合同工程，再到尝试 EPC、BOOT、投融资项目等方式，国际工程施工管理日趋完善，投标经营体制进一步健全，经营激励机制进一步完善，设备等资源的投入逐步加大，内部控制制度体系、国际工程风险防范体系日趋完善。

国际工程为水电十三局创造了良好的经济效益，也培养了一大批精通国际业务的各类人才，不但为水电十三局跨越式发展起到了决定性作用，而且为集团公司和兄弟工程局提供了宝贵的经验，输送了大批国际化骨干人才，有力地推动了整个水电系统国际化经营的发展。

在国内业务方面，水电十三局制定了巩固传统主业，大力开拓非水电市场，加大路桥、市政等基础设施施工的战略。把目标瞄准国家大型重点工程，抓住了南水北调、高速公路、市政建设的机遇，承建了大批工程项目。同时，积极开展多元化经营，通过盘活土地资源筹集资金，投资 3000 万元在德州市经济开发区建设了占地 260 亩的水电十三局工业园，工业板块形成规模。这些措施使国内业务取得了长足发展，经济效益实现了扭亏为盈，初步形成了国内国外两个市场、两种资源充分利用、协调发展的良好局面。

截至 2006 年底，水电十三局总资产 22.79 亿元；职工 4324 人，管理和专业技术人员 2055 人，占 47.53%；大中型生产设备 764 台（套），设备净值 5.37 亿元。2006 年实现营业收入 27.11 亿元，国外 16.76 亿元，占 61.82%；全年实现利润 8218.17 万元。通过了质量、环境和职业健康安全管理体系认证，被授予山东省“守合同重信用企业”“AAA 级信用企业”“全国质量效益型先进施工企业”等称号。

五、企业文化铸“局魂”

经过44年的发展，水电十三局人疏洪导水，治理江河，筑堤建坝，铺路架桥，在艰苦的岁月中谱写了光辉的篇章，也形成了具有水电十三局特色的企业文化。

水电行业内外有许多人士，对水电十三局的发展感到迷惑不解：在水电系统各大企业中，论技术实力，水电十三局不算最强；论装备水平，不算最高；论职工队伍规模，只有4000多人，只能算个中小局，为什么能够异军突起、脱颖而出，实现快速发展呢？除了前面所述体制机制的改革创新、发展战略的正确制定、产业结构的及时调整等之外，还有一个重要原因不可忽视，那就是独特的企业文化、企业精神，为水电十三局的跨越式发展提供了强大的软实力和精神动力。

水电十三局的企业文化，是经过几代水电十三局人的共同努力，伴随着水电十三局的成长发展演变而来的。建局伊始，局党委就提出了“因陋就简、沿河为家”的口号；80年代中期，又总结提炼出了“从严、求实、开拓、拼搏”的企业精神。1987年，水电十三局人克服重重困难，进入国际市场后，历经严峻考验，以丰富的实践，凝结形成了“不甘落后，争创一流；不畏艰难，勇挑重担；不怕挫折，锲而不舍；不计名利，乐于奉献”的四种精神。在“四种精神”的鼓舞下，水电十三局人忍受着南亚热带沙漠地区的高温酷暑、非洲地区肆虐的疟疾折磨，长年在荒凉艰苦的环境中开拓拼搏；从领导到职工，许多人在国外一干就是两三年甚至更久。为了企业的发展，他们顾不上照料妻儿老小，没有花前月下的幸福生活。为了在国际市场上占有一席之地，他们敢于同外国强手斗智斗勇，敢于承担风险，策略灵活，信守合同。“四种精神”充分体现了水电十三局人开拓国内外市场所走过的历程，集中体现了水电十三局人的优良品质，得到广大职工的普遍认同，成为企业冲出困境、取得跨越式发展的强大动力，成为水电十三局的“局魂”。

如今，水电十三局已走过44个春秋。回首既往，水电十三局人充满自豪；展望未来，他们将继续发扬“四种精神”，为国家谋发展、为人类谋幸福！

大　事　记

1962～2006

1962 年

11 月 3 日　国务院（国计齐字 344 号）批转水利电力部《关于调水电部闽江工程局部分施工力量组建马颊河疏浚工程局承担山东省马颊河疏浚工程任务的报告》。

是年　闽江工程局先期部分人员到达德州市，进行马颊河疏浚工程筹建工作。根据水电总局和山东省政府指示，先组织队伍承建金堤河张庄闸工程。

1963 年

1 月 11 日　水利电力部通知，新组建的施工单位定名为水利电力部马颊河疏浚工程局（简称马颊河工程局）。

3 月 16 日　山东省水利厅将在德州的土地 120 亩，办公楼一幢，食堂、仓库一处，职工宿舍 10 幢移交给马颊河工程局。

是月　马颊河工程局在山东的第一个工程——金堤河张庄闸工程破土动工。

是月　马颊河工程局在德州基地开始筹建中小学。

4 月 4 日　中共山东省委决定成立中共马颊河疏浚工程局委员会，确定由 13 人组成。张浙任书记。马颊河工程局党委由省委委托德州地委领导，张浙为地委委员。

6 月 6 日　经山东省总工会同意，成立水利电力部马颊河疏浚工程局工会委员会。

7 月 1 日　马颊河工程局机关和生产单位组织机构建立。生产单位设四个工程处，一处设在乐陵县善化桥，二处设在庆云县任桥，三处设在无棣县大山，四处设在德州基地。

7 月 2 日　共青团山东省委决定成立共青团水利电力部马颊河疏浚工程局委员会。

8 月 8 日　经山东省人委批准，建立马颊河工程局济南办事处。

9 月 6 日　马颊河工程局成立人民武装委员会，建立民兵师。

是月　马颊河工程局修建德州闽江路（现德州东风路、湖滨南路部分）。

10 月　山东省委调王泰元任中共马颊河工程局党委副书记。

是月　经水电建设总局批准，建立驻京联合办事处。

11 月 12 日　水电部批复建立马颊河工程局机械修配厂。

11 月 25 日　马颊河工程局和马庄大队签订协议，在德州东郊马庄建立马颊河工程局生产、生活基地。

12 月 28 日　水电部（63）水电水设字第 224 号文下达了《马颊河干流治理义渡口至海口段技术设计审查意见》。

是年　山东省水利厅将济南修制厂移交给马颊河疏浚工程局，闽江工程局调往山东的机械修配人员和设备，直接转移至济南市堤口路省水利厅机械厂组织生产。

是年 马颊河工程局在济南、德州第一次招工。

1964年

2月26日 马颊河工程局党委政治部成立，党委副书记王泰元兼政治部主任，孙长新任副主任。

2月29日 水电部水电总局局长朱国华率工作组到马颊河工程局，推广解放军政治工作经验，创建水电系统大庆式企业。

4月7日 马颊河工程局党委办公室创办内部报纸《马颊河工作》报，发行数500份。

5月1日 马颊河初步治理机械疏浚工程在善化桥试挖开工。

是月 马颊河工程局开始进行"五反"运动。

6月1日 水电部通知，从军队抽调政治干部到企业、事业单位政治机构工作，12名转业干部分配到马颊河工程局。

6月13日 国务院批转水电部关于马颊河疏浚工程的报告，批评了马颊河疏浚工程中存在的铺张浪费现象。文件提出建立马颊河疏浚工程领导小组，制定马颊河设计和施工新方案等。水电总局工作组改为水电总局社教工作队。

8月 在水电总局社教工作队的领导下，马颊河工程局开展"四清"运动。

11月3日 水电总局决定从马颊河工程局抽调人员参加三门峡工程建设。

12月29日 马颊河工程局撤销四处，成立建工队、线路工程队、预制场、安装队。

1965年

4月19～26日 马颊河工程局召开首届职工代表大会。水电总局局长、水电部社教工作队队长朱国华和中共德州市委的有关领导、德州专区工会领导出席了开幕式。大会选举产生了马颊河工程局第一届工会委员会，杨泽生任主席，王一庆任副主席。

5月17日 马颊河工程局召开第一届党员代表大会。水电部副部长、党组副书记钱正英到会并作报告；德州地委书记李振，水电总局局长朱国华，水电总局社教工作队党委副书记王干国参加会议并讲话。会议选举产生了第一届党委会，张浙为书记，睢仁寿、王泰元、杨泽生为副书记。大会还选举出局监察委员会，睢仁寿任监委书记（兼）。

5月21日 水电部（65）水电劳字第59号文通知：卫河疏浚工程局与马颊河工程局合并，统称水利电力部马颊河疏浚工程局。同时在新乡市成立卫河疏浚工程处。

是月 金堤河张庄闸工程竣工。

6月20日 金堤河张庄闸建成并交付使用。张庄闸工程处撤销。

6月22日 《马颊河工作》报改名为《疏浚生活》报。

是月 "四清"运动结束，水电总局社教工作队撤出。

8 月 1～3 日 水电总局在北京召开马颊河施工准备工作会议。

8 月 15 日 马颊河工程局机械修配厂由济南迁至德州。

9 月 马颊河工程局召开第一次团代会。

11 月 付殿阁、胡玉明任马颊河工程局副局长。

是月 马颊河工程局在陵县马颊河郭桥裁湾段组织铲运机、推土机大会战。

12 月 马颊河工程局撤销一、二、三工程处，建立一、二、三、四、五、六、七工程队。

1966 年

2 月 马颊河工程局在德州市郊丰乐屯纪家店建农场（1972 年后移交当地政府）。

3 月 20 日 马颊河工程局机关从德州市迁至德州乐陵县马颊河畔善化桥办公。

是月 马颊河工程局荣获水利电力部“先进企业”称号，1 米^3 索铲 12 号机组（机长朱祥林）荣获水电系统“五好标兵”称号。

4 月 13 日 马颊河工程局实施的马颊河义渡口至海口机械化施工段按 3 年一遇标准，在汛前基本完成疏浚任务。

是月 马颊河工程局开办半工半读技术学校。

6 月 马颊河工程局善化桥局机关驻地出现大字报。

8 月 12 日 马颊河工程局出现“四大”（大鸣、大放、大辩论、大字报）高潮。群众组织相继出现。

11 月 9 日 铲运机司机赵汉玉为抢救国家财产英勇献身。中共马颊河工程局委员会追认赵汉玉为模范共产党员和“五好”标兵。

11 月 12 日 马颊河工程局机关迁回德州原址办公。

1967 年

1 月 29 日 马颊河工程局群众组织夺权，成立了马颊河公社革命委员会，后又改名为马颊河工程局革命委员会（革命委员会简称革委会）。

5 月 31 日 山东省革委会给德州、惠民和马颊河工程局发来关于马颊河施工的紧急电报通知，要求保证生产正常进行。

6 月 启用水利电力部马颊河疏浚工程局革命委员会公章。

7 月 24 日 水电总局通知，卫河三期工程由马颊河工程局直接组织施工。

8 月 1 日 马颊河工程局《疏浚生活》报改名为《风雷激》报。

是年 马颊河工程局领导干部被批斗，各级党组织瘫痪，群众组织分成两大派。在德州基地、马颊河沿线多次发生武斗流血事件。

1968 年

3 月 10 日 马颊河工程局承担的黄河口改道工程开工。

7 月 5 日 马颊河工程局提前完成黄河口改道工程。山东省革委会生产指挥部来电祝贺。

是月 马颊河工程局 4 名同志及 4 米^3 索铲去阿尔巴尼亚支援伐乌—代耶水电站。

是月 马颊河工程局承接疏浚漳卫新河（德州庆云桥至孟家庄段）任务。工程列入国家“三五”计划。

10 月 23 日 马颊河工程局成立一〇四工程连，承担孟家闸建闸任务。

11 月 13 日 大道王水闸全面开工。

12 月 17 日 山东省电影摄影队来马颊河工程局拍摄《根治海河》大型纪录片。

是年 群众组织成立专政委员会，部分干部和群众被关押、抄家，受到迫害。

1969 年

1 月 24 日 马颊河工程局首批上山下乡知识青年奔赴农村插队。

1 月 30 日 水电总局局长朱国华来马颊河工程局指导工作。

6 月 21 日 大道王水闸主体工程竣工。

6 月 27 日 马颊河工程局修制厂为孟家闸、大道王闸成功制作了第一扇闸门。

9 月 9 日 中国人民解放军济南军区（69）45 号命令，对马颊河工程局实行军事管制。

9 月 16 日 军管会进驻，在马颊河工程局大礼堂召开军事管制大会。

10 月 16 日 中共中央委员、山东省革命委员会负责人、济南军区司令员杨得志、副司令员傅家选等来马颊河工程局视察。

12 月 21 日 孟家闸工程竣工并通过验收。

1970 年

1 月 5 日 水电部军管会通知，马颊河疏浚工程局改名为水利电力部第十三工程局（简称水电部十三局）。

2 月 5 日 山东省革委会党的核心领导小组，同意水电部十三局建立革委会党的核心领导小组，初文任组长。

5 月 17 日 水电部军管会主任张文碧来水电部十三局检查工作。

6 月 18 日 周恩来总理接见出席全国电力会议的代表。水电部十三局初文、付殿阁受到接见。

6 月 20 日 水电部军管会决定：水电部十三局对漳卫南运河管理局实行统一领导。漳卫南运河管理局机关和四女寺枢纽工程管理处并入水电部十三局，其他各处下放地方。

8 月 15 日 水电部十三局成立红旗农机维修厂、红旗缝纫厂、红旗广播器材厂。

8 月 22 日 《风雷激》报更名为《水利战士》报。

9 月 9 日 水电部决定，撤销海河勘测设计院，成建制下放到水电部十三局。随后设计院由北京定福庄迁至德州。

9 月 25 日 王廷彦任局革委核心领导小组副组长、革委副主任，张浙任局革委副主任。

9月27日 漳卫南运河管理局原址与德州行政干校对调，水电部十三局机关迁入德州行政干校办公。

9月28日 以原海河勘测设计院迁来德州人员为基础，成立勘测设计大队，下设八个连队。后改为水电部十三局勘测设计院。

10月30日 水电部十三局召开调往葛洲坝人员欢送大会。

是月 水电部十三局调80米^3/时挖泥船，为德州市开挖新湖。

是月 水电部决定，从水电部十三局抽调2321名职工参加长江葛洲坝建设。

是月 水电部十三局两条350米^3/时挖泥船投入天津北四河施工。

11月2日 水电部十三局三队承担的莱芜龙潭河铁路桥竣工。

11月8日 中共中央政治局委员、国务院副总理李先念视察水电部十三局六队天津北四河工地。

11月14日 德州地革委、军分区在人民剧场召开大会，欢送水电部十三局支援葛洲坝建设人员。

是日 水电部十三局一〇四工程连承担的山东莱芜大汶河铁路大桥竣工。

1971年

3月14日 水电部十三局邀请山东、河北、河南三省及交通部有关领导和专家在德州审查《漳卫河中下游扩大工程初步设计》。

是月 水电部十三局南四湖工程指挥部成立。

9月1日 水电部十三局四女寺枢纽工程指挥部成立。

9月6日 水电部十三局派17号120米^3/时挖泥船承担济南市大明湖清淤任务。

9月底 水电部革委会主任张文碧到水电部十三局南四湖工地视察。

10月 水电部十三局成立漳卫河中下游扩大治理领导小组，朱国华任组长，初文为召集人。

1972年

3月 山东省委第一书记、济南军区司令员杨得志在惠民地委负责同志的陪同下到水电部十三局七队视察工作，并登上4号350米^3/时挖泥船慰问职工。

是月 南四湖工程正式开工。

4月2～4日 水电部十三局召开第二次党代会。德州地委书记尹特辉，副书记曹通三、马岱山、崔振华出席会议。会议选举产生了第二届党委会。初文为书记，王泰元、郭林为副书记。

4月10日 济南军区（72）29号文件，同意撤销水电部十三局军事管制委员会。

4月15日 水电部十三局决定成立建筑大队，开始四女寺枢纽扩建工程施工。

4月25日 郭林、丁适存、童振铎、王天喜任水电部十三局革委会副主任。

4月26日 水电部十三局成立疏浚大队，在山东省微山县建立基地。

7月 历时近10年的马颊河疏浚工程全部结束。共完成土方8285万米^3，完成投资

1.12 亿元。

11 月 卫运河扩大工程全面开工（1974 年春竣工）。

12 月 21 日 水电部十三局疏浚大队改为疏浚工程处，建筑大队改为建筑工程处。

12 月 23 日 初文、郭起光参加了周恩来总理主持召开的海河流域治理工作汇报讨论会。

12 月底 水电部十三局完成全局家属区下水管路的铺设。

1973 年

1 月 20 日 水电部十三局召开第二次工会会员代表大会，恢复工会组织。

1 月 28 日 选举产生第二届工会委员会，杨泽生任主席，孙福增、宋志林任副主席。

3 月 21～24 日 水电部十三局召开第二次团代会。

4 月 水电部十三局承担的济南大明湖清淤工程完工。

5 月 12 日 水电部决定在水电部十三局建立机械施工处。

是月 水电部十三局为德州开挖的新湖竣工。

9 月 23 日 水电部十三局决定成立援外处。

是月 水利部黄河水利委员会、国务院治淮规划小组办公室、水电部十三局设计院派员组成南水北调规划组。

10 月 6 日 水电部十三局河道管理分局成立。

是月 四女寺枢纽扩建工程竣工。

是年 水电部为水电部十三局新增一批进口的“依发”带拖斗汽车，用于四女寺枢纽建设。

1974 年

2 月 1 日 水电部十三局设计院承担的潘家口水库选坝址任务完成。

4 月 水电部十三局建工处支援天津杨柳青电厂扩建。

7 月 水电部十三局设计院完成上报《潘家口水库初步设计》。

9 月 水电部、河北省水利部在现场对水电部十三局设计院提出的《潘家口水库初步设计》进行审查。

11 月 1 日 水电部十三局援助马里水利考察组对马里实地考察后回国。

11 月 27 日 水电部十三局技工学校开学。

是年 水电部十三局在小学东侧建 100 吨水塔。

1975 年

4 月 初文调离水电部十三局返回部队。

5 月 14 日 宋泉任水电部十三局党委第一副书记、局革委第一副主任，罗平任局党委副书记、局革委副主任。

7 月 水电部十三局六队承担的天津北四河治理工程完工。

8月 水电部十三局100吨水塔工程竣工。

9月23日 水电部十三局天津基地修配厂试制出金刚石钻头。

是月 为引黄济津，水电部下文调水电部十三局3条80米^3/时挖泥船到卫河进行清淤工程施工。

10月下旬 水电部十三局建工处完成杨柳青电厂援建任务，转移至北京，接受水电部电科院电网研究所试验站施工任务。

是年 水电部十三局在微山县二级坝修建船厂。援助马里马尔卡拉水闸修复工程竣工。

1976年

3月 水电部十三局勘测设计院与水利部黄河水利委员会、国务院治淮规划小组办公室组成的南水北调规划组，共同提出了《南水北调近期工程规划报告》。

8月 水电部十三局投入唐山抗震救灾工作。设计院接受水电部下达的震毁工程的修复设计任务；六队承接唐山地区陡河口和双龙河震后疏浚任务；医院接受唐山伤病员，派出医疗小分队。团地委在水电部十三局召开抗震救灾誓师大会。

9月13日 段忠诚任水电部十三局党委副书记、革委副主任。

是月 水电部十三局饮水除氟罐试制成功。

10月12日 水电部十三局微山县修船厂发生一起由食堂坍塌造成的群伤事故。

11月 水电部十三局派支援队参加北京密云水库抗震加固会战。

1977年

9月16日 水电部指示，由水电部十三局负责进口挖泥船的订货谈判、驻厂监造和队伍组建、运行管理工作。

10月11日 水电部十三局六队在天津塘沽北塘建立基地。

12月30日 水电部十三局济南办事处新建办公楼等竣工。

1978年

1月8日 根据水电部指示，在水电部十三局机械施工处的基础上组建水电部机械施工局。祁策任党委书记兼局长。

2月 水电部十三局设计院进行穿黄枢纽勘测设计，穿黄领导小组成立。

是月 郭林调河南黄河河务局工作。

3月 全国科学大会向水电部十三局及其设计院分别颁发奖状，科技成果是《海河治理经验》。

4～10月 水电部十三局75人分六批赴马里，参加援建工程。

5月10日 水电部十三局将疏浚工程处改为疏浚分局。

6月1日 水电部十三局下发《关于职工供养直系亲属半费医疗问题的通知》。

11月 卫河干流扩大治理工程全面开工（1985年底全面完成）。

12 月 12～15 日 水电部十三局召开首次科学大会，大会向 14 个先进科技成果项目发了奖状和奖金。

是月 水电部十三局一分局承担的南四湖东股引河工程全部竣工。

1979 年

2 月 6 日 水电部十三局广播电视大学建立并开学。

2 月 17 日 王泰元调山东黄河河务局工作。

3 月 5 日 水电部决定，抽调在水电部十三局、十一局的原北京勘测设计院、海河设计院、水利水电科学院等人员，组成水利部天津勘测设计院。

3 月 12 日 水电部十三局荣获“全国人民防空战备建设先进单位”奖旗。

是月 水电部十三局一分局承担的南四湖西股引河工程开工。

4～8 月 中国机械进出口公司为水电部十三局向荷兰 IHC 公司订购的海狸 4600 型挖泥船到达上海港，水电部十三局成立接船小组。

7 月 2 日 水利部通知撤销水电部十三局、十一局所属设计院，移交水利部天津勘测设计院统一领导。

7 月 19 日 水电部十三局制定《局驻地职工家属住房分配调整和管理暂行规定》。

10 月 8 日 德州选举产生市侨联第一届委员会，潘国良当选市侨联副主席。

是月 刘福、沈亦凡、张文喜任水电部十三局副局长，沈亦凡兼任总工程师。

11 月 1 日 水电部十三局海狸 4601 号船在长江无为大堤正式投产。

11 月 6 日～12 月 4 日 水电部十三局在上海黄浦江进行首次过江水下潜管的组装试验，试验成功。

12 月 4 日 水利电力部分为水利部和电力部。水电部十三局划归水利部，更名为水利部第四工程局（简称水利部四局）。

12 月 22 日 水利部四局海狸 4604 挖泥船进入上海金汇港施工地段开机生产，上海电视台前来拍电视片。

是月 水利部四局施工处二队荣获“全国电力工业学大庆先进集体”称号。

是年 水利部四局开始实行奖金制度。

1980 年

3 月 水电部机械施工局分开，成立水利部机械施工局、电力部机械施工局。

5 月 9 日 罗平调水利部海河水利委员会工作。

5 月 10 日 水利部四局石栋、张天存、陈高华当选德州市第八届人大代表。

7 月 水利部四局组建第八工程队。

8 月 4 日 张广东任水利部四局党委副书记。

8 月 21 日 水利部四局海狸 4604 挖泥船结束上海金汇港施工任务。月底奉调承担葛洲坝二江上导渠清淤工程。

8 月 27 日 水利部决定，以原水电部十三局河道分局为基础，恢复漳卫南运河管理局，归属水利部海河水利委员会领导。

是月 水利部四局内部电台开始使用。

9月19日 水利部四局建立第八工程队，5条200米^3/时挖泥船交付八队，直属水利部四局领导。

是月 水利部四局一批人员和设备支援葛洲坝大江截流。

10月11日 水利部部长钱正英、基建总局总工程师林伯洗到水利部四局海狸4604挖泥船检查工作。

10月29日 水利部四局纪律检查委员会建立。

11月23日 水利部四局海狸4604挖泥船承担的葛洲坝二江上导渠清淤工程完工。

12月11日 水利部四局自来水除氟后水质经德州自来水公司采样化验，确认符合国家标准。

1981年

1月2日 水利部四局《水利战士》报改名为《疏浚报》。

2月12日 水利部四局党委决定取消各队、车间政治指导员职位，其工作业务由党支部书记负责。

3月2日 水利部四局干部学校成立。

是月 水利部四局首次试行经济责任制。

6月15日 马里农业部长恩法内马·科和中国驻马里大使参加局援助马里水利工程竣工典礼。

8月22日 吕书永任水利部四局党委副书记，张天存任总工程师。

8月24日 水利部四局调5条80米^3/时挖泥船到河南新乡进行卫河河道清淤。

8月25日 水利部四局成立劳动服务公司。

10月 水利部四局直属五队被评为“水利部安全生产先进集体”。

11月13日 水利部副部长陈赓仪到水利部四局七队视察。

11月27日 水利部副部长李伯宁来水利部四局视察，随同前来的还有海委第一副主任董一林。

12月30日 海狸4604挖泥船隔江取土成功，水利部基建总局把潜管试验列为1981年科技改革项目，对试验全过程进行了拍摄，片名为《隔江取土》。

1982年

1月4日 水利部四局卫河疏浚分局成立。疏浚分局承接南四湖庄台填筑工程。

3月23日 水利部四局召开第二届职工代表大会。

5月12日 水电部决定，水利部四局改回原名水利电力部第十三工程局。

7月3日 水电部决定，水电部十三局和原电力部、水利部机械施工局合并，仍称水利电力部第十三工程局。

9月28日 宋泉任水电部十三局党委代理书记，韩金城任局党委副书记、代理局长；

赵麟、吕书永为党委副书记；沈亦凡、李子鑫、刘福为副局长；李中华为工会主席。

10月5日 水电部十三局和原电力部、水利部机械施工局三个局合并后新的机构建立。

10月12日 水电部十三局决定组建水电部十三局四分局。

是月 水电部十三局决定将疏浚分局更名为水电部十三局一分局，卫河疏浚分局更名为水电部十三局二分局，建筑工程处更名为水电部十三局三分局，电力部机械施工局轮胎翻新厂改为橡胶制品厂，机械施工处的保养厂改为汽车修理厂。

11月 经水电总公司同意，水电部十三局改装30辆奔驰车，用于散装水泥运输。

是月 水电部十三局直属五队获“全国施工企业先进集体”称号。

是年 水电部十三局成立机械施工研究所。4600型挖泥船水下潜管试验获水电部科技成果三等奖。

1983年

1月2日 水电部十三局企业整顿工作全面开始。

1月8日 水电部十三局《疏浚报》改名为《十三局报》。

1月17日 水电部十三局制定《局德州基地职工住宅分配暂行办法》。

3月28日 水电部十三局四分局发出招标简章，决定在大同灰场工程中实行承包制，这是水电部十三局首次在工程施工项目实行承包制。

是月 水电部十三局成立了企业整顿领导小组和办公室，在全局范围内全面开展企业整顿工作。

4月8日 水电部十三局将汽车吊运队更名为水电部十三局五分局。

4月10日 水电部十三局一分局承担的湖南沅江工程正式开工。

是月 水电部十三局一分局完成南四湖西股引河中段工程。

5月6日 韩金城任水电部十三局局长。

5月26日 肖杰任水电部十三局党委书记。

8月10日 水电部十三局四分局承担的漳泽电厂贮灰场工程开工。

是月 水电部十三局直属八队承担的上海蕴藻浜枢纽工程，被评为二级优质工程。

10月9～22日 全国水利水电建设系统篮球赛在水电部十三局举行。

10月16日 沅江防洪保安工程提前竣工。

是月 机械疏浚学组成立（隶属中国水利学会施工专业委员会），挂靠在水电部十三局。

1984年

3月20日 水利电力体育协会水电部十三局理事会成立。

4月14日 水电部十三局五队承担青岛海军“197”工程，这是海狸挖泥船首次海上施工。

5月15日 水电部十三局下发《关于开展安全生产、文明生产竞赛评比活动的通知》。

6月13日 袁鉴、潘国良任水电部十三局副局长。

6月15日 卫河清淤工程结束，二分局并入一分局。

6月22日 韩金城兼任水电部十三局党委副书记，赵麟任党委副书记。

8月2日 水电部十三局筹建企业管理协会。

9月 以水电总局副局长翟益涛为团长，德州专署副专员赵林山为副团长的企业整顿验收检查团来水电部十三局，检查验收合格。

10月 水电部十三局机关办公大楼破土动工。

11月15日 水电部十三局决定成立局生活服务公司。

11月20～24日 水电部十三局召开第二届职工代表大会第一次会议。

是月 水电部十三局五分局承担格尔木至拉萨运货任务。

12月6日 肖杰任水电部十三局党委书记，康明东任党委副书记；袁鉴任局长；潘国良、张剑英、张雄山任副局长；赵麟任纪委书记。

12月18日 水电部十三局开始整党，至1986年陆续结束。

1985年

1月10日 《十三局报》改名为《开拓者报》。

1月31日 水电部十三局五队承建的青岛“197”工程完工。

6月4日 水电部十三局七队承建的烟台市开发区吹填工程开工。

8月8日 水电部十三局企业管理协会成立。

8月14日 水电部十三局成立普法领导小组。

8月15日 水电部十三局与华东设计院，水电部三局、十一局、十二局，北京设计院，在杭州召开联席会议，宣布成立中国东方工程技术联合开发公司，并通过了公司章程。

8月31日 水电总公司向水电部十三局颁发企业整顿合格证。

是月 水电部十三局制定普及法律常识第一个五年规划。

9月 水电部十三局八队承接上海宝钢水库开挖工程。

11月27日 水电部十三局七队承建的烟台市开发区吹填工程竣工。

是日 水电部十三局四分局承接平朔合资矿土方剥离工程。

12月14日 水电部十三局七队4604挖泥船承接的青岛市湖岛村吹填工程开工。

12月中旬 水电部十三局劳动、生活服务公司合并，称水电部十三局劳动服务公司。

1986年

1月2日 水电部十三局决定将劳动服务公司改名为服务公司。

3月 水电部十三局连续第五年被评为“山东省计划生育先进单位”。

4月 水电部十三局承接的德州沟盘河水库开挖工程。

6月30日 钱正英部长给水电部十三局中学学生来信，鼓励学生们热爱水电建设事业，长大做一名光荣的水电建设者。

7 月 30 日 刘福任水电部十三局党委副书记。

8 月 26 日 水电部十三局获全国职工法律知识竞赛组织奖。

10 月 25 日 水电部十三局在孤东油田工地召开现场会，学习孤东工地的创业精神。

11 月 20 日 平朔中美合资矿致电水电部十三局，称赞四分局在煤矿开发建设中所作出的突出贡献。

11 月 27 日 水电部十三局七队承接施工的青岛市湖岛村吹填工程完工。

12 月 15 日 水电部十三局四分局承建的孤东集中处理站吹填土工程竣工，被评为全优工程。

是月 水电部十三局荣获水电部颁发的烟台市开发区地基吹填、漳泽电厂贮灰场灰坝优质工程证书。

是月 潘国良兼任水电部十三局总工程师，黄正宇任总经济师，刘汉清任工会主席。

是年 水电部十三局开始参加离退休费用行业统筹。水电部十三局根据省军区和德州军分区的指示，建立了水电部十三局预备役部队。

1987 年

1 月 8 日 刘福主持水电部十三局党委工作。

是月 水电部十三局用 30 辆奔驰货车与水电部十四局换回部分陆上土石方施工机械 。

2 月 14 日 水电部十三局签订广利河入海航道疏浚工程合同。

3 月 27～28 日 水电部十三局召开第三次党代会。德州地委秘书长王晓到会致贺词。地委组织部副部长孟宪亮出席会议。会议选举产生了第二届党委会，刘福为书记，康明东为副书记。

3 月 28 日 水电部十三局在《工程局“七五”期间社会主义精神文明建设实施规划》中，正式确定“从严、求实、开拓、拼搏”为水电部十三局的企业精神。

4 月 6 日 经中共水电部水利水电建设局党组批复，刘福为水电部十三局党委书记。

6 月 全国老旧矿用汽车改造经验交流会在水电部十三局召开。

是月 水电部十三局通过中水公司，以出劳务形式，承接实施了巴基斯坦 KPOD/DPOD 排渠重建工程土方施工，首次进入国外工程承包市场。

7 月 水电部十三局设立法律事务室。

7～8 月 水电部十三局闭路电视安装就绪、试播。

8 月初 水电部十三局中标岳城水库加固工程，成立岳城水库联合施工指挥部、水电部十三局岳城水库施工指挥部。

8 月中旬 水电部十三局各级领导干部一律实行聘任制、选聘制和目标责任制相结合的干部任用制度。

是月 水电部十三局职工思想政治工作研究会成立。

9 月 4 日 马凤楹任水电部十三局纪委书记。

是月 成立水电部十三局北京办事处。

11月15日 岳城水库工程开工。

12月 水电部十三局聘任各二级单位局（厂）长。

是月 经水电总公司批准，水电部十三局试行局长负责制。

1988年

1月6日 水电部十三局机关新办公大楼竣工。

1月11～13日 水电部十三局召开第三次团代会。

1月20～24日 水电部十三局召开第三次职代会暨工会会员代表大会。

是月 水电部十三局开始推行以厂长为首的全员承包经营责任制。

2月3日 水电部十三局三分局承建的平原棉纺厂工程破土动工。

2月下旬 通过议标，水电部十三局承接南京马汉河工程。

4月14日 江苏省副省长凌启鸿视察水电部十三局南京马汉河施工工地。

是月 水电部十三局、局党委、局工会联合发出了贯彻全民所有制工业企业三个条例的《实施细则》，并在全局范围内全面试行。

是月 水电部十三局对原有的公费医疗制度进行改革，采取了医药费包干，超支按比例报销，节约按比例分成的办法。

5月16日 水电部十三局机关机构改革方案公布。

是月 水电部十三局成立多种经营开发部。

9月 水电部十三局离退休科技协会正式成立。

10月 水利电力部撤销，成立能源部、水利部，水电部十三局隶属中国水利水电工程总公司，两部共管，挂靠能源部。

12月16日 南京马汉河工程举行总结表彰大会。江苏省委副书记孙颔和南京市委书记张耀华等参加大会。

12月29日 山东省委秘书长马仲才来水电部十三局巡视工作。

是月 水电部十三局承建巴基斯坦KPOD/DPOD排渠工程和贾米诺水利工程。

1989年

1月16日 水电部十三局成立国外工程办公室。

1月21～23日 水电部十三局召开三届二次职代会，水电总公司董事长刘书田到会讲话。

5月20日 水电部十三局下发《关于合作建房的通知》。

是月 水电部十三局三分局承建的寿光倒虹吸工程被山东省引黄济青指挥部评为优质工程，四分局承建的枣庄大沙河工程被山东省评为优质工程。

6月 水电部十三局开展“抓管理上等级，全面提高企业素质”工作。

8月4日 沟盘河水库开挖工程完工，为地方节约投资169万元。

9月10日 水利部副部长张春园、基建司长朱云祥到岳城水库工地检查工作。

9月27日 水电部十三局设立监察室。

10月20日 水电部十三局党校正式成立。

11月8日 水电部十三局成立上海联络处。

是年 水电部十三局开始尝试推行项目法施工。

1990年

2月22日 经水电总公司批准，水电部十三局副局长张剑英离职休养。

是月 水电部十三局企业处成立，撤销多种经营开发部。

3月15日 李鸿寿、张恒涛、王天栋当选德州市第11届人大代表。

10月14日 能源部部长黄毅诚、国家能源投资公司总经理姚振炎等一行来水电部十三局看望干部职工。

10月15日 《开拓者报》出刊1000期，水电部十三局党委召开纪念会。德州地、市有关部门领导参加会议。

是日 水电部十三局四分局承接的元宝山露天煤矿剥离工程举行开工典礼。中央电视台在新闻联播中播出。

10月17日 水电部十三局中标的内蒙古河套总排干工程开工。

是月 水电部十三局第一幢集资楼和平房交付使用。

是年 水电部十三局三分局、四分局被评为“省级先进企业”。

是年 水电部十三局首次出现700万元大额亏损。

1991年

1月30日 张林、张广旗任水电部十三局副局长。

3月12日 水电部十三局在广东珠海签订珠海西区太平湾吹填造地施工合同。

4月11～13日 水电部十三局召开第四次党代会。水电总公司副总经理方松出席大会并讲话，德州地委秘书长李怀喜到会致贺词。会议选举产生了第四届党委会，刘福为书记，康明东为副书记。

4月18日 水电部十三局成立珠海工程施工指挥部，决定直属五队、七队到珠海施工。

5月7～8日 水电部十三局召开第四次团代会。团地委书记袁秀和等到会祝贺。

5月21日 水电部十三局承接巴基斯坦明普卡什水利工程。

6月19日 内蒙古自治区区委书记王群率自治区、巴彦淖尔盟和河套总排干管理局领导到水电部十三局河套工地视察。

9月3日 水电部十三局成立史志编纂委员会。

9月5日 由烟台救捞局8号拖轮拖带的水电部十三局350-2号挖泥船，在拖航途中倾覆沉没。

9月27日 水利部副部长严克强到水电部十三局河套工地看望职工。

10月7日 水电部十三局确定1962年11月3日为建局日。

10月25日 水电部十三局承接的太浦河上海段治理工程试生产，上海市委书记吴邦国、市长黄菊到挖泥船观看试生产。

12月20日 水电部十三局机关职能处室由24个减为18个。

是年 水电部十三局承建的岳城水库加固工程全面竣工。

1992年

2月26～29日 水电部十三局召开第四届职代会暨工会会员代表大会 。

5月13日 肖仲谋任水电部十三局总会计师。

5月25日 水电部十三局下发《水电部十三局推行项目法施工初步方案》。

5月27日 水电部十三局下发《关于选项试点推行项目法施工的通知》。

6月 水电部十三局施工的岳城水库大坝加固工程被评为部优质工程。

7月27日 水电部十三局召开第二次科技大会。

7月28日 水电部十三局召开首次多种经营工作会议。

8月3日 经水电总公司批准，水利电力部第十三工程局更名为中国水利水电第十三工程局（简称水电十三局）。

9月9日 水电十三局被评为“全省统计工作先进单位”。

9月19日 水电十三局名列中国五百家最大建筑企业第269名。

11月3日 李鹏总理、钱正英副主席等领导为水电十三局建局30周年题词，局隆重举行建局30周年庆祝活动。

11月24日 水电十三局举行首次企业现代化成果发布会。

是年 水电十三局三分局被授予“全国电力系统优秀政工企业”荣誉称号。

1993年

1月12日 水电十三局张天存、沈亦凡被国务院授予政府特殊津贴。

是月 水电十三局决定将珠海工程施工指挥部更名为珠海公司。

2月5日 水电十三局三项制度改革领导小组成立。制定了《干部人事、劳动用工、工资分配配套改革总体方案》、《干部聘任（聘用）实施方案》、《工人岗位劳动合同实施方案》。

2月25～27日 水电十三局召开第四届二次职工代表大会，讨论通过住房、工资、人事、医药等重大改革方案。

3月25日 水电十三局工会被评为“全国水电先进工会”。

4月30日 水电十三局五分局职工董保计获山东省总工会“富民兴鲁”奖章。

6月5日 水电十三局签订巴基斯坦帕特菲德水利工程合同。

6月12日 水电十三局召开局机关全体人员动员大会，公布了局机关“定编、定员、定职、定责”方案及局机关干部聘任（聘用）程序及日程安排和待岗人员管理暂行办法（试行）等文件。

7月1日 水电十三局实施了新旧会计制度的接轨，开始执行新的行业财务制度和会计制度。

7月8日 珠海电视台播出专题片，高度评价水电十三局为珠海特区建设作出的贡献。

7月14日 水电十三局勘测设计室更名为中国水利水电第十三工程局勘测设计院。

7月20日 水电十三局机关机构改革，精简后的局机关设置15个处室，编制定员133人。

8月17日 水电十三局制定《中国水利水电第十三工程局国外工程施工项目暂行管理办法》。

8月21日 水电十三局印发《中国水利水电第十三工程局住房制度改革试行办法》。

是日 水电十三局成立中国水利水电第十三工程局机械施工研究所。

9月1日 水电十三局住房制度改革工作正式开始实施。

11月10日 水电十三局名列全国最大经营规模建筑企业500家第307位。

12月 水电十三局召开全局党建工作经验交流会暨思想政治工作研讨会。

是年 水电十三局开始实行经营目标责任制。

1994年

1月14日 水电十三局购进的荷兰产海狸3800型绞吸式挖泥船抵达珠海，命名为“德昌”号。

1月19日 水电十三局承接太浦河、望虞河疏浚工程。

1月25日 水电总公司党组书记、总经理张基尧来到水电十三局检查指导工作。

2月19日 水电十三局成立中国水利水电第十三工程局第二分局。

5月 水电十三局珠海第五疏浚公司被电力工业部和全国水电工会授予“全国电力工业先进集体”光荣称号。于成铎、赵士哲荣获“全国电力工业劳动模范”光荣称号。

6月9日 水电十三局制定《对外经营管理办法》。

6月14日 水电总公司多种经营北方片会议在水电十三局召开。

是月 水电十三局被评为“全国清产核资先进单位”。

8月 水电十三局承接长江三峡工程土石方开挖设备监理。同年成立了三峡工程租赁设备监理处。

9月4日 水电十三局总会计师肖仲谋调往闽江工程局工作。

是月 中国水利学会批准筹建成立机械疏浚专业委员会，挂靠水电十三局。

11月12日 水电总公司宣布，水电十三局三项制度改革工作验收合格，岗位技能工资制度从10月1日起实施。

12月2日 水电十三局与三峡总公司设备公司签订三峡一期工程租赁设备监理合同书。

12月12日 张训华任水电十三局总会计师。

12月30日 水电十三局四届三次职代会联席会通过局岗位技能工资制度实施方案。

是月 水电十三局承接马来西亚拉让河吹填造地工程。

是年 水电十三局名列中国500家最佳经济效益建筑企业第94位。

1995年

1月16日 水电十三局决定从1995年1月起，在全局范围内全面建立职工住房公积金制度。

是月 水电十三局成立了驻马来西亚经理部。

2月25日 水电十三局试行内部劳动力市场管理。

4月1日 水电十三局全面执行企业补充养老保险和个人储蓄性养老保险制度。

5月5日 深圳河治理工程招投标揭晓，水电十三局等组成的联营体中标。

5月9日 童劲松被山东省政府授予“劳动模范”称号。

5月22日 水电总公司党组决定，任命张广旗为水电十三局党委书记；增补张林为党委常委。水电总公司决定，聘任张林为水电十三局局长；张广旗兼任副局长；刘起涛为副局长。

6月2日 水电十三局成立审计处。

6月8日 水电十三局被评为全省“涉外安全保卫工作先进单位”。

6月15日 水电十三局撤销原水电十三局财务审计处，成立水电十三局财务处。

6月17～18日 水电十三局副局长张广旗参加在北京举行的中国与荷兰IHC公司合作100周年庆祝活动。

7月7日 水电十三局第六工程队更名为天津工程处。

7月11日 水电十三局成立局社会保险事业管理中心。

8月14日 水电十三局撤销基地管理处，成立基地管理分局和房地产开发部。

是月 水电十三局成立了国家安全工作领导小组。

9月2日 深圳市委书记厉有为、市长李子彬视察水电十三局深圳河一期工程，慰问施工人员。

10月12日 水电十三局成立驻巴基斯坦工程项目经理部。

11月6日 水电十三局中标南宁—北海高速公路南宁至南间段No.10合同段。

11月8日 水电十三局召开职代会职工代表团团长及工会委员会委员联席扩大会议，审议并通过了《水电十三局领导班子任期目标责任书》。

11月16日 水电十三局召开职代会职工代表团团长及工会委员会委员联席扩大会，审议并原则通过《局全员劳动合同制实施方案》、《局待岗职工管理暂行规定》、《职工违纪处理暂行规定》、《局职工内部退养暂行规定》。

11月22日 水电十三局召开全员劳动合同签订鉴证大会。

12月20日 水电十三局向荷兰IHC公司订购的海狸3800型挖泥船“德盛”号到达上海港。

12月28日 水电十三局成立思想政治工作办公室。

1996年

1月17日 水电总公司决定聘任童劲松、李长春为水电十三局副局长。

1 月 24 日 水电十三局成立路桥第一、第二工程处。

1 月 29 日 全国人大常务委员会常委、资源环境委员会副主任、原水利部部长杨振怀视察水电十三局深圳河治理工地。

是月 水电十三局成立实业开发部，局长张林兼任开发部主任。

3 月 11～13 日 水电十三局召开第五次党代会。选举张广旗为水电十三局党委书记，康明东为副书记；选举马凤楹为纪委书记。

3 月 22 日 水电十三局党委印发《水电十三局 1996～2000 年精神文明建设规划》。

4 月 12 日 水电总公司授予水电十三局三分局为 1995 年度水电总公司系统“文明单位”称号。

5 月 15 日 电力部授予潘德琮 1995 年度电力清产核资“先进个人”荣誉称号。

5 月 17 日 原水电十三局局长袁鉴调水利部淮委沂沭泗管理局工作。

5 月 28 日 水电十三局印发《水电十三局文明单位建设管理办法（实行）》及《考评实施细则》。

7 月 9～10 日 水电十三局召开第五次团代会。

7 月 14 日 水电十三局三分局被电力部评为“全国电力系统首届双文明单位”。

7 月 29～30 日 水电十三局撤销干部处、劳动工资处、生产经营处、教育培训中心，成立人事劳动处、经营合同处、生产技术处、教育处、安全设备处（安全监察处）、勘测设计院（机械施工研究所）。

8 月 6 日 水电十三局决定撤销企业处。

9 月 9 日 水电十三局珠海公司 350-3 号挖泥船因遇 15 号强台风，沉没于澳门机场附近水域。

11 月 12 日 水电十三局签订泰国巴帕南水闸项目挡潮闸上下游引河土方开挖合同。

12 月 3 日 车伟力任水电十三局副局长。

12 月 26 日 水电十三局召开职代会各代表团长、专业委员会负责人联席会议，审议并通过局工资调整实施方案。

是年 水电十三局取得了水利水电施工一级资质。

1997 年

2 月 17～24 日 水电十三局在局干校举办了首期项目经理培训班。

2 月 24 日 水电十三局成立水电十三局内部银行。

2 月 26～28 日 水电十三局第五次职工代表暨会员代表大会召开。

3 月 25 日 水电十三局中学考点被评为“全国先进集体”。

5 月 16 日 刘汉清任水电十三局工会主席。

6 月 5 日 何占颂任水电十三局副局长、李长春兼任总工程师。

6 月 13 日 水电十三局成立电力部人才交流服务中心水电十三局人才服务中心。

7 月 10 日 水电十三局制定《水电十三局职工内部退养暂行办法》。

8 月 21 日 水电十三局被评为“AAA 级信用企业”。

9月30日 刘炳刚任水电十三局党委副书记。

10月5日 水电总公司决定，聘任童劲松为水电十三局局长、康明东为副局长。

10月28日 《水电十三局职工劳保医疗试行办法》实施。

11月3日 水电十三局签订深圳河治理二期工程B标段施工合同。

11月21日 水电十三局机关机构改革方案出台，调整后由1室、13处、3部组成；人员由原来的172人减为116人。

是年 水电十三局正式启动ISO 9000标准的贯标认证工作。水电十三局开始试行党风廉政建设责任制。

1998年

1月9日 中共德州市委组织部批复：童劲松任中共水电十三局党委常委，张林不再担任中共水电十三局党委常委。

1月23日 水电十三局决定将汽车修理厂改为汽车修理总厂。

3月27日 根据1997年与水电总公司签订承包协议完成情况，水电十三局局长童劲松、书记张广旗获水电总公司三等奖。

3月30日 局确定原实业开发部所属的奔驰汽车服务中心为内部股份合作制试点单位。

4月3日 成立水电十三局投标公司。公司下设：国际工程部，国内工程一部、二部、三部及综合部。同时撤销经营合同处。

4月29日 水电十三局汽修总厂被评为1997年度省级“重合同守信用”企业。

5月6日 水电十三局《开拓者报》改名为《开拓者》，每期发行量2000份。

7月9日 水电十三局副局长刘起涛调水电集团公司工作。

8月3日 水电十三局成立再就业工作领导小组。

8月21日 水电十三局成立北京水系治理工程项目部。

9月1日 水电十三局基本养老保险移交山东省管理。

9月14日 水电十三局承接济南市引黄供水鹊山调蓄水库沉沙条渠工程施工任务。

9月28日 水电十三局党委书记张广旗参加中共德州市党代会，当选为省党代会代表。

10月5日 水电十三局鹊山调蓄水库举行开工奠基仪式，山东省委副书记、副省长宋法棠等领导为工程奠基。

10月6日 水电十三局成立水电集团公司德州国际工程部。

10月9日 水电十三局召开职代会代表团（组）长扩大会议，审议通过《水电十三局下岗职工基本生活保障和再就业工作管理办法》。

11月 水电十三局与三峡总公司设备公司签订了三峡工程二期租赁设备监理合同书。

是月 水电十三局财务处通过了总公司组织的会计电算化验收，实现了会计电算化。

12月25日 水电十三局职代会主席团及代表团（组）长扩大会议审议通过，贯彻水电集团公司《关于调整水电施工企业工资收入分配结构的意见的通知》实施办法。

是日 水电十三局北京“六海”清淤整治工程Ⅱ标、西海淤泥管道输送工程通过验收，被评为优良工程。

12月29日 水电十三局获得建设部公路工程施工一级资质、交通部公路工程从业单位资信一级证书。

是年 水电十三局开始实行经济责任状制度。

1999年

1月29日 水电总公司《水利水电工程报》以“国家疏浚专业队伍——水电十三局来到北京”为标题，整版介绍了水电十三局北京水系治理工程情况。

2月1日 水电十三局中标济南泵站土建工程，合同额为1138万元。

2月14日 水电十三局成立兴达疏浚股份有限公司。

2月16日 水电十三局签订坦桑尼亚塔布拉工程合同，合同额523万美元，工期18个月。这是水电十三局进军非洲工程承包市场后承接的第一个项目。

3月22日 水电十三局签订孟加拉迈格哈特电厂场地准备项目合同，合同额2951万美元。

3月23日 水电十三局成立设备租赁公司。

3月27日 水电十三局中标济南供水输水管线土建工程，合同额为4355万元。

3月29日 水电十三局太湖项目经理部更名为六分局。

是日 水电十三局成立再就业服务中心。

4月8日 水电十三局中标济南引黄蓄水玉清湖水库围坝工程，合同额为9421万元，工期自1999年4月20日至2000年12月30日。

4月27日 水电总公司总经理郭建堂考察了水电十三局北京“六海”清淤工程。

5月17日 根据局1998年各项经济指标完成情况及综合考核，水电十三局局长童劲松、书记张广旗获水电总公司三等奖。

5月20日 水电十三局承接河南省商开高速公路6标B段工程，合同额为4000万元，工期至2000年12月。

5月28日 水电十三局中标南四湖二级坝第三节制闸加固改造工程，合同额为1778万元，工期自1999年6月至2000年9月20日。

6月13日 水电十三局北京“六海”清淤二期工程通过验收，被评为优良工程。

6月14日 水电十三局德州基地电话总机并入德州市话网。

6月30日 水电十三局印发《关于职工劳动合同期满终止合同有关问题的通知》。

7月20日 成立水电十三局职业技能鉴定所。

8月29日 水电十三局中标孟加拉国达卡市供水项目合同三工程。

9月27日 水电十三局副局长车伟力调水电集团公司工作。

10月15日 水电集团公司确定水电十三局李长春为河道疏浚与整治工程领域专业技术带头人，黄林栋等为机电制作安装与施工机械领域专业技术带头人。

10月28日 水电十三局成立质量管理处。

11月19日 水电十三局与德州市联兴房地产公司联合开发的局医院扩建工程举行奠基仪式。

是日 水电十三局国家安全领导小组被山东省国家安全厅评为“全省国家安全工作先进集体”。

11月22日 水电十三局中标孟加拉国达卡市供水项目第六合同段工程。

12月15日 水电十三局质量体系符合ISO 9002标准，取得质量体系认证证书。

是年 水电十三局取得建设部颁发的公路工程施工一级资质、交通部颁发的公路工程施工一级资信。

2000年

1月6日 水电十三局印发《水电十三局调整水电施工企业基本工资标准实施办法》。

是日 水电十三局对职工施工津贴及假期管理办法进行修订。

1月14日 经德州市教委批准，水电十三局中学自2000年秋季起恢复高中部。

2月4日 水电十三局中标济南玉清湖水库出库泵站土建与机电设备安装工程，中标价为1458万元，2000年2月10日开工，工期224天。

3月5日 水电十三局中标云南嵩待高速公路2合同段工程，合同价为8151.5万元，工期2年。

3月8日 水电十三局中标宁夏扶贫扬黄一期工程固海扩灌2干渠工程，合同额为1983.86万元，工期自2000年3月25日至2001年3月10日。

3月12日 局长童劲松在参加一分局职代会讲话时，首次提出了“不甘落后，争创一流；勇于开拓，敢担风险；勇于拼搏，百折不挠；不计得失，勇于奉献”的四种精神。

4月26日 水电十三局三分局副局长戚继舫被山东省总工会授予“山东省富民兴鲁劳动奖章”。

5月1日 中央政治局委员、山东省委书记吴官正等领导到水电十三局承建的济南玉清湖水库项目视察。

5月10日 水电十三局三分局、职工医院、橡胶制品厂、兴达公司被水电总公司授予1999年度水电总公司系统“文明单位”荣誉称号。

5月11日 水电十三局孟加拉迈格哈特场地准备项目取得2、3区以及项目总完工证书。

5月19日 水电十三局在1999年水电总公司系统企业经济效益指标考核中位列第二名。局长童劲松、书记张广旗获一等奖。

5月24日 经中共德州市委批准，李长春、何占颂任中共水电十三局委员会委员、常委；李汝伟任中共水电十三局委员会常委。

6月28日 水电十三局成立驻孟加拉经理部。

7月12日 水电十三局济南鹊山调蓄水库沉沙条渠工程被评为优良工程。

7月13日 受朱镕基总理委托，国务院三峡建设委员会邀请水电十三局三峡设备监理处座谈，局长童劲松等赴京参加座谈会。

7月27日 水电十三局成立局中心试验室。

8月8日 山东省委副书记、省长李春亭等视察水电十三局承建的玉清湖工程工地。

8月23日 水电十三局与内蒙古交通厅亚行贷款公路项目执行办公室签订合同，承接阿尔善霍林郭勒公路AHC11合同段工程，合同价为2405万元。

8月30日 水电十三局被评为“国电公司思想政治工作先进单位”，三分局被评为“1998～1999年度国电公司系统双文明单位”。

9月4日 水电十三局中标安庆市城市防洪墙块石墙改建工程B标，中标价1396.02万元，工期自2000年9月8日至2001年5月25日。

9月9日 水电十三局承接孟加拉帕可西大桥项目河道整治工程。

9月14日 经三峡质保中心严格审核，水电十三局汽修总厂通过ISO 9000质量体系标准认证。

9月21日 水电十三局党委书记张广旗参加第20届国际大坝会议和第68届年会。

10月3日 水电十三局副局长何占颂被中国建设协会评为2000年度全国建筑业优秀项目经理。水电十三局北京水系治理工程项目部被水电集团公司评为“1999年度质量管理先进项目部”，刘晓辉、赵庆斌被评为1999年度质量管理先进工作者。

10月10日 中国外经贸部代表团在水电十三局纪委书记马凤楹的陪同下，参观了局孟加拉场地准备项目。

10月16日 水电十三局召开职工代表大会联席会议，审议通过了德州双龙实业有限公司成立总体方案。

10月19日 水电十三局签订荣城市城区泻湖疏挖结合吹填造地工程施工合同，该工程是荣城市2001年十大重点工程之一，设计疏挖结合吹填土方量约500万米^3，合同工期30个月。

是日 水电十三局四分局中标内蒙古自治区那吉屯—尼尔基公路NNC03合同段工程，合同造价2700余万元，工期自2000年10月至2002年10月。

10月23日 水电十三局获“省级重合同守信用企业”称号。

11月2日 水电十三局中标巴基斯坦拉瓦尔品第城市供水及污水处理工程。

11月11日 水电十三局被中国建设银行山东省分行评为“AAA级企业”。

11月20日 由水电十三局承建的坦桑尼亚塔布拉供水工程顺利取得完工证书。

12月8日 水电十三局九景项目部中标江西省赣抚大堤加固整治南1段工程，中标价为1200万元。

12月18日 水电十三局汽修总厂正式挂牌建立徐工集团重型机械德州特约维修站。

12月26日 水电十三局召开第三次科技大会。

12月28日 水电十三局被评为“水电集团公司思想政治工作先进单位”和“‘三五’普法先进单位”。東立、陶育华被评为“思想政治工作先进工作者”，魏达被评为“勤廉兼优先进典型”，王文珏、沈清被评为“‘三五’普法依法治理先进工作者”。

是年 水电十三局在经营方面取得四项证书：山东省工商行政管理局颁发的省级重合同、守信用企业证书，国家民航总局颁发的民用机场施工许可证，交通部颁发的航道工程施工壹级资信，山东省建设厅颁发的省级安全施工许可证。

2001年

1月5日 水电十三局职代会联席会议，通过水电十三局职工医院体制改革总体方案。

1月8日 水电十三局投资控股的九龙实业公司银龙大酒店举行开业典礼。

1月10日 水电十三局局长童劲松被建设部与中国建筑业协会授予“全国优秀建筑企业经理”荣誉称号。

1月17日 水电十三局召开医院院长竞聘大会。

1月18日 水电十三局汽修总厂正式挂牌建立捷克太脱拉汽车德州特约维修中心。

2月9日 刘炳刚任水电十三局纪委书记（兼），李汝伟任水电十三局工会负责人，魏达任水电十三局总经济师，姚国良任水电十三局总会计师。

2月11日 根据国务院和德州市有关规定，水电十三局决定从2001年1月1日起，实行职工基本医疗保险。

2月15日 水电十三局五届五次职代会代表审议，一致通过对多年来一直亏损的六分局实施整体下岗。

2月17日 水电十三局召开了项目法施工管理经验交流会。

2月19日 水电十三局承接安徽省枞阳县江堤永丰圩及永久圩段混凝土护坡（Ⅱ标段）工程，产值合计1398万元，工期100天。

2月22日 水电十三局下发《关于印发中国水利水电第十三工程局加强劳动合同管理、理顺劳动关系有关规定的通知》。

2月26日 水电十三局印发《水电十三局经营工作管理办法》。

是日 水电十三局局长童劲松前往湖南长沙参加国电公司召开的水电建设管理座谈会。

3月12日 水电十三局被中国施工企业管理协会评为“全国质量效益型先进施工企业”。

3月13日 水电十三局成立局劳务管理中心。

3月15日 水电十三局党委书记张广旗前往长沙与澳大利亚纽曼公司约翰纽曼董事长洽谈业务。

3月19日 水电十三局中标安徽省淮北市东外环路D段第一标段道路及排水工程，中标价为1536万元，工期120天。

3月30日 水电十三局三分局实施的南四湖二级坝三闸加固改造工程竣工，被评为优良工程。

4月4日 水电十三局荣获“2000年水电集团公司党风廉政建设优良单位”，三分局、兴达公司、橡胶厂、医院被评为“2000年度水电集团公司双文明单位”。

4月19日 水电集团公司总经理郭建堂、总经理助理郭志来水电十三局指导工作。

4月26日 水电集团公司党组中水电党〔2001〕25、31号文件，决定杜鸿礼任中共水电十三局党委委员、常委、副书记；李汝伟任水电十三局工会主席。

5月4日 全国政协副主席、中国工程院院长宋健一行视察水电十三局荣成绿岛湖工地。

5月18日 水电十三局中标乌兹别克斯坦苏岛彻湿地改造项目基础设施建设工程，中标金额为270万美元，工期1年。

5月21日 水电十三局局长童劲松等应邀参加了巴基斯坦驻华大使里亚兹·霍哈尔在北京长城饭店举行的盛大宴会，隆重庆祝巴、中建交50周年。

是日 水电十三局内部银行更名为局资金结算中心。

5月28日 水电十三局成立职工培训中心、职业技能鉴定所，撤销电大、干校、技校。

6月6日 水电十三局党委印发《水电十三局试行中层领导干部任前预告的暂行规定》。

是日 经山东省建筑企业混凝土建筑构件厂试验室定级工作领导小组评定，水电十三局中心试验室被评为“建筑工程试验室二级技术资质”。

6月13～14日 全国水电局（厂）第十一次工会联席会议在水电十三局召开。全国水电总工会主席吕保柱、水电集团公司副总经理刘经迪等领导以及山东省总工会、德州市总工会有关领导出席了会议。

6月22日 水电十三局中标宁夏吴忠市北一环道路A标段工程，合同价为1035.6万元，工期自6月29日至10月26日。

6月23日 山东省纪委三室主任赵云宽一行，在德州市纪委副书记陈焕然的陪同下，来水电十三局检查指导工作。

6月26日 英国咨询向水电十三局孟加拉场地项目发放了最终完工证书。至此，水电十三局已全部完成了孟加拉迈格哈特场地准备项目的全部施工任务。

6月29日 水电十三局荣获“2000年度省级文明单位”称号。

7月4日 水电十三局承接玉清湖水库排渗及减压井工程施工项目，合同金额1200多万元，合同工期至2001年9月30日。

7月6～10日 水电十三局副局长康明东前往海南省海口市参加上海水电综合楼第十三次股东会议，内容为转让出售集资入股的水电综合楼。

7月10日 水电集团公司总工程师付元初、工程管理部主任高翔就有关资质问题来水电十三局检查指导工作。

7月11日 水电十三局首次举办职业技能鉴定考试。

8月2日 水电十三局承接黄河挖河固堤工程，合同产值1118万元，合同工期自2001年9月1日至2001年11月30日。

8月21日 宁夏自治区党委书记毛如柏等自治区领导在吴忠市委书记赵延杰、市长马国林、常务副市长李锐的陪同下，视察了水电十三局吴中市北一环道路及排水工程工地。

8月31日 水电十三局党委作出实行领导干部交流任职的规定。

9月13日 水利水电第二届医学工程技术交流会在水电十三局医院召开。

10月31日 水电十三局中心试验室获交通部乙级试验检测资质。

11月11日 水电十三局承接菲律宾邦邦河Ⅱ期五号标帕萨格河疏浚工程。工程价格为1777.38万美元，工期为17个月。

11月22日 水电十三局党委书记张广旗前往北京参加中国疏浚协会第一届理事会暨成立大会，水电十三局为团体会员单位。

11月25日 水电十三局加入中国公路建设行业协会。

12月11日 水电十三局中标重庆市涪陵城区移民迁建防护工程（三区）乌江一段（Ⅱ）标工程，中标价为4700万元，工期自2001年12月18日至2002年12月15日。

12月17日 水电集团公司、集团公司党组对水电十三局领导班子作出调整：童劲松连任局长，杜鸿礼任代理党委书记，李长春任副局长兼总工程师，何占颂任副局长，魏达任总经济师，姚国良任总会计师。

12月26日 水电十三局召开会议，部署进入局再就业中心3年托管协议期满出中心工作。

2002年

1月24日 水电十三局中标安徽省临淮岗洪水控制工程深孔闸土建、金属结构及电气设备安装工程，合同额3897.39万元，工期18个月。

1月25日 水电十三局中标长江重要堤防隐蔽工程芜裕河段崩岸治理工程，合同额1419.49万元，工期3个月。

1月28日 水电十三局中标南四湖韩庄节制闸加固改造工程，合同额3827.8万元，工期25个月。

1月30日 水电十三局中标青海西久公路白玉至久治段三级公路路基工程，合同额1358万元，工期自2002年4月1日至2002年8月31日。

1月31日 根据2001年各项经济指标完成情况及综合考核，水电十三局局长童劲松、书记张广旗获水电集团公司一等奖。

2月9日 水电十三局成立市场开发部、国际工程部，并分别下设四个处：综合处、一处、二处、三处。撤销局投标公司、局国外工程处。

是日 水电十三局成立海狸4601挖泥船队。

是月 水电十三局成立工程局监理中心，取得法人资格。

3月4日 水电十三局局长童劲松在局工作会议报告中提出“不甘落后，争创一流；不畏难难，勇挑重担；不怕挫折，锲而不舍；不计名利，乐于奉献”的四种精神，并把它确定为水电十三局的团队精神。

3月4～6日 水电十三局召开第六次职工代表、工会会员代表大会暨局工作会议。讨论通过了2002～2005年局长任期目标。选举产生了新的一届局工会委员会，选举李汝伟为局工会主席。

3月6～8日 水电十三局召开第六次党员代表大会。水电总公司党组书记、总经理郭建堂，德州市委常委、市直机关工委书记迟丽华等领导出席并讲话。大会选举杜鸿礼为局党委书记，刘炳刚为党委副书记、纪委书记。

3月11日 水电十三局工会被中国能源化学工会全国委员会评为“2001年度电力系统工会工作先进单位”。

3月13日 水电十三局三分局安庆城市防洪墙改造工程项目部被水电集团公司评为“2001年安全生产先进单位”，戚继舫被评为“优秀项目经理”。

3月17日 水电十三局四分局承接的南宁至吴圩机场高速路，受到中国市政工程协会表彰，获得“2001年度市政金杯示范工程”荣誉称号。

3月18日 德州市总工会批复：李汝伟任水电十三局工会主席。

3月26日 水电十三局新购荷兰IHC公司的海狸1200绞吸式挖泥船抵达菲律宾项目。

4月3日 水电十三局孟加拉供水合同六6B、6C项目获得由咨询工程师签发的竣工证书。

4月11日 杜鸿礼任水电十三局党委书记。

4月15日 水电十三局取得水利水电工程施工总承包一级、市政公用工程施工总承包一级、公路工程施工总承包二级、房屋建筑工程施工总承包三级、公路路基工程专业承包一级新资质。

4月18日 水电十三局孟加拉达卡供水工程取得全部竣工证书。

4月26日 水电十三局三峡设备监理处被三峡总公司评为“2002年三峡工程安全生产先进单位”。

5月14日 水电十三局被国家电力公司评为“电力施工机械安全管理先进单位”，随守信被评为“先进个人”。

5月15日 德州市人民政府印发《关于回收中国水利水电第十三工程局划拨国有土地使用权的通知》，收回水电十三局办公大楼以北、湖滨路以西、市百货大楼以南、市政府办公用地以东共9445米^{2}划拨国有土地使用权，给予地上附着物等经济补偿556.5万元。

5月21日 水电十三局中标由世界银行贷款的内蒙古自治区路网改造项目百灵庙至稀拉穆仁公路土建工程第BX-1合同段，合同价为1770余万元，工期至2003年9月30日。

5月23日 共青团水电十三局第六次代表大会召开。

6月17日 水电十三局与水电七局联营体中标高摩赞大坝综合开发项目——设计采购施工/交钥匙实施工程，合同总额7300万美元。

6月27日 中国农业银行山东省分行授予水电十三局2002年度“AAA级信用企业”。

7月1日 水电十三局四分局签定新疆中巴公路喀什段公路建设工程合同，合同额4826.4万元，工期15个月。

7月5日 水电十三局召开第六届职代会第一次联席会议，讨论通过调整工资分配结构事宜。

7月5～26日 水电十三局解除（终止）劳动合同的部分人员到局机关上访，聚集、静坐并两次绝食。局按照国家、省、市有关文件精神和局内部规定，拟定了《关于部分与我局解除（终止）劳动合同人员上访所提问题的答复意见》，并按此意见进行了答复、落实。

7月8日 水电十三局中标江西赣州信丰至定南高速公路项目B3－2标段工程，合同额7280万元，工期1年。

7月10日 中共国家电力公司党组国电党〔2002〕28号文件：水电十三局、水电十三局三分局被评为“2000～2001年度国家电力公司双文明单位”。

7月15日 在德州市经济开发区管理委员会举行水电十三局工业园项目签字仪式，水电十三局以910万元购买德州经济开发区259.54亩土地，用于建设工业园。

7月18日 因湖滨南路拓宽，水电十三局二分局、机械厂、汽修总厂、物资处、基地处等沿街部分建筑物拆除。

7月24日 水电十三局综合楼破土动工。

8月1日 水电十三局承接肯尼亚爱尔德雷特排污工程，合同额410万美元，工期18个月。

8月10日 水电十三局中标云南澜沧县多依林水库除险加固溢洪道加固工程，合同额807.9万元，工期1年4个月。

8月16日 山东省省长张高丽等视察水电十三局荣成绿岛湖开发造地工地。

8月20日 水电十三局成立工业园筹建处，总经济师魏达兼主任。

是日 水电十三局宣传部沈清获“2002年度全国侨务信访工作先进个人”称号。

8月23日 水电十三局副局长李长春当选德州市质量检验协会副会长。

8月30日 德州经济开发区规划局批准水电十三局工业园规划方案。同日，水电十三局召开第六次职工代表大会第二次联席会议，审议通过关于土地置换和建设工业园方案。

9月7～12日 四川三峡质量保证中心审核组对水电十三局质量管理体系进行现场审核，审核结论为推荐认证通过。

9月10日 水电十三局被德州市工商行政管理局、德州市企业合同管理委员会评为“诚实信用优秀企业”。

9月13日 水电十三局承接安徽省枞阳县白荡湖闸站工程，合同价为1240万元，工期自2002年9月20日至2003年5月31日。

9月17日 水电十三局工业园举行开工建设奠基仪式，德州市政协主席李怀喜、副市长刘富春、管委会主任许传忠，水电十三局局长童劲松、书记杜鸿礼等领导参加了奠基仪式。

10月14日 水电十三局中标敦化上沟水利枢纽引沙隧洞工程，中标金额1533.26万元，工期自2002年11月至2003年12月。

10月15日 水电十三局一分局机关办公场所由山东省微山县迁入山东省德州市。

10月16日 水电十三局网站正式开通。

10月26日　水电十三局局长童劲松赴新疆参加中巴公路（喀什段）开工典礼，并与中央政治局委员、新疆维吾尔自治区党委书记王乐泉交谈。

是日　水电十三局中标河南商丘至营廓集（省界）段高速公路土建项目第7合同段工程，合同额7608万元，工期24个月。

是日　水电十三局机械厂中标尼尔基水利枢纽工程金属结构平面闸门制造工程，合同额1723万元，工期20个月。

10月28日　水电十三局为庆祝建局40周年，举行40年成就图片展开幕暨《局史》、《禹魂》发行仪式。

10月30日　四川三峡质量保证中心有限公司向水电十三局颁发2000版质量管理体系认证证书，有效期为3年（2002年10月30日～2005年10月29日）。

是月　水电十三局实施的孟加拉迈格哈特电厂场地准备项目和达卡市城市供水项目均被评为“国家电力公司系统优秀境外项目”。

11月3日　水电十三局召开庆祝建局40周年大会，德州市委书记黄胜、市长孙永春，水电集团公司副总经理袁柏松、总经理工作部主任解登发以及局部分离退休的局级领导、省部级劳模、部分员工等800余人参加了大会。

是日　水电集团公司副总经理袁柏松视察水电十三局工业园工地及橡胶厂。

是日　水电十三局三分局中标山东省乐陵市济盐路（沧乐公路）千童大桥工程，合同额1534万元，工期12个月。

11月6日　水电十三局实施的玉清湖水库工程被评为优良工程，获得优良工程奖300万元。

11月12日　中国施工企业管理协会中施企协字〔2002〕16号文件通报，水电十三局法律顾问处于克野荣获“全国施工企业十佳法律顾问”称号。

12月3日　水电十三局被山东省劳动和社会保障厅、山东省财政厅评为“2001年度省直管企业养老保险工作先进单位”。陈桂芝、沈平、方昉、高圣英被评为“先进个人”。

12月23日　水电集团公司党风廉政建设检查组来水电十三局检查指导工作。

12月31日　水电十三局中标云南省通海县杞麓湖调蓄水隧道工程，合同额1395万元，工期自2002年12月31日至2005年6月。

2003年

1月3日　云南省省长徐荣凯到水电十三局杞麓湖调蓄水隧道工程工地视察。

2月8日　水电十三局制作的1200型绞吸式挖泥船下水。

2月10日　水电十三局中标重庆市涪陵滨江路工程（一期）路堤Ⅱ标，中标金额3130.55万元，工期自2003年2月18日至2003年12月31日。

2月12日　水电十三局涪陵城区堤防工程项目部、安徽临淮岗深孔闸工程项目部被水电集团公司评为“2002年度安全生产先进项目部”，戚继舫、张振东被评为“安全生产优秀项目经理”。

3月1日　水电十三局纳入统筹项目内的离退休人员养老金，从即日起由省社会保险事业局实行社会化发放。

3月11日 水电十三局党委决定撤销水电十三局党委办公室、组织部、宣传部，成立局党委工作部，下设组织处、宣传处。

3月14日 水电十三局决定将四分局四达滤清器厂成建制并入局橡胶厂。

3月26日 水电十三局决定撤销原局机关各部门设置，成立局办公室、人力资源部、设备物资部、工程技术部、质量安全部、企划经管部、审计部、财务管理部、离退休管理部、武装保卫部、监察部（与纪委合署办公）、新闻中心（为费用包干单位）。局工会、团委机构设置不变。同时解聘原机关各部门人员职务。

4月8日 河南省副省长李新民及省有关部门领导到水电十三局商亳高速公路项目视察。

4月9日 水电十三局成立局物业管理公司，在注册法人之前，保留基地管理处。

4月28日 水电十三局成立职工子弟学校，下设中学部和小学部，对外仍保留水电十三局子弟中学、水电十三局子弟小学名称，建制不变。

4月29日 水电十三局副总工程师杨涛荣获“山东省劳动模范”称号。

5月4日 水电十三局王笑荣获“2002年度山东省优秀共青团干部”荣誉称号。

5月9日 水电十三局签订南水北调东线一期工程济平干渠第6合同段工程合同，合同价为490.99万元，工期自2003年5月底至2003年9月底，这是水电十三局承接的第一项南水北调工程。

5月27日 安徽省副省长赵树丛及水利部淮委、安徽省水利厅、六安市领导等，视察了水电十三局临淮岗深孔闸项目。

5月30日 水电十三局三分局局长刘晓辉荣获“中国水利水电建设集团公司系统劳动模范”荣誉称号；五分局孔德泰、国际工程部一处周志辉荣获“中国水利水电建设集团公司系统先进生产（工作）者”荣誉称号。

6月3日 水电十三局签订巴基斯坦杜伯华水电站土木与水工钢结构工程总承包合同，合同额为4632万美元，合同工期60个月。此项目是水电十三局全面自主实施的第一个水电站工程。

是日 水电十三局决定将奔驰服务中心成建制并入汽车修理总厂。

6月5日 水电十三局将物资处更名为物资公司。

6月17日 水电十三局中标巴基斯坦卡拉奇输水箱涵二号合同，合同额1632万美元，工期28个月。

6月25日 江西省副省长凌成兴、赣州市副市长兼赣定高速公路总指挥张佩昌等视察水电十三局桃江工地。

6月30日 水电十三局决定将局驻巴基斯坦经理部迁至拉合尔，局驻巴基斯坦经理部在卡拉奇设立办事处。

7月6日 水电十三局中标新疆引额济乌一期一步工程沙漠渠道衬砌工程第Ⅳ标，合同额8389万元，工期24个月。

7月16日 水电集团公司总经理郭建堂在水电十三局局长童劲松等陪同下，视察巴基斯坦高摩赞项目。

7月20日 山东省委、省政府对在全省防治非典型肺炎工作中作出突出成绩的先进个人予以表彰，水电十三局刘延超记三等功。

7月29日 水电十三局中标内蒙古哈磴高速公路第13合同段，中标总价为5453万元，合同工期至2004年7月。

8月8日 水电十三局中标浙江省衢州塔底水利枢纽土建工程，合同额5558.76万元，工期31.5个月。

8月18日 水电十三局举行工业园揭牌仪式。德州经济开发区管委会主任许传忠，德州金益德房地产公司董事长王德志，水电集团公司副总经理付元初，水电十三局局长童劲松、书记杜鸿礼等领导及有关处室、二级单位负责人等300余人参加。

9月2日 水电集团公司聘任赵景涛、于晓为水电十三局副局长；杨涛为水电十三局总工程师。免去李长春水电十三局总工程师职务。

9月8日 水电十三局中标浙江省温州市鹿城区戍浦江河口大闸枢纽工程，合同额5741.3万元，工期28个月。

9月10日 水电十三局承接坦桑尼亚省际道路修复工程6号标，合同额231.3万美元，工期18个月。

9月17日 中共德州市委组织部德组任〔2003〕50号文件，批复增补赵景涛、于晓、杨涛为水电十三局党委委员。

9月30日 水电十三局中标苏州港太仓港区岸线利用（四期）工程万方（太仓）开发建设有限公司围滩造地项目，合同额1.5亿元，工期自2003年10月18日至2004年8月18日。

10月2日 中共中央政治局委员、新疆维吾尔族自治区党委书记王乐泉视察水电十三局新疆引额济乌混凝土衬砌四标工程。

10月7日 新疆维吾尔自治区党委副书记、主席司马义·铁力瓦尔地视察水电十三局中巴公路工程。

10月10日 水电十三局成立水电十三局基础处理分局。

10月17日 水电十三局中标江苏大唐吕四港电厂工程围堤吹填工程2号标段，中标价为1.3亿元。

11月9日 水电十三局家属区北区地热供暖一次调试获得成功。

11月14日 水电十三局三分局中标重庆市涪陵滨江路及景观土建工程Ⅰ标，合同额1389万元，工期自2003年11月16日至2004年5月1日。

11月18日 水利部副部长陈雷带领水利部在建工程检查团到水电十三局韩庄节制闸加固改造项目进行调研。

11月19日 江苏省委书记李源潮等视察水电十三局江苏大唐吕四港电厂工程。

11月26日 中国疏浚协会副理事长、水电十三局局长童劲松及中国疏浚协会水利疏浚设计施工专业委员会主任张广旗参加在上海举行的第一届国际疏浚技术发展会议。

12月8日 水电十三局四分局中标河南扶项高速公路土建工程施工第1合同段，中标价为1.86亿元，工期24个月。

12月10日 童劲松任水电十三局党委书记（兼）。因工作调动，免去杜鸿礼水电十三局党委书记职务。

12月24日 水电十三局成立4604船队。

12月24～26日 水电集团公司考核组一行4人到水电十三局进行文明单位、党风廉政建设考核检查。

12月26日 水电十三局清产核资工作全面启动。

是年 水电十三局开始推行资产经营责任制，取代承包经营责任制。

2004年

1月2日 受水电集团公司委托，岳华会计事务所审计组来水电十三局进行年度会计报表审计及清产核资财务专项审计。

1月9日 水电十三局与德州市有限传输公司达成协议，投入70万元办理有线电视集体入网。入网后，水电十三局自办节目将同德州有线台的48套节目一同在新网中传送。

1月16日 水电十三局中标安徽省沿江高速公路毛竹园至大渡口断路基工程第YJ3-03合同段，合同额6301万元，工期18个月。

1月27日 水电十三局承接天津地区疏浚工程，合同额9750万元，工期2年。

2月4日 水电十三局在2003年度水电集团公司所属18个单位三项责任制考核中名列第4位，并再次荣获“水电集团公司文明单位”称号，同时获得此称号的有医院、兴达公司、橡胶厂、四分局和重庆涪陵项目部。

2月11～13日 水电十三局六届三次职代会暨2004年党政工作会议，讨论并通过了《十三局主辅分离改制分流方案》和《十三局2004～2005年人力资源发展规划》等方案。

2月12日 水电十三局中标内蒙古扎鲁特旗小河西水库除险加固工程，合同额1681.58万元，工期15个月。

2月16日 水电十三局四分局中标新疆Z721线G315线岔口至杜瓦镇公路改建工程，中标价为2510万元，工期自2004年4月1日至2005年8月30日。

2月17日 水电十三局实施也门塔依兹市政发展和防洪二期工程2F标段，合同额303万美元，工期18个月。

2月23日 水电十三局机关局域网正式开通。

2月28日 水电十三局局长童劲松被授予“山东十大优秀创业者”荣誉称号。

是月 水电十三局孟加拉场地吹填项目荣获水利部“大禹水利科学技术奖”。

是月 水电十三局制定《中国水利水电第十三工程局主辅分离改制分流原则方案》。

3月3日 水电十三局女工委主任束立被山东省总工会授予“山东省先进工会女职工工作者”称号，机械厂索建梅被授予“女职工素质自我达标”先进个人称号。

3月18日 水电十三局中标济南市经一路综合改造工程，合同额3332.37万元，工期189天。

3月22日 水电十三局中标安徽省东淝闸加固与扩建工程土建、金属结构及电气设备安装工程，合同额 2273.13 万元，工期 730 天。

3 月 23 日 水电十三局中标云南省昆明主城入湖河道——枧槽河综合整治截污工程 P2 标段，合同额 1457.5 万元，工期 390 天。

3 月 25 日 水电十三局三分局中标涪陵龙潭水利工程（一期）二批开工项目桃子沟水库枢纽工程，合同额 3219.68 万元，工期自 2004 年 3 月 28 日至 2006 年 11 月 30 日。

3 月 30 日 水电十三局中标济南第二条城市主干道济洛路道路综合改造工程，合同额 1000 万元，合同工期 138 天。

4 月 15 日 水电十三局中标济南市东区二期道路路基、桥涵、管网第一合同段工程，合同额 3494 万元，工期自 2004 年 4 月 20 日至 11 月 30 日。

4 月 20 日 水电十三局印发《中国水利水电第十三工程局资产经营责任制考核办法》。

4 月 26 日 经山东省精神文明建设委员会复查，水电十三局继续保持“省级文明单位”称号。

4 月 27 日 水电十三局成立“中国水利水电第十三工程局青岛办事处”。

是日 水电十三局成立“中国水利水电第十三工程局驻东非经理部”。

4 月 28 日 水电十三局与江苏省太仓市汽车轮渡有限公司签订码头施工合同，主要工程内容为引堤、码头、防波堤等，合同额 4588.88 万元，合同工期 138 天。

是日 山东省副省长陈延明视察水电十三局南水北调济平干渠 17 合同段工地。

4 月 29 日 水电十三局荣获山东省“富民兴鲁”劳动奖状。

5 月 27 日 水电十三局正式实施《中国水利水电建设集团成员企业形象识别手册》，原使用的企业形象标识（局徽、局旗）和各单位自行设计的企业标识作废。

5 月 28 日 水电十三局三分局中标重庆市涪陵滨江路工程长江一段（Ⅱ）标工程，合同额 1488.68 万元，工期自 2004 年 6 月 10 日至 2004 年 11 月 30 日。

5 月 30 日 全国人大常委，原中央委员、湖南省委书记王茂林，在南通市和启东市委领导的陪同下，到水电十三局吕四电厂项目检查指导工作。

5 月 31 日 水电十三局孟加拉帕可西大桥河道整治工程取得完工证书。

6 月 1 日 山东省总工会副主席齐太生等在德州市委副书记兰忠良和市总工会主席李守凤、副主席陈庆园等陪同下来水电十三局，对基层工会工作情况进行调研。

6 月 3 日 水电十三局签订国际分包工程——苏丹麦洛维大坝金属结构标，合同额 4366 万元。

6 月 4 日 水电十三局中标坦桑尼亚达累斯污水系统修复工程，合同额 631 万美元，工期 18 个月。

6 月 9 日 水电十三局中标银川市经济技术开发区文萃街市政道路及给排水工程，合同额 2017.5 万元，工期自 2004 年 6 月 18 日至 10 月 7 日。

6 月 16 日 水电集团公司总经理郭建堂、总经理助理郭志来水电十三局检查指导工作。

6 月 19 日 水电十三局签订阿富汗喀布尔—贾拉拉巴德公路重建工程合同Ⅰ标，合同额2600万欧元，工期24个月。

6月20日 水电十三局签约也门荷台达市污水系统改扩建工程Ⅱ、Ⅲ标，合同总额1187万美元，工期18个月。

7月1日 水电十三局四分局被评为“山东省计量管理先进单位”。

7月5日 水电十三局成立国际工程部合同管理处。

是日 水电十三局被评为“全省工会法制宣传教育工作先进单位”。

7月8日 水电十三局中标淮河干流汪集至临淮岗段河道疏浚及何家圩处理工程疏浚施工Ⅲ标，合同额2286.7万元，工期607天。

7月9日 济南市委副书记、市长鲍志强及有关部门负责人视察水电十三局实施的济南经一路综合改造工程。

7月14日 水电十三局家属区东区开始实行24小时不间断供水，结束长达30余年定时供水的历史。

7月15日 水电十三局召开第六届职代会第四次团（组）长联席会，审议并原则通过了《关于进行第九次集资建房的实施方案》、《关于今冬明春暖气费价格调整的说明》和《关于提高公有住房租金的说明》。

7月19日 中国国家认证认可监督管理委员会向水电十三局颁发了《中华人民共和国计量认证合格证书》，并授予CMA印章标志使用权和授权号。

7月21日 山东省省长韩寓群视察水电十三局实施的韩庄闸施工现场。

8月2日 江苏省副省长黄莉新等视察水电十三局实施的江苏大唐吕四港电厂围堤吹填项目。

8月9日 水电十三局决定将机械厂更名为机电安装分局。

8月12日 水电十三局成立也门经理部。

8月13日 国务院国有企业监事会54办事处彭岚主任、于岚处长等来水电十三局检查工作。

8月19日 水电集团公司总经理郭建堂等领导到水电十三局新疆沙漠渠项目检查指导工作。

8月23日 水电十三局决定撤销中国水利水电第十三工程局建筑安装工程处。

是日 水电十三局办公电话、职工家庭电话广域虚拟网开通。

9月7日 水电十三局成立中国水利水电第十三工程局信息中心。

9月20日 水电十三局中标广东茂名恒大钢铁厂配套码头项目航道疏浚工程，中标价为3950万元，工期150天。

是日 水电十三局承接济南市天成路道路改造工程，合同额1000万元。

9月27日 水电十三局荣获山东省体育局、省体育总会颁发的“支持体育事业奖”。

10月8日 水电十三局中标湖南省欧阳海水电站扩机引水系统工程，合同额1604万元，合同工期18个月。

10月9～22日 水电十三局巴基斯坦高摩赞项目部工程师王鹏、王恩德，在去施工现场途中遭到五名不明身份的持枪人员劫持。中国政府、中国驻巴基斯坦大使馆，以及巴基斯坦政府有关部门密切配合开始了营救工作。解救人质工作于10月14日结束，王恩德获救，王鹏不幸遇难。16日王鹏遗体回国，17日水电十三局在德州市殡仪馆举行追悼仪式。局党委副书记刘炳刚主持追悼仪式，局长、党委书记童劲松致悼词，水电集团公司总经理郭建堂讲话。22日，水电十三局在局机关举行欢迎王恩德归来大会。

10月10日 水电十三局四分局中标河南南阳至豫陕界高速公路7号合同段工程，合同额30 926万元，工期20个月。

是日 水电十三局中标银川文翠南街道路及给排水工程，合同额2017万元，工期自2004年10月10日至2005年6月30日。

10月12日 德州市总工会主席李守凤等来水电十三局，为局职工培训中心揭牌，同时向培训中心颁发了“全省职工培训示范点”荣誉证书。

10月16日 水电十三局兴达公司中标荣成石岛凤凰湖吹填造地工程，合同额2500万元，合同工期自2004年12月15日至2006年8月15日。

10月18日 水电集团公司党组决定陈庆和为水电十三局党委委员、党委书记。免去童劲松水电十三局党委书记职务。

是日 水电十三局副局长李长春调南水北调中干线工程建设管理局工作。

10月20日 水电集团公司副总经理刘起涛视察水电十三局巴基斯坦杜伯华项目。

11月6日 国务院南水北调办公室机关党委副书记杜鸿礼和天津南水北调办公室主任张志颇等视察水电十三局天津疏浚项目。

11月9日 安徽省全国人大代表团一行7人，在省人大常委会副主任黄岳忠等带领下，视察水电十三局二分局实施的安徽东淝闸工程。

11月13日 刘延超任水电十三局副局长。

11月19日 国务院南水北调办公室主任张基尧、山东省副省长陈延明等到水电十三局二分局承建的南水北调东线济平干渠17标项目视察指导工作。

11月20日 水电十三局中标浙江大唐乌沙山发电厂（4×600MW机组）循环水排水工程，合同额1666万元，合同工期至2005年4月30日。

11月26日 水电十三局三分局中标赤峰市巴林右旗草原水库除险加固工程，中标价为1500万元，工期12个月。

12月22日 水电集团公司考核组来局，对水电十三局党风廉政建设责任制、文明单位创建、“四五”普法三项工作进行考核验收。

12月31日 水电十三局决定将二分局、五分局合并。合并后名称为水电十三局第二分局，保留水电十三局基础处理分局名称。

2005年

1月4日 水电十三局中标坦桑尼亚布兹瑞亚姆玻—盖塔公路改造升级工程，合同金额3787万美元，合同工期36个月。

1月5日 水电十三局中标斯里兰卡瓦拉维渠左岸灌溉改造扩建工程二期4标段，工程总造价为1035万美元，合同工期30个月。

是日 水电十三局中标山东轻工业学院长清新校区道路、管网工程第一合同段，中标价为1039万元，合同工期7个月。

1月7日 水电十三局设立会计核算中心。

1月28日 水电十三局中标唐山曹妃甸钢铁围海造地工程第四标段，合同价为7732万元，工期自2005年2月至2006年6月。

1月31日 水电十三局在2004年度水电集团公司三项责任制考核中总分排名第二，并再次荣获“水电集团公司文明单位”称号，同时获得此称号的局二级单位有三分局、四分局、疏浚工程处、机电安装分局、医院。

是日 水电十三局档案室被山东省档案局评为一级档案室。

2月4日 水电十三局签订坦桑尼亚维多利亚湖供水管道2号合同。合同金额4500万美元，工期1年。

2月26～28日 水电十三局召开六届四次职代会暨2005年党政工作会议。会议讨论并通过了《水电十三局工资总额同经济效益挂钩管理实施办法》、《水电十三局所属单位负责人年薪制暂行办法》、《水电十三局所属单位负责人年度经营业绩考核暂行办法》。

是月 水电十三局下发《中国水利水电第十三工程局2005～2006年信息化建设规划》。

3月7日 水电十三局继3月1日签署安哥拉农业灌溉项目合同之后，又签署安哥拉农学院项目合同，两项合同金额总计1.4亿美元。

3月16日 水电十三局承接阿尔及利亚依特昂巴排灌工程，合同额1647万美元，工期24个月。

是月 水电十三局成立安哥拉经理部。

4月12日 水电十三局中标淮北大堤加固工程——怀远段第Ⅲ标段工程，合同额1249.6万元，工期自2005年5月至2006年5月。

4月26日 水电十三局承接济南市解放路综合改造工程，合同额3000万元，工期自2005年5月1日至9月30日。

4月29日 水电十三局四分局实施由聊城公路局中标的内蒙海拉尔至满洲里公路工程，合同额12 131万元，工期自2005年5月1日至2008年4月30日。

5月1日 水电十三局承接济南市西区道路综合管线工程，合同额1400万元，合同工期为90天。

5月8日 水电十三局中标广西红水河桥巩水电站一期围堰及主体建筑物土石方开挖工程，合同额3298.08万元，工期自2005年5月26日至2006年7月20日。

5月9日 坦桑尼亚水利部长一行在水电十三局副局长何占颂的陪同下，视察了水电十三局实施的维多利亚湖供水管道工程项目。

5月11日 水电十三局承接也门萨那卫生管网工程14号合同项目，合同金额723.08万美元，合同工期为750天。

是日 水电十三局三分局中标吉林省第二松花江松原市城市防洪工程，中标金额2556.58万元。

5月12日 水电十三局被中华全国总工会和国家安全生产监督管理总局评为全国“安康杯”竞赛优胜企业，水电十三局清江隔河岩水库大坝漏水处理攻关小组荣获中华全国总工会和山东省总工会分别授予的“创新示范岗”荣誉称号。

5月18日 济南市市长鲍志强一行视察水电十三局济南西区道路综合管线工程工地。

5月23日 水电集团公司与中华慈善总会签订斯里兰卡友谊村建造合同，工程交由水电十三局负责设计施工，合同金额5000万元，工期9个月，自2005年5月10日起。

是日 安徽省委副书记王明方、副省长赵树丛等在水电十三局副书记刘炳刚的陪同下，到水电十三局二分局实施的东淝闸项目检查安全度汛工作。

5月27日 德州市总工会主席李守凤等来局，为水电十三局荣获“安康杯”及“全国创新示范岗”授牌。

6月6日 水电十三局局长童劲松被水电集团公司评为“2004年度依法治企优秀领导干部”，于克野被评为“优秀法律顾问”，王文珏被评为“‘四五’普法先进个人”。

6月30日 水电十三局机电安装分局签订刚果共和国英布鲁水电枢纽金属设备制造工程合同，合同额2627万元，工期自2005年6月30日至2006年8月底。

7月5日 水电十三局将物资公司更名为物资处。

7月19日 水电十三局被中国水利企业协会评为“2004年度全国优秀水利企业”，局长童劲松被评为“2004年度全国优秀水利企业家”。

7月27日 水电十三局承接济南市经一路东延长线工程，合同额2000万元，合同工期为78天。

8月1日 水电十三局承接也门穆卡拉佛瓦哈城市污水管网工程5号合同项目，合同额544万美元，工期1年半。

8月5日 水电十三局中标滇南中心城市红河工业园区道路建设工程第六标段，工程总价1734.28万元，工期170天。

8月12日 水电十三局被山东省精神文明建设委员会授予“2004年度省级文明单位”称号。

8月16日 水电十三局签订乌兹别克斯坦排水、灌溉和湿地改造Ⅰ号标工程合同，合同金额3359万美元，工期3年。

8月18日 经中国工程建设经理人职业水平认证指导委员会审定，水电十三局局长童劲松被评为“中国工程建设高级职业经理人”，并颁发了资格证书。

8月19日 水电十三局橡胶制品厂职工蓝恭琰荣获“中央企业青年岗位能手”称号。

8月28日 欧盟驻阿富汗代表处大使卡尔·哈博、运行部长罗斯特等视察水电十三局正在实施的阿富汗公路工程。

9月8日 水电十三局副局长赵景涛调水电集团公司总部工作。

9月12日 水电十三局签署安哥拉罗安达帕尔梅家园别墅工程合同，合同金额一、二期工程分别为402.5万美元和596.8万美元，工期分别为10个月和15个月。

9月13日 坦桑尼亚水利部部长 Mr. Hon. Edward lowassa、副部长 Mr. Anthony M. N. Diallo 以及业主代表等，对水电十三局正在实施的维多利亚湖辛扬戈和卡哈马供水工程 2 号合同进行了视察。

9 月 20 日 水电十三局签订南水北调京石段马头沟倒虹吸（S50）工程合同，合同金额为 4769 万元，工期自 2005 年 10 月至 2007 年 9 月。

9 月 20～27 日 四川三峡认证有限公司对水电十三局三项管理体系认证进行第二阶段全面审核，并作出推荐通过质量、环境和职业健康安全三项管理体系认证的审核结论。

10 月 6 日 水电十三局正式签署坦桑尼亚孟杜利城市供水工程合同，合同金额 900 万美元，工期 2 年半。

10 月 12 日 水电十三局工会被授予“全国模范职工之家”称号。

10 月 19 日 巴基斯坦国家水电发展署主席一行视察水电十三局实施的杜伯华水电站项目大坝现场。

10 月 21 日 经国家民政部批准，山东省人民政府授予在巴基斯坦人质事件中壮烈牺牲的水电十三局高摩赞水电站项目工程师王鹏“革命烈士”荣誉称号。

10 月 24 日 水电十三局中标安哥拉万博医院修复工程，合同金额 3652 万美元。

10 月 25 日 坦桑尼亚总统姆卡帕等一行参加维多利亚湖供水项目揭碑仪式，水电十三局副局长何占颂、局坦桑尼亚维多利亚湖供水工程Ⅱ标项目常务副经理张玉富应邀参加了揭碑仪式。

10 月 26 日 水电十三局签署坦桑尼亚达累斯城市供水工程 C 合同，合同金额 610 万美元，工期 15 个月。

10 月 26～28 日 由机械疏浚专业委员会、水利疏浚设计施工专业委员会主办，水电十三局承办的第十八次疏浚与吹填技术经验交流会暨水利疏浚设计施工专业委员会年会在济南召开。水电十三局党委书记陈庆和，机械疏浚专业委员会、水利疏浚设计施工专业委员会副主任委员、水电十三局总工程师杨涛等参加了大会。

10 月 31 日 水电十三局获得质量管理体系、环境管理体系、职业健康安全管理体系三个认证证书，证书有效期均为 3 年。

11 月 4 日 水电十三局老年活动中心被国家体育总局授予“全国优秀全民健身活动站（点)”。

11 月 5 日 水电十三局中标广西红水河桥巩水电站第Ⅲ标段工程，合同价为 9889.43 万元，工期 40 个月。

11 月 8 日 水电十三局荣获“2004 年度山东省社保先进单位”称号。

11 月 9 日 水电十三局召开第六届职代会第六次团（组）长联席会议，审议通过了《中国水利水电第十三工程局第九次集资建房第三榜有关问题的意见》和《关于做好 2005 年底工程局与员工签订的劳动合同期满有关管理工作的通知》。

11 月 11 日 由水电十三局承办的集团公司 2005 年办公室主任工作座谈会在济南召开。

11 月 15 日 水电集团公司党组书记、总经理郭建堂等视察了水电十三局安哥拉经理部和帕尔梅别墅项目。

11 月 18 日 水电十三局决定撤销局质量安全部，设立局安全生产监督管理部、局质量管理部。

是日 水电十三局中标四川省甘洛县国合水电站厂区枢纽及压力管道工程，合同额2800万元，工期自2005年11月26日至2007年5月31日。

11月30日 水电十三局局长童劲松荣获由山东工人报发起主办的第二届“山东十大先模人物”称号。

12月5日 坦桑尼亚总统姆卡帕为水电十三局承建的坦桑尼亚布兹瑞亚姆玻—盖塔公路工程开工典礼剪彩。

12月8日 水电十三局总工程师杨涛荣获“全国建筑企业优秀项目经理”称号。

12月9日 水电十三局承接坦桑尼亚维多利亚湖供水项目合同3工程，合同额约5500万美元，合同工期自2006年3月8日至2007年3月7日。

是日 水电十三局工业园汽修总厂基建工程通过竣工验收。

12月15日 水电十三局召开第四次科学技术大会。德州市委副书记、常务副市长苗仲华，水电集团公司党组成员、副总经理孙洪水，水电集团公司副总工程师宗敦峰，德州市科技局局长秦吉升，原水电十三局老领导张天存，国家南水北调中线漕河管理部法人代表、原水电十三局副局长兼总工程师李长春等出席会议。总工程师杨涛做题为《全力打造核心技术，推进“三步走”跨越式发展进程》的科技工作报告。

是日 水电十三局签订了南水北调京石段应急供水工程（石家庄至北拒马河段）直管或代建项目第五施工标协议书，合同金额1.283亿元。

是日 水电十三局疏浚工程处中标北京市大兴区新凤河水环境治理工程项目，合同额4321.77万元。

是日 水电集团公司党组授予王恩德、李日方、訾衢清同志“反恐勇士”荣誉称号，授予高摩赞十三局渠道项目部“反恐集体”荣誉称号。

12月21日 水电十三局从美国新购的“德发”号挖泥船运抵深圳蛇口港。

12月22日 水电十三局签订黄河炳灵水电站工程合同，合同金额1780万元，工期55个月。

12月24日 水电十三局签订安哥拉万博医院修复工程合同，合同金额3652万美元。

12月26日 水电十三局决定将局汽修总厂并入橡胶制品厂。

是日 水电十三局签订胶东调水界河渡槽工程合同，合同金额3534.14万元，合同工期自2006年1月1日至2007年8月30日。

12月27日 随守信任水电十三局副局长。

12月31日 水电十三局与德州市、德城区政府签订中、小学移交协议书。

2006年

1月8日 水电十三局“德发”号挖泥船在深圳大铲湾项目工地试车成功并正式投产。

1月10日 水电十三局荣获“2005年度全省安全生产‘双基’工作先进单位”（鲁安发〔2006〕2号），这是水电十三局首次获得省安全生产先进单位荣誉称号。

1月18日 水电十三局中、小学正式移交德城区教委管理。

1月20日 水电十三局签订重庆酉水石堤水电站大坝防渗帷幕及排水孔工程，合同额为1062.94万元，工期自2006年3月1日至2007年3月31日。

1月22日 水电集团公司收到卡塔尔多哈路赛场地准备项目授标函，中标金额4.35亿美元。该工程由水电十三局实施。

2月15日 水电十三局中标张家口市主城区清水河水环境治理一期工程第二标段，合同额为1910万元，工期自2006年3月15日至2006年6月15日。

2月19日 水电十三局中标内蒙古通辽市舍力虎水库除险加固工程，合同额为1695万元，合同工期自2006年3月15日至2007年3月15日。

2月25日下午 安哥拉农业部部长一行视察了水电十三局实施的安哥拉马吐布工程项目。

3月6日 山东省总工会授予水电十三局女工委“山东省先进女职工集体”称号，授予四分局程为平“山东省女职工建功立业标兵”荣誉称号。

3月9日 水电十三局二分局承建的济南市经一路综合改造工程荣获“2005年度中国市政金杯示范工程奖”。黄彦德、王庭安荣获“中国市政金杯示范工程奖突出贡献优秀项目经理”，郑志国、朱新燕荣获“突出贡献优秀质量管理人员”，徐继强、戚继舫荣获“城区建设先进个人”。

3月10日 《水利水电工程报》公布了由中国电力建设企业协会组织的“全国电力建设优秀项目经理”评选结果。水电十三局副局长随守信荣获“2005年度全国电力建设优秀项目经理”称号。

3月13日 水电十三局赵庆斌、于政强、吴玲获得中华人民共和国注册安全工程师注册证，这是国家实行注册安全工程师注册管理以来，水电十三局首批获得注册的人员。

3月14～15日 水电十三局第七次党代会召开。德州市委常委、组织部部长张甲太，水电集团公司副总经理刘起涛，德州市委市直机关工委副书记宋明华到会祝贺。会议选举产生了新一届党委和纪律检查委员会。陈庆和为书记，刘炳刚为副书记、纪委书记。

3月15日 水电十三局橡胶制品厂研制的法兰尼龙管获实用新型专利证书。

3月15日下午 水电十三局召开第七次职工代表暨工会会员代表大会。会议审议通过了《关于水电十三局工会经费审查情况的报告》，选举产生了第七届工会委员会和工会经费审查委员会。德州市工会主席李守凤参加会议并讲话。

3月16日 水电十三局成立驻卡塔尔经理部。

3月18日 由水电十三局负责施工的临淮岗新建12孔深孔闸工程被评为安徽省建筑工程“黄山杯”奖（省优质工程）。

3月23日 水电集团公司在集团工作会议上表彰了2005年度经营业绩考核前五名的单位：水电十三局在经营业绩、安全生产、党风廉政建设综合预考核中排名第二。

3月24日 水电十三局承接曹妃甸综合服务区围海造地一期工程第2标段，合同额为1.2亿元，合同工期为278天。

是日 水电十三局阿尔及利亚米纳工程项目的科技成果——《半圆型预应力混凝土渠

槽离心-振动成型机组及生产工艺研究》通过集团公司鉴定。

3月28日 中国电力建设企业协会授予水电十三局局长童劲松“全国电力建筑优秀施工企业家”荣誉称号。

3月28～30日 水电十三局召开第七次职代会暨2006年工作会议。会议讨论并通过了《水电十三局2006～2010年发展规划》(草案)、《水电十三局集体合同》。

3月29日 水电十三局签署天津港东疆港区挖泥造陆二期工程Ⅱ标段合同，合同金额为9704.8万元，合同工期自2006年4月1日至2006年12月31日。

4月3日 山东省委老干部局授予水电十三局老干部活动中心“省级示范老干部活动室（中心)”荣誉称号。

4月7日 水电十三局二分局张君花被中国能源化学工会授予“全国能源化学系统先进女职工”荣誉称号。

4月8日 水电十三局机电安装分局中标埃塞俄比亚泰可则水电工程Lot1B/2/3标金属结构及电气设备提供运输与安装工程。该工程合同金额约为1亿元。

4月19日 中国施工企业管理协会授予水电十三局局长童劲松“全国优秀施工企业家”称号。

是日 水电十三局拉萨河堤防施工项目部被西藏自治区水利厅评为“优秀施工项目部”。

4月20日 水电十三局决定将水电十三局科研所与勘测设计院合并，成立水电十三局勘测设计研究院。

4月23日 水电十三局总工程师杨涛荣获“2005年度全国建筑业企业优秀项目经理”称号。

4月24日 国务院国资委决定，水电十三局被评为“2001～2005年中央企业法制宣传教育先进单位”。(国资发法规〔2006〕63号)。

5月5日 巴基斯坦国家计划委员会执行理事穆罕默德·祖贝尔及巴基斯坦水电发展署北方区总经理等一行，在水电十三局杜伯华电站项目经理耿金富的陪同下视察巴基斯坦杜伯华项目。

5月10日 欧盟驻阿富汗代表处大使卡尔·哈勃视察水电十三局实施的阿富汗公路项目。

5月12日 水电十三局签订曹妃甸杂货码头临时围堰工程合同，合同金额为5089万元，合同工期自2006年5月15日至2006年10月31日。

5月16日 坦桑尼亚水利部副部长视察水电十三局实施的维多利亚湖供水项目。

5月21日 水电十三局实施的卡拉奇供水项目举行竣工通水典礼仪式。巴基斯坦总统穆沙拉夫，信德省政府和卡拉奇政府高级官员应邀参加典礼。中国驻卡拉奇总领馆孙春业总领事、经商室赵清茂参赞、水电集团公司海外事业部总经理孙越参加了仪式。

5月22日 水电十三局四分局局长高宗文被授予“2005年度全国公路工程优秀项目经理”荣誉称号。

5月23日 水电十三局被山东省精神文明建设委员会授予“2005年度省级文明单位”

荣誉称号（省文明委〔2006〕4号）。

6月8日 水电十三局中标济南奥林匹克体育中心市政道路工程，合同金额1470.6万元，工期至2006年11月。

6月16日 中共中央政治局常委、国家副主席曾庆红视察水电十三局参建的唐山曹妃甸工程实施情况。

6月22日 水电十三局四分局承建的嵩待高速公路工程被评为云南省“2005年度优质工程二等奖”。

6月27日 安哥拉农业部副部长、安哥拉本戈省副省长一行参观水电十三局实施的卡西吐农业灌溉项目。

7月3日 水电十三局决定成立水电十三局风电建设工程处。

7月6日 水电十三局四分局团委书记奚翠兰被授予“中央企业优秀团干部”称号。

7月14日 水电十三局中标西安市浐灞防渗工程，合同金额1805.21万元，工期自2006年9月15日至2006年12月15日。

7月28日 水电十三局召开第七次团代会。

是月 水电十三局下发《中国水利水电第十三工程局网站管理办法（试行）》。

8月4日 水电十三局申报的地基与基础工程专业承包一级资质增项和房屋建筑工程施工总承包二级资质升级获得建设部审核批准，并在建设部网站上公布。

8月11日 水电十三局中标青海江源水电站引水系统第三标段工程，合同金额2695.5万元，工期2年。

8月18日 水电十三局中标济南奥体大辛河箱涵工程，合同金额3566.6万元，工期138天。

8月24～27日 四川三峡认证有限公司对水电十三局三项管理体系运行情况进行了2006年度监督审核，并作出推荐保持水电十三局通过质量、环境和职业健康安全三项管理体系认证注册资格的审核结论。

9月6日 水电十三局被安徽省环境保护产业协会评为“2004～2005年度安徽省环境保护优秀施工单位”。

9月12日 水电十三局中标沂沭泗洪水东调南下续建工程南四湖东堤（济宁段）17标，合同金额1309.59万元，工期273天。

9月26日 水电十三局中标南水北调中线一期工程总干渠安阳段第三施工标段，合同金额1.14亿元，工期自2006年9月28日至2009年10月31日。

10月8日 水电十三局橡胶厂蓝恭琰获得中国电力教育协会颁发的“电力教育培训新星奖”。

10月13日 水电十三局中标安哥拉多行业紧急恢复项目一期供水工程N'Dalatando供水项目第一标段，合同额1070.6万美元，合同工期545天。

10月18日 水电十三局施工的重庆桃子沟水库枢纽工程、嫩江右岸省界堤防工程、山东省胶东地区引黄调水工程被水利部建设与管理司、水利部人事劳动教育司、水利部精神文明建设指导委员会办公室授予“2006年度水利系统文明建设工地”荣誉称号。

11月2日 水电十三局中标巴基斯坦卡拉奇市区克里夫顿排洪工程，合同金额273万美元，合同工期120天。

11月3日 水电十三局中标巴基斯坦卡拉奇箱涵项目工程，合同金额273万美元，合同工期为120天。

是日 水电十三局中标安哥拉达拉丹度供水工程，合同金额1070万美元，工期为545天。

11月6日 阿富汗喀布尔市长哈吉·迪恩·穆罕默德到水电十三局实施的阿富汗项目视察。

11月14日 水电十三局副局长随守信调集团公司工作。

11月17日 根据山东省人民政府文件，水电十三局决定调整最低工资标准为每人每月430元。

11月19日 安哥拉妇联（OMA）主席到水电十三局实施的甘德杰拉斯项目参观。

11月23日 安哥拉内政部副部长率团到水电十三局实施的安哥拉碧埃农学院项目视察工作。

11月24日 安哥拉公共建设部部长，在HUÍLA省省长的陪同下，到水电十三局实施的甘德杰拉斯项目视察并指导工作。

11月28日 水电十三局副局长于晓荣获“中国电力建设企业协会2006年度全国电力建设优秀项目经理”称号。

11月29日 水电十三局程海林荣获国资委“中央企业知识型先进职工”称号。

11月30日 安哥拉卫生部官员到水电十三局万博医院修复项目视察工作。

12月1日 山东省银行业协会授予水电十三局“2006年度山东省银行业最佳信贷诚信客户”荣誉称号。

12月10日 水利部副部长矫勇到水电十三局实施的南四湖湖东堤济宁段17标工程工地视察。

12月13～18日 水电集团公司考察组来水电十三局进行企业负责人公开选聘考核。

12月18日 水电集团公司副总经理袁柏松一行到水电十三局工业园检查指导工作。

12月22日 《山东省工人报》公布，水电十三局荣获“山东省自主创新模范企业”称号。

12月23日 《大众日报》公布，水电十三局局长童劲松荣获“山东省自主创新模范企业家”称号。

12月26日 水电十三局局长童劲松荣获“集团公司国际化经营标兵”称号。副局长何占颂，局长助理徐德阳、秦超、耿金富荣获“集团公司国际化经营先进工作者”称号。

是日 水电十三局中标曹妃甸化工管线带围海造地工程，合同金额8919.94万元。

12月30日 水电十三局中标浙江舟山煤炭中转码头吹填砂工程，合同金额4272.72万元，工期100天。

是日 水电十三局中标安徽省望江县雷池大道建设工程，合同金额1210.03万元，工期为1年。

是日 水电十三局中标西安市引渭济黑调水工程，合同金额2407.92万元。

是年 水电十三局资质增加为八项：水利水电工程施工总承包一级、市政公用工程施工总承包一级、公路工程施工总承包二级，房屋建筑工程总承包二级，地基与基础工程专业承包一级，公路路基工程专业承包一级，土石方专业承包一级，钢结构工程专业承包三级。

第一篇 体制与机构

第一篇　体 制 与 机 构

1962～2006 年，随着国家形势的发展、企业隶属关系和经营性质的改变，中国水利水电第十三工程局的领导体制、组织机构、企业职能和职工队伍几经变迁。按照名称及组织机构的变化情况，大体上可分为四个时期：水利电力部马颊河疏浚工程局时期、水利电力部第十三工程局时期、三个局分设与合并时期、中国水利水电第十三工程局时期。

第一章　体　　制

第一节　筹　　建

中国水利水电第十三工程局，始称水利电力部马颊河疏浚工程局，组建于 1962 年 11 月 3 日。而马颊河疏浚工程局的起源，可追溯到建国初期成立的江西上犹江水力发电工程局。

1955 年，燃料工业部 102 工程处与 501 工程处合并组建上犹江水力发电工程局，成为新中国首批组建的国家级水利水电专业施工队伍之一。1957 年建成江西上犹江水电站后，东移福建，成立电力工业部古田溪水力发电工程局。1958 年，古田溪水电站二级、三级工程陆续开工，施工队伍迅速扩大。1959 年，承担设计规模 120 万千瓦的建溪水电站施工任务，改称水利电力部福建省闽江工程局，属水利电力部和福建省人民政府双重领导。1961 年下半年开始，停建建溪水电站工程，闽江工程局压缩职工队伍，一部分职工调往山东组建马颊河疏浚工程局，一部分在古田溪水电站工程继续完成二、三、四级电站开发任务。

20 世纪 60 年代初，山东鲁北地区连年发生洪涝灾害，古老的马颊河年久失修，淤积严重，泛滥成灾。为彻底治理马颊河，根治鲁北地区水患，1962 年 11 月 3 日，经周恩来总理批准，国务院下发了（62）国计齐字 344 号文，批复了水利电力部的报告，同意从水利电力部福建省闽江工程局抽调 3500 人到山东省，组成马颊河疏浚工程局，承担马颊河机械化疏浚施工任务。

1962 年年底，闽江工程局局长兼党委书记张浙和副书记乔坦、副总工程师贺毅、供应处副处长张连明一同到北京，水电部副部长钱正英传达了水电部拟调闽江工程局去山东马颊河施工的意见。张浙一行 4 人在水电总局局长朱国华带领下，一起来到山东会见了栗再温副省长。经水电部批准，工程局本部设在山东德州市的三里庄原山东省水利厅水利学校校址，并从周围划拨 500 亩地给工程局建设基地。

于是，闽江工程局一分为二，称之为“南留北调”。当时根据水电部指示，闽江工程局人员、设备按四、六开分家，即 60％调山东从事马颊河疏浚治理工程，40％留福建继续进行古田溪水电站二、三、四级电站施工。闽江工程局局长兼书记张浙，副局长翟益涛、孙积五，副总工程师贺毅北调山东。

由张连明、贾培芳等人组成了马颊河疏浚工程局筹备处。同时，抽调 95 人到山东德州，开始制定施工总体规划、机械化施工方案和基地修建等筹备工作。

1963 年初，在大批人员到马颊河之前，为修建金堤河张庄闸，水电部从闽江工程局直接转移 953 人，由副局长翟益涛率队到山东金堤河，成立张庄入黄闸工程处，承建山东金堤河张庄入黄闸工程。

1963 年 1 月 11 日，水利电力部以（63）水电劳组字第 18 号文件批复，山东省马颊河疏浚工程即将上马，新组建的单位定名为水利电力部马颊河疏浚工程局。1963 年 2 月 24 日，以水（63）人字 44 号文，正式启用水利电力部马颊河疏浚工程局公章。1963 年 4 月 4 日，经中共山东省委批准，成立中共马颊河疏浚工程局委员会，张浙任党委书记兼局长。

人员、设备转移工作自 1963 年 5 月开始，到 11 月结束。共转移到德州职工 3032 人，家属 4251 人，机器设备 669 台（套）。

1963 年 7 月 1 日，水电建设总局批准了马颊河疏浚工程局的组织机构设置。行政部门设八处二室，党群部门设两部一室和监委、工会、团委；组建职工医院和子弟学校。生产单位设四个工程处和机械修制厂。至此，工程的组织机构和施工生产、后勤系统基本形成。

第二节　体　制　演　变

一、水利电力部马颊河疏浚工程局时期（1962 年 11 月～1969 年 12 月）

水利电力部马颊河疏浚工程局成立后，隶属于水利电力部水电建设总局，主要职能是承担马颊河机械化疏浚施工任务。

1965 年 5 月 21 日，为加强对平原河道机械化疏浚的统一领导，水利电力部以（65）水电劳字 59 号文，将设在河南新乡的卫河疏浚工程局与马颊河疏浚工程局合并，统称水利电力部马颊河疏浚工程局，在马颊河疏浚工程局领导下成立卫河疏浚工程处。两局合并后，工程局主要职能是疏浚马颊河与卫河。

1966 年 12 月，马颊河疏浚工程局开展“文化大革命”，各单位陷入动乱之中。1967 年 1 月 29 日，群众组织夺权，成立了水利电力部马颊河公社革命委员会，后改为马颊河疏浚工程局革命委员会。1967 年 6 月，启用水利电力部马颊河疏浚工程局革命委员会公章。

1969 年 9 月 9 日，以中国人民解放军济南军区（69）第 45 号文，对水利电力部马颊河疏浚工程局实行军事管制。9 月 16 日军管会进驻工程局，对全局所有单位的各项工作实行统一领导，并对工程局驻德单位派出军管小组，实行横排军事化编制。

二、水利电力部第十三工程局时期（1970 年 1 月～1979 年 11 月）

这一时期大多数时间处于“文化大革命”动乱之中。实行军事管制后，组织机构逐步恢复。马颊河疏浚工程结束后，水电部十三局的职能发生了重大变化，在机械化疏浚施工的基础上，又承担了国内水电站、火电厂的“削峰”施工任务。施工队伍高度分散，施工单位以局直属工程队为主要形式。

1970年1月5日，中国人民解放军水利电力部军事管制委员会，以（70）水军革字第001号文，将水利电力部马颊河疏浚工程局改名为水利电力部第十三工程局，隶属水利电力部领导。1970年2月5日，山东省革委会党的核心领导小组以（70）56号文件，同意水电部十三局建立革委会党的核心领导小组。1972年4月2日，召开水电部十三局第二次党代会，撤销党的核心领导小组，恢复工程局党委。1972年4月10日，以济南军区（72）29号文，撤销水电十三局军事管制委员会。

漳卫南运河管理局的划入与划出。1970年6月20日，水电部军管会以（70）水电军生综字54号文，责成水电部十三局革委会对驻地在德州市的水利部、农业部漳卫南运河管理局实行统一领导，负责协调冀、鲁、豫三省边界地区水利矛盾。漳卫南运河管理局机关和四女寺枢纽工程管理处并入后改为河道管理组，归局生产部领导，管理岳城水库管理处和四女寺枢纽工程处。1973年10月6日，成立河道管理分局。1980年8月27日，以水利部（80）水管字第63号文，决定以水利部第四工程局河道管理分局为基础，恢复漳卫南运河管理局建制，划出水电部十三局，隶属于水利电力部海河水利委员会领导。

海河勘测设计院的划入与划出。1970年9月9日，为了使勘测、设计、施工紧密结合，水电部以（70）水电综字62号文，撤销水电部海河勘测设计院，成建制下放到水电部十三局。同年9月28日，成立勘测设计大队革命委员会，下设八个连队。1973年勘测设计大队改名为水电部十三局勘测设计院，主要承担海河、滦河流域规划，潘家口水利枢纽，南水北调穿黄工程和岳城水库加固等工程勘测设计任务。1979年3月5日，为了便于统筹调配力量，水电部抽调在十三局、十一局的北京勘测设计院、海河设计院、水利水电科学院等人员，组成水利部天津勘测设计院。1979年7月2日，水利部以（79）水规字第17号文，决定把水电部十一、十三局勘测设计院移交给水利部天津勘测设计院领导。1981年底，水利部天津勘测设计院由山东德州迁往天津市。

机械施工局的成立。1973年5月12日，为充分发挥施工机械设备的效能，以局革发〔1973〕100号文，决定在水电部十三局建立机械施工处，设三个土方运输队（一、二、三队），配有大型卡车90辆和相应的土方机械，担负水利电力重点工程突击任务；撤销局汽车队建制，改编为一个混合运输队（四队）和一个修理车间，划归机械施工处统一领导，承担水电部十三局运输任务。机械施工处办事机构设办公室、政工、计调、技安、财供五个职能科室。1978年1月8日，水电部以（78）水电计字2号文，决定在水电部十三局机械施工处的基础上，组建水电部机械施工局，局本部设在山东省德州市。

三、三个局分设与合并时期（1979年12月～1992年7月）

1979年以后，国家部委几经分合撤并，以主管部委冠名的企业名称也几经变更。1979年2月23日，水利电力部分设为电力部和水利部。水电部十三局先后由一个局变为三个局，分别隶属水利部和电力部领导，后又合并为一个局。水电部十三局的职能仍然以机械化疏浚和国家重点电力工程“削峰”施工为主，工程队是其基本生产单位。

1979年12月4日，水利部以（79）水劳字第41号文，将水利电力部第十三工程局更名为水利部第四工程局，隶属水利部领导。水利部第四工程局主要承担部分大江、大河、大湖的疏浚整治、堤防吹填加固任务。

1980年3月，水电部机械施工局分为电力部机械施工局和水利部机械施工局。原机械施工局的人员、设备和房屋70%归电力部机械施工局。两个机械施工局的主要职能是承担国内重点电力工程的“削峰”施工任务。

1982年3月8日，电力部和水利部合并为水利电力部。1982年5月12日，水电部以（82）水电劳字12号文，将水利部第四工程局改回水利电力部第十三工程局。1982年5月，水利部机械施工局与电力部机械施工局合并为水电部机械施工局。

为加快水利水电建设，更好地统一使用大型水利水电施工机械，发挥专业化队伍的作用，1982年7月3日，水电部以（82）水电水建字第39号文，将水电部机械施工局与水利电力部第十三工程局合并为水利电力部第十三工程局，由水利电力部水利水电建设总公司（水电部水利水电建设局）领导，隶属水利电力部。三个局合并后形成了一个机械疏浚、土石方工程、水工建筑、大件运输、金属结构、橡胶制品、汽车船舶修理等多元化经营的机械化施工企业。

1988年5月，撤销水利电力部，成立能源部、水利部。1988年9月，能源部以能源人〔1988〕68号文，成立中国水利水电工程总公司。水利电力部第十三工程局隶属中国水利水电工程总公司，两部共管，挂靠能源部。

四、中国水利水电第十三工程局时期（1992年8月～2006年12月）

20世纪90年代，是水电十三局管理体制改革、内部组织机构调整最频繁的时期。在国家部委机构调整中，经过几次合并与拆分，名称和隶属关系有较大变化。工程局生产单位从以分局、厂、工程队为主，逐步转为以施工项目部为主。

1992年8月3日，中国水利水电工程总公司以中水电劳〔1992〕60号文，将水利电力部第十三工程局更名为中国水利水电第十三工程局，由中国水利水电工程总公司领导。中国水利水电工程总公司1992年8月～1993年3月，隶属能源部；1993年3月～1997年1月，隶属电力工业部；1997年1月～2002年12月，隶属国家电力公司。2002年12月，中国水利水电工程总公司更名为中国水利水电建设集团公司，由国资委归口管理。

随着市场经济的建立，水电十三局参与国内外市场竞争，逐步形成了在国外以各类基础设施建设施工承包为主，在国内以疏浚吹填、水利水电、市政工程、公路桥梁施工为主的业务格局。从1987年6月首次单独承建国外工程到2006年，已初步形成东非、西南非、北非、中东、南亚五个区域性市场，先后在18个国家承揽国际工程60余项，在巴基斯坦、坦桑尼亚、安哥拉、也门、卡塔尔设立了区域经理部，国外业务收入达到60%以上。

第二章　机　　构

第一节　机　构　设　置

一、水利电力部马颊河疏浚工程局时期（1962年11月～1969年12月）

1963年5月16日，成立局人民武装部。1963年11月12日，水电部批复建立马颊河疏浚工程局机械修配厂。1963年6月6日，成立水利电力部马颊河疏浚工程局工会委员会。

1963年7月1日，水利电力部马颊河疏浚工程局下设八处、一室、一院。行政部门设置行政处、财务处、供应处、劳工处、保卫处、技术处、机械处、质量安全检查处、计划调度室、职工医院。生产单位设四个工程处、一个机械修配厂，第一工程处设在乐陵县善化桥，第二工程处设在庆云县任桥，第三工程处设在无棣县大山，第四工程处和机械修配厂设在德州基地。党群部门设党委办公室、组织部、宣传部、监委、工会、团委。组建了职工医院和职工子弟学校。水利电力部马颊河疏浚工程局组织机构示意图（1963年7月），如图1-2-1所示。

1963年12月29日，以（63）水马办翟字第399号文，撤销第四工程处，成立了建筑工程队、线路工程队、机械安装队、混凝土预制厂。

1964年2月29日，以（64）水马办翟字第115号文，撤销计划调度室，分别成立计划处、施工调度室；撤销质量安全检查处，工程质量工作划归技术处管理，成立技术安全处负责技术安全工作；成立勘测设计室，负责马颊河疏浚工程的勘测设计及预算工作，原计划调度室负责的预算工作、机械处线路设计划归勘测设计室负责；机械设备订货转运划归机械处管理。1964年6月24日，以（64）水马办孙字第363号文，将混凝土预制厂与供应处木工厂合并，定名为局供应处混凝土预制厂，由供应处领导。

1965年1月25日，以（65）马政字001号文，成立局政治部，下设办公室、组织处、干部处、宣传处、直属政治处。1965年3月27日，以（65）水马张字第138号文，成立第一工程队、第二工程队，暂委托第一工程处代管；撤销第二工程处，成立第三工程队、第四工程队，由局直接领导；撤销原供应处混凝土预制厂，原木工厂部分仍由供应处领导，原预制厂部分合并建筑工程队；原技术安全处及技术处质检组合并成立质量安全检查处。

卫河疏浚工程局与马颊河疏浚工程局合并后，1965年5月29日，以（65）水马办郭字第228号文，对局直属职能部门和施工生产单位进行了相应调整。行政职能机构共二室、一所、八处，即办公室、计划调度室（原计划处和施工调度室合并）、科学研究所，工程处（原勘测设计室和技术处合并），机电处（原机械处）、保卫处、供应处、财务处、行政处、劳动工资处（技术安全处并入），卫生处。党群部门设党委办公室、组织干部处、宣传处、监委、工会、团委。施工生产单位共两个工程处、四个直属工程队，即卫河疏浚

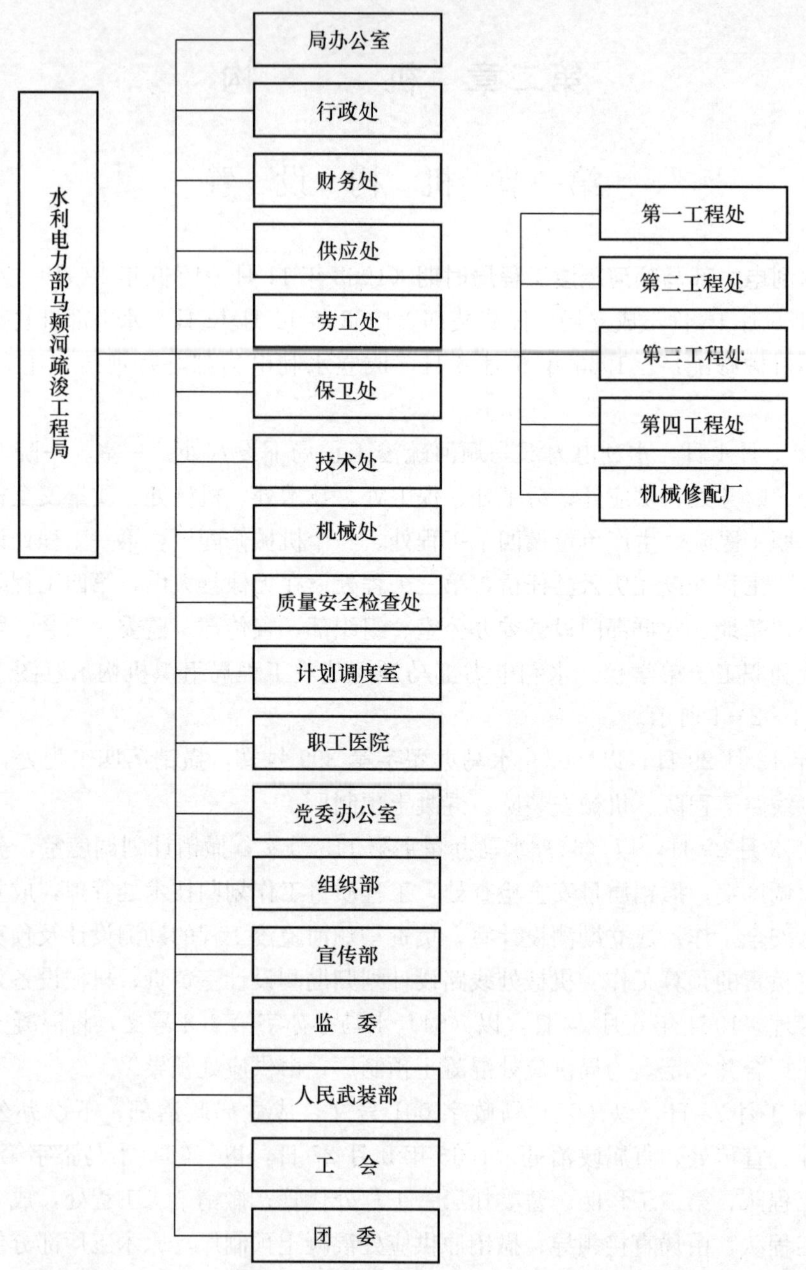

图 1-2-1 水利电力部马颊河疏浚工程局组织机构示意图（1963 年 7 月）

工程处、第三工程处，第一工程队、第二工程队、第三工程队、第四工程队。辅助、附属单位共四个队、一厂、一院、一校，即动力队、机械安装队、建筑工程队、汽车队、机械修制厂、职工医院、职工子弟中学。

1965 年 12 月，工程局撤销一、二、三工程处，建立了七个工程队。工程局直属施工单位有卫河疏浚工程处，一、二、三、四、五、六、七工程队。辅助施工单位有动力队、机械安装队、建筑工程队、汽车队和机械修制厂。后勤和驻外机构有职工医院、职工子弟学校、济南办事处、北京工作组。1966年2月，工程局在德州市郊丰乐屯纪家店建农场。水利电力部马颊河疏浚工程局组织机构示意图（1965年12月），如图1-2-2所示。

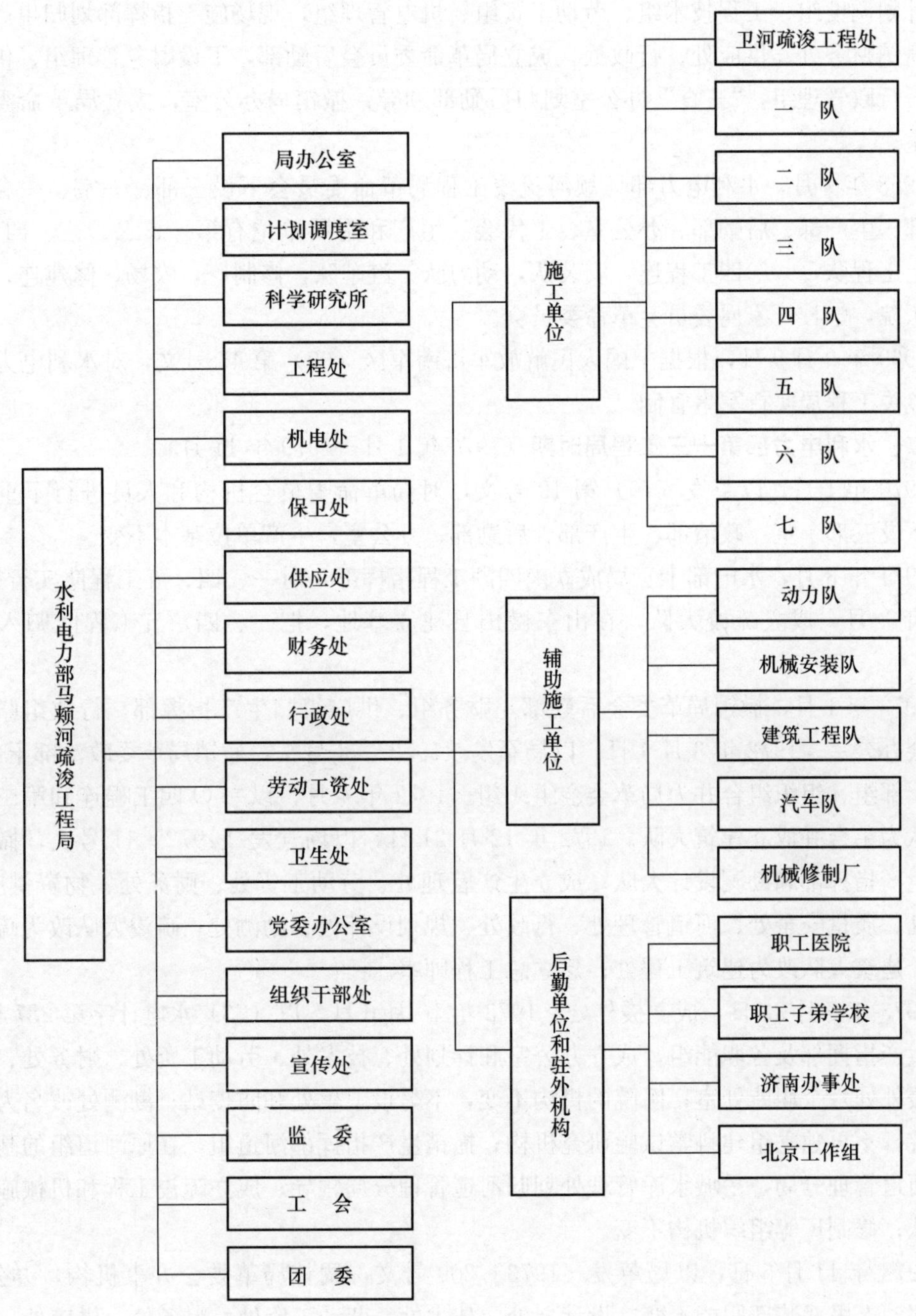

图1-2-2 水利电力部马颊河疏浚工程局组织机构示意图（1965年12月）

"文化大革命"开始后，工程局组织机构发生了巨大的变化，原有的管理机构被破坏。1967年7月6日，以（67）水马革办字119号文，撤销中国共产党马颊河疏浚工程局原监委会、政治部及所辖各处室和局工会、团委、保卫处，成立局革命委员会政治部，下设组织组（包括组织、干部）、宣传组、监察组、群众工作组（包括工、团）、保卫组；撤销局计划调度室、工程处、机电处、劳动工资处、科学研究所，成立局革命委员会生产部，下设计划调度组、工程技术组、劳动工资组、机电管理组，现场施工指挥部划归生产部领导；撤销财务处、供应处、行政处，成立局革命委员会后勤部，下设财务管理组、供应管理组、行政管理组，“三查”办公室划归后勤部领导；撤销局办公室，成立局革命委员会办公室。

1968年7月，水利电力部马颊河疏浚工程局革命委员会下设三部、一室、一会，即政治部、生产部、后勤部、办公室、工代会。生产和附属单位有第一、二、三、四、五、六、七工程队，一〇四工程连，安装队，动力队，汽车队，修制厂，农场，修建连，勘测连，医院，学校，家属委员会革命委员会。

1969年9月9日，根据中国人民解放军济南军区（69）第45号文，对水利电力部马颊河疏浚工程局实行军事管制。

二、水利电力部第十三工程局时期（1970年1月～1979年11月）

1970年1月，以革发（70）第19号文，对局革命委员会机构和人员进行了重新调整，下设三部一室：政治部、生产部、后勤部、办公室，生产单位基本不变。

1971年3月，水电部十三局成立南四湖工程指挥部，对一、四、五工程队实行领导；1972年3月，成立疏浚大队，在山东微山县建立基地，把一、四、五工程队归入疏浚大队。

1972年1月，撤销局革委会后勤部，财务组、供应组归生产指挥部，行政组归革命委员会办公室。1972年3月4日，以局军发〔1972〕44号文，撤销局革委政治部干部组，将原干部组、组织组合并为局革委会组织组。1972年4月，以一O四工程连和第二、三工程队为主合并成立建筑大队。1972年12月21日，以局党发〔1972〕41号文，撤销局革委生产指挥部和勘测设计大队；成立生产管理处、劳动工资处、财务处、物资供应处、机电处、质量安全处、河道管理处、行政处、规划设计处、勘测处；疏浚大队改为疏浚工程处；建筑大队改为建筑工程处；建立总工程师室。

1973年9月23日，成立援外处。1973年10月6日，以（73）水电计字第287号文，撤销生产指挥部及各职能组，成立办公室和计划处、技术处、劳动工资处、财务处、供应处、援外处六个职能处室；医院的机构不变，不另设卫生处和防疫站；勘测处改名为勘测设计院，不再独立组建科学试验研究机构；撤销生产指挥部河道组，在原河道组的基础上建立河道管理分局，岳城水库管理处划归河道管理分局领导；成立疏浚工程和机械施工两个大队；修制厂等组织机构不变。

1973年11月5日，以局革发〔1973〕209号文，调整局革委会办事机构，办公室、政治部、人民武装部职能不变，设计划处、技术处、劳动工资处、财务处、供应处、援外处、勘测设计院；疏浚工程处、建筑工程处、机械施工处组织不变；同年12月设行政处。水利电力部第十三工程局组织机构示意图（1973年12月），如图1-2-3所示。1974年2月，成立技工学校。

1977年1月10日，以（77）局党发字第1号文，将机械施工处四队改称水电部十三

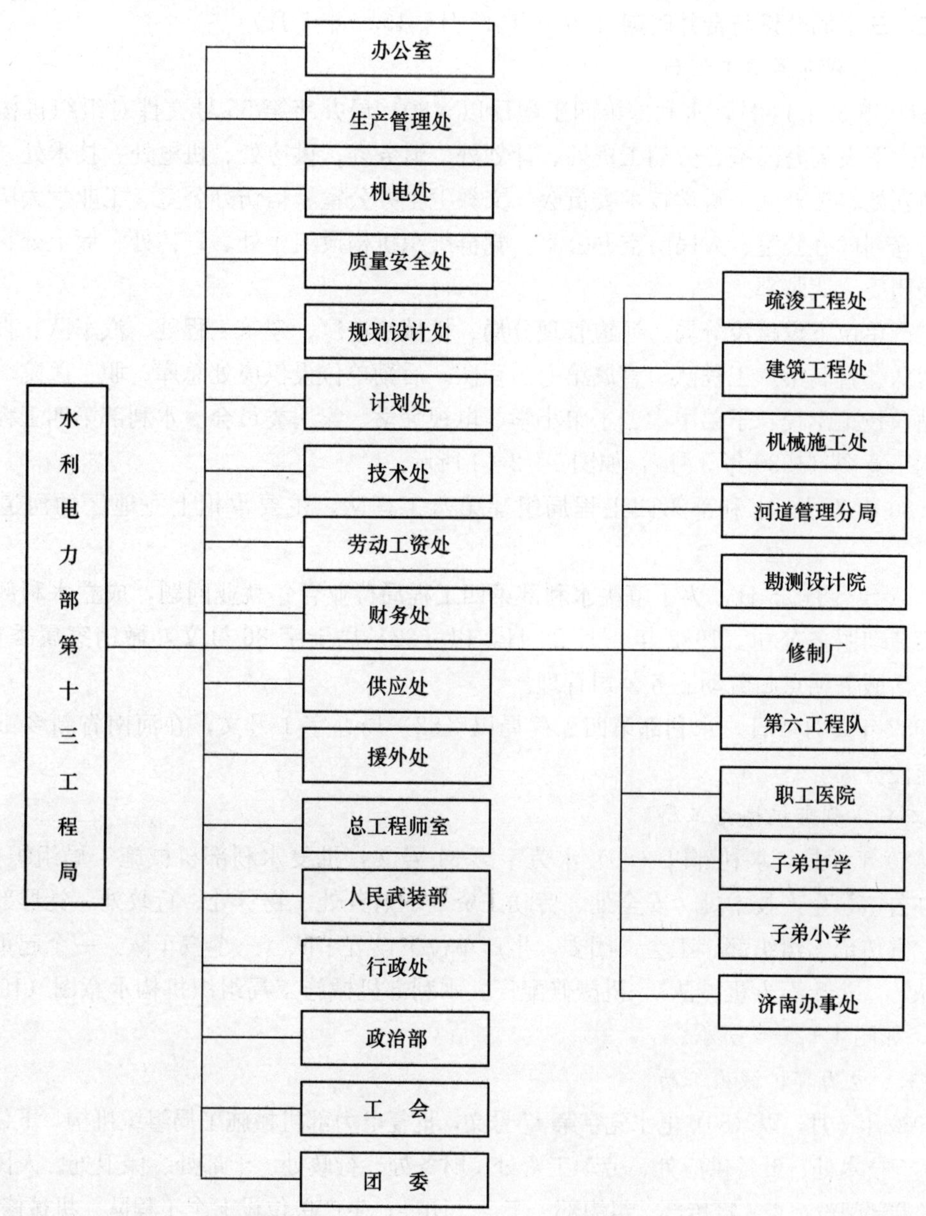

图 1-2-3　水利电力部第十三工程局组织机构示意图（1973 年 12 月）

局汽车队，由局计划处直接领导，仍担负局内的生产运输任务。1977 年 10 月 11 日，第六工程队在天津塘沽北塘建立固定基地。

1978 年 5 月 10 日，以（78）局革发字第 69 号文，将疏浚工程处改名为水电部十三局疏浚分局，全局的疏浚队伍统一由疏浚分局领导。

1979 年 4 月，从荷兰进口的“海狸”4601 号挖泥船在上海组装试生产后，成立局直属第五工程队。1979 年 9 月，“海狸”4604 号挖泥船在上海组装完成后，成立局直属第七工程队。

三、三个局分设与合并时期（1979年12月～1992年7月）

（一）水利部第四工程局

1980年3月14日，水利部第四工程局以（80）局办字第55号文件对组织机构进行了调整，下设局办公室、劳动工资处、计划处、财务处、供应处、机电处、技术处、行政处、技安处、援外处、科学技术委员会、文教卫生办公室、信访办公室、工业学大庆办公室、清仓利库办公室、人民防空办公室。党群组织机构设组干处、宣传处、保卫处、局工会、局团委、武装部。

生产单位下设疏浚分局、河道管理分局、机械修造厂、建筑工程处、汽车队、直属第五工程队、直属第六工程队、直属第七工程队。后勤单位设供应处总库、职工医院、卫生防疫站、技工学校、子弟中学、子弟小学、电视大学、家属委员会。水利部第四工程局组织机构示意图（1980年3月），如图1-2-4所示。

1980年7月，水利部第四工程局组建第八工程队，主要承担上海地区的河道疏浚工程。

1981年8月25日，为了解决水利部第四工程局待业青年就业问题，成立水利部第四工程局劳动服务公司。1982年4月26日，以（82）局干字86号文，撤销家属委员会，所辖生活服务网点归劳动服务公司管理。

1982年1月4日，水利部第四工程局以（82）局办字1号文，在河南省新乡市设立卫河疏浚分局。

（二）水利部机械施工局

1980年5月，水利部以（80）水劳字第31号文，批复水利部机械施工局组织机构，下设办公室、生产技术处、安全处、劳动工资处、财务处、物资处、行政处。党群部门设纪委、宣传部、组织部、工会、团委。生产单位下设五个队（三个汽车队、一个起重牵引机械队、一个土石方机械队），机械修配厂。水利部机械施工局组织机构示意图（1980年5月），如图1-2-5所示。

（三）电力部机械施工局

1980年7月，以（80）电水党字第47号文，批复电力部机械施工局组织机构，下设办公室、生产技术处、设备供应处、劳动工资处、财务处、行政处、干部处、保卫处、人民武装部；党群部门设纪委、宣传部、组织部、工会、团委；生产单位设七个工程队、机械修配厂、轮胎翻新厂、农场。电力部机械施工局组织机构示意图（1980年7月），如图1-2-6所示。

1981年10月，电力部机械施工局将四、五、六队统一管理，成立机械施工局一处。为解决待业青年劳动就业问题，1981年11月16日，成立劳动服务公司，下设综合经营处、理发店、缝纫店。1981年12月4日，设立机械修理保养厂。1982年1月30日，成立局职工学校，与教育处一套人员，两块牌子。

（四）水利电力部第十三工程局

1982年7月3日，三个局合并。1982年10月5日水电部十三局以（82）局办字181号文，对水电部十三局组织机构进行了调整，职能处室设办公室、计划调度室、教育处、卫生处（职工医院）、基地管理处、行政处、援外办公室、调查研究室、工程技术处、机

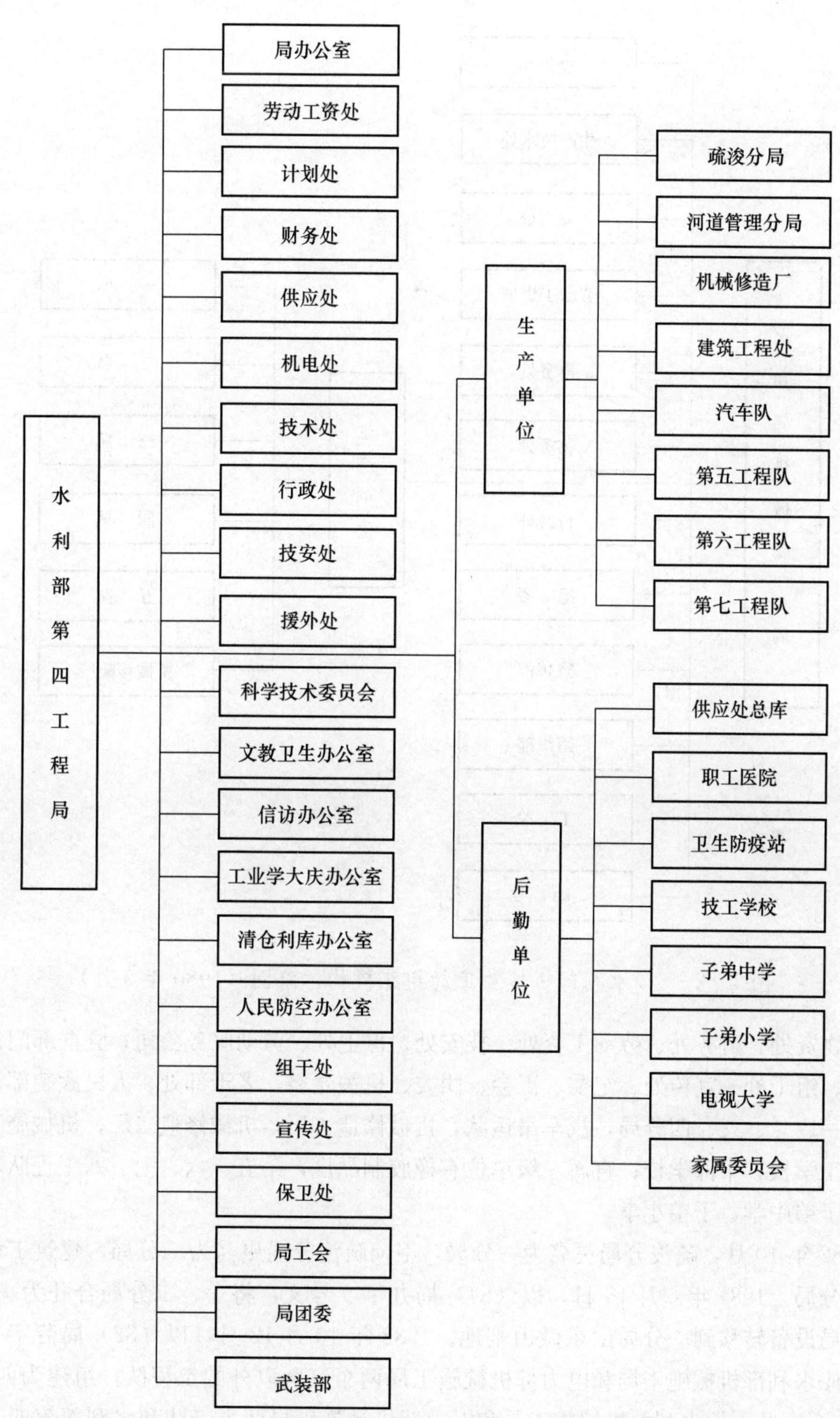

图1-2-4 水利部第四工程局组织机构示意图（1980年3月）

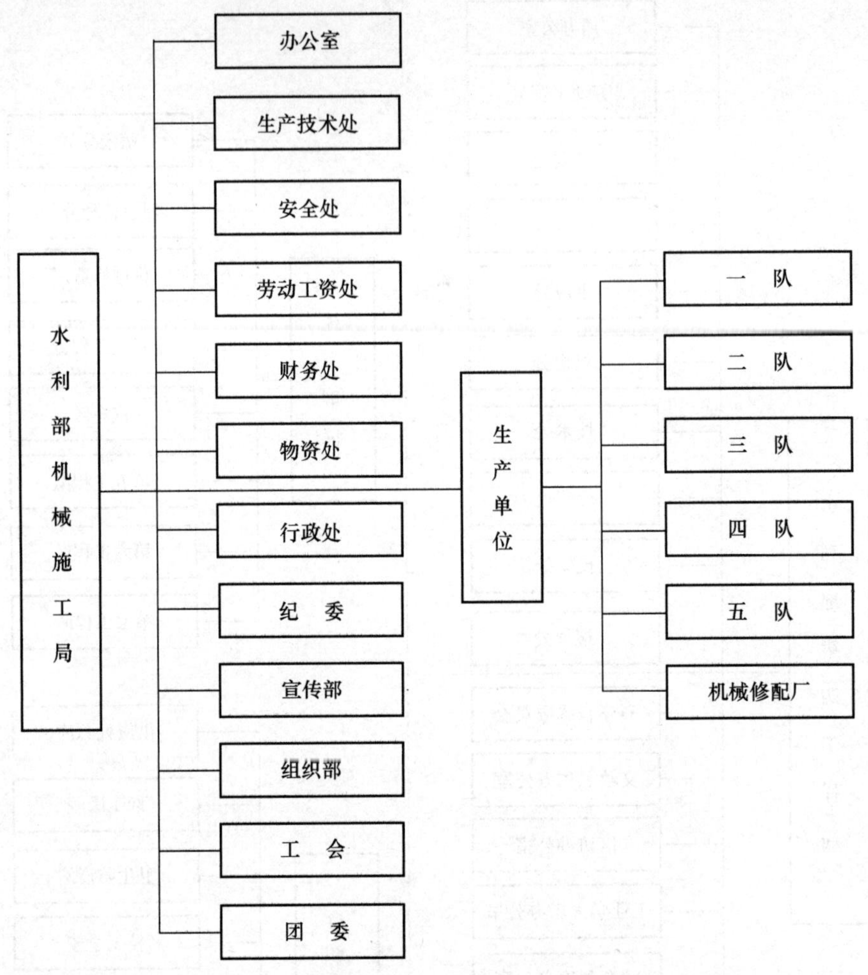

图 1-2-5　水利部机械施工局组织机构示意图（1980 年 5 月）

电处、物资处、财务处、劳动工资处、技安处、保卫处、劳动服务公司；党群部门设党委办公室、组干处、宣传处、纪委、工会、团委、机关党委、老干部处、人民武装部；二级单位有一、二、三、四分局，汽车吊运队，机械修造一厂，机械修造二厂，机械施工研究所，技工学校，干部学校；直属三级单位有橡胶制品厂，第五、六、七、八工程队，电视大学，子弟中学，子弟小学。

1982 年 10 月，疏浚分局更名为一分局，卫河疏浚分局更名为二分局，建筑工程处更名为三分局。1984 年 6 月 15 日，以（84）局办字 9 号文，将一、二分局合并为一分局，原二分局设备转移到一分局山东微山基地。1982 年 10 月 12 日，以（82）局劳字 186 号文，将原水利部机械施工局和电力部机械施工局两个三队以外的工程队，组建为四分局，下设 11 个车队。原水利部机械施工局和电力部机械施工局两个三队和水利部第四工程局的汽车队，合并组建为汽车吊运队。1982 年 10 月，将电力部机械施工局轮胎翻新厂改为橡胶制品厂。机械施工处的保养厂改为汽车修理厂，在汽车修理厂的基础上成立机械修造

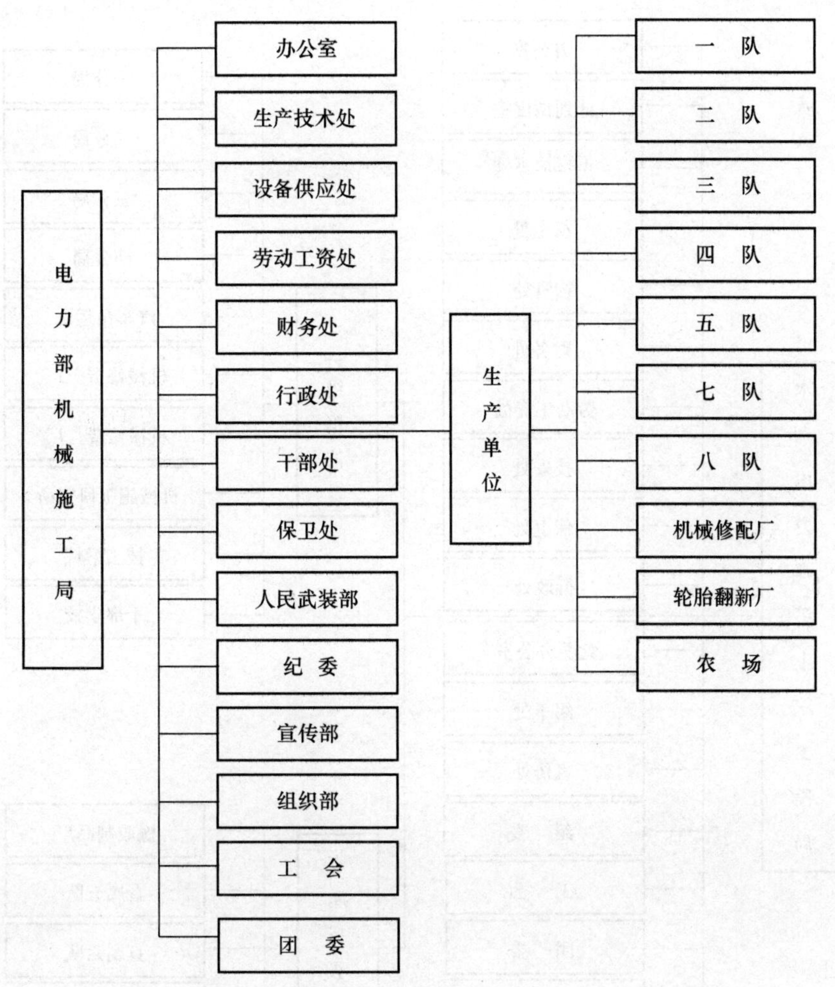

图1-2-6 电力部机械施工局组织机构示意图（1980年7月）

二厂。水利电力部第十三工程局组织机构示意图（1982年10月），如图1-2-7所示。

1983年1月22日，撤销农场，将陵县东堂公社600亩土地及房屋无偿交地方政府接管。1983年2月4日，以（83）局党发14号文，成立离退休职工管理处。1983年4月8日，以（83）局干字11号文，将汽车吊运队更名为水电部十三局五分局，为大件起吊运输专业分局。1983年11月3日，撤销局援外办公室。

1984年4月19日，将离退休职工管理处改名为老干部处。1984年6月，成立疏浚分公司承接原援外办公室业务。1984年11月15日，成立局生活服务公司。1984年12月7日，成立经营部。1984年12月17日，撤销劳动工资处，成立劳动人事处。

1985年3月16日，机械修造二厂更名为汽车修理厂。1985年6月24日，成立审计处。1985年12月，将劳动服务公司、生活服务公司合并为劳动服务公司。

1986年1月2日，将劳动服务公司改为服务公司；机电处和物资处合并为机电物资处。

1987年2月10日，撤销调查研究室。1987年6月，水电部十三局第一个国外项目部

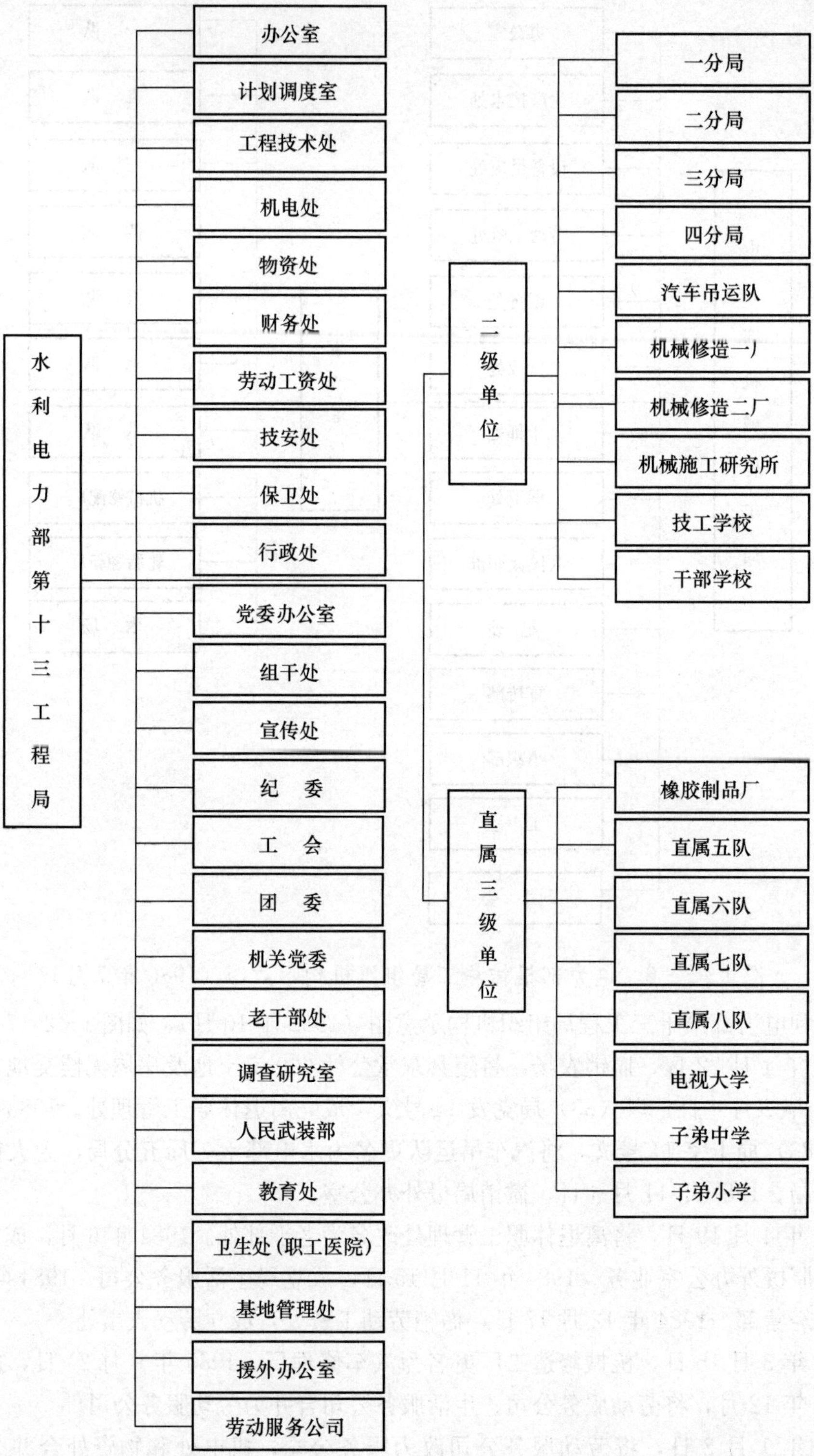

图1-2-7　水利电力部第十三工程局组织机构示意图（1982年10月）

在巴基斯坦成立。1987 年 7 月，局干部学校和电视大学合并。1987 年 12 月 2 日，以（87）局党发 88 号文，撤销服务公司。1987 年 12 月，以（87）局劳人字 54 号文，将水电部十三局机械修造一厂改为水电部十三局机械厂。

1988 年 5 月，水电部十三局对局机关进行了一次大规模精简、压缩非生产人员。局机关由 24 个职能部门，精简为 18 个，行政部门设局办公室、计划调度处、经营部、科技处、财务处、审计处、技安处、机电处、劳动人事处、宣教处、离退休职工管理处、保卫处；党群部门设党委办公室、纪律检查委员会、武装部、机关党委、工会、团委。

1989 年 1 月 16 日，成立国外工程办公室；1989 年 9 月 27 日，成立监察室，与纪委合署办公。1989 年 10 月，成立党校。

1990 年 1 月 6 日，以（90）局劳字 3 号文，恢复建立局教育处、劳动工资处、干部处、退休职工管理处。

1990 年 2 月 23 日，以（90）局劳字 4 号文，将劳动服务公司、多种经营开发部、橡胶制品厂合并，组建局企业处。

1991 年 12 月 20 日，水电部十三局将局机关职能处室由 24 个减为 18 个，定员 205 人。行政部门设局办公室、劳动工资处、工程处、科技处、计划处、机电处、审计处、财务处、技安处、企管办。党群部门设党委办公室、纪委（监察室）、宣传部、组织部（干部处）、保卫处（武装部）、离退休职工管理处、工会、团委。

四、中国水利水电第十三工程局时期（1992 年 8 月～2006 年 12 月）

1992 年局直属单位有一分局、三分局、四分局、五分局、第六工程队、内蒙古河套工程指挥部、珠海工程施工指挥部、上海石洞口二厂灰场工程施工指挥部、太湖工程部、元宝山工程指挥部、机械厂、汽车修理厂、勘测设计室、物资供应公司、企业处、卫生处（职工医院）。中国水利水电第十三工程局组织机构示意图（1992 年 8 月），如图 1－2－8 所示。

1993 年 7 月 20 日，以局劳〔1993〕21 号文，进行干部人事、劳动用工、工资分配“三项制度”改革，公布了局机关定编、定员、定职、定责的“四定方案”。局机关处室由原来的 22 个减为 15 个，编制定员 133 人。重新设置的组织机构有局办公室、生产经营处、安全设备处、经济管理处、财务审计处、劳动工资处、多种经营处、国外工程办公室、武装保卫处、离退休职工管理处、局党委办公室、组织干部处、宣传部、纪委监察室、局工会和局团委。1993 年 7 月 14 日，勘测设计室更名为勘测设计院。1993 年 8 月 21 日，成立局机械施工研究所。

1994 年 2 月 19 日，以局干〔1994〕6 号文，在内蒙古河套工程指挥部的基础上，组建二分局。1994 年 8 月，成立三峡工程租赁设备监理处。

1995 年 4 月，将物资供应公司更名为物资供应处。1995 年 6 月，撤销财务审计处，成立财务处、审计处。1995 年 7 月，第六工程队更名为天津工程处。1995 年 8 月，撤销基地管理处，成立基地管理分局和房地产开发部。1995 年 12 月，成立局思想政治工作办公室，与党委宣传部合署办公。

1996 年 1 月，撤销多种经营处，组建实业开发部。1996 年 7 月，以局劳发〔1996〕20 号文，撤销干部处、劳动工资处、生产经营处、教育培训中心；成立人事劳动处、经

中国水利水电第十三工程局

- 办公室
- 劳动工资处
- 工程处
- 科技处
- 计划处
- 机电处
- 审计处
- 财务处
- 技安处
- 企管办
- 党委办公室
- 纪委（监察室）
- 宣传部
- 组织部（干部处）
- 保卫处（武装部）
- 离退休职工管理处
- 工 会
- 团 委

- 一分局
- 三分局
- 四分局
- 五分局
- 机械厂
- 汽车修理厂
- 珠海工程施工指挥部
- 上海石洞口二厂灰场工程施工指挥部
- 太湖工程部
- 元宝山工程指挥部
- 内蒙古河套工程指挥部
- 第六工程队
- 勘测设计室
- 科研所
- 教育培训中心
- 物资供应公司
- 企业处
- 卫生处（职工医院）
- 国外工程办公室

图 1-2-8 中国水利水电第十三工程局组织机构示意图（1992 年 8 月）

营合同处、生产技术处、教育处；技校、电大（干部学校）、中学、小学业务归教育处管理；安全设备处（安全监察处）、勘测设计院（机械施工研究所）实行一套机构、两块牌子；其他机构不变。1996 年 8 月 6 日，撤销局企业处，将该处的食品厂、扒鸡厂、印刷厂划归实业开发部管理，其余人员划归基地管理分局管理，劳动服务公司同基地分局实行一套机构、两块牌子。中国水利水电第十三工程局组织机构示意图（1996 年 12 月），如图 1-2-9 所示。

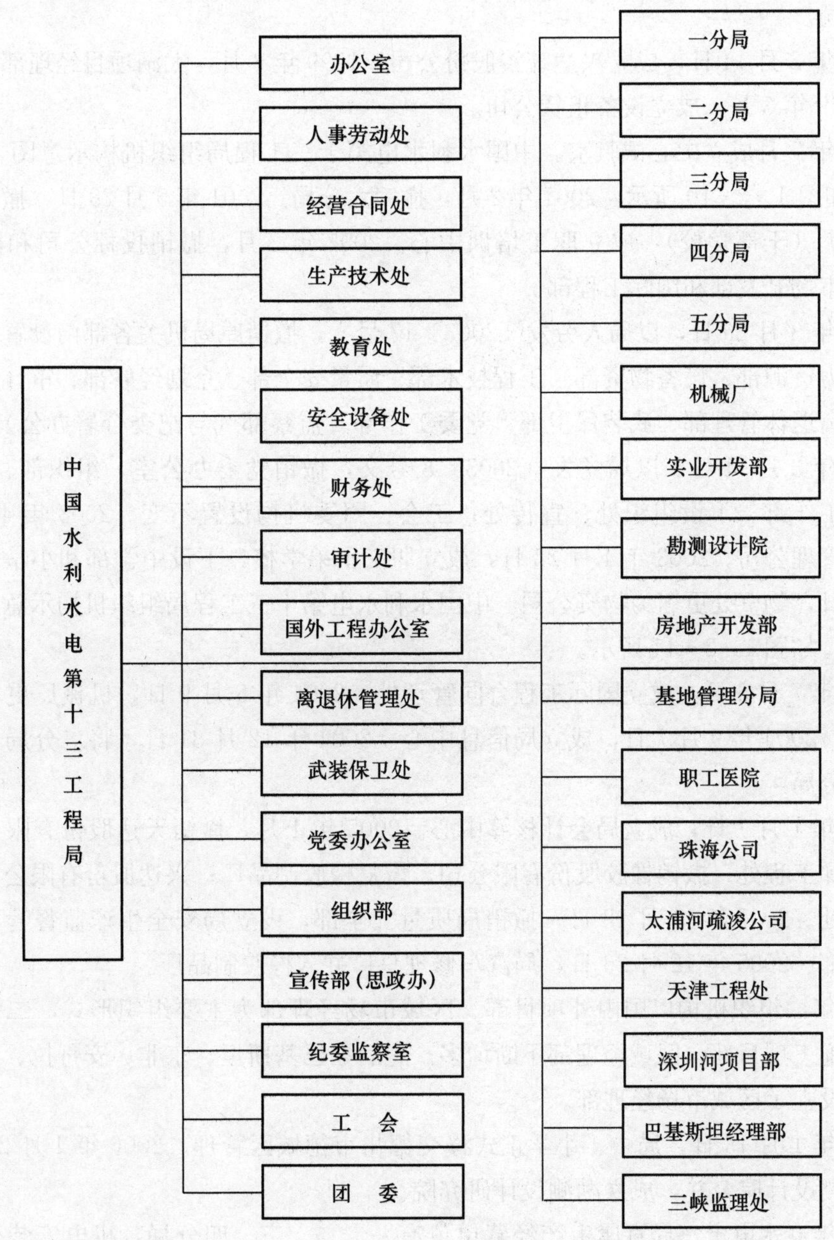

图1-2-9　中国水利水电第十三工程局组织机构示意图（1996 年 12 月）

1998 年 1 月 23 日，以局人劳发〔1998〕6 号文，对局机关行政机构设置进行调整，调整后的局机关行政部门有办公室、经营合同处、生产技术处、经济管理处、人事劳动处、财务处、审计处、安全设备处、国外工程处、武装保卫处、法律顾问处、教育处、离退休职工管理处、基地管理处共14个处室。撤销房地产开发部，业务归基地管理处；撤销实业开发部、基地管理分局、勘测设计院（所）；成立多种经营处，勘测设计院、机械施工研究所；汽车修理厂更名为汽车修理总厂。党群部门设党委办公室、组织部、宣传部、机关党委、工会、纪委、团委、老干部处。1998年4月3日，撤销经营合同处，成立投标公司。

1999年2月14日，成立兴达疏浚股份公司。1999年3月，太湖项目经理部更名为六分局。1999年3月，成立设备租赁公司。

2000年7月成立中心试验室。中国水利水电第十三工程局组织机构示意图（2000年12月），如图1-2-10所示。2001年2月，撤销六分局。2001年5月28日，撤销局技工学校、电大（干部学校），成立职工培训中心。2002年2月，撤销投标公司和国外工程处，成立市场开发部和国际工程部。

2003年3月26日，以局人劳发〔2003〕17号文，撤销原局机关各部门设置，成立办公室、人力资源部、设备物资部、工程技术部、质量安全部、企划经管部、审计部、财务管理部、离退休管理部、武装保卫部、党委工作部、监察部（与纪委合署办公）、新闻中心。2003年3月11日，以局党发〔2003〕8号文，撤销党委办公室、组织部、宣传部，成立党委工作部，下设组织处、宣传处；工会、团委机构设置不变。2003年4月9日，成立物业管理公司。2003年4月28日，成立职工子弟学校，下设中学部和小学部。2003年6月5日，物资处更名为物资公司。中国水利水电第十三工程局组织机构示意图（2003年12月），如图1-2-11所示。

2004年7月5日，成立国际工程合同管理处。2004年8月9日，机械厂更名为机电安装分局。2004年9月7日，成立局信息中心。2004年12月31日，将二分局、五分局合并为二分局。

2005年1月7日，成立局会计核算中心。2005年1月，撤销天达股份有限公司，恢复天达电梯工程处；撤销橡胶股份有限公司，恢复橡胶制品厂；兴达股份有限公司更名为疏浚工程处。2005年11月18日，撤销局质量安全部，设立局安全生产监督管理部、局质量管理部。2005年12月26日，局汽车修理总厂并入橡胶制品厂。

2006年，组织机构以国内外项目部、区域市场经理部为主要组织形式，二级单位逐年减少，施工项目部、区域经理部不断增多。先后在巴基斯坦、东非、安哥拉、也门、卡塔尔等地设立了区域市场经理部。

2006年1月13日，局中、小学正式移交德州市德城区管理。2006年4月20日，科研所与勘测设计院合并，成立勘测设计研究院。

2006年，水电十三局直属生产经营单位有一、二、三、四分局，机电安装分局，橡胶制品厂，多种经营处，疏浚工程处，天津工程处，天达电梯工程处，珠海公司，物资处，医院，职工培训中心，物业公司（基地管理处），勘测设计研究院，监理中心，设备租赁公司，九龙实业有限公司。中国水利水电第十三工程局组织机构示意图（2006年12月），如图1-2-12所示。

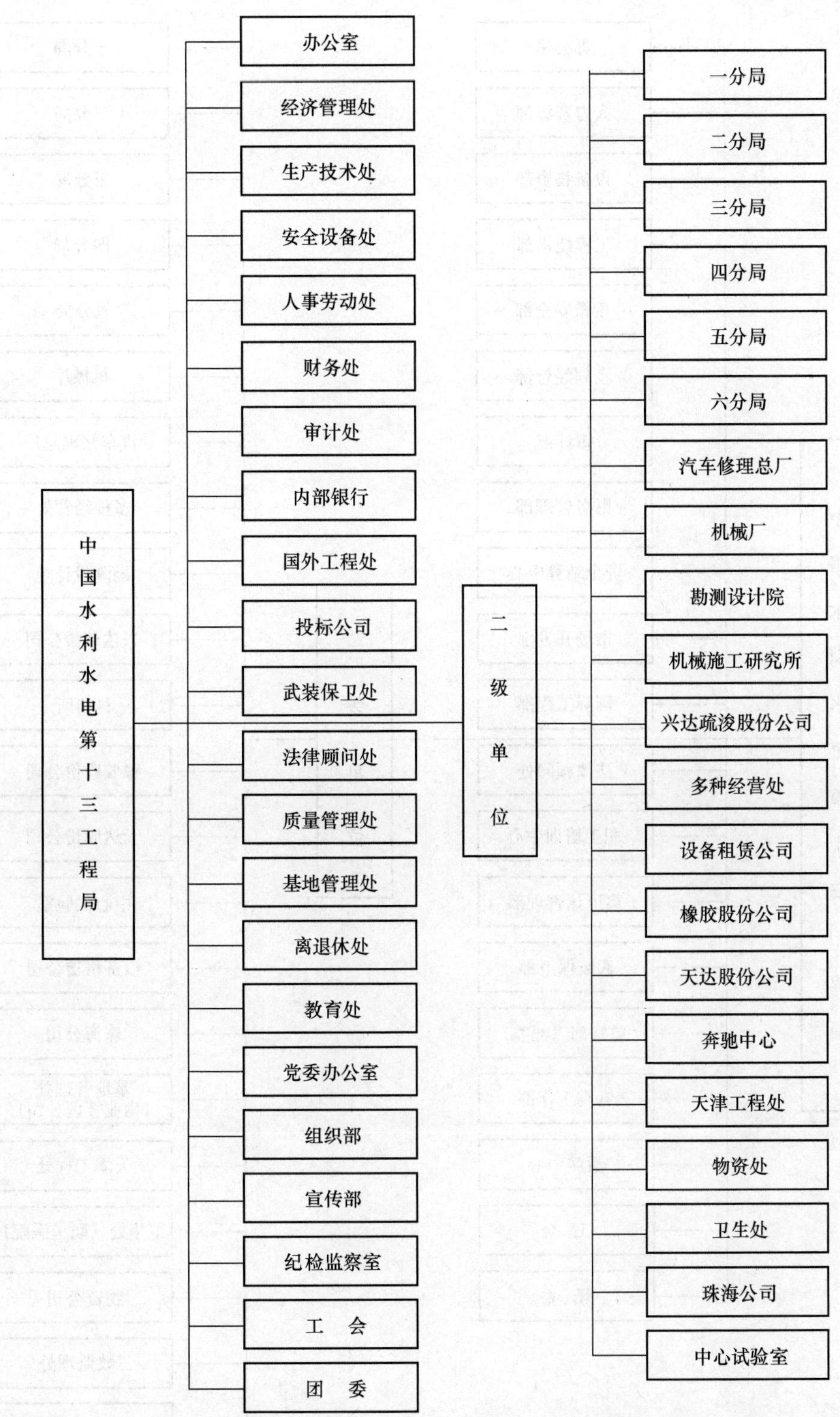

图1-2-10　中国水利水电第十三工程局组织机构示意图（2000年12月）

中国水利水电第十三工程局

- 办公室
- 人力资源部
- 设备物资部
- 工程技术部
- 质量安全部
- 企划经管部
- 审计部
- 财务管理部
- 资金结算中心
- 市场开发部
- 国际工程部
- 法律顾问处
- 职工培训中心
- 离退休管理部
- 武装保卫部
- 监察部（纪委）
- 党委工作部
- 新闻中心
- 工 会
- 团 委

二级单位

- 一分局
- 二分局
- 三分局
- 四分局
- 五分局
- 机械厂
- 汽车修理总厂
- 多种经营处
- 勘测设计院
- 兴达疏浚公司
- 科研所
- 橡胶股份公司
- 天达股份公司
- 中心试验室
- 设备租赁公司
- 珠海公司
- 基地管理处（物业管理公司）
- 天津工程处
- 卫生处（职工医院）
- 物资公司
- 三峡监理处
- 职工子弟学校

图 1-2-11　中国水利水电第十三工程局组织机构示意图（2003 年 12 月）

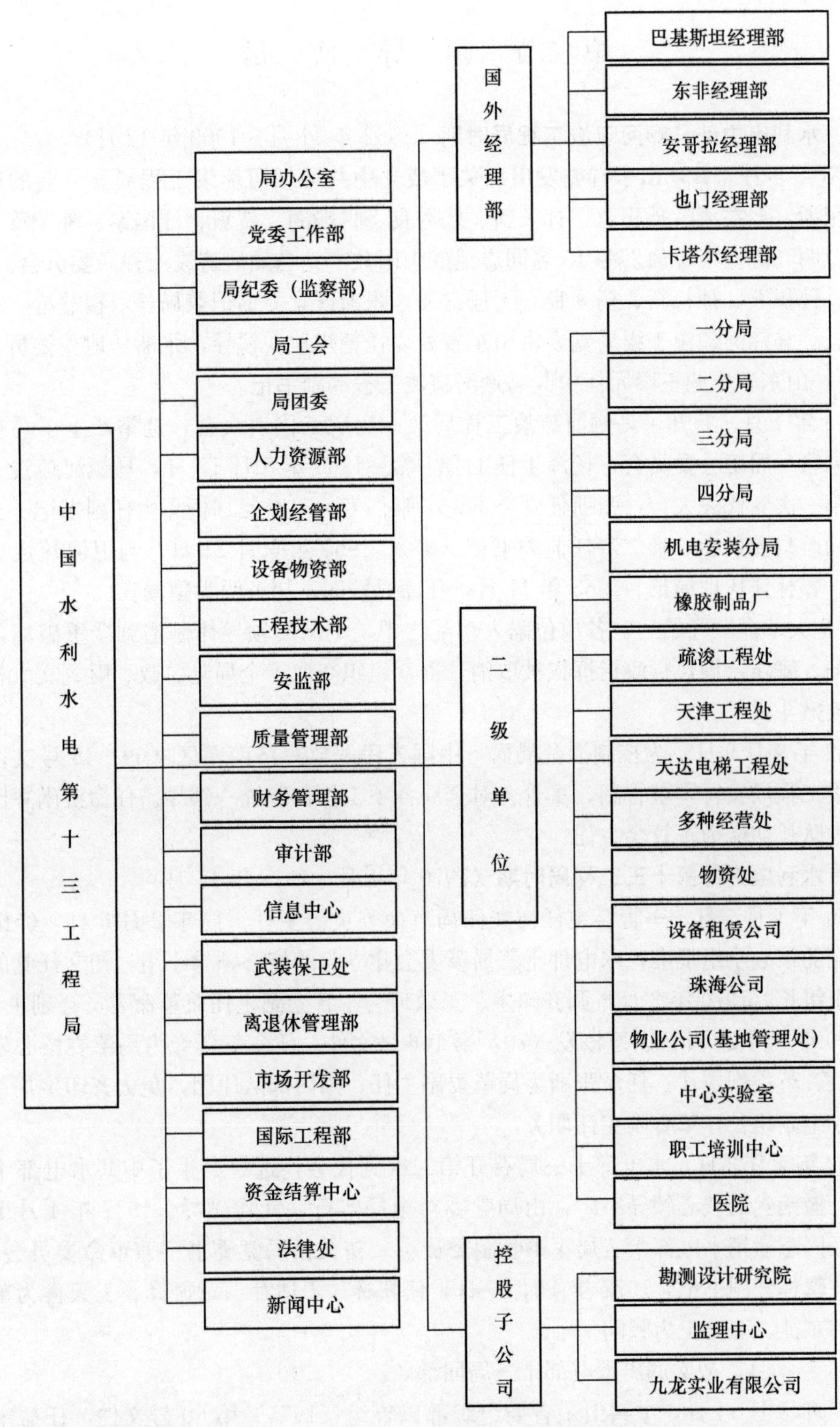

图1-2-12　中国水利水电第十三工程局组织机构示意图（2006年12月）

第二节　领　导　成　员

一、水利电力部马颊河疏浚工程局时期（1962年11月～1969年12月）

1963年4月4日，山东省委发出《关于成立中共马颊河疏浚工程局委员会的通知》。确定由张浙、翟益涛、孙积五、孙长新、杨秀良、付殿阁、贺毅、沈国泰、陈荣珍、贾培芳、胡玉明、陈健飞、何发源13名同志组成中国共产党马颊河疏浚工程局委员会。张浙、翟益涛、孙积五、孙长新、杨秀良5人任常委，张浙任党委书记兼局长，翟益涛、孙积五任副局长。马颊河疏浚工程局党委由山东省委委托德州地委领导，张浙任地委委员。1963年10月，山东省委调王泰元任中共马颊河疏浚工程局副书记。

1965年4月，召开了马颊河疏浚工程局第一届职工代表大会，选举产生了马颊河疏浚工程局第一届工会委员会，杨泽生任工会主席。1965年5月17日，马颊河疏浚工程局召开了第一次党代表大会，张浙任党委书记，睢仁寿、王泰元、杨泽生任副书记。大会还选举出局监察委员会，睢仁寿任监委书记（兼）。1965年5月21日，与卫河疏浚工程局合并后，郭林任代理局长。1965年11月，任命付殿阁、胡玉明为副局长。

“文化大革命”开始后，各单位陷入动乱之中，全局的领导体制遭到严重破坏，各级党组织陷入瘫痪，局长行政指挥权被取消，群众组织夺取了全局党、政、财、文大权，领导干部被揪斗。

1969年9月9日，为控制混乱局面，中国人民解放军济南军区（69）45号文，对马颊河疏浚工程局实行军事管制，军管会对全局各项工作实行统一领导。任命济南军区炮训大队副大队长初文为军管会主任。

二、水利电力部第十三工程局时期（1970年1月～1979年11月）

1970年1月5日，军管会主任初文任局革命委员会主任。同年2月5日，经山东省革委会党的核心小组批准，水电部十三局革委会建立党的核心领导小组，初文任党的核心领导小组组长。1970年2月，调齐印生、王效珂为军管会副主任兼革命委员会副主任。

1970年9月25日，以德核发（70）第106号文件，任命王廷彦为局革委核心领导小组副组长、革委副主任；任命张浙为局革委副主任；因回部队原因，免去齐印生局革委核心领导小组副组长，革委副主任职务。

1972年4月2日，水电部十三局召开第二次党代会，选举产生了中共水电部十三局委员会，撤销党的核心领导小组，由局党委对全局实行一元化领导。1972年4月10日，济南军区同意撤销水电部十三局军事管制委员会，初文任局党委书记兼革命委员会主任，王泰元、郭林任副书记。1972年4月25日，任郭林、丁适存、童振铎、王天喜为革委副主任，韩东征、王德正为顾问。

1975年4月，初文调离水电部十三局回部队。

1975年5月14日，中共山东省委组织部以鲁组〔1975〕第60号文件，任命宋泉为水电部十三局党委第一副书记、革委会第一副主任；罗平任水电部十三局党委副书记、革委会副主任。宋泉主持局党政全面工作。

1976 年 9 月 13 日，以中共山东省委鲁发〔1976〕34 号文，任命段忠诚为水电部十三局党委副书记，革委副主任。1978 年 2 月，郭林调河南黄河河务局。1979 年 2 月，王泰元调山东黄河河务局工作。

1979 年 10 月 19 日，经水利部（79）水干字第 199 号文，任命刘福、沈亦凡、张文喜为水利电力部第十三工程局副局长；沈亦凡兼任总工程师。

三、三个局分设与合并时期（1979 年 12 月～1992 年 7 月）

（一）水利部第四工程局

水利部第四工程局党委第一副书记宋泉，主持党委工作；副局长刘福主持行政工作。罗平、段忠诚任局党委副书记，张文喜、童振铎、沈亦凡任副局长。1980 年 5 月，罗平调海委工作。1980 年 8 月 4 日，水利部以（80）水党字 47 号文件，任命张广东为水利部第四工程局党委副书记。

（二）水利部机械施工局

韩金城任党委书记兼局长，赵麟、岳凤岐任副书记。

（三）电力部机械施工局

1980 年 6 月 12 日，电力工业部以（80）电党字第 36 号文件，任命李子鑫为电力部机械施工局党委副书记、副局长；李中华为副书记；杨秉秀为副局长。

（四）水利电力部第十三工程局

1982 年 9 月，水利水电建设总公司以（82）水建党字第 54 号文，转发中共水电部党组（82）水电党字 107 号文，任命宋泉为水电部十三局代理党委书记；韩金城为党委副书记、代理局长；赵麟、吕书永为党委副书记；沈亦凡、李子鑫、刘福为副局长，张天存为总工程师，李中华为工会主席。

1983 年 5 月 6 日，水利水电建设总局以（83）水建党字第 157 号文，转发中共中央组织部（83）干任字 342 号文件，中央同意韩金城任水电部十三局局长。

1983 年 5 月 26 日，水利水电建设总公司以（83）水建党字第 188 号文，转发中共水电部党组（83）水电党字第 157 号通知，任命肖杰为水电部十三局党委书记。

1984 年 6 月 13 日，水利水电建设总公司以（84）水建党字第 130 号文，任命袁鉴、潘国良为水电部十三局副局长；同时免去吕书永党委副书记职务，改任顾问；免去沈亦凡副局长职务，改任技术咨询。1984 年 6 月 22 日，以（84）水建党字第 133 号文，韩金城兼任党委副书记，赵麟任党委副书记。

1984 年 12 月 6 日，水电总公司以（84）水建党字第 240 号文件，对水电部十三局领导班子作了调整：肖杰任党委书记，康明东任党委副书记；袁鉴任局长，潘国良、张剑英、张雄山任副局长；赵麟任纪委书记。

1986 年 7 月 30 日，水电总公司以（86）水建党字 105 号文，通知刘福由副局长改任局党委副书记。

1986 年 12 月，肖杰离休。1986 年 12 月，水利水电建设局党组以（86）水建党字第 34 号文件，潘国良兼任水电部十三局总工程师；黄正宇任总经济师，刘汉清任工会主席，免去张天存水电部十三局总工程师职务。

1987 年 1 月，刘福主持局党委工作。1987 年 4 月 6 日，经中共水电部水利水电建设局党组（87）水建党字第 30 号文批复：刘福为水电部十三局党委书记。

1987 年 9 月 4 日，马凤楹任纪委书记，免去赵麟纪委书记职务。

1987 年 12 月 31 日，水电建设局党组批准水电部十三局试行局长负责制，由局长袁鉴对水电部十三局全面负责。

1991 年 1 月 30 日，根据中水电人〔1991〕9 号文件，任命张林、张广旗为水电部十三局副局长。

1992 年 5 月，根据中水电干〔1992〕35 号文件，任命肖仲谋为水电部十三局总会计师。

四、中国水利水电第十三工程局时期（1992 年 8 月～2006 年 12 月）

1994 年 12 月 12 日，以中水电干〔1994〕98 号文件，聘任张训华为水电十三局总会计师。

1995 年 5 月 22 日，以中水电干（1995）31 号文，聘任张林为水电十三局局长，张广旗兼任副局长，刘起涛为副局长；免去袁鉴水电十三局局长职务，由总公司另行安排工作；因年龄原因，免去潘国良副局长兼总工程师职务；张雄山不再担任副局长职务。同日，以中水电党〔1995〕18 号文，任命张广旗为党委书记；因年龄原因免去刘福局党委书记职务，改任咨询。

1996 年 1 月 17 日，以中水电干〔1996〕7 号文，聘任童劲松、李长春为副局长。1996 年 12 月 3 日，以中水电干〔1996〕108 号文，聘任车伟力为副局长。

1997 年 5 月 16 日，以中水电干党〔1997〕15 号文，批复刘汉清为水电十三局工会主席。1997 年 6 月 5 日，以中水电干〔1997〕51 号文，聘任何占颂为副局长，李长春为副局长兼总工程师。1997 年 9 月 30 日，以中水电党〔1997〕43 号文，任命刘炳刚为水电十三局党委副书记，免去康明东党委副书记职务。1997 年 10 月 5 日，以中水电干〔1997〕85 号文，聘任童劲松为局长、康明东为副局长，张林不再担任局长职务。

2001 年 2 月 9 日，以中水电党〔2001〕31 号文，任命刘炳刚为纪委书记（兼）；李汝伟为工会负责人；免去马凤楹纪委书记职务；免去刘汉清工会主席职务，改任咨询。同日，以中水电人〔2001〕21 号文，聘任魏达为总经济师；姚国良为总会计师；免去张训化总会计师职务，改任咨询。4 月 26 日，以中水电党〔2001〕25 号文，任命杜鸿礼为党委副书记。2001 年 12 月 17 日，以中水电党〔2001〕74 号文，任命杜鸿礼为代理党委书记，免去张广旗局党委书记职务，改任咨询。同日，以中水电人〔2001〕150 号文，聘任童劲松为水电十三局局长，李长春为水电十三局副局长兼总工程师；何占颂为水电十三局副局长；魏达为水电十三局总经济师，姚国良为水电十三局总会计师；免去张广旗、康明东水电十三局副局长职务，改任咨询。

2002 年 4 月 11 日，以中水电人〔2002〕41 号文，任命杜鸿礼为党委书记。

2003 年 9 月 2 日，以中水电人〔2003〕94 号文，聘任赵景涛、于晓为副局长；杨涛为总工程师；免去李长春总工程师职务。2003 年 12 月 10 日，以中水电党〔2003〕91 号文，任命童劲松为党委书记（兼），免去杜鸿礼党委书记职务。

2004 年 10 月 8 日，以中水电党〔2004〕54 号文，任命陈庆和为局党委书记，免去童劲松党委书记职务。2004 年 10 月 18 日，以中水电人〔2004〕148 号文，调李长春到南水北调中干线工程建设管理局工作，同时免去其副局长职务。2004 年 11 月 13 日，以中水电人〔2004〕166 号文，聘任刘延超为副局长。

2005 年 9 月 8 日，以中水电人〔2005〕116 号文，赵景涛调集团公司总部工作，免去其副局长职务。2005 年 12 月 27 日，以中水电人〔2005〕192 号文，聘任随守信为副局长。2006 年 11 月 14 日，随守信调到集团公司工作。

水电十三局历任领导任职情况见表1-2-1～1-2-3。

表1-2-1　历任主要行政领导

姓名	职务	出生年月	籍贯	学历	参加工作时间	任职时间	备注
张浙	局长	1918-11	山东淄博	高中	1937-12	1963-04～1965-05	党委书记（兼）
郭林	代理局长	1919-12	河南沁阳	初中	1936 年春	1965-05～1969-09	
初文	军管会主任、革委主任	1924-12	山东牟平	初中	1944-09	1969-09～1975-04	
宋泉	革委第一副主任	1921-11	江苏赣榆	高中	1938-07	1975-05～1978-12	主持工作
韩金城	局长	1925-10	河北任丘	大专	1940-09	1980-03～1984-11	水利部机械施工局局长兼书记，水电部十三局代理局长、副书记
袁鉴	局长	1943-01	江苏南通	大学	1967-09	1984-12～1995-05	
张林	局长	1945-03	山东曲阜	大学	1968-12	1995-05～1997-10	
童劲松	局长	1949-09	湖南湘乡	中专	1970-01	1997-10～	局长兼党委书记

表1-2-2　历任党委书记

姓名	职务	出生年月	籍贯	学历	参加工作时间	任职时间	备注
张浙	党委书记	1918-11	山东淄博	高中	1937-12	1963-04～1970-02	1970 年 9 月任革委副主任
初文	党的核心领导小组组长、党委书记	1924-12	山东牟平	初中	1944-09	1970-02～1975-04	军管会主任、局革委主任
宋泉	第一副书记、代理书记	1921-11	江苏赣榆	高中	1938-07	1975-05～1982-12	主持工作
肖杰	党委书记	1927-02	河北大城	初中	1944-03	1983-05～1986-12	
刘福	党委书记	1937-10	北京房山	大学	1959-04	1987-04～1995-05	
张广旗	党委书记	1942-05	山东泰安	大学	1968-07	1995-05～2001-12	
杜鸿礼	代理党委书记、党委书记	1956-11	山东临沂	研究生	1974-04	2001-12～2003-12	代理党委书记（2001-12～2002-04）

续表

姓名	职务	出生年月	籍贯	学历	参加工作时间	任职时间	备　注
童劲松	党委书记	1949－09	湖南湘乡	中专	1970－01	2003－12～2004－10	局长兼党委书记
陈庆和	党委书记	1952－04	河南濮阳	大学	1969－03	2004－10～	

表1－2－3　历任副局长、革委副主任、党委副书记、纪委书记、三总师、局顾问、工会主席（以任职时间为序）

姓名	职务	出生年月	籍贯	学历	参加工作时间	任职时间	备　注
翟益涛	副局长	1926－03	河北饶阳		1941	1963－04～1965－05	
孙积五	副局长	1910－11	山东招远	初中	1940－08	1963－04～1969－09	
王泰元	副书记、革委副主任	1916－05	山东淄博		1938－02	1963－10～1979－02	
赵长利	副局长	1919－11	山东沂南		1940－08	1965－05～1968－09	
睢仁寿	副书记、监委书记					1965－05～1965－09	
杨泽生	副书记、工会主席	1912－05	山西阳城	中专	1938－09	1965－04～1969－09	
胡宣仁	副局长	1914－03	安徽砀山	初中	1938－05	1965－11～1968－10	
付殿阁	副局长	1926－10	辽宁复县		1947	1965－11～1972－03	
胡玉明	副局长	1930－12	辽宁沈阳		1945－10	1965－11～1972－03	
齐印生	军管会副主任、革委副主任					1970－02～1970－09	
王效轲	军管会副主任、革委副主任					1970－02～1972－04	
王廷彦	军管会副主任、革委副主任	1929－11	山西保德	初中	1945－10	1970－09～1972－04	
张　浙	革委副主任	1918－11	山东淄博	高中	1937－12	1970－09～1971－06	
郭　林	副书记、革委副主任	1919－12	河南沁阳	初中	1936年春	1972－04～1978－02	
丁适存	革委副主任	1909－02	江苏洪泽	大学	1937－12	1972－04～1978－12	
童振铎	革委副主任、副局长	1917－01	安徽宿县	初中	1937－10	1972－04～1982－10	水利部第四工程局
王天喜	革委副主任	1926－07	浙江绍兴	初中	1951－09	1972－04～1978－12	
韩东征	局顾问					1972－04～1976－01	
王德正	局顾问					1972－04～1979－03	

续表

姓名	职务	出生年月	籍贯	学历	参加工作时间	任职时间	备　注
宋　泉	第一副书记、革委第一副主任	1921－11	江苏赣榆	高中	1938－07	1975－05～1982－09	水利部第四工程局
罗　平	副书记、革委副主任	1923－06	河北灵县	初中	1940－08	1975－05～1980－05	水利部第四工程局
段忠诚	副书记、革委副主任	1912	山东乳山		1941－03	1976－09～1980－10	水利部第四工程局
郭起光	总工程师	1918－03	湖南湘潭	大学	1936 年冬	1978－09～1979－03	水利部第四工程局
刘　福	副局长、副书记	1937－10	北京房山	大学	1959－04	1979－10～1987－03	水利部第四工程局
沈亦凡	副局长、总工程师（兼）	1924－05	山东莱州	大学	1948－08	1979－10～1984－06	水利部第四工程局
张文喜	副局长	1927－05	河北黄骅	初中	1945－01	1979－10～1982－09	水利部第四工程局
赵　麟	副书记、纪委书记	1930－10	吉林浑江	高中	1949－10	1980－03～1987－09	水利部机械施工局
岳凤岐	副书记					1980－03～1982－05	水利部机械施工局
李子鑫	副书记、副局长	1926－08	山东东阿	高中	1947－08	1980－06～1984－03	电力部机械施工局
李中华	副书记、工会主席	1924－07	山东莱阳	初中	1947－03	1980－06～1986－12	电力部机械施工局
杨秉秀	副局长	1923－12	山东章丘	初中	1945－08	1980－06～1982－09	电力部机械施工局
张广东	副书记	1921－03	山东费县	高小	1939－10	1980－08～1981－08	水利部第四工程局
吕书永	副书记	1927－09	河南新乡	高中	1949－03	1982－09～1984－06	水利部第四工程局
张天存	总工程师	1925－10	河北清苑	大学	1949－02	1982－09～1986－12	水利部第四工程局
袁　鉴	副局长	1943－01	江苏南通	大学	1967－09	1984－06～1984－12	
潘国良	副局长、总工程师（兼）	1934－12	福建泉州	大学	1956－09	1984－06～1995－05	
康明东	副书记、副局长	1934－08	江苏苏州	大学	1968－08	1984－12～2001－12	
张剑英	副局长	1929－10	山东文登	初中	1945－08	1984－12～1989－10	

续表

姓名	职务	出生年月	籍贯	学历	参加工作时间	任职时间	备注
张雄山	副局长	1944-02	河南灵宝	大学	1968-12	1984-12～1995-05	
黄正宇	总经济师	1936-09	安徽蚌埠	中专	1955-08	1986-12～1996-09	
刘汉清	工会主席	1941-08	山东郓城	大专	1963-09	1986-12～2001-02	
马凤楹	纪委书记	1940-12	北京大兴	大专	1962-08	1987-09～2001-02	
张　林	副局长	1945-03	山东曲阜	大学	1968-12	1991-01～1995-05	
张广旗	副局长	1942-05	山东泰安	大学	1968-07	1991-01～2001-12	
肖仲谋	总会计师	1942-09	湖南桃江	大学	1964-08	1992-05～1994-08	
张训化	总会计师	1941-11	湖南桂阳	大学	1964-08	1994-12～2001-02	
刘起涛	副局长	1957-08	辽宁义县	大学	1982-09	1995-05～1998-06	
童劲松	副局长	1949-09	湖南湘乡	中专	1970-01	1996-01～1997-10	
李长春	副局长、总工程师（兼）	1962-11	山东沂水	大学	1982-08	1996-01～2004-10	
车伟力	副局长	1957-02	山东荣成	大专	1974-09	1996-12～1999-09	
何占颂	副局长	1961-03	安徽怀宁	大学	1984-07	1997-06～	
刘炳刚	副书记、纪委书记（兼）	1951-03	河北故城	大专	1968-05	1997-09～	
魏　达	总经济师	1958-04	山西大同	大学	1976-12	2001-02～	
姚国良	总会计师	1957-09	山东宁津	大学	1980-05	2001-02～	
杜鸿礼	副书记	1956-11	山东临沂	研究生	1974-04	2001-04～2001-12	
李汝伟	工会主席	1955-11	山东邹平	大学	1976-08	2001-02～	
赵景涛	副局长	1962-12	河北景县	大学	1985-07	2003-09～2005-09	
于　晓	副局长	1958-01	山东烟台	大学	1972-12	2003-09～	
杨　涛	副局长、总工程师（兼）	1964-08	山东鱼台	大学	1986-07	2003-09～	
刘延超	副局长	1958-03	吉林永吉	大学	1976-10	2004-11～	
随守信	副局长	1963-05	山东鱼台	大学	1982-08	2005-12～2006-11	

第三节　职　工　队　伍

一、水利电力部马颊河疏浚工程局时期（1962年11月～1969年12月）

建局初期，马颊河疏浚工程局职工队伍以从闽江工程局调入的人员为主，另一主要来源就是从社会招工。

1963年5～11月，马颊河疏浚工程局从水电部闽江工程局转移职工3032人，后又从山东水利厅修制厂借调135人，密云水库调来121人，加上国家分配大中专毕业生117人、从社会招工640人，至1963年底有职工4058人，基本能满足马颊河疏浚工程的需要。

1965年5月，与卫河疏浚工程局合并后，从卫河疏浚工程局调入502名职工，同年调出728名职工支援三线水电建设。卫河疏浚工程局其余1200人留在河南新乡成立卫河工程处，隶属马颊河疏浚工程局领导。1967年7月，水电总局决定，由卫河工程处与岳城水库工程局，共同组建水电部白龙江水电工程局，即后来的水电部第五工程局。

二、水利电力部第十三工程局时期（1970年1月～1979年11月）

在计划经济时期，水电部十三局职工队伍由水电部统一调配，由于组织机构变化较大，特别是先后有海河勘测设计院、漳卫南运河管理局的并入与划出，水电部机械施工局的划出与合并，水电部十三局大批职工的调动较为频繁。

1970年，马颊河疏浚工程基本完成。水电部决定从水电部十三局抽调2321名职工，参加长江葛洲坝工程建设，称“南调北留”，总领队是张浙、付殿阁。1970年11月1日开始转移，“南调北留”工作进展顺利，这是建局以来一次较大的职工队伍变动。

1970年6月，漳卫南运河管理局划归水电部十三局统一领导，共有361名职工并入。1970年9月9日，水电部海河勘测设计院738名职工成建制下放到水电部十三局。

1978年，从水电部十三局调出职工1170人，组建水电部机械施工局。1979年，局勘测设计院划出，成建制调出职工947人。1980年，河道管理分局划出，成建制调出职工349人。

三、三个局分设与合并时期（1979年12月～1992年7月）

在三个局分设与合并时期，职工队伍来源主要是从社会招收新工人，经过技术培训和现场培训，以保证生产发展和自然减员的需要。本时期，组织机构和职工队伍由分到合，人员调动相对频繁。

在三个局分设时期，水利部第四工程局有职工4460人，水利部机械施工局有职工850人，电力部机械施工局有职工1611人。

1982年7月，三个局合并后的水电部十三局职工人数明显增加。1983年，全局共有职工6987人，其中管理人员1276人，工人5711人，这是水电部十三局历史上职工人数的高峰时期。

四、中国水利水电第十三工程局时期（1992年8月～2006年12月）

1992年以前，工程局职工来源以社会招工为主，国家分配大中专毕业生不到招工人数的十分之一。随着计划经济到市场经济的转变，企业改革的不断深化，工程局每年招收的大中专毕业生的比例逐年增加，工人也是从技校毕业生中招用。1998～2003年，由于深化改革，企业转型，水电十三局实行减人增效，职工总人数连年递减，由1992年的6008人减少到2006年末的4324人，其中主要减少的是工人的数量；管理技术人员相对增加，由1501人增加到2006年的2055人。职工队伍的知识文化水平不断提升，水电十三局逐渐实现了由劳动密集型，向管理、技术密集型企业的转变。

水电十三局人员编制情况一览表，见表1－2－4。

表1-2-4　　水电十三局人员编制情况一览表

年　份	人　员　编　制		
	工　人	管理人员	合　计
1963	3462	596	4058
1964	3401	655	4056
1965	3611	632	4243
1966	3507	575	4082
1967	3533	587	4120
1968	3457	669	4126
1969	3450	626	4076
1970	2847	574	3421
1971	3110	1085	4195
1972	3281	956	4237
1973	3141	988	4129
1974	3466	1102	4568
1975	3561	1192	4753
1976	4158	1218	5376
1977	4322	1297	5619
1978	3466	1102	4568
1979	3141	988	4129
1980	3281	956	4237
1981	3110	1085	4195
1982	5194	1444	6638
1983	5711	1276	6987
1984	5616	1237	6853
1985	5405	1260	6665
1986	5168	1310	6478
1987	5118	1289	6407
1988	4875	1301	6176
1989	4976	1269	6065
1990	4887	1360	6247
1991	4610	1500	6110
1992	4535	1535	6070
1993	4350	1501	5851
1994	4333	1649	5982
1995	4212	1647	5859
1996	4239	1562	5801
1997	4236	1315	5551
1998	3980	1222	5202
1999	3597	1592	5189
2000	3482	1696	5178

续表

年　份	人　员　编　制		
	工　人	管理人员	合　计
2001	3171	1646	4817
2002	2833	1646	4479
2003	2634	1685	4319
2004	2509	1787	4296
2005	2298	1964	4262
2006	2269	2055	4324

第三章　局属主要生产经营单位

第一节　生　产　单　位

一、一分局

一分局始建于1971年1月，前身为水电部十三局南四湖工程指挥部。1982年10月，改为水电部十三局一分局。基地设在山东省微山县，是以疏浚与吹填施工为主的专业分局。

1971年，局属一、四、五工程队，机械安装队从马颊河工地转移到微山湖工地，承担南四湖东、西股引河的疏浚任务，归南四湖工程指挥部领导。1972年3月，南四湖工程指挥部改名为疏浚大队，并将一、四、五工程队改编为疏浚一、二、三、四中队。机械安装队一部分组成修理中队，一部分调回德州同修制厂合并。1972年11月，局第七工程队由马颊河工地转移到微山，改编为疏浚大队第五中队。

1973年6月，疏浚大队改名为疏浚工程处，各中队改为工程队。1976年，修理中队扩建为修船厂。1977年10月，在天津塘沽区北塘镇为第六工程队建立了永久性的基地。1978年5月10日，疏浚工程处改名为水电部十三局疏浚分局，第二年又改为水利部第四工程局疏浚分局，全局的疏浚队伍统一由疏浚分局领导。下属单位有一、二、三、四、五、六、七工程队，安装队，修船厂，汽车队。

1982年10月，疏浚分局改名为水电部十三局一分局，在山东省微山县建有船舶修理厂，生产、生活基地，占地面积97 108米^2，住有职工及家属239户。

1984年6月，二分局按期完成任务后撤销，并入一分局。

1991年4月，一分局四队划归水电部十三局珠海工程施工指挥部直接领导。1991年10月21日，局直属八队并入一分局。

2002年10月15日，一分局机关办公场所由山东省微山县迁入山东省德州市。

一分局以疏浚与吹填施工为主，历年来承建的较大的工程有南四湖引河疏浚工程、南四湖庄台吹填工程、卫河疏浚工程、包浍河疏浚工程、南京马汉河二期治理工程、内蒙古河套总排干工程、安徽华阳河疏浚工程、淮河干流临淮岗段河道疏浚工程、太仓汽渡码头工程、太仓荣文吹填造地工程、东营黄河挖河固堤工程等。2003 年，一分局在发展疏浚与吹填施工核心业务的同时，积极拓展新施工领域，成功实施了内蒙古小河西水库除险加固、张家口城区水环境治理、四川国合水电站厂房枢纽等多项重点工程。

2006 年，一分局职能部门设办公室、经营科、经济管理科、劳动工资科、安全生产监督管理科、设备物资科、质量技术科、财务科、审计科、党群工作部、微山基地管理办公室、离退休办公室。

2006 年 12 月，分局完成营业收入 6800 万元，固定资产 2410.96 万元，主要生产设备 29 台（套），具备年疏浚土方 600 万米^3 的施工能力。在册职工 277 人，其中专业技术人员 146 人，高级专业技术人员 10 人，中级专业技术人员 34 人，有 3 人取得了建造师资质证书，9 人取得建设部、国电公司核准的一、二、三级项目经理证书。

一分局历任主要领导人有孙积五、周文忠、韩志民、王天喜、高广玉、董得贵、张广旗、陶育华、倪冀鲁、程霖、李汝伟、张开文、韩伯信、沈涛、王笑等。

二、二分局

1981 年 9 月，水利部确定由水利部第四工程局承担卫河第三次清淤任务，为完成引黄济津卫河清淤任务，水利部第四工程局组建了卫河疏浚分局，分局本部设在河南省新乡市。1982 年 10 月，卫河疏浚分局更名为水电部十三局二分局。1984 年 6 月，二分局完成任务后撤销，并入一分局。

1994 年 2 月 19 日，在原内蒙古河套排干工程指挥部的基础上，重新组建了新的二分局，以水利水电、市政公用、路桥施工为主业。

分局建立初期，主要职能科室和生产单位有办公室、财务审计科、劳动工资科、工程科、安全设备科、物资科、保卫科、经济管理科、机械施工队、疏浚施工队、保养厂等。1996 年，二分局划小生产核算单位，相继成立了五个工程队，一个汽车运输队。对所有生产设备实行了承包经营责任制，如大包法、联营法、项目经理法、承包经营法等。

2004 年 12 月 31 日，水电十三局决定将二分局、五分局合并为二分局，保留基础处理分局，一套班子、两块牌子。2004 年 12 月合并前，二分局在册职工 181 人，其中专业技术人员 101 人，高级职称 13 人，中级职称 21 人，初级职称 44 人。

二分局先后承建了济南鹊山水库沉沙条渠工程填筑任务，宁夏扶贫扬黄二干渠工程，安徽临淮岗洪水控制深孔闸工程，南水北调济平干渠工程，济南市经一路、济泺路综合改造工程，湖北十堰柳林立交桥工程，浙江衢州塔底水利枢纽工程，山东淄博白洋河电厂防渗墙工程等。济南市经一路综合改造工程获“2005 年度中国市政金杯示范工程奖”，临淮岗新建 12 孔深孔闸工程获得全国建筑工程质量最高奖“鲁班奖”。

2006 年 12 月，二分局年生产总值 1.1 亿元，有固定资产 2382.7 万元，主要生产设备 204 台（套）。在册职工 468 人，其中各类专业技术人员 214 人，技术工人 142 人，高级职称 19 人，中级职称 54 人，有 16 人取得了一、二、三级建造师资质证书。

二分局设有行政办公室、党委办公室、工会办公室、人力资源科、设备物资科、质量技术科、生产经营科、经济管理科、财务科、审计科、安全保卫科 11 个职能科室，下设设备租赁公司、衢州水利枢纽项目部等生产单位。

二分局历任主要领导人有张善庆、刘立冬、张振东、李兴文、王鲁博、黄彦德、钱春立等。

三、三分局

三分局始建于1972年4月，前身是水电部十三局建筑大队，是以土木建筑、水利水电、工业与民用建筑、市政公用、桥梁工程施工为主的专业分局。

1972年4月，为承建德州四女寺枢纽扩建工程，将一〇四工程连，第二、三工程队合并成立建筑大队。1972年12月，建筑大队改为建筑工程处，主要承建工民建和水工建筑施工项目。1982年10月，建筑工程处更名为水电部十三局三分局。

建局初期，三分局职能科室有行政科、政工科、生产科、保卫科、财务供应科、工会、团委。下属单位主要有一、二、三工程队，机电队，混凝土预制厂、医务所等。职工总数约300人。

1996年1月，成立局路桥第一工程处，与三分局实行一套人马、两块牌子。至此，三分局完成了从计划经济向市场经济的过渡，建立了具有施工企业特点的组织机构体系。承接工程拓展到水利水电、公路桥梁、市政公用、房屋建筑等领域。

三分局先后承建了国内多个大型水利水电工程和市政道路工程，具有代表性的有四女寺水利枢纽工程、莱芜铁路桥工程、山东临清引黄穿卫枢纽工程、济南鹊山水库及玉清湖水库泵站工程、重庆涪陵移民迁建防护工程、西藏昌都地区俄拉水电站工程、温州戍浦江河口大闸工程、重庆涪陵桃子沟大坝枢纽工程、南水北调中线京石段应急工程、吉林敦化上沟水利枢纽引河隧洞工程、乐陵千童特大桥工程、江西赣定高速公路工程、重庆涪陵滨江路工程、济南市工业南路和济微路改造工程等。

在施工技术研究方面，三分局研究和应用了淤泥软基框格式钢管桩潮汐围堰、淤泥质基础格栅式水泥搅拌桩墙基坑支护、水库大坝枢纽挤压式混凝土边墙施工、水库混凝土面板堆石坝无轨滑膜施工、大跨度上承式拉杆拱渡槽施工等新技术、新工艺，其中淤泥软基框格式钢管桩潮汐围堰技术达到了国内先进水平，渠道混凝土衬砌机械化施工等关键技术处于国内水电施工行业先进水平。

2006年，分局实现国内营业总收入1.66亿元，实现利润328.45万元。拥有固定资产总值近2000万元，主要施工机械设备262台（套），设备原值1700多万元，装备总功率6250千瓦。在册职工420人，其中管理及专业技术人员234人，中高级职称85人，一、二级建造师12人。

2006年，分局职能部门设行政办公室、党委办公室、人事劳动科、审计科、监察科、质量技术科、安全保卫科、设备物资科、企划经营科、财务科、工会、团委，所属生产单位主要有温州项目部、南水北调五标项目部、南水北调S50标项目部、济南经理部、重庆项目部、建安公司（租赁公司）、吉林分公司、延吉项目部，国外项目有安哥拉项目部、卡塔尔项目部。

三分局历任主要领导人有陈健飞、王福君、孙福增、杨秀良、王茂森、相进元、谢懋澜、徐福恒、陶育华、赵士哲、何占颂、杨涛、刘晓辉、曲士新、王宁坤等。

四、四分局

四分局始建于1982年10月，是以土石方施工、公路桥梁施工为主的专业分局。

1982年10月12日，以（82）局劳字186号文，水电部十三局将原水利部机械施工局和电力部机械施工局三队以外的工程队，组建为四分局，下设11个车队，主要承担水利工程和水电站“削峰”及火力发电厂建设工程。

1993年，四分局以承接柳桂高速公路为转折点，实现了由土石方施工为主到以土石方、公路桥梁并举的施工经营方向的战略转移。1996年1月，成立局路桥第二工程处，与四分局实行一套人马、两块牌子。

四分局先后承接了柳州至桂林高速公路、南宁至北海高速公路、广西南吴机场高速公路、安庆沿江高速公路、河南商亳公路、河南扶项高速公路、河南南阳高速公路、广西象桐公路、陕西商界高速公路、郑州至开封高速公路、南水北调中线一期工程总干渠安阳段等大型公路桥梁、水利工程项目。2004年，承接了阿富汗喀布尔—贾拉拉巴公路工程的施工任务，使分局的施工领域拓展到国际市场。

根据国家开发西部的战略部署，四分局制定了“兼顾中原，进军西部，发展边远”的市场发展战略。先后在新疆、内蒙古、云南承接了新疆中巴公路、新疆杜瓦公路、内蒙古海满公路、内蒙古希百公路、内蒙古哈磴高速公路、内蒙古那吉屯—尼尔基公路、云南嵩明—待补高速公路等公路项目；承接了新疆引额济克干渠工程，新疆阿克苏东岸大渠第四包工程TAAS-004Z合同段，新疆阿图什市格达良干渠第一、二、三合同段等大型水利项目。

在发展多种经营方面，1987年分局开始试生产各种汽车用滤清器，除供本局使用外，还有部分外销；1988年发展成为独立核算的滤芯厂；2003年3月，滤芯厂成建制并入橡胶厂。分局还办过黑陶工艺厂和电器厂。

2006年，四分局下设职能科室及后勤服务单位有办公室、质安科、劳资科、政工科、工会、市场部、工程科、审计科、财务科、设物科、保卫科、劳务中心、基地队、机修厂、招待所。

2006年12月，四分局年产值1.4亿元，固定资产原值5097.07万元；主要设备有291台（套），设备原值6885万元，装备总功率15 696千瓦。在册职工731人，其中各类专业技术人员257人，高级职称16人，中级职称64人，有5人取得了一级建造师资质证书。

四分局历任主要领导人有王现森、廖通扬、潘德琮、张林、陈凤亭、李志岭、席阳、何宝民、郭来泉、李兴文、高宗文、苑吉峰等。

五、五分局

五分局始建于1982年，前身为水电部十三局汽车吊运队，是一个以大件吊装、运输为主的专业分局。

1982年，水利部机械施工局三队、水利部第四工程局汽车队、电力部机械施工局三队合并为汽车吊运队。1983年4月8日，将汽车吊运队更名为五分局，始建初期职工人数为333人。

1986年，水电部十三局实行了局长任期目标责任制，并授与各二级单位经营自主权。

五分局经营范围主要以水泥运输和大件吊装为主，先后在全国10多个省、市、自治区承接了几十个运输、吊装项目，其中较大的项目有葛洲坝工程大型机电设备的运输、湖南凤滩水电站大件运输、湖南柘溪水电站大件运输、福建水口电站吊装、胜利油田散装水泥运输、进藏物资运输、华鲁电厂厂房吊装、晋煤外运、天津新港疏港集装箱运输、邢台电厂大件运输等。

1989年，实行了单车核算制度，调动了汽车司机的积极性。开拓了上海集装箱运输、大件吊装运输、散装水泥运输等主业市场。1993年7月，在积极搞活运输主业经营的同时，开拓三产行业，成立了奔驰服务中心、集装箱中转站，引进、生产太阳能热水器，开发了服装制作、汽车雨刷和糕点制作加工等多种经营项目。

1994年，以转换经营机制为突破口，实行了具有五分局特点的项目法管理，分级管理核算，组建了10个经济实体项目，形成了主业和副业并驾齐驱、综合发展的局面。

1996～2000年，进行内部产业结构调整。调整后的组织机构由散运一部、散运二部、散运三部、散运四部、水泥营销部、散货运输部、吊装公司、土方工程部、物资营销部、汽修厂、三德开发部组成。1998年8月，成立了范庄大桥项目部，承接了济南范庄大桥的施工任务，迈出了路桥工程施工的第一步。

2001年，五分局的业务结构以起吊结构件、安装、基础处理、管道铺设、路桥施工为特色，兼营土石方工程。分局下设吊装公司、路桥工程公司、设备租赁公司、汽修厂及四个施工项目部。

2002年，分局产业结构调整出现了大的突破，一是基础处理工程在人员培训、设备购置、工程承揽方面，取得实质性进展；二是在桥梁建筑施工方面，从单一的涵洞、小型桥梁建筑施工，进入到高层立交桥建筑施工领域；三是吊装产业从原来的台班租赁，开始向吊、运、安装全方位开拓；四是撤销运输项目后成立了设备租赁公司，对原有老旧设备进行了再利用。2003年10月，水电十三局成立基础处理分局，与五分局实行一套班子，两套人马。

2003～2004年，分局主要承接了贵州绿荫湖水库除险加固工程、湖北十堰立交桥项目、山东淄博白杨河电厂灰场防渗墙工程、衢州塔底水利枢纽土建防渗墙工程、河南小浪底反调节水库防渗墙工程等具有代表性的施工项目。

2004年12月31日，水电十三局决定将二分局、五分局合并为二分局。2004年12月，合并前五分局在册职工人数266人，其中高级职称15人，中级职称34人。

五分局历任主要领导人有佡大为、尹福全、赵佩荣、刘鸿来、秦永福、张平、张建中等。

第二节　设　计　单　位

水电十三局勘测设计队伍组建于1963年。当时，马颊河疏浚工程局组织了一个近300人的勘测设计总队，由副总工程师贺毅任教导员。1964年2月29日，以（64）水马翟字第115号文件，成立勘测设计室，负责马颊河疏浚工程的勘测设计及预算工作，原计划调度室负责的预算工作、机械处线路设计，划归勘测设计室负责。承担了马颊河扩大治理工程技术设计阶段的水工设计和施工组织设计后，又与北京院合作承担了漳卫新河海口段的扩大治理规划设计工作。1965 年 5 月 29 日，以（65）水马办郭字第 228 号文，新设立科学研究所，将原勘测设计室和技术处合并为工程处。在马颊河工程施工后期，勘测队伍逐渐缩小，到军管时期，仅保留了 100 余人的勘测连。

1970 年 9 月 9 日，水电部以（70）水电综字 62 号文，决定撤销水电部海河勘测设计院，成建制下放到水电部十三局。1970 年 10 月 31 日，建立勘测设计大队，下设八个连队，即原海河勘测设计院规划连为第一连，设计连为第二连，地勘一队、二队、三队分别为第三连、第四连、第五连，测量一队、二队、三队分别为第六连、第七连、第八连。1971 年 1 月，撤销水利电力部海河勘测设计院勘测队，成立水利电力部第十三工程局天津勘测基地，由勘测设计大队领导和管理。1973 年，勘测设计大队改名为水利电力部第十三工程局勘测设计院，成立了规划设计、测量、地勘各两个队，恢复科学研究所，有职工 700 多人。

为了便于统筹调配力量，1979 年 3 月 5 日，水电部抽调在十三局、十一局的北京勘测设计院、海河设计院、水利水电科学院等人员组成水利部天津勘测设计院。1979 年 7 月 2 日，撤销水电部十三局勘测设计院。947 人成建制调入水利部天津勘测设计院。1981 年底，勘测设计院由山东德州迁往天津市。

1970～1979 年，在海河流域的治理中，勘测设计院先后承担了永定新河、漳卫新河、卫运河扩大，卫河治理，北运河修复加固，南水北调（东线）穿黄枢纽、潘家口水利枢纽，密云水库加固，岳城水库扩建等 30 多项水利水电工程规划勘测设计任务。据不完全统计，1971～1978 年，完成各种不同类别岩石钻探 4525 米，各种不同比例尺地质测绘 1108 公里^2，各种不同比例尺地形测量 3091 公里^2，提交地质、规划、设计报告 234 份，提交各种科学试验成果报告及专题报告 112 份。这些工程设计，大部分已建成生效，得到中央和晋、冀、鲁、豫、京、津等省、市政府和人民的肯定。1978 年，在第一次全国科学大会上，水电部十三局与其他单位合作完成的科研成果《海河治理经验》，受到了全国科学大会的表彰。潘家口水利枢纽第一期工程获“国家级优秀地质勘察金质奖”和“优秀工程设计金质奖”。

勘测设计院迁往天津后，工程局恢复设计室，主要承担工业及民用建筑设计任务，隶属技术处。1980 年，又在一分局测量队的基础上恢复了勘测队，隶属技术处，与设计室各自独立。1985 年，勘测队和设计室合并成立局勘测设计室，直属工程局领导。

1988 年 6 月，成立机械施工研究所，逐步实行企业化管理。1993 年 7 月 14 日，局勘测设计室更名为局勘测设计院。1993 年 8 月 21 日，工程局重新成立局机械施工研究所，实行企业化管理，为局生产经营服务，对外承揽任务，逐步实现经营自给，自负盈亏。

1998 年 1 月 23 日，撤销勘测设计院（所），成立勘测设计院、机械施工研究所。2001 年 6 月，办理了企业法人营业执照。2006 年 4 月 20 日，局科研所与勘测设计院合并，成立中国水利水电第十三工程局勘测设计研究院。

1985 年 12 月，局勘测设计室取得了水电工程乙级设计证书，由主要为局内部服务转为面向社会承揽勘测设计任务。1993年7月，取得建设部颁发的水利水电工程设计和工程勘察乙级资质。2002年，取得山东省工程勘探、测量和建筑工程设计乙级资质。主业有工程勘探、工程和城市测量、工程设计。建筑工程勘测设计主要承接各类民用建筑和工业建筑的勘探、测量、设计。

2006年12月，勘测设计研究院共有职工92人，高级工程师21名，工程师27名，一级注册建筑师2名，一级注册结构师1名，一级注册土木工程师2名。

勘测设计研究院历任主要领导有王德正、刘支鸿、韩志民、姚勤农、高雪涛、谢懋澜、李作彦、高广玉、包幸武、王保雨、杨建军等。

第三节　工业、多种经营单位

一、机电安装分局

机电安装分局始建于1963年，前身是马颊河疏浚工程局机械修配厂，是从事水工金属结构产品制作安装、大型压力钢管制作安装、风电基础工程施工、风电塔筒制作安装、船舶制造和变配电等工程施工的专业化分局。

1963年6月4日，为解决马颊河疏浚工程施工需要，水利电力部、水利水电建设总局以水（63）人字第176号文，同意接收山东省水利厅济南机械修制厂（包括135名机修职工和部分设备），暂给马颊河疏浚工程局临时建厂。1963年11月12日，水电部批复建立马颊河疏浚工程局机械修配厂。1965年8月，机械修配厂由济南迁到德州，加上由卫河工程局修配厂调来的部分职工，改名为机械修造厂。1978年，更名为机械修造一厂。1986年，更名为机械制造厂。1987年12月，更名为水电部十三局机械厂。1996年6月，成立建筑安装工程处，与机械厂实行一套机构、两块牌子。2004年8月，机械厂更名为机电安装分局，同时撤销局建筑安装工程处。2006年，成立了局风电建设工程处，与机电安装分局一套班子、两块牌子。

建厂初期，机械修造厂由四个车间和六个职能股组成。车间是按产品工序划分的，一车间是毛坯车间，二车间是汽车及土方机械修理车间，三车间是机械加工车间，四车间主要负责电修与安全供电。六个职能股是生技、技术、质检、供应、财务和行政。

1971年，工程局从厂调走250名职工到葛洲坝工程，技术力量减少了70%。1972年，安装队并入机械修造厂。

1985年，工程局全面推行经济责任制，机械修造一厂开始由内部服务走向市场。先后与齐鲁石化公司、山东省轻工机械厂取得业务联系，并对外制作钢管、排水管、蒸气管、工艺管和制瓶机部件。

1986年，各车间均建立了车间核算制度。1988年起，机械厂实行厂长承包责任制。1990年，机械厂成立了多种经营开发公司、标准计量科。1992年2月，成立机械厂土方队；1992年9月28日，供应科改成供销科。1994年7月，组建活塞环分厂。

1994年，机械厂进行了机构精减定编，机构设置为生产设备科、经营科、技术科、质检科、供销科、财务科、保卫科、行政科、厂办、纪监委、政工科、工会、团委。生产车间有结构车间、铸造车间、金加工车间、动力车间、石墨车间和多种经营办公室。

1998年，成立质量管理办公室。1999年，成立质管科。2003年，撤销活塞环分厂，成立东北、安徽办事处，成立新产品开发部。

2005年，成立安全物资设备科和综合部，供销科改称物资科。2006年5月，成立分局经营四部、五部和后勤管理科，综合部改为经济管理科。

2005年，分局拓展风电塔筒制作安装、风电场道路、基础工程、变配电工程施工等市场。40多年来，分局制作安装的大型压力钢管及金属结构产品和服务除了销售到国内工程外，还延伸到巴基斯坦、斯里兰卡、孟加拉、苏丹、坦桑尼亚、埃塞俄比亚、刚果等国家。承接的工程项目主要有莲花电站进水口6.0米×14.0米－60.0米导流闸门制作，莲花电站溢洪道16米×13.2米－12.9米弧门拦污栅、快速门拉杆、变压器搬运轨道的制作，南四湖二级坝第三节制闸加固改造工程、84孔平面闸门制作安装，安徽临淮岗49孔浅孔闸门制作，尼尔基水利枢纽工程平面闸门制造安装，乌江彭水电站大型弧形工作门和平板定轮闸门、立式拦污栅、液压启闭机、自动抓梁等金属结构设备制造工程，苏丹麦洛维工程压力钢管、闸门、拦污栅制作，埃塞俄比亚泰可则水电站进水口闸门制作安装，刚果英布鲁水利枢纽工程闸门制作。

2006年12月，分局年营业收入8846.25万元，固定资产2609.01万元，拥有各类机电设备320台（套）；在册职工355人，其中专业技术人员81人，高级工程师7人，工程师12人，高级技师6人，技师16人，持证焊工102人；年金属结构产品生产能力2万多吨。

2006年，分局职能部门设工程科、风电建设工程部、生产科、技术科、质检科、安设科、物资科、财务科、保卫科、办公室、审计科、经管科、经营一部、经营二部、经营三部、经营四部、经营五部、监察科、后勤管理科、政工科、工会、团委。生产车间有结构车间、金加工车间、动力车间、电镀车间。分局下设奔腾电力工程部、安徽办事处、东北办事处、彭水项目部、尼尔基项目部。

机电安装分局历任主要领导人有何永年、张善奎、杨秀良、杨锡文、殷龙海、刘福、吕永金、郭永安、王振光、刘洪家、董得贵、霍广田、何宝民、杨绍伟、瞿正忠、米兰彬、束立、唐培洪等。

二、橡胶制品厂

橡胶制品厂始建于1976年，在机械施工处修理厂轮胎翻新班的基础上，成立了水电部十三局轮胎翻新厂，承揽轮胎翻新生产业务。1980年7月，改为电力部机械施工局轮胎翻新厂。1982年10月，改名为水电部十三局橡胶制品厂。

1990年2月，工程局将劳动服务公司、多种经营开发部、橡胶制品厂合并组建企业处，橡胶制品厂实行经济独立核算。1996年8月，撤销企业处，橡胶制品厂划归实业开发部管理。1997年，橡胶制品厂从实业开发部分离出来，归属水电十三局直接管理，有员工110人，当年新增钢法兰橡胶管项目，年产值达到300万元。

1998年1月，水电十三局橡胶制品厂被工程局确定为内部股份制试点单位，更名为水电十三局橡胶制品股份有限公司，开展浮体新产品开发项目。1999年，顺利通过了

ISO 9002 质量认证。

2003 年，橡胶制品股份有限公司试点结束，改名水电十三局橡胶制品厂。2003 年 3 月 14 日，以局人劳发〔2003〕16 号文，将四分局四达滤清器厂成建制并入局橡胶制品厂，新增滤清器生产项目，完成年产值 1945 万元，人员增加到 171 人。

2004 年春，厂址迁入德州市经济开发区十三局工业园，新增环保浮艇项目。2005 年，新增 EPS 新型浮体项目，并顺利通过了质量、环境和职业健康安全管理三个体系的认证。

2005 年 12 月 26 日，汽车修理总厂成建制并入橡胶制品厂，新增加了汽车工程机械维修销售业务，员工增加到 353 人。2006 年，橡胶制品厂成立党委和纪委。

2006 年，橡胶制品厂完成营业收入 8548 万元，拥有固定资产 2144.36 万元。在册职工 353 人，各类专业技术人员 43 人，其中高级专业技术人员 10 人，中级专业技术人员 23 人。橡胶制品厂下设职能部门有经营科、办公室、财务科、工会、技术科、物资科、安全设备科、质检科、劳动工资科、保卫科、生产科、政工（监察）科，下设生产单位有胶管、自浮体、浮体、综合、尼龙管、滤清器、帘布制造车间以及修理一、二、三分厂和汽车销售中心等 11 个单位。

生产的产品有八大系列，数百个品种。主导产品有塑料浮体，排、吸泥胶管，自浮排泥胶管，橡胶止水，金属结构，改性 MC 尼龙管，弹性体复合抗磨环、衬板，滤清器等其他橡塑制品。另外还有汽车销售和汽车工程机械维修业务。

橡胶制品厂历任主要领导人有蔡成森、李文林、赵佩荣、孟广居、赵光达、李瑞民、王春明、王生、孙会学等。

三、汽车修理总厂

水电十三局汽车修理总厂始建于 1982 年 10 月，最初是水电部十三局汽车队的修理车间，后发展为机械施工处保养厂，先后作为水电部机械施工局和电力部机械施工局的汽车修理厂。1982 年 10 月，三个局合并后成立机械修造二厂。1985 年 3 月 16 日，以（85）局劳人字 11 号文，将机械修造二厂更名为局汽车修理厂，主要从事承修进口及国产各类重型汽车和工程机械修理业务。

1988 年 8 月，局机械厂修理车间成建制划归汽车修理厂。1998 年 1 月 23 日，以局人劳发〔1998〕6 号文，汽车修理厂改为汽车修理总厂。2003 年 6 月 3 日，以局人资发〔2003〕49 号文，将奔驰服务中心并入汽车修理总厂。

汽车修理总厂主要承修奔驰、北方奔驰、太脱拉、斯太尔、日野、佩尔利尼等国内外中、重型载重汽车及各类大型工程机械，并承修进口、国产挖泥船等水上施工设备。先后与一汽金杯、中国重汽、徐工集团、陕西汽车、北方奔驰、重庆铁马、北方福田、欧曼重卡等著名汽车生产厂家合作，分别成为上述单位的特约技术服务站。2000 年，建立了捷克太脱拉中国维修中心。

1991 年，按照汽车与工程机械大修理作业要求，除厂部管理科室外，下设汽车大修、土方机械大修、汽车小修、金属加工车间、综合车间、土方队等六个生产单位。

1996 年 1 月，并入实业开发部。1997 年 6 月，实业开发部解散，恢复汽车修理厂。1998 年 12 月，总厂下属一、二、三分厂，通达工程公司，配件总汇，纯净水厂 6 个生产经营单位。由于受国家对汽车限期强行报废规定和整个经济环境的影响，重型汽车修理市场日趋萎缩，致使汽修总厂生产经营遇到前所未有的困难。

2002年，汽修厂大力发展综合经营，先后承建了江西宁都水库除险加固、河南周口电厂补供水管道铺设、郑州郑东七里河治理以及局工业园室外配套四个施工项目、河南周口电厂补供水工程、郑州七里河治理后续工程、宁夏扶贫扬黄马家塘支泵站工程、宁夏银川市政道路改造工程等施工项目。

2005年12月26日，水电十三局决定将汽修总厂并入橡胶制品厂。合并前全厂总人数260人，高级职称9人，中级职称18人。

汽车修理总厂历任主要领导人有陈瑞亭、杨绍伟、廖通扬、王广田、陈桂芝、杨世根、倪冀鲁、李兴文、王胜利、郑德奎、尹士亭等。

四、多种经营处

多种经营处成立于1993年7月，前身是局多种经营办公室，主要开展实体经营、安置富余人员，从事工程局主业以外的商业、宾馆、餐饮服务业和印刷、食品生产加工等行业的生产经营，同时负责全局多种经营和劳动服务公司的管理工作。组建初期职工总人数为230人。

1996年1月，以局多种经营处为主体，组成实业开发部办事机构，将汽修总厂、奔驰服务中心、企业处大修厂等单位划归实业开发部管理。其职能是在宏观上加强对全局多种经营的管理，并兼有实体经济职能。

1996年8月，以局劳发〔1996〕21号文，撤销局企业处，并将其食品厂、扒鸡厂、印刷厂划归实业开发部。劳动服务公司划归基地分局。

1998年1月，为适应市场经济，实现规模经营，以局人劳发〔1998〕6号文，工程局重新组建多种经营处；撤销实业开发部，将原实业开发部的食品厂、扒鸡厂、印刷厂，原基地分局的百乐厅大酒家、郑和饭店、本斋饭店、大招待所、小招待所、商场划归多种经营处管理。

2006年初，工程局决定将“月亮泉”纯净水厂从汽修总厂划归多种经营处统一经营管理。

多种经营处主要经营范围包括：房屋资产运营、宾馆餐饮服务、商品批发零售、印刷、食品和饮用水加工生产等。

截止2006年12月，多种经营处年营业收入461.21万元，固定资产原值1189.5万元，主要生产设备59台（套）。在册职工145人，其中全民所有制职工122人，集体所有制职工23人；高级职称人员7人，中级职称人员12人，初级职称人员12人；高级技工67人，中级技工24人。多种经营处设办公室、政工科、工会、财务科、劳动工资科、生产经营科、技术科、安保科8个职能部门，水电宾馆、食品厂、印刷厂、马颊河商城、机关招待所、水厂、收费管理站7个经营单位。

多种经营处历任主要领导人有李汉新、席民、尹士亭、李景生等。

第二篇　疏浚与吹填工程

第二篇　疏浚与吹填工程

水电十三局是我国水利水电系统唯一一家专业从事机械化疏浚与吹填业务的施工企业，具有工程总承包一级资质。早在1962年，水电部就开始组建机械化水下疏浚队伍。1965年，水电部马颊河疏浚工程局和卫河疏浚工程局合并后，当年就在马颊河工地上创出了机械疏浚年产1316万米^{3}土方的成绩。1970年，马颊河疏浚工程完成后，这支机械化疏浚队伍立足山东，面向国内外疏浚吹填市场，在国内承接了海河水系的马颊河、漳卫新河、秦口河、徒骇河、卫河、子牙独流减河、北四河、双龙河、海河；淮河水系的南四湖、洪泽湖二河、新薛河、白马河；长江水系的无为大堤、铜马大堤、九江大堤、荆江大堤、葛洲坝二江上导渠；黄河水系的河套总排干，黄河口改道和沿海青岛、烟台、珠海、深圳、天津港东疆港区吹填造陆工程，唐山曹妃甸钢铁围海造地等疏浚与吹填工程项目。1987年以后，水电十三局走出国门，在巴基斯坦、孟加拉、东南亚、中东等国家和地区，承包了一系列疏浚吹填工程，获得了良好的经济效益。

建局44年来，水电十三局累计完成疏浚吹填土方3.35亿米^3，完成产值21.35亿元。平均年完成机械疏浚吹填土方760万米^3，产值4852万元。最多的是2006年，机械疏浚土方2650万米^3。最大的项目是马颊河机械疏浚工程，共完成土方8285万米^3。

水电十三局机械疏浚施工大体经历了以下三个阶段：

一、水陆机械疏浚施工并存阶段（1962～1969年）

这一阶段主要从事马颊河、卫河治理。这期间陆上施工机械有斗容分别为1、2.5、4米^{3}索铲及铲运机、推土机等。水上设备有40、80、100、350米^3/时绞吸式挖泥船和120米^3/时抓斗船，及其配套的泥驳、锚艇、拖轮、交通船等。从完成土方量看，陆上机械和挖泥船各占50%左右。在马颊河治理中，曾出现5年机械疏浚土方过千万米^{3}的高产纪录。同时，创造了许多单机单船高产纪录，主要是350米^3/时绞吸式挖泥船，年疏浚达到174万米^3，其中4号350米^3/时绞吸式挖泥船创年产286万米^3，1号350米^3/时绞吸式挖泥船创月产46万米^{3}的纪录。4米^{3}索铲平均年产达到86万米^3，4号机组创年产95万米^3，2号机组创月产16万米^{3}的纪录。14号1米^{3}索铲创年产46万米^3，15号1米^{3}索铲创月产6.37万米^{3}的纪录。80米^3/时绞吸式挖泥船中，3号船创年产47万米^3，14号船创造了月产10.11万米^{3}的纪录。这是继卫河机械疏浚成功之后，平原地区大规模机械化疏浚的又一成功范例，为水电十三局疏浚吹填事业积累了重要经验。

二、挖泥船水下施工阶段（1970～1978年）

疏浚机械有21条80米^3/时、3条350米^3/时和1条120米^3/时绞吸式挖泥船，这一阶段共完成土方6397万米^3。这8年主要承接了淮河水系的南四湖、海河水系的北四河的疏浚吹填施工任务，并开始进入长江加固无为大堤。与第一阶段相比工程项目分散，工程任务不连续，各类挖泥船没有突破第一阶段的高产纪录。但这支水下土方施工队伍技术上已经成熟，经验比较丰富，可以在复杂情况下，解决施工中的许多技术难题，保证施工顺利进行，使水电十三局成为国内影响较大的疏浚队伍。这一时期，以水电十三局为主编写了《疏浚工程施工技术规范》、《水利水电工程施工组织设计手册》“疏浚工程”部分，以及《水利水电建筑安装工程统一劳动定额》“疏浚工程”部分和《水利水电建筑工程预算定额　施工机械台班费定额》，成为全国水利疏浚行业通行的行业标准。

三、挖泥船向大型化发展阶段（1979～2006 年）

1979 年以前，水电十三局水上施工机械主要承担海河流域和淮河流域部分地区的工程任务。1979 年，从荷兰进口了海狸 4600 型挖泥船（4601、4604 号）后，水电十三局水上施工机械进入长江流域施工。第五工程队（4601 号船队）和第七工程队（4604 号船队）先后在湖北荆江大堤、安徽无为大堤、同马大堤、江西九江大堤、湖南湘阴资水大堤承担堤防加固任务，仅对荆江大堤就进行了 11 次吹填加固。同期，水电十三局还购买了 6 条 200 米^3/时挖泥船，组建了第八工程队，在上海长江口水域承担了宝钢水库开挖、崇明河道疏浚、蕴东工程以及淀山湖、大观园工程等。至 1991 年底，水电十三局在长江水系共完成工程量 4202 万米^3。

1991 年 7 月，太湖流域遇到了特大洪涝灾害。水利部部长杨振怀、国家防汛总指挥办公室和太湖工程管理局，要求水电十三局迅速调遣驻上海和南京的挖泥船赶赴太湖地区，疏浚洪区主要河道，缓解太湖流域危急局势。为了确保太浦河一期工程的顺利进行，水电十三局又引进两条海狸 3800 型挖泥船。此外，还有日本造 1200、700 马力拖轮，330 马力锚艇及水下潜管（潜管最大潜深 20 米，端点站处潜水深度 10 米）与其配套，可以在江、河内隔江取土，不影响正常船舶的航行。2005 年 12 月，水电十三局又购进荷兰产大型挖泥船“德发”号，这样加上原有各型号挖泥船和配套船舶，水电十三局的绞吸式挖泥船具有大、中、小型号齐全，能适应各种条件下疏浚与吹填施工的优势，大大增强了在国内外疏浚市场中的竞争实力。

水电十三局除在内河进行疏浚施工外，1985 年后，通过参与投标竞争，在沿海地区承接了一系列工程项目，取得了良好的经济效益和社会效益，为工程局的生存和发展起到了重要作用，尤其是 2004～2006 年期间，仅在天津、唐山地区的海上疏浚吹填业务，年盈利即达到 5000 万元左右。

2006 年 12 月，中国水利水电建设集团公司决定成立集团公司港航公司，将水电十三局全部水上疏浚船舶设备及人员划归港航公司，其中水电十三局占 30%股份。从此，水电十三局结束了长达 44 年的疏浚吹填业务。

第一章　疏　浚　工　程

第一节　疏 浚 工 程 录

1962 年以来，水电十三局共承建大小疏浚工程 159 项。工程地点分布在山东、河南、河北、江苏、天津、北京、上海、湖南、湖北等 20 多个省市。从 1987 年起，水电十三局的疏浚业务发展到国外市场，先后在南亚、东南亚、中东等国家和地区承揽业务，取得了可观的经济效益。

已建和在建疏浚工程一览表，见表2-1-1。

表2-1-1　　已建和在建疏浚工程一览表

序号	工程项目	合同金额（万元）	竣工产值（万元）	开工日期	竣工日期	备　注
1	卫河疏浚一期工程			1962-06	1965-12	
2	马颊河老河疏浚工程		11 230.05	1963	1972-07	
3	徒骇河工程机挖		53.17	1966-02	1966-08	
4	马颊河新河疏浚工程		3905.54	1966-05	1970-11	
5	黄河口引道工程		131.97	1968	1968	
6	河北子牙独流减河工程		406.13	1969-03	1970-07	
7	秦河口工程机挖		346.9	1969	1971-03	
8	漳卫新河工程		704.05	1969	1971-06	
9	永定新河工程		621.43	1970-01	1972-12	
10	德州新湖开挖清淤			1970	1973-05	
11	南四湖闸下东股引河工程		3691.24	1971-03	1978-08	
12	洪泽湖二河一期工程		311.76	1971-05	1975-09	
13	济南大明湖清淤			1972	1973-04	
14	蓟运河工程		820.38	1972-03	1975-05	
15	海河闸下清淤工程		184.15	1975-07	1977-08	
16	陡河口开挖		11.8	1976-11	1976-11	
17	卫河疏浚二期工程			1975-01	1977-01	
18	双龙河口开挖			1977-05		
19	洪泽湖二河二期工程		86.01	1978-01	1979-09	
20	白马河口开挖		80.31	1978-11	1979-11	
21	上海金汇港工程			1979-11	1980-08	
22	葛洲坝二江上导渠清淤			1980-10	1980-11	
23	南四湖西股引河（中段）工程		1760.9	1979-03	1983-04	
24	蕴藻浜枢纽开挖工程		64.94	1981-12	1982-07	
25	海河闸下清淤工程		109	1982-05	1982-07	
26	卫河清淤工程		422	1982-09	1984-04	
27	沅江防洪渠开挖工程		300.71	1983-04	1983-12	

续表

序号	工程项目	合同金额（万元）	竣工产值（万元）	开工日期	竣工日期	备注
28	海河闸下清淤工程		58.68	1983-05	1983-06	
29	东股引河航道开挖工程		69.79	1983-11	1984-12	
30	青岛“197”开挖工程		416.68	1984-04	1985-01	
31	大口河港池开挖		7.8	1984-11	1984-12	
32	上海崇明自然河开挖工程		51.7	1984-11	1986-03	
33	卫千引水渠		9.6	1985-04	1985-05	
34	海河闸下清淤工程		55.32	1985-05	1985-06	
35	大口河试验坑开挖		48.3	1985-07	1985-09	
36	宝钢水库清淤工程		540	1985-10	1988-05	
37	海河闸下清淤工程		56.4	1986-04	1986-08	
38	德州沟盘河水库清淤		199.43	1986-08	1989-08	
39	南京秦淮河口开挖工程		18.6	1986-09	1986-10	
40	南京江浦城面河开挖		16.1	1986-11	1986-12	
41	肖滩航道疏浚工程		93.68	1987-03	1988-12	
42	海河闸下清淤工程		58.61	1987-05	1987-07	
43	滕县岗头镇焦村站引河疏浚		19.1	1987-05	1988-06	
44	苏州大运河开挖工程		82.36	1987-05	1989-11	
45	青岛港水上过驳码头疏浚		239.75	1987-06	1987-09	
46	广利河港航道疏浚		230.05	1987-06	1987-12	
47	德州宣惠河清淤		15.4	1987-07	1987-09	
48	上海中心河航道疏浚工程		71.9	1987-07	1988-12	
49	天津独流减河工农兵闸上清淤		55.69	1987-08	1987-12	
50	荣成虾池开挖		41	1987-11	1988-04	
51	东营养虾池开挖工程		50.2	1987-11	1988-05	
52	南京马汊河二期工程		1009.4	1988-03	1990-06	
53	黄河河口拦门沙开挖工程		50.54	1988-05	1988-12	
54	海河闸下清淤工程		52.23	1988-06	1988-07	
55	大港电厂引潮沟清淤工程		35.11	1988-08	1988-09	
56	南京马汊河二期水下工程		415.99	1988-12	1990-11	
57	天津大港电厂河道清淤工程		77.19	1989-05	1989-10	

续表

序号	工程项目	合同金额（万元）	竣工产值（万元）	开工日期	竣工日期	备　注
58	海河闸下清淤工程		90	1989-06	1989-08	
59	河泵房拦河坝开挖工程		13.75	1989-11	1990-03	
60	刘楼庄台航道工程		40.85	1990-01	1990-12	
61	广利河疏浚工程		73.37	1990-03	1990-06	
62	柳泉引水渠工程		11.5	1990-03	1990-03	
63	埕口水沟盐码头清淤工程		17.57	1990-05	1990-06	
64	海河闸下清淤工程		90	1990-06	1990-07	
65	上级湖航道疏浚工程		230.12	1990-07	1991-10	
66	沟盘河水库四库扩挖		58.39	1990-11	1991-10	
67	湘河浩河口疏浚工程		23.4	1990-11	1990-12	
68	天津大港电厂沉沙池清淤		81.25	1991-04	1992-07	
69	海河闸下清淤工程		64.2	1991-05	1991-06	
70	永定新河清淤工程		180.48	1991-06	1991-12	
71	珠海洪湾水道疏浚工程		1832.47	1991-08	1992-12	
72	太浦河上海段一期疏浚工程	1142.91	1142.91	1991-12	1992-10	
73	珠海湾仔港池开挖		21.09	1992-03	1992-03	
74	沟盘河水库清淤工程		21.88	1992-03	1992-06	
75	高栏岛码头港池开挖工程		201.42	1992-07	1992-09	
76	太浦河上海段二期疏浚工程	1379.4	1567.34	1992-09	1994-12	
77	珠海洪湾水道南侧吹填		603	1992-10	1993-08	
78	安徽裕溪河工程		156.78	1992-10	1993-05	
79	河北省南堡盐场海堤土方工程	423.4	423.4	1992-12	1994-09	
80	珠海高栏岛码头基槽清淤（一）		95.94	1993-01	1993-01	
81	珠海高栏岛码头试桩区疏浚		31.36	1993-01	1993-01	
82	珠海高栏岛码头基槽清淤（二）		130.2	1993-04	1993-05	
83	珠海高栏岛码头基槽清淤（三）		92.25	1993-05	1993-06	
84	海河闸下清淤工程		67.42	1993-06	1993-08	
85	珠海港港池分航道疏浚		1698.74	1993-07	1994-03	
86	珠海港码头外侧挖槽清淤		13.62	1994-01	1994-01	
87	洙赵新河（鱼台段）清淤工程	189.75	195.34	1994-03	1994-05	

续表

序号	工程项目	合同金额（万元）	竣工产值（万元）	开工日期	竣工日期	备注
88	太浦河国际标段疏浚工程	9700	5151.75	1994-04	1996-05	
89	望虞河国际标段疏浚Ⅰ包工程	4100	2240	1994-06	1996-05	
90	洙赵新河治理工程	1100	1100	1995-03	1995-06	
91	岗头货仓吹填工程		125.5	1995-04	1995-11	
92	治理深圳河一期工程		6509.7	1995-05	1997-04	
93	深圳盐田港疏浚工程		723.2	1995-10	1996-04	
94	聊城沉沙池清淤工程		231.63	1995-11	1996-09	
95	三峡明渠清淤工程		52.12	1996-01	1996-02	
96	望虞河常熟段疏浚		110.78	1996-01	1996-03	
97	太浦河上海段疏浚工程		20		1996-04	
98	太浦河浙江段疏浚工程		24.39		1996-04	
99	安徽包浍河固镇闸上河道疏浚工程一期	677.18	677.18	1996-03	1997-05	
100	怀洪新河疏浚工程	1080	1120.39	1996-04	1997-06	
101	深圳河清淤排污工程		123.93	1996-04	1996-06	
102	浙江南排疏浚		15.7	1996-04	1996-08	
103	珠海发电厂港池开挖工程		239.4	1996-06	1996-11	
104	引黄济青渠道沉沙池清淤		324.97	1996-06	1998-12	
105	范县孟楼河治理清淤工程		128.87	1997-03	1997-05	
106	盐官下河桐乡段疏浚工程		57.97	1997-05	1997-08	
107	望虞河常熟段疏浚		55.59	1997-06	1997-12	
108	泰兴引江河疏浚工程	475	475	1997-07	1997-10	
109	安徽包浍河固镇闸上河道疏浚工程二期	510.69	510.69	1997-09	1999-02	
110	治理深圳河二期工程	8000	8200	1997-11	2000-11	
111	治理深圳河二期二阶段工程合同B		8600	1998-01	2001-01	
112	嘉兴北郊河疏浚工程		210.5	1998-06	1999-01	
113	京杭运河济宁—韩庄航道疏浚工程5、6标段	428.93	428.93	1998-06	1999-10	
114	京杭运河济韩段航道疏浚工程		387	1998-08	1999-05	

续表

序号	工程项目	合同金额（万元）	竣工产值（万元）	开工日期	竣工日期	备　注
115	北京“六海”清淤工程	3200	3300	1998-09	1998-12	
116	盐官下河桐乡段疏浚工程		114	1998-06-10	1998-10-12	
117	北京紫竹院至北坞弃土场管道输泥工程		934.83	1999-03	1999-06	
118	南四湖上级湖行洪清障工程		616.57	1999-03	2000-04	
119	南四湖下级湖行洪清障工程	940	975	1999-04	1999-07	
120	永定新河1998年应急清淤工程一期		252.81	1999-05	1999-06	
121	邳苍分洪道治理工程		78.33	1999-05	1999-08	
122	乍嘉苏线航道水下方疏浚		50.6	1999-06	1999-12	
123	平湖航道疏浚工程		50.6	1999-06	1999-12	
124	永定新河1999年应急清淤工程二期		328.95	1999-07	1999-08	
125	漳河整治工程		293	1999-09	1999-11	
126	平湖市河段水下土方疏浚工程（第二合同段）		91.51	1999-11	2000-05	
127	黄河封丘机淤固堤工程		301.88	1999-12	2000-01	
128	怀洪新河（香涧湖）疏浚工程		309.9	1999-12	2000-11	
129	江苏淮河入海水道工程滨海Ⅳ标段	1132.74	1132.74	2000-01	2000-06	
130	怀远北淝河疏浚工程		79	2000-03	2000-10	
131	湖南华容疏浚工程		58.8	2000-04	2000-05	
132	东鱼河干流治理（湖口段）工程		107.84	2000-04	2000-07	
133	大丰港二期引堤工程		600	2000-04	2000-08	
134	永定新河2000年应急度汛清淤工程（三期）		242	2000-06	2000-08	
135	滨州引黄济青沉沙池工程	114	152.09	2000-07	2001-06	
136	华阳河河湖清淤疏浚工程Ⅱ标段	606.06	658.05	2000-07	2002-02	
137	西高段16标高碑店湖清淤工程		250	2000-08	2000-12	
138	华阳河河湖清淤疏浚工程Ⅰ标段	808.08	876.23	2000-09	2001-09	
139	山东荣成天鹅湖清淤治理工程		146.11	2000-10	2001-11	
140	安徽省淮河清淤涡河G4标段工程	142.09	150.45	2000-12	2001-02	

续表

序号	工程项目	合同金额(万元)	竣工产值(万元)	开工日期	竣工日期	备注
141	巢湖底泥疏挖及处置一、二期工程2标段		579.11	2001-01	2001-08	
142	珠海市警备区油船码头改扩建工程	100	100	2001-04	2001-09	
143	滕州航道清淤工程	360		2001-04	2002-06	
144	官厅水库应急清淤供水工程		402.99	2001-11	2002-07	
145	江川县星云湖污染底泥疏浚及处置一期工程	637.71	680.73	2001-11	2002-05	
146	安徽安庆江堤东土堤护岸工程	485.78	511.42	2002-03	2002-12	
147	山东荣成龙眼港清淤工程	75	36.26	2002-05	2002-07	
148	淮阴三线船闸下游水下方疏浚工程	90		2003-01	2003-05	
149	江西河湖疏浚工程信江枫富联圩标段	284.65	284.65	2003-03	2004-10	
150	江西鄱阳湖治理西河东联圩9标段	103.53	101.30	2003-04	2003-12	
151	华阳河河湖清淤疏浚（二期）工程	224.88	227.72	2003-05	2004-03	
152	鄱阳湖治理西河珠湖联圩6标段	192	186.97	2003-07	2003-12	
153	徐州市废黄河清淤工程	603	550	2003-07	2003-11	
154	江西河湖疏浚工程西河东联圩标段	289.6	277.92	2003-10	2005-10	
155	江西河湖疏浚工程赣江中支扬子洲标段	119.2	113.24	2004-04	2005-05	
156	江西河湖疏浚成朱联圩（朱港）标段工程	125	118.75	2004-05	2005-01	
157	淮河干流汪集至临淮岗段河道疏浚及何家圩处理工程疏浚施工Ⅲ标	2286.71	1900.84	2004-10	2006-03	
158	淮河干流蚌埠段河道整治工程18标	165		2005-10	2006	
159	江西2003年度河湖疏浚沿江大堤Ⅰ标段工程	239.2	71.76	2006-04	2006-09	

第二节　疏 浚 工 程 选 介

一、马颊河干流治理工程

1962年6月，水电部决定将马颊河疏浚工程列入1963年治理计划。由水电部先按照

3 年一遇排涝的标准，组织自山东陵县义渡口至无棣麦河干沟下 5 公里处长达 154 公里的下游段进行机械化疏浚，中、上游河段由当地政府负责人力施工。

马颊河是海河流域南缘、黄河下游北岸平原地区主要排水骨干河道之一，干流全长 480 公里，流域总面积 9600 公里^2。治理前的马颊河“上宽下窄，形如马颊，芦苇丛生，河道弯曲”，断面普遍浅小，排涝能力低，排泄能力仅及 3 年一遇排涝流量（200 米^3/秒）的 1/5～1/2。1961 年，遇特大暴雨，全流域涝灾面积 630 万亩，中下游的高唐、茌平、禹城、平原、吴桥、乐陵、庆云、无棣等县 90%以上的耕地受涝，大部分受涝土地颗粒无收。新中国成立后，中下游虽历年有所治理和改善，但标准很低，尤其下游和入海段，由于地广人稀，水下土方量很大，施工困难，新中国成立后一直未能得以治理。

1964 年 5 月 1 日，马颊河初步治理机械疏浚工程在善化桥试挖开工。

1964 年，马颊河流域又遭严重涝灾，淹地 409 万亩，占总耕地面积的 47%。其中津浦铁路以东，淹地 262 万亩，占该地区耕地的 68%。

1965 年 8 月，当马颊河正按 3 年一遇排涝标准紧张施工时，中共山东省委向中央提出了“三五”期间治理徒骇河、马颊河的具体安排意见的报告。

1965 年 12 月 4 日，中共中央以中发（65）700 号文批复同意，在完成 3 年一遇排涝标准后，再按 1964 年雨型标准对马颊河干流进行扩大治理，并以此代替设计任务书下达。

1966 年汛后，开始实施马颊河扩大治理机械疏浚任务，于 1969 年汛前如期完成，但零星尾工一直延续到 1972 年 7 月才全部结束。两次治理标准的机械疏浚，主要施工期是 1964 年到 1969 年这 6 年时间，如把准备工作和零星尾工都计算在内，则前后费时 10 年，共完成土方 8285 万米^3，完成投资 1.12 亿元。

马颊河干流义渡口至麦河干沟下 5 公里段，初期治理按 3 年一遇排涝、10 年一遇行洪，设计排涝流量为 137～206 米^3/秒，行洪流量 311～460 米^3/秒。河底高程 10.21～2.51 米，河底宽 24～55 米，开挖上口宽 68～80 米，边坡 1∶3。新堤中心距 147～213 米。公路桥 6 座，生产桥 10 座，排水闸 4 座，涵洞 45 座，于 1964 年开始机械施工，要求 1968 年完工。

从 1966 年冬开始，津浦铁路桥以下再按 1964 年雨型标准扩大治理，要求 1969 年汛前完成。扩大治理的原则是从治涝入手，旱涝碱综合治理，以排为主，排滞蓄结合。标准是以 1964 年雨型 45 天降雨量 400 毫米为设计排涝标准（相当于 3～5 年一遇排涝标准），并按 1961 年雨型面降雨量 600 毫米为设计防洪标准（相当于 10～20 年一遇防洪标准）。铁路桥至任桥段长 20 公里仍按原河道疏浚，任桥以下因德惠新河占用了原马颊河下游河道作为其入海出路，因此，马颊河由任桥以下 400 米处向左岸改道，顺麦河干沟入海称马颊河新河，长 60 公里，两河汇流后适当扩大尾闾。

按上述扩大治理标准，义渡口以下河段长度为 138 公里，设计排涝流量为 453～885 米^3/秒，行洪流量 692～1360 米^3/秒，排涝水深 6 米，河底设计高程 9.27～4.51 米，河底宽度 67～89 米，边坡 1∶3，新堤中心距 260～300 米。马颊新河新增桥涵 29 座，建筑物由地方施工。

治理后的马颊河，汇合口以上最大行洪量由 150 米^3/秒，提高到 1360 米^3/秒，遇

1964 年雨情可减免受灾面积 180 万亩，干流工程弃土可修筑台田和果园 5 万亩，改善两岸土地 8 万亩。接着，水电十三局又承接了乐陵县孟家水闸和庆云大道王水闸（蓄水 3400 万米^3），连同河上和沿河两岸的蓄水闸、扬水站、排水闸、涵洞和支流治理以及田间工程成龙配套。80 年代引入黄河水以后，马颊河已经成为以防洪排涝为主，兼有蓄水灌溉作用的排灌两用河道。马颊河两岸变成了旱能浇，涝能排的棉粮丰产基地。这条曾经给两岸人民带来深重灾难的马颊河，如今已成为当地的致富河。

二、卫河疏浚工程

1961 年 10 月 23 日，水利电力部决定：由永定河水力发电工程局组织队伍负责卫河施工。1962 年 11 月 21 日，成立了水电部卫河疏浚工程局，于 1965 年夏完成了卫河疏浚工程。1965 年 5 月 21 日，卫河疏浚工程局与马颊河疏浚工程局合并。

1975 年，天津市用水出现紧张状态。水电部拟通过河南卫河人民胜利渠引黄河水接济天津。由于多年通过卫河引黄济津，河道出现严重淤积。9 月，水电部急调水电十三局疏浚工程处在洪泽湖施工的 3 条 80 米^3/时挖泥船赴卫河清淤。1976～1977 年，水电十三局在引黄工程人民胜利渠二次跌水渠清淤 15 万米^3，解除了渠道淤积问题。

进入 80 年代，天津缺水更为严重。1981 年 9 月，国务院召开了京、津用水紧急会议，水利部决定采取临时紧急措施，引黄济津，对河南新乡卫河河道第三次疏浚清淤，清淤工程仍然由水电十三局承担。

1982 年 1 月，水电十三局成立卫河分局（后改为二分局），1981 年 12 月和 1982 年 3 月，先后调入 8 条 80 米^3/时挖泥船到卫河工地。1982 年 5 月，在水电部召开的卫河清淤工程会议和在新乡召开的卫河清淤工程施工会议上确定：卫河清淤工程改由省为建设单位，采用机械和人工清淤相结合的办法，二分局由建设单位改为承包单位，承担了人民胜利渠入卫河至左庄桥河段 42 公里河道的水下清淤任务，陆上辅助工程由地方负责，配合挖泥船施工。

卫河清淤工程属紧急救灾工程，上级允许边审批、边施工、边设计，仓促上马。由于开挖断面两侧为淤积河滩，按设计断面开挖会造成新的淤积，所以采取了分层开挖和二次回清的开挖方法。

1983 年 9 月，在新乡召开的第三次施工会议上，决定对已开挖过但又重新被淤积的河段进行回清，有 5 条船对已开挖过的部分河段进行了二次回清。

在内部管理上，实行“完成任务发工资，按部概算定额，超产得奖，奖金上不封顶，下不保底”，施工管线不派专人，由船上工人自己装卸，每米^3 提成 2 分钱发给工人，调动了职工积极性。

该工程自 1982 年 9 月开工，至 1984 年 5 月竣工，完成总工程量 202 万米^3，断面合格率 100%，实收工程款 393.8 万元，上缴局纯利润 50 万元。工程结束后，二分局并入一分局。

三、南四湖引河疏浚工程

根据水电部（70）水电综字第 124 号文，水电十三局于 1970 年与山东省南四湖流域工程指挥部商定，南四湖闸下引河工程由水电十三局承接施工。

南四湖闸下引河疏浚工程位于山东省南四湖，是南四湖综合治理的主要组成部分，分东、西两股，南四湖中间最窄处称为湖腰。东股引河北起二级坝曲房闸，途径大卜湾、大捐东、南庄西至十字河入湖口以南，长 23.24 公里。另自红旗闸下有 3.68 公里一段与之相交，东股引河总长 26.92 公里。在两股引河交叉点以上，河道设计底宽 300 米，交叉点以下河道设计底宽 320 米。设计河道底高程均为 30 米，边坡 1∶2，河滩宽 50 米，原则上在河东岸一侧弃土。西股引河，自第二节制闸下起向西南汇入湖腰扩大深槽，河口以下，沿京杭运河至鹿河口再折向东南至深湖，全长 25.5 公里，设计总工程量 2631 万米^3，分上、中、下三段。

1971 年 1 月，水电十三局成立南四湖工程指挥部（后改称疏浚工程处、疏浚分局、一分局）。春节以后，人员、设备陆续从鲁北转移进场，挖泥船先后在薛河头、微山城西两个组装场组装下水。

1971 年 9 月试生产，1972 年 3 月正式投产，1978 年东股引河工程全部竣工，1983 年完成西股引河的中段。

投入施工的有四种型号的挖泥船共 19 条，其中 80 米^3/时绞吸式挖泥船 16 条，1974 年又投入 350、120、80 米^3/时绞吸式挖泥船各一条，由疏浚分局组织施工，下属机构有三个工程队、一个修船厂和一个安装队。平均职工人数 926 人。东股闸下引河工程完成土方 2542 万米^3，为国家节约资金 447 万元，7 年平均年全员劳动生产率为 5694 元/（年·人）。

闸下西股引河仅疏浚了中段，即湖腰扩大部分。西股引河中段长 9.03 公里，底高程 30 米，边坡 1∶3，挖宽 300 米，湖腰扩大部分挖宽 800 米，西侧开挖深槽，底宽 40 米，底高程 29 米。1979 年 3 月开始施工，1983 年 4 月全部竣工，历时 5 年，疏浚土方 891 万米^3，为国家节约资金 240 万元。

1971 年，东、西股引河工程开始施工，到 1983 年完工，共完成土方 3584 万米^3。12 年平均每年完成土方 298 万米^3，平均全员劳动生产率 4808 元/（年·人）。

东、西股引河工程效益显著。疏通了下级湖最严重的水圩子，扩大了湖腰，使上级湖水能迅速流入容积大的微山湖，充分发挥了微山湖排涝、行洪、蓄水、增加灌溉的作用。提高了韩庄闸的泄水效益，使湖区 300 万亩土地，150 万人口及工矿、交通、县城的安全进一步得到保障。同时结合引河的综合治理，疏浚了沿河 7 个排灌站引水渠，提高了滨湖地区的排灌能力，扩大了农田灌溉面积，为发展农业提供了有利的条件。另外，为发展地方船运事业作出了贡献。从夏镇港北可至济宁、江苏南通、安徽等省市，促进了地区间水路交通运输。在防洪除涝、蓄水灌溉、工业供水、发展水运陆运交通、繁殖水产以及观光旅游事业等许多方面，都发挥了显著作用。

在南四湖闸下东、西股引河施工的同时，一分局还派出挖泥船先后疏浚了淮河水系的洪泽湖二河和洪泽湖二河二期、新薛河、白马河等工程，共完成土方 571 万米^3。

四、疏浚北四河

1970 年下半年，水电部指令水电十三局投入北四河的治理。

海河流域的主要河流永定河、蓟运河、潮白河、北运河，统称北四河。北四河流经河北、北京、天津三省市。1963 年以前，除蓟运河在北塘单独入海外，其他三条河都汇入海河经塘沽入海。由于海河河床狭窄，另外还有南运河、子牙河、大清河等重要河流从西南方向汇入海河，洪水季节容易泛滥，直接危及天津、河北、山东等省市的安全。

1970年下半年，水电十三局指派第六工程队（简称六队），在完成子牙河、大清河的疏浚任务后，转移到北塘，与天津市航道处、河北省疏浚队等单位一起，进行机械开挖大会战，将永定新河、潮白新河、蓟运河的入海段疏浚取直。六队最初只承接600万米^{3}疏浚任务。这是水电十三局第一次走出山东，在国内承接的第一个较大的工程项目。

1970年10月，正式投入北四河施工。配置350米^3/时绞吸式挖泥船2条，180匹拖轮2条，抛锚艇1条，还有其他辅助设备9台（辆），职工260人。

首先开挖的是永定新河、潮白新河、蓟运河三河汇合入海段工程，全河宽120米。六队1号350米^3/时挖泥船排前，3号350米^3/时挖泥船排第二，各挖宽45米。天津市航道局塘沽航道处塘沽2号挖泥船排第三，挖宽30米。这样3条挖泥船同时开挖，一次成河。河北省疏浚队的另2条80米^3/时挖泥船担负修坡任务。水电部派直升机拍了施工照片，登在《中国水利》杂志的封面上。

1970年11月8日，国务院副总理李先念视察北四河工程，特地到六队看望职工，使大家受到很大鼓舞。

在“一定要治好北四河，为人民造福”的口号下，干部和技术人员一律到船上和工人同吃同住同劳动，在2条350米^3/时挖泥船和三个作业班之间开展“五好”竞赛。“五好”内容包括政治思想、进度方量、质量安全、节约、技术革新和协作。每月评比一次，年终总结表彰。职工干劲很大，台班产量从3000米^{3}提高到5000米^3，创造了2条350米^3/时挖泥船日产3万米^{3}的高产纪录。1号350米^3/时挖泥船在1973年北四河疏浚中创造了月产46万米^{3}的高产纪录，3号350米^3/时绞吸式挖泥船在1972年4月北四河疏浚中创造了月产45.43万米^{3}的高产纪录，这2条挖泥船在北四河的高产纪录，都打破了1号350米^3/时挖泥船在1967年马颊河疏浚中创造的月产42.40万米^{3}的最高纪录。

施工段附近有清朝旧炮台，八国联军侵略中国时曾在此登陆，挖泥船曾挖到两发直径13厘米，长60厘米的旧炮弹，经中国历史博物馆鉴定，是八国联军进攻时期的炮弹。博物馆已有这种大炮，但没有这种炮弹，给中国历史博物馆填补了一个空白。

北四河的施工质量经过河北省、天津市的测量船检测，完全合格。天津市航道局塘沽2号挖泥船和河北省疏浚队2条80米^3/时挖泥船都以土方单价太低，亏损太大，相继退出了北四河工地。于是，天津市根治海河工程指挥部便将剩下的1300万米^{3}任务，全部交由水电十三局六队承担。

六队从1970年10月投产，到1975年7月全部完成北四河疏浚任务，共完成土方1442万米^3，为国家节约资金793万元。水电十三局多次受到天津市、河北省、水电部表扬。

五、海河闸下清淤工程

海河闸下清淤工程是天津市的重点防汛工程。闸下段河道由于受潮汐的影响，回淤严重。为了保证天津市在汛期的安全，国家每年拨专款用于闸下维护性清淤。自闸下至入海段，用挖泥船挖出一条1000米长的行洪槽，以利渲泄洪水。此项工程自1979～1991年，水电十三局六队每年进行一次。

该项工程国家每年拨款60万元左右，土方单价较低，以后由于原材料、人工费的涨价，经多次磋商，土方单价逐步提高了一些，故此疏挖力量只能根据固定的投资逐年减少。

海河闸下清淤工程工期紧迫，断面方量少、战线长、陆上排泥管短、水上管线长（有时达1000多米），加上潮水、渔船往来的干扰等，给施工带来很多困难。为了解决渔船在施工中的干扰，1983年5月曾成功地用自制简易水下潜管，使渔船从简易潜管段上部穿过，避免了对施工的干扰。

工程属防汛性质，天津市、海委主要领导每年都赴施工现场检查。为了保证每年汛期前一定竣工，六队职工每年汛前都全力以赴，从未耽误过工期，多次被评为优良工程。

1991年，太湖发生大水后，为治理太湖水患，担负海河闸下清淤的水电十三局六队的挖泥船调往太湖施工，海河闸下清淤工作从此由其他单位承担。

六、上海金汇港工程

1979年9月，海狸4604号挖泥船在上海组装完成以后，水电十三局正式成立了第七工程队（简称七队）。七队组建后承担的第一个工程，是金汇港开挖工程。

金汇港位于上海市奉贤县中部，是一条自北向南贯穿奉贤全境的骨干河道，金汇港开挖是一项农田基本建设的骨干工程。其北端接黄浦江，南端通杭州湾。该工程分南北两段，北段工程采用人、机结合开挖施工。纵贯金汇、齐贤两公社全境长达10公里。先由人工开挖到1.0米标高，然后由海狸4604船挖至1.5米高程（吴淞为零点）。

本工程于1979年11月20日开始进行施工前准备工作，21日试生产，1980年1月进入施工阶段，至1980年8月16日完工，实挖土方255万米^3，节约投资34万元，淤地432亩，改造低产田495亩。该工程为挖新河填老河，施工中要来回通过金汇木桥、齐贤木桥、齐贤公路桥等桥闸。由于海狸船高超过桥面，只能将船体上部拆下穿桥而过，成功地解决了大型绞吸式挖泥船过桥、大船挖小河及浅层开挖等难题，为海狸船施工积累了经验。

七、葛洲坝二江上导渠清淤

1980年8月，水利部向水电十三局下达了葛洲坝二江上导渠清淤的紧急任务。

葛洲坝二江上导渠是1978年为大江截流后长江过流而开挖的。在1980年7月大江截流前的初验工作中，发现二江上导渠在经过了两个汛期之后淤积严重，其淤积量达220万米^3。为保证1981年1月大江截流后二江泄水闸畅通、减少围堰合垄时的落差，必须在大江截流前，将这部分淤积土方清除，以保证大坝截流的安全。由于时间紧、工程量大，水深流急，水电部研究决定，调水电十三局海狸挖泥船去施工，并要求在50天内完成任务。

水电十三局在8月份接到任务后，派副局长刘福前往七队指挥生产。七队在抓紧做了短暂的检修保养等准备工作后，于1980年9月5日，星夜驰援葛洲坝工程。经18天逆水行舟，行程1700多公里，9月23日顺利抵达葛洲坝工地。

1980年10月4日，4604挖泥船在葛洲坝二江上导渠开机生产。在葛洲坝工程局砂石分局的配合下，仅用 5 天时间，就开挖 11 万多米^3，工程旗开得胜。

4604 挖泥船在二江上导渠共进行了两次清淤。第一次清淤利用真空释淤阀自动防堵装置，开挖时大胆地以高浓度、大进尺进行开挖，有时泥浆浓度高达 60%，仅用 1 个月零 7 天，就完成土方 80.5 万米^3，清淤面积 12 万米^2。第二次清淤靠泥浆泵的巨大吸力，不仅清除了硬渠底上的回淤土方，还吸走了原开挖过程中已被松动但未运走的部分小块碎石。

水利部领导对水电十三局承担的二江上导渠清淤工程非常重视，钱正英部长专程到七队看望船上的职工，并勉励全体职工："二江上导渠清淤越彻底，大江截流就会越顺利"，"万众一心，保证截流"。陈赓仪副部长也两次到船队驻地询问生产、生活情况，指导工作，给船队全体职工很大鼓舞。

1980 年 11 月 23 日，产量计算机的累计数码跳出了 100 万米^3 的数字，七队 4604 号挖泥船提前 4 天完成了支援大江截流的任务，完成清淤土方 100 万米^3。水利部十分满意，葛洲坝工程局向水电十三局赠送了"长江播友情，截流建奇功"的锦旗。

八、蕴藻浜枢纽开挖和宝钢水库开挖工程

1980 年 7 月，水电十三局在上海组建了第八工程队（简称八队），配备 200 米^3/时挖泥船 5 条，职工 140 人左右，主要承担上海地区的河道疏浚和清淤工程。从 1980 年至 1990 年的 10 年间，先后在上海地区承担了蕴藻浜枢纽（蕴东）、淀山湖水上划船场、宝钢水库、万人游泳场开挖、防风堤、大观园景点吹填，奉贤疏浚以及崇明岛河道疏浚等近 10 项工程。其中以蕴藻浜枢纽和宝钢水库工程量为最大。

蕴藻浜枢纽开挖工程是八队组建后，在上海承担的第一项工程，工程位于上海市北邻，东西横穿嘉定、宝山两县，东入黄浦江，西接苏州河，整个工程包括桥梁、节制闸、船闸的新建以及下游河道的整治，其中新开河道（即蕴东水利枢纽及上下游引河段）全长 1.8 公里，土方量 38.9 万米^3，新塘桥上下游段 6.78 万米^3，蕴东水闸上下游段 32.1 万米^3。

八队承担蕴藻浜枢纽开挖工程后，投入 201、202、203 号 3 条 200 米^3/时挖泥船，先进行闸内清淤，而后进行河道开挖。

1981 年 12 月工程开工，1982 年 7 月 28 日竣工。该项工程的完成，使蕴藻浜在此外的弯曲段取直，从而使水源畅通，改善了宝山、嘉定两县的排水条件，提高了防洪标准，使蕴藻浜的通航能力达到了 300 吨级。

蕴藻浜枢纽开挖工程质量优异，合格率与优良品率均为 100%，为国家造地 130 多亩。1983 年，被水电总公司创优评委会评为优质工程，获部二级优质工程奖。

八队在上海承担的宝山钢铁总厂水库清淤工程，位于宝山县罗径乡，是宝山钢铁总厂的供水配套工程。

1985 年 9 月，八队投入 203、205 号两条 200 米^3/时挖泥船，通过滑道翻越水库大堤，进入水库区施工。

1988 年 5 月 28 日，水库清淤工程全部完成，两条挖泥船有效施工期为 44 个月，竣工工程量为 227 万米^3。宝钢水库使用挖泥船清淤比用陆上机械开挖节省投资数百万元，并为当地吹填造地500亩。

九、沅江防洪保安工程

1983年初，湖南省决定加强对沅江的防洪保安措施，邀请水电十三局派绞吸式挖泥船到沅江县施工，工程量220万米^3，工期自1983年4月至10月，共7个月时间。沅江是洞庭湖四大水系之一，位于沅江县一段的河道，因多年未得治理，淤积严重，每到汛期，险象环生。水电十三局经派人勘察，决定由一分局四队两艘350米^3/时挖泥船前往施工。

1983年4月10日，3、2号船相继投产。工程于1983年12月22日竣工，共挖土方285万米^3，工程质量优良，被评为部优工程。由于开挖与吹填筑堤相结合，为甲方节省筑堤投资70万元。

此后，一分局四队依靠在沅江工程创造出的信誉，在湖南省又承担了益阳粮库、白沙油库、莲花塘码头、琼湖粮库、五朵花航道、赤山粮库、岳阳小港粮库、沅江精粉厂等10多个工程。

十、青岛“197”开挖工程

“197”工程位于青岛，是海军某部的港池及联络航道疏浚加深工程。由第五工程队（简称五队）海狸4601号挖泥船承接，该船配进口拖轮、锚艇各1条，运输车3辆。该工程分内航道、港池和联络航道三部分，各部分要求开挖深度和土层厚度不一，排距大部分3000米，排高20米。

1984年4月工程开工。施工中受海风、海浪及浓雾影响较大，土质基本上是粗砂，对船的管线和泥泵部件等磨损非常严重，生产中遇到很大困难。全队职工顽强奋战，至1985年1月31日，完成“197”工程，开挖土方量176万米^3，为国防建设作出贡献。这一年，五队被评为“全国水电系统先进集体”。

十一、广利河港航道疏浚工程

1987年2月，水电十三局一分局与胜利油田签订广利河入海航道疏浚工程施工合同，总土方量为110万米^3，工期为6个月。一分局成立了施工指挥部，调2、3号350米^3/时挖泥船承担施工任务。

为保证工期，水电十三局又调直属六队1号350米^3/时挖泥船支援。工程于1987年6月4日正式开工，当年完成土方77.42万米^3。后由于甲方原因，工程停止。在广利河入海航道疏浚工程中，350米^3/时挖泥船和全体职工经受了海风的严峻考验，并得出结论：350米^3/时挖泥船能经受八级风浪的冲击，可以坚持生产。10月29日，2号350米^3/时挖泥船被十级大风吹断首缆，横移锚滑脱，一根定位桩脱落，导致该船搁浅在离主航道约四公里的海滩上。事故发生后，局党委书记刘福带领有关人员连夜赶赴工地。于11月10日，利用涨潮时机，人工抛大锚，将2号船拖入主航道。

广利河入海航道疏浚工程后，一分局又承担了广利电厂地基吹填工程、广利港航道裁直工程、广利电厂排水明渠工程、广利河疏浚工程等。广利河工程结束后，2、3号350米^3/时挖泥船被派往广东珠海施工。

1991年9月5日，2号350米^3/时挖泥船在由烟台救捞局拖运途中沉没。

十二、江苏南京马汉河二期治理工程

马汊河位于长江与滁河之间，是滁河中下游一条主要泄洪道，全长13.5公里，流贯南京市江北浦口工业园。1987年10月，江苏省决定兴建马汊河二期工程，该工程为河道拓宽、加深，增加滁河中下游入江通道的行洪能力，陆上土方量约为290余万米^3，施工期为1年。1988年1月3日，水电十三局与南京市水利局正式签订施工协议。3月，成立施工指挥部，共投入T20自卸车、200米^3/时海狸4600型挖泥船等各种机械设备120多台（套）。这是工程局水、陆土石方工程施工的一次大会战。工程以一分局为主，指挥部对局负责，其他分局和单位分担任务对工程部负责，形成一个联合体。

1988年4月工程正式开工。工地上先后创造了“燕子叼泥、”“中层突破”等施工办法，又结合开挖排水沟进行排水，使工程得以顺利进展。1988年12月中旬，马汊河二期工程陆上土方工程竣工，比合同工期提前2个月完成任务，共开挖运输土方301.9万米^3。马汊河二期工程的完工，使马汊河的泄洪能力提高一倍，通水量从500米^3/秒增至1018米^3/秒。1991年夏季，江苏、安徽发生特大洪水，损失严重，唯有南京地区由于修好了马汊河，洪水迅速下泄，没有发生灾害，发挥了巨大的分洪效益。

十三、山东枣庄峄城大沙河治理工程

大沙河属淮河水系，总流域面积625.4公里^2，1987年下半年，山东省治淮南四湖流域工程指挥部决定按5年一遇日平均流量标准，20年一遇瞬时洪峰流量标准对大沙河进行治理。10月下旬，水电十三局四分局中标。11月，同峄城区水利局签订了Ⅰ期施工合同。1988年7月，又签订了Ⅱ期治理的施工合同，两期工程共计开挖工程量171.09万米^3，产值323.97万元。

施工区位于大沙河中游段，全长6.71公里，主要进行主河道治理，分洪道开挖，回水段复堤，老河道拓宽、挖深和裁弯取直，并完成大堤、滩地的填筑和碾压。1987年10月29日，四分局十队开赴工地，以铲运机为主，投入T20自卸车和装载机、挖掘机等设备43台，高峰期施工人员120多人。11月9日，工程正式开工。为保证工程按期完工，工地实行承包责任制，把产值、工程量、利润等经济技术指标层层分解成为若干个明确的小指标和各种不同的岗位责任制，落实到各承包组和个人身上，形成了“指标人人有，责任人人负，利益人人得”的承包机制，激发了职工的劳动热情，促进了施工任务的完成。1988年6月6日，完成第一期施工任务，治理河道6.762公里。一期工程完工后，被枣庄市水利基本建设委员会评为优质工程一等奖，山东省水利基本建设优质工程二等奖。1989年8月21日，第二期工程开工，12月7日竣工，治理河道3.9公里。经过治理的大沙河，可拦蓄水量3400万米^3，使近5万亩农田实现水利化。

十四、苏州大运河开挖工程

苏州大运河开挖工程位于苏州市郊横塘填。1987年初，水电十三局四分局通过投标承揽了大运河开挖工程，施工合同期为2年，土方量为130万米^3。工程开工后，因苏州地区雨季长，又是红粘土，河汊纵横，道路狭窄，给大型车辆施工带来不少难以克服的困难，每月有效施工期平均只有10～15天，曾造成严重亏损。1989年4月，四分局又派出以奔驰自卸车为主的七队接替八队承担大运河后期施工任务。经过艰苦奋战，终于在

1989年11月提前一个月挖通大运河。苏州市大运河工程指挥部授予水电十三局四分局七队“优质守信，大力支持”的锦旗。

十五、山东梁济运河扩大治理工程

梁济运河是京杭大运河流经山东梁山至济宁市的一段河道，它上接黄河，下通南四湖，既是南北运输航线，又是黄河下游重要的分洪河道。1990年9月，水电十三局企业处中标，承揽了梁济运河扩大治理工程中的曲阜、邹县两个最大施工段的任务，共计土方400万米^3。这是水电十三局内部施工和外包相结合进行管理的一次尝试。1990年11月25日，工程破土动工。施工中借鉴鲁布革的管理经验，实施管理型工程总承包的模式，加强现场管理。由于现场管理工作严密，挖掘、填筑、碾压一环扣一环，提高了效率，确保了工程质量。甲方抽查时，合格率达到100%。梁济运河拓宽工程于1991年5月竣工，在6个月施工期完成400多万米^{3}的任务，工程速度快、质量好、效益高。

十六、上海太浦河上海段一期疏浚工程

太浦河上海段一期疏浚工程位于上海市，长7.29公里，土方量300万米^3。水电十三局先后有12艘挖泥船投入生产。工期自1991年12月至1992年10月。

上游段共3.9公里，土方量127万米^3，有6艘80米^3/时挖泥船施工；下游段共3.39公里，土方量154.3万米^3，有4艘200米^3/时挖泥船、2艘80米^3/时挖泥船施工。施工中遇到以下困难：一是五类土质粘而且硬（原设计为四类土质）；二是往来货运船对施工干扰大；三是石头多，16号挖泥船仅二月份掏石头就占了120多小时；四是排泥场征地跟不上，容量小。为解决土质硬的问题，职工们在绞刀头上焊接了钢片，减轻了切削阻力，增加了泥浆度。整个太浦河工地开展了劳动竞赛，提出了“全力拼搏，克服困难，确保太浦河一期工程按期完成”的口号，在1992年汛前完成了太浦河一期工程。

太浦河治理工程受到了国务院、水利部、上海市政府的高度重视。在太浦河疏浚施工期间，李鹏总理视察太浦河，坐艇停在202号挖泥船旁，向正在施工的水电十三局全体船员招手致意。上海市委书记吴邦国、市长黄菊，1991年10月31日来到水电十三局一艘挖泥船上，观看了挖泥船的生产过程，给予高度赞扬。上海市《解放日报》、《新民晚报》，上海电视台都报道了水电十三局的生产情况。

十七、上海太浦河上海段二期疏浚工程

该工程为太浦河上海段河道的二期疏浚工程，工况Ⅱ级，土质Ⅲ类，河道疏浚372.81万米^3。1992年9月，太浦河二期工程正式开工，遇到排泥场不足、土质条件复杂等一系列困难，生产进度徘徊不前，到1993年4月下旬才完成土方111万米^3，经济效益出现滑坡。为扭转这种局面，一分局及指挥部开展了两次劳动竞赛，职工们提出了“谁英雄，谁好汉，二期工程比比看”的口号，工程进度提高迅速。

1995年11月，经上海市太浦河综合治理验收小组评议，太浦河上海段河道疏浚工程及穿湖筑堤吹填工程质量被评为优良工程。夏克强副市长代表上海市委、市政府向水电十三局赠送了题词“情系太浦，功在史册”的锦旗。

十八、上海太浦河国际标段疏浚工程

太浦河疏浚工程是太湖流域防洪项目的重中之重，太浦河江苏段利用部分世界银行贷款，采用国际招标方式择优选择承包商。太浦河江苏段工程位于吴江市境内，长 24.42 公里，工程量 1280 万米^3，工期 18 个月。通过资格预审，水电十三局牵头的联营体获得太浦河江苏段的投标权，1994 年 1 月 19 日正式接到中标通知。

1994 年 4 月 15 日上午 8 时，太浦河国际标段疏浚工程开工。世界银行农业处项目经理、太湖流域防洪项目经理部郑兰生到工地视察，对水电十三局的海狸 3800“德昌”号挖泥船提前到位并开机生产表示祝贺。

开工半年后，由于新购置的海狸 3800“德昌”号挖泥船处于试生产状态，加之通航干扰、排泥场及人员操作等方面的原因，施工进度不理想。项目部对各船进行了全面整顿、维修，项目部提出“年前大干 60 天，完成产值 2500 万元”的口号，生产进度明显加快。

为克服开挖断面土质较硬的困难，他们采用在原绞刀牙齿上加焊长齿及排泥管加喷头，改进操作等方法，完善质量控制措施，使开挖断面质量，开挖深度、坡度、层次等指标全部达到了理论设计要求。海狸 3800“德昌”号挖泥船在施工过程中，为保持航道运输船只能够正常航行，采用了水下潜管施工。该潜管起伏状态下全长 113.6 米，下沉 8 米后仍可保持 40 余米通航宽度，实现了疏浚、通航两不误。

1995 年 5 月 12 日，中共中央总书记江泽民在视察吴江的途中，看见太浦河沿岸的施工情景，便很详细地了解情况。陪同的吴江市委书记沈荣法汇报：“这是以水电十三局为主的绞吸式挖泥船疏通太浦河，它既担任着疏浚河道的主要任务，又能够吹填复垦土地。”江泽民听后高兴地说：“土地复垦好。”在治理太浦河中，共复垦土地 3000 多亩，这些土地主要位于河道、318 国道改道及公路两侧。

1996 年 5 月 5 日，由业主太湖流域管理局、代业主江苏省治理太浦河指挥部以及江苏省水利厅质检组组成的专家组，对太浦河江苏段工地进行了质检验收，专家组最后综合评定太浦河江苏段工程为优良工程。

十九、江苏望虞河国际标段疏浚Ⅰ包工程

望虞河工程位于江苏无锡市，是太浦河流域防洪项目的重要内容。望虞河Ⅰ包工程，长 19.48 公里，工程量 600 万米^3，工期 18 个月，是国家重点工程项目之一。由世界银行贷款、采用国际招标方式发包、按国际通用的菲迪克（FIDIC）条款签约。

望虞河工况较复杂，土质较硬，河床暗障多，地方干扰大，而且工程初期投入的设备不足。面对重重困难，项目经理部精心组织，合理安排，努力调动广大职工的积极性。项目部在党员中开展了“比奉献、比爱心、比党性、比境界”的四比活动，成立了劳动竞赛领导小组，进行层层发动，船船进行竞赛，班班做好记录，月月进行评比，月底按经济责任制兑现，保证了工程顺利按期竣工。

1996 年 5 月 5 日，由业主太湖流域管理局、代业主江苏省治理太浦河指挥部以及江苏省水利厅质检组组成的专家组，对望虞河Ⅰ包联营体三方工地进行了质检验收，专家组最后综合评定望虞河Ⅰ包疏浚工程为优良工程。

二十、广东珠海疏浚工程

1991 年 8 月～1994 年 12 月，水电十三局充分利用特区优越的开放政策，先后承接了珠海市洪湾吹填造地工程，三灶区东咀吹填造地工程，横琴大桥湾南吹填造地工程，珠海港两个2万吨级码头基槽开挖工程，珠海港连岛大堤西侧吹填固基工程，珠海港两个2万吨级码头港池，航道开挖疏浚工程，平沙区温泉地基等吹填工程，共疏浚土方2713.67万米^3，实现产值11 381.53万元，取得较好的经济效益。

1991年4月18日，水电十三局组建了珠海工程施工指挥部。由原一分局第四工程队，局直属第五工程队、第七工程队合并而成。1993年1月，更名为水电十三局珠海公司在珠海经济特区注册，公司下设4个分公司，即第四、第五、第七、第九疏浚公司；两个辅助生产单位，即轮驳队、德珠商行；3个办事处，即德州、微山、广州办事处。职工300多人，设备原值7000多万元，为水电十三局在南方的一支重要疏浚施工队伍。

1991年8月22日正式在珠海施工，3艘大型挖泥船分两班日夜施工，做到人歇机不停。1992、1993年两个春节，干部职工都放弃了与家人团聚的机会，照常施工生产。珠海市副市长李南华了解到水电十三局施工情况后说："疏浚吹填工程交给水电十三局放心。"

公司抓住有利时机，大胆实行内部改革，狠抓生产经营管理，使公司的经济效益一年一个新台阶。在上述工程施工期间，多次遇到罕见的强台风袭击。尤其是1993年，在短短3个月内相继有5次台风在珠海附近登陆经过。其中16号台风对珠海造成的损失最为严重，台风中心风力达到海上12级，陆上11级。珠海公司全体员工，在公司领导的指挥下，奋起抗台、防台，顽强地与风浪搏斗，保护了机械设备，船舶无一损伤，人员安然无恙。

由于参建的各项工程施工难度大、要求高，为了顺利完成任务，公司多次开展劳动竞赛，海狸4600型挖泥船日疏浚土方量曾达到3万多米^3。珠海电视台在《对外窗口》栏目中，专题播出了水电十三局珠海公司在特区发展建设中所作的贡献。

二十一、山东洙赵新河治理工程

洙赵新河是山东省鲁西南地区的一条大型骨干行洪排涝河道。由于工程年久失修，淤积严重，防洪和排涝能力大大降低。1993年7、8月份又出现了洪涝灾害，造成了巨大的损失。山东省委、省政府把洙赵新河治理列为全省重点水利工程之一。

水电十三局承接的施工段位于山东省邹城市，全长6.77公里，总土方量350万米^3，产值1000万元，工期不足3个月。水电十三局委托局企业处组建了施工指挥部，派出47名管理人员。在1个月内，组织上场了铲运机、挖掘机、发电机组等设备350台（套），施工人员1500多人。指挥部经过分析研究，向甲方提出建议在全线采取挖塘机为主的施工方案，保证了工程施工的顺利进行。

洙赵新河工程是水电十三局由生产型走向生产经营管理型的一个成功尝试。主要做法：一是把有管理能力的人员组成工程管理队伍，负责对包工队实施管理监督；二是调集社会上的施工力量，形成一支支有力的施工队伍，然后分段划片承包、签订甲乙方合同，明确双方责权利，建立平等互利的合作关系，取得了突出的经济效益；三是突出一个"严"字，强化一个"管"字，做到既管人，又管质量、工程进度、技术标准。水电十三局施工的邹城段成为整个洙赵新河工程的样板，被济宁市洙赵新河工程指挥部、济宁市水利局评为优质工程。

二十二、江苏怀洪新河疏浚工程

怀洪新河工程是国务院批准的治淮骨干工程，属于国家重点Ⅰ级水利工程建设项目，也是国家大规模治理淮河的第一批新上项目。水电十三局承接的怀洪新河江苏段第一期干河水下方工程，全长1500米，工程总方量246.7万米^3，合同金额1080万元，合同工期自1996年3月1日至1997年6月30日。

水电十三局组建了怀洪新河项目经理部，对怀洪新河工程采用项目法施工。1996年4月13日，203号挖泥船抵达怀洪新河工地后，经短期调试、保养，4月23日正式廾工生产。海狸3800“德昌”号挖泥船于1996年4月初到达怀洪新河工地附近的双沟镇，5月5日投产。

怀洪新河江苏段JHZ－05－2标段水下方工程，自1996年5月正式投入生产至1997年5月17日竣工，比合同工期提前1个半月。1997年5月25～29日，怀洪新河指挥部、监理组对施工段进行了验收，断面工程质量合格率达100％，优良率95％以上。

二十三、治理深圳河一期工程

深圳河是深圳和香港接壤的界河，全长16.1公里，由于原河道弯曲窄浅，洪水渲泄不畅，水质污染严重，影响了两岸居民的正常生产和生活。深、港两地政府，决定对深圳河的现状共同治理。1995年，在92家单位参加资格预审，10家单位参加投标情况下，通过激烈竞争，水电十三局和中深国际公司、交通部四航局等3家组成的联营体瑞沃治河工程有限公司中标，中标金额为27 939万港元，总工期730天。

1995年5月25日，深圳河治理一期工程隆重举行开工典礼。工程主要包括：河道疏浚与堤坝填筑，河道开挖长度1387米，上口宽120米，下口宽60米，最高开挖高程66.4米，最低开挖高程—5.0米，河堤设计高程4.5米，顶宽8.0米，两侧边坡1∶2.5。施工中主要投入了挖泥船、挖掘机、装载机、推土机、自卸车、振动碾等设备。

1995年9月底，施工进入香港裁弯段，水电十三局投入深圳河工程的机械设备和人员全部到位，设备到场共30台（套），人员77人。

在深圳河治理一期工程中，项目部根据不同施工阶段、不同时期及不同情况，及时召开全体员工动员大会，先后提出了“抢晴天，战雨天，大干四个月，争取完成产值2000万”，“干好一期，争取二期，立足深圳，开拓经营，建立起水电十三局深圳、香港根据地”的口号；开展了以“四比四看”为内容的劳动竞赛活动，使工程建设、施工管理和经济效益形成良性循环。

1997年2月底，主体工程竣工，比合同工期提前3个月。全部工程于1997年4月18日全面竣工，并一次性通过验收，工程质量优良。

二十四、安徽宿州包浍河固镇闸上河道疏浚工程一期

包浍河初步治理工程位于安徽宿州市，是一项以排涝、防洪为主，兼有灌溉、航运效益的综合水利工程，河道疏浚扩挖的范围为安徽省宿州市和固镇县境内的包浍河主干河道，工程分为六个标段。水电十三局一分局中标刘园干沟至李沟段两个标段的施工任务，全长 9.15 公里，工程量 167.8 万米³，投入了 3 艘 80 米³/时和 1 艘 350 米³/时挖泥船，于 1996 年 3 月 28 日正式开工生产。

一分局成立了包浍河项目经理部，项目部制定了目标经济责任制，学习邯钢“模拟市场，成本否决”的经验，实行目标管理，对物资材料的管理明确分工，层层把关，特别是对油料、配件这些易发生“跑、冒、滴、漏”的部门严格管理，堵塞漏洞，并且制定了《80 米³/时挖泥船单船经济责任制试行办法》，打破了以往单一的管理模式，号召职工多动手，多出力，少花钱，一切从俭，减少不必要的开支，将职工的个人利益同成本、质量、工期等方面挂钩，实行奖罚制度。通过加强管理，单方成本明显下降，经济效益明显提高，为挖泥船的施工探索出了一条新的管理思路。“包浍河经验”在一分局各项目中进行推广。

经 14 个月施工，1997 年 5 月 24 日，包浍河工程竣工，共完成疏浚土方 169.54 万米³，清除回淤方量 5.82 万米³，被评为优良工程。

二十五、安徽宿州包浍河固镇闸上河道疏浚工程二期

1997 年，包浍河固镇闸上河道疏浚工程上马。该工程始于安徽省祁县闸下，向东止于固镇闸下，河道疏浚全长 38.82 公里。水电十三局承接了桩号 34＋860～49＋220 段的疏浚任务，标内疏浚土方 109.73 万米³，河槽底宽 45 米，边坡 1∶3。项目部先从固镇闸下调 3 艘 80 米³/时挖泥船，又从微山县南四湖调入 1 艘 200 米³/时挖泥船，满足了工程排泥场小、排距长的工程要求。

1997 年 8 月 29 日，疏浚工程开工生产。在一期工程施工管理的基础上，进一步完善了工程的组织，除内部对组织机构加以调整外，还对进场设备进行了较为合理的调整，使施工更趋合理。该项工程于 1999 年 3 月竣工，共完成 14 个单元 281 个断面工程量，断面合格率达到了 100%，优良率达到了 99%。

二十六、治理深圳河二期工程

1997 年 11 月 3 日，由水电十三局、中深国际公司、交通部四航局等 3 家单位组成的联营体瑞沃治河工程有限公司，与深圳市治理深圳河办公室签订了治理深圳河二期工程第二阶段 B 标段施工合同。治理深圳河二期 B 标段工程，主要为“下河段”工程，包括扩宽及挖深落马洲河曲下游至河口的河段，河口衔接段工程及一些规定的环境工程。合同工期为 1095 天，工程总投资为 4.58 亿港元。

由水电十三局承担的工程项目为全河段污染土开挖、弃置和处理工程，落马洲旧河曲回填工程，桩号 3＋600～4＋200 段河道开挖、弃置土方工程。土方工程量约 130 万米³，施工总产值 7500 万元。

2000 年 6 月 9 日，经过 3 年紧张施工，深圳河二期工程竣工。在二期工程施工中，采用了多种新技术，缩短了工期，保护了环境，如河道防护和软基处理运用了多种土工合成材料，被国家经贸委、建设部、水利部评为全国土工材料应用示范工程，并在全国推广和应用。

二期工程的竣工，使深圳河河道宽度由原来的 25～80 米，增加到 80～130 米，河床平均挖深 4～5 米，不仅增强了防洪能力，也使周边生态环境得到有效的保护和恢复。治理深圳河二期工程的竣工，受到新闻界的关注，中央、广州、深圳、香港等多家电视台和《深圳特区报》都进行了报道。

二十七、北京“六海”清淤工程

位于北京城中心区的“六海”是指南海、中海、北海、前海、后海和西海，从南海至北海向西依次排列，中海和南海即为人们所熟称的“中南海”，是党中央和国家机关所在地。1950年，北京市政府对“六海”进行过治理，时隔近50年，“六海”湖底淤泥深厚，水质污染严重。

1998年，北京市政府将“六海”清淤工程，作为城市水系治理重点工程批准立项，并作为向建国50周年献礼项目，北京市政府决定面向全国公开招标。最后，水电十三局与中国安能建设总公司组成的联合体和江苏河海疏浚工程集团公司中标。

工程分两期完成，一期工程又分为两步：第一步把南海、北海、前海、后海的淤泥输送到西海，第二步从西海把淤泥输送到7公里之外的紫竹院公园大湖内。二期工程是从紫竹院公园大湖通过8公里输泥管道把淤泥送到颐和园西侧北坞村附近的一个废坑中。

（一）“六海”清淤工程

水电十三局承担的是一期工程的第二步（施工中又增加了后海、西海的清淤工程）。一期工程总量约有50万米^3，其中由西海输送到北京展览馆后湖（简称北展后湖）的淤泥量有10万米^3，经北展后湖再输送到紫竹院公园大湖的清淤量有35万米^3，西海淤泥清挖量有5.9万米^3。输泥管道长度分别为3.51公里和2.9公里，合同金额3200万元，工程施工期为106天。

1998年8月23日，由水电十三局副局长兼“六海”清淤工程项目经理何占颂带领项目部人员先期到达北京，进行现场实地考察和组织设备、管线、人员进场，施工布置及营地建点等施工前期的各项筹备工作。

1998年8月31日，第一条海狸600型挖泥船运抵工地，10月9日，第二条海狸600型挖泥船组装完毕，并正式投入生产。经过干部职工们日夜奋战，12月24日下午5时，“六海”清淤工程全面完工。12月25日，北京“六海”清淤治理Ⅱ标，西海输泥管道输送工程顺利通过验收，并被评为优良工程。

（二）紫竹院至北坞管道输泥工程

北京市紫竹院至北坞管道输泥工程是“六海”清淤的二期工程。输泥距离约8公里，输送泥量约50万米^3，工期自1999年1月12日至1999年5月10日。1999年1月12日，水电十三局接到中标通知，2月14日，水电十三局成立兴达疏浚股份有限公司（其前身为北京项目部）。

1999年2月17日，大年初二，工程正式开工生产。项目部人员放弃了过年的休息时间，奋战在8公里的疏浚管线上，保证了正常的试机生产。

1999年6月13日上午，经北京市水利质检站、北京市城市水系治理工程指挥部等部门验收，被评为优良工程。至此，北京市水系治理的重点工程“六海”清淤工程全面竣工。

党中央和北京市政府对“六海”清淤工程都非常重视，江泽民总书记对整个工程的施工方案进行了审阅。李鹏总理也到现场过问施工情况，对施工方案和工程进展情况表示满意。

二十八、安徽华阳河河湖清淤疏浚工程

华阳河河湖清淤疏浚工程位于安徽省宿松县和华阳河农场境内，1998、1999年，当地连续遭受洪涝灾害，给人民的生命财产安全带来了严重的损失。为对华阳河湖进行治理，2000年6月2日，安徽省安庆市防汛抗旱指挥部进行公开招标。在3个标段中水电十三局连中2标，即Ⅰ、Ⅱ标段，中标价分别为808.08万元和606.06万元。

根据工程规模和所需投入的设备性能，水电十三局决定由所属一分局承建Ⅱ标段，六分局承建Ⅰ标段。先后投入了6艘80米^3/时挖泥船、4艘200米^3/时挖泥船和部分陆上施工机械。原准备投入Ⅰ标段施工的海狸3800型挖泥船，由于华阳河出现了历史同期的最低水位，无法拖至施工地点，被迫停靠在华阳河闸长时间待命，最终因水位原因未能拖进施工现场。为了保证工程的整体施工进度，水电十三局于2000年8月9日将Ⅰ标段施工任务转到一分局，该工程于2000年7月10日开工，至2002年1月11日竣工，历时1年半，两标段共完成土方量304万米^3。

华阳河Ⅰ、Ⅱ标段施工点多，人员多，设备调遣次数多，施工战线长，施工环境及工况条件复杂，硬土工程量较多，柴油价格大幅上涨，再加上水位原因又使得工程延期开工，严重制约了施工进度。项目部根据施工现场具体情况，在工程后期分别对Ⅰ、Ⅱ标段九成下长河段部分施工断面的施工方案进行了调整，向两疏浚区增调了部分陆上施工机械，保证了工程的施工进度，为工程的竣工创造了有利的条件。

华阳河Ⅰ、Ⅱ标段分别于2001年9月3日、2002年2月4日通过验收，两标段质量等级全为优良。

二十九、江苏淮河入海水道工程Ⅳ标段

淮河入海水道为淮河防洪排涝工程，水电十三局中标的是淮河入海水道Ⅳ标段，总长3489米。工期自2000年1月3日至2000年7月15日。2000年1月，水电十三局兴达股份有限公司进入江苏省淮河入海水道Ⅳ标段施工。

淮河入海水道工程由于其自身所具有的特点，施工排水成了工程施工中的重中之重。鉴于以上情况，兴达公司认真地研究施工方案，确定了明渠排水的策略，施工顺利，进度很快。项目部克服了土质复杂多变，土壤含水量高，天气多变，雨水过多，施工断面沟塘多，施工难度大等重重困难，施工105天，完成土方132万米^3，混凝土800米^3。2000年6月15日，主体工程完工，顺利通过验收，被评为优良工程。

三十、淮河干流汪集至临淮岗段河道疏浚Ⅲ标

该工程位于安徽霍丘，建设单位为安徽省治淮重点工程建设管理局，监理单位为安徽江河水利水电工程监理咨询有限公司，合同额2286.71万元。

工程主要内容：通过扩挖疏浚，使河道排洪通畅，达到防洪标准。工程于2004年10月27日开工，2006年3月竣工，竣工产值1900.84万元。

第二章 吹 填 工 程

第一节 吹 填 工 程 录

吹填工程是将挖泥船或水力挖泥机械挖取的泥沙，用水力经排泥管线输送到填筑场地的作业，常常与疏浚清淤共同进行。从1979年起，水电十三局发挥大型挖泥船的设备优势，按照国家指令，先后在安徽长江无为大堤、同马大堤、湖北荆江大堤、湖南临湘长江大堤等险工地段，承担了多项大型吹填加固工程。不但加固了长江堤防，解除了汛期洪水对流域内人民生命财产的威胁，而且为当地新造了大量土地，经济、社会效益十分显著。此外，还为微山湖区渔民吹填建造了一批庄台，使祖祖辈辈漂在水上的渔民有了固定的家。进入市场经济后，水电十三局传统的疏浚吹填业务有了新的重大发展。先后在珠海、天津、唐山以及国外承建了一批大型吹填造陆工程，获得良好的经济效益，成为水电十三局的核心优势产业。几十年来，水电十三局共完成各类吹填工程项目65个。

已建和在建吹填工程一览表，见表2-2-1。

表2-2-1　已建和在建吹填工程一览表

序号	工 程 项 目	合同金额（万元）	竣工产值（万元）	开工日期	竣工日期	备 注
1	无为大堤加固工程		1528.18	1979-10	1985-04	
2	马口庄台吹填工程		372.82	1979-11	1983-10	
3	荆江大堤加固工程		1328.17	1981-04	1986-04	
4	沙堤庄台吹填工程		24.04	1981-10	1982-11	
5	大观园吹填工程		27.36	1982-09	1983-10	
6	南阳庄台吹填工程		358.31	1983-04	1986-08	
7	羊庄庄台吹填工程		144.62	1982-05	1983-07	
8	淀山湖防浪堤吹填工程		45.69	1982-06	1983-05	
9	仇海庄台吹填		97.17	1983-06	1985-05	
10	白玉池吹填工程		99.39	1983-11	1984-01	
11	盐卡潜管吹填		180.4	1984-01	1984-03	
12	益阳粮库地基吹填		10.74	1984-05	1984-07	
13	大捐庄台土方吹填		83.87	1984-05	1987-05	
14	常德填塘固基吹填		123.6	1984-12	1986-06	
15	无为大堤中路加固工程		320.28	1985-03	1985-04	
16	湖南赤山粮库地基吹填		13.91	1985-04	1985-05	

续表

序号	工　程　项　目	合同金额（万元）	竣工产值（万元）	开工日期	竣工日期	备　　注
17	烟台经济开发区地基填筑工程		356.4	1985-06	1985-11	获得1988年全国水利水电系统“优质工程”奖
18	湖南源江精粉厂地基吹填		22.61	1985-07	1985-08	
19	同马大堤吹填		197.04	1985-07	1985-09	
20	永胜庄台吹填工程		152.72	1985-06	1987-05	
21	微西庄台吹填		161.49	1985-08	1987-11	
22	盐卡潜管一期吹填工程		318.7	1985-12	1986-02	
23	青岛湖岛村吹填造地工程		425.09	1985-12	1986-11	
24	下辛庄庄台吹填工程		47.24	1986-03	1988-05	
25	淮北任圩灰场吹填		107.8	1986-08	1988-07	
26	湖南湘阴毛角口吹填		210.46	1986-09	1987-05	
27	西渡口庄台吹填工程		124.01	1986-11	1989-11	
28	安徽同马大堤顺河段吹填		331.91	1987-08	1989-08	
29	上海石洞口电厂吹填		76	1987-12	1988-05	
30	沙市荆江大堤肖家巷至农药厂段吹填加固		411.37	1987-12	1988-04	
31	广利港电厂地基吹填		340.15	1988-04	1988-12	
32	广利电厂地基吹填工程		340.1	1988-04	1989-01	
33	宁波港陆域回填工程		598.76	1988-05	1989-08	
34	无为大堤惠生堤加固工程		134.9	1988-06	1988-11	
35	临湘长江大堤加固工程		122	1989-10	1990-03	
36	湘阴资水大堤吹填工程		191.99	1990-01	1990-09	
37	珠海连岛大堤西侧吹填造地工程		2301.59	1992-01	1993-03	
38	珠海联检大楼基础吹填造地		76.57	1993-03	1993-04	
39	珠海连岛大堤西侧二次吹填造地工程		221.62	1993-05	1993-05	
40	珠海连岛大堤西、南、北头吹填工程		109.74	1993-06	1993-06	

续表

序号	工程项目	合同金额（万元）	竣工产值（万元）	开工日期	竣工日期	备注
41	平沙温泉吹填造地		815.88	1993-07	1993-10	
42	珠海横琴湾吹填造地		241.05	1993-09	1994-04	
43	芦潮港（二期）吹填		470.32	1993-11	1994-06	
44	阳江油气库区吹填		713.56	1993-12	1994-08	
45	湛江宝满工业城吹填		183	1994-08	1994-12	
46	海南太阳湾吹填造地		269.48	1994-09	1995-05	
47	元荡吹填造地工程		47.55	1996-01	1996-03	
48	常州港码头吹填工程		182.3	1996-06	1996-10	
49	318国道路基吹填		200		1996-02	
50	常州江边化工码头吹填工程		100.3	1999-01	1999-03	
51	监利长江干渠吹填工程		193.2	1999-04	2000-03	
52	湖南湘阴吹填		210	1999-11	2000-07	
53	湖南安乡吹填		441.6	2000-01	2000-06	
54	青岛李村河口以北填海造地工程		792.78	2000-04	2000-10	
55	山东荣成市绿岛湖疏挖结合吹填造地工程	3800	4000	2000-10	2003-04	
56	青岛北海船厂码头吹填工程		134	2001-04	2001-05	
57	东营黄河挖河固堤工程第二标段	1118	1226.64	2001-10	2002-11	
58	永天圩填塘固基工程第三标段	83.71	37.1	2002-06	2002-08	
59	安庆广济江堤填塘工程修正设计工程	75	91.18	2002-10	2003-01	
60	江苏大唐吕四港电厂围堤吹填工程2号标	13 398.02	12 632.46	2003-11	2004-12	
61	天津港疏浚吹填工程	9750	5923.8	2004-03	2006-02	
62	盛泽镇龙桥村取土坑吹填工程	117.00	112.09	2005-01	2005-04	
63	唐山曹妃甸钢铁围海造地（一期）4标	7732.07	7701.03	2005-03	2005-12	
64	深圳大铲湾陆域形成工程	810.64	810.64	2005-06	2006-03	
65	唐山曹妃甸综合服务区围海造地一期工程2标段	12 147.83	11 008.9	2006-04	2006-10	

第二节　吹 填 工 程 选 介

一、南四湖庄台吹填工程

南四湖区有渔民15万人，其中在湖内居住的有7万人，他们大都住在高程35.5～36.5米之间的矮小庄台上，平均每人面积不到10米^2，而且夏受洪水、冬受冰凌的威胁。为了改善渔民的生产、生活和居住条件，1971年，中央批准先安置3万人，主要是外迁。

早在1979年10月，水电十三局即在南四湖马口用挖泥船进行庄台试筑，摸索在湖区进行庄台工程施工经验。1982年春季，水电十三局一分局承担的庄台吹填工程正式动工。先后承接了马口、沙堤子、南羊庄、仇海、大捐、南阳东、永胜、微西、下新庄、西渡口等10个庄台，共完成土方工程量984万米^3。

在南四湖吹填的10个庄台中，马口庄台和南阳东庄台规模最大，工程量都在200万米^{3}以上。10个庄台都符合设计要求，其中永胜、西渡口两庄台被评为全优工程。

二、长江无为大堤加固工程

1979年4月，国内第一条海狸挖泥船在上海组装试生产以后，水电十三局组建了第五工程队。水电部下达五队4601号挖泥船支援安徽无为大堤吹填加固的任务，这是五队组建后的第一个工程，也是水电十三局海狸挖泥船在长江上施工时间最长、工程量最大的一次吹填加固工程。

无为大堤位于长江下游左岸，上起无为县果合兴，下迄和县黄山寺，全长124公里，其中无为县境内12.5公里，它是巢湖流域七县二市的防洪屏障，保护面积427.3万亩，人口500多万，直接关系到流域内合肥和淮南等重要城市的安全以及工业、国防建设和淮南铁路的安全运行。

在长江上，无为大堤是仅次于荆江大堤的第二个险要段。

第五工程队于1979年9月到达安徽省芜湖市裕溪口，10月30日进行了试生产。当4600马力的柴油机一齐发动，浓浓的泥浆从口径700毫米的排泥管中喷出时，人们燃放了鞭炮，祝贺4601号挖泥船一举试车成功。11月1日，正式吹泥投产，当月完成土方40万米^3，平均台时产量达1937米^3。

此后，五队在无为大堤范围内私盐港、裕溪口、泥汊、塘湾、三坎、神塘圩、江坎等地完成单项工程11个。七队4604号挖泥船也曾于1984年接替五队进入无为大堤施工，完成汤沟等单项工程四个。从1979年10月到1989年11月，两队在无为大堤先后施工达10年之久，完成加固工程15项，完成吹填土方1107万米^3，净生产时间9312小时，平均台时产量1028米^3，排距平均为3761米。期间，两个队投入辅助船舶16条，汽车5～6辆，人员170～180人。

在无为大堤吹填施工中，七队4604号挖泥船曾在1984年5月2～31日在汤沟内坡吹填工地，创造了海狸4600型挖泥船吹填细粉沙最大排距5507米，平均排距4700米，29天（533小时）吹填75万米^{3}的全国同类船舶最好成绩。1988年在惠生堤施工中，排距达6700米，创全国同类船舶最大排泥距离的新纪录。也是在无为大堤施工中，五队在全国较早地采用了主干排泥管分设梳齿状分支管吹填新工艺，现已广泛推广使用。五队还于1983年5月创4601号船月产65.58万米^{3}的最高纪录。

采用挖泥船从江中取土固堤，很好地解决了土源问题。过去无为大堤无土可取，只能采取挖塘取土的办法，在大堤外形成八大水塘，造成“两水夹一堤”的状况。经过挖泥船由江中取土，不但加深了长江的水深，而且还填平了大部分水塘，使坝体得到加固。大堤防洪标准从解放前的超1931年洪水（芜湖水位11.87米）1米提高到超1931年还原水位（芜湖水位12.87米）2.5米。据安徽巢湖地区水利局提供的1985年底的资料表明，水电十三局在无为大堤吹填土方1028万米^3，占整个无为大堤1977年以来用于加固工程总填方的64%，填平和部分填平四龙塘等几个大龙塘的吹填土方为558万米^3，在顺堤51公里的长度内消灭了堤内外的沟塘，获得显著的防洪效益。

社会效益显著。水电十三局海狸挖泥船吹填的土方，若用人工就近取土填塘，以平均挖深2米计，就为当地减少8000多亩的土地损失，节约土地赔偿费350万元。根据水电部部颁定额，按200米运距六类土计算，每米^{3}需0.83个工日，在不考虑水下取土和运距差别的情况下，可节约1334万个劳动工日，大大减轻了当地人民，特别是当地农业生产劳动力的负担。挖泥船取土吹填和人工加高培厚大堤土方单价相比，仅此一项，就为国家节约投资1000多万元。无为大堤加固工程完工以后，长江堤防加固吹填任务日渐减少，海狸挖泥船进入长江支流寻找任务。这期间承揽的主要工程有安徽同马大堤顺河段、合成圩、四合圩段吹填加固，江西九江长江大堤吹填加固，湖南湘阴资水毛角口段吹填加固，湖南临湘长江大堤加固，湘江浩河疏浚，南京马汉河水下开挖工程等。

三、荆江大堤加固工程

1981年春，葛洲坝二江上导渠清淤完成以后，水电十三局第七工程队转移到湖北荆江大堤吹填加固施工。

万里长江，险在荆江。荆江大堤位于荆江左岸，上起江陵县东林岗，下迄监利县城南182公里，是江汉平原的防洪屏障，保护着江汉平原的500万人口、1000万亩农田、“五七油田”和京广铁路的安全。

1981年春节刚过，七队转移到湖北沙市，首先承担了荆江大堤木城渊段的吹填加固任务，合同期6个月，土方150万米^3。当年9月20日竣工，比原计划提前25天，累计挖土方166万米^3，节约投资约42万元，完成了木城渊吹填加固的第一期工程。

此后，七队先后在荆江大堤观音寺的木城渊段，郝穴镇的龙二渊段、盐卡段施工，时间达5年之久。

1985年11月，第五工程队从青岛“197”工程转移到沙市，接替七队在盐卡段施工，至1986年9月调湖南止，施工了近1年时间。

1987年冬，七队在青岛湖岛村施工后又转移至荆江大堤肖家港段施工半年多。水电十三局的两条海狸挖泥船在荆江大堤施工8年多时间，前后对大堤进行了多次吹填加固，截止1991年底，共完成土方量2165万米^3。加固后的荆江大堤，经受了长江多次洪峰的考验，安然无恙。

在荆江大堤吹填加固中，水下潜管发挥了巨大作用。水下潜管是为挖泥船在施工中能隔江取土，但又不影响船舶正常通航，而铺设在江底的一条输泥管线。

1979年，水利部为水电十三局从荷兰进口了一套水下潜管设备，配属七队。荆江大堤施工段位于湖北沙市附近，是水路运输的要地，且因大堤多年取土加固，江中近岸已无土可取，湖北省水利厅的两条海狸船因此而无法施工。水电十三局七队在完成木城渊一期工程后，在龙二渊段进行了水下潜管隔江取土的试验。

1981年12月17日，以副局长沈亦凡为首，戴仁光、奚汉祥、姚霭彬等参加的试验小组，进行了第一次顺江试验。12月2日，进行了拦江试验。12月26日，正式挖泥生产。江南岸挖出的泥沙通过拦江的水下潜管，被送到北岸吹填区，完成了水电十三局挖泥船史上一次具有划时代意义的试验。为此，水利部科技局、基建总局的领导前往工地进行了视察，水利部电影队将试验过程拍了彩色纪录片，名为《隔江取土》。潜管试验期间，水利部副部长陈赓仪到七队视察，对潜管的试生产表示关注。

1982年12月～1983年1月，水下潜管创造了20天挖泥40万米^{3}的记录。1983年3月，又创造了14天吹填土方40万米^{3}的记录。

1983年4月28日，1201拖轮牵引着潜管设备和货驳逆水向木城渊工地转移。下午3时，江面突然刮起八级以上大风，拴交通艇和潜管设备的钢丝绳先后崩断，担任护航任务的10余名同志冒着生命危险，冲上甲板，顶着三、四米高的大浪，抛挂钢丝绳，尤其是拖轮船长张天宝临危不惧，艺高胆大，果断地加大马力继续行驶，终于战胜狂风恶浪，保住了国家财产。

水电十三局七队和五队，在荆江大堤前后共施工了8年，经过吹填加固，以增加覆盖层厚度的方法，填平了大堤坎脚以内的渊塘、洼地，堵塞了有关部门用地震法找油和勘察闸址留下的许多钻孔和爆破孔，稳固了荆江大堤。同时，从江心洲隔江取土，不但解决了土源问题，而且拓宽加深了航道，有利于航运，达到了稳固大堤、回填渊塘沼泽、扩大农业耕地、消灭钉螺的目的。

四、烟台经济开发区地基填筑工程

烟台市经济技术开发区位于烟台市芝罘以西，其中有3公里^2，因地势低，根据规划要求需填土培高。1985年初，水电十三局肖杰、沈亦凡、张天存等局领导三次率技术人员赴烟台调查，向开发区提出了可行性报告。烟台市建委、经济开发区合议，一致同意用水电十三局提出的挖泥船取砂吹填的施工方案。水电十三局以土方单价的一分钱之差，获得第一标，于1985年3月29日签订了施工合同。

此时，水电部指令性计划越来越少，生产任务严重不足。对这项工程，水电十三局十分重视，召开了局机关和二级单位领导参加的动员大会。

工程由第七工程队负责施工，一分局抽调50人进行吹填区施工管理和管线架接、退水口修筑等，汽修厂原土方队负责吹填区平整。高峰时达130人，设备分别由安徽、德州、微山三地，采用水上直拖、装驳运输和汽车运输，多头并进，两个月调遣完毕。

吹填工程从1985年6月4日开工，至11月27日竣工，共填筑100万米^3，平整土地66万米^2，是甲方投入使用最快的造地工程，经验收，工程质量优良，获得1988年全国水利水电系统“优质工程”奖。

五、青岛湖岛村吹填造地工程

湖岛村吹填造地工程是青岛市后海（胶州湾东岸滩）规划开发项目的一部分，工程建设单位为青岛市市政建设重点工程指挥部后海岸滩开发分部，总规划为沿胶州湾东海岸吹填造地约 6.5 公里^2。水电十三局承担湖岛村段，造地面积为 0.27 公里^2。

湖岛村吹填造地工程由水电十三局总承包，在海军二工区的协作配合下施工。水电十三局负责挖泥船吹填的全部工作，海军二工区负责岸管架设、子堰修筑与施工临建工作。在油料问题上，海军部队给予了有力的支援。该项工程由第七工程队承担施工任务，是胶州湾内采用大型绞吸式挖泥船施工的首次尝试。工程采用抛石棱体做围堰、内铺细石及坡积土反滤止水，外砌 0.7 米×0.3 米×0.3 米条石护岸。围堰内由海狸 4600 大型绞吸式挖泥船在胶州湾内取土（离围堰 200 米），分三层吹填造地。造地设计高程为 6.09 米，实际吹填高程为 6.48 米。总工程量 184 万米^3，结算工程量 165 万米^3。

工程自 1985 年 12 月 14 日试生产到 1986 年 11 月 27 日竣工，历时近 1 年，实际作业 190 天。

六、珠海高栏港连岛大堤西侧吹填固堤工程

1992 年，水电十三局珠海公司在完成珠海西区太平湾吹填造地工程后，转移到高栏港连岛大堤吹填固堤工程。该工程吹填方量 639.30 万米^3，面积 2 公里^2，产值 2301.59 万元，工程的作用是加固连岛大堤。9 月，珠海公司调遣第五疏浚公司海狸 4601 号挖泥船赴施工现场。他们利用潮水的时间，连夜抢运水上管线，转移挖泥船。1992 年 10 月 13 日正式投入生产。

该项工程技术要求严格，稍有偏差甲方就要求返工，为确保开挖吹填固堤质量，提高经济效益，技术人员每天盯在船上，发现问题及时处理。轮机工加强机舱巡视，由于船上的部分管线长期受海水腐蚀，造成多处渗漏，他们采用应急办法，使用夹板把漏水的部位堵住，以减少停产次数。

高栏港连岛大堤工地受潮汐影响很大，冲击着大船和浮筒管线。刚开始施工时，水上管线受内外压力的影响，经常拔脱，赶上风浪大时，一天竟脱开两三次之多。第五疏浚公司针对存在的各种困难，制定出了相应的防范措施，使生产进度月产量由 5 万多米^3 跃升到 34 万米^3。1993 年 3 月，高栏港连岛大堤西侧吹填固堤工程全部完成。

七、山东荣成市绿岛湖疏挖结合吹填造地工程

荣成市绿岛湖疏挖结合吹填造地工程，位于山东省荣成市新城区东南部，濒临黄海桑沟湾。施工开挖区为原荣成市城市污水和山区河流的汇集地，该工程既对绿岛湖进行整治，又利用疏挖的土方在绿岛湖周边规划区域内吹填造地。

2000 年 10 月 19 日，水电十三局兴达公司与荣成市签订了绿岛湖疏挖结合吹填造地施工合同，总工期 30 个月。施工区域总面积约 8000 亩，其中绿岛湖疏挖区约 2000 亩，吹填造地约 6000 亩，设计工程量 600 万米^3。兴达公司投入的主要生产设备有 2 艘海狸 600 型绞吸式挖泥船，14 台 6 寸泥浆泵机组，20 台 4 寸泥浆泵机组。

合同签订时业主提供土质为Ⅱ类淤泥，因前期施工短，对开挖区未进行详细的地质勘察。随着工程的不断发展，发现此区域地质情况比较复杂，土质为Ⅳ、Ⅴ类中粗砂，含石

头、瓦砾、砖块较多，对绞刀、泥泵过流部件磨损相当严重，绞刀牙齿一个月更换一次，泥泵20天拆检一次并更换相关的泥泵叶轮、防磨板、衬板、防磨管等。频繁的停机停产检修，严重制约着施工进度。面对难题，兴达公司组织精干力量，成立了以公司经理张光泽为组长的技术攻关小组。通过技术改造，收到了较好的效果，泥浆泵延长到两个月检修一次，更换防磨板、防磨管；绞刀头牙齿延长到两个半月焊接一次。据统计，单船月节约人工费、材料配件费达万余元，降低了消耗，提高了生产效率。

2001年5月4日上午，全国政协副主席、中国工程院院长宋健视察了绿岛湖施工现场。当知道由水电十三局负责施工时，宋健同志听后说："知道。北京'六海'疏浚工程也是他们干的，干得很好，这个工程希望也要干好"。

八、东营黄河挖河固堤工程

该项工程位于山东省东营市黄河右岸垦利县，水电十三局承接了东营黄河挖河固堤第二标段工程，2001年9月3日正式签订合同，合同额1118万元。第二标段主要工程量为挖河长3.74公里，挖宽150米，吹填固堤2.22公里，平均固堤淤宽100米，挖河固堤主体工程量99.94万米^3。工程由一分局组织施工。

该项工程是国家治理黄河下游河道的一个试验项目，目的在于检验采用挖泥船清淤固堤的使用效果，也是水电十三局疏浚队伍进入黄河治理市场的第一项工程。项目部面临着地方干扰严重，地形复杂，资金短缺等困难。

工程于2001年10月1日开工。项目部积极抓好现场的管理工作，主动与业主、监理单位建立良好的信誉关系，信守合同。施工中采用了组合泥浆泵与挖泥船联合进行生产的方式，这是水电十三局采用绞吸式挖泥船在黄河入海口进行挖河固堤工程施工的一次尝试。

挖河主体工程于2002年4月24日完工，全部挖河单元工程一次验收合格。

九、江苏大唐吕四港电厂围堤吹填工程

大唐吕四港电厂是江苏省电力规划中的大型骨干电厂，电厂围堤吹填工程位于长江口以北约60公里。2003年底，水电十三局承接了江苏大唐吕四港电厂围堤吹填工程2号标，合同额1.34亿元，合同工期自2003年11月28日至2004年11月30日。

水电十三局承接的2号标工程主要内容：围堤吹填及抛石护底、砌石护坡、栅栏板安装和水泥搅拌桩防渗墙。其中土方吹填工程量165.09万米^3，石方工程量39.49万米^3，混凝土工程量15.75万米^3。该工程自然条件差，岸线前沿海域开阔，风浪大，作业时间跨度长，跨越台风、寒潮季节，形成作业时间少、施工强度大、投入施工机具数量多、施工工序多的施工特点。为此，施工期间项目部规范了生产、生活、交通、抢险救灾等各环节，针对防台风、防火、防爆、防汛等采取严格的安全防护措施，取得了累计安全生产400天的成绩。在工程施工中，项目部在成本分析、经济核算、合同管理等方面均实施网络化、电算化管理。

工程于2003年11月28日开工，2004年12月31日竣工。

十、天津港疏浚吹填工程

2004年1月27日，水电十三局承接了天津港疏浚吹填工程。该工程施工地点为天津新港，合同额9750万元，合同工期自2004年3月10日至2005年12月31日。

天津港的开发建设是天津市的重点工程，港南以临港工业区为重点，港北以港岛吹填、码头建设和港池疏浚为重点，港岛总造地面积约33公里^2，需吹填土方量约2.6亿米^3。水电十三局承接的疏浚吹填工程是港岛造地和北港池疏浚工程的一部分。2004年3月9日，水电十三局组建了天津疏浚工程项目部，具体实施该工程，投入海狸4600型挖泥船1条，海狸3800型挖泥船2条，拖轮1条，锚艇3条，参与施工及管理人员97人。该工程于2006年2月21日竣工。

十一、唐山曹妃甸综合服务区围海造地一期工程2标段

唐山曹妃甸综合服务区围海造地一期工程位于河北省唐山市唐海县的浅海中，是为首都钢铁公司迁址做准备。合同额1.22亿元，合同工期自2006年3月25日至2006年9月30日。工程吹填造地总面积1.6公里^2，围堤全长6679米，吹填量650万米^3，总工期278天，要求2006年12月底完工。

水电十三局承担的2标段于2006年4月9日开工。施工中项目部克服了土质变化、施工区域水流影响、业主对施工工期的大幅度调整等诸多困难，历时6个月，于2006年10月8日提前顺利完工，共完成吹填工程量约640万米^3，完成围堤填筑施工6485米，累计完成竣工产值1.6亿元。水电十三局的良好表现，得到业主单位的高度肯定，为此业主方又给水电十三局追加了8300万元的延续工程。该工程在取得良好社会效益的同时，也创造了良好的经济效益。

十二、唐山曹妃甸钢铁围海造地一期4标段

由水电十三局承建的唐山曹妃甸钢铁围海造地一期4标段工程，位于河北省唐山市滦南县林雀堡，建设单位为唐山曹妃甸钢铁围海造地有限责任公司，监理单位为唐山海港港兴工程监理有限公司，合同额7732.07万元。工程于2005年3月5日开工，3月12日投入一条海狸3800船施工，成为围海造地工程四个标段中第一家开始挖泥船吹填的施工单位，后又投入海狸4601船施工，于12月28日提前合同工期近半年全面完工。在近10个月的施工中，陆续实现了挖泥船第一个按期进场、围堤填筑第一个施工、挖泥船第一个吹砂生产、5号龙口第一个按期合拢、A1区西侧堤第一个完工、第一个完成合同施工任务的“六个第一”目标。共完成陆域土方吹填434万米^3，围堤填筑865米，竣工产值7701.03万元。

第三篇　水利水电、火电工程

第三篇　水利水电、火电工程

水电十三局具有水利水电工程施工总承包一级资质。从1962年建局以来的几十年中，水电十三局水利水电工程的发展主要经历了计划经济和市场经济两个阶段。

计划经济时期。水电十三局主要根据国家水电部等部委的指令性计划，执行和完成各水、火电站建设高峰期的“削峰”任务。先后在甘肃白龙江、吉林白山、红石、太平哨、湖北长江葛洲坝、青海龙羊峡、云南鲁布革、陕西安康、广西大化、岩滩、湖北隔河岩、福建沙溪口、贵州天生桥、四川渔子溪、湖南凤滩、福建池潭等水电站，圆满地完成了各项紧急突击任务。

20世纪80年代，进入市场经济后，随着改革开放和市场经济的不断深化，水电十三局走向市场，参与竞争，不断提高市场竞争能力，扩大市场占有份额，使水利水电工程施工成为水电十三局主业之一。44年来，水电十三局先后承接了水利水电工程100余项，也培养了大批的水利水电施工的专业技术人才。

第一章　水利水电工程

第一节　水利水电工程录

1970年，为承担大中型水电站的施工“削峰”任务，水电十三局成立了陆上土石方工程施工队伍，足迹遍布全国20多个省市的水电站、火电厂以及露天煤矿建设等工地，曾参加了长江葛洲坝工程建设，为大江截流立下过汗马功劳。承接的较大工程项目还有岳城水库大坝加高加固工程、内蒙古黄河河套灌区总排干扩建工程、济南玉清湖水库围坝工程、新疆引额济克干渠工程、安徽省东淝闸加固扩建工程、新疆引额济乌沙漠渠道工程、安徽临淮岗深孔闸工程、南四湖韩庄节制闸加固改建工程、重庆涪陵城区移民迁建防护工程等。参建的安徽省临淮岗洪水控制工程被评为2007年度中国建筑工程质量最高奖“鲁班奖。”

已建和在建水利水电工程一览表，见表3－1－1。

表3－1－1　　　　已建和在建水利水电工程一览表

序号	工　程　项　目	合同金额（万元）	竣工产值（万元）	开工日期	竣工日期	备　注
1	金堤河张庄入黄闸工程		1127.57	1963－03	1965－05	
2	马颊河孟家闸工程	158	197.7	1968－10	1969－10	
3	马颊河大道王闸工程		261.8	1968－10	1969－05	

续表

序号	工程项目	合同金额（万元）	竣工产值（万元）	开工日期	竣工日期	备注
4	太河水库		29.85	1969-03	1969-07	
5	漳卫新河四女寺枢纽扩建工程	1275	1020	1971-10	1973-09	
6	密云水库主坝抗震加固工程			1976-11	1977-07	
7	山东胜利油田广北水库隔坝工程			1985-04	1986-12	
8	山东省引黄济青弥河倒虹工程	255	243	1987-02	1988-06	被山东省引黄济青指挥部评为优质工程
9	岳城水库大坝加高加固工程	6398.7	6853.7	1987-11	1991-12	
10	山东潍坊寒亭防潮坝工程	718.55	785.47	1989-06	1990-06	
11	岳城水库泄洪洞接长工程	280	323	1990-02	1990-11	
12	怀洪新河任楼切嘴土方工程		106.26	1992-02	1992-06	
13	怀洪新河沙湾切嘴土方工程		181.02	1993-01	1993-10	
14	内蒙古黄河河套灌区总排干扩建工程	5997	5832	1990-10	1994-09	
15	岳城水库主坝、坝顶防浪墙、坝顶公路工程	401	442	1990-12	1991-10	
16	内蒙古红圪卜扬水站改建工程	298	320	1992-03	1992-11	
17	引黄入冀临清立交穿卫枢纽工程	1300	1699	1993-10	1994-10	
18	严务水库一期工程	730.9	793.2	1994-03	1994-10	
19	莲花水电站溢洪道弧形闸门制作	1093.42	1093.42	1994-10	1996-05	
20	严务水库二期围坝护砌工程	380	380	1995-03	1995-11	
21	韩庄运河航道及防洪工程（台儿庄—大王庙）	368.53	327.8	1995-03	1996-04	
22	乐陵市马颊沟改造工程	419	419	1995-10	1996-05	
23	沟盘河水库扩建Ⅰ、Ⅱ期工程	320	320	1995-10	1996-07	
24	山东洙赵新河刘官屯节制闸工程	296	320	1996-01	1996-10	

续表

序号	工　程　项　目	合同金额（万元）	竣工产值（万元）	开工日期	竣工日期	备　注
25	浙江瑞安飞云江北岩标准海堤一期工程	882.69	882.69	1996-07	1997-12	
26	黄河小浪底水利枢纽工程孔板洞检修闸门	167.45	167.45	1996-08	1998-05	
27	漳河整治三家村丁坝及护岸工程	212	250.78	1996-10	1997-07	
28	漳河整治陈村钢筋混凝土网格坝工程	226	227	1997-04	1997-07	
29	泰兴引江河工程 11 标	386.8	352.9	1997-12	1998-08	
30	新疆引额济克干渠道工程		1840	1998-03	1999-12	
31	新疆引额济克风干渠高边坡喷护工程	234.23	234.23	2002-04	2002-07	
32	新疆引额济克风克干渠高边坡网格梁防护工程	168.00	168.00	2002-04	2002-09	
33	南四湖伊家河闸加固工程	105.17	128	1998-04	1998-07	
34	小清河支脉沟段工程		245.5	1998-04	1998-08	
35	中运河干河疏浚工程		134.1	1998-04	1998-05	
36	黑龙江五大连池市山口水利枢纽工程	135	135	1998-04	1999-02	
37	济南鹊山调蓄水库沉沙条渠工程	1777.45	4200	1998-11	2000-04	
38	济南鹊山调蓄水库 1、2、3 号泵站土建工程	1138.57	1689.58	1999-03	2000-04	
39	济南市引黄供水玉清湖水库围坝工程	9421	10 450	1999-04	2000-05	
40	濮阳黄河大堤加高、加培工程 1 合同段	559	559	1999-05	1999-12	
41	南四湖二级坝第三节制闸加固改造工程	1778	1980	1999-06	2000-09	
42	漳河整治工程堤顶道路硬化	293	352	1999-09	1999-11	
43	安庆市同马大堤护坡工程	1008	986	2000-01	2000-06	

续表

序号	工 程 项 目	合同金额（万元）	竣工产值（万元）	开工日期	竣工日期	备 注
44	济南市引黄供水玉清湖水库出库泵站工程	1458	1800	2000-02	2000-10	
45	玉清湖水库排渗泵站工程	173.95		2001-07		
46	玉清湖水库防护网工程	145				
47	安庆市同马大堤皖河农场段堤顶防汛公路工程	700.3	781.7	2000-02	2001-06	
48	宁夏扶贫扬黄二干渠工程	1983.86	2634.85	2000-03	2001-05	
49	安徽枞阳江堤永丰圩堤身加培工程	748.81	750	2000-04	2000-07	
50	安庆广济江堤填塘固基工程Ⅰ标段	331.92	327.95	2000-04	2001-11	
51	同马大堤宿松段堤顶防汛公路工程A标段	675	675	2000-05	2000-11	
52	安庆广济江堤堤身加固工程Ⅱ标段	318	369.29	2000-05	2001-04	
53	漳卫新河孟庄子涵闸拆除重建工程	85.6	140.04	2001-03	2001-07	
54	安徽枞阳江堤永丰圩Ⅱ标段混凝土护坡、锥探灌浆工程	760	724.22	2001-03	2001-06	
55	大庆南引水库水毁重建工程	387.95	275	2001-05	2001-10	
56	山东黄河鄄城营房险工改建工程	416	416	2001-05	2001-11	
57	新疆格达良乡干渠工程（1、3合同段）	473	540.88	2001-09	2003-03	
58	安徽枞阳江堤永久圩段护坡工程	638.39	678.97	2001-10	2002-05	
59	安邱汶河闸门埋件8扇套	85.48		2001-12	2002-07	
60	安徽临淮岗浅孔闸闸门埋件25套	670.72	670.72	2001-12	2002-09	
61	重庆涪陵区移民迁建防护工程（三期）乌江段Ⅱ标	4700.5	5103.84	2001-12	2003-11	获2008年度中国水利水电建设集团公司优质工程奖

续表

序号	工　程　项　目	合同金额（万元）	竣工产值（万元）	开工日期	竣工日期	备　　注
62	同马大堤镇江庵下段护坡工程第三标段	319.89	341.61	2002-01	2002-05	
63	安徽临淮岗洪水控制工程深孔闸土建、电气设备安装工程	3879.4	4378.02	2002-02	2003-11	获2005年度安徽省水利水电优质工程奖，获2005年度安徽省建设工程“黄山杯”奖（省优质工程），获2007年度中国水利水电建设集团公司优质工程奖，获2007年度中国建筑工程“鲁班奖”（国家优质工程）
64	长江重要堤防隐蔽工程芜裕河段崩岸整治第二标段工程	1419.49	1704.29	2002-03	2003-04	
65	安徽安庆东土堤护岸工程	485.78	511.41	2002-03	2002-12	
66	安徽池州江堤老河口护岸工程	593.7	575	2002-03	2002-12	
67	武汉蔡甸汉阳隔堤工程	433.42		2002-03	2002-11	
68	新疆引额济乌沙漠渠道工程及衬砌工程	4636.09	4770.55	2002-03	2003-12	
68	长春市东排沟治理工程第九标段	154.88		2002-04	2002-07	
70	新疆阿图什市依达良草料基地自压喷灌引水工程	305.32	300	2002-04		
71	北京市永定河滞洪水库土方工程第22标	1392.34	1504.98	2002-04	2003-10	
72	山东省微山县南四湖韩庄节制闸加固改造工程	3827.89	2220.86	2002-05	2004-11	
73	新疆阿克苏东岸大渠防渗改建工程第四包段	505	540	2002-05	2003-10	

续表

序号	工程项目	合同金额（万元）	竣工产值（万元）	开工日期	竣工日期	备注
74	赣东大堤加固配套工程南1标	1212.36		2001-02	2002	
75	深圳河三期	3116.69	2600	2002-07	2006-08	
76	广东省磨刀门主干道（一期）整治工程	800	800	2002-08	2003-01	
77	贵州绿茵湖防渗墙工程	277.57	312.49	2002-09	2003-09	
78	安徽枞阳县白荡湖闸站工程	1240.71	1098	2002-09	2004-07	
79	澜沧县多依林水库大坝及溢洪道除险加固工程	824.9	969.65	2002-11	2003-12	
80	重庆涪陵区乌江西岸崩土坎段库岸滑坡治理工程	1371.96	1342.35	2003-01	2004-05	
81	临淮岗洪水控制工程上引河开挖工程	957.00	1159.54	2003-02	2005-06	
82	重庆涪陵滨江路一期路堤Ⅱ标段工程	3130.55	3153.18	2003-02	2003-10	
83	新疆格达良乡干渠2标段工程	82	103	2003-02	2003-04	
84	洪湖监利长江干堤整险加固工程46标段	1281.6		2003-03	2004-06	
85	西藏日喀则地区南木林县艾玛岗干渠工程	1230.59	865.07	2003-04	2004-10	
86	西藏拉萨河城区中段防洪加固工程	1090.05	1237.18	2003-04	2003-10	
87	西藏林芝地区工布江达县松多水电站	366.27	366	2003-07	2004-11	
88	西藏日喀则地区定日县长所水电站	1334.8	1260	2003-07	2004-11	
89	尼尔基水利枢纽金属结构安装工程第一标段	449.72	449.72	2003-08	2005-09	
90	华能白杨河电厂灰厂截渗墙	290	290	2003-08	2003-12	
91	南水北调济南至东平干渠6标段	490.99	1187.91	2003-08	2006	

续表

序号	工　程　项　目	合同金额（万元）	竣工产值（万元）	开工日期	竣工日期	备　　注
92	温州戍浦江河口大闸枢纽工程	5741.3	6016.46	2003－09	2007－08	获2008年度中国水电优质工程奖
93	南水北调济南至东平干渠17标段	1106.32	1132.3	2003－10	2004－12	
94	浙江衢州塔底水利枢纽土建工程	5558.76	5562.99	2003－11	2007－04	
95	重庆涪陵区乌江西岸库岸治理工程	964.87	691.21	2003－12	2004－05	
96	江西广丰岭底水电站土建工程	1334.65	1345.84	2003－12	2005－11	
97	浙江小溪滩水利枢纽一期围堰防渗墙工程	247.72	255.27	2004－02	2004－05	
98	西藏昌都地区八宿县俄拉水电站	499.37		2004－03	2005－09	
99	西藏拉萨河城区中段防洪工程公布堂—拉萨河大桥段工程	658.97	712.4	2004－03	2004－06	
100	洪汝河下游河道治理工程大洪河中段阜南县境内工程	476	476	2004－04	2005－04	
101	内蒙古扎鲁特旗小河西水库除险加固工程	1681.59	1792.81	2004－04	2006－10	
102	南水北调济南至东平干渠26标段	657.38	523.22	2004－05	2005－07	
103	重庆涪陵滨江路工程长江一段Ⅱ标段工程	1488.7	1122.22	2004－06	2005－11	
104	云南枧槽河综合整治截污工程P2标段	1457.5	1459.75	2004－08	2005－06	
105	云南昆明市入滇河道明通河下段（大清河）截污综合整治工程A7合同段	979.7	1232.77	2004－08	2005－06	

续表

序号	工程项目	合同金额（万元）	竣工产值（万元）	开工日期	竣工日期	备注
106	安徽省东淝闸加固扩建工程	2273.13	2352.75	2004－09	2006－03	获 2008 年度安徽省建设工程“黄山杯”奖（省优质工程），获 2008 年度中国水电优质工程奖
107	湖北宜昌市城区防洪护岸工程八一钢厂段护岸工程	583.17	526.33	2004－10	2005－07	
108	湖南润海水电站引水系统土建工程引水隧洞工程	1604.04	1975.12	2004－10	2006－08	
109	安徽临淮岗姜塘湖蓄（行）洪区退水闸工程闸门	532.88	532.88	2004－12	2005－05	
110	安徽省淮北市城市防洪闸河治理工程Ⅲ标	258.13	257.55	2004－12	2005－07	
111	云南水富县向家坝水电站围堰基础处理工程	50	50	2005－01	2005－05	
112	江西省兴国县长冈水库除险加固工程大坝Ⅰ标段	499.75	642.86	2005－01	2005－10	
113	西霞院小浪底平面闸门	461.55	1029.77	2005－03	2006－10	
114	西霞院小浪底拦污栅	568.22			2006－02	
115	广西桥巩水电站项目	13 082.69		2005.04	2008－08	
116	内蒙古赤峰市巴林右旗草原水库除险加固工程	1500	1286.98	2005－04	2006－07	
117	西藏拉萨市东郊献多水厂防洪堤工程	475.46	451.68	2005－06	2006－05	
118	西藏拉萨市献多东郊水厂防洪堤工程Ⅰ标段	471.69		2005－06		
119	四川仁宗海水库大坝基础防渗墙工程		184.43	2005－08	2006－05	
120	安徽省阜阳市洪汝河下游河道近期治理部分建筑物工程GZW－06标段	451.45	451.45	2006－04	2007－06	

续表

序号	工程项目	合同金额（万元）	竣工产值（万元）	开工日期	竣工日期	备注
121	四川乐山沙湾水电站防渗墙工程		77.75	2006－05	2006－10	
122	夏津水库围坝工程	287.8			2006－10	
123	长春市伊通河中段城市防洪第三标段工程	453			2006－10	
124	清水河格里桥水电站倒流洞闸门制造工程	108.14	105.18	2006－08	2006－10	

第二节 水利工程选介

一、金堤河张庄入黄闸工程

张庄入黄闸位于今河南省台前县（原山东寿张）吴坝乡张庄村以北。由黄河水利委员会设计，马颊河疏浚工程局会同山东省水利厅安装二队组成金堤河张庄入黄闸工程处，负责工程施工，并具体承担混凝土、砌石、闸门安装等主体工程施工。东阿县负责砂石骨料开挖运输，寿张县负责闸基土方开挖和回填。

1963年初，马颊河疏浚工程局派出副局长翟益涛、处长沈国泰率领闽江工程局北调职工，从福建南平直奔金堤河工地。3月1日，开挖基础土方，5月4日，开始浇第一方混凝土，1965年5月竣工。工程概算1097万元，实际造价996万元，节约101万元，降低成本率11%。主要工程量：土方47万米^3，石方2万米^3，钢筋混凝土2.4万米^3，安装闸门和启闭机6套，68千瓦发电厂一座。

兴建张庄闸的目的是，当金堤河流域发生暴雨时，利用黄河低水时启闸排捞；遇黄河高水位时，则闭闸挡黄，防止黄河水倒灌淤积。设计排涝流量270米^3/秒，校核流量360米^3/秒，泄洪或倒灌分洪各为1000米^3/秒，是一座开敞式钢筋混凝土中型水闸，共6孔，每孔净宽10米，孔口高4.7米，公路桥和机架桥配套。

该工程建成后，曾针对修建过程中存在的某些问题进行了补强处理，该项工程于1965年3月完成，经压水试验检查，工程符合设计要求。1965年6月5日，张庄入黄闸工程处代表向黄委会张庄闸管理所具体办理正式移交手续。

二、孟家闸、大道王水闸工程

孟家闸位于乐陵县内孔镇附近孟家村南的马颊河上，共有7孔，每孔净宽10米，闸室两边墩内缘宽77.8米。生产桥全长120米，宽5米，机架桥宽4.5米。建设孟家闸和大道王闸是为马颊河干流拦蓄、调节地下水位和汛末尾水，以利抗旱灌溉而兴建的。

孟家闸采用井柱基础，分离式底板，钢筋混凝土“门”型梁式桥。闸室上游设钢筋混凝土铺盖及干砌石海漫，下游设钢筋混凝土护坦、消力坎和浆砌块石海漫。平板钢闸门7扇，启闭机7台。

承建孟家闸的104工程连，主要是局计划、技术、供应等处室的干部和少数工人骨干。人数由最初的50余人，陆续增加到135人左右，按军事化编制，不设脱产干部。乐陵县组织民工、民技工800余人，协同配合施工。

1968年10月29日开工，11月7日浇注第一根井柱，用36天，于12月13日完成全部128根井柱施工任务。每根井柱孔径0.7米，孔深18～20米，累计钻孔2560米，浇注水下混凝土790米^3。同年12月底完成33块桥面板预制，翌年3月5日完成基坑土方开挖，7月完成全部土建工程，8月完成闸门安装。整个工程历时10个月，质量优良。施工进度居当时在鲁北三区正在施工的8个水闸的首位，被德州地区桥涵指挥部评为“四好”连队。

完成主要工程量：土方开挖5005米^3，混凝土6739米^3，砌石3422米^3，抛石890米^3，总造价182万元。

与孟家闸同时施工的大道王闸，位于山东省庆云县大道王村附近的马颊新河上，由第三工程队承建，结构形式与孟家闸相同，桥长120米，9孔，每孔净宽10米，完成土方开挖14万米^3，砌石6965米^3，混凝土9459米^3，总造价261.8万元。

孟家闸、大道王闸是马颊河上两座主要蓄水闸，共蓄水3400万米^3，对灌溉两岸农田和解决人、畜饮水起了很大作用。闸的质量很好，40多年来运行正常。

三、漳卫新河四女寺枢纽扩建工程

四女寺枢纽位于德州市西南郊漳卫新河（原四女寺减河）及南运河的口门处。1958年，建成了12孔南进洪闸、3孔节制闸、船闸和兄弟灌渠。

1971年7月，水电部召开的三省两市关于海河骨干工程治理会议上正式确定，四女寺枢纽扩建工程的设计、施工和管理都由水电十三局负责。四女寺枢纽的扩建标准为防洪按50年一遇设计，百年一遇校核。扩建内容包括：新建一座北进洪闸和兄弟灌渠，改建南进洪闸、节制闸和船闸等5个项目，使四女寺枢纽设计分洪流量由原1250米^3/秒，增加到3800米^3/秒，超标准行洪流量可达5000米^3/秒。主体工程是在南进洪闸与节制闸之间新建一座北进洪闸，为岔河上口的控制建筑物。北进洪闸设计分洪流量为2000米^3/秒，校核流量为2800米^3/秒；12孔，每孔净宽10米，两边联为两孔大底板，中联为8孔反拱底板；上游铺盖长35米，下游设净水池、海漫、防冲槽等消能设施，全长80米；两岸砌石护坡长156米；闸室上游布置工作桥和机架桥，下游设宽7米的公路桥；钢结构弧形闸门，门高9.7米，每扇门自重18吨，用2×25吨卷扬式启闭机启闭。

1971年10月25日，北进洪闸基坑破土动工，翌年4月26日开始浇注闸墩混凝土，1973年9月按计划全面完工。施工中，水电十三局集中了全局各单位中有关土建专业的施工人员500多人，并向水电十四局等兄弟单位借调近200名职工（主要是木工和钢筋工），在武城有关公社民兵团1500人（高峰时达6000人）的配合下，共完成土方开挖163万米^3，土方回填31万米^3，浆干砌块石4万米^3，钢筋混凝土2.8万米^3，钢筋945吨，金属结构617吨，塑料止水千米。枢纽扩建工程总决算1020万元，比国家批准的总投资1275万元，节约255万元，降低成本20%。北进洪闸的单位流量造价2960元。

北进洪闸12扇弧形闸门由机械修制厂制造。扩建后的四女寺枢纽，泄洪量提高一倍，基本解除了天津市和津浦路的威胁，可灌溉农田75万亩。

四、密云水库主坝抗震加固工程

密云水库位于燕山峡谷的北京市密云县，1976年7月，唐山地震波及密云水库白河主坝，引起上游块石滑坡，并影响到黏土斜墙。党中央、国务院指示“一定要把密云水库抢修好”。水电部根据国务院批准的加固方案，组织了水电二、四、六、七、十三局和石泉分局等六个单位的机械化施工队伍参加会战。1976年11月，水电十三局组成施工队，投入T20自卸车、D80推土机等设备57台，由局党委副书记郭林任指挥，参加了白河主坝加固。1977年6月15日，填筑达到130米高程，确保了水库防洪度汛。7月15日，指挥部召开祝捷大会，水电十三局施工队获得了优胜红旗，《北京日报》和北京电视台专门采访、播放和刊登了施工队的事迹，为工程局赢得了荣誉。

五、山东胜利油田广北水库隔坝工程

胜利油田广北水库隔坝工程是工程局承担的大型填筑工程，该工程由胜利油田油建指挥部组织施工，胜利油田将一部分施工包给水电十三局四分局。水库直径8.8公里，库区面积60.8公里^2，库区建一隔坝分为工业用库和农业用库。总长度7.81公里，坝顶高程10.2米，坝顶宽10米。内外坝坡均为1∶3，在5.7米高程处，坝体两边设有宽3米的马道，坝体总填筑土方量为209.18万米^3。

1985年4月，施工队伍进场，中旬主体工程开工。在施工工艺上，以铲运机进行坝基清除和铲土上坝，用D80推土机碾压、以机械为主、人工配合为辅进行修坡。1986年12月1日，工程全部竣工，净施工期为13个月。

六、河北岳城水库大坝加高加固工程

岳城水库位于河北省磁县岳城镇，大坝全长5750米，跨河北、河南两省，是我国最大的一座平原土坝，控制流域面积18 100公里^2，主要任务为防洪、灌溉、城市供水并结合发电，是国家一级水库。水库按300年一遇防洪标准设计，1970年底建成。1986年，水电部决定对岳城水库进行加高加固，防洪标准提高到千年一遇。

1987年8月，水电十三局与河北省水利厅工程局联合以6398.7万元中标，水电十三局为主承包单位，这是工程局承担的第一个部内大型综合项目。岳城水库中标后，工程局组建了岳城水库联合施工指挥部，投入自卸汽车、挖掘机、装载机、推土机、振动碾、洒水车、平地机、拖拉机等设备118部，高峰期施工人员600人。1987年11月15日工程开工。

岳城水库坝顶高程157米，坝顶宽8米；主坝全长3570米，最大坝高53米；副坝4个，全长2380米，最大坝高30米。主要工程量为土石方开挖8.08万米^3，砂砾料填筑271.86万米^3，堆石填筑1.54万米^3，壤土填筑17.64万米^3，反滤料铺筑5.45万米^3，混凝土浇筑13.32万米^3，拆除下游筑卵石护坡9.59万米^3，上、下游护坡块、卵石砌筑15.89万米^3，粘土斜墙填筑15.9万米^3。大坝加高部分由水电十三局四分局负责施工，混凝土浇筑部分由水电十三局三分局负责施工。

岳城水库加高加固工程从 1987 年 11 月开工，到 1991 年底全面竣工，工程质量被评为“部全优”。施工中，最高日上坝方量达 10 800 米^3。岳城水库工程为工程局积累了土坝修筑的经验，标志着工程局在承担国家大型水利水电工程主体施工方面迈出了新的一步，取得了参加类似工程的投标和施工资格。

七、山东省引黄济青弥河倒虹工程

弥河枢纽位于山东省寿光县城东北约 30 公里中营村附近，引黄济青弥河倒虹工程是引黄济青横穿弥河河床的一项较大的输水工程，由穿弥河主槽倒虹、穿弥河西堤涵洞带闸、弥河左岸滩地明渠和分水闸 4 个部分组成。

水电十三局三分局承建前三项，主要工程量为土方 20 434 米^3，钢筋混凝土 6658 米^3，石方 1828 米^3，金属结构 23 吨。

主槽倒虹全长 396 米，双孔钢筋混凝土现浇箱形结构，每孔净宽 3.25 米，净高 3.2 米，壁厚 0.4 米，底下设 0.1 米混凝土垫层，23 节。上下游闸室 13 米，连接段砌石长 69 米，西堤涵洞带闸为 3 孔钢筋混凝土现浇箱型结构，全长 19.3 米，每孔净宽 4 米，净高 4 米，壁厚 0.5 米。滩地明渠全长 630.68 米，采用混凝土预制板，下铺设塑料薄膜的全封闭衬砌。

工程于 1987 年 2 月 12 日开工，1988 年 6 月 30 日竣工，竣工产值 243 万元，被山东省引黄济青指挥部评为优质工程。1989 年 3 月，山东省引黄济青工程指挥部向三分局颁发了弥河倒虹施工优质奖状。指挥郝一珩、队长李瑞昌、技术员郦敏获得引黄济青单项工程施工优质奖的主要科技人员奖励证书。

八、山东潍坊寒亭防潮坝工程

山东省潍坊市寒亭区防潮坝工程，是山东省利用世界银行贷款进行的农业开发项目，位于央子港东南约 3 公里处的海滩上，北临莱州湾。由潍坊市水利勘测设计室设计，建设单位是寒亭水产养殖总公司。防潮坝分东坝、西坝和北坝三部分，整个防潮坝呈“U”字型，分别由三个单位中标承建。

水电十三局三分局中标承建的是北坝，长 7602 米，由浆砌石挡土墙（防浪墙）、浆砌石护坡和土坝三部分组成。坝顶高程 6 米（原始地面高程 0.74～1.64 米），宽 10 米；浆砌石挡土墙高程 3.5 米；浆砌石护坡外边坡为1∶2，内边坡为 1∶4。主要工程量为筑坝土方 83 万米^3，清基土方 11.6 万米^3，浆砌石挡土墙 2.11 万米^3，回填土方 6.55 万米^3，浆砌石护坡 1.27 万米^3。1989 年 6 月 13 日破土动工，1990 年 6 月 5 日竣工。

寒亭防潮坝工程是三分局承建的一个管理型施工的试验项目。三分局派出以郝一珩为指挥的一支精干配套的施工管理力量，施工高潮时管理人员 26 名，尾工期 8 名，就近组织社会上的施工力量进行施工。高峰时，上堤筑坝的推土机、铲运机近千辆，都是应招而来的乡镇企业土方队。由三分局指挥并与他们结算，保证了工期，质量评为优良，建设单位、三分局和参加施工的单位和个人都表示满意。这是三分局大胆实施管理型施工的成功尝试，取得了明显的经济效益。三分局以平均 13 名职工，一年时间内创造产值 738 万元，为水电十三局历史上所未见。

寒亭防潮坝工程是项风险工程，凶猛的海潮随时可能吞噬正在施工的大坝。水电十三局的成功，开创了山东省沿海建坝一次成功的先例。

九、内蒙古黄河河套灌区总排干扩建工程

内蒙古黄河河套灌区总排干扩建工程位于河套平原北部，巴彦淖尔盟境内。干渠沿狼山山前洼地由西向东，流经杭锦后旗、临河市、五原县，于乌拉特前旗三湖河口自流排入黄河，全长202公里。总排干沟承担着灌区1137.5万亩地的排水，狼山、明安川山洪的排洪任务，总排干工程是灌区降低地下水位、改良盐碱地、排涝除泄、发展农牧业生产的骨干工程。

工程业主是内蒙古自治区水利厅，代理业主是内蒙古自治区河套灌区管理总局，由自治区水利勘测设计院设计。内蒙古黄河河套灌区总排干工程是由国际招标，世界银行贷款的重点工程项目。1990年8月27日，由水电十三局和内蒙古黄河工程局联合中标。水电十三局负责施工104+996—200+253工程段，全长95公里，中标价5997万元，工期至1994年10月12日。

工程由水电十三局和内蒙古黄河工程局组成联营体负责施工，由两单位组成内蒙古河套总排干工程联合施工指挥部负责协调工作。下设三个分指挥部，分别由水电十三局一分局、三分局、四分局组成。

河套灌区总排干沟为原沟道土方挖深拓宽及堤背成型，在原开挖基础上扩宽到30～65米，加深1.5～2.5米，同时调整沟道纵坡和边坡。6个过急弯道的裁弯取直，累计长度9.8公里。建筑物工程共115座，其中重建涵洞61座，维修涵洞10座，改建加固渡槽10座，新重建、加固桥28座，新建桥渡5座，流动泵站1个。设计土方开挖1789万米^3，混凝土及钢筋混凝土0.75万米^3，浆砌石1.48万米^3，干砌石3.72万米^3，垫层2.93万米^3。水电十三局投入设备200台（套）。

沟道开挖全部为机械化施工，沟道开口宽段采用挖泥船开挖沟槽土方，反铲、挖掘机和推土机修坡整堤；其余沟段用反铲、挖掘机和推土机进行沟槽土方开挖、修坡、整堤联合施工。

1991年5月，施工全面展开。1994年10月，经过全体干部职工4年的艰苦奋战，总排干沟及其建筑物工程全部按期完工。9月15日，世界银行技术处官员汉巴利先生在水利部、内蒙古河套管理局以及水电十三局河套指挥部等领导的陪同下视察河套总排干工程，对水电十三局给予了高度评价。1994年10月工程顺利通过验收，各项技术指标符合设计要求，施工质量符合规范要求，整体工程质量评定为优良。在工程施工期间，指挥部又承接了总排干的配套工程——七排干排域工程和九排干排域工程，产值1600万元，均按期完工。

十、引黄入冀临清立交穿卫枢纽工程

水电十三局三分局承建的引黄入冀临清立交穿卫枢纽工程位于临清市南郊卫运河上，是引黄济冀工程的咽喉部位，其作用是将山东境内引来的黄河水从卫运河下穿过，输送到严重缺水的冀东南地区。引黄入冀临清立交穿卫枢纽为跨省建筑物，右岸是山东省临清市，左岸是河北省临西县。

立交穿卫工程由右堤外明渠、穿右堤涵闸、右滩明渠、主槽倒虹吸、左滩明渠、穿左堤涵闸六部分组成。水电十三局三分局中标穿右堤涵闸、右滩明渠、主槽倒虹吸等三个单位工程。主要工程内容：穿右堤涵闸长105米，其中进口渐变段长20米，涵闸长70米，出口渐变段长15米；穿右堤涵闸为混凝土及钢筋混凝土结构，整体箱涵形式，总宽14.4米。右滩明渠长93.3米，底宽16米，上口宽51.7米，两侧边坡1∶2.5，梯形断面，预制混凝土块板护砌，板下铺闭孔塑料布或保温板及防渗薄膜，设计水深3.44米。主槽倒虹吸全长238米，其中进口控制闸长13.9米，管身长216.5米，出口控制闸长7.8米；进、出口控制闸采用叠梁式钢筋混凝土闸门，管身采用钢筋混凝土整体箱涵。主要工程量有土方开挖23万米^3，混凝土及钢筋混凝土1.5万米^3。业主为水利部海委引黄穿卫枢纽工程指挥部，由水利部天津勘测设计院设计，水利部海委质量监督中心实施工程监理。合同工期1年，合同金额1300万元。

工程中标后，水电十三局三分局组建了引黄入冀临清立交穿卫枢纽工程指挥部，施工高峰期投入人员348人，其中管理人员30人，投入主要施工设备有挖掘机5台、推土机4台、装载机2台、16吨汽车吊1台、15吨履带吊1台、8吨自卸车20辆、载重汽车2辆、机动翻斗车8辆、混凝土拌和机3台、发电机3台，潜水泵48台、正循环钻机2台及钢筋、木工加工设备等。1993年10月24日，人员、设备进入施工现场。

1993年11月，水电十三局临清工地打破了北方冬季混凝土浇筑不能施工的惯例，请天津建筑研究院协助，采用先进科学技术，确保工程质量。冬季施工近50天，开挖土方14.1万米^3，回填土方1.7万米^3，浇筑混凝土3566米^3，一举拿下主槽倒虹吸的7节洞身，为1994年汛前保证行洪奠定了基础。

1994年10月19日，整个工程提前1个月按设计要求全部完工。结算产值1699万元，实现利润100余万元。11月3日，甲方会同水利部基建司、水利部海委及地方有关部门对主槽倒虹吸、穿右堤涵闸、右滩明渠三个单位工程20个分部工程逐个验收，优良率为100%。1995年，引黄入冀立交穿卫枢纽工程被评为水利部优良工程，中央电视台对工程做了采访报道。

十一、新疆引额济克干渠工程

水电十三局四分局于1998年1月承接了新疆引额济克干渠第三标Ⅲ$_5$渠道工程。该工程位于新疆克拉玛依市，目的是将新疆北部额尔齐斯河水引入克拉玛依地区，以解决当地较为严重的缺水问题。本标段全长5.5公里，工程项目包括：土石方开挖、爆破、填筑以及构造物和混凝土浇筑等。合同造价为1016.4万元。工期要求：1998年2月8日进场，1999年4月15日前具备通水条件，1999年6月1日前全部竣工。

该工程是水电十三局进入新疆市场的第一个工程，工程局领导对此予以高度重视，要求把项目作为局迈向西部的窗口工程，必须干好。1998年2月6日，引额济克项目经理部成立。1998年3月31日，举行了开工典礼。

在整个施工期间，全体职工克服自然环境恶劣等种种困难，最终圆满地完成了指挥部的年内通水预定目标。

工程提前50天竣工，共完成土方开挖81.6万米^3，渠道填筑7.4万米^3，浆砌石0.88万米^3，大型输水渡槽1座，渠系排洪建筑物10座。水电十三局四分局承建的104个分项工程全部被评定为优良工程，其中4号渡槽为免检工程。项目最终完成产值2300万元。

十二、宁夏扶贫扬黄二干渠工程

宁夏扶贫扬黄二干渠工程是国家重点扶贫项目，工程经多级扬水站、水渠和渡槽将黄河水送往西海固地区，以解决制约该地区国民经济发展的缺水问题。工程分三期进行，水电十三局承接的固海扩灌二干渠土建安装工程为第一期工程。业主是宁夏扶贫扬黄灌溉工程建设指挥部，由宁夏水利水电勘测设计院设计，葛洲坝监理公司实行工程监理。

2000年3月7日，水电十三局正式承接宁夏扶贫扬黄一期工程固海扩灌二干渠1＋000—9＋392.53合同段，全长8.4公里，工程项目包括土石方爆破开挖、涵洞、大型渡槽修筑以及渠道、混凝土衬砌等，计有渡槽4座，生产桥1座，退水闸1座，沟涵7座。扩灌二干渠分土渠段约3.4公里，设计底宽2.0米，深3.2米，上口宽11.6米，边坡为1：1.5；石渠段约5公里，设计底宽3.3米，深3.2米，边坡为1：0.75。工期自2000年3月25日至2001年5月20日，合同产值1983.8万元。施工过程中共投入各种机械设备143台（套），其中主要施工设备有挖掘机6台、推土机6台、振动碾2台、凿岩机15台、自卸车16辆等。

水电十三局成立了宁夏扶贫扬黄二干渠工程项目经理部。2000年3月25日，工程全面开工。

在施工中，全体施工人员努力克服沙尘暴给施工带来的影响，在战胜困难中抢时间。二干渠沟涵部分由4座管涵和3座箱涵建筑物构成，分布在沿线7公里长的山涧沟壑内，地形地势多变，地质情况复杂，施工条件极为恶劣。在4个月里，以每座沟涵不到20天的时间，快速有序高质量完成了沟涵的施工。在建筑工程中，水电十三局项目部设计的钢模板结构——内外模骨架采用桁架形式解决了大型薄壳U型渡槽的施工，这在水电十三局历史上尚属首次。渡槽为U型薄壁结构，每节长12米，上开口净宽3.7米，槽壳净高2.79米，每节重达52吨，在质量和进度上都取得了良好的效果。

2001年5月20日，工程全部竣工，共完成土方开挖11.77万米^3，土方回填11.34万米^3，石方开挖出渣30.25万米^3，石方回填4.96万米^3，浆砌石4150米^3，混凝土2800米^3，直径1.2米×3米混凝土管54节，钢筋制作安装200吨。

2001年11月22日，工程顺利通过验收，整体工程评定为优良。

十三、新疆引额济乌沙漠渠道工程及衬砌工程

新疆引额济乌沙漠渠道工程及衬砌工程地处新疆阜康县以北270公里的吉拉沟与五个沙疙瘩之间，准噶尔盆地古尔班通古尔特沙漠腹地。水电十三局中标的引额济乌一步一期工程，渠线长11.05公里。其中挖方段长5.45公里，最大挖深29.81米，填方段长5.60公里，最大填高18.99米。主要工程内容为渠床开挖，沿线11.05公里的边坡开挖、外边坡填筑，治理带范围内施工破坏区以及弃土区的草方格防护、巡渠道路，伴行道路等。主要工程量为砂土开挖328.49万米^3，砂土填筑295.05万米^3，渠床开挖40.9万米^3，草方格防护263.14万米^2，聚丙烯编织布27.83万米^2，天然砂砾料路面底基层、面层9.2万米^3。合同工期自2002年3月15日至2003年11月30日，中标合同价4636万元。

该工程是水电十三局有史以来第一个在沙漠腹地施工的渠道工程，从招、投标到人员

的组织、设备的选定、购置、进场等工程局都非常重视。中标后，水电十三局成立了新疆引额济乌沙漠渠道工程项目经理部。项目经理部组建后，迅速组织管理人员 54 人、机械工 130 人，主要设备有推土机 33 台、压路机 6 台、挖掘机 3 台。2002 年 3 月 28 日正式开工。

沙漠渠道工程所处地段原始地貌复杂，风大沙狂，缺水少雨，冬夏昼夜温差大。受地质、气候、温差影响，施工难度大。项目部为提高工效，把推土机每两台分为一组，各施工相应工段，职工们目标明确，积极性高，到 6 月底已完成砂土开挖 102 万米^3，清基 36 万米^2，渠床开挖 20.38 万米^3，填筑 155.8 万米^3，草方格植护 26.75 万米^2，沿渠道路 3.1 公里，部分路段已成型，达到设计要求。2003 年底工程全部完工。

十四、济南鹊山调蓄水库沉沙条渠工程

济南市引黄供水鹊山调蓄水库工程是山东省利用世界银行贷款的跨世纪环保项目，工程建成后，可以向济南市黄河二水厂每天提供 44 万米^3 的黄河水，以减少地下水位开采量，缓解城市市民及工业用水困难。

沉沙条渠工程是鹊山水库的源头工程，承担着年处理 93 万米^3 的泥沙任务。工程由围堤、生产堤、隔坝、生产桥、截渗沟等部分组成，总占地面积 2.36 公里^2。主要工程量有土方开挖 74 万米^3，土方填筑 154 万米^3，混凝土浇注 1500 米^3，砌石 6600 米^3。中标合同价 1777 万元，工期自 1999 年 11 月至 2000 年 4 月 14 日。

1999 年 9 月 14 日，水电十三局正式承接济南市引黄供水鹊山调蓄水库沉沙条渠工程，这是水电十三局在济南市承接的第一个大型水利工程。合同签订后，水电十三局成立了项目经理部，下设 3 个工区，分别由二分局、汽修总厂和三分局等单位组成。共派出管理人员 55 人，技术人员 60 人，后勤人员 40 人，以及招聘的施工人员共 1850 余人。共投入挖掘机 15 台、推土机 65 台、自卸车 45 辆、铲运机 155 台、碾子 12 台以及铧犁、洒水车、吊车、搅拌机、钻机、发电机等设备。

1999 年 9 月 23 日，第一批人员、设备进入施工现场。10 月 5 日，在调蓄水库坝址举行了开工典礼，山东省委副书记、副省长宋法棠及济南市党政领导孙淑义、谢玉堂出席仪式并为工程奠基。11 月 1 日，监理工程师下达了开工令。

由于业主征地问题未彻底解决，使工期拖延了半年，直到 1999 年 5 月 8 日才得以全面解决，但业主仍要求按合同期完工。

全面开工后，各项施工全部展开。由于工程变更多、工期紧、任务重，项目部及时调整施工方案，对各施工队伍统一安排，逐个协调，加大人员、设备投入。5 月 8 日接到业主通知后，连夜即调运 80 台设备进场，施工高峰期，工地施工人员达 1850 余人。

为按期高质地完成施工任务，项目部召开了大干 100 天誓师大会。在工程实施过程中，发现设计与工程实际不一致，及时向业主、设计、监理等单位提出项目变更建议或者增加项目。先后提出了截渗沟增加砌石护坡，沉沙条渠由内坡水泥土护坡和红土包边盖顶改为砌石护坡等，之后又提出 13 条设计变更意见和新增项目 6 项，通过变更设计，沉沙条渠合同额增至 4000 万元。

2000 年 4 月 22 日，鹊山调蓄水库由三号泵站向济南市黄河二水厂试送水一次成功，标志着水电十三局承建的沉沙条渠工程全部按计划完工并投入使用。12 月 28 日，由山东省水利工程质量监督中心站、济南市自来水公司、设计单位、地质监理单位、运行管理单位等组成的工程验收委员会进行了单位工程验收，工程质量评定等级为优良。

十五、济南鹊山调蓄水库泵站土建工程

水电十三局三分局承建的鹊山水库泵站土建工程，是济南市引黄供水鹊山水库工程的重要组成部分，是引黄河水经沉沙处理、入水库调蓄，保证全年均匀向济南市提供工业和生活用水的水源工程。中标价为 1138 万元。

工程由水电十三局三分局承建，统一由水电十三局项目经理部负责管理与协调。投入的主要施工设备有发电机 6 台、搅拌机 5 台、装载机 3 台、翻斗车 5 台、挖掘机 1 台、钻机 3 台，配料系统 4 套以及其他设备 36 台（套）。工程于 1999 年 3 月正式开工。

该工程由三个泵站组成。1 号泵站位于大王庙引黄闸后，设轴流泵 6 台，设计流量 12.5 米^3/秒；2 号泵站位于水库南围坝桩号为 8＋650 处，建于原京沪铁路与水库南围坝之间，设轴流泵 5 台，设计流量 12.1 米^3/秒；3 号泵站位于调蓄水库西围堤前水库内，北距黄河北展堤 230 米，南距原京沪铁路 200 米，设混流泵 6 台，设计流量 5.14 米^3/秒。

工程初期，由于征地未能完全解决、施工图纸提供滞后等原因，致使工程进展缓慢，工期严重滞后，工程于 1999 年 5 月 8 日全面展开。1999 年上半年山东旱情严重，济南市供水紧张。业主提出了年底通水的奋斗目标，并在施工工地组织了“大干一百天，确保鹊山水库年底通水”誓师动员大会。水电十三局项目部把 3 号泵站施工方案进行调整，在施工过程中的几个关键性环节上，采取了有效的施工技术措施。在施工降水方面，采用无砂管井降水，取得了较好的效果；在基坑支护方面，提出并负责设计了双轴粉体喷射深层搅拌支护桩支护的方案，同时打破传统的做法，增加桩体内插筋，一定程度上加强其抵抗弯矩的作用；在使用混凝土外加剂方面，选用了复合型外加剂，解决了混凝土抗裂、缓凝、泵送等施工技术方面的问题。

该工程中，1 号泵站于 1999 年 12 月 13 日向沉沙条渠试送水成功。12 月 29 日，业主在 2 号泵站举行了济南市引黄供水鹊山调蓄水库通水仪式，山东省副省长陈抗甫启动通水按钮，济南市鹊山水库正式通水。

2000 年 5 月 10 日，泵站工程全部完工。质量等级为优良，结算产值 1770 万元，工程运行良好。

十六、南四湖二级坝第三节制闸加固改造工程

南四湖二级坝坐落于山东济宁市微山县与江苏沛县交界处，二级坝长 5 公里，坝顶高程 38.3 米。第三节制闸位于湖腰，是二级坝水利枢纽的重要组成部分。该闸共 84 孔，反拱式底板，总宽 578 米，设计泄洪流量为 4620 米^3/秒。

加固改造工程主要包括：原混凝土工作闸门、检修闸门及启闭机更换，闸门启闭电气及集中控制更新，新增上游检修桥，新增排架柱、机架桥、启闭机房及两岸控制室，上、下游闸墩墩头表面处理，两岸翼墙沉陷处理，上游铺盖裂缝处理，翻新闸上交通桥面及更换栏杆、护轮带，改建管理设施、工程观测设施，完善水文观测设施及自动化遥测设备。主要工程量：围堰土方填筑 9.34 万米^3、混凝土浇筑 0.22 万米^3、房屋建筑 3975 米^2、金属结构制作安装 667 吨、墩头处理 700 米^3、混凝土拆除 0.16 万米^3、土方拆除及清理 14.65 万米^3、启闭机安装 84 台（套）。该工程由山东省水利勘测设计院设计，业主是淮委沂沭泗水利管理局，二级坝第三节制闸加固改造工程建管处具体负责建设管理工作。合同造价 1778 万元，合同工期自 1999 年 6 月 28 日至 2000 年 9 月 20 日。

1999 年 6 月 2 日，水电十三局二级坝第三节制闸加固改造工程项目部成立。项目部对工程实行项目法管理，同时调选先进的施工设备 107 台（套）和 423 名工程技术人员。6 月 11 日，人员、设备进入施工现场；9 月 20 日，围堰开始填筑施工；11 月，第三节制闸工地进入紧张施工阶段，上游围坝、桥头堡主体工程完工。2000 年 1 月下旬，闸门安装就位；5 月 20 日，交通桥恢复通行，具备闸门启闭机运行条件；6 月 10 日，第三节制闸改造工程中金属结构安装、新增排架柱、交通桥加固、闸室加固四项分部工程已按期完工，围堰拆除度汛，满足安全度汛要求，工程符合有关规程、规范和设计要求，并通过验收。

该工程完工结算产值 2007.87 万元。2000 年 11 月，顺利通过由水利部工程质量监督站淮河流域分站、沂沭泗管理局等单位组织的验收，质量评定为优良。

十七、济南玉清湖水库围坝工程

玉清湖水库库区位于山东省济南市槐荫区与长清县交界处，涉及一区一县两镇 14 个村庄，为黄河济南段泄洪区，地势低洼，水位高，常年积水，地质条件复杂。水库设计为大型二级建筑物，面积 4.94 公里^2，库容 4850 万米^3，围坝全长 9.64 公里，最大坝高设计为 12.4 米。施工内容主要包括：黏土宽心墙围坝、碾压式均质壤土坝、干砌石内护坡、垂直铺塑截渗墙、坝外浆砌石排涝沟、坝顶防浪墙及坝顶沥青路面等。主要工程量：土方填筑 620 万米^3，碎石垫层 6.47 万米^3，内、外坡石料护砌 20 万米^3，土工膜 43.25 万米^2，垂直铺塑 11.33 万米^2，土工布 17.69 万米^2。合同工期至 2000 年 12 月 30 日，合同金额 9421 万元。

4 月 8 日，水电十三局济南玉清湖水库围坝工程项目部成立，下设五个施工队，管理人员 115 人，施工人员 1500 人。先后投入自卸车 220 辆、铲运机 404 台、挖掘机 37 台、推土机 45 台、振动碾 26 台、洒水车 11 辆、松土器 9 台（套）、铺塑机 4 台（套）、高喷设备 2 台（套）。于 4 月 19 日前人员、设备全部到达施工现场。

1999 年 4 月 20 日是合同规定开工日，但因征地迁占等问题，施工被阻拦，干扰严重，进场设备等被迫撤离。5 月 16 日，在当地政府和业主的协调下，得以重新进场。6 月 25 日前王庄段、7 月 20 日义和段开工，10 月底西坝、北坝、北八里等长达 6 公里的坝段陆续开工，标志着玉清湖库区工程进入正常施工期。

为在 2000 年 6 月底汛期来临之前，完成水库围坝土方填筑任务，项目部紧急动员，短短两个多月时间，完成水库围坝土方填筑 300 万米^3 及玉符河、丁字河、富民坝缺口的封堵，幸福坝防洪子堤的修筑任务。进入 2000 年，水库建设指挥部要求工期再提前三个月，项目部倒排工期，备土 130 万米^3，为开春尽快形成施工高潮创造必备条件。

2000 年 3 月 12 日，水电十三局工会和玉清湖项目部组织了“玉清湖”杯劳动竞赛活动。在 6 个月的劳动竞赛期间，共完成土方填筑 320 万米^3，内坡砌石 45 万米^3，为按期通水赢得了宝贵的时间，也赢得了业主的认可和信任。为此，业主通过议标形式将多项标外工程累计6000万元交给水电十三局施工。

2000年4月30日，玉清湖围坝填筑工程完工，比原计划提前两个月。5月1日，中央政治局委员、山东省委书记吴官正等济南党政领导，视察了玉清湖工地。8月30日，内坡砌石全部完工。

2000年7月17日，由业主、监理、设计、施工单位组成的验收小组对玉清湖围坝土方填筑工程进行了验收，1154个单元工程优良率为100%，20个分部工程均被评为优良等级。12月12日，对砌石护坡8个分部工程1205个单元工程进行验收，优良率达98.2%。工程累计结算产值1.6亿元。项目部荣获2000年度济南市建委颁布的重点工程建设“优秀施工企业”证书，2001年度山东省“富民兴鲁”劳动奖章，项目经理杨涛被评为“先进个人”。

2000年12月29日，在玉清湖水库举行了盛大的通水典礼仪式。省、市领导及各界来宾2000余人参加，山东省委副书记、济南市委书记孙淑义，副省长陈延明，省政协副主席李殿魁，工程局局长童劲松等为水库通水剪彩。市委书记孙淑义启动了通水按钮，清澈的玉清湖水开始造福泉城人民。

为纪念玉清湖水库的建设者们，济南市政府决定在玉清湖水库坝址立碑“修玉清湖水库记”，以作永久纪念。碑文曰：“垒石聚土，沉沙蓄澄，沟滓化净，蕴甘含冽，敷管相输，得日用无匮乏之虞，百泉增涌溢之势，楼亭对映，水木交碧，临风开襟览景兴怀，宁不超思源之盛乎？施工者，中国水利水电第十三工程局也。”

十八、济南市引黄供水玉清湖水库出库泵站工程

玉清湖水库出库泵站为库内式泵站，共安装6台机组，日供水能力40万吨。玉清湖水库出库泵站工程是济南市引黄供水玉清湖水库工程中的重要组成部分。水电十三局三分局于2000年2月4日中标玉清湖水库出库泵站土建与机电设备安装工程，中标价为1458万元，工期224天。泵站工程主要由管理区平台、泵房、吸水室、主厂房、副厂房、出水管道引桥、闸阀室等主体建筑物组成，另有办公楼、机修车间等附属设施。主要工程量：土方开挖2.77万米^3、土方回填1.36万米^3、浆砌块石0.27万米^3、直径800米灌筑桩3224米、现浇混凝土0.6万米^3、预制混凝土0.04万米^{3}以及建筑厂房及配套设施4017米^2，道路硬化8819米^2。

工程中标后，水电十三局三分局组建了玉清湖水库出库泵站项目经理部，项目部成立了6个施工队，投入的主要机械设备有搅拌机4台、配料机3台、装载机1台、混凝土泵1台、25吨汽车吊1台、正循环钻机6台、QT25塔吊1台、发电机3台、机动翻斗车4辆、挖掘机2台、自卸汽车8辆、空压机1台、电焊机8台及钢筋、木工加工设备等。

2000年2月10日工程开工。出库泵站主体工程施工难度较大，泵房是本工程的重点和难点，项目部根据工程结构特点，将整个泵站分6次浇筑成型，墙体每次浇筑高度都在6米以上。浇筑使用2台JS500强制式拌和机，配混凝土输送泵，施工进度快、质量好，为6月份完成泵站主体工程，提供了必要的保障。到5月19日，泵站主体工程完工比原计划提前了12天。

项目部在原泵站合同的基础上，还先后承接了玉清湖水库泄水洞、防护网、中心广场与围墙装饰、广场喷泉、库区大门与传达室、垃圾转运站、排渗工程等项目，合同值由原来的1458万元增加到近2500万元。

济南市引黄供水工程玉清湖水库出库泵站土建与设备安装工程于2000年11月20日全部竣工，达到了济南市政府及业主提出的2000年10月1日顺利通水目标。12月份各分部工程通过了验收，17个分部工程全部合格，其中有16个分部工程评定为优良。2001年2月19日通过单位工程验收，被评定为优良工程，正式移交给运行管理单位。

十九、安徽省临淮岗洪水控制工程深孔闸土建工程

水电十三局二分局承建的安徽省临淮岗深孔闸土建、金属结构及电气设备安装工程，位于淮河干流中游的安徽省霍邱、颍上两县交界处的姜家湖乡，是国家重点治淮骨干工程临淮岗洪水控制枢纽工程的一部分。深孔闸位于主坝上，在原深孔闸与49孔浅孔闸之间，为一等1级建筑物，按照百年一遇洪水时，坝上设计洪水位28.41米，坝下设计洪水位26.7米，深孔闸与49孔浅孔闸、姜唐湖进洪闸共同控制下泄流量7362米^3/秒，相应滞蓄库容85.6亿米^3。深孔闸与49孔浅孔闸、姜唐湖进洪闸由机电安装分局承接制作，49孔浅孔闸获中国工程焊接协会授予的“优秀焊接工程奖”。主要施工项目有土方、砌石、混凝土及钢筋混凝土、房屋建筑、金属结构及电气设备安装等。

2002年2月3日签订合同，合同金额3897万元，工期18个月。合同签订后，水电十三局成立了由工程局副局长何占颂任项目经理（兼）的项目经理部，下设9个施工队。

2002年2月4日，进行工程施工前期的测量、编制施工组织计划、修建营地、修筑道路、设立临时码头，建立排水系统、拌和系统、材料进货渠道等工作，确保工程按期开工。工程上部结构施工时，又投入25吨吊车1辆、90吨吊车1辆、混凝土输送泵2台、混凝土搅拌运输车2辆。

2003年1月10日，顺利实现了公路桥通车目标。2003年5月28日，水下工程全部完成并通过阶段验收。2003年11月10日，工程竣工，质量评定为优良等级。安徽省临淮岗洪水控制工程被评为2007年度中国建筑工程质量最高奖“鲁班奖”。

工程建设期间，国务院总理温家宝、副总理回良玉；水利部部长汪恕诚，副部长敬正书、张基尧；安徽省省委书记王太华、省长王金山等领导曾到现场检查指导工作。

二十、山东省微山县南四湖韩庄节制闸加固改造工程

韩庄节制闸位于山东省微山县韩庄镇微山湖出口处，是韩庄枢纽工程的重要组成部分。全闸共31孔，每孔净宽12米，总宽435.6米。由于该闸分两次建设，故本闸又分为老闸和新闸。老闸始建于1958年8月，1960年9月完工，共17孔，总宽228米。新闸始建于1977年3月，完成于1980年4月，在老闸左右两侧各增建新闸7孔，每孔净宽12米，包括边墩共宽186米。本闸在微山湖水位33.50米时和老闸一起共泄洪2050米^3/秒。

韩庄节制闸建成以来，在防汛、灌溉、蓄水等方面发挥了巨大的作用，但工程结构各组成部分均存在安全隐患，急需加固改造。本次加固改造水闸规模不变。

主要工程内容及工程量：一是拆除工程，包括混凝土拆除3862米^3，浆砌石铺盖拆运3431米^3，新、老闸门及埋件拆除1415吨，新、老闸启闭机拆除414吨，新、老闸检修门启闭机拆除1台和其轨道拆除55吨，电气设备拆除；二是加固改建及临时工程，包括临时围堰土方80551米^3，混凝土浇筑7684米^3，混凝土预制3027米^3，启闭机房建筑工程3674米^3，闸门及埋件1362吨，交通桥引道灰土基础2334.4米^3，上、下游护坡削坡平整1701米^3，接头墩下游段炉渣开挖与运输334.6米^3，启闭机安装、电气设备安装等。

工程合同工期25个月，合同金额3827.8万元。工程于2002年5月1日开工，2004年11月25日竣工，质量评定为优良等级。

二十一、内蒙古赤峰市巴林右旗草原水库除险加固工程

该工程位于内蒙古赤峰市巴林右旗，建设单位为赤峰市巴林右旗草原水库除险加固工程建设管理处，合同额1500万元。

工程主要内容：上游部分为溢流坝、引水闸、冲沙闸和左右堤防洪墙钢筋混凝土结构工程。溢流坝为钢筋混凝土桩基挂板结构，长167.6米，设计洪水泄流量328米^3/秒。冲沙闸为开敞式钢筋混凝土结构，共5孔，每孔净宽4米，设计洪水位泄流量168米^3/秒。下游部分为主坝、副坝加固及输水洞除险加固工程。加固后正常蓄水位54.6米，总库容271万米^3，主要建筑物级别为3级，主坝全长1.8公里，新建副坝长0.7公里。

工程于2005年4月28日开工，2006年7月24日竣工。

二十二、内蒙古扎鲁特旗小河西水库除险加固工程

该工程位于内蒙古通辽市扎鲁特旗中部香山镇境内，合同金额1681.59万元，建设单位为扎鲁特旗小河西水库除险加固工程建设管理处。

工程主要内容：土坝、大坝护坡、防浪墙加固，新建溢洪道、灌溉输水洞、水库管理房，金属结构及机电设备安装工程。工程于2004年4月1日开工，2006年10月25日竣工，累计完成竣工产值1792.81万元。

二十三、广西桥巩水电站工程

桥巩水电站位于广西壮族自治区来宾市迁江镇红水河上，为红水河规划的第九个梯级电站，是一座以发电为主，兼有航运、灌溉等综合利用效益的水电枢纽。电站安装8台灯泡贯流式水轮发电机组，总装机容量45.6万千瓦。水电十三局中标承建船闸、左岸重力坝、左岸上坝公路工程，合同金额1.31亿元，合同工期自2005年4月至2009年2月28日。

工程主要内容：左岸坝体及船闸基坑土石方开挖，上游引航道、上闸首、闸室、下闸首、下游引航道等工程，左岸重力坝工程，左岸上坝公路工程，闸门及启闭机安装工程。工程于2005年4月30日开工。

二十四、浙江温州戍浦江河口大闸枢纽工程

该工程位于浙江省温州市鹿城区，合同金额5741.3万元，合同工期自2003年9月29日至2006年1月。该工程为Ⅱ等工程，主要建筑物为2级建筑物，防洪（潮）水标准按50年一遇设计，百年一遇校核，升船机按7级航道通行50吨级河内船舶标准设计。工程由挡潮闸、通航设施（升船机）、江堤等组成。工程于2003年9月29日开工。

二十五、浙江衢州塔底水利枢纽土建工程

衢州塔底水利枢纽土建工程位于衢江和乌溪江汇合口下游的衢江河段，合同金额

5558.76 万元。

工程主要内容：橡胶坝 85 米长×5.2 米高×5 跨；船闸净空 12 米宽×8 米高×1 孔；泄洪冲砂闸净空 12 米宽×8 米高×2 孔；冲排水泵站一座；电站厂房全长 81.4 米，厂房内布置 4×4000 千瓦灯泡贯流式水轮发电机组；升压站设有两台 10 000 千伏·安变压器；左岸上游堤防长 398.3 米，右岸上游堤防长 1160.8 米和右岸下游堤防长 297.8 米。工程于 2003 年 11 月开工。

二十六、安徽东淝闸加固改建工程

该工程位于安徽瓦埠湖出口段东淝河上，距入淮口 2.5 公里，是瓦埠湖蓄洪区的控制工程，主要任务是分洪，兼有排洪、蓄水等综合利用功能。合同金额 2273.13 万元，合同工期自 2004 年 6 月至 2006 年 6 月。

工程主要内容：加固西南侧寿西淮堤之间的连接堤防、疏浚闸两侧的老河道，两闸之间填筑分流岛，新建潜孔式平面定轮钢闸门等。工程于 2004 年 9 月 19 日开工，2006 年 3 月 12 日完工。工程获安徽省建设工程“黄山杯”奖（省优质工程），获“中国水电优质工程奖。”

第三节 水电工程选介

一、白龙江水电站紧急援建任务

白龙江水电站“抢坝拦洪、安全度汛”紧急任务，是水电十三局承担的第一个“削峰”任务。

白龙江水电站位于甘肃南部山区。1973 年夏季，据水文预报汛期将有 50 年一遇的洪水。正在兴建的大坝围堰如不及时加高加固到设计高程，洪水将给整个电站工程带来极大威胁，直接危及白龙江畔人民的生命财产安全。为此，水电部专门派出工作组，责成水电五局在大坝前沿组织抢筑围堰，并指令水电十三局派车队支援。水电十三局接到任务后，立即派施工处一队带 20 辆 T20 自卸车前往，1973 年 6 月初赶到工地。到达工地后，一队 30 名驾驶员立即分成两班，开车运土上坝投入施工。至 7 月上旬，提前 18 天将围堰修筑到拦洪高程，为白龙江水电站胜利度汛，作出了突出贡献。此后，这支队伍曾三次到白龙江水电站支援，发挥了水电十三局机械施工的巨大威力。

二、支援葛洲坝水利枢纽建设

长江葛洲坝水利枢纽工程，位于湖北宜昌三峡出口处，1980 年初至 1981 年 1 月大江截流前，水电十三局四分局（原水利部施工局）一、四队和三、五队部分机组，五分局（原电力部施工局）起重吊装分队，参加了葛洲坝工程建设，在开挖、回填、大江截流和“三抢三保”等各个阶段，作出了重要贡献。其中四分局一、四队参加了大江截流施工。一队受命参加右岸戗堤进占，自 1981 年 1 月 3 日早 7 点半至截流成功，30 辆 T20 自卸车向江心倾投土石方 10 216 米^3，占截流土石方总量的 9.5%。四队受命承担从石料场到上游围堰的石料运输，在 5 公里的运距中，台班最高车次达 16 趟，平均 14 趟，创该队在葛洲坝工程开工以来最高生产水平。截流以后，工程局继续投入 60 辆 T20 自卸车和 2 辆

100 吨半拖挂车及 90、45 吨吊车，支援葛洲坝工程。

三、支援红石水电站建设

红石水电站位于松花江上游的吉林省桦甸县境内，1982 年水电部组织会战，指示水电十三局承担电站厂房基础开挖的全部出渣和围堰堆筑、混凝土浇筑、材料运输任务。水电十三局派出四分局一、二、九队共 250 多人，T20 汽车 49 辆，T148 汽车 30 辆，装载、推土机 7 台参加施工。在两年多的施工期中，共完成产值 695.71 万元。1983 年 1 月 8 日，创高寒地区冬季施工日产出渣 9600 米^3 的最高纪录。

四、支援龙羊峡水电站建设

龙羊峡位于青海省东部，海拔 3000 多米，属高寒地带，缺氧 27%，接近黄河源头。电站装机 100 万千瓦，是国家“七五”期间的重点工程。1982 年，在龙羊峡水电站大坝混凝土浇筑高峰期间，水电部指令水电十三局派车队支援，承担沙石料运输任务。1982 年 2 月～1984 年 12 月，水电十三局派四分局七队 150 多名职工带 25 辆 15 吨、53 辆 13 吨和 30 辆 12.5 吨自卸车，5 辆散装水泥车和相应的装载设备支援龙羊峡水电站建设。该地区施工条件很差，但七队全体职工克服种种困难，圆满地完成了支援任务，为龙羊峡水电站的如期竣工作出了贡献。

五、支援安康水电站建设

安康水电站位于陕西省东南部，1983 年遭到特大洪水袭击，基坑被淹，淤沙严重，直接影响电站截流。8 月 8 日，水电总局局长陈赓仪打电话指示水电十三局，要求立即组织人员和设备支援安康水电站清淤。当日下午，水电十三局党委决定派四分局四队前往，10 月 1 日投产。从 1983 年 8 月开始到 1984 年 4 月底，共支援施工人员 110 人，T20 自卸车、进口 5.6 米^3 装载机、3.1 米^3 装载机、D85 推土机、D80 推土机等各种施工设备共 42 台。施工中，日平均出淤在 6000 米^3 以上，最高时突破 10 000 米^3。仅用 43 天就完成了左岸基坑清淤任务，被誉为“特别能战斗的支援队”。

六、支援鲁布革水电站建设

鲁布革水电站是世界银行贷款，由水电十四局和日本大成公司承担施工的大型水电站。为确保鲁布革水电站在 1985 年截流成功，根据水电总公司指示，水电十三局派出四分局五队人员 70 余人，T20 自卸车 20 辆，于 1984 年 11 月前往云南省鲁布革水电站支援，承担“八五截流”的关键部位——导流洞的出渣任务。在 8 个月的施工期间，五队职工夜以继日地工作，做到随时出碴，随时拉走，共运输土石方 30 万米^3，保证了导流洞的开挖进度，为鲁布革电站在 1985 年 11 月 15 日提前截流作出了贡献。

七、湖南润海水电站引水系统土建工程引水隧洞工程

该工程位于湖南省桂阳县境内，湘江一级支流舂陵水下游河段。合同金额 1604.04 万元。

工程主要内容：引水隧洞，压力钢管、拦污栅、检修门、快速门及启闭机制作安装等。主要工程量：土石方明挖 8.08 万米^3，石方洞挖 4.3 万米^3，混凝土 1.3 万米^3，压力管道制作安装 251.2 吨等。

工程于 2004 年 10 月 18 日开工，2006 年 8 月 31 日竣工，累计完成竣工产值 1975.12

万元。

第二章　火电及土建工程

第一节　火电工程选介

一、辽宁大连第二发电厂除灰工程

水电十三局承担的第一个火电项目是1970年4月承担的辽宁大连第二发电厂的除灰工程。大连第二发电厂位于大连市区，是当时大连唯一的供热电厂。1969年，电厂几个贮灰场池全部饱和，煤灰流向大连煤码头，直接威胁煤码头的生产。水电部电力司指示水电十三局组织队伍承担大连第二发电厂的除灰任务。水电十三局抽调了安装队、二队、三队、汽车队的130多人和30辆解放牌汽车、3台1米^{3}索铲、7台推土机，组成221工程连，于1970年4月前往大连，5月13日开工，经过6个月的施工，开挖和运输23万米^3。于1970年11月，将12个灰池全部挖空，胜利完成任务。

二、石家庄热电厂贮灰场工程

1980年8月，水电十三局首次单独承包石家庄热电厂贮灰场扩建工程，这也是水电十三局承建的工程量最大的贮灰场。石家庄热电厂贮灰场东西长1500米，南北宽500～600米，占地面积1000亩，原设计土方工程量为149万米^3，有效容积368万米^3，使用年限18年。后经水电十三局建议，修改了原设计，采取“灰场加深，大坝加高”的办法进行施工，竣工方量由149万米^{3}增到310万米^3，有效容积由368万米^{3}增加到729万米^3，使用年限由18年增加到35年，节约占地900亩，节约征地费441万元。水电十三局四分局十队以推土机、铲运机为主进行施工，从1981年4月1日开始，到1983年9月28日完工，实际施工期30个月，提前三个月竣工。共开挖筑坝310.41万米^3，另加老灰场推灰挖沟10.2万米^3，共计完成方量320.6万米^3。

三、山西大同、漳泽电厂贮灰场工程

1981年以后，水电十三局根据山西省电厂建设的需要，将陆上土方机械工作重点放在山西，相继承建了七个电厂贮灰场工程。大同第二发电厂贮灰场是水电十三局在山西承建的第一个灰场。该工程永久贮灰场A-B主坝段由水电十三局四分局八、十一队承担。1981年9月破土动工，1984年7月竣工，共投入机械设备44台，完成工程量95.66万米^3，创产值707.18万元。这一工程的胜利完工，使工程局在山西电厂建设中打开了局面。

漳泽电厂贮灰场位于漳泽水库大坝以下距漳泽电厂以北两公里的南漳河河滩一级阶地上，工程由水电十三局四分局三、十队承担施工，贮灰场南北长约1200米，东西宽约650米，坝体最大断面坝高为18.6米，占地997亩，坝长2628.49米，贮灰场面积56.5万米^2，容积约960万米^3，土方量137.6万米^3，按80万千瓦装机容量计算可供电厂排灰13年。该工程投入施工人员约160人，T20自卸车、D80推土机、装载机、铲运机等各

种设备57台。1983年8月10日破土动工，1985年7月工程竣工，共完成筑坝方量137.2万米^3，创产值924.2万元，被水电部评为优质工程。

四、山西神头电厂贮灰场工程

神头电厂贮灰场工程包括神头电厂Ⅲ期贮灰场工程，神头电厂Ⅰ、Ⅱ期贮灰场扩建工程，神头电厂Ⅰ期贮灰场加高工程，神头第二发电厂贮灰场工程等四个项目。水电十三局成立了工程指挥部，由四分局的一、八、十一队承担该工程施工。在这四个项目中，Ⅲ期贮灰场工程最大，东西长约2100米，南北宽约800米，周长5209米，占地面积约2110亩，库容1400万米^3，可供装机容量80万千瓦的电厂排灰12.5年，总土石方工程量约为255.08万米^3。这项工程施工共计投入102台施工设备和361名施工人员，以D80、D85推土机集土，2.2、3.1、5.6米^{3}装载机装土，T148、T20自卸车运土上坝，D80推土机平整碾压及修坡等流水化作业，辅助红旗-100铲运机直接铲土上坝和坝基开挖，1米^{3}索铲开挖防冲槽、裁弯取直及排水沟。这项工程于1984年4月1日动工，1985年12月竣工，完成产值1200万元。神头第二发电厂（马邑）贮灰场工程，规模仅次于神头电厂Ⅲ期贮灰场工程，于1988年5月开工，1991年7月竣工，完成产值1100万元。1991年11月，马邑贮灰场主体工程通过验收，灰坝主体工程质量优良，其余两项工程也分别于1985、1987年竣工。

五、山东德州华鲁电厂贮灰场工程

华鲁电厂贮灰场位于山东省德州市二屯乡，占地2000亩，贮灰量560万米^3，使用期限为12年，投资354万元。华鲁电厂贮灰场工程是水电十三局在德州驻地中标承建的一个大型火电工程，该工程由四分局一、十队承担施工，共投入T148自卸车9辆、1.6米^{3}挖掘机1台、2.2米^{3}装载机1台、铲运机17台、反铲1台等施工设备。

华鲁电厂贮灰场1990年5月10日开工，于1991年4月30日完成了第一单元的施工任务。

在华鲁电厂贮灰场施工期间，十队修理分队队长吕国仕为胜利完成工程任务作出了突出贡献，被山东省总工会授予“富民兴鲁”劳动奖章、“省优秀生产能手”称号。

六、安徽淮北发电厂牛庙灰场工程

淮北发电厂牛庙灰场工程位于安徽省淮北市高岳镇。业主单位为淮北发电厂，水电十三局三分局负责施工。

该工程先后分为两个合同期，第一个中标合同书于1997年1月31日正式签订。工程施工主要内容：截渗沟开挖、灰场开挖，土方量为70万米^3，土坝填筑用土20万米^3。工程设计库容量约280万米^3，总造价805万元人民币。1998年4月14日又签订了工程补充合同，补充工程主要内容为灰坝加高加宽，土方量180万米^3，造价为1935万元人民币。后根据甲方要求最终实际完成土方量330万米^3，最终结算工程总额为3400万元人民币。

项目部先后投入人员50名，其中工程管理人员20名；先后投入主要设备有装载机、挖掘机、自卸车、推土机、压路机等。该工程比较突出的特点：一是地方干扰比较大，施工中常常因甲方征地问题未能事先妥善解决好，造成乙方窝工。在此情况下，项目部在当地寻找到淮北矿山集镇复垦改造工程，创250万元收益。随后，施工队伍又转回牛庙灰场工地开始正式施工。二是该工程采用管理型施工法，水电十三局在该项目投入施工设备很少，主要是利用社会设备及人力资源，签订合同，用经济、法律手段来管理施工项目。

该工程于1997年1月开工，1998年12月竣工。经业主单位竣工验收，工程质量被评定为优良工程。

第二节 土建工程选介

一、山西平朔安太堡煤矿土方剥离工程

山西平朔安太堡露天煤矿位于山西省朔州崔家岭煤窑附近，平朔公路两侧，地处内陆高原，海拔1400米。1985年7月，水电十三局从水电三局分包部分工程，投入20辆车，进入平朔露天矿。施工不到两个月，完成土方31万米^3，水电十三局车队以高速度、高质量向矿方展示了水电十三局强大的施工能力和管理水平，于是中美合资矿直接与水电十三局洽谈施工任务。1985年12月27日，正式签订施工合同。

1986年3月15日，水电十三局四分局承包的500万米^{3}的土方剥离工程正式开工，土方总量为505万米^3。1986年8～10月组织了大会战，投入100多辆自卸车，500余人参加施工。1986年11月17日，提前44天完成500万米^{3}的土方剥离任务，而且做到了工完场净、文明施工，给建设单位留下了深刻的印象。1985年7月1日～1986年11月17日，共完成土方剥离686.71万米^3，平朔中美合资矿特致电工程局，高度赞誉水电十三局四分局在煤矿开发中作出的突出贡献。“黄色旋风”（指T20黄车）自此时起，饮誉煤炭战线。

二、山东胜利油田孤东集中处理站填土工程

胜利油田孤东集中处理站填土工程，是孤东会战三项重点工程之一。1986年6月3日，水电十三局四分局与胜利油田签订75万米^{3}土方的工程合同，6月中旬，人员、设备进场。四分局在工地上掀起了“大干百天”的竞赛热潮，日产由500车上升到800车最后突破1000车，方量6056米^3。1986年10月25日，水电十三局在孤东召开现场会，号召全局职工学习孤东工地的创业精神。

该工程于1986年6月23日开工，1986年12月15日竣工，比合同期限提前4个月完成任务，共填筑土方75.93万米^3，创产值599.52万元，被评为优质、文明、高速的全优工程。

三、浙江宁波北仑港集装箱堆场填筑工程

宁波北仑港二期工程地处浙江省宁波市北仑区，是国家“七五”期间的重点工程。水电十三局承建集装箱泊位陆域填筑和强夯地基基础处理两项工程。该工程于1987年8月以议标方式承建，陆域用石方填筑，工程量110万米^3，强夯基础工程量6.3万米^2。水电十三局四分局成立了宁波施工指挥部，新组建了强夯队承担石方填筑和强夯处理任务。

1988年6月，陆域填筑工程开工。将一座60多米高的山挖开，取石填入3公里外的海滩，填高4.3米，宽550米，长900米。1989年7月，全部完成陆域110万米^{3}石方填

筑任务。工程局首次采用强夯机进行软基础处理，在6个月内，全部完成了施工计划，强夯面积为6.3万$米^2$，为国家节约283万元。经三航院检测，工程质量优良，强夯合格率为100%，优良率为80%。经预压承载实地试验，最终沉陷量合格，1989年被评为优质工程。

四、内蒙古元宝山露天煤矿剥离工程

元宝山露天煤矿地处内蒙古赤峰市建昌营镇，隶属于东北内蒙古煤炭工业联合公司平庄矿务局，为中国五大露天矿之一。水电十三局中标承接了二区西工程，土方剥离量计970.9万$米^3$，平均运距2.7公里，总产值3635.05万元，工期27个月，要求1992年底完工。

1990年7月，水电十三局成立了元宝山工程指挥部，实行项目法施工，参加施工人员260人，投入机械设备110台。7月26日，先遣人员进驻工地。开工伊始，水电十三局在不到3个月的时间里完成土方剥离量55万$米^3$。进入1991年，元宝山土方剥离进入施工高潮。4月，全工地完成月土方剥离量25万$米^3$；5月，月土方剥离量上升到30多万$米^3$；9月，全工地完成月土方剥离量100.4万$米^3$，创元宝山露天煤矿开工以来月产量最高纪录。

第四篇　非水电工程

第四篇　非 水 电 工 程

建局之初，马颊河疏浚工程局最早的水工建筑和工业民用建筑专业施工单位，是金堤河张庄入黄闸工程处和负责德州基地建设的第四工程处，先后于1964年和1965年完成任务后撤销，大部分职工改行从事疏浚，只保留了一个德州基地房屋修建队。1969年末，湖北葛洲坝水利枢纽上马，水电部指令马颊河工程局按照“海军留下、陆军调走”的原则，将原土木建筑专业人员和设备调往湖北。

1970年5月，由部分钢筋工、木工、混凝土工、泥瓦工、架子工等土建主要工种的老工人作为骨干，重建了一支小型土建施工队伍。1971年7月，四女寺枢纽扩建工程上马，便以这些保留下来的老职工为骨干，成立水电十三局建筑大队，后易名为三分局，并逐步发展成为全局市政工程施工的主力队伍。

20世纪90年代以后，水电十三局不断调整内部产业结构，从设备及专业人员配备方面增强了承接市政工程、公路桥梁工程的能力。不仅成功地承建了“南吴机场高速公路”并获得“全国市政金杯示范工程”奖，而且成功承建了“安庆城市防洪墙改造工程”、“济南市政道路扩建改造”等一系列施工难度较大的项目。目前，市政公用、路桥工程已成为水电十三局主业之一。到2006年，水电十三局取得了市政公用工程施工总承包一级资质，公路、房屋建筑工程施工总承包二级资质，地基与基础处理、土石方工程、公路路基工程专业承包一级资质。

第一章　工业与民用建筑工程

第一节　工业与民用建筑工程录

1974年4月，水电十三局建工处（三分局前身）在完成了四女寺枢纽扩建工程后，留了一小部分施工力量承担十三局德州基地房建任务，大部分力量进入天津市支援杨柳青电厂扩建工程。此后，又相继承建了北京水电部电力科学研究院开关试验站、平原面粉厂、平原棉纺厂、商河第二棉纺厂、德州农药厂和德州橡胶厂的主体工程建设以及一大批与此相关的项目。

已建和在建工业与民用建筑工程一览表，见表4-1-1。

表4-1-1　　已建和在建工业与民用建筑工程一览表

序号	工 程 项 目	合同金额（万元）	竣工产值（万元）	开工日期	竣工日期	备 注
1	天津杨柳青电厂和北京电科院开关试验站			1975-04	1978-07	

续表

序号	工　程　项　目	合同金额（万元）	竣工产值（万元）	开工日期	竣工日期	备　注
2	山东德州铁路北货场“V”型货棚工程		51.39	1981－03	1981－11	
3	山东德州铁路南货场库棚工程		54.6	1982－06	1983－07	
4	山东德州地区粮食转运站库棚工程		49	1982－06	1983－07	
5	水电十三局机关办公大楼、宿舍楼		177.2	1984－01	1988－07	
6	山东平原面粉厂新建工程	85.8	108.62	1984－04	1986－06	
7	山东德州商储库棚		42.82	1984－07	1985－06	
8	山东平原棉麻站库房Ⅰ期工程	120.00	123.50	1985－05	1986－08	
9	山东夏津棉麻公司办公楼、政协楼	84.50	94.93	1985－08	1986－11	
10	山东平原棉麻站库房Ⅱ期工程	141.83	166.29	1986－03	1987－05－31	
11	山东平原棉纺厂3万锭纺纱主车间	629.80	669.00	1988－02	1989－06	
12	山东省农资公司德州分公司铁路罩棚	134.1	129.37	1989－03－20	1989－10－20	
13	山东商河第二棉纺厂改扩建工程	262.61	257.06	1989－03－24	1989－12－20	
14	山东德州农药厂甲胺磷车间二层操作楼、化验楼工程	38	40	1990－03－19	1991－03－31	
15	山东德州橡胶厂综合楼		25.67	1991－03－24	1991－08	
16	山东德州面粉厂工作塔、地下室立筒库承台工程	72.69	90.56	1992－03－20	1992－05－30	
17	山东济南历城区供电局花岗石车间及附属工程	131.7	359	1992－11	1994－05	
18	曹安3、4号标准厂房工程	300	430.17	1993－04－12	1994－04－15	
19	江苏昆山2栋标准厂房工程		302.62	1993－04－12	1994－04－15	
20	山东济南历城区供电局铝合金车间及围墙工程	283	481	1993－04	1994－07	
21	山东济南历城区供电局宿舍楼		190	1994－05	1995－07	
22	山东德州元济公司成品库工程	265	275	1995－03－30	1995－11－14	
23	山东公路机械厂新厂区一期工程	317.42	400	1995－10－06	1997－07－20	

续表

序号	工　程　项　目	合同金额（万元）	竣工产值（万元）	开工日期	竣工日期	备　注
24	山东德州筑路机械厂新厂区一期工程（101金属加工车间）	317.42	400	1995-10-15	1997-07-30	
25	水电十三局德州基地集资楼		384.5	1995-10-18	1996-12-24	
26	济宁市任城区北湖开发工程	318	466.57	1996-03-18	1996-07-10	
27	山东水电十三局德州基地集资楼工程		627.9	1996-12	1997-12	
28	水电十三局30、33号集资楼工程	330	416.63	1998-01	1999-09-14	
29	山东德州黑马大市场商品房工程	270	350	1998-07-01	1998-12-01	
30	水电十三局南区27号集资楼		216.79	2000-03-01	2000-12-29	
31	水电十三局南区28号集资楼		219.17	2000-03-01	2000-12-29	
32	水电十三局南区29号集资楼		241.74	2000-03-01	2000-12-29	
33	山东庆云服装城一号楼		170	2000-05-01	2000-10-31	
34	山东庆云宝利万通商住楼工程	630.49	695.54	2000-08-29	2001-08	
35	德州长虹机械有限公司厂房工程	152	120	2000-09-18	2001-12	
36	水电十三局医院消防配套工程	20				
37	水电十三局西区锅炉房工程	45				
38	水电十三局第八次集资建房工程	2000	2098.53	2001-11-20	2002-12-08	
39	山东华能德州电厂三期灰场管理房工程	59.8		2002-04-01	2002-06-10	
40	山东德州宇力液压缸公司轻钢厂房工程	115.88		2002-05	2002-09-26	
41	山东烟台婴儿乐车间仓库工程	79		2002-07-15	2002-11-30	
42	水电十三局综合楼及招待所工程	660	734.46	2002-08-20	2003-03-02	
43	水电十三局工业园房建工程	600	598.47	2002-08	2003-06-01	
44	水电十三局工业园1号厂房	560	586	2002-10-18	2003-01-26	
45	水电十三局物资公司加油站工程	68	93.27	2003-04-25	2003-06-31	
46	水电十三局工业园1号厂房室外工程	59.5	86.16	2003-05-25	2003-07-22	
47	河南周口隆达发电有限公司材料库工程	118	130	2004-02-01	2004-03-21	
48	水电十三局第九次合作建房工程	1751	1751	2005-05-15	2005-12-16	

第二节　工业及民用建筑工程选介

一、天津杨柳青电厂和北京电科院开关试验站

杨柳青电厂位于天津市西郊杨柳青镇东，1974年已装机两台共10万千瓦。扩建工程主要是新装三、四号两台机组（共20万千瓦）及其配套设施。水电十三局建工处主要承建主厂房，锅炉间的梁、板、柱和淋水塔的基础及220kV变电站的土建部分。约300名职工参加施工，完成施工产值约200万元。施工中所预制的上万件混凝土构件和所预埋的几万个铁件，全部合格，工程质量优良，受到天津市建委的通报表扬。

1975年10月18日，建工处从天津进入北京海淀区清河镇，承建水电部电力科学研究院的7430工程——开关断流容量试验站，即3600kV冲击电压发生器工程的土建部分，主要项目包括振荡回路主厂房、主厂房地下设施、主控制楼、电抗器楼及试验间、3600kV冲击架基础、高压试验区门型架构和混凝土地坪等30个。1975年11月27日开始浇筑混凝土，1978年7月竣工，历时32个月，共完成投资204万元。这是当时国内最大的电力试验站，设备比较先进，对土建施工质量要求很严。虽然工程项目零星，结构型号繁多，但是由于精心施工，各项任务完成得很好，受到水电部领导及有关部门的重视。在完成北京电科院施工任务以后，留下百人队伍进入北京市月坛北街，承建水电部南北两个机关大院和多幢住宅楼群的抗震加固和改造装饰工程，直到1986年全部回德州。

9年中，为水电部分散在北京市月坛北街、虎坊桥、枣林前街、真武庙、长椿街等处的30幢住宅楼进行了抗震加固，加固面积4.7万米^2，造价142万元。还为北京市白广路水电部南北两个院内办公大楼、图书阅览室、浴室、礼堂、招待所、托儿所、仓库和六铺炕水电建设总局院内办公楼、外宾接待室、电子计算机楼等大小24幢楼房，进行抗震加固和改建装饰工程，施工面积4.4万米^2，造价263万元。9年累计加固、改建、装饰大小楼房54幢，施工面积9.1万米^2，总造价405万元。

二、山东德州火车站“V”型折板货棚工程

1978年，铁道部和化工部联合设计了一种新型货棚——“V”型折板货棚，这种轻型折板是预应力钢筋混凝土预制，又薄又长，一般长19.7～14米，厚4～3.5厘米，宽2×1.32米，吊装不当易断裂，技术上有难度。德州火车站很想试用，但迟迟找不到施工单位。凭借水电十三局三分局在混凝土构件预制和吊装方面具有的经验和优势，三分局很快与火车站签订了合同，并组织了一支45人的施工队伍进入德州火车站货场。

工程于1981年3月20日正式开工，当年11月竣工。8个月完成6幢共48跨（每跨净宽8米）“V”型折板货棚，建筑面积4653米^2，造价51万元，质量完全符合要求。三分局为了调动职工开发“V”型折板货棚施工的积极性，确保工期质量，率先在北货场工地实行预算工日包干办法，将个人劳动与收入挂钩，发了奖金，这是三分局20年来第一次发放奖金，职工既新鲜又高兴。当这6幢造型美、重量轻、通风好、工

期短、造价低的簿壳“V”型折板货棚在德州火车站北货场正式启用后，引起了有关用户和天津铁路分局的兴趣。此后，三分局为天津铁路分局预制加工 175 块计 3938 米^2“V”型折板，为德州火车站南货场新建“V”型折板货棚和扩建北货场货棚。到 1987 年 11 月止，近 8 年先后建造了德州火车站南北货场、德州粮食转运站、德州商业储运站和德州农业生资公司共 5 家计 8 座大型折板货棚工程及其附属用房，竣工面积 34 821 米^2，造价 446 万元。

“V”型折板货棚当时成为三分局的“拳头”产品。1983 年 7 月 15 日，山东省粮食厅设计院总工、德州地区粮食局局长在验收粮食转运站“V”型折板货棚时对水电十三局的设计施工表示满意。

三、山东平原面粉厂等工程

（一）平原面粉厂工程

1984 年 4 月，水电十三局三分局承建投资百万元以上的平原面粉厂，派出第四工程队近百名职工，进入了平原县建筑市场，并接着承建了平原棉纺厂 3 万纱锭纺纱主车间等工程。到 1989 年 6 月底全部撤离平原县，在平原县施工 5 年，共完成产值 1157 万元，占三分局工民建总产值的 28%。

平原面粉厂 1984 年 4 月开工，1986 年 6 月竣工。主要工程是新建一座主机楼，框架结构 1349 米^2，另外新建一幢成品库 966 米^2，两幢原粮库 1298 米^2，实际总造价 109 万元。通过该工程施工，三分局进一步提高了施工质量。

（二）平原棉纺厂厂房工程

平原棉纺厂 3 万纱锭纺纱主车间，建筑面积 16 390 米^2，装配式单层中型工业厂房，南北长 171.2 米，东西长 101.1 米，有预制钢筋混凝土柱子 140 根，薄腹大梁 240 根，房顶壳板 640 块，内外天窗 1386 块，天沟板 2160 块，支风道底板 3286 块。在主车间和附房内，均设置东西、南北走向的清花、梳棉、精梳、除尘、空调、细纱排风和电缆、回水等 8 种大小沟道，全长 2300 米，大多是水磨石地面。1988 年 2 月 6 日开挖第一个杯口，2 月 7 日下午浇下第一方混凝土，1989 年 6 月底竣工。

主要工程量为钢筋混凝土 8245 米^3，土方开挖 17 231 米^3，砌砖体 314 万块，水磨石地面 9943 米^2，屋面防水 19 200 米^2，涂料 42 200 米^2，墙裙油漆 4200 米^2，壳板防腐 11 520 米^2，沟道防水 5500 米^2，竣工产值 669 万元，获局安全施工奖。

（三）山东商河第二棉纺厂改扩建工程

商河第二棉纺厂改扩建工程，包括新建主厂房四幢 3042 米^2，新建附房 2191 米^2。主厂房为现浇钢筋混凝土柱子，钢屋架，预应力钢筋混凝土大型预制屋面板；附房为砖混结构。建筑面积 5233 米^2，造价 261 万元。该工程于 1989 年 3 月 24 日开工，1989 年 12 月 20 日竣工。三分局派出职工 43 人，临时工 31 人，携带精干的施工机具，用不到 9 个月的时间完成了任务，固定职工人均产值 54 375 元。党支部书记、工地指挥刘崇竞被评为水电十三局 1989 年劳动模范。

（四）水电十三局第八次集资建房

水电十三局三分局承建的六栋住宅楼，是水电十三局第八次集资建房工程。六栋楼房的建筑面积分别为：东区，31 号楼 4554 米^2、32 号楼 4040.8 米^2、35 号楼 7544 米^2；南区，32 号楼 4141.6 米^2、33 号楼 4150.21 米^2、34 号楼 4049.76 米^2。六栋楼均为六层砖混结构，带地下室，层高除东区 31 号楼为 3 米外，其他均为 2.9 米，檐口高度 17.4 米。

合同金额 2000 万元，工程于 2001 年 11 月 20 日开工，2002 年 12 月 8 日竣工。

第二章　市　政　工　程

第一节　市 政 工 程 录

为适应建筑市场的需求，水电十三局不断调整内部产业结构，加大设备投入和人才培养，增强承接市政工程的能力。工程局自 1999 年承建济南输水供水管线工程以来，先后承建了安庆城市防洪墙改造工程、吴忠市北一环道路与排水工程、济南市东区建设项目二期道路工程、济南市经一路综合改造工程、银川市经济技术开发区文萃南街市政道路及排水等市政工程。2002 年取得市政工程总承包一级资质。

已建和在建市政工程一览表，见表 4-2-1。

表 4-2-1　　已建和在建市政工程一览表

序号	工程项目	合同金额（万元）	竣工产值（万元）	开工日期	竣工日期	备注
1	山东临邑县邢侗公园改造工程	392	392	1998-03-31	1998-09-30	
2	广西南宁—吴圩机场高速公路第三合同段	1799	1874.6	1999-01	2000-01	被中国市政工程协会评为“市政金杯示范工程”
3	山东济南鹊山调蓄水库供输水管线工程	4060	5200	1999-05-10	2000-12-23	
4	安徽安庆市城市防洪块石墙段（B段）改建工程	1396.02	1595.97	2000-09-14	2001-08-27	
5	安徽淮北市东外环路 D 段第一标段道路及排水工程	1536	2061.52	2001-03-30	2001-11-25	
6	宁夏吴忠市北一环道路与排水工程 A 标段	1035.64	1369.69	2001-07-12	2002-07	

续表

序号	工　程　项　目	合同金额（万元）	竣工产值（万元）	开工日期	竣工日期	备　　注
7	安徽淮北市城市路网扩建东外环路C段闸河大桥工程	816.73	853.19	2001-08-20	2003-01-24	
8	安徽安庆城市防洪墙块石墙段景观及绿化工程	286.63	500	2002-01-02	2002-09-29	
9	山东德州新华东路道路及排水工程	280.66	391.62	2002-08-29	2002-10-22	
10	内蒙古鄂尔多斯市东胜区引黄入东工程5标段	339.87	370	2002-09-08	2003-10-25	
11	新疆库尔勒博斯腾湖东泵站输水工程一标段	506	914	2002-10	2004-12-15	
12	安徽安庆市防洪工程东土堤段景观工程	267.9	420.13	2003-03-01	2003-10-30	
13	吉林省延吉市污水处理厂工程	1371.45	1443.25	2003-05-26	2006-12	
14	内蒙赤峰新城区新惠路、全宁街建设工程	849.79	849	2003-06-05	2003-10-05	
15	重庆涪陵滨江路及景观土建工程Ⅰ标段	1389	1364.81	2003-11-21	2004-06-15	
16	山东济南市经一路综合改造工程第三合同段	3332.37	6800	2004-03-05	2004-12-22	被评为2005年度“山东省市政金杯示范工程”，获“全国市政金杯示范工程”称号，获2006年度中国水利水电建设集团公司优质工程奖
17	山东济南市济泺路综合改造道路及管网工程3标段	1000	2129.2	2004-04-01	2005-05-01	

续表

序号	工程项目	合同金额(万元)	竣工产值(万元)	开工日期	竣工日期	备注
18	山东济南市东区建设项目二期道路工程	7600	10 401	2004-05-10	2005-06-30	
19	山东济南市经一路综合改造工程第四合同段	1000	1926.54	2004-07-10	2004-11-28	
20	山东济南大成路道路改建工程		706.18	2004-09-20	2005-04-30	
21	山东济南市西区道路综合管线工程	596.74	2829.9	2005-04-01	2006-09-15	
22	山东济南长清高校新区2号路工程	1670			2005-04	2006
23	山东轻工学院长清新校区道路2号桥工程	636.9	637	2005-04-17	2006-08-18	
24	山东济南解放路综合改造工程	3000	3577.83	2005-05-25	2006-12-28	
25	宁夏石嘴山市大武口区南环路一标段道路排水工程	932.5	1215.65	2005-07-12	2006-12-28	获2006年度宁夏回族自治区“西夏杯”优质工程
26	山东济南市经一路延长线工程	3000	3000	2005-08-12	2006-08-20	
27	山东济南高新区24号路道路工程	1469.26	1730.92	2005-10-20	2006-09-13	
28	河北张家口市主城区清水河水环境治理一期工程第二标段工程	1910.36	1336.35	2006-03-10	2006-08	
29	宁夏石嘴山市大武口区永乐南路工程	211	211	2006-03-31	2006-06-30	
30	宁夏银川市经济技术开发区文萃南街市政道路及排水工程	2017.44	1837.06	2006-05-31	2006-10-20	
31	山东齐鲁制药有限公司污水处理技改项目工程	1128.52	1128.52	2006-07-01	2006-11-30	

第二节 市政工程选介

一、山东济南输水供水管线工程

济南输水供水管线工程位于济南市北郊，是鹊山调蓄水库工程的一个组成部分，是世界银行贷款、山东省环境保护项目，也是山东省和济南市重点工程。它起于3号泵站，穿过黄河到济南第二供水厂止。输水供水管线以黄河为界分南北两段，全长9398米，其中包括DN1800钢管7548.28米，DN1800钢套筒预应力混凝土管（DCCP）1400米，以及相关的检查井3个、阀门井8个、排气井20个、伸缩节6个、倒虹吸8座等，还有DN1200泄水管450米。设计流速2.0米^3/秒，工作压力0.4兆帕，日供水能力44万米^3。

1999年4月29日，水电十三局正式签订中标合同，合同金额4060万元。1999年5月10日开工，2000年4月7日全线贯通，4月25日投入试运行。2000年12月23日，经济南市鹊山水库工程验收组正式验收，工程质量被评定为优良工程。竣工产值5200万元，取得了较好的经济效益和社会效益。

合同签订后，鉴于是第一次承接大口径的输水管线，水电十三局抽调精兵强将组建了济南鹊山水库输水管线工程项目部。整个施工过程中，在面临高压危险、沟槽塌方、交通拥挤等恶劣环境下，水电十三局坚持文明生产，采取了一系列的安全措施，保证顺利完成合同。

二、安徽安庆市城市防洪块石墙段（B段）改建工程

水电十三局三分局施工的安庆市城市防洪块石墙段改建工程B标段位于安徽省安庆市，外濒长江，内临沿江大道，业主是安庆市城市防洪工程建设指挥办公室。

该工程于2000年9月4日中标，中标合同额1396.02万元。工程主要内容：拆除原块石防洪墙、钢筋混凝土防洪墙浇筑、地基换填土及灌浆处理、塑性混凝土防渗墙浇筑、抛石护岸及护坡、综合治理等。工程全长722米，2000年9月14日开工，投入劳动力共232人，其中管理人员39名，2001年8月27日竣工。

该工程是安庆市重点工程项目，被市政府称为“民心工程”。主要完成工程量：一是拆除工程，浆砌石及混凝土块拆除16 917米^3，混凝土及钢筋混凝土拆除3468米^3。二是土方工程，土方开挖29 701米^3，土方回填29 701米^3。三是护坡工程，外购石方抛填10 584米^3，护坎土石抛填17 930米^3，浆砌石3725米^3，碎石垫层及反滤层4814米^3。四是混凝土工程，混凝土及钢筋混凝土防洪墙15 108米^3。2001年11月5日，经安庆市城市防洪工程建设指挥部正式验收，工程质量被评为优良等级。

三、安徽淮北市东外环路D段第一标段工程

淮北市东外环路位于安徽省淮北市，是连接高岳镇与矿山集镇的一条重要道路，是淮北市城市建设重点工程项目。水电十三局二分局承建的D段第一标段工程全长2.64公里。

设计标准为城市快速路，红线宽45米，其中快车道宽22.5米，原设计为沥青混凝土路面，后设计变更为水泥混凝土路面。工程范围为路基路面工程、排水工程、桩号K0+652.50处的桥涵工程。工程业主是淮北市建设投资有限责任公司，监理单位是淮北市建设监理公司。该工程于2001年3月19日正式中标，中标合同金额1536万元。2001年3月30日开工，2001年11月25日竣工。

四、广西南宁至吴圩机场高速公路第三合同段

南宁至吴圩机场高速公路是南宁市和邻近地区通往吴圩机场的必经之路，是南宁市向

南的主要进口道路，被称为“广西第一路”。水电十三局四分局承接的南宁至吴圩机场高速公路第3合同段，全长2.69公里，设计行车速度为120公里/时，路基宽42.5米，中央分隔带10.5米，为双向六车道。其中路基土石方60万米^3，软基处理5万米^3。1998年11月20日签订合同，合同标价为1799万元。

1998年11月18日，水电十三局四分局南吴机场高速公路工程项目部成立，下设工程技术部、质量安全、计划财务、机电物资、综合办公室等部门以及桥涵施工队、路基施工队、砌筑施工队等。

在施工中，本段路基填方多处为稻田、水塘，跨越水库147米，地基软弱，大部分需做清淤换填处理，施工难度大，严重阻碍整体工程的进度。项目部制订了全面的施工方案及进度计划，配备专业人员及技术骨干以确保按时完工。为保证工程质量，项目部将分离式立交桥及高低涵作为质量控制重点，在开挖基坑时，对基底承载力达不到要求的，及时进行下挖，超深回填15号片石混凝土，保证了地基承载力。对混凝土全部进行光面混凝土浇筑，在模板内面加衬聚酯膜，严格控制水灰比及振捣时间，杜绝了蜂窝麻面现象，对砌体面石全部进行凿面处理。根据指挥部要求，在结构物台背回填时推广使用了无砂大孔混凝土，所有基坑均采用先填后挖法施工。

经项目人员努力，南吴机场高速公路第3合同段工程于2000年1月全面竣工。共完成清淤12.9万米^3、回填12.9万米^3、路基挖方58.3万米^3、路基填方52.8万米^3、路面级配碎石底基层8.85万米^3、桥涵混凝土1.19万米^3。广西交通工程质量监督站对南吴高速公路第3合同段进行工程质量检验及评定，评定成绩达到部颁标准，为优良工程，并被中国市政工程协会评为“市政金杯示范工程”。

五、宁夏吴忠市北一环道路与排水工程A标段

由水电十三局二分局施工的吴忠市北一环道路与排水工程A标段位于宁夏回族自治区吴忠市市区西北部，处于吴忠市区连接银川—兰州高速公路咽喉地段。业主单位是吴忠市市政建设管理公司，监理单位是成都信达工程监理公司。

2001年3月22日水电十三局中标，中标合同额1035万元。工程承包范围为东一环路至利通街排水、道路工程施工。全长1279.79米，设计红线宽51米，机动车道为沥青混凝土结构路面。

工程于2001年7月12日开工。完成工程量：共埋设管道3487.4米；砌筑检查井及沉沙井53座，雨水口92个；完成土方开挖7.6万米^3、土方回填16.84万米^3；天然砂砾垫层及水泥稳定砂砾基层23 976米^3，沥青混凝土6746米^{3}等。

吴忠市北一环工程是宁夏回族自治区重点项目，对工程进度和质量要求严格。工程的施工难点集中在排水管道的铺设安装，主管道基本都埋设在距地面深5～6米处，施工的标段两岸稻田密布、地下水位距地面不到0.5米，施工难度大。在没有任何地质水文资料的情况下，通过调研，拿出了一套降排地下水方案，调集三台大功率打井机，以日成井一眼的速度，在1300米长的施工区内，布下了40余眼20多米深的无砂管井。购置深井潜水泵30余台（套），架设专用电路，抽调专人组成排水队，日夜24小时强排地下水，为排水管线的铺设创造了条件。工程于2002年7月竣工。

该工程施工期间，宁夏自治区党委书记毛如柏、自治区政府主席马启智、吴忠市市委书记赵延杰、市长马国林等领导先后前来视察。

六、济南市经一路综合改造工程第三合同段

本工程东起济南市历黄路，西至纬二路，桩号为K3＋900～K7＋100，全长3200米，路宽45米。

工程主要内容：旧道路拆除、新道路改建，雨水及污水管道安装，桥梁建设等。主要实物工程量包括：换填毛石16 500米^3，沥青碎石8900米^3，粗粒式沥青混凝土2640米^3，中粒式沥青混凝土5200米^3，细粒式沥青混凝土930米^3，预制人行道花砖24 500米^2，立沿石33 120米，平沿石12 700米，桩径1.20米的钻孔桩30根，承台4个，桥台4个，台帽4个，系梁2个，盖梁2个，墩柱10根，桥面板72块，浇注各种标号混凝土2450米^3，雨水管线4860米，污水管线3630米，检查井391座。

合同金额3332.37万元，工程于2004年3月5日开工，2004年12月22日竣工，累计完成竣工产值6800万元，质量评定为优良等级。

七、山东济南市东区建设项目二期道路工程

济南市东区建设项目二期道路改造第一标段工程，桩号为K0＋000～K6＋225，全长6.225公里。本段工程包括原路面刨铣处理，部分路段路基挖、填土，沿路的雨水管道、污水管道及综合管线安装，沿线的三座桥梁改建。

合同金额7600万元，工程于2004年5月10日开工，2005年6月30日竣工，累计完成竣工产值10 401万元。

八、山东济南解放路综合改造工程

济南市解放路综合改造工程Ⅰ标段，西起黑虎泉北路，东至历山东路，桩号为K0＋000～K1＋500，全长1.5公里，道路红线宽40～50米。

工程主要内容包括：一是机动车道宽22米，双向六车道，非机动车道为4米，人行道为3米，各以绿化带分开。二是路面结构层厚0.65米，路面三层沥青混凝土，面层为MAC改性沥青混凝土厚0.04米，中粒式沥青混凝土厚为0.05米，粗粒式沥青混凝土厚0.06米。三是桥梁。青龙桥为双跨7＋13＋7简支板混凝土桥，解放桥为7米盖板，文化桥为4米拱桥。四是排水工程为雨水管线、污水管线。解放路是济南市区又一条东西主干道，与经十路、经一路、北园路形成济南市东西向主车道和城市轴。

合同额3000万元，工程于2005年5月25日开工，2006年12月28日竣工，累计完成竣工产值3577.83万元。

九、山东德州新华东路道路及排水工程

该工程西起德州市湖滨南路，东至东地路，全长520.32米。建设单位为德州市金益德房地产综合经营开发有限公司，设计单位为济南市市政工程设计研究院。

工程主要内容包括排水、路基、路面工程。桩号为K0＋000～K0＋520.32，是一直线段。设计红线宽30米，两边人行道各8米宽，机动车道宽14米，路面结构按城市次干道标准进行设计。路面结构形式：上面层3厘米细砾沥青混凝土，下面层5厘米粗砾沥青混凝土，基层0.3米二灰稳定碎石，底基层0.15米厚3∶7灰土，埋设管道长290米。工程于2002年8月29日开工，2002年10月22日竣工，工程质量评定为优良。

十、重庆市滨江路及景观土建工程Ⅰ标段

该工程位于重庆市涪陵区，建设单位为重庆市涪陵区堤防建设开发有限公司，合同额1389万元。

工程主要内容：商铺单位工程从62轴到151轴，单层框架结构，基础直接坐落在碾压成型的堆石体上，标准开间7.5米，进深11.4米，室内地坪标高175.3米，层高3.8米。基础采用C25钢筋混凝土，框架主体采用C30钢筋混凝土，隔墙采用加气混凝土块，屋面防水采用SBS、三元乙丙、两布三油防水。

道路单元工程桩号为K3＋525.365～K4＋120，全长594.3米，行车道路宽24.5米，双向六车道。路基回填4%水泥稳定土碎石层、6%水泥稳定土碎石层、7厘米厚粗粒式沥青。工程于2003年11月21日开工，2004年6月15日竣工，工程质量评定为优良。

十一、河北张家口主城区清水河水环境治理一期工程第二标段

该工程位于张家口市清水河，建设单位为张家口市城市建设开发总公司。合同工期自2006年3月15日至2006年6月15日，合同额1910.36万元。

工程主要内容：清河桥橡胶坝主体工程、清河桥橡胶坝管理设施、电气工程及充排水工程等。工程于2006年3月10日开工，2006年8月竣工，竣工产值1336.35万元。

十二、宁夏银川市开发区文萃南街市政道路及排水工程

该工程位于宁夏银川市经济技术开发区，建设单位为银川市经济技术开发区建设开发有限公司，合同额2017.44万元。

工程主要包括道路、涵洞、给水、排水及附属工程。道路全长1733.53米，红线宽度44米。机动车道沥青混凝土89 972米^2，分为粗粒式和细粒式。人行道道牙3500米，梯形路缘石3280米，混凝土平侧石3500米，树框532套，人行道道砖17 676米^2。

工程于2006年5月31日开工，2006年10月20日竣工。

十三、宁夏石嘴山市大武口区南环路一标段道路排水工程

该工程位于宁夏回族自治区石嘴山市，合同金额932.5万元，合同工期自2005年7月12日至2006年6月15日。

工程全长1700米，宽60米。应建设单位要求，K0＋000～K0＋160段，施工至道路砂砾底基层后，不再施工路面层。摊铺细粒式沥青混凝土65 105米^2，粗粒式沥青混凝土50 240米^2，花岗岩道牙8128米。

工程于2005年7月12日开工，2006年12月28日竣工，被宁夏回族自治区优质工程评审委员会办公室授予2006年度自治区“西夏杯”优质工程奖。

第三章　路　桥　工　程

第一节　路 桥 工 程 录

建局初期，工程局先后承建了张庄、孟家、大道王水闸，大汶河、龙潭河铁路桥，四女寺枢纽等土木建筑工程，随着国家基础设施建设投资力度的加大，公路和桥梁工程逐年增多。水电十三局抓住机遇，及时调整内部产业结构，加大设备投入，引进专业人才，尽快适应建筑市场的需求。自 1993 年承建柳桂高速公路以来，先后承建了江西九景公路、河南商亳公路、河南扶项高速公路、河南南阳高速公路、陕西商界高速公路、新疆中巴公路、内蒙那吉屯—尼尔基公路、云南嵩明—待补高速公路、京福高速公路德州南连接线四女寺减河大桥、湖北十堰市北京路柳林立交桥工程等公路桥梁项目。2002 年，取得高速公路总承包二级、路基专业总承包一级资质。到 2006 年，全局共完成 500 万元以上的大中型公路工程 26 项，竣工产值 10.85 亿元；完成 500 万元以上的大型桥梁工程 8 座，竣工产值 9033.57 万元。

已建和在建路桥工程一览表，见表 4-3-1。

表 4-3-1 已建和在建路桥工程一览表

序号	工程项目	合同金额（万元）	竣工产值（万元）	开工日期	竣工日期	备注
1	山东大汶河、龙潭河铁路桥工程	182	113	1970-07-16	1970-12-25	
2	永馆路夏津西关、岳庄两桥改建工程		139.34	1992-04-14	1992-10-30	
3	东昌公路桥工程		4.27	1992-07	1992-07	
4	广西北海至铁山港一级公路工程	1345	1345	1993-01	1993-11	
5	广西柳州—桂林高速公路工程 11 合同段	8055	9046	1993-08-20	1996-05-30	
6	山东济聊一级汽车专用公路在平段路桥工程	400	500	1994-04	1995-12	
7	山东济宁王夏路路桥工程		104.89	1994-10	1995-05	
8	山东济德公路桥工程		35	1995-08	1995-11	
9	山东临邑宿田路路桥工程		45	1995-08	1995-12	
10	广西南宁—北海高速公路工程南宁至南间段	2466.7	3077.69	1995-12-31	1998-01	
11	山东聊城阳谷公路桥工程		21.9	1996-02	1996-04-28	
12	山东省泗水县中兴大桥工程	608	710.92	1996-04-23	1997-06-10	
13	山东烟台轸八高速公路工程		353.34	1996-06	1997-09	
14	河北石家庄—安阳高速公路连接线邯郸段	2196	4413	1996-12	1998-09	
15	山东潍坊市蒋峪南河大桥加固工程		76	1997-01	1998-05	

续表

序号	工程项目	合同金额（万元）	竣工产值（万元）	开工日期	竣工日期	备　注
16	山东平原商河路高津河桥		158	1997-07-05	1997-09-27	
17	通化公路工程		220	1997-08	1997-10	
18	山东央赣公路白浪河特大桥工程	1751	1676	1997-09-11	1999-06-30	
19	江西九江至景德镇公路工程E9合同段	4261.37	4300	1997-12-22	1999-11-17	
20	山东东营—青州公路第一合同段		445	1998-05	1999-03	
21	山东平原公铁立交桥工程	336	335	1998-06-10	1998-11-18	
22	宁魏公路桥梁工程		271	1998-06	1998-12	
23	河北邯郸铭李公路工程	958.27	1049	1998-07	1998-12-16	
24	济馆一级汽车专用线第三合同段		220	1998-09	1999-07	
25	京福高速公路德州南连接线四女寺减河大桥工程	1030	1030	1999-03-25	2000-10-22	
26	河南商丘至开封高速公路6B标段	4000	4576	1999-05-15	2001-11-25	
27	山东栖霞公路工程		411.31	1999-09-10	2000-05-31	
28	河北永年路桥工程		316.4	1999-11	2000-12	
29	山东济南环城高速公路南线第八B段		180	1999-11	2000-12	
30	甘肃巉柳高速公路CL5合同段工程	1700	1324.86	1999-12-20	2001-06-17	
31	云南嵩明—待补高速公路NO.2工程	8151.52	12 585.41	2000-06	2003-04-30	获云南省2005年度优质工程二等奖，获2006年度中国水利水电建设集团公司优质工程奖
32	内蒙古省道101线阿霍公路（锡盟段）AHC-11标段工程	2405	2189.00	2000-09-26	2002-08-25	
33	内蒙古那吉屯—尼尔基公路土建工程（NNC-03）合同段	2504.7	4234.00	2000-10-30	2002-07-30	

续表

序号	工程项目	合同金额（万元）	竣工产值（万元）	开工日期	竣工日期	备　注
34	省道101线德州—平原段改造黄河涯公路桥工程	560	587.96	2001-05-02	2001-10-31	
35	内蒙那吉屯—尼尔基111国道公路工程	2775.71	4234.8	2001-06	2002-08-27	
36	安徽淮北市城市路网扩建东外环路C段闸河大桥工程	816.73	853.19	2001-08-20	2002-04-30	
37	山东新海路潍坊段弥河特大桥改建工程	572	530.8	2001-11-01	2002-07-25	
38	湖北十堰市北京路柳林立交桥工程	2300	2606.72	2001-11-20	2003-10-31	
39	山东庆云石官堂大桥改扩建工程	334.4	322.09	2001-11-25	2002-05-01	
40	安徽芜湖联圩永安桥—袁泽桥Ⅱ标工程	238.00	232.00	2002-03-12	2002-11-29	
41	山东国道308线齐河禹城段桥涵结构工程	40	39	2002-04-20	2002-08-03	
42	山东国道104线德州段堤岭大桥工程	438.08	344.27	2002-05-01	2002-08-28	
43	青海省西久公路白玉至久治段三级公路路基工程J标段	1358.07	1234.61	2002-05-02	2002-11-30	
44	跨河管桥施工	122.01	122.01	2002-05-30	2002-08-15	
45	内蒙百灵庙—希拉穆仁公路第一合同段工程	1774	1453.7	2002-07	2003-11-01	
46	江西赣粤高速公路信丰至定南B3-2标段	7278	7400	2002-08-15	2003-12-30	
47	新疆中巴公路（喀什段）建设工程第二合同段	4826.4	5187.14	2002-08	2004-01	
48	河南商丘至营廓集段高速公路土建工程SBTJ7合同段	7608.2	8317	2003-02-22	2005-10-18	
49	山东—河北省道248线千童大桥工程	1534.74	1421.17	2003-02-28	2003-11-28	
50	江西井冈山市景观大道工程	3900	3157.79	2003-05	2004-12-30	

续表

序号	工程项目	合同金额（万元）	竣工产值（万元）	开工日期	竣工日期	备 注
51	内蒙古丹拉国道主干线包头（哈德门）至磴口段高速公路土建工程第13合同段	5362.57	5613.84	2003-08-25	2005-11-15	
52	广西象州至桐木二级公路工程5合同段	1202.19	1169.83	2003-10-26	2005-03	
53	国道105线德州至腰站段三十里铺大桥工程	512.56	470	2004-03-23	2004-08-25	
54	河南扶项高速公路土建工程第一合同段	8388	10 600	2004-03	2006-11-15	
55	安徽沿江高速公路毛竹园至大渡口段路基工程	6301.02	5880.06	2004-04-22		
56	新疆Z727线G315线岔口至杜瓦镇公路改建工程	2511	2032.09	2004-05-08	2005-10	
57	山东德州学院人行天桥工程	184.89	184.89	2004-10-06	2005-01-17	
58	云南宣威市小鸡街至田坝二级公路路面3标工程	1490.38	1300	2004-12	2005-05-30	

第二节 公路工程选介

一、广西北海至铁山港一级公路工程

水电十三局三、四分局共同承建的广西北海至铁山港一级公路工程，位于广西北海市合浦县，是水电十三局首次进入南方市场承接的高等级公路工程。

该合同段全长3.78公里，设计路宽24.5米，双向四车道。由四分局负责路基土石方、排水沟、边沟、挡墙、边坡防护等工程，三分局负责涵洞及路面工程。工程主要内容：路面水泥稳定基层和混凝土面层以及桥涵8座。主要工程量：混凝土及钢盘混凝土2万米^3，路面水泥稳定土基层2.4万米^3。合同工期12个月，工期要求1993年1月开工，1993年12月竣工。合同金额1345万元。

工程承接后，鉴于工期短、工程量大，为在广西公路建设市场站稳脚跟，打开局面，三、四分局联合组建了北海路桥公司。1993年大年初一，首期桥涵工程全面开工。至3月底，8座桥涵全部竣工，1993年10月31日全线竣工，工程被评为优良工程。

二、广西柳桂高速公路工程11合同段

广西柳州至桂林高速公路工程位于广西壮族自治区永福县境内。水电十三局承接的是

该公路工程第 11 合同段的施工任务，包括 13.41 公里的主线，1.144 公里的永福互通立交引道和 1.185 公里的 4 条匝道。

柳桂高速公路工程是广西交通建设的重点工程，也是水电十三局承接的第一项高速公路工程。公路全长 142.87 公里，设计路宽 24.5 米，路中设 2 米宽隔离带，全封闭。

第 11 合同段路基从悬崖峭壁、山脊、深沟、沼泽和稻田中穿过，是所有合同段中施工条件最差的一段，平均 160 米就有一个涵洞或桥梁。工程内容为：桥梁 10 座、其中大桥 1 座，涵洞和通道 77 道，防护、排水及路基、路面基层等。路基土方开挖 112.4 万米^3，土方填筑 88.9 万米^3，石方开挖 90.3 万米^3，石方填筑 72.8 万米^3，因工程变更设计，增加土方 39.2 万米^3。该工程项目于 1993 年 7 月 19 日签订合同，合同总价为 8055 万元，合同工期 28 个月。

工程由四分局负责组织实施。1993 年 8 月 2 日，成立水电十三局柳桂公路工程项目经理部，1993 年 8 月 20 日开工。柳桂公路 11 合同段地形和地质情况错综复杂，施工难度大，业主要求按国际菲迪克条款管理工程。为创优质工程，项目部建立了质量保证体系，把工程质量作为主要任务来抓。

1996 年 5 月 30 日，经工程监理部的评估验收，该工程被评定为优良工程。

三、广西南宁至北海高速公路工程

南宁至北海高速公路工程位于广西邕宁县境内，是国道主干线重庆至湛江工程的一部分，是四分局继柳桂高速公路后在广西境内承接的又一条高等级公路工程。

1995 年 11 月 12 日，水电十三局中标第 10 合同段，工程全长 5.86 公里，设计中期宽为 33.5 米，双向六车道，在 K41＋860 处跨越莲花江。主要工程量：路基土方开挖 5 万米^3、石方开挖 17.4 万米^3、土石方回填 77.3 万米^3。建筑物主要包括通道和涵洞。合同总价 2466.7 万元，工期 16 个月。

本工程所处地形为丘陵区，地面起伏较大，低丘矮岭分布连绵，中间夹有高山峻岭，纵向起伏较大，工程施工有一定难度。

工程于 1995 年 12 月 31 日开工。受到当地气候的影响，雨期较长，施工有效期短。项目部严格按照技术规范要求，在整个施工过程中，处理好工程进度、质量和效益三者之间的关系。建立了由项目总工直接负责的质量管理体系，并设工程质量检验科和质量工作监督员。各专业施工队设专人负责质量检查，质检人员有质量否定权。开展质量管理小组（QC 小组）活动，坚持处理质量事故“三不放过”的原则。为完善质量检验手段，工地设试验室，承担土工试验和混凝土试验，钢筋及其他主要建筑材料的检验委托专业试验室进行。

工程于 1998 年 1 月全面竣工，累计完成结算产值 3077.69 万元，1998 年 1 月，被有关部门评定为优良工程。

四、河北石家庄至安阳高速公路连接线工程

石家庄至安阳高速公路互通立交连接线工程位于邯郸市郊，是京深高速公路的组成部分。该合同段三条连接线全长 14.206 公里，按二级公路标准设计，后按一级公路标准施工。合同价为 2196 万元。

工程内容包括道路工程和结构物工程。道路工程：该合同段三条连接线的路基宽12米、路面宽9米，路面铺筑采用沥青混凝土路面，上面层为3厘米细粒式沥青混凝土，下面层为5厘米中粒式沥青混凝土，基层为15厘米二灰稳定碎石，底基层为30厘米厚石灰稳定土。结构物工程：桥梁6座，其中大桥1座、中桥2座、小桥3座，涵洞25道。主要工程量：路基填方20.5万米^3、沥青混凝土上面层14.06万米^3、沥青下面层14.3万米^3、现浇混凝土775米^3、预制混凝土1478米^3。

石安高速公路连接线工程是邯郸市重点工程，业主要求施工单位必须按合同工期完成施工，其中磁县互通立交连接线必须于9月15日前保证贯通。马头立交连接线因原设计不合理，与地下电缆、输水管道重合不能施工，公路工程总指挥部委托项目部重新设计。面对只有一年的工期，项目部统筹规划，组织设计人员白天测量，晚上整理内业，及时完成设计任务。但又因地质情况与设计不符，地面1.5米以下有淤泥、流沙，桥涵地基承载力不能满足设计要求，项目部即向业主提出采取抛石挤淤强化地壳、卵石层找平、片石混凝土加固基础的处理措施，得到业主认可。整个施工过程，工程变更多达49项。

1998年2月，主线路面全部完成，其中路基工程、路面工程、桥梁工程通过甲方初步验收。1998年9月，施工的三条互通立交连接线工程全部竣工，实际完成产值4413万元。1998年11月，工程竣工并通过验收，被河北省交通厅评定为优良工程。

五、江西九江至景德镇公路工程E9合同段

九江至景德镇公路工程起于九江市木家垄，经南昌止于景德镇西郊罗家滩，线路全长133.6公里，为一级汽车专用公路，是江西省“九五”期间“二纵二横”主干道之一。

水电十三局作为业主指定分包单位，承接了E9合同段中K64＋480～K73＋900部分计9.42公里线路的施工。合同金额4260万元，合同工期24个月。主要工程量：土石方开挖102.28万米^3、最大挖方高度25.22米、土石方填筑74.36万米^3、最大填方高度15.65米、各种涵洞70道、中桥1座、小桥4座。

水电十三局以四分局七、九队为主组建了五个机械施工队。工程于1997年12月22日开工。

施工全面展开后，进入了长达三个月的梅雨期。职工们克服了连绵阴雨造成的施工困难，经受了1998、1999年江西历史上两次百年不遇的特大洪水的考验，使得工程顺利实施。许多路段被淹，他们就组织小船运送水泥、钢材进工地坚持生产，保证了工程进度。施工高峰期，最高每天开挖土石方量达15 000米^3，填筑方达8500米^3。提前2个月完成了监理工程师代表处下达的年度挖填方计划，提前1个月完成桥涵、通道、建筑物年度计划。

本段路基土石方主体工程按工期要求于1999年3月底全部完工。施工的质量、速度赢得了业主的好评。江西省公路管理局1999年初下令，分割E10标段30万米^{3}挖填任务交给水电十三局施工，增加了300余万元的产值。

经项目部两年施工，工程于1999年11月17日通过验收。共完成挖填土石方176.64万米^3，浆砌石44 350米^3，路基各项指标均达设计要求，桥涵工程、浆砌工程合格率均达100%，工程质量评定为优良。

六、河北邯郸铭李公路工程

铭李公路工程K4+000～K14+875段位于河北省邯郸市永年县境内，全长10.88公里。公路设计为二级，路面宽12米，是旧路翻新改造工程，即清除原旧路面后重新加高、加宽修建。工程内容为：路基土石方及涵洞工程，路面底基层34厘米石灰稳定土，基层15厘米二灰稳定碎石，3厘米细粒式及5厘米中粒式沥青混凝土面层等。四分局以水电十三局路桥第二工程处的名义，于1998年6月26日与河北省永年县交通局签约承建。合同总价958.27万元，工期6个月。

1998年7月8日工程开工后，遇上了持续1个多月的雨季，有规模的机械化施工无法展开，施工进度严重受阻。项目部根据工作、工程量和雨季情况倒排工期，决定将工程必须提前到11月初完工，并由技术部门精心编制了施工组织计划、各分部分项工程施工技术方案，统筹安排，合理地进行工序交叉配合施工。

工程比合同工期提前53天完成，于1998年12月16日通过验收，该工程最终完成产值1049万元，被评定为优良工程。

七、河南商丘至开封高速公路6B标段

商丘至开封高速公路位于黄河南侧、河南省东部，东起与安徽省接壤的芒山镇，西止于开封市马尾村，是连云港至霍尔果斯国道主干线的组成部分，与河南省已建成的开封至洛阳的高速公路相连。

水电十三局四分局施工的商开高速公路工程6标B段，长6.5公里，位于商丘虞城县文集乡境内。主要施工项目有路基土方53万米^3（均为借土填方），分离式中、小立交桥各1座，通道、涵洞21道，水泥石灰稳定层15.85万米^3、水泥稳定碎石29.96万米^3，以及防护、排水等工程。合同产值4000万元。

1999年2月，四分局成立商开项目经理部，全线分四个工作面，成立了三个生产运输队，一个汽车队。

商开公路工程的路面主要是底基层、基层施工。底基层填筑前先要处理路基范围内的坑、穴，填平、夯实和清除种植土，进行填前碾压，分层填筑，掌握好松铺厚度、填筑宽度、平整度，控制好含水量在20%范围以内，底基层是厚18厘米的水泥稳定土，采用路拌法。基层是总厚度为31.4厘米的水泥稳定碎石，集中拌和、分层摊铺，由压路机分别静压、振压、收光，4小时后洒水养护一周。结构物工程所有混凝土施工均采用电子计量集中拌和，大型钢模板支模，所有石料均进行二次筛分。施工全过程严格进行质量控制。

2001年11月，工程通过了河南省交通厅质检站的竣工验收，被评定为优良工程，工程竣工结算产值4576万元。

八、甘肃巉柳高速公路CL5合同段工程

巉柳高速公路是连接连云港至霍尔果斯国道主干线的重要组成路段，是兰州市东出口的公路运输大通道，甘肃“九五”期间公路建设的重点实施项目。沿线全长77.1公里，设计路面宽24.5米。水电十三局四分局承担第五合同段2公里的施工任务。主要工程量为借土填方23.22万米^3、浆砌石1.35万米^3、中桥1座、通道桥1座、盖板涵7道、圆管涵5道。该工程是分包工程，1999年12月25日，四分局与甘肃宏伟建筑工程公司签

订分包合同，工程造价1700万元，工期18个月。

工程承接后，四分局组建了项目经理部，并成立了相关科室，组织施工人员400人，施工机械设备37台（套），于12月20日正式开工。工程前期受资金、地方干扰等因素的影响，影响了有效施工日。项目部根据工程内容与各施工队签订责任书，每道工序落实到人。各队伍合理安排施工，灵活调动人员及设备，在保证质量的基础上加快进度。至2001年6月份，巉柳高速公路第五合同段全部竣工。

2001年6月8日，公路工程监理部门在第5标段召开了全线经验交流会，对水电十三局项目的管理经验和施工水平给予充分的肯定。6月17日，第五标段路基工程顺利通过由高速办及监理部组成的验收小组的验收。

九、云南嵩明至待补高速公路第二合同段工程

云南嵩明至待补高速公路是云南省列入发展计划的六条交通干线之一，全长120.58公里。第二合同段是水电十三局在云南承接的第一条高速公路工程。

2000年2月26日，水电十三局与云南嵩待高速公路建设指挥部正式签订了合同，工程由四分局负责施工。水电十三局中标的标段全长10.31公里，设计路基宽24.5米，双向四车道。施工内容为路基挖方45.45万米^3、路基填筑115.33万米^3、中桥1座、小桥14座、跨线桥5座。施工期为30个月，合同产值为8151.5万元。

合同签订后，四分局成立了嵩待高速公路项目经理部，组建了5个施工队，并设立了相应的科室，选配了工程技术管理人员。投入的施工机械设备有运输车辆95辆，各类土方机械36台，桥梁桩机、碎石机等24台。

嵩待高速公路工程在设计过程中有些因素未能充分考虑，使工程在即将破土动工之时，公路建设总指挥部不得不对原设计进行变更，重新进行设计。大规模的设计变更使原来的合同产值8100多万元增到1.03亿元。

在施工中，项目部本着关键工程、控制工程优先施工，次要工程和非控制工程兼顾的原则，最大限度地发挥项目部人员及设备的优势，通过科学管理、规范施工来达到优质、安全、低耗、高效的总目标。项目部将全线分为四个区域，分别由四个施工队具体施工，包括路基土石方、涵洞及排水防护、桥梁施工队。施工中化面为线，化线为点，以点代面，点点推进，按照总工期要求及阶段性进度计划，对人员、设备的投入作了细致的计划和安排。项目部在施工中，强化管理，抓质量，建立质量保证体系，制定内控措施，实行质量、进度目标责任制管理，合理安排，保证各工作面、各工序形成流水作业。在2001年12月5日的年度全线总评中，平均成绩达到96分，在全线15个标段中，水电十三局施工的第2合同段进度和质量双获第一。

十、内蒙古那吉屯至尼尔基公路土建工程第三合同段

那吉屯至尼尔基公路属于国道111线，位于内蒙古自治区呼伦贝尔盟境内，全长122.3公里。由亚洲银行投资，业主为呼伦贝尔盟交通局，由呼伦贝尔盟交通监理公司负责工程监理。

2000年10月19日，水电十三局中标那尼公路第三标段，10月30日在内蒙古海拉尔市呼盟交通局签订正式合同，合同总价2504.7万元，工期至2002年7月30日。工程起于呼伦贝尔盟阿荣旗亚东镇，止于莫力达瓦镇，全长31公里。建设标准为三级，路基宽8.5米，路面为7米宽次高级路面。主要工程量：土石方开挖13.24万米^3、路基填筑50.9万米^3、天然砂砾级配碎石底基层23.32万米^3、水泥石灰稳定砂砾基层22.86万米^3、沥青表处21.39万米^3、桥梁10座、板涵6道、管涵23道、砌体2.8万米^3。

2001年3月初开始组织人员、设备进场，5月份全面展开路基桥涵施工。

在路基填筑中，由于本地区地表普遍存在0.3～2.0米的腐殖土壤层，塑性指数较高，且受地下水、地表水及冻涨的影响，路基施工质量控制难度大。项目部参考当地各种施工资料，向设计部门建议以水泥石灰稳定天然砂砾作基层，将原旧路段和路基低路段采取适当加高的措施，以强化路面承载力。对于路基高度受限制的地段和路基换填段采取换填砂砾土、碎石土的措施，使路床内不存在腐殖土软弱夹层，并对路床底进行填前碾压，严禁回填塑性指数较高的黏性土，这样可以更高地提高基层的设计强度，同时可以简化施工程序，提高工作效率，有利于控制施工质量，使路面结构更合理，强度更高，并可以有效地延长其使用年限。该施工方案经总指挥部在四个标段承建单位试验室做试验之后在全线采用。全部油面铺设在2001年7月份完成。

2001年9月，由亚洲开发银行贷款项目办公室、内蒙交通厅呼伦贝尔盟质检站组成的联合检查组对正在施工的那尼公路各施工标段的施工质量、施工进度以及内业管理等方面进行了检查，得到联合检查组的肯定，被111国道指挥部评为“质量管理年优胜单位”。

十一、江西赣粤高速公路信丰至定南B3－2标段

该工程位于江西省赣州市信丰县，水电十三局承接的合同段全长4.88公里，合同金额7278万元。

工程主要内容包括1座特大桥，全长607米，宽29.5米，共15跨，跨径40米，为后张预应力桥梁；灌注桩直径1.5～2米，桩长22～37米，T梁210根。另外还有2座中桥，分离式立交桥4座，涵洞22道。桃江特大桥下部结构为桩基础，柱式墩；上部结构为15～40米跨简支变连续T梁。该工程地质复杂，桥处于岩溶发达地带，溶洞洞高最高达6.2米。

工程于2002年8月15日开工，2003年12月30日竣工，质量评定为优良等级。

十二、河南商丘至营廓集段高速公路土建工程SBTJ7合同段

商亳高速公路是东营至香港国道主干线河南境内的一段，全长45公里，路区地处黄河平原东部，地形低平开阔，地势北高南低，由西向东南微倾。

水电十三局承接的标段全长6.35公里，路基宽28米。合同金额7608.2万元，合同工期自2002年11月20日至2004年11月20日。工程主要内容为路基、路面底基层和基层、结构物、排水与防护及沿线设施。其中路面底基层为石灰水泥稳定土，基层为水泥稳定碎石。主要工程量：全线共有互通式立交1座，中桥2座，分离式立交桥4座，天桥1座，通涵17座，水泥石灰稳定土底基层17.5万米^2，水泥碎石稳定基层17万米^2，主线收费站1处，路基土方97万米^3。在施工中，商亳高速公路工程多次荣获全省高速公路质量大检查第一名，项目部荣获了由河南省商丘市高速公路发展有限公司颁发的“特别贡献奖”。

工程于2003年2月22日开工，2005年10月18日竣工，质量评定为优良等级。

十三、河南扶项高速公路土建工程第一合同段

该工程位于河南省周口市，全长91.04公里，是阿深高速公路的一部分。水电十三局承接的部分长12.3公里，合同金额8388万元，合同工期自2003年12月至2005年12月。

工程主要内容包括路基土石、防护排水、路面底基层、中桥、分离立交桥、天桥、涵洞等。2004年2月1日人员进场，路基范围内的永久征地问题3月4日全部解决。工程于2004年3月正式开工，2006年11月15日竣工，累计完成竣工产值10 600万元。

十四、新疆中巴公路（喀什段）建设工程第二合同段

该工程位于新疆喀什市，建设单位为新疆交通厅公路管理局，合同额4826.4万元。

该标段起点桩号为K13＋900，终点与疏附县市城路相接，桩号为K23＋416.63，除去中间两座大桥及短链，总长8.73公里。本路段设计等级为一级公路，双向四车道，水稳基层，23厘米厚混凝土路面，路面宽度21米。工程于2002年8月开工，2004年1月竣工，工程质量评定为优良。

第三节　桥梁工程选介

一、山东大汶河、龙潭河铁路桥工程

1969年8月，104工程连和第三工程队完成孟家、大道王两座水闸建设任务后，山东省重点工程建设指挥部要求水电部十三局派出施工队伍，承担674工程（即莱芜电厂）铁路专用线上的大汶河、龙潭河两座铁路桥的施工任务。

大汶河铁路桥和龙潭河铁路桥均位于莱芜城南颜庄乡境内，两桥距离不远，都是莱芜电厂铁路专用线上的关键工程。大汶河铁路桥横跨大汶河，主桥全长301米，17孔，每孔净跨16米，西桥头还有铁路公路立交桥1孔，净宽12米，全长27米。主桥桥墩基础为沉井结构，共16个。沉井平面尺寸为5米×7米，壁厚1米，要求穿越砂卵石层后嵌入风化砂岩内0.2～0.4米，墩台为砌石，桥梁为钢筋混凝土预制T型梁，共34根，每根重55吨。

1970年7月16日，首批人员进场，8月15日主体工程开工。当年12月25日竣工，历时4个半月。

完成主要工程量：混凝土5655米^3，浆砌石2210米^3，土方20 000米^3。上部附属工程包括通讯支架6座，避车台8座，检查梯18座，墩台吊（围）栏20个，人行道板铺设及栏杆657米，耗用钢材306吨、水泥2210吨、木材320米^3，道木1000根。工程预算192万元，扣除遗留工程款10万元，节约投资69万元。

工程最关键工序是沉井沉放和大梁吊装。每只沉井重达660吨，沉放方法是混凝土就地浇注沉井后，在井内排水并以人工均匀开挖基土，令其就地原位均匀下沉，要求位移倾斜偏差在1%以内。经过60天精心组织施工，16个沉井准确、安全沉放并回填完毕。

大梁吊装采纳老起重工张华明提出的使用“独脚拔杆吊大梁”的方案，即大梁就地在每桥孔内顺水方向预制2根，梁间距1.8～2米，便于在其间组立拔杆。拔杆采用钢木组织结构，长19.7米，自重6.2吨，用1米^{3}索铲改装的吊车组立和移位，混凝土梁自重55吨，拔杆起重能力可达70吨，使用50吨电动卷扬机起吊。11月20日第一根梁试吊成功，12月20日全部吊装完毕。张华明受到山东省重点工程指挥部和济南铁路局的表彰，《大众日报》刊登了他的事迹。

龙潭河铁路桥5孔，规模小些，由第三工程队承建，与大汶河铁路大桥同时施工，同时完工。

二、山东泗水中兴大桥工程

由水电十三局三分局承接施工的泗水中兴大桥工程，位于山东省泗水县城西中兴路中段。业主是山东省泗水县中兴大桥工程施工指挥部，山东省土木工程监理公司为工程监理。

1996年4月13日，正式签订工程中标合同书，中标合同价608万元。主要工程量为钢筋混凝土5570米^3。中兴大桥桥型为后张预应力简支梁，全长405.28米，主体工程20孔，跨度20米，宽24米，其中主车道宽19米，原设计桩长24米，但因施工中遇古河道，地质复杂，甲方变更设计，将桩长变更为36～44米。

工程于1996年4月23日开工，1997年6月10日竣工。经业主正式验收，工程质量被评定为优良，共完成投资额710.92万元人民币。

后张预应力混凝土施工虽不是新工艺，但对水电十三局来说是第一次采用。为了心中有数，项目部组织工程技术人员去兄弟施工单位参观学习后，决定预应力钢筋混凝土箱梁在现场预制，预留孔道，采用预埋波纹管法成孔。采用XM锚具，150T YCD型千斤顶张拉钢绞线，柱塞式压浆泵灌浆，试制获得了成功。

三、山东央赣公路白浪河特大桥工程

由水电十三局三分局施工的央赣公路白浪河特大桥工程，位于山东省潍坊市央（子）赣（榆）一级汽车专用公路寒亭段白浪河上，是央赣公路进港段技术改造的重点建设项目。业主是山东省潍坊市公路管理局，工程监理单位为山东省潍坊公路局监理组。

该工程1997年8月22日中标，中标合同额1751万元。央赣公路白浪河特大桥单跨25米、总长530.46米、桥宽24.5米，该桥为预制装配式简支梁大桥，全桥共计工字梁210根，下部结构为钻孔灌注桩墩台，孔径1.5米，深48～50米。

水电十三局很重视这一工程，中标后局组建了水电十三局央赣公路白浪河特大桥工程项目部。

工程于1997年9月11日开工。由于人为的干扰和自然灾害的侵袭，常常打乱施工计划。至1998年底，工程只完成合同量的70%，业主要求全部工程务必于1999年6月底竣工。扣除冬季施工，留给三分局的只有4个月。时间短、任务重、缺资金、困难大，工程处于决战阶段。分局党政主要领导亲自到工地动员、鼓励职工，帮助对内对外做好工作，形成合力。项目部作了合理的施工安排，工地团支部组织“青年突击队”，担负了现场工程量最繁重的地段，迅速掀起了抢工热潮。职工们起早贪黑，夏季施工每人一天工作十五六个小时，冬季平均每人也在10个小时以上。经参建人员顽强拼搏，工程于1999年

6月30日竣工。

四、山东京福高速公路德州南连接线四女寺减河大桥工程

由水电十三局三分局施工的京福高速公路德州南连接线四女寺减河大桥，位于山东省德州市市区南部，京福高速公路德州南连接线四女寺减河上。业主是山东省德州市公路局，监理单位是山东省潍坊市公路局监理中心。

1999年3月25日，正式签订工程施工合同，合同金额1030万元。主要工程量为混凝土量10 000米^3，钢筋820吨。

大桥全长356米，宽25.5米，跨度25米，共14跨，双向四车道。该桥结构形式：下部是直径1.5米的灌注桩，墩柱设计桩长38米，台柱桩长25米，河跨中4～10排有联系梁，灌注桩以上为直径1.2米的墩柱；上部为168片跨度25米的后张预应力T型梁，共14跨，梁高1.5米，每个梁重34.1吨，梁上层现浇18厘米厚混凝土桥面，再铺5厘米厚沥青混凝土路面。

工程于1999年3月25日开工。项目部确定的奋斗目标是一定要在德州市家门口建造一座高标准、高质量的桥梁，为水电十三局树立一面旗帜，为今后拓展德州市建筑市场打下良好的基础。为确保工程质量，项目部从一开始就采取高标准、高视点，加强质量管理，按照ISO 9002系列标准的要求，对所有关键项目都实行技术人员跟班作业，确保技术指导到位、工序检验到位、监控手段到位。

施工中，项目部首先严把料源关，凡是没有经过检验或检验不合格的材料一律不准进入现场。为确保接桩的质量，他们下决心，一次投入数万元专门从郑州专业厂家定做了一批优质模板，使成型后的桥墩、帽梁、桥台光滑平整，美观大方。为保证混凝土的施工质量，分局专门购置了一套混凝土自动配料装置，以增加混凝土的准确性，稳定配比；冬季施工时，他们还采用防冻剂、温水拌和等施工工艺，确保低温下混凝土的施工质量。他们凭着严密而又科学的施工组织管理，做到了文明施工、安全生产，没有发生一起安全事故。

工程于2000年10月22日竣工。11月25日，经山东省交通厅技术鉴定小组评定，工程质量为优良。

五、山东平原公铁立交桥工程

由水电十三局三分局施工的平原公铁立交桥工程，位于山东省德州市平原县城南平尹公路平交路口，是平原县城总体规划的南外环路跨越京沪铁路的立交桥工程。业主和监理单位都是山东省平原县铁路平交道口改建办公室。

1998年6月，正式签订中标合同书，中标合同金额336万元。主要工程量：土方0.6万米^3，混凝土量3410米^3。

该桥设计桥轴线与铁路线夹角为70度，桥全长205米，共7跨。跨度分别为3跨35米，4跨25米；桥面宽11米；桥梁上部结构为后张预应力混凝土简支T型梁，下部为双柱式灌注桩、墩柱、盖梁；墩柱直径为1.4米和1.6米，高达9.2米。

工程于1998年6月10日开工，1998年11月18日竣工。经业主正式验收，工程质量被评定为优良。

该工程难点：一是工期短，施工时间仅有5个月，中间夹有雨季，入夏以来连降暴雨对施工干扰很大；二是施工场地狭窄，给施工材料的存放、周转，混凝土构件的预制，施工设备的运转都带来了很多困难；三是施工难度大，这是三分局第一次承建35米大跨度的桥梁，也是第一次承建跨铁路立交桥，缺乏施工实践经验；四是施工中不能影响京沪铁路正常运行，京沪铁路平均5分钟通过一趟列车，吊装施工必须确保安全，万无一失。面对上述难点，项目部领导和工程技术人员根据施工现场的实际情况，重新确定了切实可行的施工方案。由于施工场地狭窄，预制T梁采用了周转地模，配置两台50吨龙门吊机，T梁预制完成后随即吊装就位。施工的最大难点为跨铁路T梁的吊装，项目采取了在铁路停运的短时间里快速把导梁架设好，用龙门吊把大梁吊放到运梁小车上，而后通过导梁把大梁初步运送到位，再由铁路两侧的龙门吊把大梁调整就位。在这样复杂的施工条件下，顺利实现了快速、安全吊装。1998年11月18日完工通车，其工程质量和进度都得到了德州市、平原县领导赞扬。

六、湖北十堰市北京路柳林立交桥工程

湖北十堰市北京路柳林立交桥是十堰市北京路上的一座重要桥梁，该工程是鄂西北最大的城市立交桥工程，合同金额2300万元。

该立交桥为五交叉口，三层互通式立交桥。主桥按四车道设计，桥宽25米，主桥为5跨，每跨30米，总长150米。采用预应力简支T型梁设计，二层圆盘宽15米，中线半径为32.5米，采用12个直径为1.3米的圆型墩柱支撑。桥面采用整体现浇混凝土箱形结构，圆盘设6个接口连接各条道路。该工程是水电十三局首次承接的第一个城市立交桥工程。

2001年11月20日工程开工，2003年10月31日竣工。共完成土石方开挖18 000米^3，钢筋1700吨，混凝土11 400米^3，砌石700米^3，预应力钢筋61吨。柳林立交桥施工质量符合工程建设标准，被评为优良等级。

七、山东省至河北省248线千童大桥工程

该工程位于漳卫新河内，邻省道248线，在原千童大桥上游新建30孔、35跨大桥。大桥全长1050米，跨山东、河北两省各半。

水电十三局三分局施工山东境内，共15跨，桥长525米，桥总宽17米，净宽16米，跨径35米，灌注桩48根，直径1.5米，桩深45～55米，后张预应力T梁120榀，盖梁16道，合同额1534.74万元。

工程于2003年2月28日开工，2003年11月28日竣工，质量等级评定为优良。

八、其他桥梁工程

(一) 济聊一级汽车专用公路茌平段路桥工程

由水电十三局三分局施工的济聊一级汽车专用公路茌平段路桥工程，位于山东省聊城地区茌平105国道上。业主是山东省聊城地区公路局，监理单位是山东交通厅监理公司。

1994年4月12日，正式签订中标合同书，中标合同金额400万元。主要工程量为3座跨度为13米的4～5跨桥。

该工程由冯氏河桥、匝道桥、茌中河桥三座中型桥组成。1994年4月开工，1995年

12月竣工。经业主正式验收，工程质量被评定为优良。共完成投资（结算）额500万元。

（二）省道101线德州黄河涯大桥工程

由水电十三局三分局施工的省道101线德州黄河涯大桥工程，位于山东省德州市区南郊黄河涯乡，省道101线跨减河上。业主是山东省德州市公路局，工程监理单位是山东省聊城市公路局监理公司。

该工程桥长260米，13孔，桥梁为20米长的先张预应力空心板；桥墩为柱式墩，钻孔灌注桩基础。工程中标合同金额560万元。工程于2001年5月开工，2001年10月竣工。

中标后，水电十三局组建了水电十三局德州黄河涯大桥工程项目部。该工程投资规模虽然不大，但这个工程是三分局首次采用先张法预应力桥梁施工工艺。工程难点在桥梁预制环节，为攻破这一难关，项目部组织工程技术人员，虚心向兄弟单位请教，不仅保证了大桥构件质量，锻炼了施工队伍，而且也积累了先张预应力施工经验，为以后承接类似工程打下了基础。竣工验收后，工程质量被评定为优良。

第四章　大件吊装、公路运输工程

大件吊装及公路运输是水电十三局五分局的主业。为了适应形势的发展，90年代以后，五分局不断进行企业内部改革，改进经营机制，调整产业结构，拓展了承接路桥、土石方、基础处理等工程施工项目。

第一节　大　件　吊　装

大件吊装施工是五分局的优势业务，原由该分局三队专门承担大件吊装工程。为适应市场需求、转变经营机制，便于承揽吊装任务，1994年，五分局在三队的基础上，组建了专业的吊装公司。公司成立后，他们在承接吊装难度较大、安全系数较小的施工项目方面，显示了自己的优势。

1994年7月22日，公司承接了一项特殊任务——德州热电厂磨煤机房大板梁吊装。梁高1.1米、宽8米、长8.6米，重22吨。由于施工场地限制，只能远距离吊装，且吊高达27米，吊车回转半径13.1米，即使使用90吨吊车也超载3吨，许多施工单位不敢承接，成了困扰德州热电厂施工的一大难题。该厂找到吊装公司后，公司领导、技术人员及操作人员经过现场周密勘测，凭借实力和丰富的吊装经验，制订了吊装方案，一次稳妥的吊装成功，创造了90吨吊车的吊装奇迹，解决了该厂的燃眉之急。

1994年10月，吊装公司派出的日产90吨吊车到达山西万家寨水利枢纽工程工地后，由于吊车大部分时间是在基坑工作，施工场地狭小，又是软弱地基，操作难度大。五分局选派了有经验的机械操作工和起重工，商议制订了安全可靠的吊装方案，依靠丰富的施工经验克服了重重困难，使这台庞然大物在工作人员的精心指挥和操作下，挥臂自如，举重若轻，在万家寨工地上作出了突出贡献。

1995年初，五分局吊装公司出动5辆吊车，配合交通部第三航务工程局参加了上海市内环线高架梁2.9标的建设。由于工期紧张，参加施工的吊车从德州出发，昼夜兼程，于农历腊月二十九日晚上赶到了上海市四川北路的施工现场，大年初二就投入了紧张的施工。在桥梁吊装的时候，为甲方出主意、想办法，排忧解难。在其中一项吊装中，甲方做的吊装方案是采用75吨吊车进行单机吊装，但由于内环线高架桥是沿下面公路建造的，两边距电线很近，几乎没有回转空间，致使吊装困难。吊装公司经过反复计算论证，向甲方提出了利用两辆40吨吊车双机抬吊、联合作业的吊装方案。经试吊完全可行，为甲方解决了困难。

1996年，五分局经过认真的市场调查，鉴于高速公路建设越来越多，而且高速公路结构物多的特点，分局抓住有利时机，决定利用自身优势积极开拓高速公路桥梁吊装市场。他们自己动手，先后制造出了四台分体式运梁拖车，解决了过去对13米以上预制梁不能运输的难题。并由过去仅以出租吊车为主，转向独立承包单项吊装工程为主，形成了具有五分局专业特点的优势产业，提高了产值利润率。

1999年3月，五分局组建了三峡项目部，首进三峡工程参与大型水电建设，继续发挥吊装及散装水泥运输业务的优势。

90年代以后，五分局先后在济德、济德路南段、济泰、潍莱、东青、青威、宾博、莱新、津保等高速公路工程承包桥梁吊装工程，创产值上千万元，取得较好的经济效益和社会效益。

第二节 公 路 运 输

公路运输是五分局另一项主业，主要设备为数十台进口德国奔驰平板货车。为适应市场需要，他们不断改进经营机制，1994年，撤销一、二队建制，重新组建了散装水泥运输一、二、三、四、五、六部及散运项目部，根据市场运力实行项目管理。1998年，五分局开始了产业结构的调整，初步确立了以吊装为主业，同时开拓水泥营销、土方工程、涵桥建筑、护坡工程等业务结构，专设了水泥营销、物资营销部。2001年，根据市场及分局的生产实际，撤销了散装水泥运输各部，运输设备实行集中管理，成立了设备租赁公司。

1993年8月，该分局承担起国家重点工程北京十三陵蓄能电站的水泥运输供应任务，成立了北京散装水泥运输项目部。在工程施工期间，不管白天黑夜，只要工地需要水泥，随叫随到。截止1996年工程结束，项目部为电站工程输送水泥285 155吨，完成产值784万元。

1995年7月～1998年期间，五分局投入20辆奔驰散装水泥罐车，担负起国家重点工程山西省万家寨引黄入晋水利枢纽工程的水泥运输任务。运输车辆由大同水泥厂装车出发，运行260公里到达工地，沿途路况极差，在偏关县境内，车辆还需经过素有“小十八盘”之称的山路。该段路况险要，新开通的道路两侧是未加防护的峭壁，阴雨天气时常有山体滑坡、巨石滚落。五分局的司机们凭借娴熟的驾驶技术和经验，日复一日地将水泥罐安全迅速地运到施工场地，圆满地完成了合同任务。共运送水泥 36 966 吨，完成产值 446 万元。

1996 年，五分局通过与山东省临淄齐银水泥股份有限公司建立合作关系，承揽了该公司销往青岛市区城建工程的所有水泥运输任务，这是五分局又一规模较大的散装水泥运输项目。至 1998 年合同终止，该项目共运输水泥 58 025 吨，完成产值 480 万元。

五分局还曾先后参加过其他较大运输项目：广州芳村区水泥运输、黑龙江莲花电站水泥运输和山东境内山铝水泥厂、青龙山水泥厂、济南黄海水泥厂、临沂水泥厂合作的散装水泥运输，还有上海集装箱运输和山西大同晋煤外运等。在上述运输过程中，做到了安全、文明行驶，没有发生过较大安全事故。

第五篇　国 际 化 经 营

第五篇 国际化经营

国际工程承包业务是水电十三局的优势产业和主营业务，20年来得到了长足的发展，取得了优异的业绩，水电十三局由此成为水电建设行业实施“走出去”战略的领军企业。

早在计划经济时期，水电十三局就根据水电部指令，多次参与国外援助工程。从1968年8月到1986年6月，水电十三局先后派出100多名职工，到10个国家参加了11个工程项目的施工。1987年6月开始，水电十三局先后以中国水利电力对外工程公司（简称中水公司）和广西国际经济技术合作公司（简称广西公司）为窗口，转包承建了巴基斯坦KPOD/DPOD排水工程、贾米诺灌溉渠工程和明普卡什排渠工程。

历经诸多坎坷、磨难，到1992年，水电十三局已摸索出一些有益的经验和教训，初步适应了国际工程的承接、施工和管理工作。1993年，水电十三局制定了《国外工程项目暂行管理办法》，从六个方面提出了加强国外工程管理的措施，明确了施工管理体制、经济责任制、工程施工管理、设备管理、人事管理和资金管理的具体措施。

1995年1月，水电十三局与中国水电总公司一起，进军马来西亚市场，成立了驻马来西亚经理部。同年9月，注册成立了华德工程有限公司。经过积极努力，先后在马来西亚中标承接了数项吹填造地工程，从而改变了长期在巴基斯坦一国施工的局面。1995年10月，成立中国水利水电第十三工程局驻巴基斯坦工程项目经理部，负责对水电十三局在巴基斯坦的工程实施全面领导和统一管理。1997年下半年，水电总公司调整水电十三局领导班子后，新班子继续贯彻实施“国内求生存，国外求发展”的经营战略，广泛建立信息渠道，加强与合作伙伴的业务联系，全方位地捕捉信息，抓住机遇，大力开拓新的市场。1998年，水电十三局成立投标公司，下设国际工程处，负责国际工程市场开发业务。2002年，成立国际工程部。

2002年签订合同额0.73亿美元，2003年0.98亿美元。2004年，水电十三局把国际工程定位为核心竞争力，国际工程开始进入快速发展阶段。2004年签订合同额1.63亿美元，2005年3.20亿美元，2006年2.82亿美元。2002年完成营业额1884万美元，2003年2246万美元，2004年2198万美元，2005年9902万美元，2006年2.13亿美元。国际工程营业额在企业营业收入中所占的比重逐步增大，提前实现了水电十三局国内国外营业收入各占50%的目标。

从1987年首次单独承建国外工程至2006年，水电十三局国际工程已走过了近20年的历程。20年来，水电十三局以中水公司、水电集团公司等单位为窗口，先后在巴基斯坦、孟加拉、马来西亚、越南、泰国、乌兹别克斯坦、坦桑尼亚、菲律宾、肯尼亚、也门、阿尔及利亚、阿富汗、斯里兰卡、苏丹、埃塞俄比亚、刚果、安哥拉和卡塔尔等18个国家实施了国际承包工程，共承揽各类国际承包工程62项，已完成32项。

2006年底，水电十三局在国际工程项目的管理、工程技术人员已达1000多人，常设巴基斯坦、东非、也门、安哥拉、卡塔尔五个驻外经理部。

20年来的国际工程承包，使水电十三局的国际工程承包综合能力包括控制能力、合同管理能力、组织协调能力、技术保证能力、融资能力等逐步提高。合同额从最初的几百万美元到2006年的2.82亿美元，经营规模不断扩张；从最初的一两个国家到2006年的18个国家，从亚洲到非洲，经营区域不断扩展；从单一的水利、疏浚吹填工程到水利水电、市政、公路、金属结构工程等，业务领域不断扩大。国际工程不但为企业创造了良好的经济效益，也为水电十三局和集团公司培养了一大批精通国际业务的各类专门人才。国际工程已成为水电十三局的主要经济支柱和核心业务，为水电十三局跨越式发展奠定了基础、创造了有利条件。

第一章 援 外 工 程

第一节 对 外 援 建

20世纪60年代，为支援第三世界国家发展经济，加强和密切同广大发展中国家的关系，打破西方国家对中国的孤立，中国以无息贷款等多种形式积极开展对外援助，包括为受援国承建基础设施。1968年8月，水电十三局奉水电部之命，第一次派出副总机械师戴仁光等4人，作为专家组成员参加阿尔巴尼亚经援项目伐乌—代耶水电站施工，直到1971年12月建成回国。此后，又按照水电部的正式批文，先后派人参加了阿尔巴尼亚菲尔泽水电站、尼泊尔库里卡它二级电站、伊拉克库苏尔水坝、突尼斯麦崩水渠工程等经援工程项目的施工。另外，还应水电部对外公司或兄弟单位的要求，先后派人支援了阿富汗、坦桑尼亚、斯里兰卡、塞内加尔、马尔代夫、刚果等国经援工程项目的施工。

1978年4月，水电十三局以中国经济援助的形式承担了马里共和国尼日尔河马尔卡拉水闸修复工程和尼日尔办公室引水总干渠清淤工程，开始了承建国外较大工程项目的历史。

改革开放后，中国经济实力大幅提升，援外政策也发生了重要变化。对于一些遭受自然灾害的国家，积极参与灾后重建工作。2004年底，印度洋海啸席卷南亚地区，造成数万名无辜平民死亡、无数民房倒塌的重大灾难。根据温家宝总理的提议，中华慈善总会和中国红十字会除了及时对受灾国进行资金和物资援助外，还要承担斯里兰卡和马尔代夫两国的灾后重建工作，在斯、马两国的重灾地区建设若干个友谊村。

2005年，中华慈善总会和中国红十字会与斯、马两国政府签订了友谊村建设的备忘录，并委托水电集团公司开展相关工程建设。水电十三局受水电集团公司委托，规划、设计和实施建设中斯友谊村，包括友谊一村、友谊二村、友谊三村、红十字村及综合楼项目和马尔代夫福纳多岛中马友谊村项目。

第二节　援外工程选介

一、马里两项水利工程的援建

1973年6月24日，根据中、马两国政府协议换文规定，中华人民共和国政府根据马里共和国政府发展民族经济的需要，帮助马里进行马尔卡拉水闸加固修复、引水总干渠清淤、科龙戈耕作区排水、科龙戈耕作区干支渠清淤等四项水利工程，以长期无息贷款进行经济援建。

1974年2～10月，水电十三局派出以沈亦凡为组长的考察组进行实地考察，于1975年11月由局设计院完成设计，提出了《马里共和国“尼办”四项水利工程设计报告》、《马里共和国“尼办”四项水利工程补充设计报告》。

1976年6月8日，水电部以（76）水电外字第59号文，批准了马里“尼办”四项水利工程的设计和补充设计。

1977年2月4日，中、马两国政府于巴马科签署了会谈纪要，由中国正式承担了“尼办”四项水利工程（后只实施了前两项）的援建任务。水电部将援建施工任务交水电十三局负责，先后由杨昭恭、戚天成、吕永金和黄正宇担任专家组长和技术负责人，组织领导进行施工。

尼日尔河三角洲是马里共和国重要农业基地，每年向国家交售稻谷约占全国商品粮的50%～60%。“尼办”利用马尔卡拉水闸抬高尼日尔河水位，为“尼办”四个水稻区和两个甘蔗产区共4.3万公顷农田以及赛古市和“尼办”的工业、生活提供水源。因此，马里政府十分重视马尔卡拉水闸，给予极大关注。

马尔卡拉水闸1934年开始兴建，1947年建成，最大设计供水流量8800米^3/秒，水闸总长2629.56米，其中节制闸长816.56米，共分14孔，装有舌瓣型平板翻转钢闸门488扇，桥式启闭机3台。水闸存在的主要问题是闸下河床冲刷、护坦底部淘洞、闸基伸缩缝漏水、闸体混凝土局部损坏、闸门漏水等等，以上问题已影响到水闸的正常运行和闸身安全，为此要对上述问题进行全面综合加大修复处理。水电十三局从1978年4月起，分批派出147名工程技术人员和工人施工，1980年5月5日全部竣工。1980年5月9日，对水闸工程进行技术验收，认为工程质量良好，符合设计要求。

1980年5月15日，马里共和国公共工程和旅游部长基布里尔迪阿洛代表马里政府，中国驻马大使杜易代表中国政府，在马尔卡拉水闸举行隆重的竣工典礼，并进行政府间交接仪式。整个水闸修复实际工程量为混凝土6871米^3，钢筋43吨，钢材4吨，土石方开挖2720米^3，反滤料276米^3，块石308米^3，伸缩缝漏水修复16条，闸门支座及缓冲器修复378个。

尼日尔办公室引水干渠在马尔卡拉水闸上游2.3公里尼日尔河左岸，从引水口到分水枢纽，全长8.4～8.6公里，原设计渠底宽100米，实际为两条底宽各为23米的平行渠道，有些渠段底宽也未达到23米。由于不能满足工农业用水和航运要求，所以要求清除口内外淤积严重的泥沙，改建引水口，以恢复过水能力，确保原有供水效益。1977年2

月4日，中、马两国政府在巴马科签订《关于马里“尼办”引水总干渠清淤工程会谈纪要》，规定了引水口改建、旧渠堵坝、原渠清淤工程项目。

该工程于1979年2月1日正式开工。投入W1001型索铲3台，T100型和东方红75型推土机、铲运机共9台，JY250型液压绞吸式挖泥船1条和拖轮、油驳等辅助船舶。工期由内定的1982年底，提前到1982年2月28日。验收合格，工程质量优良，得到马方好评。该项目批准的总投资为539万元，最终决算为341万元，节约投资198万元。在撤组时，回收和处理废旧物资所得金额49.3万元全部上缴经参处。移交的设备（挖泥船等）运转正常，受到接收单位马里“尼办”的赞赏。

1983年11月10日，水电部对外公司以（83）水电外水字第259号《关于援马里总干渠清淤工程奖励的考核意见》，对上述成绩进行考核认定，并决定从“总干”工程节支中提取30%即59.4万元拨给水电十三局。

二、中斯友谊村工程

2005年5月10日、7月28日和11月11日，中华慈善总会和中国红十字会分别与斯里兰卡城市发展和供水部签订了四个备忘录，由斯方提供土地，两会分别在高尔地区不同地方建4个海啸灾民居住区，取名分别为中斯友谊一村、友谊二村、友谊三村和中斯红十字村。建房总数为455套，其中友谊一村144套、友谊二村155套、友谊三村54套，均为单层平房，每套面积为53～55米^2；中斯红十字村共建102套二层楼房，每套面积84米^2。

中斯友谊一村占地面积约75 000米^2。该村除建144套永久住房外，还有完整的配套公建，包括多功能厅、托儿所、老年活动中心、健身房、商店、卫生所、中心公园和体育场。

2005年9月10日，中斯友谊一村正式开工建房，施工期共10个月，2006年6月12日斯政府正式颁发完工证书。

中斯友谊二村距加勒市东北约30公里，原是一片香料林地，按照规划将建设155套两室一厅的住房，每套建筑面积约为54米^2。

中斯友谊三村位于科伦坡和高尔之间的BALABITYA镇，距科伦坡80公里，高尔40公里。该村占地1.8万米^2，该村除建54套住房外，还修建一个休闲广场，配置了部分体育活动器材。建房施工于2005年1月28日开始，施工期共4个半月，2006年6月14日拿到完工证书。

2006年7月28日，斯里兰卡政府在中斯友谊一村举行了友谊一村、友谊三村工程竣工典礼。当地人民以浓郁的民族礼仪迎接来参加典礼的佳宾，斯里兰卡政府城市发展和供水部部长Rohana Dissanayake、司法部部长Amarasiri Dodangoba等有关官员，当地灾民代表，中国驻斯里兰卡大使馆大使孙国祥，中华慈善总会和中国红十字会代表团全体成员出席了竣工典礼。斯里兰卡政府城市发展和供水部部长Rohana Dissanayake、大使孙国祥、中华慈善总会会长范宝俊和中国红十字会事业发展部部长蓝军共同签署了两村的竣工交接协议。

截至2006年底，除友谊一村、三村已竣工交付使用外，友谊二村155套单体住宅及配套工程完成了80%；红十字村102套单体住宅及配套工程完成了95%。马尔代夫工程设计工作完成，由于征地问题无法开工，人员暂时撤出。

第二章　国际市场经营

第一节　发展战略

1995年，在当时国内市场经营举步维艰的情况下，水电十三局提出了“国内求生存、国外求发展”的发展战略。1998～2001年的四年规划中，提出了建立“经营灵活、结构合理、管理先进、资产优良、国内一流”大型建筑施工企业的发展目标。2002～2005的四年规划中，水电十三局提出了“国内国外相互促进、共同发展”的发展战略。2003年，提出了企业跨越式发展战略。2004年，对企业的核心业务进行了定位，形成了水利水电、疏浚吹填、市政路桥、国际工程四大核心业务，并提出了培育形成国际工程核心竞争力的战略思路。

2005年，按照水电集团公司的部署，水电十三局提出了“三步走”跨越式发展战略构思，即第一步（规模扩张阶段），1998～2005年，实现以规模扩张为主要内容的“量”的综合发展阶段；第二步（可持续发展阶段），2006～2010年，进入以转变经济增长方式，提高经济效益和经营质量，建立现代企业制度，增强企业可持续发展能力为主要内容的“质”的全面发展阶段；第三步（国际化发展阶段），从2011～2015年，在以国际工程业务为主体的国际化发展的基础上，在更高层面上实现以人为本、全面协调可持续发展的阶段。

为推进“三步走”发展战略第二步进程，2006年初，水电十三局制定了2006～2010年五年发展规划，进一步明确了水利水电、疏浚吹填、市政路桥、国际工程四大核心业务，提出了“国外为主，国内国外协调持续发展”的战略方针，打造国际工程核心竞争力，提升疏浚吹填工程国内市场竞争力，把水电十三局建设成为以国际工程业务为主体的水电集团公司国际强局。

第二节　市场开拓

一、南亚工程市场

1987年6月，水电十三局通过中水公司，以出劳务形式，承接实施了巴基斯坦KPOD/DPOD排渠改造工程土方施工，首次进入国外工程承包市场。1988年底改为转包施工，同时转包了中水公司主包的巴基斯坦贾米诺灌渠工程。

1991、1993年分别分包了广西公司主包的巴基斯坦明普卡什排渠工程和帕特菲德灌渠修复改建一期工程部分施工任务。

1994年6月，水电十三局以中国安能公司名义中标实施帕特菲德二期工程。1995年

10月12日，水电十三局成立驻巴基斯坦工程项目经理部，负责对水电十三局在巴基斯坦的工作实施全面领导和统一管理。1995年12月，水电十三局以中国水电总公司名义中标实施帕特菲德灌渠7A7B工程、帕特菲德灌渠7D工程。1997年8月，水电十三局再次以中国安能公司为窗口中标实施巴基斯坦纳拉渠改建及附属工程。

2002年6月17日，水电十三局与水电七局组成联营体，以水电总公司的名义，中标承包巴基斯坦高摩赞（GOMALZAM）水电站大坝工程。

2003年6月2日，水电十三局以中国水电总公司为窗口，承接了设计加施工的巴基斯坦杜伯华水电站项目。2003年6月30日～2006年12月，水电十三局相继承接了巴基斯坦卡拉奇KⅢ供水第2合同箱涵和倒虹吸工程（WN6&7A合同段）、巴基斯坦卡拉奇箱涵工程（4.1号合同）、巴基斯坦卡拉奇市区克里夫顿排洪工程，使巴基斯坦工程市场得以延续。

1999年3月22日，中国水电总公司与孟加拉国电力发展局签订了迈格哈特电厂场地准备项目合同，由水电十三局负责实施。

水电十三局分别于1999年9月、1999年11月承接了孟加拉国达卡市供水3号合同与孟加拉国达卡市供水6号合同。2000年6月28日，水电十三局成立驻孟加拉经理部，全面领导、管理在孟加拉国生产经营业务。

2000年9月9日，水电十三局与中铁大桥局签订孟加拉国帕克西桥河道治理工程分包协议，分包实施帕克西桥工程的河道治理部分。

2005年1月，水电十三局首次进入斯里兰卡工程承包市场，负责实施斯里兰卡瓦拉维渠左岸灌溉改造扩建工程二期4标段。

二、东南亚工程市场

1995年1月，为了开拓东南亚工程市场，水电十三局成立了驻马来西亚经理部。

1995年1月～1996年3月，水电十三局相继在马来西亚承接了泗里街市吹填造地工程、美里三林工业区吹填工程、丹章玛尼常青板厂吹填工程。

1996年11月，水电十三局与中水公司签订泰国巴帕南水闸引河开挖工程分包合同。

1997年12月23日，水电十三局在马来西亚注册的华德工程有限公司，与马来西亚杨桂林建筑工程有限公司签订了古晋第三期工业园区填砂合同。

2001年11月，水电十三局承接了菲律宾帮帮河Ⅱ期五号标帕萨格河疏浚工程。

三、中亚工程市场

2001年5月18日，水电十三局以水电总公司名义中标乌兹别克斯坦苏岛彻湿地改造项目基础设施建设项目（又称咸海拯救工程）。

2004年6月19日，水电十三局以水电集团公司名义承接阿富汗喀布尔—贾拉拉巴德公路修复工程第一标段。

2005年8月16日，水电十三局以水电集团公司名义签约乌兹别克斯坦南卡拉卡帕克斯坦一期主排、灌渠和湿地改造工程。

四、西亚、中东工程市场

2004年2月13日，水电集团公司签约也门塔依兹市市政发展和防洪项目二期工程2F

标段合同，并委托水电十三局实施，该世界银行贷款项目是水电十三局进入也门建筑市场承接的首个工程。

2004年6月19日，水电十三局承接也门荷台达一期污水规划扩建工程2号合同和3号合同两个市政项目。

2005年6月20日、2005年9月13日，水电十三局分别承接也门萨那环卫工程14号合同、也门穆卡拉佛瓦哈城市污水管网工程5号合同，形成也门项目群。

2005年8月12日，成立水电十三局也门经理部，统一协调也门市场开发与在建项目管理。

2005年9月12日，水电十三局以水电集团公司名义，竞标卡塔尔多哈路塞场地项目。

2006年2月2日，水电集团公司签约卡塔尔多哈路塞场地项目，水电十三局成功进入卡塔尔工程承包市场，合同初始金额4.35亿美元。

五、东非工程市场

1999年2月16日，水电十三局与中国电力技术进出口公司合作参加投标的坦桑尼亚塔布拉供水项目，正式签订施工合同，同年5月20日，水电十三局与中国电力技术进出口公司签订分包合同。该项目是水电十三局在非洲工程市场首次承包的工程。

2001～2004年，水电十三局相继分包了中国电力技术进出口公司签约的坦桑尼亚麦古鲁灌溉渠工程、坦桑尼亚达累斯撒拉姆供水改造工程、肯尼亚爱尔雷特排污工程、坦桑尼亚省际公路工程LOT6合同、坦桑尼亚CP5排污系统修复工程等，累计分包金额2005万美元。

2004年4月27日，水电十三局成立驻东非经理部。2005年1月16日，水电十三局以水电集团公司名义承接坦桑尼亚布兹瑞亚姆—盖塔公路项目（117号合同）；2005年2月4日，水电十三局承接坦桑尼亚维多利亚湖辛扬戈和卡哈马供水工程2号合同。此后，水电十三局一直以集团公司为对外窗口在东非进行经营活动。2005年10～12月，相继承接坦桑尼亚满杜里供水17号合同、坦桑尼亚达累斯供水与环卫工程、坦桑尼亚辛扬戈和卡哈马供水工程3号合同。2005年，水电十三局在东非累计承接合同额1.49亿美元。

2006年4月8日，水电十三局中标埃塞俄比亚泰克则水电站项目的金属结构设备制造和安装工程，该水电站项目合同主体为由中国水电集团公司、中国葛洲坝水利水电工程集团有限公司和埃塞俄比亚苏尔建筑股份公司组成的联营体，主合同签订于2002年6月7日。

六、北非工程市场

2003年12月17日，签订阿尔及利亚米纳灌渠改扩建工程合同，该工程为水电集团公司在阿尔及利亚承接的第一个工程。

2004年，水电十三局分包了以集团公司为合同主体的苏丹麦洛维大坝工程水工金属结构制造分包工程，工程内容包括金属结构及压力钢管制造。

2005年3月，水电十三局以水电集团公司名义承接阿尔及利亚依特昂巴灌区整治工程（2516项目）。

七、南非工程市场

2005年3月1日，水电十三局以水电集团公司为窗口进入安哥拉工程市场，承接了安哥拉农业灌溉项目。2005年3月7日，又承接了安哥拉农学院项目，包括万博农学院和碧艾农学院两个合同段。两项目皆为中安合作项目，合同金额总计为1.4亿美元。2005年3月7日，水电十三局成立驻安哥拉经理部，全面领导、管理水电十三局在安哥拉的生产经营业务。2005年10月～2006年底，水电十三局相继承接安哥拉万博省级医院修复项目、安哥拉中安合作二期卫生教育项目（包括1个医院、2个管理学院、2个中学、1个理工学院）等。2006年10月20日，水电十三局以水电集团公司名义承接世界银行贷款项目——安哥拉多行业紧急恢复项目一期供水工程N′Dalatando供水项目第一合同段。2005～2006年，水电十三局在安哥拉累计承接合同额2.27亿美元。

八、中非工程市场

2005年6月30日，水电十三局与中国机械设备进出口总公司签订分包合同，承接刚果共和国英布鲁水电枢纽金属设备制造工程，合同金额2627万元。工程内容包括表孔上游检修闸门、表孔弧形工作闸门、表孔下游检修闸门、底孔事故闸门、底孔弧形工作闸门、底孔出口检修闸门、电站进口拦污栅、电站进口检修闸门、电站进口快速闸门、电站尾水检修闸门及其相应的埋件、附属设备等共计20余项施工内容，钢结构总重量2400余吨。

第三节　人　才　培　养

1996年，水电十三局在《1996～2000年发展规划》中明确提出，实现“三个一百”的培训计划，即培训百名项目经理，百名国外工程专门人才，百名多种经营优秀骨干。

随着国际工程人才需求量的不断加大，水电十三局重点抓好现有骨干人员的业务培训和知识更新，本着“优秀人才优先培养，紧缺人才抓紧培养”的原则，制订了科学的培训计划。有计划地定期选派人员参加项目经理外培学习班；组织业务骨干到三峡、泰安抽水蓄能电站等大型工地考察学习，自行举办各类内部专业技术培训班。

1997年2月17～24日，水电十三局在局干校举办了首期项目经理培训班，培训对象为局直属各单位项目负责人、生产经营科长，以及有关处室管理人员。培训内容包括怎样当好项目经理、签定经济合同应注意的事项及谈判技巧、项目法施工、施工项目的招投标与合同管理、计算机在项目管理中的应用、财务管理及成本控制、菲迪克条款、项目生产要素管理、质量与安全管理等。

人才的引进。2001年4月，水电十三局制定的《中国水利水电第十三工程局客座专业人才选聘办法》规定，为全面贯彻落实水电十三局“深化改革、强化管理、质量立局、科技兴局”的经营战略，在国内外工程设计施工过程中，可从国内外引进道路桥梁、地基处理、（环保）疏浚、水电站建设、港口建设等专业技术人才，以弥补水电十三局技术力量薄弱之处。

2003年，为加大人才引进力度，水电十三局根据着重培育国际工程核心竞争力“以水为主，综合发展”的经营战略，重点引进综合素质好、适应能力强、外语水平高的优秀毕业生。2003、2004年，水电十三局先后从生活条件、工资待遇、工作安排等方面制定了一系列的优惠政策。

人才的使用。对工程投标、施工管理人员实行轮换交流制度。国外完工项目的专业技术人员，可安排到国际工程部从事编投标工作，原来编投标的同志又输送到新承接的国外项目上从事施工、管理或商务工作；国内项目管理、专业技术人员到国外工程，国外人员回国到国内项目，实现了国内、国外两个市场管理模式互相促进、互相借鉴、互相完善、资源共享，真正达到了优势互补、培养人才的目的。

人才的绩效考核。2003、2004年，水电十三局初步建立了企业职工简要的考绩档案，为各类专业技术人员搭建成长和发展的平台。同时，开展人力资源的绩效考核工作，逐步健全完善考绩档案。

第三章 国 际 工 程

第一节 国 际 工 程 录

1987～2006年，水电十三局先后开辟了南亚、东南亚、中亚、西亚、中东、东非、南非、北非、中非市场，先后在巴基斯坦、孟加拉、马来西亚、越南、泰国、菲律宾、乌兹别克斯坦、坦桑尼亚、肯尼亚、也门、阿尔及利亚、阿富汗、斯里兰卡、苏丹、埃塞俄比亚、刚果、安哥拉和卡塔尔等18个国家实施了国际承包工程，共承揽各类国际承包工程62项，完成32项。

已建和在建国际工程项目一览表，见表5-3-1。

表5-3-1 已建和在建国际工程项目一览表

国别	序号	工程名称	主合同额（万美元）	实施份额（万美元）	实际施工期	工程内容	备注
巴基斯坦	1	KPOD/DPOD 排渠改造工程	795.40	795.40	1987-11～1991-08	88公里排水干渠开挖，水工构筑物修建	已建
	2	贾米诺灌渠改建工程	1867.00	1867.00	1989-02～1993-07	89公里新灌渠施工，水工构筑物修建	已建
	3	明普卡什排渠系统工程	2200.00	2200.00	1991-07～1993-12	276公里主、支渠开挖及配套构筑物修建	已建
	4	帕特菲德渠系改造一期工程	2060.00	2060.00	1993-06～1998-06	60公里灌渠拓宽、挖深，堤背修整及配套构筑物修建	已建

续表

国别	序号	工程名称	主合同额（万美元）	实施份额（万美元）	实际施工期	工程内容	备注
巴基斯坦	5	帕特菲德渠系改造二期工程 5B＋6A＋6B标段	2200.00	2200.00	1994-06～1998-08	开挖357公里渠道并筑堤	已建
	6	帕特菲德灌渠工程7A＋7B标段	1045.00	1045.00	1995-12～1998-07	新建灌排毛渠系统及相应建筑物	已建
	7	帕特菲德灌渠工程7D标段	431.67	431.67	1996-05～1999-07	新建灌排毛渠系统及相应建筑物	已建
	8	纳拉渠改建及附属工程	1076.00	1076.00	1997-09～1999-10	修建180公里底宽90～150米灌渠	已建
	9	拉瓦尔品第城市供水及污水处理工程					因"911"终止合同
	10	高摩赞水电枢纽工程					退出
	11	杜伯华水电站工程	7052.13	7052.13	2003-06～2010-07	高水头、长隧洞引水式发电站，装机130兆瓦	在建
	12	卡拉奇KⅢ供水第2合同箱涵和倒虹吸工程(WN6&7A合同段)	1632.00	1632.00	2003-06～2005-10	钢筋混凝土供水箱涵	已建
	13	卡拉奇箱涵工程(4.1号合同)	550.31	550.31	2005-07～2005-11	钢筋混凝土供水箱涵	已建
	14	卡拉奇市区克里夫顿排洪工程	273.00	273.00	2006-12～2007-04	铺设长约2.85公里的预制钢筋混凝土矩形箱涵，截面尺寸1.5米×1米	已建
马来西亚	15	沙捞越泗里街地基吹填工程	150.00	150.00	1995-01～1995-09	吹填造地	已建
	16	沙捞越美里市三林工业区吹填工程	370.00	370.00	1996-04～1997-12	吹填造地	已建
	17	丹章玛尼常青板厂地基吹填工程	420.00	420.00	1996-03～1997-03	吹填造地	已建
	18	沙捞越古晋工业园(三期)吹填项目	1640.00	1640.00		吹填造地	已建

续表

国别	序号	工程名称	主合同额（万美元）	实施份额（万美元）	实际施工期	工程内容	备注
孟加拉国	19	迈格哈特电厂场地准备工程	3000.00	3000.00	1999-03～2000-02	土方吹填，混凝土块护坡及进场道路修筑	已建
	20	达卡市供水项目3号合同	298.45	298.45	1999-10～2001-05	双孔混凝土箱涵建造	已建
	21	达卡市供水项目6号合同	1428.52	1428.52	1999-12～2002-04	供水管线安装	已建
	22	帕克西大桥河道治理工程	3364.01	3364.01	2000-08～2004-02	疏浚吹填，抛石护坡与护坦，混凝土块护坡及土方填筑	已建
坦桑尼亚	23	塔布拉城市供水系统改造工程	523.52	523.52	1999-02～2000-11	管沟开挖，管道安装	已建
	24	麦古鲁灌溉渠工程	74.00	74.00			已建
	25	达累斯萨拉姆供水改造工程	89.00	89.00	2002-04～2003-06	修建构筑物，改造输水管线与水塔	已建
	26	省际公路工程LOT6合同	170.00	170.00	2004-03～2005-09	116公里简易公路维护	已建
	27	CP5排污系统修复工程	719.00	719.00	2004-08～2006-12	排污管线安装及配套构筑物修建	已建
	28	布兹瑞亚姆玻—盖塔公路改造升级项目(117号合同)	3786.37	3786.37	2005-02～2008-02	100公里沥青路公路设计与施工	已建
	29	维多利亚湖辛扬戈和卡哈马供水工程2号合同	4300.23	4300.23	2005-02～2006-10	供水管线安装	已建
	30	蒙杜里城市供水项目17号合同	900.42	900.42	2005-10～2008-05	土方开挖填筑，供水管线安装，圬工结构物修筑	已建
	31	达累斯萨拉姆供水与环卫工程1C合同	610.35	610.35	2005-10～2007-01	供水管线安装	已建
	32	维多利亚湖辛扬戈和卡哈马供水工程3号合同	5330.79	5330.79	2006-03～2007-12	储水池开挖，水塔修建，供水管线安装	已建

续表

国别	序号	工程名称	主合同额（万美元）	实施份额（万美元）	实际施工期	工程内容	备注
乌兹别克斯坦	33	苏岛彻湿地改造项目基础设施建设项目	270.00	270.00	2001-07～2002-08	土方开挖，混凝土浇注及金属结构安装	已建
	34	排水、灌溉和湿地改造一期工程，南卡拉卡斯尔帕克斯坦主排渠项目	3358.60	3358.60	2005-09～2008-09	排渠系统修复，供水与环境整治工程	已建
菲律宾	35	帮帮河Ⅱ期五号标帕萨格河疏浚工程	1777.00	1777.00	2002-03～2003-08	土方与护坡	已建
肯尼亚	36	爱尔雷特排污管线工程	430.00	430.00	2002-08～2004-02	修建混凝土箱涵、24跨X18米渡槽一座，安装排污管线	已建
阿尔及利亚	37	米纳灌渠改扩建工程	3256.60	3256.60	2004-07～2006-12	渠道整治土方，混凝土与混凝土输水管道	已建
	38	依特昂巴灌区整治工程（2516项目）	1309.68	1309.68	2005-08～2006-11	2516公顷农田水利整治	已建
也门	39	塔依兹市政发展和防洪二期工程2F标段	303.77	303.77	2004-05～2006-04	修建钢筋混凝土箱涵、管涵、混凝土及浆砌石明渠	已建
	40	荷台达一期污水规划扩建和修复工程（2号+3号合同）	1184.17	1184.17	2004-08～	污水处理厂扩建，修建污水采集管路系统与泵站	在建
	41	萨那环卫工程14号合同	723.08	723.08	2005-10～	污水管线安装及修建配套构筑物	在建
	42	穆卡拉城市污水收集系统和处理项目5号标	544.17	544.17	2005-11～	污水管线安装，污水泵站修建	在建
泰国	43	巴帕南水闸引河开挖工程	1234.57	1234.57	1997-01～1999-08	航道疏浚	已建
苏丹	44	麦洛维大坝工程水工金属结构制造	531.83	531.83	2004-06～2006-06	金属结构与压力钢管制作	已建
阿富汗	45	喀布尔—贾拉拉巴德—土汗姆公路重建工程第一合同段	4121.28	4121.28	2004-08～	67.7公里沥青混凝土路面公路施工	在建

续表

国别	序号	工程名称	主合同额（万美元）	实施份额（万美元）	实际施工期	工程内容	备注
斯里兰卡	46	瓦拉维灌溉渠道改造扩建工程二期4标段	1640.02	1640.02	2005－01～	农田水利工程整治与社会基础设施建设	在建
刚果	47	英布鲁水电枢纽金属结构制造工程	325.00	325.00	2005－04～2006－08	闸门及拦污栅金属结构制造	已建
卡塔尔	48	多哈路赛场地准备工程	43 552.02	20 904.97	2006－02～	航道与互通港池开挖，修筑海岛、护岸、挡土墙和景观沙滩	在建
埃塞俄比亚	49	泰可则水电站金属结构及电气设备提供运输与安装工程	1227.04	1227.04	2006－04～	金属结构与电气设备提供运输与安装	在建
安哥拉	50	鲁娜农业灌溉修复和升级项目	9530.60	6850.14	2005－07～	修复、重建与升级四个灌溉工程	在建
	51	甘德杰拉斯农业灌溉修复和升级项目			2005－07～		
	52	卡西图农业灌溉修复和升级项目			2005－07～		
	53	马吐布农业灌溉修复和升级项目			2005－07～		
	54	万博省农学院项目	4556.27	3510.64	2005－07～	建设两所相同规模的农业中专学校	在建
	55	比耶省农学院项目			2005－07～		
	56	罗安达帕尔梅家园建设项目					退出
	57	万博省级医院修复项目	3652.03	2932.86	2006－10～	医院修复与救护车提供	在建
	58	多行业紧急恢复项目一期供水工程N′Dalatando供水项目第一合同段	1070.62	1070.62	2006－12～	水处理厂9公里长的管线和蓄水池施工	在建
	59	万博理工学院房建项目	982.31	766.20	2006－11～		在建
	60	万博管理学院房建项目	532.35	415.23			在建
	61	万博中学房建项目(1)	448.99	350.21			在建
	62	万博中学房建项目(2)	448.99	350.21			在建
	63	莫西科管理学院房建项目	569.72	444.37			在建
	64	万博市医院房建项目	926.39	722.58			在建

第二节 南亚工程

一、巴基斯坦印度河 KPOD/DPOD 排渠改造工程

1987年初，在巴基斯坦水电开发局关于印度河左岸 KPOD/DPOD 排渠改造工程的国际招标中，中国水利电力对外工程公司为了打入巴国市场，在有七八个国际竞争对手的角逐中，以报价1.36亿卢比（折合795.4万美元），比标底低40%的低标价获得了第一标，同时取得与该国水电开发局签订合同的资格。1987年1～4月，中水公司对该项目进行了国内转包招标。水电十三局对该项目的施工条件及工程情况了解后，感到报价太低，明显亏损，未参与转包投标。

1987年5月底，中水公司在无施工单位愿意转包的情况下，派公司副总经理温梦令来水电十三局，要求能派出全建制的劳务为中水公司负责该项目的土方部分施工，建筑物部分施工则由中水公司另转包给当地公司施工，该项目的经济风险由中水公司承担。派出全建制劳务的其他条件主要包括：劳务人员的国内费用为400元/人，由中水公司支付给水电十三局，劳务人员的国外费用由中水对外公司负责；水电十三局出两条80米^3/时挖泥船投入该项目施工，挖泥船以6.5万美元/艘作价给中水公司，由中水公司直接支付外汇，挖泥船的国内外拆、运、装费用由中水公司承担。根据以上条件，水电十三局同意派出全建制劳务进行土方施工。

KPOD/DPOD 排渠改造工程位于巴基斯坦南部信德省巴丁地区，这两条渠为该省和附近省份的主要排水干道的下游段。KPOD渠施工里程55公里，DPOD渠施工里程33公里，合计施工里程88公里，共需修建中小型路桥及水工建筑物22座。本项目标书主要工程量：土方开挖与填筑917万米^3（其中 KPOD 渠866万米^3，DPOD 渠50万米^3），砌石7408米^3，灌注桩直径22英寸3810米、直径16英寸463米，混凝土和钢筋混凝土5967米^3，钢筋685吨，模板15 087米^2。实际完成工程量：土方开挖与填筑1427万米^3，砌石5843米^3、灌注桩直径22英寸5843米、直径16英寸1463米，混凝土和钢筋混凝土9221米^3，钢筋1034吨，模板25 219米^2。

1987年7月4日，第一批项目施工人员奚汉祥、李章柱、张宝元（翻译，中水公司）进入巴基斯坦，一星期后到达施工工地，立即投入了各项紧张的施工准备工作。在人员陆续增加的情况下，他们艰苦奋斗，自己动手设计营地图纸，投入营地施工，进行设备运输和安装。1987年10月27日，项目组38人（水电十三局34人）全部到齐。1987年11月9日，举行开工典礼，1条挖泥船、4台推土机和2台反铲正式投入生产。至1987年12月底，另外14台施工机械设备也陆续投入了施工生产，为项目顺利施工开了个好头。

1988年该项目土方施工开始进入高峰期，并基本上扭转了投标阶段所造成的亏损局面，对此中水公司十分满意，同时也增添了他们继续投标的信心。1988年下半年，中水公司在巴基斯坦信德省贾米诺灌渠工程的国际招标中，又以报价3.38亿卢比（折合1867万美元）获得了第一标，同时取得了与信德省灌溉电力局签订合同的资格。

1988年11月11日，水电十三局与中水公司签订了灌渠工程的转包合同。经双方协

商一致，将原由中水公司经营、水电十三局提供全建制劳务的KPOD/DPOD工程，以合同转让方式转包给水电十三局继续经营并施工。

为此，工程局党政领导班子在一周内连续多次召开会议，围绕能否改变经营方式，进行了反复讨论、研究。分包意味着自担风险，在工程局经济已经相当困难的情况下，分包国外工程具有很大的风险。经过激烈辩论，最后形成一致意见：由出劳务变为工程分包。从此，水电十三局在独立经营国际工程的道路上迈出了关键的一步。

1988、1989年两年，是KPOD/DPOD项目的施工高峰阶段。高峰期施工人数：中方人员47人，巴方人员180～200人。整个工程于1991年8月底竣工。项目施工结束时，计结算工程进度款24次，金额为1092万美元，为标书价795万美元的137.34%，并实现了扭亏为盈。

二、巴基斯坦贾米诺灌渠改建工程

贾米诺灌渠改建工程是水电十三局对外开展工程承包的第二个水利工程项目。KPOD/DPOD项目的工程实施，为水电十三局承包该项目创造了一定的有利条件，增强了承包信心。1988年11月11日，水电十三局与中水公司签订了贾米诺水渠改建工程转包合同。

贾米诺灌渠是巴基斯坦信德省境内的一条主灌渠，该项目是在原灌渠左侧新建一条同样规模的新灌渠。新灌渠施工里程长89公里，需修建中小型水工建筑物24座，主要工程量为土方开挖与填筑1208万米^3、砌石8537米^3、灌注桩直径22英寸3365米、混凝土和钢筋混凝土19 357米^3、钢筋2006吨、模板25 790米^2、钢板桩2601米^2。

该项目于1989年2月12日开始计算施工工期，合同工期为3年，工程于1993年7月竣工。由于业主修改设计，备土段施工影响及水文地质条件较复杂，致使工程初期进展不顺利。1991年调整领导班子，加强施工技术管理，想方设法，采取措施，克服了砂质壤土透水性强、地下水补给量大、排水困难等问题，扭转了不利局面。

1990～1991年为施工高峰期，高峰期施工人数：中方人员84人，巴方人员240～260人。

三、巴基斯坦明普卡什排渠系统工程

1991年5月18日，水电十三局与广西公司签订了巴基斯坦明普卡什水利工程项目施工内部分包合同。该项目工程内容：主渠道全长120.95公里，支渠24条，合计长276.05公里，路桥、渡槽、出水口等中小型建筑物358座。标书主要工程量：土方开挖与填筑665万米^3（其中主渠374万米^3，支渠291万米^3），砌石25 433米^3，灌注桩直径22英寸10 551米、直径16英寸15 319米，钢筋混凝土和混凝土量28 176米^3，钢筋2577吨，模板97 901米^2。

广西公司与业主于1991年6月3日正式签订该项目合同，经双方协商达成的议标合同价为6.65亿卢比（折合3040.6万美元），施工工期从1991年7月3日开始共计29个月。根据内部分包合同规定，水电十三局和各分包单位的施工工程量和合同金额：水电十三局承担土方和建筑物的60%，承担灌注桩的30%；广西地矿局承担灌注桩的70%；广西省水电工程局承担土方和建筑物的20%；广西公司自营土方和建筑物（分包给当地公司）20%。该项目是水电十三局在国外承包工程项目的第三个水利工程项目，于1993年12月2日竣工，并取得较好经济效益。

四、巴基斯坦帕特菲德渠修复与改建一期工程

该项目位于巴基斯坦俾路支省东部。该灌渠自印度河右岸古都拦河坝取水，是一条总长约170公里的骨干渠道。此次修复与改建的总实施长度为155公里，由亚行贷款，分段实施，国际招标，其中4号合同段由广西国际公司中标，授标后由该公司及水电十三局、广西水电工程局和葛洲坝工程局联合组织施工。

水电十三局承担的地段为沙漠帕特渠KM0～KM11＋350，即从古都拦河坝到11.35公里处，及帕特菲德渠KM0～KM36＋591共计47.941公里渠段范围内的全部项目。在实施过程中，由于水电十三局施工进度较快，又增加了十几公里的渠段，约计60公里。施工内容包括：渠道拓宽、挖深及堤背修整；帕特菲德渠渠首节制闸及KM33＋400节制闸维修；砌石护坡，堤顶泥结石道路，渠内平台上木质折流坝等防护工程。

由于施工地段处于三省交界，当地治安条件很差。从1994年下半年，交通车辆不断被武装抢劫，平地机、振动碾等近10台施工设备在夜间被炮火击毁，当地土匪用火箭筒袭击了水电十三局的海狸600型挖泥船，给工程施工造成了很大困难。

该项目合同额为2060万美元，沙漠帕特渠工期为700天，帕特菲德渠工期为900天。水电十三局前期施工人员大部由明普卡什工程转入，于1993年初陆续进入工地并于6月开始施工，1998年7月取得竣工证书。

五、巴基斯坦帕特菲德渠修复与改建二期工程

帕特菲德渠二期工程是水电十三局继一期工程以后，承接的又一项灌溉项目，是水电十三局以中国安能公司名义参与投标的项目。项目业主为巴基斯坦水电开发署，设计单位为英国哈克罗咨询公司。

该工程分为三个合同标段，主要施工项目是开挖17条渠道并筑堤，渠道总长度达357公里，修建290座建筑物，新建、修复泵站各一座，施工区域达1500多公里^2。工程于1994年6月27日签订施工合同。

由于该工程施工战线长，工程项目繁杂，给各项管理带来很大的难度。加之业主、咨询、监理方面对施工要求苛刻，当地地主干扰频繁，机械设备陈旧，项目前期管理粗放，致使项目进展缓慢，工程形象进度严重滞后，工程质量不高，面临严重亏损。业主和咨询先后发出口头或书面通知，催促扭转局面，最后发出了“没收保函，超期罚款，驱逐出境”的威胁信。为扭转局面，水电十三局派出驻巴经理部工作组进驻项目。经艰苦努力，1998年8月21日，该项目全部竣工，最终结算产值2200万美元，并使这项预计亏损严重的工程实现略有盈利。

六、巴基斯坦帕特菲德渠7A7B工程

帕特菲德渠7A7B项目，是水电十三局以“保本微利，开拓市场”为宗旨、以中国水电总公司名义在巴基斯坦中标的第一个工程，该项目位于巴基斯坦俾路支省与信德省的交界处。工程的作用是改善灌溉面积为800多公里^{2}的由支灌渠通向田间灌渠的毛渠，满足整个施工区域的灌溉需要。

该项目为亚行贷款项目，业主为巴基斯坦水利与能源发展署，咨询工程师由英国HALCROW公司派遣。1995年12月13日，合同正式授标给中国水电总公司，工期18个月。中标价分别为7A合同1.76亿卢比、7B合同1.46亿卢比，共折合1045万美元。

工程内容为新建73条灌排毛渠系统及相应建筑物。合同工程量：排灌渠道的土方开挖量363万米^3，堤坝填筑量270万米^3；排灌渠道轴线长约为615.7公里，沿排灌渠相应的建筑物类型有渡槽、倒虹吸、路涵、小型路桥等共计740座，建筑物主要工程量约7.4万米^3。

项目自开始之初，即确定了“争信誉，创效益，锻炼人”的九字方针，并自始至终认真贯彻执行。一是争信誉。7A7B项目是中国水电总公司在巴中的第一标，项目完成的好坏直接影响到水电总公司在巴国市场上的信誉，为了树立良好的企业形象，承揽更多施工项目，项目部把争信誉放在了首要位置。当第一批中方人员到达工地后，项目部即积极与工程师联系开工事宜，比合同规定的日期提前了7天。二是创效益。项目部实行各项成本消耗的量化指标控制与收入分配密切联系在一起的办法，有效地降低了成本，调动了职工积极性。他们制定了合理有效的经济责任制，建立了严格的考核办法，形成了“人人讲进度，个个比降耗”的局面，7A7B项目不但提前完成了工程，而且创造了可观的经济效益。三是锻炼培养了人才。项目部从大局出发，在实施项目的同时，十分注重国外施工技术人才的培养，组织员工学英语、计算机，项目结束时，有近50%的人员达到可以直接用英语与业主及工程师对话的水平。

7A7B项目于1998年7月25日竣工，做到了水电十三局在国外市场上的几个第一：第一个提前开工，比合同日期提前一周；营地建设时间最短，从业主批复营建用地到入住只用了两个月；施工月进度最快，开创了土方月施工强度42万米^3、建筑物施工强度6300米^{3}的纪录，成为水电十三局进入国外市场以来第一个提前完工的项目，7A项目比合同工期提前35天获得完工证书。1997年，7A7B项目荣立水电十三局集体一等功。

七、巴基斯坦帕特菲德渠7D工程

1995年12月28日，水电十三局驻巴基斯坦项目经理部接到业主授标通知书，由水电十三局承担帕特菲德渠7D合同段工程施工任务。工程业主是巴基斯坦水电开发署及俾路支省灌溉部，设计、监理单位为英国哈克罗咨询公司。

7D合同段工程是水电十三局以中国水电总公司名义中标的项目，合同总价431.67万美元，工程内容为毛渠、小灌渠、排渠的修建。其中土方工程量138.16万米^3，混凝土浇筑量1.42万米^3，砖砌体1.1万米^3，小型建筑物241个，工期18个月。

1996年5月2日项目正式开工，1999年7月20日正式竣工。实际结算工程金额497.52万美元，并获得了较好的经济效益。

八、巴基斯坦纳拉渠改建及附属工程

纳拉渠工程位于巴基斯坦信德省中部的开普尔地区，塔尔沙漠西端，印度河左岸。渠道最大宽度1000英尺，设计流量15 000英尺^3/秒。此渠道担负着信德省五个沙漠地区的工农业用水，作用十分重要。

纳拉渠工程是在巴基斯坦建筑市场不景气、水电十三局无后续工程的情况下，以中国安能建设总公司为窗口承包的一项过渡性工程。工程内容：堤坝填筑 140 公里，土方量 340 万米^3；河道开挖 28 万米^3；区间内的建筑物施工，数量 178 座，建筑物类型为出水口、涵管、泵站、箱涵、排渠进水口；区间内堤岸防护工程，主要有抛石 15 500 米^3、砌石 21 000 米^3 等；高压线移位、地形图测量、防洪仓库修建等附属工程。

1997 年 8 月 14 日，中国安能建设总公司接到中标通知书，8 月 27 日签署合同协议，9 月 25 日业主下达了开工令。该工程标价低，中标价为 4 亿卢比，比二标低了 50%；工期短，外部市场环境差。

项目部针对该项目先天不足的局面，制定了“向经营、向管理、向技术要效益”的方针。对内强化管理，项目在实施过程中严格制度化管理，奖罚分明。对外加大经营力度，向经营要效益。他们以合同为依据，针对征地、图纸、付款等问题带来的影响，及时致函业主和工程师，积累了大量工期索赔和经济索赔资料，始终在谈判桌上处于有利地位。同时向技术要效益，优化施工方案，搞好施工成本控制。

纳拉渠工程于 1999 年 10 月 20 日完工，实现产值 720 万美元，创造了较好的经济效益，被国家驻巴基斯坦经参处上报到外经贸部备案。

九、巴基斯坦高摩赞水电枢纽工程

2002 年 6 月 17 日，水电十三局与水电七局组成联营体，以水电总公司的名义，中标承包了高摩赞水电枢纽工程。该工程标价 7288 万美元，工期 4 年零 76 天。

高摩赞大坝综合工程是 EPC 项目（设计＋采购＋施工的交钥匙工程），该工程由水电总公司牵头，天津设计院承担设计，哈尔滨电机公司负责成套设备供货，水电十三局与水电七局承担施工。水电十三局实施合同额为 3571 万美元。

这项工程是水电十三局采取横向联合、多方合作方式中标的第一个水电站工程项目。该工程主要分三部分：混凝土拱坝工程、地下厂房发电及输变电工程、灌排渠工程。高摩赞大坝为 133 米的碾压混凝土拱坝；水库可利用库容 3 亿米^3；地下厂房从水库引水用于电站发电，发电装机容量约为 1.74 万千瓦；灌排渠工程位于高摩赞大坝下游约 35 公里处，由渠首引水建筑物、引水干渠、支渠、田间毛渠和防洪堤等工程组成，灌溉土地可达 66 000 公顷。项目经理由水电七局选派，水电十三局派出一名副总经理，一名总会计师。2002 年 7 月 15 日，项目开始设计资料收集和地质勘探工作。

2002 年 12 月 16 日主体工程的导流洞开工，2003 年 1 月 20 日开始上坝公路施工，2003 年 12 月 8 日主渠工程开工。2004 年 10 月 9 日，发生了震惊中外的武装分子绑架事件，两名水电十三局工程人员被劫持，其中一人牺牲。由于外部环境恶化，造成项目停工。

2005 年 12 月 19 日，经过谈判，水电集团国际公司同巴基斯坦签订了复工框架协议，价格调整为 8500 万美元，删除原工程范围中的渠道系统、输变电系统和业主永久生活设施，主材给予了全额调差。按照水电集团公司及水电 713 联营体的安排，水电十三局退出施工。

十、巴基斯坦杜伯华水电站工程

杜伯华水电站是水电十三局在国外独立承担实施的第一个水电站工程。该项目位于巴基斯坦西北边境省（N. W. F. P）考黑斯坦（KOHISTAN）区印度河主要支流杜伯华河上，南距首都伊斯兰堡约270公里。

工程的主要构成为高水头、长隧洞引水式发电站，由挡水建筑物、沉沙建筑物、引水建筑物、发电厂房、尾水结构、开关站及输电线路等组成。项目主要内容包括厂房，开关站，导流工程，混凝土坝，沉砂隧洞，引水隧洞，调压系统隧洞，压力钢管平洞，地下竖井，压力钢管、钢闸门、门机等金属结构制作、安装。其中隧洞开挖近10公里，部分地段岩石破碎，地质条件复杂，地下水丰富，施工条件恶劣，安全风险较大。

原合同开工日期2003年6月30日，完工日期2010年7月6日，其中设计工期7个月，施工工期53个月，质保期36个月。2003年主要进行设备采购和设计工作。杜伯华项目详细设计方案于2003年11月30日全部提交咨询工程师，前期的人员、设备、物资等准备工作完成。详细设计方案于2004年3月19日得到工程师的批复。至2004年底，工地厂房区及调压井区的临建施工全部完成。

由于业主前期准备工作严重不足，无法按原计划签发施工开工令。2005年2月16日，项目人员返回国内。4月1日组建国内工作组，继续开工准备。2005年5月26日，项目部与业主（水电发展署）签订了关于堰坝基础与结构设计方案变更、导流方案变更及其单项总价调整的《1号补充协议》。2005年10月3日，项目部与业主又签订了关于杜伯华水电站项目施工前初估新增工作项及其单价的议定、新增工程量的重新评估和确定、合同总价的调整、施工工期的延期方面的《2号补充协议》。合同总价由原来的4632万美元调整到7136.5万美元，施工阶段的工期由原来的53个月延长到57个月。2005年10月4日工程师签发施工开工令，项目于2005年10月5日正式进入施工阶段。2006年3月4日，引水隧洞交通洞洞口平台开挖完成。2006年10月28日，帷幕灌浆正式开始。截止2006年12月，堰坝导流洞全部完工，并成功进行了上游围堰截流。堰坝基坑开挖、右岸喷锚支护、引水隧洞洞挖等工作开始进行。

十一、巴基斯坦卡拉奇输水箱涵工程

卡拉奇输水箱涵工程位于卡拉奇市东北60公里处，项目业主为卡拉奇给排水管理局，工程咨询单位为TECHNO国际咨询公司，合同金额1632万美元。

项目施工段全长32.1公里，工程内容包括：28.2公里钢筋混凝土方形箱涵，内部尺寸为3300毫米×3300毫米，壁厚300/400毫米；1.7公里低碳钢倒虹吸钢管，外径1820毫米，壁厚10毫米，外包素混凝土；50米低碳钢冲砂钢管，外径323毫米，壁厚4毫米；24个总长为0.4公里的钢筋混凝土过渡建筑物，用于连接箱涵与倒虹吸；41个钢筋混凝土检查孔；12个倒虹吸钢筋混凝土冲砂室；2个箱涵溢流建筑物；60段总长为1.7公里的泄水槽护底干砌石；2个倒虹吸管道检查孔，钢筋混凝土结构。主要工程量包括：土石方120万米^3，10/20垫层混凝土6300米^3，35/20混凝土96 000米^3，30/20混凝土9300米^3，钢筋1.1万吨。2003年6月开工，2005年10月完工。

卡拉奇输水箱涵增加工程，位于巴基斯坦卡拉奇市，项目业主为卡拉奇供排水局，工程咨询单位为TECHNO国际咨询公司。工程为单价施工合同，合同金额550.31万美元。实际工期为2005年7月至2006年8月。该项目主要施工内容为2.2公里长的钢筋混凝土结构供水箱涵。

十二、巴基斯坦卡拉奇市区克里夫顿排洪工程

卡拉奇市区克里夫顿排洪工程位于卡拉奇市，项目业主为卡拉奇供排水局。工程为单价施工合同，合同金额273万美元。主要施工内容为铺设长约2.85公里的预制钢筋混凝土矩形箱涵，截面尺寸1.5米×1米。

2006年11月2日中标，合同工期4个月，2006年12月26日工程正式开工。

十三、孟加拉迈格哈特电厂场地准备工程

1999年3月22日，中国水电总公司与孟加拉电力发展局签订了迈格哈特电厂场地准备项目合同，合同额2956万美元。工程业主为孟加拉电力发展局，工程咨询单位为英国麦克唐纳咨询公司。项目由水电总公司和水电十三局联合组织实施，这是中国水电总公司第一次在孟加拉国承接工程。

电厂场地项目位于迈格纳河右岸，邻近首都达卡至吉大港国道，距达卡市约27公里。该项目工期短，只有300天，商务工作复杂，特别是在设计批准、工期索赔、费用索赔等方面。

工程的主要作用是为孟加拉国拟建的大型私有化天然气发电厂提供场地。内容包括：吹填100公顷的场地，平均厚度6米，吹填工程量640万米^3；场地四周进行边坡防护，铺放混凝土块26万块，砌石和抛石6万米^3，铺设土工布15万米^2；修筑1000米长的沥青进场道路；安装5800米长的永久围栏；场地观测系统的安装和监测。项目于1999年3月22日开工，2000年3月30日完工。

工程一开始就充满激烈的国际竞争。主要竞争对手韩国现代公司在孟加拉承包工程已有十多年历史，竞争实力很强。美国电气公司与现代公司在孟合作关系十分密切，是利益共同体。韩国公司对中国公司的竞标不屑一顾。开标结果，首次进入孟加拉的中国水电总公司，以技术方案最好、商务报价最低获得第一标。

美、韩两国公司为了自己的利益，操纵当地报刊刊登一系列攻击性言论，美国公司还通过亚行、世界银行向孟政府施加压力和威胁。孟政府迫于压力，最终虽然同意授标给中国公司，但附加了相当苛刻的条件，美国公司单方面提出了巨额罚款的无理条款。面对美国电气公司的威逼，中方公司以事实为根据，对美方的指责一一驳斥，顶住了压力。

项目部各项准备工作有序进行。设备的调遣和清关、新设备采购、施工方案的确定和报批、现场营地建设、国内人员组织进场等，在短短一个月之内就达到了开工条件。5月1日，挖泥船正式开始生产。

该项目是水电十三局第一次承担设计加施工的项目，为此水电十三局特聘请了南京水利科学院3位设计代表，全部设计得到了咨询工程师的批准。

项目于2000年3月30日完工，累计完成合同产值2957.27万美元，实现利润，超额完成了经济责任状确定的目标，创建了一个精品工程，为中国水电总公司在孟加拉国赢得了声誉。

十四、孟加拉达卡市供水项目3号合同

孟加拉达卡市供水项目是世界银行贷款项目，业主是孟加拉达卡市供水局。整个项目共划分为七个标段，其中第三合同段由水电十三局以中国水电总公司名义中标承建。

工程的主要内容是在地下建造一条长 1.64 公里的双孔混凝土输水箱涵。合同总价 14 537.7 万达卡，约折合 298 万美元。工程款美元比例 70%，工程保留金 10%。

工程于 1999 年 8 月 26 日授标，8 月 29 日签订合同，合同工期到 2001 年 9 月 26 日，总工期为 2 年。工程开工时间为 1999 年 10 月 1 日，实际完工日期为 2001 年 5 月 23 日，较业主要求完工日期提前了 126 天。完成工程量：土方开挖 62 300 米^3，沙土回填 42 700 米^3，混凝土浇筑 8748 米^3，钢筋 1668 吨，5 桩 1284 延米。

十五、孟加拉达卡市供水项目 6 号合同

本项目是孟加拉达卡市 SAIDABAD 新建水厂的配套工程，也是水电十三局在孟加拉承接的第三个工程。工程的主要内容是在孟加拉首都达卡市内铺设一条 38 公里长的供水管线，以提高整个达卡市的供水能力。

工程合同总价 69 583 178 达卡，折合 1400 万美元。合同工期为 840 天，维修期 365 天。项目资金来源为世界银行贷款，项目的业主是达卡市供水局，咨询单位为法国工程咨询公司与麦可唐纳咨询公司及当地的公司联营体。

主要工程量包括：管道安装，土方开挖与回填 20 万米^3，与管道安装配套的现浇钢筋混凝土闸阀室 140 座，现浇混凝土挡墩 240 个，沥青路面恢复 38.03 公里，管道穿越铁路的顶管施工 6 处（共 105 米）。

2000 年 8 月 17 日，该项目正式开工，2002 年 4 月 18 日竣工，项目取得了较好的经济效益。

十六、孟加拉帕克西大桥河道治理工程

帕克西大桥河道治理工程位于孟加拉西部的帕德玛河上，距首都达卡 250 公里，是水电十三局从中国铁道部大桥局分包的项目。

帕克西大桥项目合同总标价为 1.269 亿美元，其中河道工程总造价为 3364 万美元(其中美元部分为 60%)。合同工期 1095 天，维修期 365 天。工程师开工令日期为 2000 年 8 月 17 日。

工程内容主要是两岸边跨桥梁河道整治与防护，整治与防护的长度每侧 600 米，另外尚有 DAMUKDIA 和 SARA 两处防护施工任务以及引桥道路基填筑等几项工程。

河道治理工程主要工程量：疏浚与吹填 302 万米^3，土工布以及土工布沉排铺设 24.3 万米^2，护坡与护坦抛石 51.05 万米^3，混凝土预制块铺砌 1.75 万米^3，陆上土方填筑 70 万米^3。项目的资金来源是日本海外经济合作基金（OECF），项目咨询单位为美国 PARSONS BRINCKER HOFF 国际咨询公司和 WORLEY 国际咨询有限公司等 5 家单位组成的联营体，项目业主为孟加拉交通部公路管理局。

帕克西大桥项目投入的主要设备：3800 型挖泥船一艘，120 马力锚艇一艘，150 吨开体驳 4 艘，150 吨甲板驳 3 艘，15 吨自卸车 9 辆，轮式装载机 3 台，挖掘机 4 台，推土机 6 台，混凝土搅拌机 2 台，16 吨吊车 1 台，翻斗车 10 台，振动碾 1 台等。2002 年 3 月施工高峰时，主要生产设备达 50 台（套）。

施工中项目部在 3800 型挖泥船上安装了先进的 GPS 卫星定位系统，操作人员只需把所开挖断面的位置、开挖浓度及坡度等有关资料输入计算机，挖泥船即可自行定位并按要求进行开挖，平面定位和开挖深度的误差均达厘米级，大大减轻了人工放样的强度，提高了精确度和工作效率。同时在工程测量中，全面使用了全站仪、经纬仪、水准仪，确保了工程质量。

帕克西工程是孟加拉国的一项重要工程，备受孟加拉政府的关注。2001 年 1 月 13 日，总理哈西娜亲赴帕克西主持了开工典礼。2004 年 4 月 16 日工程完工。

十七、斯里兰卡瓦拉维灌溉渠道改造扩建工程

斯里兰卡瓦拉维渠左岸灌溉改造扩建工程二期 4 标段，位于斯里兰卡首都科伦坡东南 180 公里，变更后合同金额 1505 万美元。

主要工程内容包括：土地开垦清障 2850 公顷，土地平整 1560 公顷，农田翻耕 1560 公顷；主、支灌渠 16.3 公里，土方开挖 25 万米^3，填筑 48.5 万米^3，各类型水工建筑物 119 个；田间灌渠施工 130 公里，各类现浇建筑物 900 个，安装预制建筑物 5000 多个，混凝土渠道衬砌 130 公里；开挖各类排渠 225 公里；建成水塘堤坝填筑 24 个及其相关出水闸和泄洪道；修筑乡村砂砾料道路 18 公里及有关建筑物 35 个；修建各类型政府管理房和学校及配套用房共 35 座；修建公路桥梁一座，居住区内部道路 145 公里，居住区内部道路盖板箱涵、圆管涵 650 余个，铺各类砂砾料路面 120 公里。

这是水电十三局在斯里兰卡承建的第一个项目，工程于 2005 年 2 月 1 日开工，截至 2006 年底，累计完成合同额的 53.6%。

第三节 东南亚工程

一、马来西亚沙捞越泗里街地基吹填工程

1995 年 1 月，为了开拓东南亚工程市场，水电十三局成立了驻马来西亚经理部。同年 9 月 20 日，在马来西亚注册成立华德工程有限公司，注册资金 100 万马币，注册股份持有人为中国水电总公司，实际持有人为水电十三局。

1 月 16 日，海狸 4604“德源号”挖泥船及附属船只，从珠海港起航，前往马来西亚承担泗里街地基吹填施工任务，这是水电十三局以中国水电总公司名义中标的第一个马来西亚工程项目。合同内容主要是为泗里街市吹填造地。该项目位于马来西亚沙捞越州泗里街市，工程量 80 万米^3，合同金额 150 万美元，业主为马来西亚杨桂林建筑工程有限公司。

工程于 1995 年 1 月份开工，1995 年 9 月份竣工。通过 5 个月施工，海狸 4604 挖泥船在排距远、工作环境恶劣、施工难度大的条件下，完成了沙捞越州泗里街市工业区吹填、廉价屋地基吹填两项工程，实际完成合同产值 150 万美元，并取得一定的经济效益。

二、马来西亚沙捞越美里市三林工业区吹填工程

1995 年 12 月，继泗里街吹填工程后，水电十三局马来西亚沙捞越项目部又在当地承接到美里市三林工业区吹填项目。该合同工程量 200 万米^3，总产值 370 万美元。业主为当地三林有限公司。工程地址位于马来西亚沙捞越州美里市东北 24 公里处。

工程内容主要是用挖泥船从海滩取砂，为三林工业区基地吹填造地。排距 3.5 公里，排高 4 米，潮差 2 米。这项工程在巴南河口拦门沙外取砂，泵送至 3 公里外的三林工业吹填区，中间要穿过1公里长的次生林沼泽地带，管线架设困难。工程于1997年12月竣工，获得较好经济效益。

三、马来西亚丹章玛尼常青板厂地基吹填工程

1996年3月，水电十三局马来西亚项目部承接了丹章玛尼常青板厂吹填工程。工程地点位于沙捞越州泗里奎丹章玛尼，业主为常青有限公司。

工程内容是为常青板厂吹填造地。合同金额420万美元，土方工程量215万米^3。

该项目从河口取砂，土质为中细砂，平均排距1.5公里，排高5米，潮差3米。1996年3月26日15时，正式开机生产。项目部员工克服了水流急、开挖断面杂物多等困难首战告捷。在不到一个月时间内，完成了39万米^{3}的吹填任务。

为加强马来西亚项目施工力量，1996年7月，水电十三局将新购置的海狸3800“德盛号”挖泥船又投入了马来西亚市场，加入丹章玛尼工程的施工。1997年3月，常青板厂吹填造地工程竣工，实际完成结算产值420万美元，并取得一定的经济效益。

四、马来西亚沙捞越古晋工业园吹填工程

1997年12月23日，水电十三局与马来西亚杨桂林建筑工程有限公司签订了古晋第三期工业园区填砂合同。吹填面积约400英亩，工程填砂量约300万米^3，合同工期18个月（后经业主同意延至2000年12月底）。水深10～13米，直线排距在800～4000米。

1998年3月5日，海狸3800挖泥船首先投入了施工。海狸4604挖泥船在4月份从美里三林工地调来，并在5月底开始生产。由于河流水急、潮差大、砂源不足、挖深不够等原因，工程进度缓慢，单船月产量仅在12万～15万米^3。

1998年12月，水电十三局决定调两个船队去孟加拉执行新的任务。经理部开始着手转移工作，并同时向杨桂林建筑工程有限公司提出船队撤离的要求，杨方坚决反对，双方关系一度出现僵局。局领导和总公司领导做了大量工作，并承诺将采取一切可行的措施确保合同的继续实施，承担因我方责任造成的损失。1999年3月10日，两支海狸船队起航去孟加拉国。

船队调离后经理部失去了生产手段，工程转为纯管理型，分包给当地一家公司施工。

1999年5月20日，水电十三局华德工程有限公司按工期要求完成了填砂任务。共完成方量296.519万米^3，产值1459.3万马币。在该工程中我方承担了由于分包给SPA公司而产生的100万马币的损失，马币贬值带来的汇率损失333.184万马币和分包福胜利公司差价损失337.449万马币，履行了船舶撤离时总公司、水电十三局对杨桂林建筑工程有限公司的承诺。

该工程历时3年半，共计亏损773.2万马币（折合美元202万元）。主要原因：在投标阶段，由于对该工程估计不足，对填砂市场的错误判断，使合同报价过低；在施工阶段，对工况了解不够，砂源分布不清，挖泥船移位频繁，潮大水急，船舶、浮筒经常走锚，效率很低；在分包阶段，由于第一次分包不成功，造成100万马币的经济纠纷；在施工初期，由于遇到经济危机，马币贬值，没有采取一定措施，造成333.18万马币的损失。但是华德工程有限公司在遇到诸多困难的情况下，在承担巨大经济损失后仍坚持施工，并按期完成了吹填工程，使业主满意，主承包商满意，体现了中国人信誉第一、质量第一的形象。

五、泰国巴帕南水闸引河开挖工程

泰国巴帕南水闸引河开挖工程，是水电十三局通过中水公司窗口进入泰国工程市场承包的第一个工程。工程地点位于泰国南部的洛坤府巴帕南县，距曼谷780公里。

该项目是泰国1996～1998年度最大的水利工程，由泰国国王御批。工程目的是为了阻止海水倒灌侵入巴帕南河，改善洛坤府和邻近府流域3000多公里^{2}区域的土壤条件，解决当地工业和生活用水缺乏问题，对泰国南部地区的发展具有重要意义。

该工程主体涉及土石方、桩基础、混凝土、公路、房建、土坝工程和机电安装等。工程中标后，确定该工程中的350米宽、1700米长的水闸引河近300万米^{3}土方开挖、相应的80万米^{2}围堰、10多个退水设施及通道由水电十三局承担施工，并要求施工进度符合总体工程的进度要求。

在3年的施工过程中，项目部通过建立健全规章制度，科学施工，克服了多方困难，按主承包商要求的时间竣工。该工程创造了较好的经济效益。

六、菲律宾邦邦河治理工程

2001年11月，水电十三局承接了菲律宾邦邦河二期5标工程。该工程位于菲律宾吕宋岛马尼拉以北70多公里的帮巴牙省，是水电十三局以中国水利水电对外公司的名义，通过国际招标在菲律宾承接的第一项施工工程。

该工程属于皮那叶博火山减灾二期工程系列中的一个标段，其主要内容包括：①帕萨克三角洲区域（U3）疏浚工程。其疏浚和开挖总长17 431米，总工程量350万米^3；左岸防护工程总长3220米，堤坝填筑量9.6万米^3，钢筋混凝土护坡1610米^3，块石混凝土护坡7748米^{3}及贝雷桥延长工程等。②导航渠、第三河区域疏浚（S6）工程。其总长37 653米，疏浚开挖量400万米^3。该工程资金来源为日本投资银行。工程中标总价1777.7万美元，分三种货币支付：其中美元占37%、日元占35%、菲律宾比索占28%。工程业主为MPE－PMO DPWH公交部下属的项目管理办公室，咨询单位为NK－PKII日本工营工程公司在菲律宾的联营体。本工程按分包协议，水电十三局负担全部10%的税金，并向主包方中水公司缴纳总合同额23.25%的管理费。本工程于2001年9月份中标，2002年3月12日业主发布开工令，2005年3月16日业主签发完工证书（移交证书），缺陷责任期为2004年9月30日至2005年9月30日。为实施该工程，工程局先后调入海狸3800型“德昌号”，1200型“德兴号”、“德旺号”及泰山80米^3/时挖泥船，并配备反铲、辅助船只等参加施工。施工期间中方投入各类人员70人，其中领导班子成员5人。项目施工高峰期雇佣菲律宾当地民工达200多人（含当地分包商人员）。工程于2005年12月竣工。

第四节　中　亚　工　程

一、乌兹别克斯坦苏岛彻湿地改造工程

2001年5月18日，水电十三局在乌兹别克斯坦承接了苏岛彻湿地改造基础设施建设项目。该工程是以水电总公司名义中标承包的，工程金额270万美元（其中闽江工程局负责施工的部分100万美元），工期1年。

工程内容主要包括：三条渠道开挖，三座钢筋混凝土闸及两条道路的建设。项目由水电十三局和闽江工程局联合实施，水电十三局为责任方，代表水电总公司行使对外合同责任和工程结算，对工程的进度、质量负有责任；闽江工程局自己组织承担项目的人员、设备，自负盈亏。

该工程是水电十三局进军中亚地区市场的第一个项目。2001年6月21日，项目经理部一行4人一到工地，就立即投入了紧张的工作。他们与业主会面，收集工程施工技术数据，深入工地现场考察，寻找当地有实力的施工队伍，筹建营地，经过一段紧锣密鼓地筹备，钢筋混凝土渠首闸单项工程首先于7月9日开工，赢得了业主对中国人的信任。

经过1年的紧张施工，到2002年6月份，工程基本完成。

二、乌兹别克斯坦南卡拉卡斯尔帕克斯坦主排渠工程

乌兹别克斯坦排水、灌溉和湿地改造1期工程南卡拉卡斯尔帕克斯坦主排渠项目，位于乌兹别克斯坦共和国南卡拉卡帕克斯坦自治共和国西南部，是乌兹别克斯坦迄今为止投资最大的农业水利项目，由世界银行提供贷款。工程主要目的是为保障贝鲁尼、波斯坦和图特克尔地区10万公顷农田的灌溉和排水。

本工程为设计加施工的单价承包施工合同，项目业主为乌兹别克斯坦农水管理部，合同金额3358.60万美元。开工日期2005年9月22日，完工日期2008年9月21日。

项目包括南卡拉卡帕克斯坦主排渠系统、巴得图盖供水和环境整治工程、阿亚孜则克拉湖供水与整治工程三部分。主要工作内容：一是土地开垦。清障2800公顷，平整1800公顷，土地翻耕1800公顷。二是灌渠施工。主灌渠1条4.1公里，支灌渠3条共12.1公里，田间毛灌渠135公里，灌渠上现浇建筑物600个，预制建筑物5000个。三是排渠施工。主支排渠25公里，田间毛排渠110公里。四是水塘堤坝施工。新建、扩建水塘24个，泄水闸和溢洪道48个。五是道路施工。修建市场道路17公里，管涵、箱涵24个，桥梁3座，内部道路约150公里，盖板涵及圆管涵680个。六是房建施工。新建35座不同类型的管理房。七是石方开挖。爆破石方约3万余米^3。

工程于2005年6月30日中标，2005年9月22日发布开工令，9月26日计算工期。由于巴德图盖灌渠增加40多个建筑物。截至2006年底，累计完成合同额的34%。

第五节　西　亚　工　程

一、阿富汗喀布尔—贾拉拉巴德公路重建工程第一合同段

阿富汗喀布尔—贾拉拉巴德公路重建工程第一合同段，是水电十三局在阿富汗伊斯兰共和国承建的第一个项目。工程位于阿富汗喀布尔东区，距边界约150公里。

工程主要内容包括：修复喀布尔至撒若毕公路和拉特班公路的临时道路，清除现有沥青路面，铺筑新的碎石路基和沥青混凝土路面，耐磨层沥青混凝土柔性路面和桥梁、箱涵、管涵的修复，河流导治以及河岸保护工程，停车带的施工。全长 67.75 公里，其中 20 公里为平原区双向四车道，47.75 公里为山区双车道，沿线坡陡弯急，地质情况复杂。

本工程为单价承包施工合同，项目业主为欧盟驻阿富汗代表处，合同金额 3509.36 万美元。开工日期 2004 年 8 月 1 日，由于当地安全局势的影响和变更项目的增加，总工期延长，项目索赔金额 1078 万欧元，完工日期延期到 2008 年 11 月 30 日。

2006 年 12 月 17 日，KM19＋820～KM26＋100 及 KM32＋200～KM67＋753 段初步验收，签署了交工证书，进入维护期。截至 2006 年底，投入包括路基、桥涵、基层和沥青混凝土面层拌和、摊铺等设备 100 余台（套），已累计完成合同额的 66％。

二、也门塔依兹市政发展和防洪二期工程

也门塔依兹市政防洪 2F 项目位于塔依兹市内，该工程为世界银行贷款项目，合同工期 18 个月。工程主要内容为 1.13 公里主排渠和沿岸 1.9 公里沥青道路及相应排水设施的新建。

主要工程量：浆砌石明渠长 841 米、宽 10 米、高 4.6 米；钢筋混凝土箱涵总长 292 米、跨度 10 米、净高 3.6 米；沥青混凝土道路 2.99 万米^2，厚 7 厘米；排水管道 1820 米，直径 160～200 毫米。合同金额 303.76 万美元，结算金额 416.14 万美元，工程于 2004 年 5 月 29 日开工，2006 年 4 月 15 日完工。

三、也门荷台达一期污水规划扩建和修复工程

荷台达一期污水规划扩建和修复工程，位于阿拉伯半岛南部红海东岸的也门共和国荷台达市，业主为荷台达地方供水及卫生局。

工程包括 2、3 号两个合同段，合同金额分别为 502.34 万美元、681.83 万美元，由世界银行提供贷款。2 号标工程内容包括：52 公里长、直径为 200～630 毫米 UPVC 管的提供和铺设，1 座能力为 360 米^3/时泵站的土建施工和设备供货安装，5 个提水泵站的施工与设备安装，2300 个污水井的修复。3 号标工程内容主要：3 个氧化池、3 个兼性池、6 个熟化池的改扩建，污水处理厂内管道的铺设，1 座加氯间和办公楼的修建。

合同工期 28.5 个月，实际开工时间为 2005 年 1 月 10 日，2006 年 6 月 20 日 3 号标主体通过验收。截至 2006 年底，2、3 号标累计完成合同额的 71％。

四、也门萨那环卫工程 14 号合同

也门萨那环卫工程 14 号合同为单价承包施工合同，业主为也门萨那市水务和卫生公司，合同金额 723.08 万美元，合同工期 750 天。

本工程为污水收集管网的环保工程，主要内容：下水道开挖与回填 52 452 延米；污水管铺设 51 292 米；修建收集室 1585 个，私人检查井 4250 个及相应的连接管 28 500 延米，人孔 1260 个及升降管（竖管）型 51 个；拆除化粪池 2850 个；修复沥青路面 7 万米^2；修复混凝土人行道 3200 米^2；路缘石恢复 2650 延米。工程位于萨那市的西南方向，三面环山，雨季期间雨量很大，地面积水严重，土质以沙砾堆积为主，稳定较差，开挖到 3.5～6 米时，沟槽容易塌方。

本工程实际于 2005 年 10 月底开工，由于资金不到位影响施工，工期延至 2008 年 3 月 14 日。

五、也门穆卡拉城市污水收集系统和处理项目5号标

穆卡拉城市污水收集系统和处理项目5号标，是也门水利及环境部城市污水及环境治理系列工程之一，工程位于也门共和国东部海港城市穆卡拉市，为单价承包施工合同，由世界银行提供贷款，业主为也门水资源及环境部 Hadramount 海岸自治区给排水公司，合同金额544.17万美元，合同开工日期2005年11月2日，完工日期2007年5月1日。

工程主要内容：在穆卡拉市铺设管径100～400毫米污水收集管网系统，其中自流管线51 945米，压力管线2525米，连接管线14 000米；2个污水泵站土建施工以及相关机电设备安装。工程于2005年10月开工。

六、卡塔尔多哈路塞场地准备工程

卡塔尔多哈路塞场地准备项目位于卡塔尔多哈市北郊。工程区域约7公里长，5公里宽。工程目的是通过开挖三条航道与互通港池，修筑海岛、护岸、挡土墙和景观沙滩，场地回填后安置居民20万人。主要工作内容包括：三条深水航道、港池、鹦螺湖、平潮区的开挖；深海挖沙建造海滩；回填海岸、场地以及人工岛，包括软基替换、夯实；6处约10公里的海岸线结构物。

项目为固定总价施工合同，2006年1月22日中标，2月2日签订合同，业主为卡塔尔 Diar 房地产投资公司，合同总金额4.35亿美元，由中国水利水电建设集团公司与水电十三局组成的联营体施工，集团公司为责任方，水电十三局施工份额为48%。开工日期2006年2月2日，合同工期900天。

工程于2006年2月2日开工，截至2006年底，水电十三局负责的部分累计完成了合同额的16%。

第六节　东　非　工　程

一、坦桑尼亚塔布拉城市供水系统改造工程

1999年2月16日，水电十三局与中国电力技术进出口公司合作参加投标的坦桑尼亚塔布拉城市供水项目正式签订施工合同。合同额628万美元，工期18个月。工程的主要内容是铺设一条37公里长的球墨铸铁管道，修建蓄水池，机电安装等。项目由世界银行提供贷款，咨询工程师由一家英国公司派遣。

这是水电十三局在非洲工程市场通过竞争承包的第一项工程。3月10日，塔布拉供水工程举行开工典礼。塔布拉省省长在典礼上盛赞坦中友谊，对承包商给予极大信任。5月20日作为分包合同正式生效日。

工程施工中遇到许多困难。在修建卡责山水池时，遇到坚硬的花岗岩地基，由于水池距塔布拉市电信局微波通信站和居民区仅有60米，不允许采取爆破方法，项目部采取“火烧攻石”的土办法，成功地解决了这一大难题，受到坦国工程技术人员和英国咨询工程师的高度评价，称赞我方是“岩石王”。

经过一年多施工，工程于2000年11月竣工。项目部按期完成全部工作，质量良好。共完成施工产值450万美元，实现了工程经济效益、企业信誉和职工收入“三丰收”，为

水电十三局在非洲市场上的发展打下了基础。

二、坦桑尼亚CP5排污系统修复工程

CP5排污系统修复工程位于坦桑尼亚达累斯萨达姆市。2004年8月授标，为单价承包项目，合同额719万美元。窗口单位为中国电力技术进出口公司。

主要施工内容为排污管线安装和配套构筑物修建。原合同工期24个月，约定完工日期为2006年8月8日。由于合同变更，合同额增至719万美元，工期延至2007年1月7日。2004年8月9日，工程师下达开工令，工程实际于2006年12月完工。

三、坦桑尼亚布兹瑞亚姆玻一盖塔公路改造升级工程

坦桑尼亚布兹瑞亚姆玻－盖塔公路改造升级项目（117公路工程），位于坦桑尼亚WANZA省的GEITA区和KAGERA省的CHATO区。本工程为设计加施工的固定总价承包合同，业主为坦桑尼亚公路局，合同金额3786万美元，合同工期为2005年9月1日至2008年9月1日。

本工程是水电十三局当时在非洲承建的最大的一项公路工程。施工内容为将长100公里的绕维多利亚湖碎石道路升级为宽度为9.5米的沥青面公路，设计时速为100公里/时，包括路面处理，穿越公路箱涵、桥涵以及防护工程和辅助项目的施工。土石方总量224万米^3，钢筋混凝土总量1万米^3。

2005年9月1日开工，项目部克服了地质构造复杂、20公里森林区和1.6公里沼泽地施工的难度。截至2006年底，累计完成合同额32.5%。

四、坦桑尼亚维多利亚湖辛扬戈和卡马哈供水工程2号合同

坦桑尼亚维多利亚湖供水工程2号合同项目位于坦桑尼亚姆万扎省和辛扬戈省交界处，业主为坦桑尼亚政府水利部，合同金额4397.62万美元，是中国水利水电建设集团公司进入坦桑尼亚的第一个项目，由水电十三局负责实施。主要工程内容包括：铺设长67.6公里高压钢管供水管线，修建相应的阀室和出水口等建筑物，土方开挖36万米^3，石方开挖9万米^3，土方填筑33万米^3，混凝土工程量约0.41万米^3。工程于2005年2月20日开工，2006年10月2日完工。

五、坦桑尼亚蒙杜里城市供水项目17标

蒙杜里城市供水项目17标位于坦桑尼亚孟杜利地区克桑古区，本工程为单价承包合同，业主为蒙杜里地区委员会，合同金额900.42万美元。

工程主要内容：铺设DN200～50的PVC管、DN50的HDPE压力管线总计66公里；修建水池9个，压力水池6个，用户取水点40个，150米深水井3个，土坝16座，填筑量共为28万米^3。合同工期为2005年11月25日至2008年5月25日。工程实际开工时间为2005年12月11日，截至2006年底，累计完成合同额的52%。

六、坦桑尼亚达累斯萨拉姆供水与环卫工程1C合同

坦桑尼亚达累斯供水与环卫工程1C合同位于坦桑尼亚达累斯市，为单价承包合同，由世界银行提供贷款，业主为达累斯给排水管理局，合同金额610.33万美元，合同工期15个月。

工程分布在坦桑尼亚首都达累斯市的22个城区。主要工程内容包括：铺设管道

211.3公里，安装管道沿线取水点104个、8000个住户连接处、气阀室、冲洗阀、消防栓等。工程于2005年10月26日开工，2006年3月25日管线正式破土动工，截至2006年底，累计完成合同额的42%。

七、坦桑尼亚维多利亚湖辛扬戈和卡马哈供水工程3号合同

坦桑尼亚维多利亚湖供水工程3号合同项目位于坦桑尼亚北部维多利亚湖南侧，业主为坦桑尼亚政府水利部，合同额5494.86万美元，合同工期为2006年3月8日至2007年9月30日。

项目主要工程内容包括：主管线62.3公里，钢管管径为750毫米；支管线48公里；卡哈玛城镇安装PVC管网总长为200公里，钢管总长为14.5公里；终点修建1.8万米^{3}混凝土水池，300米^{3}水塔，250米^{3}调压池；其他附属结构物主要有沿线各类阀室，如气阀、冲洗阀、消防栓、闸阀等。主要土建工程量：土方开挖约97万米^3，岩石开挖约2.6万米^3，土方回填约90万米^3，混凝土浇筑约8000米^3，钢筋约600吨。

2006年1月16日业主移交现场，2006年3月24日开工，截至2006年底，累计完成合同额的25%。

八、肯尼亚爱尔雷特排污管线工程

爱尔雷特排污管线工程为单价承包合同，合同金额430万美元，窗口单位为中国电力技术进出口公司。2002年3月6日授标，合同工期21个月。工程包括混凝土箱涵、24跨×18米渡槽一座及排污管线等，项目施工范围多在市区，涉及公路、铁路、交通及地下设施，需取得有关许可。

2002年8月23日开工，2004年5月22日完工，2005年5月31日签发接收证书。

九、埃塞俄比亚泰可则水电站金属结构及电气设备提供运输与安装工程

泰可则水电站位于埃塞俄比亚西北部泰可则河中游的提格雷地区，设计装机容量4×7.5万千瓦。泰可则水电站工程是目前埃塞俄比亚国内最大的水电站工程，金属结构及电气设备提供、运输与安装部分工程由水电十三局承建，业主为埃塞俄比亚国家电力公司，合同额1227.04万美元，合同工期为2006年10月18日至2008年8月16日。

水电十三局承担的主要工程内容有深孔弧形闸门、深孔定轮门埋件制作，其中深孔弧形闸门为不锈钢面板，不锈钢面板宽5.6米、高8.55米，要求整体铣削加工，共4扇，每扇重120吨。国内主要是钢衬、闸门、拦污栅及其埋件制作，国外现场负责安装和一期埋件制作。工程于2006年10月开工，年内主要在国内进行埋件制作加工。

第七节　北　非　工　程

一、阿尔及利亚米纳灌区改扩建工程

阿尔及利亚米纳灌区项目位于阿尔及利亚民主人民共和国埃利赞省，工期26个月。合同金额3256.60万美元，结算金额2506万美元。主要工程量：各种规格半圆型预应力渠槽预制、安装247公里，土石方开挖47.2万米^3，土石方填筑23.7万米^3，混凝土浇注2.3万米^3，钢筋制作安装850吨，混凝土压力管道和PVC管道安装14.1公里等。

米纳灌渠工程是水电十三局以水电集团公司名义中标的农业灌溉供水项目，工程类型为设计加施工。2003年12月25日工程正式开工，2004年1月开始进行设备采购招标，2004年7月4日业主下发变更渠道参数后，现场施工全面展开，2006年7月15日工程竣工。

该项目混凝土半圆型输水槽的旋转成型机及预应力混凝土半圆型输水槽生产工艺研究课题，是水电集团公司施工科研项目。

二、阿尔及利亚依特—昂巴灌区整治工程

依特—昂巴灌区整治项目位于阿尔及利亚斯基克达省，是2516公顷农田水利整治项目。业主是阿尔及利亚排灌司，合同金额1648万美元，

工程内容包括三个分项工程：LOT1引水及配水系统，主要有7.8公里钢管，14公里预应力混凝土管，43公里石梯水泥管的开挖、安装、回填；LOT2泵站、水池的土建及机电设备安装；LOT3排水系统、便道和防风墙等。该工程位于丘陵山区，地形地貌复杂，各管道节点非常多，钢质承插口当地加工困难，需要从中国解决。开工日期2005年3月12日，竣工日期2006年12月13日。结算金额1686.8万美元。

三、苏丹麦洛维大坝工程水工金属结构制造

麦洛维大坝工程位于苏丹北部的北方省，是一项用于发电与灌溉的枢纽工程，也是苏丹乃至非洲目前在建的最大水电项目。水电十三局实施的苏丹麦洛维大坝项目水工金属结构部分制作工程，业主为苏丹麦洛维大坝执行委员会，合同金额4366.30万，合同工期自2004年6月25日至2006年6月25日。

本工程主要内容：发电进水口拦污栅，11个分节垂直拦污栅（宽12米×高23.4米）；4套直径8.5米压力钢管钢衬；混凝土坝溢洪道施工期间上游定轮工作门，包括锁定装置、预埋件和附件；灌溉出水口4.2米×5米定轮工作闸门，2个垂直提升定轮事故检修闸门，2个4.2米×2.4米垂直提升工作叠梁门（每个两节），包括螺旋机构、锁定装置、预埋件和附件。

工程于2004年6月28日中标，2004年8月下旬开工，截至2006年底，完成合同额的81.6%。

第八节　中南非工程

一、安哥拉鲁娜农业灌溉修复和升级工程

安哥拉农业灌溉修复和升级项目，为设计、供货、施工、安装总承包合同，业主为安哥拉农业和农村发展部。项目分一、二期实施，其中项目一期合同额9530.60万美元，开工日期2005年7月28日，完工日期2007年1月28日。

项目一期由4个合同组成，第一个是鲁娜灌溉重建项目，位于安哥拉南部莫西哥省。工程包括：拦水坝、进水涵闸建设及23.32公里的渠道改造，沿渠建设23座节制闸及取水口等，其中渠道底宽0.8米。项目于2005年7月28日开工，到2006年底累计完成70%的工作量。

第二个是甘德杰拉斯灌溉修复和升级项目，位于安哥拉南部辉博省。主要工程包括：

甘德杰拉斯大坝的重建，大坝为混凝土重力坝，坝高70米，由于战争大坝溢流坝段没有建完被迫停止，拟将溢流坝段浇注完毕，对大坝消力池进行混凝土处理和对地基进行处理等。灌区分为C1渠和C2渠，其中C1渠为14公里，C2渠11公里，渠道取水口在大坝的下游2公里处，为更换取水口位置的闸门，C1渠进行修复，C2渠重建，并供货和安装农田喷灌管线和喷头。施工中的难点为大坝灌浆。项目于2005年11月8日开工，到2006年底累计完成70%的工作量。

第三个是卡西图灌溉重建和升级项目，位于安哥拉东北部。主要工程包括：修复22公里渠道及农田配水管网，约32个泵站的替换及32台柴油发电机组，40.5公里的供水管线及附件的供货和安装。项目于2005年7月28日开工，到2006年底累计完成70%的工作量。

第四个是马吐布灌溉项目，位于安哥拉中部宽扎苏省。主要工程包括：38公里渠道修复，泵站工程包括1、2、3号三个泵站的设备更新和1号泵站取水口的修复，恢复对灌区的供水。项目于2005年7月28日开工，到2006年底累计完成70%的工作量。

二、安哥拉两所农学院工程

安哥拉农学院建设项目，是安哥拉共和国教育部与中国水利水电建设集团国际有限公司签署的安哥拉教育部学校交钥匙工程合同项目的一部分。本项目包括建设两所相同类型的农业学院，一所位于万博省，一所位于比耶省境内，业主为安哥拉共和国教育部，合同额4556.26万美元，开工时间2005年10月19日，工期15个月。

两所农学院范围均为37 627米^2，运动场活动区预留29 550米^2，总建筑面积10 870.33米^2，包括教学楼、餐厅、学生公寓、教师公寓等，基底建筑面积6173.83米^2，基地容积率为0.29，建筑覆盖率为16.4%，绿地率为35%。

2005年10月19日收到教育部开工令，开工时间为11月11日。

三、安哥拉万博中心医院修复工程

安哥拉万博中心医院修复和装修及提供86套救护车项目，位于安哥拉万博省万博市，总建筑面积20 387米^2，病床床位625个，建筑总高度16.84米。工程内容包括中心医院17 810米^{2}的修复和装修以及提供86辆救护车，为设计加施工总价合同。项目业主是安哥拉共和国卫生部，合同额3652.03万美元，工程于2006年10月16日开工。

四、安哥拉多行业紧急恢复项目一期供水工程达拉丹度供水项目

2006年10月13日，水电十三局中标安哥拉多行业紧急恢复项目一期供水工程达拉丹度供水项目Ⅰ合同段，工程位于安哥拉北宽扎省恩达拉丹度市，项目业主为安哥拉计划部，合同额1070.62万美元。

本项目主要内容包括：一是水处理厂，处理线路包括缓速过滤设施和钢筋混凝土水池。二是水处理厂—水库的最后9.3公里直径400毫米球墨铸铁管管线铺设，包括各种阀门和阀门室。三是用于达拉丹度市供水管网调节的两单元式2×2500米^{3}水池。四是对现有水处理厂7公里管线的修复，包括加压试验。工程开工时间2006年12月4日。

五、安哥拉房建工程

安哥拉6个房建项目于2006年11月中标，中标金额3908.75万美元。工程主要内容

是安哥拉万博市医院项目。安哥拉万博市医院项目位于安哥拉万博市境内，为设计加施工总价合同，项目业主为安哥拉共和国卫生部，合同额926.39万美元。本项目占地14 273米^2，总建筑面积4075米^2，其中主楼3860米^2，设备机房108米^2，太平间107.8米^2。建筑物等级二级，建筑防火等级二级。容积率0.27%，绿地率47%。

安哥拉万博教育二期项目，是安哥拉共和国教育部与中国水利水电建设集团国际有限公司签署的安哥拉万博教育部学校交钥匙工程合同项目的一部分。工程建设项目位于安哥拉万博市境内，业主为安哥拉共和国教育部。工程主要内容包括：理工学院一所，合同额982.31万美元，占地16 050米^2，建筑面积3978米^2；万博管理学院、莫西科管理学院，占地均为10 780米^2，建筑面积3136米^{2}合同额分别为532.35万美元、569.72万美元；中学两所，合同额均为448.99万美元，各占地10 780米^2，建筑面积1933米^2。

六、刚果英布鲁水电枢纽金属设备制造工程

刚果共和国英布鲁水电枢纽工程位于刚果河支流莱菲尼河下游，工程建成后将承担刚果电力系统调峰、调频和骨干电站作用。

英布鲁水电枢纽金属结构制造工程，是水电十三局通过投标承接的对外金属结构制造工程。主要包括弧形工作闸门、平面定轮检修闸门、启闭机、拦污栅等金属结构的制造及其相应的埋件、附属设备共计20余项内容，钢结构总质量2432吨。主承包方为中国机械进出口总公司，合同金额325万美元。工期为2005年6月30日至2006年8月30日。

第六篇　工业、多种经营

第六篇　工业、多种经营

水电十三局的工业企业最初以机械修配厂为主，下属各单位修理队伍为辅，结构单一。计划经济时期主要面向局内，为工程局的施工生产服务。进入20世纪80年代，工程局为适应市场经济发展的需要，对企业的产业结构不断进行调整，先后组建了汽修总厂、橡胶制品厂等。工业企业从最初的服务局内，转为面向社会，参与市场竞争，水电十三局的工业产业结构不断趋于合理。

80年代后，工程局水电站“削峰”任务减少，生产任务不足，工程局开始调整产业结构，发展多种经营。自1981年起，工程局先后成立了劳动服务公司、生活服务公司、多种经营开发部，主要安置本局职工家属子女就业，安排部分富余人员。

为适应市场经济的发展，水电十三局逐步调整企业产业结构。1990年2月，水电十三局将多种经营开发部、橡胶制品厂与劳动服务公司合并，组建局企业处，主要负责多种经营实业开发。1992年7月，工程局确立了“工程施工，多种经营，两大支柱，协调发展”的战略思想，相继对多种经营单位进行了优化重组，1996年1月以局多种经营处为主体组建了实业开发部，1998年撤销了实业开发部，再次成立多种经营处，2001年成立九龙实业有限公司（法人单位），水电十三局的多种经营得到持续稳步发展。

2002年，在德州经济开发区建立了水电十三局工业园，机电安装分局（原机械修配厂）、橡胶制品厂相继迁入。2005年12月，汽修总厂并入橡胶制品厂。工业园的建立，标志着水电十三局工业进入了一个快速发展的新阶段。

第一章　工　　业

第一节　金属结构制造与机电设备安装

1963年11月12日，成立了马颊河疏浚工程局修配厂，职工以闽江工程局修配厂调来的职工为主，接收山东省水利厅修配厂职工135名，职工总数近300人。

马颊河工程施工期间，各工程处、队也都配有人数不等的修理人员。

1963年12月，马颊河工程局成立了线路队、安装队和汽车队。1965年，线路队改名动力队，人数最多时达200多人，主要负责通信线、生产动力线及照明线的架设和维护。动力队在完成上述各项任务后，于1972年撤销。

1965年，安装队有职工262人，一、二、三工程处撤销后，职工人数增加到470人。马颊河施工期间，完成了19条80米^3/时挖泥船、120米^3/时挖泥船，29台1米^{3}索铲，6台4米^{3}索铲的组装任务，还承担了推土机、铲运机、挖泥船和索铲的大、中修。为解决350米^3/时挖泥船的大修问题，1967年初开始在唐坊桥建修船厂，并于当年投入使用，首次自修了第一条350米^3/时挖泥船，至1969年修理了4条350米^3/时挖泥船。1971年挖泥船向南四湖、洪泽湖转移时，完成20条挖泥船拆装任务。安装队于1972年3月与机械修配厂合并。

1965年8月，机械修配厂由济南迁到德州，新厂总建筑面积4283米^2，设备248台(套)，固定资产原值为225万元，加上由卫河工程局修配厂调来的部分职工，年末职工总数达485人。机械修配厂由四个车间和六个职能股组成，主要担负工程局内汽车及土方机械的修理和部分易损件、替换设备的制造与修复任务，大部分生产工人是转战在水利战线上的老职工，设置28个工种，技术水平较高。

1971年，葛洲坝水利枢纽工程上马，从修配厂调走职工250名，1971年后陆续招收了几批新学员和技校毕业生，职工队伍又逐步恢复到“南调”前水平。

建厂初期，修理的重点是汽车等陆上运输设备，配件制造大部分是1米^{3}挖掘机铲斗的悬挂件及铲运机的牵引件。随着土石方工程的增多，推土机和铲运机等土方机械的修理量逐年增加，配件制造也随之发生了变化。船用配件的品种与数量逐年增加，80米^3/时挖泥船的配件需求量最大，除80米^3/时挖泥船的主、辅机配件外，其余大部分零部件均自制。先后对挖泥船泥泵和吸排泥系统的结构做过多次试验和改进；批量生产过80米^3/时挖泥船的减速箱、绞刀、泥泵、横移滑轮组、定位桩以及各种水泵的轴承；加工过350米^3/时挖泥船的绞刀轴及绞刀、泥泵轴瓦、开式齿轮、摩擦离合器等；成批生产了海狸4600型350、200、120、80米^3/时挖泥船的浮筒、吸排泥管及各种卡箍、接头；生产过W1001挖掘机的水平轴、刹车毂及减速箱齿轮。

1967～1969年，机械修配厂为水电部配件公司大批生产手提式风枪配件，年生产能力达到了25万件。

1970～1973年，机械修配厂受德州军分区的委托，制造军用产品，质量达到了设计要求。

1973年，为四女寺水利枢纽工程制造了北进洪闸10米×9.7米弧形闸门12套（并负责安装），总重460吨。

1975年，为水电部配件公司试制并生产太脱拉（T148、T138）及佩尔利尼（T20）、奔驰2626汽车的部分配件。还先后试制成功了T148的活塞、缸套、半轴、扭力杠、制动毂，T138的扭力杠，T120的缸头、活塞、气门、喷油嘴、水套、制动毂等产品。与此同时，还生产过W1001挖掘机水平轴150根，FW-250分度头50台。

1977年，承接了天津大港电厂47套平板闸门的制造任务，总工程量625.3吨；承接了唐山陡河电厂、北京第二热电厂、天津第一热电厂、辽宁省太平哨水电站、太平湾水电站、吉林省红石水电站、东北水丰水电站、巴基斯坦古度水电站及山东引黄济青工程的闸门制作安装任务，总计完成工程量3213吨，工程一次验收合格率为100%，优良品率为93%。机械修配厂经过不断探索与实践，攻克了钢闸门表面喷砂、喷锌防腐，闸门主轨轨面淬火处理以及主轮轴孔位置精度等技术难度，水工金属结构件的制造质量不断提高。

随着企业发展和产品结构的改变，自1971年机械修配厂陆续建造了一些厂房，添置了一些专用设备并自制了部分设备。如增建铸造、大金工、锻造、热处理、电镀、配电、铆焊棚等厂房及办公楼，锅炉房、库房、食堂等建筑物；自制了 C650 车床、T68 镗床、工频化钢炉等设备；购置了刨边机、剪板机、卷板机、液压机、滚丝机、仿形车床、井式电炉等专用设备，用上了技术较为先进的数控机床；建立了理、化实验室，添置了拉力机、硬度计等理、化实验所需的仪器、仪表、化学药品等；增添了金属无损探伤设备、X 光探伤机和磁力探伤机。

1978 年，机械修配厂易名为机械修造厂。

1985 年，水电十三局全面推行经济责任制，对各二级单位简政放权。进入 20 世纪 80 年代后，工程局内指令性任务大大减少，形势迫使机械修造厂面向社会，开展对外经营，承揽生产任务。1985 年与齐鲁石化公司建立业务关系，为该公司制作各种规格的钢管、排水管、蒸气管和工艺管 3090.68 吨，产品质量受到好评。1986 年又承接了山东省轻工机械厂的制瓶机，先后完成了 1042 套。

1986 年，机械修造厂易名为机械制造厂。

1988 年起，水电十三局实行厂长承包责任制。机械制造厂从抓生产经营入手，及时调整充实经营力量，拓宽经营渠道，并与科研设计单位协作，先后开发了 JZ200 混凝土搅拌机、热电厂冷却塔淋水支架、球头螺栓和汽车拖钩、大跨度龙门式起重机、冰楼、汽车自动天线六种新产品。机械制造厂还制造了钢筋切断机、四头弯钩机、钢筋校直机、木工平压刨、带锯机、10 吨双梁桥式起重机、CW6140A 车床等设备。

1990 年，机械制造厂取得了计量管理三级证书。档案管理也从分口管理实现了集中统一管理，并初步建立了以技术标准为主体的标准化体系。

1996 年 4 月，成立水电十三局建筑安装工程处，与机械制造厂实行了两块牌子一个机构，综合发展。

进入 90 年代，机械制造厂已成为国家水利水电金属结构制作重点厂家之一，具备较强的技术能力和生产制作规模，不但能承接低水头的弧面闸门，而且也能制作像莲花电站 60 米深水快速闸门。在金属结构件的制作中先后承接了黄河小浪底大型平面闸门，黄河万家寨固定卷扬式启闭机，黑龙江莲花水电站大型平面定轮、平面滑块、快速定轮闸门及大型弧门，淮委临淮岗洪水控制 49 孔浅孔闸门，南四湖二级坝第三节制闸，韩庄节制闸等多项制作工程。

1999 年，机械制造厂承接了济南鹊山水库输水管线钢管安装任务，直径 1.8 米的钢管全长 7548 米，如此大口径的输水管线在工程局历史上还是第一次承接。

2000 年，承接了济南黄河河务双体承压舟等任务，使机械制造厂跨入了一个新的行业，同时在船舶制造市场上占有一席之地。

2001 年，承接了水电十三局在孟加拉工程中的抛石船制作任务，这是机械制造厂第一次组织施工队伍在国外完成的从设计到制作施工的工程。

机械制造厂根据市场需求及时调整产业结构。1994 年将活塞分厂转向市场承揽任务，连续承接了山东德州黑马农贸大棚制作、庆云经济开发区轻钢结构厂房制作、东北伊通河城区拦污栅河闸设备安装、济南玉清湖泵站安装、德州市建委污水处理厂管网改造、德州石油公司消除水池等各项工程的施工任务，拓宽了新领域，为企业发展增添了后劲。

机械制造厂坚持“质量第一，用户至上，信誉为本”的原则，对承接的工程都能够根据用户要求及时进行技术指导和售后服务，并按时进行回访，优质的售后服务，进一步提高了企业信誉。

2002年，机械制造厂以对外经营工作为重点，在积极承揽金属结构制作工程的同时，承接机电安装和土石方建筑工程。全年共签定合同项目23个，经营产值6400多万元，其中金属结构制作工程项目18个，合同额5500多万元；土石方建筑施工项目5个，合同额910多万元。其中尼尔基工程的承接，为机械制造厂在东北市场展示企业形象创造了条件。

2003年8月18日，机械制造厂迁入水电十三局工业园，全年共签订对外经营合同21项，完成产值4148.32万元。本年度机械制造厂承接并投入生产的最大工程是乌江彭水水电站导流洞闸门及启闭设备制作，此工程是制造厂在重庆市场上承接的第一项工程。同年8月，承接制作的临淮岗49孔浅孔闸闸门制作工程荣获“全国优秀焊接工程”。

2004年8月9日，机械制造厂改名为水电十三局机电安装分局，顺利实现了生产种类由单一加工制作业向安装业的转轨变型。

2004年，机电安装分局生产规模进一步扩大，生产产值进一步提高，全年共完成产值6490.02万元，为年计划3500万元的185%，同比增长59%；实现利润33.8万元，为年计划28万元的120.7%，同比增长53.6%。在积极拓展金属结构制作市场的同时，不断开拓机电安装和土石方建筑市场，全年共签定对外经营合同21项（其中上百万元工程11项，上千万元工程1项），完成经营合同额8748.4万元，为厂年计划经营合同额4500万元的194.4%，同期增长118.7%。苏丹麦洛维压力钢管制作经营合同额突破4000万元。

机电安装分局在苏丹麦洛维压力钢管制造工程的施工中，其中的渐变段是由直径8米的圆段、逐渐过渡形成8米×10米的长方段，共由31件瓦片组成，在厂内成功地进行了整体试装，确保了产品质量和工期，受到苏丹麦洛维业主阿里和德国咨询工程师的高度评价。

2005年，机电安装分局积极开拓国际金属结构制作市场，努力在国际金属结构制作市场上打造水电十三局的企业品牌。全年共签订对外经营合同29项，其中百万元以上工程12项，2000万元以上工程3项，合同总金额1.16亿元。本年度承接的最大工程是乌江彭水水电站金属结构设备制造工程Ⅱ、Ⅲ两个标段，合同总额为5270万元。

2005年，机电安装分局为苏丹麦洛维工程进行了闸门、埋件、栏污栅制作。在工程难度大、技术要求高、工期短等情况下，仍保证了产品质量，受到了业主的一致好评，为企业进入国际市场打下了坚实的基础。

2005年，机电安装分局大力拓展风电塔筒制作安装，风电场道路、基础工程、变配电工程施工等市场，投资兴建了大型风电塔筒制造专用车间，配备了风电塔筒制造等大型设备，为风电塔筒的制作提供了生产保证。

2006年，机电安装分局进一步拓展了西南金属结构制造市场和国外市场。与中国机械设备进出口总公司和水电集团公司合作，承接了刚果英布鲁水电工程闸门及拦污栅等设备制造工程（合同产值2554.29万元）和埃塞俄比亚泰可则工程LotIB2/3标金属结构及电气设备提供、运输与安装工程（合同金额9798万元）。2006年全年共签订对外经营合同20项，其中百万元以上工程11项，千万元以上工程3项，合同总额1.63亿元。

机电安装分局承接的埃塞俄比亚泰可则阀帽门、钢衬等制作工程，是目前国内设计水头最深（水头达172.05米）、压力最大的金属结构产品，其最大特点是刚性止水，要求采用德国DEVA公司的自润滑材料，止水接触面平面度小于0.1毫米。由于该产品在国内没有先例可供参考和借鉴，并且技术工艺要求高，机电安装分局积极探索新工艺和新技术，圆满地完成了阀帽门和钢衬制作任务，并顺利通过埃塞俄比亚业主、美国咨询公司代表及专家的验收，产品外观质量受到验收人员的一致好评。

2006年11月，机电安装分局为完成乌江彭水水电站金属结构设备制造工程Ⅱ、Ⅲ两个标段任务，成立了中国水利水电第十三工程局乌江彭水水电站工程武隆项目部，为机电安装分局进一步开拓西南金属结构制作市场创造了有利的条件。

2006年7月，机电安装分局瞄准国家大力扶持新型环保产业、大力发展新能源的政策，把发展的战略目光投入到了风电行业，成立了中国水利水电第十三工程局风电建设工程处，与机电安装分局实行一套班子，两块牌子。

机电安装分局先后取得了国家质量监督检验检疫总局颁发的大型压力钢管、超大型平面定轮闸门、超大型平面滑块闸门、超大型弧形闸门、超大型拦污栅等生产许可证；水利部颁发的大型固定式启闭机、大型移动式启闭机生产许可证；山东省建筑工程管理局颁发的轻钢钢管等产品生产许可证，山东省建筑工程管理局颁发的轻钢结构、网架工程施工三级企业资格证书，山东省船舶检验局颁发的船舶修造厂生产技术条件认可证书。1999年顺利通过了ISO 9002国际质量体系认证。

截止2006底，机电安装分局拥有厂房20 000多米^2，产品组装场地50 000多米^2，成品存储场地70 000米^2，各类机电设备320台（套），年金属结构产品生产能力20 000多吨。

第二节　橡胶制品及船用附属器材研制与开发

水电十三局橡胶制品厂前身，是水电十三局机械施工处修理厂轮胎翻修班。1980年7月改为电力部机械施工局轮胎翻新厂，1982年10月改名为水电十三局橡胶制品厂。

橡胶制品厂生产的产品有八大系列，数百个品种。主要有塑料浮体，排、吸泥胶管，橡胶止水，金属结构，改性MC尼龙管，弹性体复合抗磨环、衬板，EPS新型浮体，自浮排泥胶管及其他橡塑制品；船用动力机械、土方工程机械、油田和矿山大型发电机组等配套滤清器。其中塑料浮体生产设备和大型液压平板硫化机设备以及压延设备的生产能力目前排列在国内首位。

橡胶制品厂于1997年进行了设备改造，将胶管车间的固定式单方向行吊改造成为双轨行走式行吊，解决了过去两台胶管机不能同时生产的难题，工作效率比1996年提高了一倍。同时还研制开发钢法兰橡胶管，解决了老式胶管在水中不便于连接的难题。

1998年1月，开发了塑料浮体新项目，新产品的试制成功，使公司抢先占领了国内市场，并当年收回投入的成本。

1999 年，继续加大胶管生产设备的改造，由原来日产量 2 根胶管，一直发展到日产量 21 根，使橡胶制品的年生产能力达到 400 万元左右。

1990～2001 年，自制出了两台浮体设备，提高了浮体的生产能力；购置了一套压延设备，降低了橡胶半成品的成本，达到了生产橡胶硫化制品的目的。

2000 年，橡胶制品厂把用于生产胶管的整体式芯子改造为分体式芯子，减小了劳动强度，使用户安装更加方便，同时也提高了胶管的质量。橡胶制品厂还引进了橡胶压延新工艺，研制开发了钢法兰尼龙帘布排、吸泥胶管，自制聚氨酯反应釜，自制原料降低了浮体成本。

橡胶制品厂自行研制的大型液压平板硫化机设备，总质量 260 吨，跨距 24 米，它可以生产 5 米以内任何尺寸的橡胶水坝、防水建材等产品，自动化程度在同行业中位于全国领先地位，各项物性指标达到国际水平。

在承接江河实业公司浮体项目过程中，橡胶制品厂打破试制模具的常规，将平面式结构改造为锥型结构，既减少浮体在水中的阻力，又减轻了水上转移的难度，受到了甲方的好评。

2001 年上半年，橡胶制品厂研制的弹性复合抗磨板、复合吸口短管，已经应用于水电十三局兴达疏浚公司，通过试验运转寿命达到国外进口件的 2 倍以上，解决了挖泥船泥泵壳磨损严重的问题。下半年，橡胶制品厂研制的大口径尼龙管新产品，是钢制排泥管替代品，目前已应用于山东齐河河务局、山东济宁航道工程处等河湖疏浚挖泥船建造疏浚行业，产品优良。

2002 年，橡胶制品厂研制成功疏浚配套系列产品——MC 尼龙管，它具有效率高、机械化程度高、耐磨、耐腐蚀、寿命长、质量轻、便于安装等特点。

2003 年，橡胶制品厂成功研制汽车密封胶条新产品和疏浚配套产品——自浮管；为满足疏浚市场对各种特大型浮体的需求量，自制 1 台大型浮体设备；为了提高橡胶管产品的质量和设备加工能力，研制 3 台机械化程度较高的橡胶管成型设备。

2004 年，橡胶制品厂成功研制了 EPS（聚苯乙烯）新型浮体。该产品是在原塑料浮体项目上进行的改进，外壳仍采用聚乙烯材料，内填充材料采用聚苯乙烯泡沫塑料，替代原有的聚氨酯泡沫塑料。EPS 新型浮体在保证质量的前提下，降低成本 20%～30%。

2004 年 4 月 1 日，橡胶制品厂 2002 年研发的 MC 尼龙管企业标准在德州市质量技术监督局备案，正式发布，填补了一项国内空白。

2005 年，橡胶制品厂 EPS 新型浮体大量投放市场，稳定了浮体产品在国内的领先地位。到 2005 年橡胶制品厂基本形成了以生产挖泥船配套产品为主的多元化格局。

2006 年，为了降低橡胶管和自浮管成本，新上帘子线项目。先后购置化纤环锭捻线机 3 台，绕线剑杆帘子布织机 2 台，加上厂房基础建设，累计投入资金 100 多万元，月产量已达 20 吨，涤纶帘布质量稳定，每吨成本下降近 5000 元。

2006 年，橡胶制品厂新开发大型自浮式排泥胶管项目，当年完成合同额近千万元。下半年，改进吸泥胶管技术，克服了质量不稳定、寿命短的问题，还研发成功异型胶管系列产品。

橡胶制品厂自成立以来，大力实施科技兴企战略，以新产品研发为龙头，带动了企业快速发展。由当初一个从事汽车轮胎翻新的小作坊，发展壮大成为一个年产值近亿元的中型企业。生产的各类橡胶制品、塑料制品、尼龙管制品、船用附属器材已经应用于国内各个大型疏浚公司，在国内疏浚行业中占有一定的地位，得到了用户的好评。直径530型浮体出口到韩国，首次将浮体产品直接打入国际市场。

2006年底，橡胶制品厂拥有固定资产2144.36万元，厂区面积79 694.50米^2。完成年营业收入8548万元，年利润137.95万元。

第三节　汽车和土方机械修理

水电十三局汽车修理总厂前身为水电十三局机械施工处的保养厂，1978年划给水电部机械施工局时，建立了汽车修理厂。1982年10月，水利部、电力部机械施工局与水电部十三局合并后，改名为机械修造二厂。1985年3月，更名为水电部十三局汽车修理厂；1998年1月，更名为水电十三局汽车修理总厂。

计划经济时期，汽车修理总厂仅限于局内车辆修理，一般年产值200万元左右，进入市场经济，除继续承担局内部修理任务外，开始面向社会，承接各类进口载重汽车和土方机械的修理业务。

1988年实行厂长负责制。汽车修理总厂提出了“质量第一，信誉至上，以优取胜，人无我有，人有我优，人优我新”的经营方针。对内加强管理，完善内部经济责任制；对外搞活经营，不断开发新产品，并以严格的质量管理，优良的修后服务，认真负责的工作作风，赢得了用户的信任。

太脱拉T148一直是汽车修理总厂的主修车型，随着这种车型逐渐被淘汰，大量进口和国产新车进入市场，为适应市场需求，汽车修理总厂不断开展新的车型及进口车型的修理业务，修理车型逐步达到20多种，包括捷克产太脱拉系列、德国产奔驰系列、意大利产佩尔利尼重型自卸车。同时汽车修理总厂的业务范围拓展到新疆、青海等15个省、市、自治区。

汽车修理总厂在“以汽车修理为主业，大力发展相关行业和综合经营”的战略指导下，加强对外技术、信息交流与合作，进一步扩大业务范围，1992年建立了金杯汽车德州特约服务站，1995建立了中国重汽特约服务站，2000年下半年建立了捷克太脱拉中国维修中心，继而又先后与徐工集团、陕西汽车集团、北方奔驰、重庆铁马、北京福田等著名厂家合作分别成为上述单位的特约技术服务站。

汽车修理总厂有专用和通用设备146台（套），其中有德国产油泵试验台、马力检测机和多功能平衡机等一批先进检测设备。主要承修奔驰、北方奔驰、铁马、太脱拉、斯太尔、日野、佩尔利尼、黄河、东风、解放、红岩、20T374、别拉斯、卡玛斯等国内外中、重型载重汽车及日本、美国、德国、韩国、前苏联等国家生产的推土机、挖掘机、装载机、吊车等工程机械。修车类型达30多种，年修大、中型载重车100余辆，工程机械上百台（套），并承接修理国产、进口挖泥船等水上施工设备。

为了适应市场的需求，汽车修理总厂专门指派业务骨干加强对特约服务站的技术和信息管理，并设有24小时热线服务电话，配备了专用服务车辆，使特约技术服务站真正成为“四位一体”（整车销售、配件供应、维修服务、技术咨询）的经济实体。

汽车修理总厂在开拓市场开展对外经营的同时，做好工程局内重点项目的配套服务工作。1998年为北京“六海”清淤项目部修复了从巴基斯坦转移回国的2艘海狸600型挖泥船；1999年为济南玉清湖水库项目改装5辆工程洒水车，并为项目做好服务。

由于受国家对汽车限期强行报废规定和整个经济环境的影响，重型汽车修理市场日趋萎缩，汽车修理总厂生产经营遇到前所未有的困难。汽车修理总厂在以汽车修理为主的同时，不断拓宽企业经营渠道，发展第三产业。

1995年，建起了集美大酒店和20间沿街营业房，年创收约20万元。

1999年，建起“月亮泉”纯净水厂，“月亮泉”被认定为山东省内著名纯净水品牌；组建了重型汽车配件总汇，年销售额达60～80万元；将抵账设备进行修复，对局内外开展设备租赁服务。

2002年，汽车修理总厂发展综合经营，先后承接了江西宁都水库除险加固工程、河南周口电厂补供水工程、宁夏银川市政道路改造工程等施工项目。

2005年12月25日，水电十三局根据企业产业结构调整的需要，将汽车修理总厂并入橡胶制品厂。

第四节 工 业 园 区 建 设

2002年，水电十三局根据企业发展战略和产业结构调整的需要，决定将机械厂和总库（140亩）、四分局设备存放场地（32亩）、原水电十三局小学（27亩），共199亩土地开发出让。水电十三局以土地开发出让的收益，并投入部分资金，利用德州经济开发区的优惠政策，在德州经济开发区购置260亩土地，用于建设水电十三局工业园。

2002年7月15日，水电十三局与德州经济开发区管委会签订土地出让协议，协议同意出让259.54亩土地给水电十三局建工业园，土地价款910万元，使用年限50年。

2002年9月17日，水电十三局工业园正式开工建设。第一期工程2002年9月17日开工，2004年底完工；第二期工程2005年初开工，2005年底完工。水电十三局工业园主要建设项目40项，总建筑面积33 547米^2，总投资3056万元。其中较大的项目有：1、2号厂房18 291米^2，大修车间1661米^2，修理车间2018米^2，滤芯厂房1909米^2，办公楼4576米^2，职工食堂1076米^2。2002年9月～2006年底，水电十三局为工业园投资1843万元，新购置生产设备576台（套）。

工业园建成后，水电十三局将其一分为二，由机械厂和橡胶制品厂根据自身发展的需要，自主经营、管理、规划和建设。水电十三局工业园于2003年8月18日正式启用。机械厂于2003年8月18日迁入工业园，橡胶制品厂于2004年2月迁入工业园。

工业园的建成为水电十三局工业板块的发展提供了新的平台，扩大了工程局工业的生产规模和市场竞争力，使工业成为水电十三局产业结构中重要的组成部分。

第二章　多　种　经　营

第一节　多种经营事业的发展

水电十三局多种经营始于1981年。进入20世纪80年代，国家实施经济体制改革，指令性计划任务减少，国有施工企业市场严重萎缩，施工任务不足，内部富余人员增多，加之局职工子女就业也进入高峰，工程局根据自身特点和上级要求，积极发展多种经营。

1981年9月，水电十三局决定成立劳动服务公司。劳动服务公司的主要任务是安置工程局职工子女（包括残疾青年）和家属就业，并安排部分富余人员。工程局先后投入资金5万元作为安置、发展基金。国家对劳动服务公司在税收政策上给予照顾，免征3年所得税和2年营业税。工程局也给予相应的照顾，公司内的管理人员3年内的全部工资由工程局负担。

劳动服务公司成立之初，从业人员共80人，其中管理人员13人，待业青年及其他人员67人。劳动服务公司成立前三年，共安置待业青年及其他人员215人，完成产值（营业额）40万元，并有一定的经济效益。1984年11月15日，成立生活服务公司。

1984年11月，水电十三局为适应生产发展的需要，配合工程局的机构改革，首先从组织上对劳动服务公司进行了调整，改干部任命制为聘任制。劳动服务公司按照“立足本局，面向社会，安排就业，搞好服务”的方针，实行安置型和经营型相结合的运营模式，社会效益和经济效益同时并举，逐步转变为独立核算，自负盈亏的经济实体。

1985年12月，水电十三局决定将生活服务公司合并到劳动服务公司。1986年1月，劳动服务公司更名为服务公司，并先后将托儿所、浴室、机关食堂、修缮队、印刷厂等单位移交服务公司管理，这些单位与部门由原来单一的福利性服务转变为经营性服务。

1988年5月，水电十三局组建多种经营开发部，将全局多种经营正式纳入统一管理。工程局副局长潘国良兼任多种经营开发部经理。当年全局转产1113名职工，新上项目54个，直接从事多种经营的职工达500人左右，占用资金550万元。

1988年5月，水电十三局进行机构改革，将除托儿所、职工浴室、机关食堂以外的福利单位，划归新成立的生活服务处管辖。

1989年5月，水电十三局成立多种经营办公室，负责全局多种经营的指导与管理工作。各二级单位也相继建立“多经办（科）”作为归口管理机构。

1984年11月～1990年1月，劳动服务公司新上的项目较多，先后开办了扒鸡厂、汽车大修厂、面包厂、土方队、食品厂等9个厂（队）网点，总计安置待业青年400余人，安置率达100%。

1990年2月，水电十三局将多种经营办公室、多种经营开发部、橡胶制品厂与服务公司合并，组建水电十三局企业处，负责全局多种经营的实业开发，并兼全局多种经营的管理职能。调整后，全局直接从事多种经营的职工达864人，生产经营单位（项目）43

个，建筑（场地）面积 11 600 米^2。其中企业处有职工 630 名，10 个基层单位，7 个班组，7 个职能科室。固定资产原值 471.2 万元，净值 344.04 万元，

企业处成立后的 10 个基层单位包括橡胶厂、修理厂、湖东饭店、汽车队、食品厂、扒鸡厂、印刷厂、土方队、招待所、托儿所，7 个班组包括商场、电修组、水产批发部、服装组、福利组、浴室、食堂。1990 年 12 月，浴室、食堂、托儿所划归局生活服务处管理。

1984 年 10 月～1991 年底，企业处（原服务公司）累计完成产值（营业额）3139.99 万元，综合利润率为 13.3%。其中 1991 年完成产值 1245.99 万元，实现利润 106.31 万元。

自 1985 年开始，工程局所属二级单位根据自身的条件和特点，借助总公司的专项低息贷款，积极开展多种经营工作，大力兴办第三产业。多种经营形式不断多样化，形成了全民经营和集体经营相结合，工业、商业、副业、养殖业等多种行业一起上的局面。

1992 年 7 月 28 日，水电十三局召开了首次多种经营工作会议，把“工程施工，多种经营，两大支柱，协调发展”作为局多种经营的战略方针。11 月，为了适应多种经营新的发展要求，将企业处承担的多种经营管理职能予以分离，并成立了多种经营办公室，主要负责全局多种经营的指导和管理工作。

1993 年 7 月，水电十三局为转换企业经营机制，加快“三项制度”改革，本着“精简、高效、统一、服务”的原则，决定将多种经营办公室改名为多种经营处，下大力气发展多种经营。先后制定了《水电十三局多种经营管理暂行办法》、《水电十三局多种经营 1993～1995 年发展规划》、《水电十三局多种经营 1995～1997 年发展规划》和《水电十三局多种经营 1996～2000 年发展规划》，促进了多种经营的发展。1994 年，全局大小多种经营网点达 70 多个，年产值达 3171 万元。

1994 年 6 月 14 日，水电总公司多种经营北方片会议在水电十三局召开。水电总公司顾问刘书田和总经理张基尧对水电十三局多种经营工作给予了肯定。

1995 年 3 月，水电十三局提出“加快发展沿街商业用房，繁荣市场，带动多种经营发展”的目标。1995 年 8 月，成立工程局房地产开发部，房地产开发部承担开发沿街商业用房的任务。1995～2001 年，总计开发沿街商业用房 4000 米^2，繁荣了市场，有力地带动了多种经营发展。

1996 年 1 月，水电十三局以多种经营处为主体，以汽修总厂为依托，成立了实业开发部。其职能是宏观上加强对全局多种经营的管理，并兼有实体经济职能。并将原五分局的奔驰服务中心、企业处的修制厂划归实业开发部直接管理。同年 8 月，企业处撤销，又将食品厂、扒鸡厂、印刷厂划归实业开发部，劳动服务公司划归基地管理分局。

1997 年，水电十三局对多种经营企业进行股份制试点，并以此为突破口，推进企业的改制工作。1997 年下半年～1998 年，相继对天达电梯工程处、橡胶制品厂、奔驰服务中心三个单位进行内部股份制试点。

1998 年 1 月，水电十三局对多种经营体制作了较大的调整，决定撤销实业开发部，再次成立多种经营处。并将原房地产开发部管理的沿街商业房，实业开发部的食品厂、扒

鸡厂、印刷厂，原基地分局的百乐厅大酒家、郑和饭店、本斋饭店、大招待所、小招待所、商场划归多种经营处统一管理。

多种经营处重新组建后，采取多种形式创业，先后开办了马颊河市场、再就业服务中心、金龙大酒店、停车场、锦鹏大酒店等，不仅安置了部分下岗职工再就业，而且取得了较好的社会效益和经济效益，其再就业典型事例由德州市推荐在《人民日报》上发表。

1999 年，德州政府拓宽东风路，水电十三局劳动服务公司所属的郑和饭店、工薪餐厅、本斋饭店、大招待所和局机关对面的 35 套沿街商业出租房被无偿拆除，全处职工积极开展生产自救，新上了再就业服务中心、春风早点快餐店、太白烧烤城三个网点，一次性安置 34 名失岗职工再就业。当年获得了山东省“发展劳动就业先进单位”等荣誉称号。

2000 年，根据市政府的规划需要，百乐厅被无偿拆除，导致 30 名职工待岗。多种经营处将原大招待所与百乐厅的工作人员合并，组建了金龙大酒店，形成了具有餐饮、住宿、娱乐为一体的酒店。

2001 年，多种经营处完善所属企业经营管理制度，增添必要设备，实现新旧设备的换代升级。为印刷厂添置了胶印机、电脑、制版机、固版机，为食品厂购置红外线烧箱等设备。

2002 年初，德州市政府决定将德州百货大楼规划重建，征用水电十三局 14 亩土地，造成多种经营处机关招待所、停车场等 5 个生产经营网点拆除，64 名职工失岗；2002 年下半年，德州市扩建改建新华东路和湖滨南路，导致多种经营处印刷厂部分房屋被拆除，食品厂、再就业中心、锦鹏酒店、三孔啤酒专卖店、伊斯兰饭店等网点的生产经营受到严重影响，租金收回率降至最低点。面对严峻的客观现实，多种经营处领导班子带领全处干部职工实施生产自救，妥善解决了土地出让、资金索赔、重建商业设施、职工生活安置等一系列复杂的问题，从地方拿回补偿金 556.5 万元。

2003 年初，水电十三局新建马颊河商城和水电宾馆，并移交多种经营处管理使用。3 月 18 日，马颊河商城、机关招待所隆重开业。马颊河商城、机关招待所的建成和开业，使 50 余名失岗职工重新得到了就业机会，也为多种经营处的生存和发展奠定了基础。

2004 年，水电十三局多种经营处与福建佳佳基美食有限公司签订共建马颊河商城合作意向书，“佳佳基”于当年 7 月 3 日正式开业。同时引进了西式快餐“德克士”，不但为多种经营处生产经营注入了活力，而且解决了部分下岗职工的再就业问题。

2005 年，水电宾馆依靠优良服务和优势地理位置，营业收入首次突破 100 万元，效益比 2004 年增长近 40%，在安置 28 名职工就业的情况下，2005 年实现利润 8.2 万元，上交资金费用 39.87 万元，成为水电十三局多经产业的排头兵。

2006 年，多种经营处高度重视房屋资产运营工作，重点抓好新建房屋的运营管理。先后与经济实力雄厚的德百超市、双星连锁店、好邻居超市签订了 3 年的租赁合同，年租金收入达 22 万余元，迅速提升了该地段房屋的商业价值。

2006 年初，“月亮泉”纯净水厂划归多种经营处管理。

水电十三局多种经营处自 2002 年 7 月至 2006 年末，累计完成产值 1598 万元。固定资产 966.2 万元，主要生产设备 59 台（套），取得了较好安置效益和经济效益。

随着形势的发展，工程局所属二级生产经营单位的多种经营工作总体上逐渐呈衰退状态。主要原因是，随着企业国内外工程施工任务的大量增加，多种经营中大批工程技术人员及管理人员回流到施工项目；另外一个原因是，相当一部分项目在经营过程中效益较差，陆续停办。

第二节 商 业

水电十三局多种经营商业起步于上世纪80年代，先后创办过商品小卖部、水产批发部、新华书店、建材商店、广通商场、马颊河市场、茅台镇金糊涂店、三孔啤酒专卖店、加油站、佳美超市、国外项目服务部等商业服务网点。到2006年末主要的商业网点有水电十三局加油站、佳美超市、国外项目服务部等。

水电十三局加油站初建于1997年5月，当时隶属于局物资处。2002年9月，因物资处场地置换，经营场所丧失，为安置下岗职工，水电十三局决定对加油站进行投资改扩建，2003年9月新的加油站建成。主要经营范围为汽、柴油，润滑油等成品油的批发零售，营业面积1400米^2。2006年12月底，加油站在岗职工人数13人，固定资产原值70万元。2006年产值1400万元，利润36万元。

佳美超市初建于2003年8月，当时隶属物资处。主要经营范围为日用百货、烟酒糖茶、副食调料的批发零售，营业面积180米^2。2006年底在岗职工人数10人，固定资产10万元。2006年产值200万元，利润5万元。

国外项目服务部始建于2004年1月，隶属物资处。主要经营范围为物资集货、采购及吊装服务，营业面积1000米^2。2006年底在岗职工人数6人，固定资产3万元。2006年产值30万元，利润5万元。

第三节 服 务 业

水电十三局多种经营服务业起步于上世纪80年代，先后创办过理发室、浴池、饭店、招待所、电器维修、自行车维修、修理厂、汽车队、土方施工队、奔驰服务中心、天达电梯工程处、百乐厅、湖东饭店、招待所、托儿所、大厨房、金龙宾馆、银龙宾馆、水电宾馆等营业服务网点。2006年末主要的服务单位及网点有天达电梯工程处、设备租赁公司、水电宾馆、金龙宾馆、银龙宾馆等。

天达电梯工程处为水电十三局直属生产经营单位，前身是五分局的建安部，1995年12月水电十三局多种经营改制，组建实业开发部时与汽修厂铝合金制作安装部合并，成立了天达电梯工程处，主要从事电梯安装、维修、保养，铝合金塑钢门窗制作安装等业务，营业面积为2000米^2。2006年底在岗职工人数为30人，固定资产30万元。2006年产值200万元，利润10万元。在德州市德城区电梯保养方面的市场占有率达70%。

水电十三局设备租赁公司组建于1999年3月23日，其目的是对工程局部分施工设备实行统一租赁管理，充分利用和发挥施工机械设备的最大效能，盘活资产，促进设备租赁的良性循环，使设备保值增值，实现最佳经济效益。

设备租赁公司是独立核算的经济实体。公司具备集挖、装、运、推、压、平等配套施工生产设备70余台。职工人数65人，其中管理人员6人，操作人员42人，修理人员12人，共他人员5人。固定资产原值2110万元，净值871万元，总资产1020万元。

租赁公司设备情况一览表，见表6-2-1。

表6-2-1　　租赁公司设备情况一览表

设备名称	型号规格	数量	成色	生产厂家
拖动振动压路机	YZT16K	10	新	陕西水利机械厂
拖动振动压路机	YZTK16B	2	新	铁二十局工程机械厂
自行式振动压路机	YZ14J	4	新	徐州工程机械厂
自行式振动压路机	CA25D	2	新	徐州工程机械厂
自行式振动压路机	CA30	1	九成	徐州工程机械厂
轮胎压路机	YL20	2	新	德州公路机械厂
湿地推土机	TSY220	3	新	山东推土机厂
D85推土机	TY220	2	七成	黄河工程机械厂
D60推土机	TY160	2	新	山东推土机厂
120推土机	QT120A-6	3	七成	青海工程机械厂
D80推土机	D80A-12	1	七成	日本小松工业
320推土机	D155A-1	2	八成	日本小松工业
汽车起重机	QY25A	1	新	徐州工程机械厂
汽车起重机	东风8T	1	八成	北京起重机械厂
柴油发电机组	75kW	2	新	上海柴油股份有限公司
柴油发电机组	50kW	1	新	上海柴油股份有限公司
装载机	KLD70	1	七成	日本川崎工业公司
装载机	ZCY-15	1	七成	泰安装载机厂
装载机	CAT966D	1	八成	美国卡特
挖掘装载机	WZ16-15E	1	新	烟台工程机械厂
液压挖掘机	DH220LC	1	新	大宇烟台公司
液压挖掘机	EX200	3	九成	合肥日立
进口原装平地机	MG500	1	九成	日本三菱
斯太尔自卸车	1491K29	13	新	重汽集团载重19.5t
奔驰自卸车	BZ2624	8	八成	德国奔驰公司载重15t
奔驰洒水车	BZ2624	1	八成	德国奔驰公司

1997年初，水电十三局对多种经营单位进行改制，奔驰服务中心作为局三个股份制试点单位之一，从实业开发部划出，组建了奔驰汽车维修服务有限公司。

奔驰汽车维修服务有限公司主要承接奔驰汽车修理，组建以来先后与中国航空油料总公司、民航机场、各大油田、石化系统、城建系统等单位建立了比较稳定的业务关系，扩大市场份额。为客户修理奔驰系列2624、2626、2628、2631、2632、407D、508D、609D车辆80多台次，修理190柴油机12台次，修理各类进口吊车20多台次，被中国航空油料总公司指定为唯一的外协修理单位。

2003年6月3日，奔驰汽车维修服务有限公司并入水电十三局汽修总厂。

水电宾馆隶属多种经营处，2003年3月成立，经营范围为住宿、副食品加工，营业面积为3000米^2。2006年底在岗职工人数26人，其中全民制职工20人，集体制职工6人，固定资产原值为441.46万元（其中房屋409万元，其他32.46万元）。2006年营业收入124.73万元，利润8.58万元。

金龙宾馆隶属九龙公司，2000年12月成立，主要经营范围为住宿、餐饮，营业面积为1300米^2。2006年底在岗职工人数16人，其中全民制职工10人，集体制职工6人，固定资产原值为120.9万元（其中房屋105.4万元，其他15.5万元）。2006年营业收入28.5万元，利润为9.7万元。

银龙宾馆隶属九龙公司，2001年1月开业，主要经营范围为住宿、餐饮，营业面积为3000米^2。2006年底在岗职工人数57人，其中全民制职工45人，集体制职工12人，固定资产原值为371.7万元（其中房屋318.9万元，其他52.8万元）。2006年营业收入127.5万元，利润14.3万元。

第四节　加　工　业

水电十三局多种经营的加工业，起步于上世纪80年代，先后创办过扒鸡厂、面包厂、食品厂、手套厂、编织袋厂、肥皂厂、锯木厂、玻璃钢厂、涂料厂、滤芯厂、汽车自动天线项目、面条加工厂、烟囱厂、挂毯编织项目、纯净水厂等生产服务网点。2006年加工业主要网点有印刷厂、食品厂、纯净水厂等。

印刷厂隶属多种经营处。60年代初随福建闽江工程局迁来山东德州，经营范围为印刷业，主要为本局报纸印刷服务，同时印制局内生产管理报表等。90年代以后面向社会经营。职工人数最多时20余人，2006年底在岗职工人数7人，其中全民制职工6人，集体制职工1人，固定资产原值为3.71万元（其中房屋1.2万元，设备2.51万元）。2006年产值31.31万元，利润0.02万元。

食品厂隶属多种经营处，始建于1989年。经营范围主要以食品加工、经营早餐为主。2004年11月原食品厂拆迁，2006年5月经过重建的食品厂正式开业，营业面积566米^2。自制生产的中秋月饼、粽子、元宵、蛋糕等特色食品一直深受消费者青睐。2006年底在岗职工人数15人，其中全民制职工8人，集体制职工7人，固定资产原值380.94万元（其中房屋380万元，设备0.94万元）。2006年产值46.64万元，利润

2.07 万元。

纯净水厂 1999 年 6 月成立，原隶属汽修总厂，后划归多种经营处，经营范围为桶装饮用水加工，营业面积为 240 米^2，固定资产原值为 64.48 万元。2006 年底在岗职工人数 5 人，其中全民制职工 4 人，集体制职工 1 人。2006 年产值 22.45 万元。

第七篇　勘测设计和河道管理

第七篇　勘测设计和河道管理

水电十三局勘测设计队伍组建于 1963 年，主要负责马颊河疏浚工程的勘测设计及预算工作。在马颊河疏浚工程施工后期，勘测队伍逐渐缩小，到军管时期仅保留勘测连。1970～1979 年，水电部将海河勘测设计院成建制下放到水电十三局，成立水电十三局勘测设计院，集设计施工为一体，这一时期是工程局勘测设计力量最强、业绩最辉煌的时期，拥有冯寅、曹楚生等一批国家高级水利专家。在海河流域的治理中，勘测设计院先后承担了永定新河、漳卫新河、卫运河扩大、卫河治理、北运河修复加固、南水北调（东线）穿黄枢纽、潘家口水利枢纽、密云水库加固、岳城水库扩建、张坊水库、下交漳水库、朱庄水库等 30 多项水利水电工程规划、勘测、设计任务。

1978 年，在第一次全国科学大会上，水电十三局合作完成的科研成果《海河治理经验》，受到了全国科学大会的表彰奖励。潘家口水利枢纽第一期工程获国家级优秀地质勘察金质奖和优秀工程设计金质奖。

第一章　勘　测　设　计

第一节　漳卫河治理设计

1970 年 7 月，国务院在国发 57 号文中指示：加快根治海河的速度，用 3 年时间完成漳卫河中下游治理工程。水电十三局勘测设计大队于 1971 年 1 月提出设计报告。3 月中旬，邀请河北、山东、河南、交通部等有关领导和水利专家，共同审查讨论了《漳卫河中下游扩大工程初步设计》，对设计方案和施工安排基本取得了一致意见，为冀、鲁、豫三省共同治理漳卫河打下了基础。

漳卫河治理分三个组成部分，即漳卫新河扩大工程、卫运河扩大工程、卫河干流治理。

一、漳卫新河扩大工程

漳卫新河原名四女寺减河，自四女寺至海口长 231.8 公里（包括岔河 43.4 公里），老河承泄洪水 1500 米^3/秒，涝水 400 米^3/秒，扩大后防洪标准提高到 50 年一遇，行洪能力提高到 3500 米^3/秒，强迫行洪 5000 米^3/秒，排涝标准提高到 3 年一遇，排涝流量为 1180～1250 米^3/秒。修建的主要建筑物有四女寺枢纽改建及扩建工程，该工程原有进洪闸、节制闸、船闸及兄弟灌渠渠首等建筑物。根据漳卫新河设计洪水流量和校核行洪流量，南运河行洪 300 米^3/秒，相应枢纽闸上游设计水位为 25.27 米，校核水位 26.77 米，比原设计和校核水位分别提高 1 米和 1.5 米，对原有各闸按新标准进行了加高加固，同时在新开岔河上新建一座进洪闸，设计流量为 2000 米^3/秒，强迫行洪流量为 2800 米^3/秒。全河沿线新建拦河蓄水闸六座，即袁桥、吴桥、王营盘、前罗寨、庆云和辛集蓄水闸，总蓄水量近1亿米^3，以改善新河两岸农田灌溉。此外，还按津浦铁路改复线规划，改建、扩建铁路桥两座，新建铁路桥一座，新建公路生产桥50余座，沿河两岸的排灌涵闸及扬水站等由所在省负责施工，1971年冬开工，1972年汛前建成。

二、卫运河扩大工程

继漳卫新河竣工之后，1972年冬至1974年春，用两个冬春时间完成了卫运河扩大工程。卫运河自漳、卫两河汇合口的徐万仓村起，经左岸河北省的馆陶、临西、清河、故城四县，右岸山东省的冠县、临清、夏津、武城四县至四女寺，全长155.6公里。老河上、下两段宽，中段窄。1963年洪水上段实际泄洪能力为3250米^3/秒，下段为2500米^3/秒。扩建后设计泄洪量为4000米^3/秒，校核泄洪能力可达5500米^3/秒。卫运河是洪涝合排河道，排涝标准采用3年一遇，设计排涝流量为1150米^3/秒。工程施工由冀、鲁两省共同承担，分两期进行。1972年冬至1973年春，完成水上部分土方及堤防填筑工程；1973年冬至1974年春，完成水下部分土方及剩余工程。为了恢复卫运河部分河段航运，根据水电部与交通部共同派人研究提出的复航规划报告，在四女寺枢纽上游，按五级航道标准，在河道主槽上修建祝官屯枢纽，由船闸和节制闸各一座组成；在四女寺枢纽下游南运河上修建安陵枢纽，建一座橡胶坝。通过这些工程措施，河道达到渠化后，只需5米^3/秒流量即可维持德州至临清的航运之便。

三、卫河干流治理工程

1977年10月，水电十三局和设计院会同三省进行了卫河综合定线测量。1978年，召开治理卫河工程领导小组会议，对河堤线路、施工导流方案取得一致意见。卫河干流治理自浚内沟口至徐万仓段，长约150公里。设计洪水流量为浚内沟口至安阳河口段2000米^3/秒，安阳河口至徐万仓段2500米^3/秒。设计排涝流量按3年一遇标准，浚内沟口为700米^3/秒，浚内沟口至徐万仓为1000米^3/秒。为改善枯水时航运条件，结合浚深河槽，开挖通航子槽。工程施工由所在省承担，1978年冬开工，至1979年春完成水上方开挖、堤防修建、大部分沿河建筑物；1979年冬至1980年汛前，进行水下方开挖，完成卫河治理全部工程，汛期发挥效益。

漳卫河治理是一项巨大的、复杂的工程。漳卫河流域面积为34 000公里^2，是冀、鲁、豫三省边界河道，还要考虑洪涝合排和通航要求，大大增加了规划、设计的复杂性。为此，前后花了近10年治理漳卫河，漳卫河的勘测设计几乎贯穿了水电十三局设计院始末。在冀、鲁、豫三省水利部门、设计院的协作支持下，漳卫河治理工程设计，继承了治理海河创造的综合定线测量和现场三结合经验，坚持工程质量标准，顺利地完成了勘测设计任务。

第二节 潘家口水利枢纽勘测设计

潘家口水利枢纽是开发滦河水利资源的骨干工程，枢纽的主要任务是向天津市、河北省唐山市供应生活和工农业用水，并结合供水发电，兼顾防洪。

潘家口水利枢纽主要包括两部分：一部分是上游潘家口水库，由挡水坝、溢洪道、泄水建筑物、右岸坝后河床混合式水电站的全部土建工程及一台15万千瓦常规机组所组成。另一部分由三台抽水蓄能机组（单机9万千瓦）、下池低坝和泄洪闸，形成有效库容为1000万米^{3}的反调节池，同时建河床式小水电站一座（两台5000千瓦贯流式机组）。枢纽年供水量19.5亿米^3，总装机43万千瓦，平均年发电量6.2亿千瓦时，年耗电量2.89亿千瓦时。

潘家口水库最大总库容为29.3亿米^3，兴利库容19.5亿米^3，主坝为混凝土低宽缝重力坝。坝基岩石为片麻石，质地坚硬，完整性较好。最大坝高为107.5米，坝顶长度1039米，河床中部设18孔溢洪道，最大泄流量为53 100米^3/秒。另有4个泄洪底孔，最大泄洪量为3100米^3/秒。此外，还有西城峪、脖子梁两座副坝，均为土坝，最大坝高分别为22.5米和5米。

下池混凝土重力坝，最大坝高28.5米，坝顶长1098米。泄洪建筑物主要由泄洪闸和溢流坝两个部分组成，最大泄洪量为28 000米^3/秒，河床中部布置20孔泄洪闸。溢流坝布置在泄洪闸右侧，水电站位于泄洪闸左侧。

整个工程浇筑混凝土及钢筋混凝土320万米^3，工程于1974年开始准备，1975年10月开工。第一期工程为潘家口水库及混合式水电站厂房。1979年蓄水，常规机组于1981年4月发电，1984年12月完工。第二期工程为增设抽水蓄能机组和下池工程，于1984年1月开工兴建。

潘家口水利枢纽勘测设计可以分为四个阶段：第一阶段（1972年4月～1973年12月），坝址坝型选择；第二阶段（1974年1～9月），初步设计和审查通过初设；第三阶段（1974年10月～1981年12月），补充初设和配合一期工程施工技施设计；第四阶段（1982年1月～1983年），为二期工程补充初设和1984年后配合二期工程兴建进行的技施设计。潘家口水利枢纽的选坝、初设、补充初设、一期工程的大部分技施设计，是由水电十三局设计院完成的，同时得到了河北省根治海河指挥部、六五〇部队、清华大学、水电四局、水电十一局等单位的协作和支援。

坝址坝型选择的地勘工作。1972年4月～1973年8月，集中于潘家口坝址，围绕对混凝土重力坝和土石坝开展工作。这段时间共完成各种比例尺地质测绘39.8公里^2，钻孔57个、约4700米，平硐3个350米，野外大型试验9组。1973年9～11月，集中突击扬查子坝址地勘工作，完成1/5000地质测绘3.0公里^2，钻孔20个、进尺1000多米，平硐2个33米，地震剖面11条，地震测井11个钻孔等。1973年10～12月，以水电十三局为主，与清华大学水利系、河北省根治海河指挥部设计院及唐山地区协作，六五〇部队与水电十一局支援，在现场组成潘家口水库设计会战指挥部，完成《潘家口水库坝址坝型比较报告》。经过方案比较，认为“坝址坝型方案中，从地质、枢纽布置及施工等条件来看，以扬查子坝址混凝土坝方案优点较多，建议在下一阶段以扬查子坝址混凝土坝方案为主进行潘家口水库初步设计工作”。经水电部组织审查同意，1974年，勘测设计工作转入了扬查子混凝土坝方案。

1974年，工程局和设计院各派一名领导驻工地现场领导勘设工作，设计院的地勘一、二队，测量二队，物探队，野外大型试验组全部集中扬查子，六五〇部队派出钻探组，水电四局派出物探组，浙江601厂派出钻孔电视工作人员支援。这一年，共完成地质测绘129.6公里^2，钻探87孔、5951米，地震剖面11个，地面动弹模19段，孔内动弹模24段，钻孔内电视8孔，野外大型混凝土与岩石抗剪试验5组，野外岩石静弹模5点，精细骨料调查B级料场11个，水文地质试验抽压水试验536段，顺利完成了初设阶段地勘工作。1975年1月，完成《潘家口水库初步设计阶段工程地质勘察报告》。

1974年7月，完成上报《潘家口水库初步设计》。在进行初设过程中，水电部调第五工程局总工曹楚生同志到水电十三局设计院任总工，主持潘家口工程设计，水电十一局派出技术骨干支援设计。1974年9月，水电部、河北省组织了现场审查会。1974年12月，以（74）水电水字第98号、冀革〔1974〕112号文，将潘家口水库初设审查意见，上报国家计委、建委。该文“基本同意设计单位报送的初步设计”，对设计标准、水库水位、坝型、枢纽布置、装机容量和出线等级、导流和混凝土浇筑方案、概算等都作了肯定。1975年3月，国家建委以（75）建发设字158号文，批准初步设计，并明确水电部牵头。由北京军区、河北省、天津市、水电部共同组成潘家口水库工程领导小组，由基建工程兵六十一支队等单位组成现场指挥部，具体负责搞好水库建设工作。

1974年下半年，潘家口水库开始施工准备。1975年10月，主体工程开工。设计院为配合做好施工准备、修建一期围堰、开挖左岸基坑等工作，设计人员全部驻工地开展现场设计，并派出地质人员配合基础开挖进行施工地质工作。同时，针对初设审查中对工程地质和设计提出的意见，以及增设抽水蓄能电站等问题进行补充工作。

1974年7月以后，对水库诱发地震、坝基有无缓倾角断层、左右岸绕坝渗漏、下游冲刷段地质条件以及建筑材料碱活性骨料问题进行了补充地质勘探。

1976年唐山大地震后，对水库坝址区地震强烈度又进行了论证，先后提交中间资料报告10个。1976年底，综合提出《滦河潘家口水库初步设计阶段工程地质勘察补充报告》。这段时间完成钻孔132个、进尺5252米，野外大型抗剪试验7组，静弹模8点。设计先后对增设抽水蓄能机组、工程概算、保坝措施、枢纽布置等问题做了补充研究和论证。1975年11月，完成《潘家口水电站增设抽水蓄能机组的报告》，建议增设3台6万～8万千瓦抽水蓄能机组，常规机组改为1台15万千瓦。1974年4月，以（74）水电规字第30号文，部规划设计院肯定了增设抽水蓄能机组的建议，并确定电站分两期，第一期工程包括电站的土建（厂房、开关站等）及15万千瓦常规发电机组的安装等，与水库的建设同时完成；第二期工程为下池挡水闸和蓄能机组的安装等。1976年1月，报送了《潘家口水库初步设计修改概算报告》，经水电部规划设计院审查后，批准一期工程总投资为6.8亿元，二期工程为1.2亿元。初设审查批准和工程施工后，勘测设计继续进行了大量的补充工作，最后编写了《潘家口水利枢纽的初设补充报告》。

第三节　海河流域防洪规划

20世纪60年代编制的《海河流域防洪规划》中安排的工程项目，大部分于70年代已经实现，全流域防御洪涝灾害能力有了很大提高。而在60年代末和70年代初，海河流域出现了严重的旱灾，受灾面积约占总耕地面积的23%～45%。为了适应新形势的需要，安排好下阶段的治理任务，1972年12月23日，周恩来总理亲自主持了海河流域治理有关工作的汇报讨论会，水电十三局初文、郭起光参加了会议，周总理听取汇报并作了一系列重要指示。

1973年，水电十三局设计院以解决流域缺水为目标，进行了流域内社会经济和水利建设基本情况调查：1972、1973年旱情分析，群众性水利水电建设典型经验调查，山区、沿海人畜饮水困难调查，平原、山区地下水资源开发状况调查等。同时受水电部委托，邀请有关省市水利部门、大专院校、科研机构和部属二、六、十一工程局等22个单位，组成海滦河流域年径流分析协作组，共同协作进行海滦河流域年径流分析工作。这项工作从1973年7月开始，先后经过组织准备、典型试点、单站计算、分层协调和集中汇编等五个阶段，至1974年底提出了初步成果。经过向水电部及有关省市水利部门汇报、修改、补充之后，于1976年5月，由水利部科技司和水电十三局在山东德州主持了海滦河流域年径流分析成果讨论会。1976年11月，出版了《海滦河流域年径流分析报告》。这次工作，收集了近10 000个站年的雨量资料，近4000个站年的流量资料，调查了水库、灌区、典型社队等700余处，翻阅了大量历史文献，对现有和历史资料进行了全面系统的分析。报告结论：全流域水资源总量为341.7亿$米^3$，可利用的水资源总数为225.8亿$米^3$，若按1980年水平估算，流域内工业、城市等用水量约估为60亿$米^3$，则农业平均每年可用水量仅有165.8亿$米^3$，平均每亩耕地年可用水量不足100$米^3$。报告最后指出“从速开辟新水源，加快南水北调的步伐，实为当务之急”。

海河流域内缺水制约工农业发展，影响城市人民生活用水，特别是影响天津市已成定局，加强外流域调水规划已是设计院迫切任务。因此，水电十三局设计院先后对引滦、引黄和南水北调开展了规划工作。

滦河水源的开发利用。水电十三局设计院配合河北省在流域规划中曾提出：修建潘家口、大黑汀水库及引滦输水工程，南调滦河水量，以补充天津市和河北省唐山地区的工农业及城市生活用水。水电部责成水电十三局设计院对引滦输水的水量和线路等问题进行规划论证，并于1976年提出《引滦输水工程规划报告》（初稿）。为引滦工程的决策提供了技术依据，达到了引滦济津轮廓构思的作用。

1975年8月，淮河流域因上游山区特大暴雨，发生水库垮坝事件以后，根据水电部部署，与有关省市水利部门协作，水电十三局设计院对海滦河流域开展了历史暴雨调查，对大型水库和骨干河道防御特大洪水提出意见，编制流域可能最大暴雨等值线图，开展对流域内病库、险库调查等工作。这些工作都为以后天津院开展补充规划积累了资料。

第四节　南水北调东线规划设计

1973年，水电部为解决海河流域的水资源危机，组织水利部黄河水利委员会、水电十三局设计院首先进行引黄济津研究。同年9月，水利部黄河水利委员会、国务院淮河治理办公室、水电十三局设计院派员组成南水北调规划组，水电部十三局党委书记兼革委会主任初文，参加了3人领导小组，具体研究南水北调东线方案。

1976年3月，提出了《南水北调近期工程规划报告》。1977年10月，由水电部、交通部、农林部和一机部联合上报国务院。

《南水北调近期工程规划报告》提出的调水规划轮廓：拟在江苏扬州附近抽长江水，大体上沿京杭运河线分设十五个梯级抽水站，总扬程65米，逐级抽水北送，联通洪泽湖、骆马湖、南四湖和东平湖，在山东位山附近与黄河立体交叉过黄河后，沿京杭运河自流到天津，全线总长1150公里，其中黄河以南约650公里，穿黄河段约10公里，黄河以北490公里，抽江水规模为1000米^3/秒，过黄河流量为600米^3/秒。这项工程不仅可为苏、皖、鲁、冀、津五省市提供6400万亩农田灌溉水量，还可提供几十亿米^{3}的工业用水并发挥南北水路航运的效益。1978年初，设计院调集勘测队伍和设计力量，重点进行南水北调穿黄河工程研究。经过大量的勘探工作、设计方案比较和科学试验，确定采用在位山和解山之间黄河河床开挖隧洞过黄河方案。1979年3～4月，中国水利学会召开了一次规模很大的南水北调学术讨论会。这时天津设计院已成立，根据会上各种不同见解，开展了规划修订工作。

第五节　南水北调东线穿黄工程勘测设计

穿黄工程是南水北调的关键工程。1977年底，水电部决定：南水北调穿黄工程交水电十三局承担。1978年5月，由国家计委、建委、水利部、交通部、农林部、一机部组成的南水北调规划查勘组到穿黄现场考察，要求水电十三局做好穿黄线路规划方案和地质资料的准备工作。设计院立即组织力量，筹备钻探器材，进场开展工作。经过近四个月的工作，完成了穿黄工程输水方式和输水线路方案的研究。

对穿黄工程的输水方式，考虑了平交和立交两种方案。立交方案中又比较了跨黄河架设渡槽和在黄河河底下开挖隧洞或埋设管道等方案。经从地质、施工、运行等方面进行技术、经济综合比较后，推荐采用开挖隧洞的立交方案。

对穿黄线路，研究比较了位山、柏木山和黄庄三条线路。位山线路是在位山和解山之间穿越黄河，位山和解山间是黄河的一个天然卡口，河底宽约280米，通过初步勘探了解位山与解山间河底覆盖层下为一掩埋的近南北向山梁，并与两岸山体相连。可布置三条直径9.5米隧洞，洞身穿经寒武系张夏组灰岩，岩性坚硬完整，成洞条件较好。由于洞身在黄河水位以下约70米，又处于岩溶发育地区，在这样复杂条件下开挖大断面隧洞，国内外经验不多。通过多方面研究和参考日本青函海底隧道施工经验，提出了先灌浆堵水，后开挖的施工方法。柏木山线路设在柏木山和黄命山之间已废弃的位山拦河闸闸址处，即将位山拦河闸拆除，将山口扩宽。在原闸基处开挖深槽，埋设管道，输水过黄河，同时需将黄河再次局部改道至位山拦河闸闸址处。黄庄线路是在黄庄设倒虹吸穿过黄河，该处河宽1公里，河床均为冲积壤土和粉细砂，地质条件较差，采用明挖埋管或用盾构施工都较困难。经研究比较，确定采用位山线路为主要方案，柏木山线路作为备用方案。

1978年6月中旬，水利部副部长张季农带领南水北调规划查勘组，到穿黄现场考察，听取了汇报，对水电十三局的工作给予充分肯定，并以简报形式专题上报国务院和人大常委会有关部门。

1978年3月17日，水电部以（78）水电规字32号文，正式下达了南水北调穿黄工程设计任务书。根据设计任务书要求，进一步查明了位山、解山的河床地层、构造和岩溶情况。为弄清柏木山线路对黄河下游河道的影响，水利水电科学院泥沙研究所专家组经现场考察，提出了专题分析研究报告。

结合南水北调航运需要，与交通部水运规划设计院共同研究输水与航运布置方案，与黄委联系搜集资料和征求黄委对穿黄工程的意见。在水利部主持下，在德州召开南水北调穿黄工程地质及防水堵漏技术讨论会，邀请了国内10多个单位、20多名有经验的专家，对水电十三局设计院所做地质工作和设计方案进行了讨论与调研。与会专家一致认为：穿黄隧洞水文地质条件复杂，勘探试验工作量大，施工技术要求高，国内缺乏经验，应迅速开探一条过河勘探试验洞，进一步落实工程地质条件和施工方法、施工设备。这次会议为以后开挖穿黄探洞奠定了基础。

第六节　工民建工程设计与施工勘测

勘测设计院划出以后，工程局的设计能力大大削弱。为满足施工生产的需要，工程局恢复成立了勘测设计室。除了承担局内工程测量、房屋建筑设计外，还面向社会承揽了一系列工民建工程设计任务。

勘测设计室成立后，完成了局内50、60、70型住宅楼，局机械厂热处理车间，四分局大修车间，局托幼楼，局办公大楼等设计。在此期间还承担了局外的一些设计任务，如德州地区民政局精神病院办公楼和病房楼，德州食品公司办公楼，德州二中教学楼、办公楼和实验楼，德州供销学校教学楼，德州、夏津棉麻公司两座办公楼，德州百货公司营业楼及采用V型折板的货棚等。

1986年之后，水电十三局设计室进一步走向社会，对外承揽任务的比重超过了局内设计任务。1986年～1991年底，完成设计项目67项，总建筑面积近8万米^2，局外占80%。其中包括德州工艺美术厂厂房，商河第二棉纺厂厂房、食堂、浴室、锅炉房，德达申家具材料公司办公楼、宿舍楼、职工俱乐部，德州鞋厂车间楼，德州装机厂，地区中级法院，华鲁电厂，德州军分区住宅楼，德州百货三零、八中、平原粮食局营业楼等。

1993年，勘测设计室更名为局勘测设计院后，投入较大资金，更新了仪器设备，实现了微机设计和制图。为各个专业配备了设计软件，提前达到了国家规定的计算机普及要求，实现了设计和图纸微机化管理。圆满完成了局44栋集资住宅楼的勘测设计，承担了德州商场、德州商检局大楼等工程的勘测设计。购置和使用了全站仪，实现了现场测量、数据采集、室内数据处理的有机结合，在深圳河一、二期河道治理项目中及济南鹊山水库、玉清湖水库项目中都得到应用。

2002～2006年，设计院共计完成设计任务124项，其中局内项目56项，局外项目68

项，代表性的设计项目有水电十三局住宅小区、办公大楼、工业园，庆云县电业局综合楼，山东谷神集团有限公司，德州迎宾大市场，德州国家安全局培训楼，德州武警支队办公楼，韩国宇星饲料（德州）有限公司，斯里兰卡友谊村工程等，其中水电十三局综合楼招待所和庆云县电业局综合楼均获德州市建委颁发的“优秀工程设计二等奖”。

为适应工作需要，更新了仪器设备，如钻探车、GPS接收器、履带式静力触探车等仪器，大大提高了工作效率和精度。2002～2006年来共完成勘察项目445项，国内代表项目有水电十三局工业园办公楼、副楼，德州市移动通信塔地质勘探，德州市南运河污水改排工程，德州市公安局交警支队开发区办公楼，德州市嘉泰公寓住宅楼，德州开发区公安分局干警公寓，荣成市石岛项目的水上勘探任务；国外项目勘探任务主要是卡塔尔路赛项目。

水电十三局勘测队是为适应主体工程施工的需要而恢复起来的。勘测人员常驻各工程工地，承担施工放样、收方及土工试验等任务，如湖北荆江大堤、安徽无为大堤加固，烟台经济开发区吹填，南京马汊河疏浚，岳城水库大坝加高，内蒙河套总排水干渠疏浚等工程。

第二章　河　道　管　理

1970年6月20日，水电部军管会以（70）水电军综生字54号文，责成水电十三局革委会对驻地在德州市的水利部、农业部漳卫南运河管理局实行统一领导，负责协调冀、鲁、豫三省边界地区水利矛盾。漳卫南运河管理局机关和四女寺枢纽工程管理处并入后改为河道管理组，归局生产部领导，管理岳城水库管理处和四女寺枢纽工程处。

1971年9月1日，成立四女寺枢纽工程指挥部，负责管理第二、三工程队和四女寺枢纽工程管理处。9月22日，成立漳卫河中下游扩大治理领导小组，主要负责协调解决施工中关系山东、河北两省的重大问题。1973年10月6日，成立河道管理分局。1980年8月27日，水利部（80）水管字第63号文，决定以水利部第四工程局河道管理分局为基础，恢复漳卫南运河管理局建制，划出水电十三局，隶属于水利电力部海河水利委员会领导。这段时间的主要负责人先后有刘支鸿、张文喜、戚天成等。

漳卫南运河长1000余公里，流经山西、河南、河北、山东、天津五省市13个地区、50余个县，是海河南系最大的一条河，流域面积37 700公里^2，流域内有耕地2230万亩，人口1300多万，京广、京沪、石德铁路横跨其间，地理位置十分重要，其管理的河北岳城水库大坝，是全国平原地区最大的土坝。

漳卫南运河在历史上是一条洪害频繁的河道。1368～1938年的570年间，曾发生较大洪涝灾害181次，旱灾209次。较大的涝灾年，流域内受灾面积1000万亩。

建国后，在党和政府的领导下，沿河广大人民治理该河，修建水库、扩挖干流、开挖新河、加高培厚堤防、护险固滩、清淤疏浚、裁弯取直，并在上游修建了许多大、中、小型水库，大大减少了洪涝灾害。漳卫南运河管理局纳入水电十三局管理后，工程局加强河道工程管理，搞好防洪调度，协调流域内各省、市边界的水利纠纷，还多次采取应急措施引黄济津，向天津供水。这期间，水电十三局按漳卫南运河治理规划，组织领导了漳卫新河海口段机械疏浚、卫运河扩大治理、漳卫新河扩大治理、卫河干流扩大治理、岳城水库加固及续建等工程。

第一节　卫运河扩大治理

1971年10月6日，国家建委批准水电部《关于卫运河扩大治理工程的报告》，成立漳卫河中下游扩大治理领导小组，朱国华任组长，初文为召集人，成员有童振铎及冀、鲁两省指派专人组成。工程于1972年冬开始施工。

工程设计标准依据水电十三局设计院编制的《卫运河扩大治理工程初步设计》并经水电部批准，提出了六条初审意见。主要内容：同意采用展坝挖河，适当抬高水位的设计方案；泄洪流量4000米^3/秒，排涝流量1150米^3/秒；治河灌溉和排水建筑物按现有规模，结合堤防改线进行迁建、改建；河槽中加挖子槽；修建祝官屯航运枢纽及改建四女寺水利枢纽；接长公路桥四座，新建公路桥两座。

河道土石方工程及公路桥分别由冀、鲁两省根治海河指挥部组织两期施工：一期河道水上开挖并结合筑堤。河北省邯郸、邢台、衡水、沧州四地区的41个县，出民工14万人；山东省聊城、德州两地区11个县，出民工21.5万人。二期河道水下方开挖、建筑物施工及河滩清障。河北省邯郸、邢台、衡水三地区的31个县，出民工11.7万人；山东省聊城、德州两地区的16个县，出民工15.5万人，两省共完成挖方9477万米^3，填方3955万米^3，迁、改建涵洞（闸）254座，总工日8870.35万个，投资1.326亿元。

四女寺水利枢纽是1958年建成的，为满足扩大治理要求，需要抬高、改建并增建北进洪闸。工程由水电十三局建工处、修制厂以及地方民工团施工，四女寺枢纽管理处承担部分尾工的施工。

第二节　漳卫新河扩大治理

本工程与卫运河扩大治理工程同时进行。1971年10月16日，漳卫新河一期工程开工，河北省四个地区共出民工16.5万人，山东省三个地区共出民工11.5万人。二期工程自1972年11月5日开工，两期共完成河道扩大治理工程合计244公里（包括岔河43.4公里），挖方1.06亿米^3，填方5473万米^3，用工7832万个。河北省完成建筑物：闸4座，公路桥18座，4228延长米；生产桥6座，785.7延长米；小型建筑物45座。山东省完成建筑物：闸132座，扬水站123座，穿涵123座，桥54座（包括改建京沪铁路桥一座，增建京沪铁路桥一座）。共完成混凝土15.75万米^3、砌石18.95万米^3，共完成投资1.58亿元。

卫运河和漳卫新河扩大治理工程的完成，将卫运河的设计行洪流量从1259米^3/秒提高到4000米^3/秒，相应使漳卫河中下游的排洪入海能力比1973年提高了两倍多，比建国前提高了13倍。新建拦河闸的蓄水能力共达1亿多米^3，加上两岸涵闸、扬水站等引水设施，改善了沿河灌溉条件，提高了灌溉效益。同时提高了沿河低洼地的排涝能力，改善了航运条件，如1982年汛期，卫运河徐万仓洪峰流量达1260米^3/秒，仅滩地一项即减淹20万亩左右，治理效益显著。

第三节 卫河干流扩大治理

漳卫河中下游扩大治理工程于1976年6月21日竣工验收后，7月15日水电部在京召开了卫河治理工程设计、施工讨论会。参加会议的有冀、鲁、豫三省水利部门负责人，水电十三局负责人暨所属设计院等有关人员。同年10月，水电部又召开了卫河治理会议，会后水电部向国务院呈报了《关于冀、鲁、豫三省共同治理卫河的报告》。经国务院批准，水电部于1977年12月16日向冀、鲁、豫三省革委会发出治理卫河的通知。

1978年1月，在山东省德州市成立了卫河干流扩大治理工程领导小组，并召开了第一次会议。领导小组组长由水利部副部长王英先兼任，后改由计划司袁子钧司长兼任，副组长由水电十三局副局长童振铎担任。成员由三省指派专人参加。领导小组下设办公室，驻水电十三局机关院内，童振铎兼主任，后改由刘支鸿兼管，王怀堂任副主任。领导小组的任务是安排年度计划，解决施工中的重大问题，检查工程质量和进度等。本次会议重点研究了河道治理的起点，裁弯位置、施工安排、投资分配等。

1978年6月29日～7月2日，在德州召开了第二次卫河治理工程领导小组会议，审查了局勘测设计院编制的《卫河干流治理工程扩大初步设计》，就有关问题做出了决定，通过了会议纪要，包括：三省一致表示要加快施工进度，按概算投资分配，由冀、鲁、豫三省组织施工队伍，先后于10月底和11月初正式开工。

1978年冬至1979年春，三省出民工：河南19.55万人，河北11.3万人，山东2.75万人。1979年冬至1980年春，主要是水下土方工程，三省共动员民工37万人。经过两个冬春的努力，基本实现了国务院“1980年汛前完成，发挥效益”的要求。1980年6月26日，干流拆导流堤正式通水投入运用。此后工程转由海委、漳卫南运河管理局安排。截止1985年底全面完成为止，累计完成投资1.68亿元，为国家概算的98.16%。完成主要工程量、工作量：河道土方开挖7621万米^3，结合筑堤1519万米^3，并完成堤防灌浆92.6公里；新建接长超洪公路（交通）桥10座；新建、改建排（引）水闸22座，修建排水闸24座；改建、新建大小扬水站294处，三省消除高渠，完成滩地埋管3.4万米；搬迁村庄44个，填筑村台土方472万米^3，迁房屋4.8万间，2.92万人搬入新住宅，生活得到了妥善安置，生产得到了恢复和发展。

第四节 岳城水库加固处理及续建

岳城水库建于1958年，由于多年运行，出现了一些问题。1975年汛前对主坝进行了第一期压坡抗震加固处理，在主坝上游面两滑坡段及中间部位压坡至125米高程。工程由邯郸地区根治海河指挥部组织施工，进场民工 2.3 万人，完成土石方 71.15 万米^3，投资 560 万元。

1976 年大副坝加高 2 米。土方工程由邯郸地区根治海河指挥部组织施工，进场民工 7200 人。防浪墙由岳城水库管理处施工，完成主、大副坝加高填方 5.52 万米^3，对 2 号小副坝改砂壳开挖及回填 5.55 万米^3，防浪墙砌筑混凝土 5536 米^3，共投资 150 万元。

1977 年副坝新挖排水明沟工程，主要解决库水位超过 140 米高程时，排水暗管向外涌沙问题，由管理处组织施工，工程量 9 万米^3，投资 80 万元。

第五节　引黄济津调水工程

20 世纪 70 年代以来，海河流域持续干旱少雨，天津用水矛盾日趋严重。为解决天津市的用水困难，水电十三局根据国务院、水电部的指示，先后多次采取应急措施引黄济津。

1972 年 12 月 25 日，自河南省人民胜利渠引黄济津，引水量一般为 50 米^3/秒，截止到 1973 年 2 月 28 日，天津共收水 0.916 亿米^3。

1973 年 5 月 13 日～6 月 28 日，自河南省人民胜利渠引黄济津，引黄水量为 1.248 亿米^3，加上卫河基流，送水期间卫河元村站流量为 1.9 亿米^3，天津市收水 0.455 亿米^3，为元村站流量的 23.9％。

1975 年 10 月 18 日，人民胜利渠开闸放水至 1976 年 2 月 15 日，引黄水量为 1.59 亿米^3，连同卫河基流，天津市共收水 4.38 亿米^3。

第八篇 企 业 改 革

第八篇 企 业 改 革

1978 年以后，随着国家经济体制改革，水电部下达给水电十三局的指令性任务逐年减少。到 1980 年，除承担水电部和水电总局指派的少量水电站“削峰”任务外，再无指令性计划任务。为了生存发展，水电十三局逐步开始改革管理体制和经营机制，面向社会“找米下锅”，调整产业结构，开展“一业为主，多种经营”。在水电建设行业中，较早实现了自主经营，自负盈亏，从单纯生产型向生产经营型企业转变。

水电十三局先后改革了企业领导体制，试行局长负责制；改革了企业人事、用工和分配制度，在干部中实行聘任制，在工人中采取技师聘任制，实行全员劳动合同制。1985 年，推行了工资制度改革和“百元产值工资含量包干”，1988 年实行内部经营承包。

从党的十一届三中全会到 20 世纪 80 年代末，水电十三局完成了由计划经济体制向市场经济体制、从水利水电专业施工向广义的建筑业施工的转变，形成了“一业为主，多种经营”的格局。

1988～2006 年，先后 5 次进行了局和二级单位机关的机构改革，实行定编定员，压缩非生产人员，为优化组织结构、完善内部经济责任制和推行岗位技能工资制创造了条件。

1991 年，在总结第一轮内部承包的基础上，着手解决内部调控不力、拼设备、以包代管等弊端，改革分配办法，合理确定基数，消除短期行为，增强企业后劲。

1992 年以后，企业改革由政策调整转向制度创新，逐步建立适应社会主义市场经济制度需要的现代企业制度。按照上级统一部署，积极推行了企业组织机构、管理体制、经营机制、住房制度、医疗制度、养老保险制度、人事、劳动用工和分配制度及产权制度等多项改革。把建立“干部能上能下，职工能进能出，收入能升能降”的机制、逐步推行全员合同制、完善干部聘任制、推行以岗位技能工资制为主要形式的内部分配制，作为改革的主攻方向。

转换企业经营机制，成立投标公司，是水电十三局发展史上的转折点。1997 年 10 月以后，以童劲松为局长的新一届局领导班子上任后，针对企业经营机制不活、生产任务不足、企业陷入困境的局面，大刀阔斧改革经营机制，撤销了作为职能处室的经营合同处，成立了自负盈亏、自我发展的投标公司，实行了新的经营管理办法，激发了经营人员积极性，在较短时间内打开了市场经营局面，使企业逐步走出亏损困境，走上了快速健康发展的道路。

跨入新世纪后，水电十三局实行经营管理目标责任制，取代了经营承包责任制。从企业长远发展的战略高度进行了全方位改革，相继对经营体制机制、人员聘用机制、工资分配制度和企业办社会职能等进行了改革和探索。对第三产业的体制进行变革，逐步减少和取消福利型单位，对企业组织结构多次进行调整，按照“分求生存、合求发展”的原则，对长期亏损的单位逐步实行内部兼并；组建了设备租赁公司，对闲置和使用率低的设备进行统一调度和管理；建设了水电十三局工业园，完成了机械厂、橡胶厂的搬迁工作；对局机关实行了简化机构，精减人员；奖罚结合、激励为主、收入分配重点向关键岗位和科技人员倾斜的原则，进一步深化了内部分配制度改革，建立了收入能增能减的工资分配制度；基地模拟物业化管理；顺利完成了二分局、五分局两个二级单位的战略重组，以期逐步实现"经营灵活、结构合理、管理先进、资产优良、国内一流"的企业发展战略。

第一章　领导体制改革

第一节　党委领导下的局长负责制

建局初期，按照中共中央颁发的《国营工业企业工作条例（草案）》（简称《工业七十条》）精神，水电十三局实行局党委领导下的局长负责制。

当时，局党委是全局工作的领导核心，在局党委统一领导下，建立了局长负责的统一的生产行政指挥系统，集中领导企业的生产、技术、财务等活动。在局长领导下，副局长和总工程师明确分工，并根据全局工程施工的特点，建立和健全了各职能处室，各生产厂、队，基层分队、机船、班组各级的行政领导责任制；建立和健全了计划调度、工程技术、劳动工资、机电物资和财务管理等职能部门和专职人员的责任制；建立和健全了每个工人岗位责任制。以后，还建立了职工代表大会制度，吸收广大职工群众参加企业管理活动。

第二节　党委领导下的局长分工负责制

1979～1982 年，即水电十三局从分成水利部四局、水利部机械施工局和电力部机械施工局，到又合并成为水电十三局期间，贯彻执行了中共中央 1978 年 7 月颁发的《关于加快工业发展若干问题的决定（草案）》（简称《工业三十条》），取消了局革委会，实行了局党委领导下的局长分工负责制；总工程师、总会计师的责任制，局党委领导下的职工代表大会制；工人参加管理，干部参加劳动和领导干部、工人、技术人员三结合的制度。开始纠正"文化大革命"的错误，重新建立全局的计划管理、技术管理、设备管理、物资管理、劳动管理、财务管理，恢复建立各项规章制度，建立健全各种岗位的责任制。

1981 年 9 月，局党委召开常委扩大会议，决定在今后的工作中，实行党政分开，改变党政不分、以党代政、事无巨细都由党委包办的状况，并决定党委书记不兼行政职务，行政负责人也不担任书记和副书记，党委重点抓好组织、宣传、纪律检查、保卫、工会、共青团工作。生产和日常行政事务，由局长主持解决，重大问题交党委集体讨论。常委扩大会还提出了把政治工作落实到生产上，彻底扭转"两张皮"现象等。这次党委扩大会，既是全局党的工作重点转移到现代化建设上来的标志，也是水电十三局领导体制改革的开端。

第三节　局长负责制

1987年底，局党委根据党中央、国务院1986年9月15日颁布的《全民所有制企业厂长工作条例》的规定，正式向水电总公司申请试行局长负责制。总公司正式批复：同意水电十三局自1988年1月起，试行局长负责制，袁鉴担任试行局长负责制后的第一任局长。

1988年4月，由水电十三局、局党委、局工会联合发出了贯彻全民所有制工业企业三个条例的《实施细则》，并在全局范围内全面试行。三个《实施细则》分别明确局长在全局是法定代表人，处于中心地位，起中心作用，对企业的物质文明和精神文明建设负有全面责任。局党委的基本任务是对全局实行思想政治领导，保证、监督党和国家的各项方针、政策的贯彻执行，支持工会、共青团等群众组织独立负责地开展工作，同行政一道做好思想工作，发挥各级党组织的战斗堡垒作用和共产党员的先锋模范作用，保证企业沿着社会主义方向发展。在全局建立职工代表大会制，接受局党委的思想政治领导，实行民主管理，保障与发挥工会组织和职工代表在审议全局重大决策、监督行政领导、维护职工合法权益等方面的权力和作用。

1990年初，局党委对原《实施细则》进行了修订。明确了局党委在全局处于政治核心地位，其主要任务是搞好党的建设，领导全局的思想政治工作和精神文明建设，保证、监督党和国家的各项方针、政策的贯彻执行，坚持社会主义的生产经营方向。参与、讨论全局的重大问题，并提出意见和建议。坚持党管干部的原则，中层行政干部的选拔任免，由局长提名或局党委推荐，组织、人事部门共同进行考核，广泛听取意见，经党政联席会议讨论后由行政任免。

第二章　管理体制改革

第一节　机构改革

1988～2006年，水电十三局管理体制、组织机构改革工作，大体上经历了三个阶段。

1988年初～1993年为第一阶段。本阶段先后进行了两次机构改革：第一次1988年5月16日，局机关处室由24个减为18个，人员编制由590人减为192人；第二次1993年6月12日，局机关处室由原来的22个减为15个；人员由原来的275人减少到184人。全局主要二级单位共减少科室28个，精减机关人员215人。

1988年5月，为安置富余人员，发展多种经营，局成立了多种经营开发部，对组织机构做了一系列调整。6月，成立机械施工研究所、物资供应公司，将机电物资处主管物资供应的部门由局机关划出。

1989年1月16日，成立国外工程办公室。3月21日，成立局企业管理办公室。5

月，成立多种经营办公室，管理全局多种经营和第三产业。9月27日，成立监察室，与纪委合署办公。10月20日，成立局党校。

1990年1月6日，恢复成立教育处、劳动工资处、干部处、离退休职工管理处；干部处与党委组织部，退休职工管理处与老干部处，均实行两个机构、一套人马；生活服务处改为基地管理处；成立教育培训中心。

1995～1997年初为第二阶段。围绕加快企业改革，加强企业管理，对局机关本着精简、效能、实事求是、有利管理的原则，对部分机构、人员进行了调整。

1995年6月，撤销财务审计处，成立水电十三局财务处、审计处。8月，撤销基地管理处，成立基地管理分局和房地产开发部。12月，成立局思想政治工作办公室，与党委宣传部合署办公。

1996年7月30日，成立机关党委，党委组织部单独设置。

1997年初，成立了局内部银行，改革资金管理办法。在加强资金使用和管理，调剂部分二级单位生产、生活急需资金和办理各类银行保函等方面发挥了重要作用。

1997年末～2006年为第三阶段。1997年10月，水电总公司对水电十三局领导班子进行了调整，童劲松担任水电十三局局长。他提出了加大机构改革力度，实行减人增效、竞争上岗，本着适应市场、讲求实效的思路，对局机关机构设置进行适当调整。

为加强对外经营，开拓国内外工程承包市场，规范编投标及合同管理工作，1998年4月3日，成立投标公司，下设国际工程部，国内工程一、二、三部及综合部；同时撤销经营合同处。投标公司实行自负盈亏、自我发展的管理办法，制定激励机制，激发员工积极性。此次组织机构改革，成为水电十三局发展历程中一个重要的转折点。

2002年2月，对投标经营机构进行了重新设置：撤销投标公司和国外工程处，成立市场开发部和国际工程部。市场开发部下设四个处：综合处、一处、二处、三处，主要负责开拓国内工程市场；国际工程部下设四个处：综合处、一处、二处、三处，主要负责开拓国外工程市场。实行内部独立核算、自负盈亏的内部模拟公司运营机制。

2005年11月，撤销质量安全部，成立安全生产监督管理部、质量管理部。

第二节 二级单位机构调整

1990年2月23日，工程局将劳动服务公司、多种经营开发部、橡胶制品厂调整合并，组建了企业处，负责多种经营实业开发和管理，同时撤销局多种经营办公室。

1990～1991年，相继成立了内蒙河套总排干工程指挥部、元宝山工程指挥部、黄河河套工程指挥部、华能上海石洞口二厂灰场工程施工指挥部、太湖工程施工指挥部等。

1991年4月18日，成立珠海工程施工指挥部，由一分局第四工程队、局直属第五工程队、局直属第七工程队合并而成。1993年1月，更名为珠海公司。

对多种经营单位进行优化重组。1995年4月4日，将物资供应公司更名为物资供应处，迅通实业公司更名为迅通贸易部，三江实业公司更名为三江工程部。7月，将第六工程队更名为天津工程处。8月，撤销迅通贸易公司、迅通工程处、三江工程部，撤销后并入基地管理分局。

1996年1月，撤销多种经营处，组建实业开发部；以原多种经营处为主体，组成开发部办事机构，将汽车修理厂、五分局奔驰服务中心、企业处大修厂等单位划归实业开发部管理。实业开发部与汽修厂，实行一套机构、两块牌子。1月24日，成立路桥第一、第二工程处，分别与三、四分局实行一套人马、两块牌子。3月15日，成立上海太浦河疏浚工程有限公司。6月，成立建筑安装工程处，与机械厂实行一套机构、两块牌子。8月6日，撤销企业处，并将该处的食品厂、扒鸡厂、印刷厂划归实业开发部管理，其余单位人员划归基地分局管理，劳动服务公司同基地分局实行一套机构、两块牌子。

1998年8月21日，成立北京水系治理工程项目部。10月，成立水电总公司德州国际工程部。

1999年2月14日，以北京水系治理工程项目部为基础，成立兴达疏浚股份有限公司。3月，太湖项目经理部更名为六分局。

2001年2月，撤销六分局。5月28日，成立职工培训中心，同时撤销技工学校、电大（干校）建制。

2003年3月14日，将四分局四达滤清器厂成建制并入局橡胶厂。4月9日，成立物业管理公司，在注册法人之前，保留基地管理处。4月28日，成立局职工子弟学校，下设中学部和小学部。职工子弟学校负责中学部、小学部及幼儿园教育管理工作。6月3日，将奔驰服务中心成建制并入汽车修理总厂。6月5日，将物资处更名为物资公司。7月，将职业技能鉴定所划归局职工培训中心。10月10日，成立基础处理分局，与五分局实行一套班子、两块牌子。

2004年8月9日，将局机械厂更名为机电安装分局。12月31日，将二分局、五分局合并为二分局，保留局基础处理分局，与二分局实行一套班子、两块牌子。

2005年1月，撤销天达股份有限公司，恢复天达电梯工程处；撤销橡胶股份有限公司，恢复橡胶制品厂；撤销通达工程公司；兴达股份有限公司更名为疏浚工程处。2005年7月5日，将物资公司更名为物资处。2005年12月25日，局汽车修理总厂并入橡胶制品厂。

2006年1月13日，局中、小学正式移交德州市德城区管理，共移交在职职工75名，退休职工69名。4月20日，将科研所与勘测设计院合并，成立勘测设计研究院。7月3日，成立局风电建设工程处，与机电安装分局实行一套班子、两块牌子。

第三节　职　能　转　变

建局40多年来，水电十三局的职能经过了多次转变。

1962年建局初期至1970年底，水电十三局的主要职能是河道疏浚治理。从1963年开始，疏浚治理了山东境内的马颊河，1965年与卫河工程局合并后，又承担了河南卫河的疏浚治理，到1970年底，马颊河、卫河疏浚工程全部完成。

1970年，水电十三局增加了水利行政管理职能。1970年6月20日，水电部军管会决定，将原属水利部、农业部的漳卫南运河管理局并入水电十三局，由水电十三局实行统一领导，主要职能是负责协调冀、鲁、豫三省边界地区的水利矛盾，同时负责漳卫新河中下游扩大治理工程设计任务。

同年，水电十三局又增加了规划、勘测设计职能。1970 年 9 月 9 日，为了使勘测、设计与施工紧密结合，水电部以（70）水电综字 62 号文件，决定撤销设在北京的海河勘测设计院，成建制下放到水电十三局。此时，水电十三局的职能又增加了承担海河、滦河流域，潘家口水库枢纽，南水北调东线调研、规划等工程的勘测规划设计任务。

原有的水利疏浚职能继续保持。马颊河疏浚工程完成后，承担了天津北四河、山东南四湖疏浚治理任务。

这一时期增加的另一项职能是，承担全国重点水利水电、火电工程的“削峰”任务。1973 年 5 月 12 日，水电部在水电十三局建立机械施工处，配备了大批进口的先进大型土石方开挖运输设备，担负全国水利电力重点工程的“削峰”突击任务。多年来，先后承担了数十个大型重点水电工程的支援“削峰”工程。

在水上施工方面，增加了大江大河治理、堤防加固职能。1977 年，水电部为水电十三局配备了一批大型进口挖泥船，承担国内大江大河的疏浚吹填、堤防加固职能。之后多年间，水电十三局的大型挖泥船及附属船队，在长江、沅江、珠江流域承担了大量工程任务。

1979 年 7 月，水利部决定，撤销水电十三局设计院，移交水利部天津设计院统一领导。1980 年 8 月，水利部决定，以水电十三局河道管理分局为基础，恢复漳卫南运河管理局，归属水利部海河委员会领导。由此，水电十三局再度转变为单纯的生产施工企业，不再具有水利行政管理职能和流域规划设计职能。

80 年代中期以后，国家指令性任务基本消失，水电十三局开始走向市场自主经营，主动调整了业务结构，根据市场需要开展经营，业务结构趋向多元化。业务重点：①在继续保持原有水利疏浚、陆上土石方施工业务的同时，大力发展路桥、市政、工民建等基础设施施工业务，发展多种经营第三产业；②走出国门，积极开拓国际工程承包市场。经过 20 多年努力，水电十三局在国内、国际市场上都获得了突破性、跨越式发展，形成水电十三局新的优势产业和核心业务。水电十三局也由当初一家单纯执行国家指令性计划任务的国有企业，转变为一家具有突出国际市场竞争力的跨国经营企业。

第三章 经营机制转换

第一节 传统经营方式

从 1962 年建局至 1982 年，水电十三局实行的是计划经济下高度集中的行政指令式的生产方式。生产任务由水电部统一下达，收入实行统收统支，工程局只是被动地接受上级指派的工程任务。在长达 20 年的时间里，工程局职工工资由国家统一发放，职工住房由水电部统一批准、拨款建设。工程局对所属单位，同样也是实行行政命令式管理，下级没有任何经营自主权，只有不讲条件地完成上级下达的计划。因此，“等、靠、要”、“吃大锅饭”现象严重，制约了企业发展。

第二节　承　包　制

1983年3月28日，水电十三局四分局在全局率先实行生产承包制。四分局贴出一道《招标简章》，决定在大同电厂灰场工程中实行生产承包责任制。《招标简章》规定：凡四分局职工，愿意承担该工程的责任者，均可带措施和指标，到分局报名应招，参加答辩。《招标简章》对承包者的责、权、利作了明确的规定，在分局领导下，保证完成和超额完成承包合同书中规定的各项经济技术指标，授权组建工地领导机构和生产行政管理机构，并行使行政、生产管理权，有权撤换不称职的行政管理人员，有权根据职工奖惩条例，对职工实行合理的奖惩。《招标简章》发出后，很快有不少人应招。最后，由李志岭、吴连贵、童劲松、张林、滕树品5人自愿组成承包领导小组，并签订了施工合同书。

其他生产单位也开始实行不同形式的承包制。主要有超额计件工资责任制，联产计酬责任制和集体计件工资大包干责任制，取得了较好经济效益。企业管理有所加强和改善，调动了职工积极性，有力地促进了生产发展。三分局当年甩掉了连续7年亏损的帽子，变为盈利单位，全员劳动生产率达到10 982元/(年·人)，在当时建筑行业属于先进水平；四分局实行超额计件工资责任制后，生产出现大幅度上升，到年底全局共完成产值2788万元，比计划超额23.4%，全员劳动生产率达到4091元，成本节约812万元，实现利润797.75万元，上缴利润223万元，比局下达的100万元多出123万元。

1984年，在企业全面整顿的过程中，以承包为中心内容的局内部经济责任制不断完善。根据各单位的不同情况，确定了不同的责任制形式，无论哪种形式，都突出一个“包”字，把局对国家承担的经济责任制逐级分解，基本形成了一个“宝塔式”的承包体系。

1985年1月起，对二级单位扩大承包，进一步完善原有的几种责任制形式。从主要考核人工工日，发展为全面承包，从主要与产值挂钩发展到同利润挂钩。3月，在局党委工作会议上，确定在以往实行奖金和产值挂钩的责任制办法基础上，对二级单位实行经济责任、经济利益同实现的利润挂钩。4月，向局属各单位正式下达了《经济责任制试行办法》。7月，对办法做了若干修改和调整，从一定程度上克服了重产量、重速度、放松成本和效益的问题。

第三节　承包经营责任制

1988年1月，水电十三局开始推行以厂长为首的全员承包经营责任制。

制定了各二级单位1988年及今后三年的承包方案。主要内容：①层层落实承包经营责任制，把局承包各项指标落实到工程队、车间班组，但无论哪种形式，都要“包死基数，确保上缴，超收多留，欠收自补”。②层层签订承包合同，明确责、权、利。③搞活分配，切实做到“上不封顶，下不保底”；对承包经营者个人，完成合同且效益显著的，其奖金收入可高于职工平均奖金的1～5倍；完不成的，扣减5%～20%的工资。

推行承包经营责任制一年，显示了其生命力。1988年，全局完成产值近6000万元，创历史新高。到年末，三分局、四分局、机械厂、汽修厂、橡胶厂等7个单位全面完成了承包合同规定的产值和利润指标，七队、四分局贡献突出，一分局、机械厂走出多年亏损的低谷。

第四节 经营目标责任制

1993年，水电十三局实行经营目标责任制。由工程局对二级生产经营单位核定经济指标，包括年度必须完成的产值、利润、上缴管理费、基本折旧、大修理基金、劳保基金等指标。

在奖惩方面，对二级单位根据实现利润的多少及实现利润的难易程度，按超计划利润提取1%～10%的比例，嘉奖领导班子，单位的主要领导嘉奖额应当高于其他领导50%或更多一些；完不成计划利润基数的，则按同等比例扣减单位领导班子成员的奖金或工资。

为确保经营目标的实现，规定了相关办法：建立职工个人风险抵押金，以职工年度标准工资的10%左右逐月扣留，年终盈退亏扣；建立工资储备基金，按当年新增工资总额的10%～20%数额提留单位，以丰补欠。单位亏损时，从工资储备基金、个人风险抵押金依次抵扣。

第五节 资产经营责任制

2003年，水电十三局成立了资产经营责任制领导小组，开始推行资产经营责任制，取代了承包经营责任制。

2004年4月20日，工程局以局企管发〔2004〕5号文，印发了《水电十三局资产经营责任制考核办法》，其主要内容是，采取多个指标体系进行考核，指标体系由考核企业获利能力、资产运营能力、市场竞争能力、上缴资金能力、基础管理工作五个方面组成。

各单位工资总额在完成局下达经营目标的基础上，按照“两个低于”的原则，根据本单位年度生产任务、经济效益和资金运作情况掌握发放。当年度职工人均工资增长超过20%以上时，其超过部分要按交1发1，增加上交局资金指标。

局企划经管部、财务管理部为资产经营责任制考核主要部门，负责组织及制定责任制考核办法，检查、监督直属单位责任制执行情况，年终对各单位指标完成情况进行审核、结算，计算其兑现结果，人力资源部、审计部等配合。

第四章　三项制度改革

1993年2月，水电十三局把三项制度改革作为企业深化改革的突破口，成立了三项制度改革小组，研究制定了《干部人事、劳动用工、工资分配配套改革总体方案》、《干部聘任（聘用）实施方案》、《工人岗位劳动合同实施方案》，此方案经局四届二次职代会讨论通过后在全局实施。

水电十三局在加快三项制度改革的具体工作中，慎重研究，区别对待，成熟一项改革一项，把人事制度改革作为龙头来抓。具体实施中，本着先机关、后基层，先干部、后工人的原则，逐步推进。

第一节　人事制度改革

水电十三局从经营管理的实际需要出发，确定机构设置和干部编制，做到合理设岗、科学定员。干部一律实行聘任（聘用）制，贯彻公开竞争、机会均等、优胜劣汰、合理流动的原则，打破干部和工人身份的界限。改革干部选拔任用办法和干部评价体系，完善配套了干部竞争上岗、任前公示、试用期等制度，明确了正职、副职以及生产、经营等不同岗位职责，通过采取任期考核、民主测评、社会监督等管理措施，加大了对干部队伍全方位的管理力度。对查实的违规违纪现象，分别给予了经济处罚，初步建立“能上能下、能进能出、有效激励、竞争择优”的用人机制。

1993年6月12日，水电十三局召开局机关全体人员动员大会，公布了局机关定编、定员、定职、定责“四定”方案，局机关干部聘任（聘用）程序及日程安排和待岗人员管理暂行办法（试行）等文件。接着又在全局范围内打破干部、工人界限，开展了新处室领导（正职）的个人自荐和群众推荐工作，并由上而下，逐级聘任。新制定的机关干部任职条件对竞聘者的年龄作了明确要求：初任副处级干部一般不超过40岁，初任科级干部一般不超过35岁，干部队伍趋于年轻化。30余名有志于竞聘处室领导的同志参加竞聘。经党政领导联席会议研究，6月26日公布局机关党政职能部门新一届负责人，15位处室领导及3名副总师走马上任。

对胜任工作的机关原正副处级干部和其他工作人员，因职数限制或年龄距退休不够一个任期而富余出来或落聘的人员，进行了妥善安置，创造条件让他们竞聘其他岗位，鼓励领办或合办第三产业，局尽可能提供贷款和经营场所等帮助，对距离退休年龄1～5年的人员，经本人申请可以批准退休，并给予退休前升1～3级工资的优惠。

在企业人事制度改革中，水电十三局在提高岗位竞争层次的同时，扩大岗位竞争的范围。

1993年，在组建珠海第九疏浚分公司时，在人员选聘上实施了公开招聘、公平竞争、择优上岗的方法。全局各单位参加竞聘的干部职工共137人，其中有47人应聘上岗。之后，水电十三局在组建新项目时，也大都采取了公开招聘、公平竞争、择优上岗的方法。

1993年，根据电力部和水电总公司的部署，水电十三局对全局干部职位进行了全面测评。局机关各处室和各单位在“四定”的基础上以电力部颁发的干部岗位规范为范本，按照科学、通用、统一的原则编定每个干部的岗位规范。局成立了两个工作班子，负责审定岗位名称序列，对各规范进行初审，又选调一部分骨干，在初审的基础上进行二审、三审，进一步修改补充完善，最后全局审定干部岗位规范377个。

在干部岗位“四定”和岗位规范制定的基础上，对管理和专业技术管理岗位进行了测评，对全局行政党群九个系列进行纵向实测归级，汇总后进行了横向平衡。通过测评，为科学准确地划分岗位等级类别和职务工资级别提供了依据。

第二节 劳动用工制度改革

劳动用工制度的改革，实行的是工人岗位劳动合同制。按照施工、生产、服务工作的需要和劳动定额，科学设置劳动岗位、优化劳动组合。岗位设置和人员配置，随生产施工任务的变化而随之调整。对全局所有工人一律实行岗位劳动合同制管理，经用人单位考核、考试择优上岗，并签订岗位劳动合同。上岗人员实行试岗制度，试岗期满，允许上岗；既未上岗，又未在试岗的人员，称为待岗人员。

全员劳动合同制的实行将原来的固定工（包括干部、工人）、全民、合同制工人等多种形式的用工制度统一了起来，统称企业职工。建立了企业新的劳动用工制度，变过去的国家用工为企业用工。企业职工还与企业签订书面劳动合同，明确双方的劳动关系和责、权、利及合同期限。

1992年，水电十三局完成了工人岗位测评。1993年，又对多种经营岗位进行了测评。劳资部门组织专人，按“四大要素”、“十五个子因素”，对多种经营岗位进行了归级测评，为推行岗位技能工资制做好了准备。

1994年1月25日，中国水电总公司党组书记、总经理张基尧来到水电十三局德州基地，在全局处以上干部会议上，要求加快三项制度改革步伐。

1994年2月，水电十三局四届三次职代会上，提出了“深化改革，加快发展”的要求。水电十三局以“转换内部机制，增强企业活力”为目的，加快了三项制度改革步伐。根据上级有关文件，编印了《水电十三局三项制度改革宣传提纲》，在全局广大干部职工中进行广泛的宣传和学习。三项制度改革工作在全局全面展开。

1994年6月18日，水电十三局对在管理专业技术岗位上的人员进行了上岗考试，这次考试是三项制度改革的一个重要环节；6月30日，进行了工人上岗考核和签订工人岗位劳动合同。

1994年8月1～8日，局“三改”检查考评组对11个单位进行了逐一检查考评。

“三改”工作从1992年初起步，两年中先后完成了工人岗位的劳动测评和归级、劳动优化组合；管理岗位的“四定”和干部的聘任聘用；干部岗位的测评和归级，工人和干部的上岗考试考核等多项工作，取得了阶段性成果。

1994年11月8～12日，水电总公司劳资教育部副主任孙宝田，代表总公司到水电十三局进行检查验收，宣布“三改”工作验收合格，完成了“三改”工作的第一阶段，可以在适当时机兑现岗位工资。

1995年，为贯彻落实《劳动法》、深化内部劳动制度改革，水电十三局成立了领导和工作小组，做了大量的基础性工作，制定了《水电十三局全员劳动合同制实施方案（试行)》(局劳发〔1995〕38号)。该方案经局职代会代表团团长、局工会委员联席扩大会议审议并原则通过，于1995年12月1日起施行。

2001～2003年，水电十三局依照国家有关政策与583名进入再就业中心3年期满的人员解除了劳动合同。

第三节　分配制度改革

建局以来，水电十三局实行国家统一的等级工资制。1994年12月30日，经过局四届三次职代会联席会议讨论审议，《水电十三局岗位技能工资制度实施方案》获得通过。这个工资制度方案，贯彻了按劳分配的原则和同经济效益挂钩、向生产一线倾斜的原则，使劳动报酬较好地反映劳动数量和质量及技能的差别。

《水电十三局岗位技能工资制度实施方案》的主要内容：废除原有的等级工资制，实行以劳动责任、劳动技能、劳动强度和劳动条件四大劳动要素为岗位评价依据，由岗位工资、技能工资、年功工资和辅助工资组成的岗位技能工资制。其中岗位工资、技能工资为职工的基本工资。同时做到一岗一薪、易岗易薪。

《水电十三局岗位技能工资制度实施方案》规定，岗位工资是根据职工所在岗位的劳动四大要素，经测评而确定的工资。根据水电总公司下发的岗位标准，水电十三局执行大一型企业标准。岗位工资共设置二十二级，一级最低为下岗工资，二十二级为最高岗级。

岗位工资划分为工人岗位和管理（专业技术）岗位两大类。岗位工资实行一岗一薪，随岗位变化而调整。起点工资（一级）按100元标准执行，相邻两级的级差均为10元。技能工资是根据不同岗位对劳动技能的要求和职工实际具备的劳动技能水平及工作实绩，经考核而确定的工资。

工人技能工资标准，按照初级技工、中级技工、高级技工、技师、高级技师设置28级；管理和专业技术人员技能工资标准，按照初级、中级、高级管理职务，其技能工资设置23级。

年功工资是按职工参加工作的社会工龄所确定的工资，每工作满一年加发一元。辅助工资是基本工资以外，以其他形式支付的工资性收入，如各种津贴、补贴、奖金、浮动工资等。实行岗位技能工资的范围和时间：1994年10月1日以来，在册的局固定职工和合同制职工，集体身份的职工亦可参照执行。

除了岗位技能工资制以外，水电十三局对工资制度的改革还采取了既能体现多劳多得原则、又具有激励作用的工资分配形式，如计件工资、工时工资、效益工资、年薪工资制等。

从1994年10月1日起，按水电总公司的统一部署，水电十三局岗位技能工资制度入轨运行。

第五章 住房制度改革

第一节 改革起因

水电十三局是一家国有大企业、老企业，家底薄、包袱重，住房难的问题曾经长期困扰着水电十三局，职工住房难的矛盾尤其突出。

1989年房改之前的近30年里，水电十三局曾先后建造了52栋职工住宅楼，建筑面积74 220米^2，使1240户职工的居住条件得到了不同程度的改善，但住上楼房的户数仅为全局总住户数的30％。全局有2000多户职工住在60年代初期建造的低矮潮湿、门窗朽变的危旧平房里，此外还有800多无房户。

1990年7月，局工会组织的职工调查中，在“你最迫切需要解决的问题是什么”一栏里，70％以上填写的是住房。

90年代初期，水电十三局刚刚步入市场，经济效益不理想，在企业生存与发展仍面临诸多困难的情况下，水电十三局很难拿出大量的资金继续投入到职工住宅建设中去。如果还是按照传统的模式，继续走由企业把职工住房全包下来的老路子，既不可能，也不现实。要解决职工的住房困难，根本的出路在于进行住房制度改革，转换建房机制，探索出一条能使企业用少的投入，建造更多住房的新路子，才能在较短的时间内尽快实现“居者有其屋”的目标。

第二节 改革措施

1993年8月21日，水电十三局印发《水电十三局住房制度改革试行办法》，决定分步提高公有住房租金，出售公有住宅楼房，收取住房租赁保证金，进行合作、集资建房，建立住房基金。

一是提高公有住房租金。采取分步提租、逐步到位的办法，到1990年公有住房租金标准提高到维修费水平；1995年底前，公有住房租金标准提高到维修费、折旧费和管理费水平；2000年以前，公有住房租金标准提高到维修费、折旧费、管理费、投资利息和房产税水平，逐步向商品租金过度。住房提租后，相应发给职工住房补贴，住房补贴分阶段，按职工标准工资和离退休费，分别给予2％、5％、14％、25％的补贴。超标住房加收房租；职工公有住宅不得出租、经商或由外单位人员居住，否则按超标准收费。对离休干部按照参加革命时间的不同，给予减免租金的优惠。

二是出售公有住房。凡工程局单元住宅楼（含微山、天津北塘基地），均可作价出售给个人。出售价格分为标准价和市场价。在规定的住房面积标准内，1993年底前为235

元/米^2，超出部分按市场价。职工购买楼房，于1994年2月底前一次性付清房款的，工程局给予房价14%的优惠。同时按工龄优惠，每年工龄优惠0.5%，最多不超过房价的15%。对分期付款的首付不低于房价总款的30%，每多付10%，相应给予2%的优惠。实行上述各项优惠后，楼房最低售价不得低于120元/米^2。凡获得局、地级和省、部级劳动模范的，另外给予2%、5%的优惠，并不受最低售价的限制。对一方为外单位职工的，按新旧及房屋面积每套加收2200～5000元。职工以标准价购买楼房，拥有部分产权（拥有占有权、使用权、继承权和有限制的处分权、收益权，不能赠与）。5年内不准出售，遇有职工调出工程局，局房改办按原价收回，不计息不提取折旧。住满5年后可以出售，但需在售前征得局房改办同意，只能卖给本局职工，卖方只能委托房改办进行交易，售后增值部分，按购房时职工与工程局的产权比例分成。

三是收取住房租赁保证金。自房改方案执行之日起，新建公房一律实行先售后租，新租及原租的公房一律收取住房租赁保证金。按建筑面积，砖混结构楼房50元/米^2，砖木结构平房40元/米^2，旧楼房35元/米^2，危旧平房15元/米^2。退休职工减半交纳，离休职工免交。

四是合作、集资建房。合作建房以个人投资为主，工程局予以适当补贴，个人出资占三分之二。集资建房以单位投资为主，个人出资为辅，个人出资20%～40%，公建民助，产权归单位。

五是建立住房基金。住房基金坚持“统一筹集、统一管理、专户储存、专项专用”的原则。

1995年1月12日，水电十三局下发《关于提高公有住房租金的通知》，决定提高公有住房租金，楼房的月租金由0.35元/米^{2}提高到0.80元/米^2，平房的月租金由0.25元/米^{2}提高到0.50元/米^2，一分局、六队的空心房、土坯房月租金均提高到0.35元/米^2。出租、经商用房及非本局职工住房，均按2元/米^{2}收取租金。

1995年8月21日，水电十三局下发《关于给予德州片平房住户住房补贴的通知》，决定给予德州片平房住户每月10元的住房补贴。

第三节　改　革　成　果

通过组织职工集资建房，改善了职工居住条件。先后共建职工住宅楼58栋2702套，建筑面积242 769米^2，加上旧楼房1168套，德州基地楼房住户共计3870户，占总户数4734户（平房494户，单身楼370户）的82%，使80%以上的职工家庭住进了楼房。

改变了水电十三局职工住宅区的面貌。房改前，位于德州市湖滨南路两侧的水电十三局东、西两个小区，绝大部分是低矮破旧的危旧平房，现在已经被一排排新楼代替。

促进了局内相关行业的成长，增加了就业岗位。多年来开展的合作建房，为本局的三分局一公司、建安公司，预制厂、四分局电表箱厂、设计院、物资公司、天达公司等单位的发展、壮大提供了舞台，增加了就业岗位。

建房资金参与局内生产资金周转，促进了水电十三局的发展。房改以来，水电十三局共向职工筹集住房建设资金达1.47亿元，其中前后8次建房1.23亿元，出售旧楼房850万元，产权过渡508万元，住房公积金1000多万元。这些资金不仅用于职工住房建设，还滚动用于东、西区沿街商业房的建设，中学实验楼的建设，购买挖泥船，新工程投标保证金或铺点的资金，缓解了水电十三局资金周转困难，减少了本来要向银行贷款所支付的利息。

水电十三局的住房改革，也得到了上级的支持。从1990年到2000年的10年间，先后8次得到水电总公司、国电公司基建补助款3165万元。补助款不仅全部补足了住房建设中职工集资款之外的缺口，剩余部分用于改善基地基础设施（如供水、供电、供暖设施等）建设。

第六章 其他方面改革

第一节 医疗制度改革

1988年4月，水电十三局对原有的公费医疗制度进行了改革，采取了医药费包干，超支按比例报销，节约按比例分成的办法。

1990年，对退休及部分离休职工的医药费由转账结算改为现金结算。这些改革对防止药品浪费、控制医药费增长起了一定的作用。但由于在职职工超包干部分个人负担的比例偏小，离退休职工的医药费全部由企业报销，还有一部分离休职工仍实行转账结算，致使现行的医药费开支存在许多弊端。医药费每年支出的迅猛增长未能得到有效控制，使企业难以承受。

1993年，根据国家有关推进公费医疗和劳保医疗制度的改革，实行医疗费由国家、企业、个人合理负担的基本方针，本着保证医疗、减少浪费、严格管理的原则，制定了《水电十三局职工医药费管理办法》，并经局四届二次职代会讨论审议通过。此办法将医疗经费开支与局医院经济利益挂钩，实行了凭医疗证就医，开具双处方，局内外分别收费等办法，局医院在转诊、住院、药物使用等方面加大了管理力度。从1993年3月1日实施后，在保证职工基本医疗的同时，医药支出有所减少，收到了一定效果。

1997年，水电十三局针对以往医疗费报销手续不完善，企业不堪重负的现状，研究制定了《水电十三局职工劳保医疗试行办法》。医疗费按职工本人年龄分档核定，随工资发给职工现金，试行“费用包干、超支自负、大病分担、适当补助”的医疗管理办法。

2001年1月，水电十三局根据国务院关于建立城镇职工基本医疗保险制度的决定，在德州市建立城镇职工基本医疗保险制度时，按照属地管理的原则，及时参加了德州市医疗保险和大额医疗救助社会统筹。它与过去的公费医疗、劳保医疗的一个重要区别在于：改公费医疗、劳保医疗对职工包揽的“无限责任”为“有限责任”。基本医疗保险在缴费方面做出了规定，即由用人单位和职工共同缴纳，用人单位缴纳率控制在职工工资总额的6%左右，个人缴费率一般为本人工资收入的2%。水电十三局在职职工、退休职工均在

2001年领到了德州市城镇职工医疗保险证、德州市城镇职工医疗保险专用卡，并按规定享受到了基本医疗保险的各项待遇。天津工程处的职工参加了天津市的医疗保险。按国家规定，离休人员不参加本次医疗保险制度改革，其医疗待遇不变，医疗费用仍按原资金渠道解决。此举从根本上改变了企业长期统包统揽劳保医疗的福利制度，结束了医疗费用包干的办法。此办法至2006年一直未变。

第二节　养老保险

基本养老保险是社会保障体系的重要组成部分。1986年，水电十三局开始参加离退休费用行业统筹，自1993年1月1日起开始建立个人账户。

1995年前的费用由局统一上缴。1995年1月起，全局范围内在职职工实行个人缴纳基本养老保险费制度，职工个人缴纳基本养老保险费的比例，随着职工工资收入的增加逐步提高，由起始1993年的2%，逐步提高至1998年的4%。

1998年9月1日，根据国务院基本养老保险行业统筹移交地方管理的决定，水电十三局的基本养老保险移交到山东省管理，基本养老保险费按规定上缴到山东省社保机构，离退人员的基本养老金由山东省发放。企业和个人的缴费比例逐年提高，个人账户的记账比例为11%。按规定每年下发养老保险个人账户对账单，向参加养老保险的职工进行对账。

水电十三局的补充养老保险和个人储蓄性养老保险制度，是根据国务院发〔1991〕33号《国务院关于企业职工养老保险制度改革的决定》和能源部能源人〔1992〕102号《电力企业建立补充养老保险暂行办法》的规定建立起来的。

1995年，局成立了社会保险事业管理中心，负责全局劳动保险工作。制定了《水电十三局关于建立企业补充养老保险和个人储蓄性养老保险制度的暂行办法》（局劳发〔1995〕3号），经局四届四次职代会讨论通过，自1995年4月1日起执行。

《水电十三局关于建立企业补充养老保险和个人储蓄性养老保险制度的暂行办法》规定：按照职工参加工作的年限，分每月5～20元的不同档次逐月扣缴，劳资部门登记核对。在实行企业补充养老保险的同时，实行职工个人储蓄性养老保险。职工个人储蓄性养老保险金的缴纳标准与企业补充养老保险一并执行，每月按标准从职工个人工资中扣缴，并记入《职工养老保险手册》，待职工离退休时一次性发给职工本人，作为企业发给离退休职工的企业补充养老保险金。

第三节　失业保险

水电十三局1986年参加失业保险。1998年开始，将失业保险基金的缴费比例由企业工资总额的1%提高到3%，由企业单方负担，改为企业和职工个人共同负担，即单位按全部职工工资总额的2%缴纳失业保险费，职工个人按本人工资总额的1%缴纳失业保险费。从1999年1月起，职工个人以本人上年月平均工资总额的1%缴纳失业保险金。水电十三局的失业人员依法享受了失业保险待遇。

第四节 财务会计制度改革

1993 年 7 月 1 日，水电十三局实施了新旧会计制度的接轨，开始执行新的行业财务制度和会计制度。按企业财务制度改革的要求建立资本金制度，取消专款专用的制度和专户存储制度，改革固定资产折旧制度和成本管理制度，建立新的企业财务指标体系，取消了施工企业固定基金、专用基金和特种基金管理制度。将固定基金 11 177.89 万元，流动基金 1217.54 万元，更新改造基金 67.82 万元，转化为实收资本 12 463.25 万元。

1997 年 12 月，局财务处开始实施手工记账与电子计算机替代手工记账双轨运行，逐步开展了会计信息化工作。1998 年 11 月，财务处通过了总公司组织的会计电算化验收，实现了会计电算化。到 2001 年底，水电十三局已有 15 个主要二级单位通过了会计电算化验收，其余二级单位已实现“双轨”运行，部分三级单位也开展了会计电算化工作，会计工作朝着信息化的方向迈进。

第五节 股份制试点与改造

1997 年，水电十三局开始布置股份制试点任务。经反复论证，在项目清理、评估、清产核资的基础上，把企业改制的突破口定在多种经营企业中。水电十三局召开了党政联席扩大会专题研究，制定了相应办法。

1997 年下半年至 1998 年，相继对天达电梯工程处、橡胶制品厂、奔驰服务中心三个单位进行股份制试点。对成立股份制企业的前期准备工作，如申请报告、改制方案、企业章程、职工代表大会的有关决议、企业财产验证报告等进行指导并协助完成。经一年运行，这三个单位无论是在机制方面，还是在产值效益方面都有了显著增长。

1999 年以后，水电十三局加大改革力度，按照成熟一家改制一家的原则，逐步将试点扩大，年初在主业（建筑业）中组建了兴达疏浚股份公司，年中成立了纯净水股份公司。

2000 年，将多种经营处的金龙大酒店及新建的银龙大酒店组建成了德州九龙实业有限公司，公司作为独立的企业法人实体，与水电十三局不再存在行政隶属关系，水电十三局作为九龙实业有限公司的控股投资方，仅保持着资本纽带关系，承担以出资额为限的有限责任。局为此投入金龙大酒店及新建的部分沿街房，并吸纳该公司员工的部分股份，改变了国有独资单一产权结构的局面。2001 年 7 月，水电十三局本着“逐步减少补贴，三年后走向自立”的原则，对托儿所实行了承包经营。

为积极稳妥推进改革改制工作，2003 年 4 月 30 日，水电十三局调整局企业体制改革领导小组成员，水电十三局局长童劲松任组长，杜鸿礼、李长春任副组长，其他局党政领导和有关部门负责人任成员，局企划经管部为领导小组下设办公室。

2004 年 2 月，水电十三局制定并经局六届三次职代会通过了《水电十三局主辅分离改制分流原则方案》，确定纳入分离、改制分流的局属单位有水电十三局医院、中小学、幼儿园、物业公司、橡胶制品厂、汽修总厂、天达电梯工程处、物资处、多种经营处9个单位，共涉及1238人，三类资产总额7119万元。确定了多种经营处、汽修总厂、橡胶制品厂、天达电梯工程处、物业公司、物资处6个单位为水电十三局第一批改制分流单位，上报集团公司和国资委，同年6月8日得到国资委和集团公司批准。

2004年12月，水电十三局又确定了医院作为第二批拟改制分流单位上报集团公司和国资委，2005年5月19日得到国资委和集团公司批准。局体改办于2004年3月编制了《国有企业主辅分离改制分流文件汇编》，同时在3月4～30日，针对各改制单位实际情况，了解了职工对改制工作的思想动态，及改制单位对下一步改制分流的设想、存在的问题等，以问卷答题的形式开展了一次调查，有522人参加了答卷。后来由于种种原因，改制分流工作未能按原方案实施。

第七章　产　业　结　构

第一节　产业结构调整

水电十三局的产业结构，长期以水利疏浚业为主。20世纪70年代初，增加了陆上土石方施工业务，施工性质为水电站"削峰"。上世纪80年代中期，随着改革发展，国家指令性的"削峰"任务计划基本消失。为适应市场形势的变化，水电十三局开始不断调整产业结构。

1988年3月15日，局《开拓者报》发表了该报记者撰写的一组报道《关于调整我局产业结构的思考》，在全局引起热烈反响。3月18日，工程局副局长兼总工程师潘国良在局闭路电视上发表电视讲话，号召全局"调整产业结构，发展多种经营，开辟新的生产门路，大力发展第三产业"。

5月，工程局成立多种经营开发部，由潘国良副局长兼任经理。

随后多年中，国内巩固传统市场，在以水利水电施工产业为主的同时，大力发展非水电和多元化经营；国外开拓工程承包市场，成为水电十三局产业结构调整的主攻方向。

1997年6月，成立了以局长张林为组长，刘汉清、童劲松任副组长，各相关处室负责人为成员的局产业结构工作领导小组。同年制定了《水电十三局产业结构调整方案》，确定了全局产业结构调整的长期规划：①建筑施工业与多种经营所创产值的比重，最终要达到6∶4的比例。②在全局的建筑施工业中，首先工程施工领域要逐步向高技术含量、高附加值的工程项目转移，主要方向是工民建、小水电站、机场码头、公路桥梁等工程建设及污水处理等市政工程施工领域；其次经营地域要大力向国外拓展，重点是东南亚国家，力争达到国内、国外所创产值（营业额）4∶6的比例。③在水电十三局的多种经营方面，着重向工业产业和房地产开发方向转移，力争使工业产业、房地产开发及其他多种经营产值的营业额比重达到5∶2∶3。④经营机制努力向多元化方向发展，逐步增加股份制企业试点，以便更好地促进企业生产力的发展。

进入新世纪后，水电十三局经历了一系列的战略格局演变，确立了“一业为主、多种经营”的战略，疏浚吹填工程、水利水电工程、市政路桥工程、国际工程四大核心业务，产业结构不断调整。同时将国际工程部从原投标公司独立出来，以加强对外经营能力；国内加大开拓非水电建筑市场的力度，把非水电建筑市场开发纳入经营业绩考核办法中进行政策导向，在信贷、资源配备、经营人员的收入等方面加大支持力度。

将二分局与五分局合并，主要负责国内市场市政工程的开拓；投资购置大型绞吸式挖泥船。优先发展国际工程，国内重点培育路桥工程市场，巩固和发展水利、市政市场，扩大金属结构制作、机电安装和橡胶制品市场，积极开拓风电市场等，通过优化重组内部组织结构，充分发挥整体优势，提高核心竞争力。

经过10年的调整，国际工程核心竞争力逐渐加强，而且从广度、深度、层次各个方面逐步提升，经营地域和施工领域不断扩展，施工从单一的水利疏浚吹填发展到水利水电、市政设施、公路桥梁、金属结构等领域。此外经营层次也不断提高，从单纯的单价合同到尝试EPC等方式。截至2006年底，水电十三局控股公司有德州九龙实业有限公司，参股公司有深圳瑞沃建设有限公司。企业年营业收入由1997年的3亿元发展到2006年的27亿元，国外营业收入达到企业总收入的60％以上。

第二节 多元化经营

随着企业改革及产业结构调整步伐的不断加快，水电十三局的多元化经营事业有了较大的进步和发展，形成了以工业为主，商贸综合多元化发展的格局。

2002年7月，水电十三局通过土地置换，在德州经济开发区购置260亩土地兴建水电十三局工业园，经过一年紧张施工，投资4530万元。2003年8月18日，水电十三局工业园建成开园。

水电十三局机械厂和橡胶制品厂分别于2003年8月18日和2004年2月19日从市区迁入工业园。1843万元的新设备和2.88万米^{2}的新厂房以及办公楼投入使用，为两个厂的生产经营提供了广阔的发展空间。

为使主业做大做强，辅业放飞搞活，水电十三局在对九龙实业国有控股的基础上，将诸多小的多种经营企业进行资产整合：2000年，将多种经营处的金龙大酒店及新建的银龙大酒店组建成了德州九龙实业有限公司，使之与水电十三局成为投资与被投资的关系，与水电十三局不再存在行政隶属关系；2001年，对局职工医院实行对外注册事业法人，内部实行公司化运作；2003年成立物业公司，内部模拟物业化管理运作，奔腾电力公司并入机械厂，物资处的配件销售并入汽修总厂，奔驰服务中心成建制并入汽修总厂。辅业经过资产整合，不仅提高了抗风险能力，而且效益也相应提高。

第三节 分离企业办社会

根据国务院、山东省、德州市和集团公司关于第二批中央企业分离办社会职能的工作要求，水电十三局子弟学校（子弟中学、子弟小学）属于移交范围。

2005年3月11日，成立了分离办社会工作领导小组，日常工作机构设在局企划经管部。被移交的中小学也相应成立了领导小组。在移交过程中又划分为三个专门小组，分别负责人事、资产和宣传等工作。3月18日，局编印下发了《中央企业分离办社会职能文件汇编》。5月，完成了移交中小学校的资产、人员、经费补助等摸底汇总任务，并将初审资料交地方财政部门和接收单位进行核实，移交双方确定了移交机构为水电十三局中学和小学，移交级次为德州市德城区。

2005年5月底，将经费补助对账结果上报集团公司和山东省财政厅审核，8月初上报财政部，财政部于12月12日以财企便函〔2005〕342号将对账结果给以复函。2005年12月31日，水电十三局与德城区政府签署了《中小学移交协议书》。

2006年1月16日，水电集团公司与山东省人民政府也签订了移交协议，1月18日德州市德城区教委全面接管移交机构、人员和资产，此后又办理了人事档案和各项社会保险移交。

本次移交在职教师75人，离退休人员69人，移交资产557.84万元，其中房产15幢（建筑面积8641.37米^2）、土地1宗（面积约22 041.17米^2），经费补助金额420万元，在2005～2007年过渡期间，水电十三局每年承担10%，3年共126万元，采取一次性支付方式。

2006年3月14日，财政部、国资委对水电十三局子弟学校移交有关问题进行了批复（财企〔2006〕64号）。至此，水电十三局企业办学校移交全部工作顺利完成。

第九篇 企 业 管 理

第九篇　企　业　管　理

水电十三局的前身水电部马颊河疏浚工程局，是在计划经济体制下建立起来的。生产靠国家下达指令性计划，财务管理实行统收统支，人员、物资、机械都由水电部、水电总局统筹调配，分配制度和晋级调资都按工资等级标准和统一增资水平执行。从建局至80年代初，工程局内部经营管理基本上实行建国以来计划经济时期高度集中的传统管理模式，企业没有经营自主权。

党的十一届三中全会以后，党中央、国务院发出了企业全面整顿的决定。按照中发〔1982〕2号文件的要求，原水利部第四工程局、电力部机械施工局、水利部机械施工局，从整顿劳动组织、劳动纪律入手，开始了加强企业管理的工作。1982年，三个局合并，新组建的水电十三局对机构设置和各级领导班子做了全面的调整，对人、财、物进行了清查，统一了规章制度，各项工作逐步走上正轨。在生产经营活动中先后推行了经济责任制、全面质量管理、全面经济核算、全面计划管理、全员设备管理、目标管理、信息管理等。

1983年3月，水电十三局在全局范围内全面开展企业整顿工作。1985年8月31日，水利水电工程总公司向水电十三局颁发了企业全面整顿合格证书。1989年6月，水电十三局开展“抓管理上等级，全面提高企业素质”工作。建立了安全、质量、物耗、经济效益和精神文明建设五大保证体系，制定了专业管理升级规划和考核标准。为提高企业整体管理水平，改变局基础工作薄弱的状况，水电十三局提出以夯实“三基”（基础工作、基层班组建设、基本功训练）管理，强化现场管理为企业达标的突破口，开展标准化和计量工作。

1992年，逐步推行了项目法施工和继续推行价值工程等行之有效的现代化管理方法，不断改进和提高企业管理水平。1999年，水电十三局通过质量管理体系认证。

2003年6月，工程局与二级单位及局直属项目签订资产经营责任书，按照《水电十三局综合管理考核办法（试行）》进行考核，将考核结果与资产经营责任制挂钩，确保资产经营责任制的贯彻落实。为加强局机关内部管理，2005年12月，制定《水电十三局机关职能部门工作考评及奖励办法（修订）》，对机关部门进行考核。2006年10月，顺利通过了质量、职业健康安全和环境管理三项体系认证审核。

第一章　战　略　管　理

第一节　发　展　战　略

在向市场经济转变的过程中，水电十三局注重战略研究和管理，不断加快产业结构调整，转型升级，以正确的战略引领企业快速发展。

“七五”时期（1986～1990 年），工程局提出建成一个“多种门类、多种经营、结构合理、富有效益、充满活力的先进企业”的战略目标，制定了“一主、二辅、三从”，即“以现有水、陆土方开挖运输为主，机械制造和橡胶制品为辅，兴办第三产业”的发展战略。“八五”时期（1991～1995 年），提出优化产业结构和组织结构，维持和精干建筑业机械化施工主业，大力发展工业、多种经营及第三产业。“九五”期间（1996～2000 年），确立了“发展生产经营、闯出困境、走上振兴”的总目标，制定了“国内求生存，国外求发展”的总战略，确立了建成“经营灵活、结构合理、管理先进、资产优良、国内一流”的大型建筑施工企业的目标。“十五”期间（2001～2005 年），在“国内求生存，国外求发展”战略的基础上，提出了“国内、国外相互促进，共同发展”的总战略，构建“三步走”跨越式发展战略：第一步实现企业规模扩张，第二步实现企业可持续发展，第三步实现国际化发展。“十一五”期间（2006～2010 年），提出打造水电集团旗下国际强局的战略目标，制定了“国外为主、国内国外协调持续发展”的战略方针，优先发展国际业务，大力开拓国内基础设施市场，巩固国内水利水电传统业务。

第二节 战 略 实 施

发展战略制定后，水电十三局每年都制定年度计划，层层签订责任书，逐级分解指标，明确目标，组织力量全力付诸实施。

主要从八个方面开展工作：①强化营销，开拓市场，优先发展国际业务，大力开拓国内市场；②加强项目管理，确保履约，提高效益；③改革创新，强化管理，优化流程，调整产业结构和组织结构，构建现代企业制度；④加强人力资源管理，实施人才强企战略；⑤提升科技水平，实施科技兴局战略；⑥加强财务资金管理，积极防范风险；⑦加强设备物资管理，为工程局发展提供保障；⑧建设企业文化，提高凝聚力和执行力，营造战略实施的良好环境，确保战略目标实现。

加强了战略控制。要求所属单位上报月报、季报、半年报和年报；进行定期和不定期的专项检查；定期召开工作会议，总结经验，寻找差距，分析原因；期末做业绩考核及兑现，以激励先进，鞭策落后，确保战略目标实现。

通过加强战略管理，水电十三局经营结构经历了由国内到国外的战略转移，形成了国际业务优先发展、国内大力开拓基础设施的经营格局，产业结构经历了从“一业为主、多种经营”到“疏浚吹填、水利水电、市政路桥和国际工程”四大核心业务的调整优化，人力资源管理不断加强，科技创新能力逐步提高，基础管理日益加强，实现了跨越式发展。1987～2006 年，企业总产值由 4206 万元增加到 27.47 亿元，企业总产值翻了六番，年均增长 24.6%；利润总额由 3.57 万元增加到 8218 万元，年均增长 50.3%；产值利润率由 0.08%提高到 3%；全员劳动生产率由 6159 元/(人·年)增加到 331 991 元/(人·年)。水电十三局规模不断扩大，发展能力大幅提升，获利能力显著提高，发展势头良好。

第二章 经 营 管 理

第一节 机 构

1984 年 12 月，水电十三局组建经营部，由主管生产的副局长直接领导，工程局所属各二级单位相继成立经营科，专项负责对外经营，承揽任务。1990 年 12 月，经营部更名为工程处。

1993 年 7 月，水电十三局将工程处改为生产经营处，经营人员由原来的 16 人增加到 20 人。1996 年 7 月，水电十三局决定将生产经营处改为经营合同处，人员也有所增加。

1998 年 4 月，水电十三局对经营体制进行了改革，撤销经营合同处，组建局投标公司，根据国际、国内工程市场的不同特点，将投标公司划分为国际工程部和国内工程一部、二部、三部和综合部五个部，经营人员编制为 30 人，各部人员定编 6 人。

2002 年 2 月，水电十三局根据“国内、国外相互促进，共同发展”的企业经营战略，进一步充实经营力量，对经营机构进行了调整，撤销了局投标公司、国外工程处，成立了局市场开发部和局国际工程部。市场开发部主要负责开拓国内工程市场；国际工程部主要负责开拓国外工程市场，实行内部独立核算、自负盈亏的局内部模拟公司的机制运营。

第二节 招投标管理

1981 年以后，水电十三局为求生存和发展，打破行业界限，走向社会参与投标，承揽任务。1982～1985 年，工程局平均有 60％以上的施工产值靠“找米下锅”承揽。到 1985 年，通过社会承揽的任务已达 74％。

1985 年以后，水电十三局开始参与工程投标。1985～1991 年，水电十三局正式参加了 18 个工程项目的投标和几十个项目的议标，中标率为 50％，投标金额 5.6 亿元，中标 1.8 亿元，占同期施工总产值的 48％。对外承包合同额由 1985 年的 6834 万元，增长到 1991 年的 35 422 万元，增长了 5.2 倍。1985～1991 年共签订工程承包合同 10.5 亿元，平均每年增长 59.8％。

进入 90 年代，水电十三局的市场开发工作发生了较大转变，经营观念由原来的那种“我能干什么，才去找什么任务”，逐步转变为“市场需要什么就干什么”。经营体制、机制由原先的机关管理模式，发展成独立的经济实体；经营方法由以工程局资质承揽工程，逐步与其他单位联营；业务领域从过去的水利疏浚和工民建施工，逐步发展到公路、桥梁、市政环保、煤炭和电力等；经营领域从国内拓展到国外，先后进入巴基斯坦、马来西亚、泰国、越南、孟加拉、坦桑尼亚、乌兹别克斯坦、菲律宾等工程市场。

1994 年，水电十三局制定了《对外经营管理办法》，基本理顺了工程局经营管理的思路，工程局内部单位之间互相竞争、竞相压价、互相诋毁的做法得到了有效的制止。1994

年签定合同金额近2亿元。

1995年，由于国家加强宏观调控，基建项目压缩，以及建筑市场招投标不规范等，水电十三局对外经营工作又经历了一次考验。全年共承接大小工程百余项，合同额2.6亿元。承接的较大工程有深圳河一期治理工程、南宁—北海高速公路工程等。

1996年，水电十三局制定了《经营合同管理办法》，鼓励经营人员积极开展经营工作，促进了投标工作的开展，全年落实工程合同额为1.4亿元。

1997年，水电十三局对外经营工作尝试实行目标管理，对外经营业绩与个人收入挂钩，对经营工作起到了积极的作用。全年国内共签订工程施工合同67个，合同额达2.19亿元。

1999年，水电十三局的市场开发跃上了一个新台阶，国内共签订施工合同34个，仅投标公司签订合同额2.4亿元，占全局签订合同额的72%。

2001年，水电十三局出台了《水电十三局经营工作管理办法》，在经营组织机构、管理以及中标项目的实施和管理，尤其是经营基金的提取及管理等方面做了新的规定，从领导到员工实行利益共享、风险共担，使投标公司成为经济单独核算、自负盈亏、自我发展的经营实体。同时，也加大了对西部工程市场的开发力度。

2002年，水电十三局坚持国内、国外两个市场并重的市场定位，确立了“国内、国外相互促进，共同发展”的企业经营战略。2月，对经营机构进行了调整。同时进一步充实经营力量，把业务精、能力强的骨干调整到经营岗位上；提出了进一步强化全局一盘棋的经营方针，以期尽快在企业内部形成经营工作的“四个统一”，即经营机构配置和人员调配的统一，水电十三局品牌和资源使用的统一，经营政策的统一，市场策划和协调管理的统一。通过调整和理顺经营组织和人员结构，形成了工程局国内、国外两个市场齐头并进、共同发展的良好局面。

2006年是水电十三局实现以转变经济增长方式、提高经济效益和经营质量为主要任务的重要一年。2006年，水电十三局国内工程签订合同额为10.25亿元，国际工程签订合同额为5.04亿美元，其中卡塔尔多哈路塞场地准备项目单个合同超过1亿美元，国际工程发展成为水电十三局的核心业务。

第三节 合 同 管 理

1994年6月9日，水电十三局制定《水电十三局经济合同管理办法》，规定工程局合同管理工作实行分级负责管理。局合同主管单位为生产经营处，二级单位合同主管单位为经营科，各单位必须指派专人负责合同管理工作。以工程局名义签订的合同，必须报局长签署或由局长授权并持有《法人授权委托书》的代表签署并加盖工程局公章后方可生效。全局性的劳务合同由局劳动人事处负责签订，涉外经济合同一律由局长或分管经营的副局长签署；生产经营处、各二级单位经营科对新签订的合同必须按时间顺序、合同性质整理编号，立卷归档；经济合同的签订、管理、执行情况，应接受财务审计处监督；以局财务审计处为主，生产经营处参加，对全局合同执行情况进行定期检查，检查后写出书面报告，报送局长、主管经营的副局长和总经济师。

为防止发生无效合同和有严重错误的合同，根据国家《经济合同法》和有关经济法规，结合工程局实际情况，制定了一套完整的合同签订的办法、程序和权限，并要求有关人员严格执行。

水电十三局对全局工程承包合同进行分类编号，立卷存档。二级单位经营科对本单位签订的工程承包合同，除按规定报送局有关部门外，还要对所管理的合同进行立卷存档，其他经济合同由归口单位立卷存档。工程局对全局的经济合同履行情况每半年进行统计上报，组织局属各单位开展“重合同，守信用”活动。按照局制定的《合同管理工作考核标准》定期进行考核，提高合同履约率，全面履行合同。

1996 年 8 月 21 日，水电十三局制定《中国水利水电第十三工程局经营合同管理办法》，规定工程局经营工作实行局、分局（厂、局项目部）两级负责制，工程局经营合同处和分局（厂、项目部）经营合同科为经营工作的业务部门，局经营合同处是全局对外经营工作的“规划、协调、服务、监督”中心；全局签订的境外经营合同包括转、分包合同，一律报局经营合同处归档。办法还对信息奖、中介费及投标基金的提取进行了规定。

1999 年，水电十三局质量体系程序文件颁布之后，针对涉及工程项目多、工程量大、合同金额高的特点，在每个投标项目合同正式签订前，均由工程局合同管理机构会同有关部门，分别对工程信息筛选，投标阶段招标文件的评审、技术评审，投标书的评审以及合同签订前合同草案的评审等各个阶段进行把关，规定由局长或分管副局长审定批准。具体做法：合同额大的工程或局直属工程由工程局投标公司组织评审，分局管辖的工程或合同额小的工程由二级单位组织合同评审。同时自 1998 年始，水电十三局还建立了以微机处理的信息库、合同资料库等，把合同的评审、统计、履约状况、结算、审计、查询等分门别类地进行存档，从而提高了工作效率和质量。

2001 年 7 月，合同管理职能划入经济管理处，合同管理由合同文件管理转变为全过程管理，实行统一制度、分级管理、归口审查、二级审批、经办部门与合同管理部门共同负责的管理体系。至 11 月，水电十三局的合同管理基本形成了覆盖全局的，以局职能部门为一级合同管理组织机构、局直属二级单位（局直属项目）为二级合同管理组织机构、三级生产单位（三级项目）为三级合同管理组织机构的三级管理网络。

2002 年 1 月，水电十三局根据市场环境的变化，修订了合同归档、台账设置和合同资料报送制度，进一步完善了工程局的合同管理制度。2～3 月，结合工程局程序文件的换版工作，构筑了工程局合同管理的主体框架为“一二三四”布局，即统一制度、二级台账、三级报表、四大控制（签约前、签约中、履行中和清理检查中四方面的控制）。同时明确了工程局局长为全局合同管理的第一责任人，二级单位的行政一把手（或项目经理）为本单位（项目）合同管理第一责任人。

2004 年 7 月，水电十三局成立国际工程部合同管理处，负责工程局国外工程合同管理、经济责任制及成本分析等工作。

至 2006 年，水电十三局采用三级合同管理与分类专项管理相结合的形式，各级机构成立了领导小组，建立了合同管理制度，配备了专（兼）职合同管理人员，并对其进行不定期的指导与培训。

2006 年，水电十三局合同归口管理部门组织相关部室人员，参与了对新承接项目合同的谈判、签订、审查和合同纠纷解决等方面的工作，对局属各二级单位的合同管理进行了监督检查与指导；对工程局重大项目的合同履约、工程成本与效益情况进行了现场监督指导，针对合同实施的偏差情况进行了分析，并提出了整改建议。为了进一步加大合同管理的监督、宣传力度，在局内网上增加了“合同观察”专栏，在局外网上增加了“国内、外工程”栏目。通过合同报表，结合检查、抽查、巡视等手段，进一步规范了在建、续建工程合同管理与监督工作。通过评审、成本测算、二次预算、监督检查、终止备案等多种方式，做到签订合同有监督、履约合同有跟踪、终止合同有反馈，使每个合同自始至终处于受控状态，确保每个合同履约。

第四节 企业资质管理

1996 年 2 月，水电十三局取得了建设部颁发的水利水电施工一级资质。

1999 年，取得了建设部颁发的公路工程施工一级资质、交通部颁发的公路工程施工一级资信。

2000 年 3 月，取得建设部颁发的航道疏浚一级资质。2000 年 9 月，取得了国家民航总局颁发的民用机场许可证。2000 年 12 月，取得交通部颁发的航道工程施工一级资信，山东省建设管理局颁发的“建筑业安全资格”证书和山东省工商行政管理局颁发的“省级重合同守信用企业”证书。

2001 年 5 月 28 日，建设部发布了《关于建筑企业资质就位的意见》，所有建筑业企业需要重新申报资质，进行资质就位。

2002 年 4 月 15 日，水电十三局取得了如下新资质：水利水电工程施工总承包一级、市政公用工程施工总承包一级、公路工程施工总承包二级、房屋建筑工程施工总承包三级、公路路基工程专业承包一级。

2005 年 1 月，新增钢结构工程专业承包三级；2005 年 11 月，新增土石方工程专业承包一级资质。

2006 年，水电十三局资质增加为八项：水利水电工程施工总承包一级、市政公用工程施工总承包一级、公路工程施工总承包二级、房屋建筑工程施工总承包二级、地基与基础工程专业承包一级、公路路基工程专业承包一级、土石方专业承包一级、钢结构工程专业承包三级。

第五节 经营信息管理

水电十三局以局经营部门及各单位经营科为中心，以各有关业务主管部门和全局广大职工为依托，形成了全局的经营信息网络。

为及时交流经营信息，局和二级单位不定期地印发生产经营信息简报，同时编印广告、图册和资料，宣传工程局的雄厚实力，扩大影响。经常利用信函、电报、电话、传真等通信工具，多层次、多渠道的传递各种经营信息。重大经营信息及时报告主管领导，要求自收到、处理、传出的时间不超过 24 小时，一般信息不超过 48 小时。为了调动广大职工的积极性，对传递信息有成绩者，按局有关规定给予奖励。

为了开拓国外经营市场，工程局积极开展跨部门、跨地区、跨行业的横向交流与合作。先后与全国 12 个省（市）的 16 个工程局、设计院建立了横向联系，进行多方面的合作与交流，取得了重大的成果。

1998 年投标公司成立后，水电十三局制定了工程信息管理办法，建立了以工程局投标公司为中心的信息管理网络，实行工程信息登记制度，对工程信息进行统一、协调管理。大的项目或综合性强的项目由局组织投标，或由局投标公司与二级单位联合投标。工程信息的统一管理，避免了局内部几个单位同时跟踪一个工程信息或同时参加一个工程项目的竞标，维护了企业的形象。

同时，水电十三局分别在北京、上海、济南、新疆和宁夏等地设立了办事处，建立了相应的经营机制，统一协调并开展工程局在这些地区的经营工作。

水电十三局国外工程项目经理部，在做好在建工程施工的同时，作为工程局在各国的经营窗口，积极广泛收集、跟踪各类工程信息，想方设法承揽新的工程任务，开拓新的市场。

第三章　法　制　管　理

第一节　机　　构

一、普法领导小组

1985 年 8 月 14 日，水电十三局成立普法领导小组。在局党委统一领导下，负责全局的普法工作。局属各单位也成立了普法领导小组。

1991 年 3 月，水电十三局成立依法治局领导小组（局普法领导小组兼），由局党委宣传部和保卫处主管。

1996 年 10 月 17 日，水电十三局对普法领导小组进行了调整，办公室设在宣传部。

2001 年 7 月 13 日，水电十三局成立“四五”普法领导小组。

2006 年 7 月 7 日，水电十三局成立“五五”普法领导小组，普法领导小组办公室设在局武装保卫部。

二、法律顾问处

1987 年 7 月，水电十三局设立法律事务室，设置两名法律专业人员专职负责工程局法律事务。

1988 年，水电十三局设立法律顾问室。1994 年，水电十三局将法律顾问室更名为法律顾问处，与局办公室合署办公。1997 年 11 月，水电十三局决定法律顾问处独立设置，成为工程局职能部门，人员编制由 2 人增加到 3 人。2000 年 7 月，水电十三局决定对法律顾问处进行体制改革，实行代理收费制度，独立核算，工程局授予较大的用人自主权及财权。2005 年 1 月，水电十三局在水电集团系统内首先实行总法律顾问制度，于克野为水电十三局第一任总法律顾问。

截至 2006 年底，法律顾问处人员共计 6 人，其中 5 人具有律师资格和法律顾问资格。

第二节　普　法　教　育

1985 年 8 月起，水电十三局启动全民普及法律常识规划，先后出台《关于 5 年内在全体职工、师生中普及法律常识的意见》、《1990 年普法教育工作意见》、《关于印发依法治局总体规划及开展法制宣传的第二个五年规划的通知》、《关于在全局开展法制宣传教育的第三个五年规划》、《关于印发水电十三局“四五”普法规划的通知》、《关于印发水电十三局“五五”普法宣传教育规划的通知》等文件。文件详细规定了普法工作中的指导思想、组织机构、方法步骤、资金保障、检查验收等细节，并根据不同时期，提出不同要求。

截至 2006 年底，水电十三局普法工作，通过分期办班、分散自学、集中考试、法律咨询、知识竞赛、举办法制图片展览、办好电视台、报纸、网络专栏、参观监狱、法院审案旁听等形式，先后学习了《中华人民共和国宪法》、《中华人民共和国刑法》、《中华人民共和国刑事诉讼法》、《中华人民共和国民法通则》、《中华人民共和国民事诉讼法》、《中华人民共和国经济合同法》、《中华人民共和国婚姻法》、《中华人民共和国继承法》、《中华人民共和国公司法》、《中华人民共和国合同法》、《中华人民共和国环保法》、《中华人民共和国商标法》、《中华人民共和国企业破产法》、《中华人民共和国安全法》、《中华人民共和国招投标法》、《中华人民共和国会计法》、《中华人民共和国税法》等法律。通过普法教育，水电十三局全体员工提高了法律意识，增强了依法办事的自觉性。

水电十三局普法工作，受到上级领导的肯定。“一五”普法，两次获得全国竞赛组织优胜单位；“三五”普法，被水电总公司评为先进单位；“四五”普法，被国资委授予“四五”普法先进单位，局工会被山东省总工会授予“全省工会法制宣传教育工作先进单位”。

第三节　法　律　事　务

水电十三局法律事务涉及企业生产、生活、经营、管理的全方位、全过程。法律顾问对企业领导人负责，对企业行为合法、合规负责。参与企业重大规章制度起草、审核工作；参与重大合同的谈判和起草工作；参与企业的合并、分立、投资、破产、招投标等涉及企业利益的重要活动；代理企业的诉讼活动和非诉讼活动，对员工进行法制宣传等。

1987 年 7 月，水电十三局 350－3 号挖泥船在转移途中与他方船舶碰撞，造成海损。如何挽回损失，成为法律事务室成立后接手的第一个案子。水电十三局法律顾问通过不懈努力，依法力争，终于挽回全部损失。

1994 年，水电十三局法律顾问室升格为法律顾问处，法律顾问工作也有了变化，工作重点由原来的事后补救变成事前防范，提前介入合同的调研、起草、谈判、审查、签订活动，使后来的经济纠纷明显减少。同时结合工程局实际情况，提出了法人授权委托、资信调查、审核会签、公章管理等一系列法律建议，并参与了工程局建章立制工作，所提建议，均被采纳。2002年，法律顾问处主任于克野被全国施工企业协会授予全国施工企业“十佳法律顾问”称号。

2005年，水电十三局实行总法律顾问制度，总法律顾问直接进入决策层，全面负责企业法律事务工作，统一协调处理企业决策、经营和管理中的法律事务。参与企业重大经营决策，保证决策的合法性，并对相关法律风险提出防范意见；参与企业重要规章制度的制定和实施，建立健全企业法律事务机构；负责企业的法制宣传教育和培训工作，组织建立企业法律顾问业务培训制度；对企业及下属单位违反法律、法规的行为提出纠正意见，监督或者协助有关部门予以整改；指导下属法律事务工作，对下属单位法律事务负责人的任免提出建议。

到2006年底，水电十三局法律顾问处共代理200余起经济纠纷诉讼和非诉讼案件(包括涉外案件3起)，涉案标的2亿多元，挽回或避免经济损失1亿多元，节约代理费用近千万元；办理刑事案件3起；接待法律咨询、来信、来访600余人次；举办法律培训班29次。

第四章　工程项目管理

第一节　机　　构

在计划经济时期，水电十三局工程项目的管理模式，以施工单位成建制整体流动组织工程施工。工程项目管理长期以来采用国家安排项目、划拨资金、直接管理和自营建设的方式。施工单位按国家下达的生产计划，使用国家分配的资金和材料进行生产，职工携家带口上一线。工程的特点是“管单位不管项目”，形成了直线职能制的组织形式。工程项目缺乏明确的责任主体和真正的经济核算。

20世纪80年代，工程局的工程项目管理按照局、分局两级管理的模式，由部门各负其责，分专业、分业务管理，实行项目经理领导下的项目班子负责制，实施项目独立核算制。

1989年以后，工程局实施项目法施工，实行项目经理负责下的项目经营责任考核机制，成立项目部，配备项目经理一名，技术负责人一名，项目副经理若干名。项目部根据项目大小、复杂程度设置管理部门，作业层分若干工程队。

国外工程项目管理是在工程局直接管理之下进行经营。项目成立后，设置项目部，实行项目经理负责制，统一进行生产和经营。2005年后，工程局经营以“国外为主，国内协调持续发展”为主要战略，随着经营规模的扩大和发展，对原有的管理模式进行调整，工程项目管理实行区域管理，设置区域经理部，主要有巴基斯坦经理部、东非经理部、安哥拉经理部、北非经理部、卡塔尔经理部，由区域经理部负责所管区域的项目管理和经营。

第二节 建 章 立 制

水电十三局针对工程项目管理，在工程统计、分包、合同、质量、施工技术等方面相继出台了管理文件，使工程项目管理更加科学、规范。

1992年5月25日，水电十三局下发《关于印发〈水电十三局推行项目法施工初步方案〉的通知》。1992年5月27日，下发《关于选项试点推行项目法施工的通知》。1992年9月1日，印发《水电十三局推行项目法施工试行方案》。1993年8月16日，转发了水电总公司《水电建筑安装施工转换经营机制实施意见》和《水利水电施工企业推行项目法施工的实施意见》。2001年3月6日，制定《水电十三局项目法施工经济责任制考核办法》。2001年3月14日，印发《水电十三局项目法施工管理规定》。2002年9月23日，下发《关于现场施工员任职条件及申办现场施工员资格证书的通知》。2004年8月20日，制定《水电十三局委托二级单位实施国际工程项目管理的暂行规定》。

第三节 项 目 法 施 工

1989年，水电十三局开始尝试推行项目法施工。1989年巴基斯坦贾米诺水渠改建工程和1991年巴基斯坦明普卡什水利工程，就率先按项目法施工实施。

1992年初，水电十三局根据水电总公司工作会议决定，把推行项目法施工作为管理体制改革的突破口，深化企业内部配套改革，转换企业经营机制。1992年5月25日，下发《水电十三局推行项目法施工初步方案》，提出推行项目法施工要认真贯彻执行中共中央〔1992〕2号文件精神，进一步解放思想，更新观念，加快改革步伐。1992年8月、11月，水电十三局举办了两期项目法施工培训班，组织有关人员在认真学习项目法经验的基础上，在具备施工条件的一、三、四分局选试点工程，推行项目法施工。四分局在元宝山工程试行项目法施工，建立了与项目法施工相适应的内部管理机制，实行动态管理，把搞活内部分配作为龙头来抓，把效益目标与个人收益挂起钩来，形成一套新的内部分配制度，激发了劳务作业层和管理层的责任心，连创生产记录，并取得较好经济效益。

1992年9月1日，以（92）局企管字7号文，下发了《关于印发〈水电十三局推行项目法施工试行方案〉的通知》，在全局推广项目法施工。在此基础上，三分局德州基地工程、石洞口、太浦河、珠海等工地也推行了以效益目标为主的项目法施工，改善了管理，提高了效益。同时，用比较科学完整的体系，进一步完善了对巴基斯坦贾米诺水渠扩建工程、明普卡什水利工程项目的项目法施工管理。

1993年8月16日，水电十三局以局经营〔1993〕3号文转发了水电总公司《水电建筑安装施工转换经营机制实施意见》和《水利水电施工企业推行项目法施工的实施意见》，项目法施工在水电十三局得到推广完善。之后，在各项施工中，对工程项目进行严格认真的考核，从选配和管理好项目经理入手，成立工程项目部，把每项工程任务都分别作为一个完善的项目管理，建立了以项目为核心的责权利体系。

2001 年 2 月 17 日，水电十三局召开了项目法施工管理经验交流会，济南鹊山调蓄水库工程项目部、济南玉清湖水库项目部、巴基斯坦 7A7B 合同项目部、巴基斯坦纳拉渠项目部等在会上进行了经验交流。会上，对项目法施工管理以来的经验与教训进行了总结，出台了《项目法施工管理规定》、《项目施工管理制度手册》，并完善了《项目经济责任制考核办法》。

2002 年，水电十三局对工程项目现场施工员实行持证上岗制度，明确了任职资格，对符合条件的施工员经生产技术处确认并颁发了资格证书。2002 年后，对已有资格人员实行两年任期复审制度，并根据实际工作需要，对现场施工员、质检员进行专业培训。

2005 年，由工程技术部、质量管理部、财务管理部、经管部组成联合调研组，对工程局在建的合作型工程项目进行了专题调研，就合作型项目投标、施工中的质量、安全、财务、信誉风险进行了专题研讨，随后出台了《水电十三局合作型项目实施细则（试行）》，对合作队伍的选择、工程项目的投标、各类风险的规避起到了指导作用，规范了此类工程项目的管理。

2005 年 5 月，水电十三局根据市场经营与项目管理实际，将工程管理纳入工程技术部进行统一协调管理，专设一名副主任负责项目协调与管理工作，主要负责项目的分包商的使用审批、合同管理、施工方案的审批与技术、设备等资源的配置审核。

2006 年，水电十三局将工程分包列入“三重一大”决策程序，并专门成立了分包管理领导小组，制定并实施了分包管理办法，加强对分包工作的管理与决策。

第四节　工　程　安　全

一、项目部安全生产目标

建局以来，工程局所属各级工程项目部，包括局直属和委托二级单位管理的施工项目部，建立了安全管理目标：不断完善安全防护设施，提高本质安全水平；加强安全教育培训，落实安全生产责任制，减少“违章指挥，违章作业，违反劳动纪律”的现象；加强人员和设备的安全管理，预防高处坠落、物体打击、触电、机械伤害等事故；加强易燃易爆物品和化学危险品管理，配置灭火器材，完善管理制度，防止火灾、爆炸、职业中毒事故发生；加强卫生防疫工作，预防食物中毒等群体性事故发生；完成年度各项安全生产指标。

二、项目部安全管理体系

工程局所有项目实行安全生产责任制，建立健全安全管理体系。工程局实行安全风险抵押金制度，工程局局长与直属项目部签订《安全生产责任书》，项目领导与管理层、作业层签订《安全生产责任书》。项目部实行“经理负责，全员参与，防范事故，重奖重罚”的安全生产管理原则。项目部成立安全生产委员会，项目经理是项目部安全生产第一责任人，下设分管安全副经理、技术负责人、安全监管科、专兼职安全员。

三、项目部安全生产制度

在 1964 年建局初期，水电十三局面向施工作业一线，制定了 12 项安全管理制度和 6

个疏浚工种安全操作规程。

1982年，三个局合并后，针对安全、劳动保护方面存在的问题，工程局修订了15项规章制度并汇编成册。

1997年后，工程局制定了《水电十三局施工项目部安全生产管理实施细则》、《水电十三局国外工程安全工作管理规定》、《水电十三局施工项目部环境管理实施细则》、《水电十三局作业现场三违处罚规定》等规章制度。

四、工程施工安全管理

工程局对项目安全工作进行有效控制。工程局分管副局长为施工安全控制的主管领导，局有关职能部门负责施工安全业务的指导、检查工作，项目部负责本工程施工过程安全工作的管理与控制。

项目部依据有关法律法规、规章制度，编制安全生产计划书；针对工程特点，制定职业健康与安全施工技术方案或技术措施；针对施工现场人员的不安全行为、物的不安全状态、作业环境的不利因素和管理缺陷，制定安全防护应急预案；在每一项作业开始前或新员工上岗前，项目安全部门对作业人员进行专项安全交底；定期和不定期进行安全检查，分析存在问题，提出纠正、预防措施，及时消除隐患。

五、项目部安全检查考核

工程局严格对施工项目部现场安全管理进行监督检查。安全监督检查的主要类别包括：现场自查、日常巡查、综合检查、内部审核、外部检测及审核等。工程局安全监管部每年至少组织1～2次对各二级单位和施工生产现场的综合安全生产检查，施工项目部每月至少组织1次综合安全生产检查，并做好记录。

工程局以合同工期为准，每年年底对工程项目部进行年度考核，根据考核结果，对被考核单位做出评定结论，进行安全生产奖罚。

第五节　文　明　施　工

水电十三局高度重视文明施工，特别是进入市场经济后，对文明施工的要求越来越高，水电十三局顺应形势的要求，不断强化对文明施工的管理，使其规范化、制度化，并在文明施工方面取得了较好成果。

1984年5月15日，水电十三局下发《关于开展安全生产、文明生产竞赛评比活动的通知》(〔84〕局安字6号)，要求坚持文明生产，对各种施工器材、物品按规定码放整齐，无乱丢乱放现象，分部分项工程施工完毕做到工完场净，现场整洁，环境美化；尘、毒、噪声作业点技术措施完善；隧洞开挖粉尘浓度经常保持在5毫克以下，拌合楼系统粉尘浓度经常保持在10毫克以下，潜孔钻作业粉尘浓度经常保持在6毫克以下。

1996年3月22日，水电十三局印发《1996～2000年精神文明建设规划》(局党发〔1996〕27号)，强调进一步改善生产（工作）环境。坚持文明生产、文明施工、文明办公；要在生产发展的同时，创造条件逐步改善生产环境和工作环境，加强劳动保护和环境保护；生产施工现场（车间、工作点）要整洁有序，消除脏、乱、差和跑、冒、滴、漏的现象。

1996 年 5 月 28 日，水电十三局印发《水电十三局文明单位建设管理办法（实行）》及《考评实施细则》（局党发〔1996〕43 号），将文明施工纳入单位文明建设考核之中。要求生产施工现场整洁有序；坚持文明生产、施工，材料、车辆、设备排放整齐，厂容厂貌干净整洁，无“脏、乱、差”死角；工作秩序井然，职工讲究职业道德，严格执行规章制度和操作规程，岗位着装规范，举止文明；施工、生活区环境卫生整洁，绿化美化好，道路畅通，供水、供电、供暖情况良好。

2004 年 7 月 12 日，水电十三局转发了《集团公司文明工程创建活动实施意见》（局党发〔2004〕20 号），并结合工程局实际，从 6 个方面对文明工程创建提出了具体要求：队伍建设好，工程进度好，工程质量好，安全生产好，经济效益好，施工环境好。同时制定了相对应的具体考核标准。

第五章　工　程　监　理

第一节　机　　构

1994 年 6 月，水电十三局成立工程监理站，由生产经营处负责工程监理站的日常事务。1994 年 7 月，办理了属于工程局经营范围的监理资质，等级为“不定级”。1994 年 8 月，承接长江三峡工程土石方开挖设备监理。同年成立了三峡工程租赁设备监理处。

由于工程局没有常设监理机构，每年的年检、注册、培训等管理工作达不到要求，2001 年工程局被撤销监理资质。

为了能承接三峡工程三期设备监理和局第八次合资建房工程监理以及便于今后的管理，2001 年 12 月 17 日，水电十三局召开会议决定成立水电十三局监理中心。

2002 年 2 月，以局人劳发〔2002〕14 号文，正式成立水电十三局监理中心，取得法人资格。水电十三局监理中心是中国水利水电第十三工程局的全资子公司，资质等级为国家电力公司颁发的水利水电丙级资质。2003 年，取得了建设部监理的资质，资质主项为水利水电，增项为工业与民用建筑，等级均为丙级。2004 年划转为德州市建委管理。

2003 年 3 月，水电十三局三峡监理处顺利完成任务后，三峡监理处人员合并到水电十三局监理中心。

2006 年 12 月，监理中心共有 13 人取得全国监理工程师执业资格并在监理中心注册，其他人员全部通过培训取得了监理员证。

第二节　监　理　业　务

一、三峡工程监理

举世瞩目的三峡工程是具有防洪、发电、航运、供水等巨大综合利用效益的特大型工程。中国长江三峡工程开发总公司为确保三峡工程的顺利进行，购置了22亿元的施工设备，用于三峡工程的建设，供施工单位使用。这种设备所有权和使用权分离的情况，使三峡工程引入了设备监理机制。

1994年8月，三峡总公司设备公司与水电十三局达成协议，委托工程局派人对业主土石方施工设备进行监理。工程局随即派员3人进入三峡工地实施监理，并于11月15日成立了三峡工程租赁设备监理处，1997年更名为水电十三局三峡工程设备监理处，简称三峡监理处。

1994年12月2日，工程局与三峡总公司设备公司签订了三峡一期工程租赁设备监理合同书，合同期限为4年，到1998年11月30日止。监理人员10人，监理71台土石方施工设备，监理费为200万元。1995年底增加20台设备，增加2名监理人员及相应监理费用。监理处实施总监理工程师负责制，下设推挖装、汽车和钻机三个监理组。

1998年，业主委托三峡监理处临时监理一些二期混凝土设备，工程局派去6名具有丰富实践经验的中高级工程师，为二期设备监理任务的取得奠定了基础。

1998年11月，工程局与三峡总公司设备公司签订了三峡工程二期租赁设备监理合同书，合同期限到2003年5月31日止。监理任务包括原来的90台（套）土石方设备，另外还有包括1座82混凝土拌和系统、5台MQ2000-24胎带机在内的34台混凝土设备，其中特大型设备13台，监理费590万元。下设拌和楼、门塔机、公用设备和土石方四个监理组。

1994～1998年的一期设备监理中，三峡监理处监理的土石方设备平均生产完好率为87%。二期设备监理中，无论是设备的安装、拆除，还是设备有效运行，均未发生责任事故和安全事故，也未发生较大的机械事故，设备平均完好率在95%以上，超过合同90%的要求。

二、监理中心承建的其他监理项目

云南省昭通大关县灵观岩水电站、云南省金平县大寨河水电站等水电工程监理，德州市阳光花园小区（二、三期和四期）、水电十三局第八次合资建房、水电十三局综合楼、水电十三局工业园（一、二期）、水电十三局办公楼装修、水电十三局第九次合资建房等房建监理。所监理的阳光花园二期工程中4栋住宅楼被评为“德州市优良工程”。

2004年9月8日，监理中心开始开拓水电市场。承接了灵观岩水电站的监理项目，灵观岩水电站是大关河流域综合利用规划中的第二级阶梯电站。电站控制径流面积约209公里^2，平均流量5.43米^3/秒，利用水头179.877米，装机3×3200千瓦，为径流引水式电站。本项目是监理中心首次承接的水电监理项目。灵观岩水电站项目的承接，为监理中心培养了一批水电专业的监理人员。2005年4月17日，监理中心又承接了云南省金平县大寨河水电站监理项目。

第六章　计　划　管　理

第一节　机　　构

建局初期，局计划调度室为计划管理的职能部门，分设计划、调度、统计、定额四项业务。进入 80 年代，随着经济体制的改革，计划管理的职能有所不同，各二级单位自己“找米下锅”，施工点高度分散，集中管理已不现实。为适应新的形势，对计划调度职能作了适当调整。1993 年 7 月，根据三项制度改革总体方案，对机关机构进行了调整，撤销计划调度处和企业管理办公室，成立了经济管理处。工程局经济信息管理职能归属经济管理处。

第二节　计　划　管　理

水电十三局计划工作分两级管理。工程局编制年、季生产计划；分局、厂及直属队，根据局下达的计划，编制月度生产作业计划并组织实施。

年度计划经批准下达后，一般不再修改调整，遇有特殊情况必须修改时，需经主管局长批准，由计划调度处在第四季度进行调整。

1980 年以前计划经济时期，水电十三局每年由水电部、水电总局确定指令性生产计划。如马颊河疏浚工程，上级主管部门以预算投资和总进度下达，所需施工机械纳入国家投资计划。然后由工程局根据下属施工单位的生产能力，编制施工年度生产计划。施工单位据此编制季度和月度作业计划。

1980 年以后，在向市场经济转变时期，水电十三局计划管理，由宏观管理转变为计划执行过程中的控制管理与完成情况的考核。计划管理主要有如下几方面：

（1）二级单位年度生产目标计划。水电十三局对所属二级单位经营业绩的考核，实行年度考核与任期考核相结合、结果考核与过程评价相统一、考核结果与奖惩相挂钩，以签订经营业绩责任书的方式进行的经营业绩考核制度。

水电十三局每年年初，根据各二级单位的生产能力和任务落实及工程信息情况、成本开支预测情况，确定各二级单位全年目标产值和目标利润，经职代会通过后下达年度生产目标计划。每月对计划完成情况进行反映，每年最少两次对计划实现程度进行统计，对剩余任务进行预测分析。对目标计划未能如期完成的单位，工程局按经济责任制考核办法予以处罚。

（2）国外项目生产目标。水电十三局国外工程项目实行工程局领导授权下的项目经理负责制，为明确工程局与项目部经济责任关系，凡工程局国外工程项目均须签订《项目经理经济责任状》，《项目经理经济责任状》由工程局局长与项目经理签订。

（3）小型基建和大修、更改计划。水电十三局小型基建和大修、更改一直由局经济管理部门下达计划，由基地管理部门组织实施。小型基建和大修、更改的审核工作，1995年以前经历了在经济管理部门和基地管理部门之间来回几次的反复。根据国家有关规定，项目实施单位不能进行该项目的审定工作，从1995年始，确定由经济管理处负责工程局投资的小型基建和大修、更改项目的预（决）算审定和工程款拨付审定工作。自此，在工程局小型基建和大修、更改管理工作中，经济管理处由单纯的计划管理转变为对计划项目实施过程的审定、控制与管理。

1995年始，水电十三局小型基建和大修、更改工作由基地处根据局规划和基地建设需要以及上年底各单位上报的计划，提出初步意见，经局研究确定后（小型基建由经济管理处上报总公司申请指标），工程局经济管理处下达小型基建和大修、更改计划，由基地管理部门组织实施，二级单位更改、大修项目资金自筹，可自行实施。计划编制过程中，重点是项目立项，对小型基建项目以及10万元以上的更改、大修项目，要通过招标、投标确定施工单位；严格先立项后实施的审批制度，杜绝计划外项目的发生，对违反规定不报批擅自实施项目的单位，在经济责任制考核中予以处罚。

第三节 统 计 管 理

水电十三局统计工作先后由计划调度室（马颊河工程局时期）、局革委会生产部计划组（“文化大革命”期间）、计划调度处（十一届三中全会后）、经济管理处（1993年7月～2003年3月）、企划部（2003年3月后）等部门主管。

水电十三局的统计工作，在计划经济时期，重点是搞好基本建设统计，结合机械化施工特点，按不同机型整理单机、单船产量，运转时间，生产效率，物资消耗等项经济技术指标，为机械施工积累资料。

1971年以后，统计工作由按基本建设项目统计转向建筑业施工统计。

进入市场经济后，对统计工作提出了新的要求，即由单纯生产型统计改为生产经营型统计。主要是及时做好信息反馈、效益分析、收集承包工程资料、建档立卷，提高经济效益、经营决策积累资料。通过统计分析，制定适合工程局特点的建筑业产值价格指数，搞好生产经营服务。

1987年，水电十三局开始用电子计算机进行生产月报、半月报的计算统计，并以建筑业、基建报表上报水电总公司。同时建立了工程局历年承建工程和基地建设资料的数据库。

1989年6月，水电十三局开展“抓管理上等级，全面提高素质”工作，建立健全原始记录、台账和统计报表。针对一些单位对原始记录和统计工作不重视的现象，规定凡记录统计报表达不到要求，管理工作就不能达标，在二级单位之间开展展评，与经济责任制直接挂钩。

1993年以后，水电十三局统计工作重点由过去的生产经营型统计转向综合性统计。统计工作的基本任务是围绕企业经济效益中心，以全方位服务为宗旨，对工程局生产、经营、管理等活动进行统计调查、分析和研究，提供统计资料和统计咨询意见，实行统计监督。工程局统一了原始记录，建立统计台账，整理历史资料，编制统计年鉴，制定统计工作标准，培训统计人员，使工程局的统计工作逐步走上了制度化、规范化轨道。自《中华人民共和国统计法》颁布以后，工程局认真贯彻执行国家统计报表制度，准确、及时、全面地完成了上级以及局内各种统计报表和调研任务。建局以来，统计资料比较齐全、准确。

1998年始，水电十三局统计报表内容有了较大改变。如每季的产值计划完成情况及预测、合同签订（中标）及执行情况和产业结构分析、统计年鉴、统计调查报告等。在数据质量和报表时效上，由过去用计算机及其应用程序进行报表生成，逐步发展到完全运用计算机进行台账建立，报表、图表生成。

2000年，水电十三局开始建设统计信息网络，先后建立了“历年承建工程情况”、“历年竣工工程情况”、“全局固定资产明细”、“主要设备分布”、“水上设备状况”等基础信息框架，并逐步充实完善。

建立健全统计管理制度，规范和完善统计基础工作。1994年，水电十三局制定了统计管理工作考评办法；2002年，制定了统计管理暂行办法等；1998年，建立了统计人员信息库。

2006年底前，水电十三局统计管理工作，实行综合统计职能归口管理，按专业负责的统计管理体制。为了适应统计改革的需要，提高统计管理工作，工程局统计工作每年在满足上级管理部门和地方政府统计部门需要的基础上，结合工程局实际，制定年度定期统计报表制度。同时，在建立健全统计管理制度，规范和完善统计基础工作方面，制定了统计管理工作考评办法。

加强统计队伍建设。2002年，水电十三局对统计人员的任职要求做出严格规定，要求工程局及二级单位综合统计机构的统计人员应具备大专及以上学历（或中级以上专业职称）；对从事统计工作的人员均需持有统计就业资格证，对连续三年脱离统计岗位或未参加验证的，其所持统计证自行作废。截至2006年底，水电十三局已有70人取得了统计就业资格证。

第四节　定　额　管　理

在马颊河疏浚工程局时期，执行水电部（58）水利水电工程预算定额。这时国家、工程局都没有施工（劳动）定额，直到1965年水电部颁发了《水利水电工程预算指标》和《水利水电建筑安装工程工、料、机械施工指标》，工程局内部考核标准基本完善。

1966年以前，水电十三局在劳动工资处设有定额组，负责全局定额管理工作。马颊河疏浚工程局时期，工程局每年下达一次万元工作量（产值）消耗指标。除局管固定费用如折旧、大修费等外，变动费用如维修、配件、材料、油料等都作考核，定额推行到工程处、队、班组（单机、单船），实施面较大，执行结果都能达到或超过施工定额、预算定额水平。基层的原始记录、台账、报表齐全，资料反馈及时。

“文化大革命”期间，定额机构被撤销，定额人员调走或下放劳动，定额工作处于停顿状态，到1977年后定额工作才逐步得到恢复。

1978年，水电十三局编制了《机械疏浚工程挖泥船施工定额》、《施工机械材料、配件消耗定额》，为建局以来首次颁发的内部施工定额标准。

1979年，水利、电力两部新编预算定额，责成水电十三局主编疏浚工程部分。要求原水利部机械施工局派人参加机械台班费定额编制，随后工程局五次派员参加部“83”劳动定额、机械大修定额、机械台班使用定额以及“86”预算修编定额等工作。

1980年，水电十三局成立了定额机构，后几经易改，由劳动工资处过渡到技术处，三个局合并后又归属计划调度处。1984年，成立定额科，制定了内部土石方施工参考定额、80米^3/时挖泥船拆装运输和排泥管、浮筒运输等定额，基本上满足了水陆施工的需要。

1987年以后，水电十三局实行承包经营责任制，一些单位出现“以包代管”的现象，不按劳动定额组织生产，影响了定额贯彻执行。工程局要求各单位认真作好基础工作，搞好现场管理，贯彻执行劳动定额，按定员定额组织生产，三分局、五分局、汽修厂等单位，先后制定了工业民用建筑、运输和汽车修理等定额标准，作为组织生产、按劳分配的依据。

20世纪80年代后期到90年代初，随着企业经营自主权的下放，给定额资料收集和定额测定工作带来相当的难度。90年代中后期，定额管理工作名存实亡。定额管理工作虽未开展，但资料收集工作并未停止。1995年，有关人员到太湖项目部，对新购海狸3800挖泥船进行资料收集和分析测定；1998年，到安徽省疏浚工程总公司，安徽省航道疏浚工程公司，山东省水利疏浚工程处，湖南省水利一公司和局一分局、六分局，北京“六海”治理项目部等单位进行定额资料收集与调查；2001年，到巢湖项目部对新购海狸1200挖泥船进行资料收集和分析测定。对收集的资料进行定量分析、筛选等，不仅顺利完成了水力发电预算疏浚定额的修编任务，也为今后内部疏浚定额的制定提供了较充分的资料。

1997年，水电十三局机构调整后，该项工作由别的专业人员兼职，主要负责各专业有关定额调整文件的上传下达工作。随着管理工作的深入和企业成本分析工作的需要，特别是1998年工程局受国电公司水电定额站的委托修编疏浚预算定额，使得企业内部定额成为一个迫切需要制定和完善的重要工作内容，为此，建立和完善内部定额被纳入2002～2005局长任期工作目标中。

历年主要经济技术指标完成情况，见表9-6-1。

表9-6-1　　历年主要经济技术指标完成情况表

年份	施工产值（万元）建筑业总产值	全员劳动生产率［元/（人·年）］	利润（万元）	税金（万元）	工程质量优良品率（%）	安全伤亡事故频率（‰）
1963	210.7	852	－0.8			0.21
1964	464.2	1084	－16.5			7.24
1965	1239.4	2842	152.1			16.39

续表

年份	施工产值（万元）建筑业总产值	全员劳动生产率[元/（人·年）]	利润（万元）	税金（万元）	工程质量优良品率（%）	安全伤亡事故频率（‰）
1966	1736.5	3989	−181.2			13.57
1967	1711.7	4041	537.9			10.8
1968	853.8	2128	150.7			
1969	731	1760	177.6			
1970	870.8	2200	293.4			7.4
1971	960.7	2566	131.8			8.68
1972	1914.4	3817	506.4			11
1973	1959.8	3960	444.5			10.54
1974	1141.2	3215	314.8			15.37
1975	1232.8	3378	295			12.77
1976	1602.2	3996	484.7			17.47
1977	2066.5	4506	559.1			19.33
1978	1672	3622	96.7			15.08
1979	2613.9	4378	267.4			10.72
1980	3009.7	4592	233.5		5.3	10.61
1981	2688.2	4202	158.8		47.4	10.81
1982	2742.1	4096	797.7	0.1	46.2	3.99
1983	4013.2	5851	1080.6	108.3	64.3	4.77
1984	3697.9	5264	935	145.7	72.2	8.08
1985	4070.9	5963	573.4	151	73.6	6.12
1986	5440.9	7959	757.3	178.7	76.5	8.25
1987	4003.2	6159	20.5	163.7	66.7	7.11
1988	5800.2	8762	274.3	226.4	85.7	4.88
1989	5838.4	9319	55.9	358.1	75	4.23
1990	5677.5	8979	−711.5	293.1	66.7	5.67
1991	9283.9	13 953	6.7	372.6	84.6	2.83
1992	18 977.79	16 134	14.38	318.68	66.7	2.2
1993	19 493.2	32 899	27.56	477.82	66.7	1.73
1994	38 111.84	65 653	32.56	369.54	73.68	0.96
1995	24 535.66	27 008	8.73	320.72	81.03	1.29

续表

年份	施工产值（万元）建筑业总产值	全员劳动生产率[元/（人·年）]	利润（万元）	税金（万元）	工程质量优良品率（%）	安全伤亡事故频率（‰）
1996	36 830.3	42 702	12.64	588.72	83.33	1.89
1997	27 801.5	39 289	−714.12	304.29	95.38	1.55
1998	27 193.3	50 125	−684.46	3553.06	96	0.74
1999	61 101.8	127 900	354.14	799.70	100	0.40
2000	51 896.61	84 000	466.07	1290.23	90.04	0.42
2001	42 031.62	101 853	746.38	944.47	85.29	0.44
2002	56 362.89	143 008	−81	1053.28	88.24	0.46
2003	83 446.6	210 229	700.95	2362.99	85.49	0.24
2004	123 229.81	318 505	684.47	4716.12	87.40	1.29
2005	162 326.61	403 195	2922.58	8137.09	86.29	0.99
2006	260 877.79	630 444	8278.17	9246.41	81.91	0.99

第五节 经济责任制管理

水电十三局从1979年开始试行经济责任制。

1979～1982年，水利部对工程局实行指标考核，实行提取企业基金和利润分成制度。为了调动企业内部核算单位的积极性，水电十三局内部实行指标考核提取企业基金和利润留成的办法。

1979年开始，工程局实行奖金制度。工程局和二级单位采取奖金与经济效益挂钩，主要形式有以下几种：

（1）“全优工号”节约人工工日奖。1979年，建工处（现三分局）北京队承担水利部办公楼、宿舍楼抗震加固工程，实行“全优工号”。经验收为“全优工号”工程者，按节约一个工日提取1.4元奖金，根据班组完成各项标准和出勤情况，分甲、乙、丙三等发奖。1982年，水电部北院办公大楼，部领导要求尽快完成加固任务，以保证两部合并办公的需要。为了促使任务按时完成，经水电部同意把“全优工号”节约人工工日奖改为预算工日大包干，将原节约一个工日提取1.4元奖金的标准，改为按实际平均工资单价提奖，大大加快了施工进度，保证了工程质量。

（2）集体计件大包干。1981年，建工处承包了德州铁路货场货棚工程，对施工队实行定额工日包干，名为集体计件大包干。按山东省建筑预算定额计算出货棚定额工日，每个工日按2.73元包给施工队，在保证工期、质量、降低成本的前提下，节余工日工资由施工队自行分配。

(3) 联产计酬责任制。1981年，疏浚分局和直属七队在挖泥船上实行联产计酬责任制。以挖泥船为单位，按施工定额确定月产量标准，将每日应发的水上津贴、夜餐费和核定的奖金捆在一起与产量挂钩，完成方量多，奖金津贴就多，反之就少。

(4)“四包”经济责任制。“四包”经济责任制适用于大件运输、安装和修理工程。由水电十三局有关部门和施工单位，签订协议，实行“四包”(包工作量、工期、质量、安全)经济责任制。根据“四包”要求完成议定任务，可提取议定奖金，达不到“四包”标准的，根据具体情节扣发奖金。

机关工作人员和后勤服务人员，把奖金与岗位责任制挂钩，实行联责计奖制度。

1983年，水电总局对水电十三局实行利润基数包干，超额五五分成，亏损按基数照交的经济责任制。工程局对内实行超计划节约分成经营承包责任制和超定额计件及经常性的奖励办法。

水电十三局下达各生产单位八项经济技术指标，超计划节约实行分成的办法。工程局领导与各生产单位领导签订经营承包合同。全面推行经济责任制，有以下六种形式：一是超定额计件，一、二、四分局所属各队都实行以八项经济技术指标为考核内容，(83)劳动定额为依据的超定额计件，完成定额发基本工资，超定额部分加发计件工资，个人所得不封顶。二是汽修厂实行超产计件，直接生产工人实行超定额计件，辅助生产工人和机关后勤人员，核定人数，按直接生产工人平均超额工资的90%和80%提奖计发。三是三分局自1983年全面推行预算工日集体计件大包干。四是橡胶厂实行自负盈亏，按销售利润分成，上缴70%，30%留作奖金。五是四分局在大同二电厂灰场工程，1983年实行招标承包，明确规定了工程量、事故频率、质量、降低成本等指标和承包条件。六是修制厂和局机关等单位，实行指标考核联责计奖制度。

1983～1984年，水电十三局开展企业全面整顿工作，推行经济责任制是企业进行五项整顿的主要内容。工程局成立了以分管副局长为首，副总会计师、副总工程师参加的推行内容经济责任制领导小组，全局上下修订了岗位职责范围，全面推行了经济责任制。初步打破了单位吃局的“大锅饭”，在奖金分配上做到多劳多得，起到奖勤罚懒的作用，调动了广大职工的生产积极性。

1985年，水电总公司对水电十三局实行百元产值工资含量包干。工程局对内部各单位强调了在必须完成产值指标保工资含量的前提下，实行奖金与利润挂钩的经济责任制，并实行了利润分成的办法。基本内容是将经济责任、经济利益与实现的利润挂钩，采取按比例浮动的办法，并和其他指标一起考核。根据各单位实际交局利润额，按规定的利润奖金率计奖，其他各项考核指标(工期、产值、质量、安全、机械完好率等)未达到要求时，按规定的比例扣减奖金，因经营管理不善造成亏损的单位，不能发奖，还要酌情减发施工津贴和工资。未完成计划上缴利润指标的单位，无权进行工资改革。

1985年的经济责任制比过去改进了两个方面：①推动了目标管理，由于工程局无指令性计划，需要面向市场承揽任务，经过测算来确定企业的经营目标，以保证单位的开支及利润目标的实现。②由过去按台班计提折旧，改按综合折旧率计提折旧，1985年折旧率达3.25%，比1984年多提了1.52%，计212万元。

1986 年，水电十三局经济责任制又进行了改进：①利润挂奖金、产值挂工资、津贴责任制。②利润递增包干责任制。利润递增 10%，一定三年不变。

1987 年，水电十三局又把大修折旧及劳保基金、技术装备费等的提取，按完成产值的比例计提，以保证奖金的来源。

1988 年起，水电十三局实行局内部承包经营责任制，经第三届职代会讨论通过，并由局长与各分局局长、厂长、直属队长签订合同，付诸实施。原合同规定承包期为三年，1991 年又顺延一年。内部承包经营责任制的基本形式为“三包两挂”，“三包”即包产值（销售）收入、包利润和费用上交、包固定资产和流动资金的使用，“两挂”即工资津贴与产值收入挂、奖金与实现利润挂。承包类型有以下四种：①“自主经营、独立核算、自负盈亏、确保上缴利润基数、超利润全留，自我完善、自我发展”，这种承包类型用于一分局、修制厂、汽修厂。②“自主经营、独立核算、自负盈亏、利润基数上交、超额利润分成”，这种承包类型用于三分局、四分局、五分局、橡胶厂。③“内部独立核算，实现利润全额上交”，这种承包类型用于五、六、七、八队。④1988 年下半年开始对物资公司、勘测设计室、科研所等实行承包经营，“二包一挂”即包收支平衡和费用上交、包固定资产和流动资金使用，奖金和利润挂钩，以及确保上交、补助递减、实现利润和局分成。

对医院、学校、生活福利等单位实行核定费用补助包干，增收、节余提奖的办法。

1992 年开始，水电十三局经济责任制，根据当时经营侧重点的不同，经过不断的改进、完善，从 90 年代中期至今，主要办法基本上是与单位工资总额、利润及上交费用挂钩。水电十三局经济责任制分为四个阶段。

第一阶段为内部经济责任制全面展开。

1992 年，水电十三局针对四年承包存在的负盈不负亏、以包代管、奖金发放失控等问题，结合工程局实际情况，对全局所属单位普遍实行内部经济责任制，共分三种类型：①统收统支，实现利润及计提费用全额交局，基本工资及各种津贴按实计发，奖金与产量或利润挂钩，此类型适用于一分局、六队、珠海工程指挥部等水上施工单位，指标一年一定。②自主经营，确保费用上交。核定基础利润，超利润与局五五分成，自我完善，自我发展，工资挂产值（销售收入），奖金挂利润，超产值、利润，按规定的提取率增提奖金，大型设备的基本折旧费全额交局，此类型适用于三、四、五分局，机械厂，汽修总厂，企业处等单位，各项指标一定三年不变。③对后勤及费用包干单位，采用核定利润指标，超利润分成及核定费用，节约提成的办法。

第二阶段为保证利费上缴。

1993 年，水电十三局贯彻《全民所有制工业企业内部转换经营机制条例》文件精神，内部经济责任制在原有基础上，做了相应的改进、完善，核定各二级单位的工资总额（包括工资、津贴、奖金）与所交局费用或交局利润挂钩系数，具体办法如下：①水上单位（一分局、珠海工程指挥部、河套工程指挥部、六队）计提费用及利润全额交局，所需发展由局统筹；②陆上单位核定基数利润、劳保基金、上级管理费如数交局，超利润留单位，所提基本折旧、大修理费用，四、五分局部分留用，其余单位全部留用，单位发展自理；③后勤单位核定经费，鼓励创收，节约计奖；④明确单位领导完成超欠利润指标的奖罚比例。

1994年，对个别单位和有关条款略作调整，如一分局、二分局、机械厂、汽修总厂改为核定工资总额指标，超计划利润按比例提奖。

1995年，根据各单位经营目标和核定上缴费用，坚持多劳多得的原则，对各单位均采用核定工资总额基数，增提部分按交一发一或交二发一，未完成上缴等量扣减工资总额的办法。核定计提费用方法，在上年基础上，作了适当调整。随着市场经济的发展，产值构成较为复杂，大修理、劳保统筹基金以产值为基数计提，已不尽合理。大修理基金调整为以固定资产原值为基数，确定年综合计提率进行计提，劳保统筹基金按各单位全年实发工资总额为计提基数，确定系数计提上缴，保持与总公司一致。

1996年，局内部经济责任制确定的原则仍是以经济效益为中心，核定利润、产值及应计提基本折旧、大修理费、劳保基金、上级管理费等指标，工资总额与利润挂钩，其中基本折旧率根据总公司要求，按原值的8%计提。为保证经济责任制工作的顺利实施，真正达到促进企业管理，提高企业效益的目的，采取如下措施：一是抓好组织落实工作。要求各单位建立、健全经济责任制领导小组和日常办事机构，并有单位领导班子成员专人负责这项工作，局经济责任制工作日常办事机构设在局经济管理处，形成工作网络，保证经济责任制经济指标的制定、检查、兑现等工作的顺利进行。二是严格内部管理，建立、健全内部经济责任制。要求各单位对所属单位（项目、队、车间、网点等）均应建立内部考核办法，将局下达的经济责任制指标层层分解，以保证各项考核指标的实现。三是建立以项目为主体的内部经济责任制。随着市场经济的发展，施工项目已成为工程局生产经营活动的主体，项目部对外相对独立，抓好施工项目管理已成为工程局经济管理工作的重点。为此，对各单位所属1000万元以上的项目局参与制定经济责任制，并开始试行项目经理薪金制。根据工程项目工期、质量、效益、资金回收程度、队伍管理及各项指标完成情况，对项目班子进行全面考核后，确定收入系数。此举明确了项目经理责、权、利关系，调动了项目班子的积极性，强化了班子管理意识，对提高经济效益起到了积极的作用。

1997年，经济责任制工作围绕着十四届五中全会提出的“两个根本性转变”和局生产经营目标及各项工作任务，按照“抓大放小”的原则，坚持以经济效益为中心，实行宏观控制，微观搞活，把责、权、利一起放给二级单位，使二级单位基本按“自主经营、自负盈亏、自我发展、自我约束”的要求进行管理。

对国内相对稳定的主要二级生产单位（各分局、机械厂、实业开发部），在按300元/（人·月）标准，核定基本工资即保底工资的基础上，采用“三挂”办法：一是与年度实现财务收入挂，工资含量7%；二是与经济效益挂，按净利润的30%计提工资含量；三是与上缴资金挂，按上缴资金的50%计提工资含量。这样对调动二级单位扩大生产规模、增创效益、缓解局资金紧张的局面，起到了积极的作用。

对国外工程，局实行目标管理，主要核定上缴费用，并与职工个人收入挂钩，对项目经理实行薪金制。

对具有经营能力的后勤单位，仍按照鼓励创收、节支提成的原则，在以往年度经济责任制的基础上，进一步完善激励机制和约束机制。

对局直属项目经理部等单位，工资指标的确定，依项目定额工期、效益、人员等因素，视具体情况而定。费用计提办法在上年基础上，作了部分调整。对各分局、机械厂、实业开发部、同卡水电站指挥部、局后勤各经营实体，基本折旧按财务制度规定划分的固定资产分类折旧率计提；上级管理费按工资总额的5%计提，全额交局；劳保基金按工资的20%计提，全额交局；局直属项目等单位，计提和上缴费用视项目具体情况而定。

第三阶段是强化和完善经济责任制。

1998年开始，水电十三局在总结过去经济责任制工作经验、教训的基础上，为维护经济责任制的严肃性，增强承包经营者的经营意识，改变以往下发经济责任制管理办法的形式，实行经济责任状制度，即局长与各二级单位或局直属项目的主要领导就制定的经济责任制签订责任状，主要内容：一是明确各单位的产值、利润指标。确定各单位保证上缴资金数，内容包括基本折旧、上级管理费、劳保基金、工会教育经费、利润等。二是职工工资指标与上缴局资金挂钩。对二级单位在核定各单位工资基数基础上，按超欠资金数，等额增减工资指标（项目超欠资金扣减比例不等）。三是对二级单位、项目的领导班子，实行年薪制或项目薪金制。年终或项目完工后，经局审计，完成责任状下达的上缴局资金指标和利润指标，分局长（经理）个人收入可按单位职工平均收入的倍数计发。若超欠指标按一定比例增减系数。在确定班子收入系数时，除根据上缴资金和实现利润情况外，还要根据单位安全、质量、队伍建设等因素进行综合考虑。

对二级单位、项目领导班子实行风险抵押金制度。年初或工程项目开工后，领导班子成员向工程局交纳一定数额的风险抵押金，待年底或项目完工后，若完成下达各项指标，风险金全部返还；若完不成，则按未完成比例扣减风险金。

自1998年起，经济责任制思路基本一致，只是根据当年不同情况，在一些数额上做了调整。如1998年二级主要生产单位一把手年收入系数，从1.5起步，每年按0.5系数递增，后改为3.5起步（项目经理是2起步)；1998年领导班子的收入系数3封顶，后不封顶。为体现效益优先的原则，从1999年开始，班子兑现除与上缴资金指标挂钩外，还与完成利润指标挂钩。

第四阶段为与水电集团接轨，强化国外项目经济责任制。

2005年开始，水电十三局继续实行经济责任状制度，在二级单位责任制方面的考核指标，按照集团下达给工程局的指标进行分解下达，并且根据自身情况进行合理调整。重点放在国外项目经济责任制方面，根据工程局自身特点，制定了《水电十三局所属单位负责人年度经营业绩责任书》。

在二级单位考核方面，出台了《水电十三局经营工作管理办法》、《水电十三局综合管理考核办法》、《水电十三局工资总额同经济效益挂钩管理实施办法》、《水电十三局机关职能部门工作考评及奖励办法》、《水电十三局所属单位负责人年薪制暂行办法》、《水电十三局所属单位负责人年度经营业绩考核暂行办法》等经营业绩考核实施办法、规定及程序文件。对整个二级单位的考核体系进行了程序和文件方面的全面落实，使以后在工程实施中有了明确的依据。

制定了《水电十三局国外工程项目经济责任制管理办法》。对国外项目的经济责任制要求上交基本利费包括局管理费、劳保基金、中方人员劳务费、设备折旧费、目标利润、其他费用，同时核定局聘任在册职工工资总额。

2006年，制定了《水电十三局驻国外经理部经济责任制管理办法》，提出了对国外经理部进行了费用封顶的要求。

第七章　国际工程管理

第一节　机　构

1973年9月，水电十三局成立援外处，职能为援外供应、国内外联系及施工准备等。

1987年，水电十三局开始进入国际工程承包市场，参与国际工程竞争。国外项目领导班子组织、大型设备采购等重大事宜由工程局党政联席会议决定，人力、设备、财务分别由工程局人资、设备物资、财务等部门管控。

1987年10月，局成立巴基斯坦KPOD/DPOD项目组，这是水电十三局走向国际市场后成立的第一个国外工程项目组。

1989年1月16日，水电十三局成立国外工程办公室，以加强国外项目物资保障，统一办理人员出国手续，并协助工程局设备物资部门办理国外项目设备、大型机加工出口手续。

1995年1月，水电十三局为开拓东南亚工程市场，成立了驻马来西亚经理部。同年9月20日，在马来西亚注册成立了华德工程有限公司，注册资金100万马币，注册股份持有人为中国水电总公司，实际持有人为水电十三局，解决了20%预扣税和中方人员申办马来西亚工作准证和劳工准证的难题。

1995年10月，水电十三局成立水电十三局驻巴基斯坦经理部，经理部代表工程局全面领导、管理工程局在巴基斯坦的生产经营业务。

2000年6月，水电十三局成立局驻孟加拉国经理部，管理工程局在孟加拉国的生产经营业务。

2004年4月27日，水电十三局成立局驻东非经理部，管理工程局在东非地区的生产经营业务。

2005年3月，水电十三局成立局驻安哥拉经理部，管理工程局在安哥拉的生产经营业务。

2005年8月12日，水电十三局成立局驻也门经理部，管理工程局在也门的生产经营业务。

2006年3月16日，水电十三局成立局驻卡塔尔经理部。

第二节　建　章　立　制

1989年4月，水电十三局制定《关于出国人员有关工资结算问题的规定》，规定了工程局出国人员国内外工资结算时间划分，并规定出国人员完成作业回国后，由国外办公室按时介绍至局劳人处，由劳人处再介绍回各派出单位。

1993 年 8 月，水电十三局制定《关于重申出国人员有关国内生活待遇的规定》，明确了出国人员在国外工作期间的国内工资发放标准以及各项补贴发放规定。

1993 年 8 月，水电十三局印发《水电十三局国外工程工作人员休假、反探亲和带配偶问题的规定》。

1993 年 8 月 17 日，水电十三局制定《水电十三局国外工程施工项目暂行管理办法》，对国外工程施工项目管理体制、经济责任制管理、施工管理、施工项目设备管理、人事管理、资金费用管理等六个方面作出规定。

1994 年 6 月，水电十三局制定《国外施工项目人员选配的暂行办法》，对国外项目所需人员的选配方法作出规定。

1995 年 11 月，水电十三局印发《水电十三局关于选派国外工程项目工作人员的有关规定（试行)》。对 1994 年制定的《国外施工项目人员选配的暂行办法》进行完善，规定了项目经理、副经理的选配采用选聘制，管理层和操作层人员的选配，采用劳动人事部门选派和单位推荐相结合的办法。

1996 年 11 月，水电十三局下发《水电十三局选派国外工程项目工作人员的有关规定》。

1999 年 6 月，水电十三局修订了《水电十三局国外工程工作人员休假、反探亲和带配偶问题的规定》。

2001 年 2 月，水电十三局制定《水电十三局经营工作管理办法》，规定国外经理部负有经营工作的责任，局投标公司是工程局经营工作的主管部门，是全局对外经营工作的“规划、组织、协调、监督、服务”管理机构，对局驻外经理部在经营工作方面的具体业务进行归口管理。

2001 年 4 月，水电十三局制定《水电十三局客座专业人才选聘管理办法（试行)》，重点引进道路桥梁、地基处理、（环保）疏浚、水电站建设、港口码头建设等专业人才，并规定外聘人才既从可国内选聘，也可从国外选聘。

2005 年 2 月，水电十三局制定《水电十三局国外工程安全工作管理规定》，明确了建设风险评估制度、出国人员管理制度、安全教育培训制度、人身意外伤害保险制度、安全生产责任书制度等。

2005 年 4 月，水电十三局对《水电十三局国外工作人员休假以及配偶反探亲和带配偶暂行办法》进行修订完善，明确人力资源部具体负责国外工作人员的休假、配偶反探亲、带配偶的管理工作。

2005 年 5 月，水电十三局制定《水电十三局国外工程项目经济责任制管理办法（试行)》，规定工程局国外工程项目均需签定《项目经理经济责任状》；国外项目经济责任制的日常管理机构为工程局国际工程部合同处，决策机构为工程局经济责任制领导小组；所有国外项目均实行项目经理任期薪金制。

2006 年 8 月，水电十三局印发《水电十三局国外项目设备管理规定（试行)》，规定内容包括职责、设备的配置、设备购置程序与验收、设备的管理、设备的报废处理、机械事故的处理，并明确了局设备物资部负责全局国外项目设备的购置、调配和报废处理的初审和报批，负责或协助国外项目进行设备考察、技术论证、采购、发货和验收。

2006 年 8 月，水电十三局印发《水电十三局国外项目物资国内采购办法（试行）》，包括职责、物资采购计划的审批、选型与定货等，并明确了工程局设备物资部负责全局国外项目物资采购计划的审核或报批。

第三节　项　目　管　理

水电十三局最初实施国际工程时，基本管理模式是由工程局抽调精干人员组成项目班子，施工技术人员从各二级单位选派，即完全由工程局单一组织实施。

1993 年 8 月 17 日，水电十三局制定《水电十三局国外工程施工项目暂行管理办法》。办法明确规定工程局国外工程项目采用项目经理负责制，实行项目法施工管理；项目经理承接工作时要与工程局签订承包合同，明确承包者的责、权、利，对项目实行超（减）目标利润奖罚制；国外工程施工项目部必须按照合同要求，保证质量，在规定的工期内全面完成工程项目；国外工程施工项目部要根据拟定的施工方案，尽快提出设备选型方案和机械设备采购计划，报工程局审定，对主要施工机械设备，要逐台建立设备台账；国外工程施工队伍的组成力求高效、精干；各施工项目要健全财务机构，设立专职财务会计人员，以项目为单位，独立进行经济核算工作。

水电十三局随着国际市场的进一步开拓，实施的项目越来越多、合同额越来越大，由工程局单一组织的国外项目管理模式，无论从人力资源还是设备配置等方面，已远远不能满足项目施工需要。2004 年 8 月，水电十三局制定了《水电十三局委托二级单位实施国际工程项目管理的暂行规定》，将部分国际工程项目委托二级单位实施。该部分项目的管理形式为二级单位代表工程局履行合同，并享有和承担合同规定的权利、义务和责任，项目部为工程局直属项目部，工程实行项目法管理。项目部领导班子和人员的选派，采用二级单位择优推荐，工程局审定的原则确定。

至 2006 年，工程局国外项目管理模式已从过去单一的局直管项目发展到局和二级单位共同实施、二级单位自行组织实施、驻外经理部监管实施和联营体实施等模式。

第四节　人 力 资 源 管 理

1994 年 6 月，水电十三局制定《国外施工项目人员选配的暂行办法》，规定国外施工项目人员的选配采取项目经理提名和基层单位推荐相结合的办法。

《水电十三局关于选派国外工程项目工作人员的有关规定》试行一年后，1996 年 11 月，根据水电总公司制定的《中国水利水电工程总公司关于国际工程项目经营管理的若干规定》，工程局正式下发《水电十三局选派国外工程项目工作人员的有关规定》。规定选派出国人员的原则为项目经理实行公开招聘或局领导提名，组织人事部门在征求有关方面意见的基础上进行推荐，经党政联席会议研究，由局长聘任；项目副经理由项目经理或组织人事部门按1∶2比例推荐，经考核合格，局党政领导联席会议研究，择优聘任；管理层和操作层人员根据党政联席会议确定的编制定员，由项目经理提出岗位名称、条件和具体要求，干部处、劳资处根据所需岗位会同二级单位自上而下或自下而上按1∶2比例提出人选，干部处、劳资处根据考察情况，在征求有关方面意见的基础上提出初步方案，经局党政联席会议审批后，按1∶1比例办理出国政审手续。

2004年8月，局制定《水电十三局委托二级单位实施国际工程项目管理的暂行规定》，规定由二级单位实施的国际工程，其项目部领导班子和人员的选派，采用二级单位择优推荐，工程局审定的原则确定；项目班子人选由二级单位报工程局审核批准后由工程局行文；项目其他人员由二级单位根据工程的实际需要提出人员编制方案，并通过竞聘择优推荐人选名单，由工程局研究决定。

第八章　工程技术管理

第一节　机　构

水电十三局自1962年建局以来，工程技术管理部门的设置随着国家形势和市场需求多次变化。1962～1965年为工程处，“文化大革命”期间改为生产部，1979～1992年为工程技术处，1993～2002年改为生产技术处，2003～2006年为工程技术部。

第二节　技术管理

20世纪60年代初期，马颊河疏浚工程属国家投资项目，水工设计由北京勘测设计院进行（初设要点），而技术设计阶段的勘察及施工组织设计工作则指令由马颊河疏浚工程局负责。为此，马颊河疏浚工程局专门组建了勘测设计室，包括勘测队及内业（水工及施工设计）两部分，而常规的技术管理如大型临时设施、辅属企业、基地房建、质量、情报等仍归技术处。以总工程师为首的技术管理系统还包括机电处、技安处、科研所、计调处等。二级单位对口设置技术科等管理机构，负责处理施工过程中的技术问题。当时技术力量较强，管理制度基本健全，职责也较为明确，各项技术文件及资料齐全，技术人员和技术工作颇受重视。

“文化大革命”十年，技术管理工作受到了严重干扰和破坏，大批科技人员下放劳动，技术管理机构被撤销，一些有效的规章制度被废止，技术管理实际处于放任自流状态。

十一届三中全会以来，科技工作重新受到重视。

1978年，水电十三局召开了第一次科学大会。重新恢复原技术管理系统的机构，科技人员逐步回到各自岗位，恢复和健全了各项技术管理制度。

从80年代开始，投标、议标是获取工程项目的主要方式，而技术优势（先进的设备和施工工艺及管理等）和合理标价是关键，为此，每一重大项目的投标活动，都组织一个以技术人员为主的精干班子从事编标工作。如岳城水库大坝加高工程、内蒙河套总排干工程、内蒙元宝山煤矿和山西平朔煤矿剥离工程、烟台经济开发区吹填工程、上海石洞口二电厂灰坝工程、珠海西区吹填工程等。项目中标之后，还要编制详细的实施性的施工组织设计报业主批准，并在施工过程中不断完善和修订，同时接受业主或工程师单位的监督，以完成合格的工程量，并经业主签证认可，分期获取工程价款，直至竣工向业主提交完整的竣工资料为止。从此，水电十三局的技术管理工作，按照市场经济模式和程序进行，即以工程项目为中心，按照合同的约定，对全过程提供技术服务和保证，并通过实施合同，在为业主提供合格的工程产品的同时，获取企业的经济效益和社会信誉。

1993年，水电十三局组织机构改革，成立生产经营处，主要职能为生产经营和技术管理两大部分。

1996年，水电十三局为加大投标经营力度，生产经营处又分为生产技术处和经营合同处两个处室，生产技术处主要职能为生产技术管理、质量管理、科技资料管理等，经营合同处主要职能为经营投标。

1999年底，水电十三局在完成了质量体系认证工作后，由生产技术处分出部分人员成立质量管理处，由此质量管理职能从生产技术处分离。

2000年5月，质量管理处与生产技术处分开办公，各司其职。生产技术处主要工作职能为工程技术管理、科技管理、技术情报资料管理及科技委日常工作。

水电十三局为规范全局工程施工（生产）的技术管理工作，制定或修订发布了多项技术管理规章制度。1999、2003年先后修订了《工程技术管理办法》。全局技术系统实行工程局、分局、项目部统一领导、分级管理的三级管理体制。工程局在总工程师领导下，由生产技术处负责局直管项目和重点项目施工技术措施的审查、指导工作，协助分局或项目部解决施工生产中的技术难题，参加重大事故的调查处理。分局总工和技术部门对项目部实施直接管理。项目部根据合同要求组织生产施工，从图纸会审制、技术交底制、施工日记制、技术复核制、过程检验制、技术档案制六个方面加以管理。局对项目部的施工组织设计编写和工程竣工资料整理作了具体的要求。水电十三局还先后出台了《工程技术管理办法》、《水电十三局优秀科技成果和优秀论文评选办法》、《水电十三局合作型项目实施细则》，组织培训学习了《建设工程项目管理规范》等文件。

2000～2006年，水电十三局每年年底召开技术年会，同时选择技术含量高、使用新技术、新材料、新工艺的项目，组织全局工程技术骨干进行现场技术交流，每年对全局所有工程项目进行特殊工序确认。

第三节　科　技　规　划

1978年以前，水电十三局基本没有明确的科技规划，改革开放后，开始逐步重视。1978年12月，工程局召开了第一届科技大会，大会的目的是讨论工程局科技发展八年规划纲要，交流经验，表彰和奖励先进，进一步明确了工程局以科技发展推动企业发展的路子。

1979 年，水电十三局成立了科学技术委员会和科研成果评审领导小组，确定工程技术处负责科技管理和科委工作，这期间制定了《科技计划及科技成果管理办法》、《合理化建议和技术改进奖励条例实施办法》。

1983 年 10 月，中国水利学会施工专业委员会“疏浚学组”在水电十三局成立，同年拟订了关于引进项目消化吸收、新技术推广、新产品开发的“七五”科研计划。

1992 年以后，水电十三局先后制定了《1991～2000 年科技发展规划》、《局“九五”科技发展规划》、《局科技工作实施计划（1997～1998 年）》、《“十五”科技发展规划》、《水电十三局科技进步工作考核管理办法》、《水电十三局科技进步工作考核办法》、《2006～2010 年科技规划》等。从扩大生产能力、进口设备技术的应用消化、加工与修理、工程施工、实验检测、管理技术、节能降耗七个方面，开展科研工作。

1999 年，水电十三局设科学技术委员会，负责研究、决策工程局科技发展方向和工程局重大科技事项。2005 年，调整了工程局科学技术委员会成员。

第四节　技术情报信息管理

1963 年，马颊河疏浚工程局成立工程技术处情报组，配备情报人员 5 人，负责全局的科技情报工作。

1967 年由于“文化大革命”的干扰，科技情报工作被迫中断。

十一届三中全会以后，水电十三局科技情报工作得以恢复，科技情报工作有了较大的发展。配备技术情报人员 7 人，除负责全局的科技情报工作外，并兼管科研、技术革新和科委的日常工作。建立健全了各项规章制度，积极组织并开展了一系列的情报交流活动，取得了较好的效果。同全国 314 个兄弟单位建立了情报关系，组织了情报交流活动，并相继参加了交通部水运工程科技情报网、水利水电施工技术情报网、水利水电施工组织设计情报网等十个部级情报网组织，并由水电十三局承办水利水电机械疏浚情报网的日常工作。

1978 年以来，先后参加情报网组织的技术交流会 26 次，共提供技术论文 50 篇，促进了技术交流，也提高了工程局的知名度。

1983 年，水电十三局筹办了水运工程技术情报网委托主办的绞吸式挖泥船疏浚施工工艺交流会。

1985 年，筹办了中国水利学会和水运工程情报网在浙江湖州联合召开的疏浚企业管理学术交流会等会议，扩大了工程局在社会上的影响。

1988 年，水电十三局组织机构改革，工程技术处改名为科技处，下设情报组，定员 5 人，其中专业情报人员 2 名，英语翻译 2 名，科技图书技术资料管理员 1 名。

水电十三局多年来的主要科技情报成果：翻译编印《国外施工新技术》12 期，计 96 万字，除内部交流外，也同国内同行业单位进行了交流；编印工程局宣传画册，用于国内外广泛交流，宣传工程局实力；编写印刷各种专题技术资料 160 种，800 多万字，35 000

份；两次承担水电总局交给的《疏浚工程技术规范》的编写、修订工作，并已作为部颁标准颁布执行；翻译外文资料 65 种，计 82 万字，印刷 12 000 份；拍摄、搜集、存档工程施工照片 700 多种；编印《施工技术通信》32 期，计 221 万字，除内部交流外，并与水电部、交通部下属单位以及国内同行业兄弟单位进行了交流。

信息网交流。水电十三局常年保持与水利水电施工技术、疏浚专委会等多个全国技术情报网的 50 余家兄弟单位联系，互通情报，开展技术交流，促进了水电十三局情报信息工作的持续开展，并组织出版了 57 期《施工技术通信》。

科技图书资料管理。根据全局的生产经营需要征订、分发、借阅、整理科技图书、资料，为生产一线提供技术服务。现收藏图书资料 17 726 册，科技资料 3109 卷。

第五节　标准化、计量管理

1990 年 6 月，水电十三局成立了由局长任主任的标准、计量管理委员会，在科技处设标准、计量科，负责全局标准、计量的管理工作。同年，各二级单位也成立了标准、计量管理委员会和相应的职能机构，负责本单位的标准化、计量工作。

为使全局标准化、计量工作更好地开展，科技处标准、计量科撰写了《关于全局如何开展标准化、计量工作的初步设想》。1990 年 4 月，水电十三局举办了一期标准化学习班；1990 年 9 月和 1991 年 8 月，分别举办了两期计量管理培训班，培训标准、计量专（兼）职人员 150 人，对今后工作的开展奠定了基础。

1990 年，水电十三局建立了标准化体系，制定了技术标准、管理标准和工作标准，其中技术标准共分 13 大类、42 项、1773 个标准。各二级单位也分别建立了标准化体系，为标准化工作进一步开展创造了条件。

1990 年，水电十三局三分局、四分局两个单位取得了标准化三级合格证书；三分局、四分局、汽修厂三个单位，取得了计量三级合格证书。1991 年，五分局、企业处、机械厂取得计量三级合格证书，四分局取得了计量二级合格证书。

1991 年，水电十三局筹建了局计量检测中心，长度类分室、力学类分室以及混凝土试验室的上等级工作也开始筹建。

水电十三局标准、计量管理委员会，负责领导、研究和决策局标准、计量的重大问题。委员会的办事机构挂靠在局生产技术处，负责归口管理标准化、计量工作的具体事项。

标准管理工作。水电十三局认真贯彻执行《中华人民共和国标准化法》，对全局工程采用的国家及行业最新标准及时订购并定期公布目录；对企业新产品的标准，按《中华人民共和国标准化法》的要求进行编写、备案；对必需推广应用的标准进行广泛宣传、积极应用、督促检查。

计量管理工作。水电十三局正规的计量管理工作起步于 1990 年，计量管理工作职责一直与质量管理工作职责相关联。1992 年至 1999 年 9 月由局科技处、生产技术处负责；1999 年 10 月至 2006 年，由局质量管理处负责。历年来，全局计量管理工作一直设有一名兼职人员负责办理日常事务，各二级单位也都设有一名兼职人员具体负责。自从水电十三局按照ISO 9000标准建立质量管理体系以来，逐步将计量管理工作纳入了质量管理体系的范畴，进一步促进了工程局计量管理工作的开展。

为全面贯彻实施法定计量单位，水电十三局各级计量管理部门人员利用宣传栏、黑板报、《开拓者》报等多种形式进行宣传，并以《施工技术通信》的形式出版计量专辑，张贴、发放法定计量单位宣传报，举办多期计量管理培训班，宣传计量管理在企业管理中的意义和作用。

为贯彻执行《中华人民共和国计量法》，保证全局量值传递准确可靠，1996年水电十三局起草发布了《水电十三局计量工作管理制度》和《计量器具检定、修理和收费管理办法》，并于1999年对上述两项制度进行了修订。

1999年以来，水电十三局的计量管理工作在规章制度、人员管理、计量器具管理和硬件配备等方面取得了较大进步：①各二级单位明确了计量管理部门和人员；②局制定了《水电十三局测量仪器管理办法》，建立了全局计量器具台账，实现了动态管理；③计量检测中心具备了检定游标量具、指示量具和测微量具的资格；④工程局获得了省计量保证确认合格证书，此证书优于原二级计量合格证书；⑤工程局于2000年成立了局中心试验室，新配备了近40万元实验仪器和设备，获得了多项工程试验资质，提高了工程局的社会信誉和技术能力；⑥为二级单位和项目部购置了包括GPS、全站仪在内的大量测量设备和仪器，价值上百万元，提高了工程局的技术水平和工程质量控制水平。

疏浚定额、规范修编及手册编写。1998年，水电十三局受国电公司水电定额站的委托，对原部颁（86）《疏浚工程预算定额》进行了修编。通过资料收集、分析、整理和定额参数的计算、比较，于1999年7月完成初稿，2000年6月通过专家审查。

2000年，水电十三局受水利部建设管理司委托，承担了《疏浚与吹填工程技术规范》的修订工作，于2001年完成。

全国水利水电施工技术信息网组织的《水利水电工程施工手册》编写委员会，委托水电十三局编写其中第九章《疏浚与吹填工程》，于2002年11月份出版。

第九章　安　全　管　理

第一节　机　　构

马颊河疏浚工程局组建初期成立了技术安全处，有技安人员4人。

1965年3月，原技术安全处与技术处质检组合并成立质量安全检查处，有专职技安干部15人。制定并印发了12项安全管理制度，安全管理组织机构和群众性安全监督初具雏形。

1966年底，因“文化大革命”运动，安全管理组织机构被撤销。

1970年，水电十三局在军管会领导下，成立安全领导小组，在劳资处设立技安组。

1980年3月，水电十三局成立技安处，二级单位成立技安科。1982年7月，电力部机械施工局、水利部机械施工局、水电部十三局三个局合并后，设置了安全管理职能部门，建立了工会安全监督组织，形成了“三位一体”的安全管理体制，成立7个安委会，36个安全领导小组，配备专职技安干部26人，兼职安全员247人。

1992年，水电十三局安全生产管理工作由技安处负责。1993年，水电十三局机构改革，原局技安处、设备处和科研所合并组建安全设备处，4人负责安全工作。1998年，水电十三局机关精简，安全设备处定员6人，负责全局安全生产和机械设备管理工作。

2003年3月，成立质量安全部，定员5人。2005年11月，撤销质量安全部，分别设立安全生产监督管理部和质量管理部。

安全生产监督管理部的主要职能：贯彻国家、地方政府和集团公司安全生产法律法规和规章制度，落实安全生产责任制；制定工程局安全生产管理规章制度，开展日常监管工作；负责工程局职业健康安全管理体系和环境管理体系的建立和运行；编制年度安全生产投入计划并监督实施；组织重大安全生产事故和环境污染事故的调查处理；负责安全生产管理人员培训考核和队伍建设；组织特种作业人员专业技术培训及日常监督管理；汇总安全生产情况，编发安全生产简报，起草安全生产考核报告和奖罚意见等。

第二节　建　章　立　制

1964年，水电十三局印发了12项安全管理制度和6个疏浚工种安全操作规程。

1970年，水电十三局印发了《事故报告》、《机械设备、人员伤亡事故分析处理》、《防护用品发放标准》等制度。

1982年7月，电力部机械施工局、水利部机械施工局、水电部十三局三个局合并后，修订了15项规章制度，把水、陆机械，锅炉、压力容器，油料、劳保用品等管理制度汇编成册。

1997～2002年，水电十三局制定了《安全生产奖惩考核办法》等规定。

2003～2006年，水电十三局加快了安全生产管理制度建设步伐。先后制定了《水电十三局安全生产安全（监察）联络员工作制度》（2003年5月），《水电十三局机动车管理办法》（2003年10月），《水电十三局安全生产报告制度》（2004年2月），《水电十三局施工项目部安全生产管理实施细则》（2004年2月），《水电十三局安全生产责任制规定》（2004年3月），《水电十三局安全生产检查办法》（2004年3月），《水电十三局安全生产考核及奖罚办法》（2004年3月），《水电十三局防汛工作制度》（2004年4月），《水电十三局消防安全管理制度》（2004年5月），《水电十三局危险化学品安全管理暂行规定》（2004年7月），《水电十三局安全生产投入管理办法》（2004年9月），《水电十三局劳动防护用品管理办法》（2004年10月），《水电十三局工伤保险管理办法》（2004年11月），《水电十三局职业病防治管理规定》（2004年11月），《水电十三局国外工程安全工作管理规定》（2005年2月），《水电十三局安全生产责任制管理办法》（2005年4月），《水电十三局人身意外伤害保险暂行办法》（2005年5月），《水电十三局环保及职业健康安全资金管理办法》（2005年7月），《水电十三局设备安全管理规定》（2005年9月），《水电十三局安全教育与监察经费管理办法》（2005年12月），《水电十三局安全生产自我评价制度》（2006年1月），《水电十三局安全生产责任制经济处罚规定》（2006年4月），《水电十三局安全培训管理办法》（2006年5月），《水电十三局施工项目部环境管理实施细则》（2006年7月），《水电十三局作业现场三违处罚规定》（2006年9月）等一系列规章制度。

第三节 安全监督管理

随着社会进步、企业发展和生产经营需要，水电十三局的安全监督管理模式不断改进，管理水平逐年提高。

1964年，马颊河疏浚工程局建局初期成立质量安全检查处，颁发了12项安全管理制度和6个疏浚工种的安全操作规程，安全组织机构和群众性的安全网已具雏形。但由于大部分职工由原从事水电站建设，改为从事河道疏浚，工种不对口；新设备操作不熟练；新职工较多；加之安全组织、制度尚不健全，造成事故频发，两年间发生设备事故175起，火灾事故2起，损失30.47万元。

1966年，马颊河工程局党委提出“安全生产光荣、不安全生产可耻”的口号，要求各级领导做到安全生产“五同时”，即在计划、布置、检查、总结、评比生产的时候，同时计划、布置、检查、总结、评比安全工作。对全体职工进行安全教育，开展“一帮一、一对红”的传帮带活动。冬闲时间抽调126名生产骨干，举办了学习班。通过学习，提高了技术理论水平和安全生产的思想认识。在安全生产部门和广大职工的共同努力下，出现了安全生产的新局面。1966年底，马颊河疏浚工程局开展“文化大革命”运动，刚起步的安全管理工作受到强烈冲击，安全生产处于瘫痪状态。

1970年，水电十三局在军管会领导下，成立了安全领导小组，印发了《事故报告》、《机械设备、人员伤亡事故分析处理》等制度。恢复了班组活动日、安全大检查和劳动保护工作机构，在劳动工资处设立技安组，安全生产一度好转。1971～1974年，全局未发生死亡事故，年均事故频率为11.4‰。

1976年10月12日，水电十三局微山县修船厂发生一起群伤事故，由于生产指挥人员忽视安全，造成正在修建的船厂食堂七榀屋架混凝土圈梁全部倒塌，当场死亡3人，重伤3人，轻伤12人，职工生命财产蒙受巨大损失。据统计，1977年全局交通事故高达87起，死亡5人，伤27人。1977年全年共发生伤亡事故113起，事故频率高达19.3‰

1978年5月17日，水电十三局面对安全生产的严峻形势，在南四湖召开17号80米^3/时挖泥船重大事故现场会，贯彻落实中央“认真搞好安全生产和劳动保护”指示。局党委提出：“越是大干快上，越要搞好安全生产，千方百计减少各类事故，杜绝重大事故的发生，真正把各项措施落到实处”的号召。提出“管生产必须管安全”和“事故处理三不放过”的原则，调整充实了安全组织，修订了安全生产岗位责任制。采取了加强领导，严肃事故处理，加强安全检查，开展安全宣传教育，对各工种进行安全操作规程的学习考试等措施，有力地推动了全局的安全生产工作。

1980～1982年，水电十三局自上到下建立起分管领导、安全职能部门、群众安全组织三位一体的安全管理体制。修订了15项规章制度，把水、陆机械，锅炉、压力容器，油料、劳保用品等制度汇编成册，做到有章可循。企业整顿使安全生产、文明施工发生了明显变化。

1986～1991年，水电十三局根据水电总公司鲁布革安全工作会议精神，颁发了《安全生产经济奖罚办法》，运用经济手段加强安全管理，全面落实安全责任制，6年来对安全生产好的单位、个人和主要领导奖励了13.8万元，对安全生产差的单位、个人和主要领导罚款15.4万元。随着时间的推移，奖励逐年递增，罚款逐年减少，反映了安全生产状况日趋好转。工伤事故频率由1986年的8.25‰，下降到1991年的2.83‰，下降了五个千分点。奖惩办法的实施，调动了广大职工安全生产的积极性。安全责任制的落实，各单位安全管理工作逐步向制度化、标准化、数据化方向迈进。

1992～2001年，水电十三局及所属各单位成立了以行政一把手为主任的安全文明生产委员会；每年逐级签订安全生产责任书，建立健全组织机构，坚持每月安全例会制度，坚持每年开展“全国安全生产周（月）”活动，坚持安全生产大检查和安全文明生产考核制度。

2002年5月，水电十三局建立了安全监察联络员制度，工程局及所属各单位均配备了安全（监察）联络员。

2002年，水电十三局加强对重点领域、重点环节和重点部位的安全管理，落实安全生产规章制度，严格施工现场安全管理，加大安全生产投入，保持了安全生产形势的平稳，完成了集团公司下达的年度安全生产目标。

2004年12月，水电十三局按照建设部和山东省建管局要求，整理汇编了300多万字的安全生产许可证申报材料，于2005年3月10日取得安全生产许可证。

2006年，工程局制定了《水电十三局作业现场三违处罚规定》，把反“三违”现象作为搞好现场安全生产、减少安全事故的日常工作来抓，促进现场施工安全管理规范化。

为加强境外安全管理工作，健全内部防范和应急处置机制，保障外派人员的切身利益和生命财产安全。2005年2月，工程局制定了《水电十三局国外安全工作管理规定》，要求局驻外机构和外派人员的安全工作以防范恐怖袭击，战争，盗窃抢劫、绑架和伤害，交通事故，生产性伤亡事故，火灾事故，地震、海啸、泥石流等自然灾害，地方病、传染病侵害等安全隐患为主。

第四节　安全保障措施

安全组织保障。水电十三局实行安全生产委员会领导下的安全组织制度。工程局安全生产委员会由局领导、安全监管部门负责人和机关各部门负责人组成。安全生产委员会主任由局长担任，全面负责工程局的安全生产工作；副局长协助局长负责职责范围内的安全生产监督管理工作。各部门在分管副局长的领导下，负责本部门安全生产监督管理职责。局安全生产委员会的主要职责是研究、部署、指导全局安全生产工作，制定安全生产目标，分析安全生产形势，研究解决安全生产中的重大问题等。

安全生产委员会下设办公室，设在安全生产监督管理部，主要职责是组织召开局安全生产委员会会议，研究、提出加强安全生产的重要措施和建议，监督检查、指导协调局属各单位、项目部的安全生产工作，组织安全生产大检查和年度安全生产考核等。

安全生产责任制。1978 年 5 月，水电十三局按照“全国安全工作会议纪要”提出的“管生产必须管安全”和“事故处理三不放过”的原则，修订了安全生产岗位责任制。

1987 年，水电十三局全面落实安全生产责任制，提出“谁不管安全，谁就没资格管生产”。

2002～2006 年，水电十三局以签订安全生产责任书为抓手，层层分解安全生产指标，明确安全生产责任，落实安全生产责任制。2004 年 3 月，水电十三局制定了《水电十三局安全生产责任制规定》，明确了从局长到各类作业人员的安全生产职责。2005 年 4 月，制定了《水电十三局安全生产责任制管理办法》。2006 年 4 月，制定了《水电十三局安全生产责任制经济处罚规定》。

水电十三局与集团公司、地方政府签订安全生产责任书，局长与各二级单位和项目部签订安全生产责任书，做到了横向到边，纵向到底。工程局班子成员和各直属单位班子成员，均按集团公司和工程局规定交纳安全生产风险抵押金。

安全检查考核。为确保各项规章制度的贯彻落实，及时排查整改事故隐患，加强对安全生产违法违章行为的查处、奖罚力度，水电十三局和各二级单位、项目部每年开展安全检查考核活动。安全检查类别分为日常检查、专业或专项检查、季节检查和综合检查等。安全检查方法主要包括现场察看，仪器检测，听取汇报，召开座谈会，查阅文件、记录和报表等。

水电十三局对各单位和直属项目部实行年度安全生产业绩考核。考核结果是兑现被考核单位领导班子成员绩效年薪和直属项目部班子成员绩效工资的主要依据。安全生产业绩考核内容以年度考核表为准，考核结论分为优秀、良好、合格、不合格。

安全队伍建设。加强安全管理队伍建设，提高专职安全管理人员的综合素质是做好企业安全工作的基础和保证。

1965 年冬季，水电十三局抽调 126 名生产骨干，在善化桥举办了安全生产学习班。

2002 年起，水电十三局通过对专职安全生产管理人员的持续培训，不断加强专职安全管理人员队伍建设。2003 年，工程局培训专、兼职安全员 207 名。2004～2006 年，工程局有 8 人取得国家注册安全工程师资格；114 人通过了水利部组织的企业主要负责人、项目负责人和专职安全生产管理“三类”人员安全培训和考核，并取得合格证书；124 人通过了交通部组织的“三类”人员安全考核，并取得合格证书；90 人通过了山东省安全生产管理培训考核，并取得合格证书。

2006 年，工程局制定了《水电十三局安全培训管理办法》，实行全员安全培训，明确了各级各类人员安全培训的内容、时间、方式、要求等，建立了职工安全培训档案卡。

安全技术措施。1965 年，水电十三局下发了 6 个疏浚工种的安全操作规程。

2005年，水电十三局制定了《水电十三局安全技术措施管理办法》，用于规范局属各单位和项目部在生产施工过程中安全技术措施的编制、审核和实施；明确规定各级技术负责人是安全技术措施编制的第一责任人，工程技术部门为安全技术措施编制的责任单位；明确规定危险性较大的工程必须在施工前编制安全专项施工方案。

2006年，水电十三局整理汇编了《水电十三局安全管理工作手册》，内容包括安全生产法律法规、安全生产标准规范、安全技术操作规程等。

开展安全评价。水电十三局通过开展安全评价，查找、分析和预测生产施工过程中存在的危险因素及危害程度，提出合理可行的安全措施，指导危险源监控和事故预防，以达到最低事故率、最少损失和最优安全效益。

2003年，水电十三局建立安全生产管理资料库。初步建立了危险源台账（分设备、物品、施工三大类）、重大危险源管理档案、特种设备管理台账、特种作业人员管理台账、安全员管理台账、安全投入台账、工伤事故管理档案。

2004年，水电十三局通过推行危险源辨识，进行风险评价和风险控制，全局共确认各类危险源（点）1700个。2005年，全局确认各类危险源（点）1950个。通过分析评价，分别制定危险源清单和重要危险源清单，从管理和技术角度制定控制措施。

2006年1月，水电十三局制定了《水电十三局安全生产自我评价制度》。

职工健康安全。水电十三局在安全防护设施配置方面，严格执行《水利水电工程施工安全防护设施技术规范》，对可能造成员工伤害的部位加装安全防护装置和设施，员工在作业生产过程中严格执行《水电十三局劳动防护用品管理办法》，劳动防护用品按规定发放和穿戴。

1963～1992年，水电十三局组织对患尘肺职工和可疑病员检查拍片22次，先后3次提高防暑降温发放标准，5次修改劳动保护用品发放、使用标准。

2004年1月1日起，水电十三局为全局正式职工办理了工伤保险，一些施工项目部为从事危险作业的人员购买了人身意外伤害保险。

2005年，水电十三局正式启动GB/T 28001—2001《职业健康安全管理体系规范》贯标认证工作，经过宣传发动、学习培训、体系设计、文件编写、体系试运行、内审及整改、管理评审及整改、外审及整改，于10月31日取得四川三峡认证公司颁发的职业健康安全管理体系认证证书。

安全生产资金投入额的持续增加，使安全生产保障力度不断提高。各施工项目部的安全生产投入费用平均在合同额的1%以上，水电十三局2004～2006年安全生产投入分别达到810万、1970万元和2000万元。

群众性安全生产活动。1965年，水电十三局组织在全体职工中开展“一帮一、一对红”的传帮带活动，促进职工安全意识的提高。1980～1985年，水电十三局开展安全月活动，组织开展各类安全教育活动，促进平安企业建设。1982～1991年，水电十三局每年开展“十万公里安全竞赛”、“三百天安全行车竞赛”等活动，保证了安全行车。

2002～2006年，水电十三局围绕不同主题，组织开展“安全生产月”、“安康杯”、“青年安全生产示范岗”、“莱钢杯”等活动。在职工队伍中开展安全法律法规知识竞赛、安全征文、安全演讲、安全摄影书画、安全签名等活动，营造良好安全氛围。2003 年，水电十三局被山东省总工会、安全生产监督管理局授予山东省“安康杯竞赛优胜企业”称号。2004 年，被全国安康杯竞赛委员会授予“全国安康杯竞赛优胜单位”称号。

应急管理。为了降低事故风险，及时有效地开展应急救援，水电十三局加强了应急管理工作。

2003 年 6 月，水电十三局成立市区防汛抢险队，为营编制，下设三个连，共 302 人，人员由局机关、机械厂、汽修总厂、橡胶制品厂职工组成；成立水电十三局应急抢险队，共 53 人；成立水电十三局医疗救护队，共 25 人。2004 年 4 月，根据国家防洪法、防汛条例的有关规定，制定了《水电十三局防汛工作制度》。各单位及直属项目部根据实际，都成立了相应的应急救援组织，每年开展应急演练。

2004 年，水电十三局制定了《水电十三局突发事件总体应急预案》和 11 个专项应急预案，成立了重大生产安全事故应急救援领导小组，局长任组长。

第五节 劳 动 保 护

水电十三局建局以来，重视劳动保护工作，全面履行了国家法律法规赋予的职责。

1982 年，水电十三局针对安全、劳动保护方面存在的问题进行整改，修订了 15 项规章制度，把水、陆机械，锅炉、压力容器，油料、劳保用品等制度汇编成册。

1983 年 8 月，通过调查，对接触尘毒、噪声等有害作业的 538 名职工和 64 个产毒、扬尘点分别做出了治理规划。

1962～1992 年，对挖泥船震动和噪声进行测试，提出综合治理方案。

1992 年，水电十三局在全国水电系统工会主席联席会上做了《认真搞好劳动保护，努力促进安全生产》的经验交流，并被《水电工运》刊登。1994 年，根据《出国人员在局内办理人身保险管理办法》的通知精神，成立了人身意外保险委员会。1997 年，下发了《关于加强做好安全生产、劳动保护工作的通知》，对劳动保护工作进行了集中整顿。健全劳动保护组织，聘请监督检查员 342 名，发现安全隐患 21 处，向行政送达整改通知书 21 份。

2001 年，建立健全了群众性劳动保护监督网络。2002 年，水电十三局工会会同安设处积极探讨和研究职业病防治和工伤待遇等问题，在此基础上出台了《水电十三局职业病管理办法》。2004 年 1 月 1 日起，水电十三局为全局正式职工办理了工伤保险，一些施工项目部为从事危险作业人员购买人身意外伤害保险。2004～2005 年，先后制定《水电十三局劳动保护用品管理规定》、《水电十三局工伤保险管理办法》、《水电十三局职业病防治管理规定》、《水电十三局人身意外伤害保险实施暂行办法》和《水电十三局环保及职业健康安全资金管理办法》。

水电十三局充分发挥职代会作用。在签订集体合同时，对有关劳动保护条款及关系到职工合法权益的事项，做出明确规定。同时，工会和安全监管部门做好制度的执行监督工作。2005 年 10 月 31 日，水电十三局取得 GB/T 28001—2001《职业健康安全管理体系规范》认证证书。

2006 年开始，水电十三局每年为职工进行健康查体。

第十章　质　量　管　理

第一节　机　　构

1963 年，马颊河疏浚工程局在质量安全处设质量检查组，定员 5 人，专门从事全局的质量管理工作。1964 年下半年，质量工作划归工程技术处管辖。工程局所属各工程处设有专职质检员，工程队有质检员和测量组，测量组一般为 3～5 人。1967 年，受“文化大革命”影响，工程局机关人员下放，工程技术处及所属质量检查组不复存在。

1973 年，水电十三局恢复工程技术处，配 1 名同志负责质量管理。1979 年，水电十三局在工程技术处恢复质量检查组，各二级单位也陆续设置了质检机构。

1982 年，水电十三局成立全面质量管理领导小组，按专业性质分别由工程技术处和机电处负责。工程技术处负责全局的工程质量管理，机电处负责全局机械制造和设备修理质量管理，领导小组办事机构设在工程技术处。

1992～1993 年，水电十三局质量管理职能由局科技处行使，设有 3 名专职人员。1993 年，水电十三局机关机构改革，撤销了科技处，局质量管理职能划归新组建的生产经营处，设专职质量管理人员 2 人。1995 年，水电十三局机关再次进行机构改革，将原生产经营处划分为经营合同处和生产技术处，局质量管理职能划归了新组建的生产技术处，设质量管理人员 2 人。1999 年，水电十三局成立质量管理处，定员 3 人，专门负责全局质量管理与质量保证体系的运行与维护工作。

2003 年 4 月，水电十三局成立质量安全部，定员 6 人，行使全局质量管理、安全管理与监督职能。2005 年 11 月，成立质量管理部，定员 3 人，专门负责全局质量管理，质量、环境、职业健康与安全管理体系的运行与维护工作。

水电十三局设立质量管理委员会，由质量第一责任人、工程局局长任主任委员，主管质量副局长任副主任委员，其他党政工领导、机关各行政部门负责人为委员，行使全局的质量奖罚权与决策权。

水电十三局质量管理工作实行全局统一协调、分级管理的模式。工程局负责局质量管理体系的建立与运行监督、质量检查、考核与奖罚以及各级单位、项目部质检员的持证上岗管理，工程（产品）创优的申报组织与协调等。

第二节　建　章　立　制

1978 年起，水电十三局先后制定和修订了各种质量管理制度。主要有《质量管理制度》、《工程质量责任制》、《全面质量管理 QC 小组组织条例》、《质量管理奖罚办法》和疏浚工程、陆上机械施工、工业与民用建筑工程全面质量管理办法等共 16 项。

1981 年，水电十三局下发了《关于在我局推行全面质量管理的通知》。1982 年，水电十三局下发了《关于在我局进一步推行全面质量管理工作的意见》。

2004 年 3 月，水电十三局对 2000 年制定的《水电十三局质量考核及奖罚办法》进行了修订、完善。2005 年 4 月，制定了《水电十三局优质工程奖励办法》。2006 年 5 月，水电十三局对《水电十三局优质工程奖励办法》进行了修订，并发布实施了《水电十三局优质工程和优质产品奖励办法》。2006 年 5 月，制定了《水电十三局质量奖励经费管理办法》。

第三节 全面质量管理

马颊河疏浚工程局建局初期，质量管理的重点是对工程施工质量进行现场控制，对完工河段进行质量检查，逐段竣工验收，并对整个工程的质量情况进行汇总上报。工程局工程技术处质量检查组的任务是贯彻上级有关质量管理文件，建立健全质量管理规章制度。对工程质量进行不定期抽查，组织工程阶段性验收及竣工验收，并负有质量监督责任。

1981 年，水电十三局下发了《关于在我局推行全面质量管理的通知》，工程局在质量管理上开始了一个新的阶段。1982 年，水电十三局下发了《关于在我局进一步推行全面质量管理工作的意见》，较全面地阐述了推行全面质量管理的主要工作内容及具体方法，为在全局推行全面质量管理打下了基础。

1983 年底到 1984 年初，局举办了第一期全面质量管理知识培训班，培训全面质量管理工作骨干 35 人。1985 年 8 月，局组织收看了全国第五期“全面质量管理”电视讲座，参加人数共 168 人。同年 2 月，德州地区召开了质量管理协会理事会成立大会，工程局副总工程师周一之被选为副理事长。1986 年，根据国家经委等四个单位的要求，组织局属各单位收看“全面质量管理基本知识”电视讲座。1989 年 11 月，水电十三局科技处组织举办了“全面质量管理基本知识”辅导员培训班，并参加了统考，取得了由山东省质协颁发的“全面质量管理基本知识”培训班结业证书。1990 年，全面组织局属各单位开展“全面质量管理基本知识”的学习培训，全年全局共举办各类质量管理学习班 18 期，参加学习人数达 1800 余人。经与德州市经委质量管理协会协商，工程局分期组织了 6 场考试，有 1452 人取得了“全面质量管理基本知识”学习结业证书。

1990 年以后，水电十三局各二级生产单位陆续调整和充实了全面质量管理领导小组，并把推行全面质量管理列入了企业升级的内容。各级领导质量意识增强，采取集中人力、物力“夯实基础”的办法，把质量与经济责任制挂勾，完善各种原始记录，开展标准化、计量达标活动等，从而使全面质量管理在全局广泛推广，并取得成效。

1992～1998 年，水电十三局在质量管理方面，基本沿用了已有的管理模式。在管理体制上，工程局设有全面质量管理委员会，下设质量管理办公室。办公室一般设在各个时期的职能部门，各二级单位设有相应部门或专、兼职人员。在管理方式上，以抓工程质量或产品质量为主，适时开展 QC 小组活动，基本上每年在全局范围内开展一次优秀施工质量奖、优秀质量管理班组、优秀质量管理工作者的评比活动。1999 年起，由于这些评比活动办法和方式已不太适应工程局经营管理工作的需要，工程局取消了上述评比活动。

1996 年 9 月，水电总公司召开系统成员单位会议，要求各工程局积极开展贯标工作。会后，水电十三局成立了贯标领导小组。1997 年 5 月，水电十三局开始进入学习、宣传、贯彻 1994 版的 ISO 9000“质量管理和质量保证”系列标准的实质性阶段。1999 年，水电十三局开始实施质量管理体系标准化管理。12 月 15 日，水电十三局获得了四川三峡质量保证中心颁发的 ISO 9002：1994 质量体系认证证书。随后，工程局先后制定发布了《水电十三局质量考核及奖罚办法》、《水电十三局施工项目质量管理实施细则》等文件。2001 年 8 月起，水电十三局开始了质量管理体系从 1994 版标准向 2000 版标准的转化工作，按 2000 版 ISO 9001 标准编写的质量手册、程序文件和作业指导书，于 2002 年 4 月 1 日正式发布实施。

群众性质量管理小组活动。水电十三局 1979 年提出开展 QC 小组活动的要求。

1981 年，水电十三局印发了国家经委、中国质协颁发的《质量管理小组注册登记暂行办法》。

1982 年，水电十三局机械厂在制作挖泥船水上浮筒时，针对人孔座圈机加工存在的平面超差等问题，成立了现场 QC 小组。小组成立后积极开展活动，解决了加工中存在的问题，提高了工作效率，同时还培养了 QC 小组活动的骨干。1983 年，机械厂人孔座圈机加工 QC 小组被水电总公司评为二级优秀 QC 小组。此后各二级单位纷纷成立各种不同形式和内容的 QC 小组。如橡胶厂在制作混凝土泵车胶管时，出现了封头起皮现象，经 QC 小组运用 PDCA 循环反复试验，终于解决了这一难题。但是由于当时缺少一套可行的管理制度等原因，QC 小组活动曾一度处于停顿状态。

1988 年，水电十三局开始抓管理上等级，QC 小组活动重新提到了议事日程，各单位都纷纷成立了各种类型的 QC 小组。

1991 年 3 月 20 日，水电十三局召开了首届 QC 小组成果发布会，有 10 个小组在发布会上发布成果，其中两个小组被推荐到水电总公司发布成果。至 1991 年底，全局已有 49 个 QC 小组在局注册登记。1990 年，水电十三局机械厂电镀 QC 小组和岳城水库筑坝 QC 小组在水电总公司首届成果发布会上获得优秀 QC 小组称号；1991 年，水电十三局四分局滤芯端盖 QC 小组获水电总公司优秀 QC 小组奖。

1991 年 3 月，水电十三局为使群众性 QC 小组活动深入开展，下发了《质量管理小组活动管理细则》，10 月又召开了 QC 小组座谈会，从而为各单位进一步开展 QC 小组活动明确了方向。

“质量月”和创优评优活动。1979 年开始，水电十三局在全国“质量月”活动的推动下，组织了第一次“质量月”活动，此后每年组织一次。

2002 年以后，水电十三局确定每年 9 月份开展“质量月”活动。“质量月”活动，以宣传贯彻“质量第一”的方针为主，以推动提高全员质量意识为宗旨。“质量月”期间，水电十三局由质量管理部门牵头，开展知识竞赛、劳动竞赛等多种形式的活动，并组织相关部门深入项目对开展活动进行指导，并检查质量管理工作。“质量月”活动的开展，促进了全员质量意识的提高，促进了基层各级人员参与质量的工作热情，促进了交流与沟通，提高了员工的工作技能与综合素质，提高了客户满意度，保证了产品质量。

开展创优质工程活动。1982年，水电十三局转发了水利部《关于进一步推行全面质量管理和在水利系统内开展质量评选活动的通知》，要求各施工单位严把质量关，争创优质工程，结合开展“质量月”活动，对各施工工程进行质量检查，并对上报的创优工程进行评选，当年全局评出局级优质工程2个，优秀QC小组2个，优秀班组18个，优秀个人61名。

1983年9月，水电十三局直属八队负责施工的上海蕴藻浜闸首开挖工程，荣获水电总公司二级优质工程奖。此后，工程局每年评选一次优质工程，并将比较突出的工程推荐参加部和总公司的评选。1982～1990年，全局共评定优质工程30个，其中获局级优质工程26个，上海蕴藻浜闸首开挖工程、湖南沅江防洪保安工程、漳泽电厂贮灰场灰坝工程、烟台开发区地基吹填等四项工程荣获部、总公司级优质工程。

2002～2006年，水电十三局质量管理主要成果如下：

(1) 2002年4月，南宁市南宁至吴圩机场高速路工程被中国市政工程协会评为2001年度“全国市政金杯示范工程”；2002年11月6日，济南市引黄供水玉清湖水库排涝、排渗工程，被山东省水利水电工程质量监督中心站、济南市引黄供水工程建设指挥部办公室评定为省级优良工程；2002年11月6日，济南市引黄供水玉清湖水库围坝工程，经山东省水利水电工程质量监督中心站、济南市引黄供水工程建设指挥部办公室验收，被评定为省级优良工程。

(2) 2003年8月，临淮岗洪水控制工程49孔浅孔闸闸门制造工程被中国工程建设焊接协会评选为全国优秀焊接工程；2003年9月，引额济克大Ⅱ型工程所承建的钢筋混凝土渡槽（风克干渠4号渡槽）被新疆克拉玛依市石油管理局引水工程农业开发指挥部评为优良工程；2003年12月1日，博山华能白杨河电厂贮灰场截渗墙工程，经竣工考核，被华能白杨河电厂工程建设指挥部评定为优良工程。

(3) 2004年8月，淮北市东外环闸河桥工程经淮北市评审委员会评审，被淮北市建设委员会授予淮北市2003年度“相王杯”工程。

(4) 2005年1月，江苏吕四电厂淡水库、灰渣场栅栏板制作与安装工程和灰渣场内护坡干砌石工程，经江苏大唐国际吕四发电有限责任公司创精品领导小组审查通过，被评为精品工程；苏州港太仓港区四期（万方）围滩吹填造地工程，经南通市港口工程质量监督站验收，被评定为优良工程；2005年10月，济南市经一路综合改造工程被山东省市政工程协会评为2005年度“山东省市政金杯示范工程”，临淮岗洪水控制工程新建12孔深孔闸工程获2005年度安徽省水利水电优质工程奖；2005年12月，新疆引额济乌一步一期沙漠渠道衬砌工程第Ⅳ标，经新疆维吾尔自治区水利水电工程质量监督中心站、新疆额尔齐斯河流域开发工程建设管理局验收，被评定为自治区级优良工程；山东荣成石岛凤凰湖吹填造地工程，经山东斥山水产集团有限公司验收，评定为优良工程；济南市经一路综合改造工程被中国市政工程协会评为“全国市政金杯示范工程”。

(5) 2006年1月，临淮岗洪水控制工程新建12孔深孔闸工程，荣获2005年度安徽省建设工程“黄山杯”奖（省优质工程）；2006 年 2 月，云南嵩明至待补高速公路工程（第 2 合同段）荣获云南省 2005 年度优质工程二等奖；2006 年 12 月，石嘴山市大武口星光大道 B 段Ⅰ标段，被宁夏回族自治区建设厅授予 2006 年度宁夏回族自治区“西夏杯”优质工程。

第四节　质量认证体系

1997 年下半年，水电十三局正式启动 ISO 9000 标准的贯标认证工作，主要经历了两个阶段。

第一阶段：对 1994 版 ISO 9000 标准的贯标认证阶段。

（1）学习、宣传标准，培训骨干人员。水电十三局成立贯标领导小组，工程局局长担任组长，一名副局长任副组长主抓这项工作。为了使广大职工了解 ISO 9000 标准，工程局通过电视台、《开拓者》报、贯标通信、讲座等形式宣传标准的基本知识和贯标的目的、意义。工程局还通过山东省有关质量认证培训机构，培训了 50 多名合格的质量体系内审员，其中有 10 人取得了由山东省质量技术监督局核发的注册质量体系内审员证书。

（2）建立并试运行质量体系。水电十三局经过认真讨论、研究，制定了质量方针和质量目标，组织编写了质量手册和程序文件。1998 年 2 月 18 日，质量体系开始试运行。经过一年的试运行后，对存在的问题进行了整改和修订，第三层次文件也随着质量体系的建立逐步完善。

（3）正式运行质量体系，进行内审和管理评审。1999 年 4 月 1 日，修改后的质量手册和程序文件正式发布实施，全局上下开始正式运行以 ISO 9002 标准建立起来的质量体系。1999 年 7 月、8 月，连续进行了两次内部质量体系审核，根据内审报告和现实问题，9 月召开了管理评审会议，对存在的问题进行了评审和纠正。10 月 14～18 日，三峡质量保证中心对水电十三局进行了现场审核，对存在的问题开出了 16 张不合格报告和 25 项观察项记录。经过两个月的认真整改后，水电十三局于 1999 年 12 月 15 日获得了质量体系认证证书。

（4）建立考核机制，不断改进质量体系。水电十三局获得质量体系认证证书后，为了从机制上保证质量体系的不断改进，工程局除了每年按标准要求进行内审和管理评审外，于 2000 年 3 月颁发实施了《水电十三局质量考核及奖罚办法》。至 2002 年 1 月，工程局进行了两次质量考核。

第二阶段：对 2000 版 ISO 9000 标准的贯标认证阶段。

2000 版 ISO 9000 系列标准是 2000 年 12 月 15 日由国际标准化组织发布的，中国等同采用，于 2000 年 12 月 28 日发布，自 2001 年 6 月 1 日起实施，1994 版 ISO 9000 标准于 2003 年 12 月 14 日作废，中间留有 3 年的新旧标准转换过渡期。水电十三局于 1999 年 12 月取得的 1994 版 ISO 9002 标准质量体系认证证书，到 2002 年 12 月作废，所以必须在 2002 年底前完成 2000 版 ISO 9000 标准的换版认证工作。为此局专门制定了《水电十三局 2000 版 ISO 9000 标准转换实施方案》，主要抓了以下几方面的工作：

（1）组织对新标准的学习和培训。水电十三局编印了《2000 版 ISO 9000 族标准理解与转换培训讲义》和《2000 版 ISO 9000 族标准学习材料》，要求领导层熟悉，管理层和贯标骨干掌握，作业层了解。在工程局《开拓者》报上开辟了“2000 版 ISO 9000 族标准学习专栏”；采用集中学习的方式，对已取证的内审员进行了转换培训。

（2）编写新版质量管理体系文件。水电十三局质量管理体系文件共分三个层次，即质量手册、程序文件和作业指导书。共组织百余人次进行了编写和修改，于 2002 年 4 月 1 日正式发布实施。

（3）按新标准建立质量管理体系。从 2002 年 6 月 20 日起，开始对水电十三局质量管理体系进行内部审核工作。

2003 年 4 月，水电十三局依据 GB/19001—2000《质量管理体系要求》标准建立了质量管理体系文件，并于 5 月份正式发布实施了第二版《质量手册》和程序文件（SS/QM—《2003》—B），同年 9 月通过四川三峡质量认证中心换版认证的第三方审核。

2005 年 4 月，水电十三局依据 GB/T 19001—2000《质量管理体系要求》、GB/T 24001—1996《环境管理体系规范及使用指南》和 GB/T 28001—2001《职业健康安全管理体系规范》标准要求，结合工程局质量、环境和职业健康安全管理的实际情况，制定了《质量、环境和职业健康安全管理手册》和程序文件并发布实施，完成了质量、环境和职业健康安全三项管理体系的一体化运行。

2002～2006 年，水电十三局严格按照标准条款运行质量管理体系，每年制定内审计划并按照“严格要求，细致审核，实事求是”的内审原则实施内审，为四川三峡认证有限公司实施第三方审核的顺利通过提供了保证。

水电十三局自按照标准实施质量管理以来，在历年的监督审核中均被第三方出具了“推荐保持认证资格”的书面结论。

第五节 环境保护管理

水电十三局作为建筑施工企业，始终贯彻《中华人民共和国建筑法》、《中华人民共和国环境保护法》，认真履行企业责任和义务，保护施工作业区域内的环境。

水电十三局实施的工程项目，在编制施工组织设计或施工方案的同时，都要编制文明施工章节，严控污染物排放，节能减排，制定工地文明施工专项措施，取得了明显成效。如在 1995 年深圳河治理一期工程施工中，投入 100 多万元，在土石方开挖、运输、弃置过程中，采取了洒水、控制大气粉尘含量，限制车辆过桥速度，控制噪音污染，外露坝面覆盖土工布，防止植被破坏等一系列环保措施，保护了环境。

1996 年 1 月 29 日上午，全国人大常务委员会常委、资源环境委员会副主任、原水利部部长杨振怀在深圳河治理办公室主任林万泉、瑞沃公司副总经理奚汉祥的陪同下，视察了深圳河治理一期工程。在双孖鲤鱼山上，杨振怀看到被开挖不久的一面山坡上已长满绿茵茵青草时，称赞这种边施工、边植草的管理方式国内罕见。杨振怀非常赞同地说：“这项投资值得，这也是过去水利工程想解决而一直未能解决好的问题”，称深圳河为全国的水利工程立了一个样板工程。环保局局长解振华参观了深圳河治理一期工程工地后称：深圳河治理工地，环保工作做得好，这是他在国内第一次见到管理得这么好的工地。

1998年，水电十三局在北京“六海”清淤工程中，在排泥管线架设时，利用市内长河，在河上架设管道，不扰民，不妨碍交通。中间有一段需要穿过北二环积水潭立交桥、西直门立交桥、西直门火车站等繁华路段，这样架设管线会在施工中造成环境污染。项目部精心制定施工方案，巧妙地在地下暗涵中成功架设输泥管道，绕过了地面繁华地段，保证了生产正常进行，数十万米^{3}的污泥通过市区，却没对环境造成任何污染。

2005年，水电十三局在实行环境管理体系标准时，制定了“严控污物排放，环保节能降耗，追求社会满意；遵守法律法规，严谨守约诚信，追求持续改进”的环境保护方针，并发布实施了《环境因素识别评价和控制程序》、《工作环境管理程序》、《环境保护控制程序》、《环境绩效监视和测量管理程序》、《事故报告和处理控制程序》、《应急准备和响应控制程序》，并较好地履行了社会承诺。

第十一章　设备物资管理

第一节　机　构

1963年7月，马颊河疏浚工程局组建了机械处，负责施工设备的管理，同时组建了物资供应处，负责物资采购及供应。

1965年5月，卫河、马颊河疏浚工程局合并后，组织机构进行调整，设立了机电处。

1967年7月，马颊河疏浚工程局革命委员会决定，撤销机电处、物资供应处等机构，成立了革命委员会生产部，下设机电管理组；还成立了革命委员会后勤部，下设供应管理组。

1972年12月，撤销了革委会生产指挥部，行政机构重新设定，由物资供应处和机电处分别负责生产物资和机械设备的管理工作。

1982年10月，根据水电建设总公司的批复，设备和物资的管理职能部门为机电处和物资供应处。

1985年12月，局决定将机电处与物资供应处合并，名为机电物资处。

1988年6月，局机关进行机构改革，决定将机电物资处主管物资供应的部门从局机关划出，成立物资供应公司，机电物资处更名为机电处。

1993年6月，机电处更名为安全设备处。

1995年，水电十三局将物资供应公司更名为物资处，作为工程局实行“一个机构、两种职能”的部门，实施对外经营和对内管理双重职能。

1996年7月，安全设备处除负责设备及安全的管理以外还兼有安全监察的职能，属于两块牌子、一套机构。2003年3月，局决定将安全设备处更名为设备物资部，局安全管理职能归入质量安全部，设备物资部负责全局设备和物资的管理。

2003年6月，水电十三局决定将物资处更名为物资公司，局物资管理职能归入设备物资部负责，统一对全局物资进行综合管理。

第二节 建 章 立 制

1963年10月，马颊河疏浚工程局成立初期，制定了《施工机械管理暂行办法（草案)》。该制度对设备管理所涉及的验收、保管、领用与退库、调度与租借、计划与定额、操作与运行、维护与检修、技术资料、记录与报表、事故处理与报废、奖惩制度等做了详细的规定。

1964年，马颊河疏浚工程局机械处对设备维护保养及保管状况进行了调查，对所有设备都建立了“机械设备技术情况鉴定”卡片，大型设备建立了“机械履历书”，制定了一些规程、规范及管理制度。9月份颁发了《施工机械配件供应管理暂行办法》。直至80年代后期，水电十三局出台了多项管理制度和规定，主要有：①固定资产管理。设备资产验收入账，同时建立技术档案和履历书；设备的报废按规定办理，内部调动人随机走；设备的折旧和大修基金的管理。②设备使用管理。采用“定人、定机、定岗”责任制，坚持开展红旗设备竞赛及定期开展设备大检查活动，对事故处理严格按照“三不放过”的原则来进行。③设备的保养与维修。根据设备技术状况和磨损规律，规定了一、二、三级保养和大、中修间隔期，作业项目和质量要求；制定各类设备的技术保养规程、检修规范。④配件供应与管理。配件管理建立了从入库验收、建账立卡、定期盘点、领发考核、财务处理等各环节的全套制度。⑤机械设备的指标、定额、统计和核算。设备考核指标主要有完好率、利用率、机械效率、装备生产率、红旗设备率；定额按水电总局编制的内容执行；统计报表除完成国家规定上报的以外，自身还增加了一些项目；逐步推行单机核算。

1988年，为适应承包经营的需要，对原有的《机械设备管理实施细则》进行了修订和补充。文件对局配置各单位的设备和各单位留用资金购置的设备，在采购、调拨、报废、外售等环节做出了明确规定；对大修理基金交局和留用的单位进行设备大修的审核报批等流程，也做了详细规定。同时还颁发了《工程船舶自修劳务费提成暂行规定》，目的在于加强工程船舶的技术和经济管理。

1991年2月，水电十三局制定了《水电十三局施工机械设备管理实施细则》，提出了设备管理的主要任务，确定了设备管理应遵循依靠技术进步、促进生产发展和预防为主的方针，并将设备管理的主要经济技术指标列入局领导和分局领导的任期责任目标。

1993年，水电十三局进行机构精简，机械设备管理工作实行“抓大放小，集中管理”，即主要机械设备由各项目自行管理，设备大修理基金下放。4月份，工程局制定了《加强机械设备购置、使用、修理管理的若干规定》、《加强机动车辆报停、报废管理的若干规定》、《加强机械设备事故处理管理的若干规定》。在设备采购审批权限、机动车报废处理、机械事故的等级划分及事故报告处理程序等方面进行了规定。

至20世纪90年代末，由于各项目实行单独核算和经济效益责任制考核，一些项目出现了“拼设备、吃修理费”的现象。针对此类现象，工程局制定了相应的对策。如2002年起局对主要设备采取准用证制度，每年对设备进行检查，不合格的停止使用，整改合格后发放准用证。

2003年7月，局制定了《机械设备、物资管理若干规定》，其内容包括《设备、物资管理机构的设置与职责》、《设备购置规定》、《红旗设备竞赛评比办法》、《主要施工设备实行“准用证”制度的规定》、《机械设备退库与处理的规定》、《机械设备事故处理办法》、《浮筒管线管理办法》、《关于报送设备、物资报表的规定》。文件整合了当时所有设备、物资管理方面的规定和要求。

2004年上半年，局制定了《设备招标采购暂行办法》，大中型及批量设备的采购严格按照国家法律及招标程序实施，大大提高了设备采购工作的规范化和科学化，也完善了采购过程监督机制。还制定了《进退场设备管理规定》，明确了设备进场与退场时相关单位的责任，杜绝“拼设备、吃设备”，“重使用、轻修理”的不良现象。

在物资管理制度方面，1964年，马颊河疏浚工程局建立了物资验收、领退、保管、盘点、记账核算等5项基本制度，主要是将仓库管理制度化。

1981年8月，制定了《水利部第四工程局物资管理制度（试行）》。

1998年，制定了《物资采购管理程序》、《物资进货检验、实验程序》、《顾客提供产品程序》，并于次年8月颁发了《物资采购管理规定》。

2001年，水电十三局根据2000版ISO 9000标准转换实施方案，重新修订了《物资采购管理程序》和《顾客财产控制程序》，物资管理工作得到了加强。

2003、2004年，水电十三局相继颁发了《物资采购员管理规定》、《物资管理规定》和《材料员管理规定》。

第三节　设　备　管　理

水电十三局建局初期，为适应机械化疏浚的需要，施工设备主要选用4米^{3}和1米^{3}索铲、80米^3/时和350米^3/时绞吸式挖泥船，并配以国产辅助运输和维修设备，其价值在3000万元左右，生产能力疏浚土方2000万米^3/年。

20世纪70年代初，葛洲坝工程上马，从马颊河疏浚工程局调走半数以上的人员和设备。70年代后期，为装备疏浚力量，从荷兰进口了两艘1720米^3/时的4600型绞吸式挖泥船，购置了7艘国产200米^3/时挖泥船，同时从日本进口了相应的拖轮、锚艇。

1982年7月，电力部机械施工局、水利部机械施工局、水利部四局合并，增加了大量的进口陆上土方机械和起重运输设备，价值增至2亿多元。

90年代初，水电十三局许多设备相继报废。之后的10年间，工程局逐步明确了“既要重视施工管理和技术，也要重视机械设备实力”的发展方向，自筹资金新增施工设备2500余套，资产原值增加2.58亿元，尤其是疏浚主业设备增势明显，挖泥船队伍不断扩大。自2003年以来，水电十三局开始加速发展，除了疏浚业务以外，陆上施工力量大大加强，一批大型施工设备为工程局参与市场竞争提供了有力的支持，如美国高马科的滑模摊机、液压抓斗等。

设备管理体制也从最初的分级、分散式管理，逐步演变成统一领导、集中采购、分工负责管理制。水电十三局在1993年和2003年经历了两次清产核资，对设备类固定资产进行了彻底清查，摸清了家底，也清理了几批多年闲置、淘汰且无使用价值的设备。

截至2006年12月31日，水电十三局设备资产原值增至9.24亿元，净值5.37亿元，其中大中型生产设备共764台（套）。主要机械设备完好率为89.46%、利用率为56.02%，国内外从业人员技术装备率为13.68万元/人，动力装备率为61.09千瓦/人。2006年，新购设备751台（套），原值4851万元。

第四节　物　资　管　理

20世纪60年代建局初期，马颊河疏浚工程局物资供应体制实行“条条”管理，一级供应。工程局设物资供应处，各二级单位设物资供应站，作为物资供应处的派出机构，负责该施工点的材料、油料、配件供应工作。

建局初期到70年代末，物资订货采购，实行统一计划，分工负责。70年代以后，水电十三局物资管理体制改为按行政体制的“块块”管理，即各二级单位设物资供应科，负责本单位的物资供应工作，业务上受工程局物资供应处领导，采取两级供应、两级核算、逐级管理的体制。

80年代以来，物资处主要负责物资及进口配件的订货采购，其他物资由各分局和直属队根据需要就地采购。1981年8月，根据《水利部第四工程局物资管理制度（试行）》，实行物资计划管理，分类编制国家统配、部管、地方管等物资采购计划及多余物资处理计划。物资的采购必须做到比物比价，经济合理；采购用款一般不采用现金结算。

1986年，水电十三局为了改变物资供应权力过于集中，上下分工不明确，层次和环节多，互相扯皮推诿的现象，决定对物资管理体制进行改革。工程局制定了《物资管理目录》，文件规定：部统管物资由工程局物资处统一管理，其他物资一律下放二级单位自行管理。

90年代初期，水电十三局开始实施项目法施工，生产物资的采购、供应均由项目部直接实施，各主管部门的管理方式出现了不同的分化，有的实行宏观控制，有的实行管理与经营并存，有的仍实行集中采购管理。

自建局至90年代初期，国家每年组织两次部统管物资订购，工程局根据物资需要、来源、供应方式上报计划，每年向部物资局申报三次。二、三类物资供应计划1986年以前由工程局编报，1986年以后工程局放权由二级单位自行负责办理。对二级单位所需材料，除局下达的基建计划，由物资公司供应调拨外，对外承包工程所需材料基本上自行解决，有些由工程局给予协助。

根据管理制度，仓库管理人员分工明确，各个环节的配合更加明朗化，使物资管理基本上达到了“四相符”（账、卡、物、表），“三勤”（勤检查、勤核对、勤保养），“二不”（质量不变、数量不缺）的要求，且基本上保证了仓库安全。

工程局驻沪办事处、驻京办事处、驻济办事处，根据局和各单位的需要，负责部分统配部管物资及二、三类国产配件的催货、订货、采购。

1993年3月，水电十三局经过清产核资，摸清了家底，制定了《物资管理考核标准》。主要内容包括物资管理考评办法及程序、物资管理指标考核两部分。随着国家指令性计划向市场调节转变，在之后的几年中，为了充分发挥局各级物资系统的整体优势，工程局制定了《加强物资管理工作的有关规定》，恢复和重建了物资管理系统，确保施工生产物资的供应。

1998年，制定了《物资采购程序》等相关制度，对物资采购工作进行监控，使物资管理工作得到加强。

2006年8月，由于水电十三局国外市场的不断扩大，尤其是需要在国内采购大批原材料。水电十三局制定了《国外项目物资国内采购办法》，对国外项目物资国内采购从职责、计划、供应商调查、采购实施、运输、合同管理、接受监督等各个环节做了详细的规定，规范了国外项目采购秩序，充分发挥整体采购优势，节约了成本。

物资仓储管理。水电十三局德州基地物资仓库和材料设备堆放场，于1963年兴建，占地面积约7.13万米^2。1963年，兴建3座大仓库，共计1779米^2，油库268米^2。以后逐年修建、改建完善仓库设施。建钢铁棚1148米^2，水泥库297米^2、化工库155米^2，地磅房80米^2，以及木材库、废旧物资库等，仓库总面积为11 840米^2。1984年，在德州市郊区三十里铺建油库，占地33亩。全局储油设备有50台，储油量为1200吨。2002年，水电十三局盘活土地资源，拆除了物资仓库和材料设备堆放场，将其土地进行了置换。

清仓利库。水电十三局分别在1978、1988、1990年进行过三次比较大的清仓利库工作，是按照上级规定组织专门的领导和工作班子进行的。通过清查，摸清了家底，查清了超储积压物资，经外调和处理报废，降低了库存。1990年库存额比1989年降低了116万元。到1991年底，全局物资系统占用储备资金1534万元，其中配件794.19万元，占总额的51.77%。物资公司占用储备资金676.94万元，占储备总额的44.13%，比库存最高峰期降低了45%。

加强物资管理专业队伍建设，努力提高职工业务素质。1998年底，物资人员实行持证上岗制度，每两年对其进行一次注册。1999年10月，举办了短期物资人员培训班。1999年底，建立了全局物资人员动态管理档案，定期考核其工作业绩。2000年，选派6名业务骨干参加国电公司物资局举办的物资管理培训班并通过审核。

第五节　施工项目物资管理

20世纪60年代，水电十三局对施工现场物资管理的要求是，各生产单位和职工做到工完、料净、场地清。至80年代，把施工现场的物资管理、节约原材料纳入经济责任制，实行有奖有罚制度。物资部门材料管理人员定期前往现场进行检查监督，组织现场清理物资回收，努力杜绝原材料和油料的浪费，提高周转材料的利用率。

水电十三局经常组织物资系统和广大职工，开展修旧利废活动；清仓利库处理积压物资；加强现场物资管理，推广以钢代木，节约三材；严格计划管理、比质比价、就近采购等，为节约物资、节约资金作出了贡献。特别是90年代初期，推行经营承包经济责任制以来，实行了油料、配件、材料节约奖，奖金与利润挂钩，更进一步调动了广大职工增产节约的积极性。

1998 年始，水电十三局程序文件的建立，对项目现场物资管理工作起到了很好的指导和监督作用。根据局《物资采购管理规定》和程序文件要求，各单位和项目均设立了物资管理机构和专职物资管理人员。由施工项目根据工程技术部门提供的工程预算编制物资采购计划，由物资部门统一采购；建立和完善合同管理制度，提高订货质量；物资进货后由物资人员会同有关部门进行质量和数量的验证，并做好检验试验记录；施工现场所有材料严格按照施工平面的布置堆放；仓库建立相应的管理制度；实行项目成本目标控制，各类生产物资的消耗不得突破预期成本目标；对废旧物资及时进行回收处理，开展修旧利废和物资代用，工完、料净、场地清；采用电脑进行物资管理，逐步形成统计报表网络报送。

第六节 招 标 采 购

水电十三局设备采购一直以来主要采用对多家供应商调查、询价、比价的形式。1999 年 4 月，水电十三局成立设备物资采购委员会，对新开工项目的设备采购进行严格管控，对批量的大中型设备的采购供应商选择进行审批。虽然比价采购也属于招标采购的一种方式，但真正实行严格意义上的招标采购是在 2004 年。水电十三局根据水电集团公司的要求以及《中华人民共和国招投标法》、《中华人民共和国采购法》规定，结合工程局实际情况，制定了《水电十三局设备招标采购暂行办法》，单机价格在 30 万元以上或同批次采购金额超过 50 万元的设备采购，必须以招标的形式进行。由设备物资部、纪委监察部和企划经管部对设备招标采购活动进行实施、监督和指导。

第十二章 财 务 管 理

第一节 机 构

1962 年底，以闽江工程局首批转移来的财会人员为骨干，围绕着基地建设开展财务工作。

1963 年，马颊河疏浚工程局成立财务处。随着工程施工逐步展开，工程局采取二级管理核算制度，在各工程处及汽车队等十多个单位建立了财务股（组)。1965 年，卫河疏浚工程局与马颊河疏浚工程局合并，成立新的财务处。同年年底，“四清运动”后，工程局改为七个直属工程队的建制，财会体系也相应作了调整，形成以队（厂）为内部独立核算单位的核算体系。在沿河一线即原二处、三处的所在地设核算点作为派出机构，负责收集汇总各队的核算资料，组织全局的会计核算。

1971 年 9 月，局机关设三部一室，后勤部下设财务组。1972 年 1 月，撤销局革委会后勤部，财务组归生产指挥部。1973年10月，水电十三局撤销生产指挥部，重新成立财务处。1979年12月，水电十三局更名为水利部第四工程局，下设财务处。

1982年7月，水利部机械施工局、电力部机械施工局与水电部十三局合并，队伍扩大，人员增加，重新成立财务处，建立了三级（局、分局、施工队）核算体系。

1993年6月，水电十三局机关机构改革，决定成立财务审计处。1995年，水电十三局将财务审计处分离，成立财务处、审计处。1997年2月，水电十三局成立内部银行，挂靠财务处。

2001年5月，水电十三局内部银行更名为资金结算中心，成为局独立的正处级单位。2003年3月，水电十三局进行机构改革，撤销财务处，成立财务管理部。

第二节 资产管理

一、固定资产

1962年，马颊河疏浚工程局建局之初，从闽江工程局转移来的设备和物资不多，年底实有固定资产原值为504万元，净值为418万元。

1963～1964年，马颊河疏浚工程局的大部分疏浚机械是由国家投资购置或无偿调拨的。1964年底，固定资产原值增到2275万元。

1965年11月，马颊河疏浚工程局印发《关于作好年终财产盘点工作的通知》，按照通知的要求，工程局在1965年12月31日24时，对所有在用和库存材料、设备、生活物资进行了全部盘点。通过年终盘点，总结了试行二级管理一级核算的经验，并为1966年全面推行二级管理一级核算打好基础。

1972年10月，水电十三局印发了《关于加强财务管理和经济核算工作的意见（试行）》的通知，要求加强对固定资产的核算，各领用单位必须负起维护、保管和核算的责任：一是按照“分级负责”的原则，设备的领用、调拨必须办理调拨转移手续，未办手续不得转移挪用。为防止内部单位之间调拨转账发生脱节或遗漏，各单位建立固定资产账卡，并按规定对涉及会计科目的做账务处理；二是规范了固定资产的折旧计提，印发了折旧率表，明确了折旧上缴的时限。

1978～1979年，水电十三局印发了《清产核资实施意见》。针对各单位反映的一些疑难问题，又补发了《清产核资若干补充意见》。到1979年末，全局固定资产账面原值为1.19亿元。

1980年以后，国家不再无偿调拨设备，同时固定资产折旧基金逐步下放，由企业自留，作为更新改造资金，并按建安工作量的3%提取技术装备费（后并入计划利润）。截止到1991年底，固定资产原值达2.33亿元，净值1.62亿元，与建局时相比，增加了40多倍。

1992年7月，为解决当时国营企业固定资产单位价值标准偏低的问题，能源部依据财政部规定，决定将水电施工企业固定资产单位价值标准由500元提高到1500元，并相应调整会计账务和固定资产目录。为此，水电十三局印发了《关于提高我局固定资产价值标准及明确有关账务处理的通知》。随后，又印发了《关于重新确定我局固定资产单位价值标准的紧急通知》，根据水电总公司中水电财〔1992〕32号文件规定，将各单位固定资产单位价值标准重新确定为2000元，有关划转工作中的账务处理仍按《关于提高水电十三局固定资产价值标准及明确有关账务处理的通知》执行。

1995年，水电十三局印发《关于加强财务工作若干问题的补充规定》，明确：一是切实抓好盘活存量资产的工作，开展清仓查库、修旧利废等工作，把闲置的长期不用的设备、房地产及材料物资通过变卖、租赁或联合开发等多种方式充分利用起来；二是切实加强材料、配件、燃料等流动资产的管理，对于大宗材料的采购，要有物资、财务、审计等部门参加，共同商定、签订合同，防止跑、冒、滴、漏和不正之风。财务和物资部门要坚持每月对账，做到账账相符；三是做好1995年清产核资工作，尤其是土地估价工作；四是国有资产管理基础工作，建立国有资产保值增值制度。首先，要认真做好国有资产产权登记，二级单位每年要对固定资产进行盘点，做到账账、账实相符。

同年，水电十三局印发《修订补充有关会计核算办法的具体规定》，对提缴固定资产折旧和购置固定资产账务处理、清产核资中“待报废物资”账务处理进行了详细的规定，明确了已报废但尚未退库销账的固定资产的管理和核算，要求将其作为单独一类固定资产管理，不再计提折旧。

1997年末，水电十三局固定资产原值达到了2.68亿元；1998年末，固定资产原值较上年增长了17.63%，超过3亿元；1999年末，固定资产原值为3.30亿元，较上年增长了4.75%；2000～2003年，固定资产原值增长率均保持在10%以上，截至2003年末，固定资产原值达到5.28亿元。

2003年5月，水电十三局在《水电十三局国际工程财务管理与会计核算办法》中明确，国际工程固定资产的确认条件为使用年限在1年以上，并且单位价值在1000美元以上。进一步明确了固定资产的分类、折旧年限，规定采用平均年限法对固定资产计提折旧。另外，要求经理部、项目部根据生产经营需要提出固定资产的购建、处置申请或建议，报工程局批准。移送局内单位的固定资产，应进行价值评估，交接双方以评估价值结算。同时，经理部、项目部应定期和不定期对固定资产进行清查盘点，年终必须进行一次全面的清理。对账、卡、物不符的盘亏、盘盈、毁损固定资产，应核实情况，查明原因，报工程局批准后处理。

2004年5月，水电十三局印发了《关于变更固定资产折旧年限和净残值率的通知》，变更国内单位、项目固定资产折旧年限和净残值率，国外项目折旧政策仍执行《水电十三局国际工程财务管理与会计核算办法》的规定。固定资产折旧年限和净残值率分类表见表9-12-1。

表9-12-1　固定资产折旧年限和净残值率分类表

固定资产类别	折旧年限（年）	净残值率（%）	年折旧率（%）
房屋、建筑物	20	3	4.85
施工机械	10	3	9.70
运输设备	5	3	19.40

续表

固定资产类别		折旧年限（年）	净残值率（%）	年折旧率（%）
生产设备	主要设备	10	3	9.70
	空调、空压机、焊接及切割设备	5	3	19.40
仪器及实验设备		5	3	19.40
其他固定资产		5	3	19.40

2005年8月，印发了《关于印发〈水电十三局账销案存资产管理办法〉的通知》，明确了此项管理工作的工作机构及职责，规范了账销案存资产的管理办法和销案依据。

2006年9月，水电十三局对《水电十三局账销案存资产管理办法》做了补充规定，要求各责任单位组织力量对每项账销案存资产进行认真清查，根据每项资产的特点结合规定的销案依据进行科学分析，确定销案方案，并按照规定的程序对销案方案认真组织实施。为增加账销案存债权性资产的资金回收率、提高责任单位回收资金的积极性，对于收回的款项50%以货币资金缴局、50%转账缴局，年终考核上缴资金时不计入欠缴局资金。同时责任单位按规定对清收债权有功人员进行奖励，奖励数额计入单位工资总额，奖励标准执行《转发财政部关于建立健全企业应收款项管理制度的通知》的相关规定。

2006年9月，水电十三局印发了《关于改善局资产负债结构优化财务状况的具体意见》，针对当时资产负债率居高不下、货币资金集中度存量指标完成不理想等问题提出了10条具体意见：一是控制生产规模，减少设备购置和银行借款同步增加；二是强化财经法规制度研究，用足用活财会政策，依法进行负债转增资本、权益工作；三是加强业主工程价款结算工作；四是加速分包工程款结算工作；五是加大内部债权债务清欠力度；六是严格控制职工内部借款；七是控制存货库存量，加快报废设备变现和物资周转的速度；八是进一步落实局既定的债权清欠措施，加速货币资金回笼；九是合理确认管理型工程财务收入；十是开展增收节支工作。

截至2006年末，水电十三局的固定资产原值为10.42亿元，净值为6.35亿元。

二、专项资金

1962～1964年，企业提取固定资产折旧费全部上缴。对完成国家计划指标的单位，按一定比例提取企业奖励金，用于发放职工年度、月度奖金，安全奖等各种专项奖金。1966年起，“文化大革命”期间，职工奖励制度停止执行。

1972年，水电十三局印发了《关于加强财务管理和经济核算工作的意见（试行）》的通知，要求专用基金必须按照国家规定的用途使用，专户管理，专款专用。

折旧留成：只用于“三项费用”的支出，即用于技术组织措施费，劳动安全保护费，零星固定资产购置费。

大修理基金：由工程局统一管理，各单位固定资产大修，应按工程局《关于加强施工机械检修管理的若干规定》，报送大修计划，经批准后送修。大修完工后，使用单位凭验收合格证和结算费用向局转账核销。

职工福利基金：根据国家规定比例，按职工实有工资总额提取，以用于职工医疗卫生、职工家属医疗补贴、集体福利事业补助、职工困难救济、农副业生产补贴以及集体或个人的各种奖励等项支出。此项基金应按年、季安排使用计划，经群众经济监督组织代表讨论，领导批准后据以执行，季度终了后，将收支情况向职工群众公布。

改革开放以后，随着折旧基金和利润留成的增加，水电十三局专项资金有较大幅度增加，1982年上升到2716万元，1991年末达到4206万元。1985年前折旧是按使用台班提取的，实际基本折旧率一般在1.8%，大修折旧率在1.6%以下。1985年开始，工程局有意识地计提折旧，年基本折旧率曾达3.5%，大修折旧率曾达2.26%，1991年分别为4.12%和1.82%。

1993年，水电十三局根据财政部固定资产折旧制度的改革方案，固定资产折旧后不再实行折旧基金制度，取消提取大修理基金的办法，修理费用作为期间费用处理。固定资产管理制度的改革，有力地支持了工程局的技术改造。

1999～2003年，水电十三局综合折旧率保持在8%～10%，2004年综合折旧率达到了10.06%，该期间各年的综合折旧率均高于水电总公司下达的综合折旧率标准，从而增强了企业的后劲。

第三节 资 金 管 理

1997年之前，资金管理由财务处负责。1997年2月，水电十三局内部银行成立，行政上挂靠财务处。1998年6月，内部银行从局财务处独立出来，受局总会计师直接领导。2001年5月，水电十三局决定将内部银行更名为资金结算中心。

1963年，马颊河疏浚工程局结余的基建储备资金为183万元。

1968年前，国家未向工程局核拨流动基金，只是以历年基建结余资金抵充流动基金，滚动使用。三个局合并时，流动资金为1156万元，到1991年流动基金为1327.35万元(其中国拨1021.78万元，企业自有305.57万元)。

1991年末，水电十三局定额流动资金实际占用4147万元，年平均占用3649万元，占当年施工总产值的39.31%，为流动基金的2.75倍。

1997年之前，水电十三局基地各单位在各商业银行、信用社分别开设了70多个户头，存款余额一直保持在四五百万元左右，由于过度分散，影响了工程局资金的使用和周转。水电十三局为加强资金集中的统一管理，加速资金周转，贯彻宏观调控、微观搞活的原则，1997年2月，内部银行成立后，德州基地各单位均撤销了在商业银行开设的账户，全部在内部银行开设账户。内部银行的主要职能：一是办理银行转账业务，内部单位划款业务；二是利用沉淀资金向银行存入保证金的办法，办理小额保函；三是利用沉淀资金调剂二级单位资金余缺；四是按规定办理局内部单位之间的水、电、暖和各项基金的代扣业务。

1998年6月，独立后的内部银行增加了贷款的职能，一方面面向专业银行办理贷款，另一方面采取“以存定贷、平衡拆借”的原则向内部单位贷款。

2001年5月，内部银行改制为局资金结算中心后，制定了《水电十三局资金结算中心管理办法（试行）》（局资金发〔2001〕1号）。水电十三局对资金结算中心实行经济责任制管理；业务上模拟商业银行运作；经营手段上从以行政管理为主改为以经济调节为主；经济上实行内部独立核算，经费来源于资金存贷款利息差、金融手续费和其他业务服务收入。资金结算中心的职能：一是行使全局货币资金管理权，具体负责全局货币资金管理制度的制定、资金使用计划的编制、筹资方案的拟订和对工程局所属单位货币资金管理的监督、检查等；二是具体负责办理工程局所属单位的各类资金结算业务；三是具体负责办理工程局与银行有关的各项资信业务；四是代行工程局对外独立借款业务；五是履行对工程局所属单位贷款业务；六是办理代理记账业务。

资金结算中心经过半年的试运行，于2002年1月正式运行。在资金结算中心成立一年的运作中，进一步建章立制，先后制订了编报货币资金使用计划、办理银行资信业务、加强财务印鉴、票据管理、核定局属单位库存现金限额等一系列规章制度。

2003年，水电十三局结算中心新增了工程局所属单位财务印鉴统一管理的业务职能。全局的应收账款管理工作新纳入了资金结算中心并专人负责。资金结算中心对货币资金实行了分片集中管理，为德州基地单位在资金结算中心统一办理开户80家，基地单位覆盖面达到100%，对各单位的存款依照国家银行规定的存款利率支付利息。对基地以外的工程局所属单位及项目在商业银行开立的银行账户均纳入资金结算中心实行审批、监控、统一管理。按照“择优扶持，有偿使用，按期归还”的原则，为二级单位发放内部贷款11 559.42万元，依照国家银行规定的贷款利率收取利息。加强银企关系，拓展了建设银行、农业银行等商业银行的融资渠道，德州市建设银行、农业银行授信工程局“AAA”信用等级，授信额度1亿元人民币，贷款享受优惠利率。全年办理银行承兑533万元，银行贷款4900万元，各类银行保函、资信证明等205项，担保金额近0.9亿元，达到了有效调剂和使用资金的目的。坚持预算管理的原则，实行资金计划管理，对大额资金的使用必须审批后执行。

2004年，水电十三局按照水电集团公司的统一要求，利用商业银行重点客户系统，研究建立了覆盖所有工程项目的全局资金，集中统一管理计算机网络系统，实现了全局货币资金收支“两条线”管理，利用建设银行网上银行的账户归集功能，对各二级单位及项目部分次分批纳入工程局资金结算网络管理，制定了《水电十三局资金结算中心管理办法》、《财务印鉴票据管理办法》、《网上银行管理办法》等一系列规章制度，形成了比较规范的控制体系。

2004年4月，水电十三局实施了局属国外各工程项目经理部、项目部货币资金计划管理。定期编报反映单位资金、授信、融资、信贷、担保等内容的周报。全年共办理各类银行保函 、资信证明等290多项，担保金额2亿多元，办理银行承兑600万元；从商业银行借款8580万元。集团公司与建设总行签订协议，进行集团授信，给予工程局4.35亿元的授信额度，其中流动资金贷款1.15亿元，承兑汇票0.5亿元，贸易融资0.6亿元，保函1.5亿元，信贷证明0.6亿元。

2005年，水电十三局资金结算中心办理各类银行保函 、资信证明等240项，担保金额近2.2亿元，继建设银行、农业银行又新开辟了民生银行的融资渠道，取得了民生银行

1亿元人民币的授信额度。此外，进一步推动了工程局资金集约化管理，实行了扁平式资金集中模式下的超余额上存管理。建立了工程局内部现金流量管理网络，先后与建设银行、农业银行、民生银行签订了网上银行服务协议，利用银行网络结算工具，实现了部分账户实时收款、实时付款、实时对账、实时查询和资金监控等功能，实施了财务扁平化管理。

2005年，水电十三局成立了会计核算中心，与局资金结算中心合署办公，在资金结算中心内增设会计科。会计核算中心主要负责中心实验室、法律顾问处、科研所、幼儿园、天津工程处、北京办事处、济南办事处、新闻中心和监理中心等九个单位的会计核算工作。同时还负责子弟学校、工业园管理处、职工培训中心、市场开发部和国际工程部等五个单位的报表汇总、上报、归档保管等工作。

2006年，水电十三局以水电集团公司信用为基础，进一步拓宽了银企合作范围，新增民生银行2亿元人民币授信额度，享受最优惠贷款利率（基准利率下浮10%）。全年共计贷款5000万元，办理各类银行保函、资信证明等210项，保函金额近2.2亿元。全年完成工程局资金集中度70.04%，集团公司资金集中度41.71%，集团公司存量集中度14.53%。按照集团公司要求，工程局资金集中度65%，集团公司资金集中度20%，集团公司资金存量集中度10%。协助二级单位网上清欠，收回应收账款4200多万元。2003～2006年，共收回工程局已完工程项目财务印鉴294枚，刻制并启用工程局新建项目财务印鉴207枚。

第四节 投资管理

1963年6月，马颊河疏浚工程局为合理使用国有投资，加强经济核算和进一步提高管理水平，特别针对大型临时工程投资与间接费中的小型临时设施摊销的界限、其他基本建设投资范围，颁发了《关于“大型临时工程”及“其他基本建设投资”范围的规定（草案)》，对大型临时工程、非大型临时工程，应列入施工机械设备、工具、器具购置投资，其他基本建设设备投资的范围进行了详细规定。

1998年6月，水电十三局根据水电总公司有关文件精神，按照“建立资本纽带实施方案”的内容及深度要求，实施建立“中国水利水电第十三工程局资本纽带方案”，摸清和核实水电十三局及局属各单位现有的资本结构，分布状况及投资被投资关系。根据现有体制，对企业内部各层次的投资主体和资本结构法规进行认定，界定法人财产范围及总量。逐级建立并不断完善法人治理结构和决策执行、监督体系，最终达到在水电总公司系统内建立层层控股、层层经营的母子公司制的企业组织结构，把国有资产保值增值的责任，通过国有资本人格化落实到每个经营国有资产的企业，从而提高国有资产的营运效率。

2005年以前，水电十三局尚不具备较大项目投资的条件。2005年，水电十三局完成固定资产投资2.78亿元，投资重点：一是针对施工设备陈旧老化、企业后劲不足的问题进行更新改造；二是从美国购买了一条大型进口挖泥船，价值约1亿元。工程局投资管理主要涉及两方面：一是设备投资管理；二是基建投资管理。

根据2005年8月17日集团公司第二次投资工作研讨会精神，水电十三局将投资工作列入议事日程，首先在局2006～2010年发展规划中明确加强投资功能，成立投资管理机构，制定投资管理办法，具体业务放在企划经管部，力争在3～5年内投资1～2个上亿元的项目。在2006年度工作会议上，局长工作报告中明确拟成立局投资组织机构，制定投资管理办法，明确职责单位，增强投资能力。

第五节　成　本　管　理

1963年，金堤河水闸、马颊河疏浚工程相继开工。马颊河疏浚工程局财务部门工作的指导思想是“开展成本工作，为施工生产服务，为增产节约服务，为领导决策服务”。在之后竣工的马颊河、金堤河水闸、徒骇河、卫河以及其他工程项目中，既有分部分项工程的成本核算，又有全面竣工的决算报表。

1963年10月，马颊河疏浚工程局在印发《9～12月增产节约、扭转亏损、降低成本措施计划》中强调要做好经济核算的基础工作：第一建立并逐步健全综合平衡作业计划和任务单制度；第二健全定额管理部门，建立管理制度，编好施工预算及劳务、台班计划单价；第三健全各项原始记录，包括生产任务完成、料具收发、领退报损、人工考勤、机具使用等记录，加强计量工作；第四健全账簿组织和会计核算，做好记账、算账、对账、报账工作。按照统一领导、分级管理的原则，在局内部以局本部为中心，建立实行工程处（厂）、队（车间）及班组各级的经济核算制，分级管理，分级核算，局部全面系统地核算国家下达的各项计划指标。

60年代，马颊河疏浚工程局的成本工作按照“统一领导、分级管理”的原则和“业务归口，权责结合”的要求，实行了分级归口管理。全局建立了成本管理制度，制定了施工定额预算和内部结算价格制度。为确保局下达的成本降低计划的完成，二级单位都制定了一系列的具体措施，特别是建立健全了原始记录等成本管理的基础工作。在生产班组建立了“五大员”即政治、劳资、材料、核算、安全，开展了群众性的班组单机、单船核算。早在马颊河疏浚初期，就推行了工程任务单（包括限额领料单）和班组（单机、单船）核算办法。整个60年代，企业经济效益经历了由低到高的过程（1964年起超支16万元到1967年节约538万元）。

1972年，水电十三局组织工人参加管理，开展班组核算，做到由工人自己记、自己算、自己管。核算内容可考核人工、主要材料、完成工作量、质量、设备完好率、工时利用率、劳动生产率等几个主要指标，班组核算成果定期公布。为顺利开展班组经济核算，创造条件做好施工任务、工料消耗、质量安全、工艺操作和技术措施的交底工作。班组核算纳入班组岗位责任制，借以巩固充实、提高。

1981年，水电十三局根据疏浚工程的特点，拟定了《疏浚工程成本核算办法》，在局内实行，使成本核算进一步规范化。

随着改革开放形势的发展，水电十三局不仅有建安施工、工业生产、运输作业，还有多种经营；不仅有全民性质的，还有集体性质的。核算范围越来越广，难度越来越大。

1993年7月，水电十三局印发了《水电十三局财务管理、会计核算具体规定》，将工程、产品、作业成本项目统一规定为七项：人工费、材料费、燃动费、折旧费、修理费、其他直接费、间接费。

1995年，水电十三局印发了《水电十三局工程成本核算办法（试行)》，对成本核算的组织及其职责、原则、程序、开支范围、计算期等内容进行了详细规定。

2003年5月，水电十三局在《水电十三局国际工程财务管理与会计核算办法》中，明确了经理部、项目部必须建立健全成本管理责任制和成本控制系统，将成本管理和费用控制贯穿于施工生产的全过程，实行目标成本管理和费用预算管理。要求经理部、项目部明确有关经济业务的办理程序、审批权限和责任分工，并确保各级管理人员在授权范围内行使职权。进一步确定了有关费用开支的标准，明确了成本核算的对象和方法，成本核算对象的确定原则上应按标书或合同确定的分部分项工程划分，成本核算方法统一采用“定单法”。

2005年3月，水电十三局制定《水电十三局国际工程财务管理与会计核算办法补充规定》，进一步明确工程施工成本核算科目统一使用“工程施工”科目，不再使用“承包工程成本”科目。

第六节　税　务

改革开放以前，水电十三局作为国营企业，实行的是向国家上缴利润的制度。

1983年，国务院决定在全国试行国营企业利改税，将国营企业向国家上缴利润的制度改为缴纳企业所得税制度。从1984年10月起，在全国实施第二步利改税和工商税制改革，发布了关于征收国营企业所得税、国营企业调节税等税收法规。但根据当时工程局实际情况，例如：水电十三局与对方工程结算均以水电部等国颁基本建设预算单价计算收费，当时的基本建设预算价格不含税金；水电十三局承建的施工项目中，陆上机械作业都是水电系统内土石方、混凝土等运输，均属国家预算内投资等，财政部也曾电话通知天津税务局准予水电十三局免交工商税。因此，1984年水电十三局印发了《关于暂不交缴工商税问题的通知》，明确1984、1985年水电十三局仍维持利润包干办法，暂未实行利改税。

从1986年第四季度起，水电十三局统一向德州税务局交纳房屋及车船使用税。

1987年，水电十三局印发了《关于房产及车船使用税由各单位自行就地交缴的通知》，考虑到局施工地点高度分散，有关原始资料收集、汇总、计算、上交等很多不便，从1988年起，上述两税由各单位直接就地上交税务部门，如有需要减免等事宜时亦应就地与当地税务部门办理减免手续。

1992～2001年，经过水电十三局在所得税税前扣除、出口退税等方面所做的努力，税务主管机关同意免征工程局应交各种税款累计为451.42万元。同时，1998年德州市国家税务局同意水电十三局免缴能源交通重点建设基金和预算调节基金657万元。

2003 年，水电十三局党政联系会议决定，在局财务管理部增设税管科长一名，专管局税收政策研究、纳税筹划、税务管理和对外税管协调工作。

2003 年 5 月，水电十三局制定了《水电十三局国际工程财务管理与会计核算办法》，明确规定在国际工程开工时，应做好有关税务方面的咨询和分析工作，根据实际情况，确定是否在当地进行税务登记。如必须进行税务登记，应聘请当地知名会计师事务所，协助办理税务事宜。对合同金额超过3000 万美元的工程项目，由于涉及的退、免税金额较大，应配备专职税务会计，负责处理退、免税工作；对一些合同金额较小的项目，可根据实际情况，自主确定是否设置专门的税务会计负责退、免税事宜，是否对外报送纳税会计资料，按当地税法规定办理。

2004 年，水电十三局在全局各主要生产经营单位建立了专、兼职税管员制度，以便进一步做好税收减免、纳税筹划等税务工作。

第十三章　人力资源管理

第一节　机　　构

1963 年 7 月 1 日，马颊河疏浚工程局决定设置劳动工资处。

1965 年 5 月 29 日，马颊河疏浚工程局决定成立劳动工资处，与技安处合署办公。

1972 年，水电部十三局撤销了劳动工资处。1973 年 11 月 5 日，水电部十三局机构调整，决定重新设置劳动工资处。1984 年 12 月 17 日，水电十三局决定撤销劳动工资处，成立劳动人事处。

1993 年 7 月 20 日，水电十三局机关机构改革，决定将劳动人事处更名为劳动工资处。1996 年 7 月 29 日，决定撤销劳动工资处，成立人事劳动处。

2003 年 3 月 26 日，人事劳动处更名为人力资源部。

第二节　人　事　管　理

水电十三局建局初期，干部人事工作主要是贯彻执行党和国家的方针、政策和上级的相关规定，重点抓好干部教育和管理，根据生产经营工作需要，经局党政领导班子研究同意，办理副科级及以上干部的提拔、任免及呈报手续，办理干部（包括 1985 年以前“以工代干”人员）的调配、考核、奖惩；做好专业技术人员的考核、专业技术资格评审、聘用等管理；每年及时办理大中专毕业生的需求申请、招聘、接收工作；做好干部工资晋升、大中专生转正定级以及干部的离退休工作。同时，配合历次政治运动，做好“审查干部”工作。

80 年代前计划经济时期，水电十三局根据相关政策一直沿用传统的干部管理方式进行干部的任免管理。

80 年代后，为适应企业经济体制改革和三项制度改革需要，在不同时期制定了相应的人事管理规定和办法。坚持党管干部的原则，坚持公开、公平、竞争、择优的原则，实行干部聘任制，打破了干部和工人的身份界限，择优选拔聘用。

1983 年，下发了《水电十三局关于定员工作的通知》，进行企业整顿，整顿劳动组织，压缩二、三线人员，充实生产一线，各单位、各部门制定定员标准。

1985 年，下发了《关于干部任免的有关规定》，对干部的提拔任命标准、各单位干部职数、班子专业结构、任免手续、干部工作的管理进行了规定。各二级单位班子、机关处室处级干部和局直属队班子由工程局考核、任免，机关科级干部由组织部和劳动人事处考核、任免，各二级单位科级干部由本单位考核、任免并报局备案。

1990 年，下发了《水电十三局关于干部管理的暂行规定》、《水电十三局关于加强领导班子建设的意见》、《关于继续做好和逐步完善专业技术职务任命工作的意见》、《水电十三局关于加强和改进后备干部工作的意见》，对加强干部管理、领导班子建设、专业技术职务、后备干部工作进行了规定、补充和完善。

1993 年，水电十三局根据《局三项制度改革总体方案》和《干部聘任（聘用）实施方案》，重新调整了局机关各处室机构，对各处室进行了定编、定岗、定员、定责，逐级聘任（聘用）了机关人员。同时出台了待岗人员管理暂行办法和补充规定，在全局积极推行岗位劳动合同制，实行平等竞争、择优上岗，进行优化劳动组合，对未上岗人员从待岗人员范围、管理、待遇方面做了明确规定，有效地改变了人浮于事现象。

1996 年，水电十三局制定了科级干部管理暂行规定和加强科级干部管理工作的通知，科级干部管理逐步进入公开竞争、择优聘任、优胜劣汰、能上能下、易岗易薪的管理机制。

2002 年，水电十三局制定了《中国水利水电第十三工程局干部管理办法》，对干部的选拔任用、竞聘上岗、考核工作、教育培训、监督管理、交流调动、辞职、降职、任期、待遇、离岗、退休、奖惩，后备干部的选拔、培养和管理做了明确规定，进一步加强和改进了干部管理工作，使其制度化、规范化。

2003 年 3 月，水电十三局制定了《局机关职能部门负责人岗位竞聘实施办法》、《机关职能部门科级及其他人员岗位竞聘实施办法》，同时通过演讲答辩对机关部门负责人及以下所有岗位进行了竞聘，根据演讲答辩、民主推荐和考察结果聘用上岗。同年印发了《水电十三局岗位竞聘考核实施办法》，制定了竞聘考核方式、计分办法、竞聘考核程序和组织纪律。在局机关职能部门及局属各单位（含国外工程项目经理部）进行机构改革，出现缺编空岗、新成立的项目部（含国外工程项目经理部）需求人员时，实行公开竞聘考核的办法，人员动态管理，竞争上岗。

第三节　劳动用工与人力资源调配

自建局到 20 世纪 80 年代，水电十三局贯彻和执行国家的劳动法规，按照政策办理了多次招工和转业及退伍军人接收。90 年代后的劳动力来源主要来自局技校毕业生，有效地补充了工程局的职工队伍。

1983年，水电十三局印发了《关于积极试行劳动合同制的通知》，为打破“铁饭碗”、“大锅饭”，真正实行各尽所能，按劳分配的原则，做了调查了解和必要的准备。

1984年，水电十三局开始按照城镇劳动合同制和农民合同制形式招收工人，招收主要对象是职工子女。

1987年，水电十三局下发了《关于关心、鼓励和调动野外职工积极性若干问题的决定》，从政治上、思想上、技术业务学习、青工婚姻问题、文体生活、生活福利、劳动保护、子女就业、职工分房等方面做了相关规定。

80年代末90年代初，水电十三局从计划经济走向市场经济，生产任务严重不足，部分女职工、老弱病人员、没有一技之长人员下岗，发放部分工资作为生活费。1988年，工程局下发了《关于职工“停薪留职”问题的暂行规定》。1989年3月，制定了《水电十三局优化劳动组合具体实施方案》《水电十三局关于安置富余人员有关政策问题的暂行规定》，通过优化组合，剥离富余人员，建立内部劳务市场，发展第三产业和多种经营，压缩机关人员到生产一线或其他岗位工作，妥善安置富余人员，实行内部待业。

1990年，水电十三局分别制定了《水电十三局干部调动工作暂行规定》、《水电十三局工人调动暂行规定》，主要是为了加强生产一线，保证生产需要，稳定职工队伍，做到“人尽其才、才尽其用、各得其所”，对干部调配原则、条件审批程序及挖泥船船长、轮机长、大副、二副、三副、大管轮、二管轮、三管轮、工人聘副科级以上人员等工作调动做了详细规定。

1993年，水电十三局出台了《水电十三局工人岗位劳动合同实施方案》，在企业设置的工人岗位上，在劳动者与企业平等自愿、协商一致的基础上，通过考试考核、择优上岗，签订岗位合同，凡在册的固定职工、合同制工人以及新招收、录用、调入的工人均实行劳动合同制。

1995年，水电十三局贯彻《中华人民共和国劳动法》，深化局内部劳动制度改革，全局实行全员劳动合同制，所有职工都与工程局签订了短期、中期、长期或者无固定期限劳动合同。随着市场经济的变化和劳动用工制度的改革，根据企业发展的需要，用工除局内职工外还采用了临时工、劳务派遣、劳务分包等形式。水电十三局劳动用工管理一直严格按照《中华人民共和国劳动法》、《中华人民共和国劳动合同法》及地方的《劳动合同条例》执行，按照各种社会保险条例，及时、足额为职工缴纳各类社会保险。

1997年7月10日，水电十三局制定《水电十三局职工内部退养暂行办法》，原在管理或技术岗位，男年满55周岁，女年满50周岁的职工；原在生产或服务岗位，男年满55周岁（特殊工种男年满50周岁），女年满45周岁的职工符合内退条件，内退期间发给200元生活费。

1998年10月，水电十三局成立了再就业服务中心，中心设在局人事劳动处，局属各单位成立了再就业服务分中心，主要负责对下岗职工的管理，签订托管协议，办理下岗证，发放基本生活费，代缴各类社会保险，组织转岗培训，引导和帮助实现再就业。下岗职工在再就业服务中心3年期满仍未实现再就业的，按照规定与局解除劳动关系，在当地为其办理失业，享受失业保险待遇。

1999 年 6 月 30 日，水电十三局根据国家、省相关文件精神，下发了《关于职工劳动合同期满终止合同有关问题的通知》，对职工劳动合同期满终止合同有关问题做了相关规定：一是职工签订的劳动合同期满，劳动合同自行终止；二是如单位生产（工作）需要，本人自愿续签劳动合同的，须由本人写出要求续签劳动合同的书面申请，经所在单位党政领导会议研究决定，签署意见后报局审批，并在原劳动合同期满之日起 30 日内到局人事劳动处办理续签劳动合同和鉴证手续，续签劳动合同年限一般不超过 5 年，单位生产（工作）不需要的，可以不再续签劳动合同；三是下岗职工和签订留职协议人员劳动合同期满，原则上不再续签劳动合同；四是劳动合同期满，因各种原因不再续签劳动合同的人员，由所在单位形成书面材料报局审批，经局研究同意后，由本人持劳动合同书在合同期满后 30 日内到人事劳动处办理终止劳动合同手续；五是职工劳动合同期满自行终止后，所欠职工的工资、医疗费、集资款等由所在单位一次性结清，并把欠缴职工的社会保险费补齐，同时要按山东省有关规定，给予一次性经济补偿；六是职工与工程局劳动合同终止后，凭工程局终止合同证明书和双方签订的原劳动合同书，到德州市劳动仲裁机构办理终止劳动合同证明书，以此作为享受失业保险、养老保险及转交档案、再次就业的凭据。

2001 年 3 月，水电十三局成立了劳务管理中心，挂靠局人事劳动处。管理对象是局直属工程项目有正式行政、工资关系的生产性待岗（分流）人员和被改制或重组单位的分流人员。主要负责待岗、分流人员的管理，发放生活费，扣缴各类社会保险和住房公积金，组织培训学习，联系局属单位推荐工作及其他服务工作。

2001 年 2 月 22 日，水电十三局制定了《水电十三局加强劳动合同管理、理顺劳动关系有关规定》：一是按照《中华人民共和国劳动法》的规定实行全员劳动合同管理，对目前尚未签订劳动合同的职工，应于 2001 年 3 月 31 日前完成签订劳动合同工作，逾期未签的，按自动离职处理。二是要进一步加强劳动合同管理，完善劳动合同制度，及时依法做好劳动合同的订立、变更、续订、终止、解除等工作。三是对新招用的人员，从招用之日起与其签订劳动合同；职工签订的劳动合同期满，劳动合同自行终止；对下岗职工（含进中心和未进中心的）以及企业不需要的人员，不再续签劳动合同，应及时办理终止劳动合同手续。四是对于借用到局外单位的人员，借出与借入单位双方必须签订劳务协议，明确双方的权利和义务。五是一律停止办理职工请长假、停薪留职和留职协议；对于已办理以上手续的人员，期满后不再办理续订手续；对于期满后逾期不归的职工，按自动离职处理，并与其解除劳动合同。六是对未经工程局批准，已经与局外单位存有 6 个月（含 6 个月，下同）以上事实劳动关系的职工，要及时与其解除劳动合同。七是对于劳动合同期内不辞而别超过 15 天的职工，按自动离职处理，并与其解除劳动合同。八是职工因个人原因自费到国外学习、培训、打工、探亲等，均不得进入（留在）再就业中心；超过 6 个月以上仍未回单位报到的，按自动离职处理，并与其解除劳动合同。九是对于自谋职业的职工（领取工商营业执照或从事有固定收入工作半年以上），应依法及时与其解除劳动合同。进入再就业中心托管协议期限未满，本人自愿申请办理自谋职业解除劳动合同的职工，除按规定给予一次性经济补偿金外，还可将 3 年期内余下的基本生活费一次性发给本人，其在再就业中心剩余时间的社会保险金由局按规定缴纳。十是对3年托管协议期满，仍未实现再就业的，应依法与其解除劳动合同。十一是对长期无编制、无岗位，符合进中心条件，而不进中心的下岗职工（包括“两不找”人员），不发生活费，各项社会保险（包括企业和个人部分）均由职工本人承担；下岗满3年的，也应依法与其解除劳动合同；今后各单位一律不准出现新的“两不找”人员。十二是下岗职工在再就业中心期间，无正当理由不参加再就业培训或不接受单位安排工作的，扣发其基本生活费；连续两次的，解除托管协议，同时解除劳动合同。十三是在2001年3月31日前进入再就业中心的下岗职工，距法定退休年龄不足5年的，或者工龄已满30年且劳动合同终止时间距法定退休时间不足5年的，经本人申请，所在单位领导研究提出具体意见后，报局审批，可以办理局内部退养；待符合退休条件时，办理退休手续。十四是在再就业中心的下岗职工（含内退人员），各单位确因生产（工作）需要并报局人事劳动处审批后可安排上岗，但无论何种原因下岗后，均不得再次进入再就业中心或享受内退待遇。十五是对于患病或非因工负伤的职工，所在单位应按原劳动部劳部发〔1994〕479号文件规定的医疗期予以治疗；医疗期满仍不能从事原工作也不能从事由本单位另行安排的工作的职工，要及时到当地劳动鉴定部门进行劳动能力鉴定，被鉴定为一至四级的职工，可办理退休、退职；被鉴定为五至十级的职工，可与其解除劳动合同。十六是有生产任务的单位，一般不安排丧偶职工、离异职工、现役军人配偶职工和双职工（指夫妻双方均为工程局职工）下岗进再就业中心；对已经进再就业中心的双职工，如夫妻双方为局内同一单位的，本单位可根据工作需要安排一人上岗，如双方不在局内同一单位的，由男方单位安排上岗。十七是用人单位与职工解除或终止劳动合同后，应结清拖欠职工的工资、医疗费等。对于符合《山东省实施劳动合同制度办法》[鲁政发（95）57号] 所规定条件的职工，所在单位应按照规定的范围和标准支付经济补偿金。

水电十三局对局外人员调入、局内人员调出统一由局劳动人事部门协商联系、办理有关手续，各单位无权对外联系和办理手续。局内部工作调动，由各单位相互协商，通过局劳动人事部门办理调动手续。

第四节　人才引进和培养

水电十三局自建局至20世纪90年代初期，每年根据国家相关政策接收国家统一分配到工程局工作的大中专毕业生。

1974年，水电十三局成立了技工学校，多年来一直为工程局培养输送所需技能人才。

1979年，水电十三局自办了电视大学，通过成人高考选送在职职工参加电视大学脱产和业余学习，提高了职工学历和素质，为工程局培养了一大批管理和专业技术人才。

20世纪90年代，水电十三局开始根据生产经营需要，通过双向选择，从有关院校招聘符合工程局要求的大中专毕业生。特别是2003年后，随着经营规模的不断扩大，国际工程的快速发展，职工队伍结构与经营规模不相适应的问题更加显现，为逐步改善队伍结构不合理现象，工程局制定了人力资源规划，每年制订人才引进计划，工程局加大了大学毕业生招聘录用力度，每年招聘大学生100～200人，重点引进了重点大学、急需专业和国际工程需要的人才。工程局还根据不同时期生产经营需要，在社会上为国内、国外工程引进或聘用了部分技术及管理人才。近年来又通过地方劳务公司派遣为国内外工程项目配置了短缺的技能型人才。

水电十三局重视人才，坚持“以人为本”的理念，积极吸引人才，大力培养人才，切实用好人才，从工作上、生活上关心人才。1984年，局党委制定了《关于落实知识分子若干问题的暂行规定》，对夫妻分居、农转非及家庭生活困难的、在生产一线的职工，从看病就医、住房、工资待遇等方面做了从优照顾的相关规定。工程局历次工资调整中也非常重视知识分子和重点人才，1984年为知识分子发放书报费、知识分子浮动工资。后来执行的岗位技能工资和岗位职务工资及奖金发放都向重点岗位、重点人才进行了倾斜，逐步建立起重实绩、重贡献、向优秀人才和关键岗位倾斜的分配激励机制，真正做到收入分配与企业经济效益和责任、工作量、贡献大小相联系，充分发挥了薪酬的激励作用。

1999年，水电十三局制定了《加强大中专院校毕业生管理的暂行规定》，对所接收大中专毕业生的岗前培训教育、岗位传帮带、跟踪考核、上下岗原则、单身公寓、购买住房都做了具体规定，见习期工资直接执行定级工资标准。

2003年，水电十三局对大中专毕业生和专业技术人员管理作了补充规定，开始为新签毕业生一次性发放安家费，本科生每人4000元，专科生每人2000元；提高了见习工资待遇，本科每月1000元，专科每月800元；单身、单位无食堂的人员每月发放300元生活补贴。

2003年，水电十三局开始在岗位技能工资中增加了专业技术资格津贴，2004年开始执行专业技术带头人津贴制度，有效激励了优秀技术人才的工作积极性。同时建立了技术创新、技术开发、科技进步等奖励制度，每年评选优秀项目经理，在局内进行表彰和奖励。进一步增强了企业吸引力、凝聚力，努力做到事业留人、感情留人、待遇留人。

多年来，水电十三局重视人才培养和职工培训工作。对中、高层及项目管理人员，各专业系列技术人员的培训、继续教育主要采用送出去、请进来的方式进行，即将部分人员送外培训或请有关专家到工程局内授课。每年都制订职工培训计划，对技术工人的培训主要由工程局、二级单位或项目部针对工程项目所需进行转岗培训、岗位适应性培训、职业技能提高培训等。同时工程局加大了对高层次、复合型人才的培养力度，从2003年开始先后选送了几十名管理、专业技术骨干参加清华大学、天津大学等院校的工程硕士研究生班、国际工程管理第二学位学习。另外，工程局从2003年开始在全局范围内推出“导师带徒”机制，努力做好“传、帮、带”工作，加快人才培养，加强人才队伍建设，提高人才队伍整体素质，优化人才成长环境。建立健全有利于人才脱颖而出的选用机制，破除论资排辈、求全责备的观念，积极培养、选拔、使用年轻人才，在干部选聘方面重点培养工作4～5年的大学毕业生，通过竞聘、调整、补充、交流，一批德才兼备、年富力强，具有较强市场意识和开拓能力的人才走上了经营管理领导岗位；一批具有创新开拓能力，较高专业技术水平的人才走上了专业技术领导岗位；领导班子专业结构和能力进一步优化。

至2006年底，水电十三局有正式职工4324人，其中管理和专业技术岗位2055人，生产和服务岗位 2269 人；本科及以上 687 人，专科 1082 人，中专、技校 1118 人，高中及以下 1437 人；年龄 30 岁以下 823 人，30～40 岁 1233 人，40～50 岁 1637 人，50 岁以上 631 人。

第五节　工　资　管　理

水电十三局自建局以来，贯彻在发展生产的基础上，逐步改善职工生活的方针，职工的工资随着劳动生产率的提高逐步增长，“文化大革命”期间增长很慢，十一届三中全会以后增长较快。

1985 年实行工资改革以后，在贯彻各尽所能、按劳分配的原则，消除平均主义方面，把职工的劳动报酬同单位的经营成果和职工的劳动奉献挂钩，调动了下属单位和职工的积极性。

一、工资标准

水电十三局建局初期，职工来自不同的地区和不同的行业，执行了各种不同的工资标准和地区类别。干部一般执行水电部《水电建筑安装工业、企业行政管理、工程技术人员工资标准》和《国家机关工作人员工资标准》，学校、医院分别执行国家中、小学教职员工资标准和卫生技术人员工资标准，工人执行《水电施工单位机电安装工人工资标准》和《基建施工单位土建工人工资标准》，汽车司机、印刷工人、炊事员等执行《国家机关工作人员工资标准（六）》等。外单位调入的职工，有的套入水电十三局执行的上述标准，有的则保留原单位的工资标准，六类以上地区保留到六类地区标准。

1971、1977 年，水电十三局两次调资，增资额不按级差增加，增加了工资标准门类。工资标准和地区类别繁多，同工不同酬，在执行中产生不少矛盾。

1980、1981 年，水电十三局先后统一了工资标准和地区类别，在工资标准方面，把炊事员、印刷工人、服务员等改按水电机电安装标准执行，文教人员改按建安标准执行，由水电建安六类改为四类，全局工资标准简化为三类，初步解决了工资工作中存在的种类多、标准乱的情况。

1982 年 7 月，电力部机械施工局、水利部机械施工局与水电部十三局合并以后，重申了劳动工资管理规定，明确规定调入职工自到达之日起，执行水电十三局工资、津贴、奖励和福利等有关规定和制度。

1985 年，实行工资改革，水电十三局执行一类产业、六类工资区，起点工资为 38 元。

1991 年，实行粮油补贴，在原工资标准上每级加 6 元，起点工资改为 44 元的工资标准。工人实行岗位技术等级工资制度，干部实行职务等级工资制度，全局职工的工资标准都统一到新的工资标准上来了。

截至 1992 年，水电十三局职工工资执行《水电施工企业工资标准》，具体按一类产业、六类工资区标准执行。

1992 年至 1994 年 9 月，执行起点工资为 44 元的工资标准。

自1994年10月1日开始执行岗位技能工资，岗位工资执行100元起点10元岗差的标准，技能工资执行75元起点的标准。

1996年，岗位归级调整、技能工资晋升。生产岗位人员的归级执行标准在工程局生产（辅助）岗位归级标准的基础上每人提高两岗，对全局管理、专业技术岗位人员的岗位归级标准进行了调整。技能工资由75元的起点标准入轨到100元起点标准，对应相应的技能工资等级，然后再晋升两级技能工资。

1998年10月，岗位工资标准由现行100元起点，调整为150元起点，岗差由10元调整为25元。

2000年1月，工龄工资由每年1元/月调整为每年3元/月，技能工资标准由100元起点调整为121元起点，岗位工资标准由150元起点调整为210元起点，岗差由25元调整为40元，于1999年7月1日起执行。

2002年5月，岗位工资由起点210元、岗差40元，调整为起点210元、岗差60元，入档时间为2001年1月1日，执行时间统一为2002年7月1日。

2003年4月，根据具体岗位确定为600～2600元/月不同的岗位工资，年功工资按工龄5元/月，专业技术职称补贴助理至教授级高级职称标准为40～120元/月不等。

二、工资形式

计时工资。水电十三局成立以来，主要实行计时工资制，用每个职工的月标准工资除以25.5天，乘以实际出勤天数按月计发。

因工作需要，经批准，职工在法定节日加班，按国务院规定，发给本人日标准工资的200%加班工资。在“文化大革命”期间停发节日加班工资，实行补休。公休假日加班和连班作业，一律实行轮休、补休制。机关干部加班，不发加班工资，每年享受8天事假不扣工资。实行经营承包经济责任制以后，公休假日加班和连班作业，各生产单位一般都发给加班工资。

计件工资。建局初期部分房建工程实行计件。1980年以后推行超定额计件和集体计件大包干。1985年，实行百元产值工资含量包干制，按照《水利水电施工企业百元产值工资含量包干办法》，水电总公司核定水电十三局百元产值工资含量系数。工资含量的结算，与工期、质量、利润、安全等考核指标挂钩，没有完成考核指标，相应扣减含量工资额。工资含量的计提、分配、结余，企业有权处理。

奖金。水电十三局自1963年以来，实行综合奖，以多种得奖指标为计奖条件，生产一线的奖励指标着重于生产内容，后勤部门强调协作关系和服务态度。奖金总额按在册职工人数每月3元提取，得奖面为90%，分甲等12元，乙等9元，丙等6元，按季评比发放。1967年“文化大革命”期间停止执行，改为附加工资，每人每月3元，随月工资发放，以后在调资中冲销，到1985年工资改革时冲销完毕。

1978年，水电十三局开始实行生产奖，水电总局按照工程局经济效益核实奖金指标，年奖金额一般为企业职工平均标准工资的一个半月至二个月。经济效益好的可多发，经济效益差的少发或不发，奖金指标最高不超过4个月。超过核定的奖金指标，要按规定交纳税金。

1985年，水电十三局实行工资含量包干以来，工资按含量系数提取，奖金按利润奖金率计提，与经济效益联系起来，实行上不封顶，下不保底，在奖金使用上，企业有自主权。此外，设立了单项奖：三材节约奖、燃料节约奖、轮胎节约奖、安全质量奖、红旗设备奖、信息奖、发明创造奖、合理化建议奖等。

津贴。根据职工在不同地区、不同环境下工作，生产性质和劳动条件不同，全局实行23种津贴，(86)局劳人字7号文，重申了各种津贴发放办法。按项目划分，大致有以下三种：

(1) 为保障职工身体健康，为从事有毒、有害、高温作业的职工而建立的保健津贴。

(2) 为补偿职工额外劳动消耗建立的津贴。如野外津贴、水（船）上作业人员伙食补贴、特区补贴、夜班津贴、班组长津贴、班主任津贴、工龄津贴等。

(3) 为补偿职工生活费的额外支出，保障职工维持一定的实际生活水平而建立的粮油、副食、肉食等补贴。

浮动工资。水电十三局实行了三种浮动工资：

(1) 船员浮动工资。1987年，水电十三局党委制定了《关于关心鼓励和调动野外职工积极性若干规定》。同年，工程局又制定了《船员浮动工资实施细则》，于1987年9月起执行。

(2) 知识分子浮动工资。按（84）局党字114号文规定，从1984年7月1日起执行，1987年进行了修订。从1992年3月1日起，已享受知识分子浮动工资人员固定一级后，即不再执行知识分子浮动工资。

(3) 效益工资。水电十三局于1988年9月实行效益工资，在职工本人标准工资的基础上浮动一级，然后纳入工程局企业内部工资标准（企业内部工资标准比局执行一条龙工资标准高一个级差，少1元钱）。1989年1月，将企业内部工资标准增加1元后，连同效益工资转为浮动工资。在此基础上，继续浮动一级效益工资。

1994年起，水电十三局的工资形式主要有岗位技能工资制、年薪制（厂长经理年薪制、项目经理薪金制）、效益工资等形式。

岗位技能工资制。水电十三局自1994年10月1日起，实行以岗位技能工资制为主要形式的内部分配制度。它由岗位工资、技能工资、年功工资和辅助工资四部分组成，其中岗位工资、技能工资为职工的基本工资。

岗位工资是根据职工所在岗位的劳动四大要素经测评而确定的工资。其划分为生产岗位和管理（专业技术）岗位两大类；岗位工资分试岗、上岗和下岗工资；岗位工资实行动态管理，一岗一薪，易岗易薪，随着岗位变化而调整工资。

技能工资是根据不同岗位对劳动技能的要求和职工实际具备的劳动技能水平及工作实绩，经考试考核确定的工资。工人技能工资根据国家现行工人技术等级标准以及设置技师、高级技师的规定，按照初级技工、中级技工、高级技工、技师、高级技师设置二十八级。管理和专业技术人员技能工资标准根据管理和专业技术岗位要求应具备的实际工作能力、文化知识水平、专业技术理论水平，划分为初级管理（专业技术）职务、中级管理（专业技术）职务、高级管理（专业技术）职务。

年功工资是按职工参加工作的年限所确定的工资。年功工资逐年累加，发放到退出劳动岗位为止。

辅助工资是基本工资以外，以其他形式支付给职工的工资性收入。如各种津贴、补贴、奖金等。

年薪制。年薪制是水电十三局根据经济责任制与二级单位或项目部完成考核指标情况挂钩的内部分配制度。年终或项目竣工后一次性兑现。水电十三局自1996年起，对各单位所属1000万元以上的项目，由工程局参与制定经济责任制，并开始试行项目经理薪金制。

效益工资。效益工资是水电十三局一部分单位根据本单位生产经营的实际情况制定的与工作效率、经济效益挂钩的分配形式，将岗位工资、技能工资作为档案工资，把岗位工资、技能工资的一部分或全部与奖金、津贴等捆在一起，按职工的劳动业绩和岗位责任制完成情况进行分配，按月发放，以达到充分调动职工生产经营积极性的目的。

三、工资调整

水电十三局自建局以来，在国家统一安排下，进行了多次工资调整和工资改革，统一了工资标准，基本理顺了工资关系。职工收入不断提高，职工生活逐步改善。

1963年8月，马颊河疏浚工程局第一次调整工资。升级面分：十八级以下干部和工人为40%，十七级至十四级干部为25%，十三级至十一级干部为5%，十级以上干部不升级。这次调资取消了1956年工改实行的企业与科室人员分类；简化了干部的工资标准，不分工程技术人员与行政管理人员，都统一到水电建安工资标准上来。

“文化大革命”期间，职工升级、定额管理、技术考核、计件工资、奖金制度等都停止实行。1964年至1976年的13年间，只在1971年给部分工资低的职工调整了工资。

党的十一届三中全会以后，恢复了按劳分配原则，实行了计时工资加奖金制度及技术考核。在短短的4年中，水电十三局进行了3次调整。1977年和1979年两次调资等级面都是40%。1978年，对生产工作成绩优异，贡献较大和提职后工作表现好而工资特别低的人员，进行了考核升级；对学习特别优良的学徒，可提前转正定级；升级面为2%。

1981～1991年，水电十三局先后进行了9次调资，工资增长较快，并实行了浮动工资和奖金制度，职工年收入增加2146元，比1980年增长2.58倍。

1985年，水电十三局进行工资改革，主要原则是建立同本企业经济效益挂钩的新的工资制度。改革的主要内容：逐步实行工资总额随同本企业经济效益挂钩浮动，企业职工工资增长主要靠本企业经济效益的提高。通过改革建立统一的工资标准，提高了工资水平。

20世纪90年代后，水电十三局对工资分配进行了八次调整，包括岗位工资起点、岗差的调整，技能工资的浮动、固定、晋升和入轨，年功工资和津贴的调整等。

第一次，1992年12月1日，在全局范围内给符合升级条件的职工晋升一级浮动工资。这次企业内部浮动升级，是水电十三局在深化改革，加快转换经营步伐，取得较好经济效益的情况下进行的。

第二次，1994年2月，对属于个人缴纳基本养老保险费范围内的在职职工予以调整工资。自1992年10月起，对1994年2月28日在册的固定职工、劳动合同制职工、1971年底前的计划内临时工，在本人1993年12月标准工资的基础上，晋升半级工资。

第三次，1994年12月，水电十三局决定自10月1日起实行新工资制度，执行岗位技能工资制。岗位技能工资制是工资分配的一次改革，是“三改”工作的重要内容。此次调整，建立了新工资制度的运行机制，岗位工资实行动态管理，在岗人员易岗易薪。

第四次，1996年，技能工资晋升、岗位归级调整，于10月1日起执行。岗位工资的调整，坚持向生产一线倾斜的原则，特别是向技术要求高、责任重、贡献大的岗位倾斜，向苦、脏、累、险的岗位倾斜。

第五次，1998年10月，岗位工资标准、岗差的调整，冲销了原执行的粮差、煤贴、肉贴、书报费、交通费、洗理费、房贴以及实行全员劳动合同制后增加的合同补贴。以前执行的护龄补贴、教龄补贴、计划生育岗位补贴、信访岗位补贴、安全员岗位补贴等同类性质的补贴及地方出台的物价补贴、各种岗位津（补）贴政策等一律不再执行。

第六次，2000年1月，再一次调整了工龄工资、技能工资、岗位工资标准，新标准于1999年7月1日起执行。

第七次，2002年7月1日，对全局已签订劳动合同的职工岗位工资起点不变，岗差由40元调整为60元。

第八次，2003年4月，开始实行岗位（职务）工资制，即由岗位工资、年功工资、专业技术职务补贴、奖金组成职工收入。

第六节　休　　假

水电十三局建局后，在计划经济时期，职工探亲假一直按照1958年国务院制定的探亲假标准执行，每年不能和父母或配偶团聚的可以休假两周。

1981年，水电十三局转发了国务院《关于职工探亲假待遇的规定》并予以执行，职工连续工作满1年不能和父母或配偶团聚的，享有探望父母或配偶的探亲假，未婚职工探望父母的探亲假每年20天，已婚职工探望配偶的探亲假每年30天，已婚职工探望父母的每4年一次休假20天。工程局根据实际情况规定，外业队职工公休假日不能休息的，每年可以将存休用于探亲休假一次。

1995年，水电十三局下发了《关于修订职工假期管理办法的通知》，探亲假继续执行国务院的上述规定，同时规定了挖泥船人员因工作需要，存休假不能休假的发放1/2的路费，当年探亲假、存休假作废。伤病假医疗期在6个月以内的发放工资标准：工龄2～4年发放本人工资的70％，工龄4～6年发放本人工资的80％，工龄6～8年发放本人工资的90％，工龄8年以上发放本人工资的100％。伤病假医疗期6个月以上的发放工资标准：工龄1年内的发放本人工资的40％，工龄1～3年发放本人工资的50％，工龄3年以上发放本人工资的60％，建国前参加工作的工资照发。长期病假人员复工有试工期：病假2个月以上的试工1个月，病假4个月以上的试工2个月，病假6个月以上的试工3个月。职工年度假规定：参加工作满3年不满5年的休假6天，参加工作满5年不满15年的休假10天，参加工作满15年以上及取得中级职称以上人员休假14天。婚假3天，晚婚的增加婚假两周。产假90天，难产的增加产假15天，生育多胞胎的每多生育一个婴儿增加产假15天，实行晚育的增加产假2个月。2000年，在《职工施工津贴和假期管理办法》中重申了以上假期管理规定，并强调了禁止女职工到工地探亲，出国工作回国人员须先到人事劳动处报到并将关系转至原单位后才能安排休假。

2005年，水电十三局制定了《国外工作人员休假以及配偶反探亲和带配偶暂行办法》，规定在国外连续工作3年，可中间休假一次，第四年起在国外工作每满1年休假一次，假期按工作每满1个月休假3.5天计算。国外经理部、项目部班子成员、翻译实行一年休假一次，因长期在国外工作，由于工作需要不能在规定休假期休假的，一是在外连续工作满2年未休假，并将继续在外工作至少1年者；二是累计工作已满3年，且本次计划工作2年以上，并已经在外工作满1年者，经审批配偶可到国外反探亲。长期在国外工作的经理部、项目部班子成员、翻译已经连续在外工作3年或累计在外工作满5年，本次计划在国外工作2年以上，且已在国外工作超过1年者，可以带配偶出国，项目可适当安排一些辅助性工作，并发放不超过300美元/月的补贴。

第十四章 信息化管理

第一节 机 构

水电十三局信息化建设始于20世纪80年代末，期间未成立专门机构，仅在局工程技术处设立计算机室，利用C语言、DBASⅢ等编制了大量应用程序，应用于人力资源管理、设备管理、房屋普查等。

2004年9月，水电十三局下发《关于成立局信息中心的通知》，正式成立信息中心，定编3人。信息中心为工程局信息化建设的主管部门，负责贯彻落实国家及集团公司有关信息化建设方面的方针、政策；负责工程局信息化建设、开发、推广、应用等工作；负责对企业信息化建设工作进行考察研究，并制定工程局信息化发展战略规划；负责工程局信息网络及网站的建设和维护，充分利用现代化网络对工程局进行广泛宣传和信息交流、发布。

第二节 目标规划与制度管理

2001年，水电十三局“十五”科技发展规划，第一次明确提出了信息化建设方面的规划，内容主要涉及建立计算机局域网、各专业管理计算机软件开发等。

2005年2月，水电十三局下发了《水电十三局2005～2006年信息化建设规划》，确定了“按照集团公司有关信息化建设的要求，结合工程局实际，加快工程局内部信息化基础设施建设，加强信息资源开发与利用，以信息化带动工程局全面提升技术水平、管理水平和经济效益。为实现工程局跨越式发展的战略目标提供强有力的技术支持和保障”的指导思想，同时确立了“信息化建设遵循统筹规划、重在应用、先进高效、分层推进”的基本原则。规划明确了信息化建设的总体目标和主要任务，并且提出了主要措施和具体的实施步骤。

2006年7月，水电十三局下发了《水电十三局网站管理办法（试行）》，在制度上明确了工程局网站的管理和维护。

第三节　网络系统建设

1998年，水电十三局通过德州市邮电局首次接入国际互联网。

2003年，水电十三局为满足机关部室资料互享及接入互联网的需要，开始进行局机关大楼的局域网建设。工程完成后，机关局域网基本覆盖了机关各部门，开始尝试提供RTX内部通信服务，并实现了网内电脑通过ADSL方式接入了互联网。

2005年2月，水电十三局将互联网接入方式由ADSL改为100M光纤独享接入，互联网接入带宽增加20倍以上，并在网络出口处设置了防火墙，实现了流量、访问控制，避免了外部入侵，确保了内部网络安全。

2005年8月，水电十三局总部办公楼进行内部装修，并根据楼层、区域规划对楼内网络综合布线系统进行了改造、更新，本次更新、改造共使用双绞线2400余米，新增信息点204个。

2006年9月，水电十三局将原网关防火墙更新为千兆专业级硬件防火墙，对访问进行了更加严格的控制，并对常见网络攻击进行有效防护，同时利用其自带的VPN模块，保障了外部用户可靠的访问总部内网应用。

第四节　管理系统的开发和应用

一、公司网站管理系统

2002年，水电十三局注册了域名www.sdssj.com，同年开通了企业网站，初期只有部分静态页面，主要以企业介绍为主，更新周期较长。

2004年10月，水电十三局对网站进行了改版升级，初步使用了动态网站技术，实时更新事件进展情况，授权对外发布工程局公告、通知等。

2005年5月，水电十三局召开信息化建设领导小组工作会议，会议讨论通过了网站建设方案，网站的改版工作全面展开，新版网站系统采用动态网站制作技术，增加了后台管理功能，登陆后台后可实时更新信息。

2005年8月16日，改版后的网站正式上线运行。

2005年9月，水电十三局新注册域名sdssj.com.cn和sdssj.cn。

二、项目管理系统

2006 年，水电十三局卡塔尔路赛场地项目开工，项目部署了网络版的 P3E/C 进度管理系统和 POWERON 项目综合管理系统，实现了进度计划、设备、物资、合同、费用、图纸文档、安全、人力资源等业务的管理，并实现了审批流转的自动化。该系统的应用是工程局乃至集团公司首次在国外项目使用综合项目管理系统。

三、企业统计报表系统

2006 年 4 月，水电十三局为方便工程局对所属单位、项目产值、工程量等进行统计，提高各单位数据上报效率，工程局以 EXCEL 服务器软件为主，开始建设工程局统计报表管理系统，初选五个主要单位进行试点运行，同年 11 月工程局对统计部门的相关人员进行培训。

四、视频会议系统

2006 年底，水电集团公司开始统一部署视频会议系统，水电十三局按要求购置了会议专用摄像机及视频采集卡等设备，按规范要求对会议室进行了改造。12 月 25 日，集团公司视频会议系统开通仪式暨信息化建设研讨会在京召开，水电十三局信息化建设小组的领导在工程局分会场参加了会议，整体效果良好，各项功能满足会议要求。

第十五章　离退休管理

第一节　机　　构

1981 年 4 月 13 日，水电十三局成立离退休职工管理委员会，管委会下设办公室。1983 年 2 月 14 日，成立离退休职工管理处。1984 年 6 月 30 日，将离退休职工管理处改名为老干部处，下设三个职能科室：离休科、退休科、综合科。1984 年 12 月 7 日，将离退休干部和退休工人分别管理。离退休干部由老干部处管理；退休工人由原工作单位管理，家住德州原工作单位（在外地）和单位已撤销的退休职工由劳动人事处管理。1986 年 11 月 30 日，成立水电十三局退休职工管理委员会，下设办公室（设在局劳动人事处）。

1990 年 1 月 6 日，成立退休职工管理处，与老干部处、党委组织部组成一套工作机构。1993 年 7 月 20 日，水电十三局机关机构改革，决定设置离退休管理处。1998 年 1 月 23 日，离退休管理处更名为离退休职工管理处。

2003 年 3 月 26 日，将离退休职工管理处改名为离退休管理部。

第二节　建　章　立　制

水电十三局离退休职工管理机构成立后，为加强对离退休人员的管理，先后制定了《关于发挥离休、退休专业技术人员作用的若干规定》、《关于进一步加强老干部工作的意见》、《离退休职工管理条例》。为加强离退休人员的党员管理，1994 年下发了《关于进一步加强离退休党支部建设工作的实施意见》。

为做好离休老干部的医疗服务，2003 年下发了《关于进一步做好我局离休干部医疗保障工作的通知》，2005 年下发了《水电十三局建国前老工人医疗管理暂行规定》等一系列规章制度，完善了管理和服务程序。

第三节　管 理 与 服 务

一、离退休职工状况

截至 2006 年底，水电十三局离退休人员 2682 人，其中退休人员 2579 人，离休人员 103 人，主要分布在德州基地、微山基地和全国 18 个省市。

水电十三局离退休职工居住在德州基地的有 1871 人，居住在微山基地的有 89 人，其余 722 人主要分布在京、津、沪等 18 省市（居住在山东 8 个地市的有 575 人）。

截至 2006 年底，水电十三局离退部党委共有党员 668 人，下设 18 个离退休党支部。其中德州基地有 18 个党支部（离休党支部 3 个，退休党支部 15 个），78 个党小组，根据居住区域采取网络管理形式。

二、养老统筹

1998 年以前，水电十三局离退休职工根据水利电力部《直属企业离退休费用统筹试行办法》，纳入电力行业统筹。1998 年，水电十三局按照国务院的统一部署，将养老保险基金移交地方，列入山东省统筹运作。1998～2006 年，根据上级有关规定，数次为离退休职工调整了养老金，离退休职工的养老金平均增长 75%。

三、落实离退休职工待遇

根据中央关于对离退休职工的政策规定，切实落实好离退休职工的政治和生活待遇，对上级有关文件及时组织学习。在生活上按时发放退休金和各种生活补贴，对生活确实有困难的老同志，离退部及时帮助解决，为 80 岁以上退休职工发放护理费，2006 年为年满 80 岁以上离退休职工发放节日慰问金。切实做好离退休职工的医疗保健工作。在局职工医院建立保健门诊、老干部病房、家庭病床。对离休和退休职工定期进行健康体检。离退休职工逝世，积极妥善处理病故职工的抚恤和有关问题。在节日和离退休职工患病时，水电十三局各级领导及时进行慰问探视，对居住在外地的离退休职工，经常联系，定期走访，关心他们的疾苦，为他们排忧解难。

四、加强离退休人员的精神文明建设

1988 年 11 月 11 日，水电十三局成立了局老年人协会和老年人体育协会，负责组织各项活动。每年“全民健身月”、“老年节”组织文体娱乐及各项比赛。水电十三局每年拨专款，由老年人体育协会掌握使用，广泛开展老年体育运动，1994 年对离退休职工活动经费进行了调整。水电十三局在家属区建有活动中心和固定的活动场所。东区建有 1681 米^2 老年活动中心综合楼，北区有 232 米^2 的活动室，微山及天津北塘基地均有适合的房舍供老年人活动。在活动中心设有乒乓球室、台球室、棋牌室、桥牌室、聊天站、健身房、阅览室、图书借阅专柜、会议室及室外门球场、汽排球场和其他健身场地。1998 年，

水电十三局成立了老年书画社，专门设立书画室，为老年书画爱好者切磋交流提供了方便。至今已成功举办了七届老年书画展，每届展品百余幅。

做好离退休政策的落实和解释工作，努力把矛盾化解在相互信任和沟通之中。每年向外地职工发出认证表及各类政策解答信件近200封；每年接待大量的电话、来人来访，回复索取各种材料信息300多人次。

2001年，水电十三局派团参加了山东省首届老年文化艺术大赛，有两项获得优秀演出奖；同年参加德州市首届老年群众文艺会演，又有两项获得最佳演出奖，山东电视台和德州电视台先后进行了采访和报道。水电十三局老干部活动中心先后荣获“省级示范老干部活动中心”称号和“全国优秀全民健身活动站”称号。

2004年以来，水电十三局离退休职工积极参加地方政府组织开展的“慈心一日捐”活动，捐款、捐物，为弱势群体奉献爱心。

第十六章　综　合　管　理

第一节　机　　构

1963年7月1日，水电总局批准水电十三局组织机构设置，行政部门设八处两室，由行政处履行办公室部分职责。

1965年5月，卫河疏浚工程局与马颊河疏浚工程局合并，成立局办公室。

1967年7月，撤销局办公室，成立局革命委员会办公室，农副业办公室划归局革命委员会办公室领导。

1983年10月，成立局办公室。

水电十三局办公室负责文秘、档案、信访、接待、后勤、小车管理及驻北京、上海、济南办事处。

第二节　文　秘　工　作

水电十三局文秘工作包括文件材料的起草、文件审核、文书、印章管理、信息沟通等工作。文件审核自建局始，就有较为完善的编制、审核、审批等工作流程；文书工作包括登记、拟办、传阅、催办、立卷归档等环节；印章管理明确了工程局及二级单位印章刻制权限及使用管理等要求，建立了规范的管理手段和相应的规章制度；信息沟通工作围绕单位各个时期的中心工作、重点工作进行。

1964年建局之初就制定了《文书处理工作制度（草案)》、文稿复核工作等规定。此后先后制定了《关于精简文件、会议的十二条规定》、《水电十三局公文处理办法》、《质量体系受控文件管理办法》、《程序文件》、《水电十三局印章管理暂行办法》及相关补充规定、《水电十三局开展信息工作的意见》、《信息工作暂行办法》，发布了工程局文件控制程序现行有效文件汇总目录，转发了国务院办公厅《国家行政机关公文处理暂行办法》、集团公司《关于规范公文处理程序和公文办理有关要求的通知》等。

第三节　机要　保密

1963年10月10日，水电十三局党委下发了《关于成立各级保密机构和做好保密工作的联合通知》，成立了工程局保密委员会。委员会由5人组成，办公室设在党委办公室，负责保密委员会的日常工作，同时制定了保密工作管理办法。工程局所属各二级单位分别成立保密工作领导小组，组长由党委办公室主任兼任。到2006年止，水电十三局先后11次调整保密委员会领导小组成员。

水电十三局的机要保密工作，以宣传教育为基础，曾多次组织《中华人民共和国保守国家秘密法》知识学习答题活动，加强经常性的保密形势教育，不断增强保密意识；狠抓保密制度建设，严格执行《中华人民共和国保守国家秘密法》，不断完善相关保密制度，加强保密检查，建立并落实保密责任制度。

1963～2006年，水电十三局党委9次修订、下发了《保密工作暂行规定》等文件；还重点抓好要害部门、要害部位的保密工作，对失泄密问题予以重点防范。着眼于文秘、机要、档案等保密关键岗位人员的知识更新，按照“谁主管谁负责”的原则，一级抓一级，保证了多年来工程局机要文件管理规范，计算机运行安全，无泄密、失密事件发生。

2000年以来，水电十三局注重计算机信息系统保密工作，把计算机信息系统安全提到保密工作的议事日程，不断强化涉密计算机信息网络的保密监管，制定管理规定，使保密工作更好地为企业生产经营、企业管理提供保障。

第四节　信　访　工　作

1963年12月，中共马颊河疏浚工程局委员会、马颊河疏浚工程局联合印发《关于加强人民来信来访工作的联合通知》，明确党委副书记、副局长各一人分别主管党委和行政的人民来信来访工作，工程局秘书部门一名秘书兼管该项工作，同时印发了《关于局机关处理人民来信来访分工的几项暂行规定》。此后成立了信访领导小组及信访科，由工程局党办、局办双重领导。

水电十三局信访工作始终遵循党和国家的政策方针，按照“分级负责、归口办理”和“谁主管谁负责”的工作原则，调整完善组织机构，排查化解各种不稳定因素，耐心细致地做好职工家属上访和来信的处理工作。对合理的要求给予恰当的处理；对政策范围内不能解决的问题，认真耐心做思想工作；对个别无理取闹者进行劝解批评。同时，加强与地方政府和有关部门的联系、沟通。妥善地处理了工程局1986年6月和2002年7月两次绝食和群访事件，有效地维护了企业稳定。

第五节　档　案　管　理

建局初期，马颊河疏浚工程局档案分散在各个职能部门管理。1983 年初成立档案室，负责文书档案的管理工作。

1984 年 1 月，水电十三局召开全局档案工作会议，修订了档案管理工作 7 个文件，明确工程局科研、设计、施工和基建档案由工程技术处实行统一管理，机电设备档案由机电处实行统一管理。

1988 年，水电十三局档案开始集中管理，在局办公室设档案室，负责科技、文书、设备、会计档案管理，二级单位由各业务科室分管。

1990 年，根据水电总公司要求，档案升级工作开始起步。

1990 年 7 月，水电十三局成立档案处，与局办公室实行一套人马、两块牌子，合署办公，由副局长、总工程师潘国良分管全局档案工作，并成立了档案升级工作领导小组和工作小组。同时，各二级单位成立档案分室，并建立了全局档案管理网络。

水电十三局先后制定了《水电十三局工程项目资料收集、归档暂行规定》、《水电十三局档案分类大纲（试行）》、《水电十三局档案管理实施细则（试行）》等档案管理规定，转发了国家档案局《建设项目（工程）档案验收办法》、《国营企业档案管理暂行规定》、《科学技术研究档案管理暂行规定》以及山东省《企业、科技事业单位档案管理考核标准》等。编制了多种检索工具，备有档案分类目录、案卷目录索引、卷内目录索引、机读目录，为利用者提供了多种检索途径。在水电十三局建局 30、40 周年局庆时，协助有关部门编制了《局史》、《宣传画册》等。

至 2006 年底，水电十三局共有专职档案管理人员 2 人，兼职档案管理人员 11 人，7 个档案分室，档案室使用面积包括办公室、阅览室、库房共 7 间，计 190 米^2。

水电十三局档案室于 2004、2005、2006 年被评为“山东省档案管理一级单位”。

第六节　交通　通信

一、交通

建局初期，马颊河疏浚工程局机关仅有一辆从闽江工程局调来的福特牌轿车。随着企业的发展和生产经营工作的需要，水电十三局机关成立了小车班，由局办公室负责日常管理工作。水电十三局陆续购置了多辆小轿车，截止到 2006 年底，车班共有公务用车 10 辆；二级单位也根据经营工作需要和施工特点，购置了小轿车、越野车等。

为加强小车的管理，相继制定了《小车班内部管理办法》、《关于加强小车使用管理的通知》、《局机关小车使用管理办法》、《小车班安全措施》、《小车道路交通事故预防处理工作预案》等管理措施。

二、通信

（一）电话

1963～1978 年，水电十三局使用的主要通信设备是 100 门磁石电话交换机。

1978 年 8 月～1988 年 8 月，使用的是 400 门供电交换机。

1988 年 10 月～1998 年，使用的是 630 门纵横制自动交换机。

1998～2006 年，使用的是数字程控交换机 800 门虚拟网人工控费管理设备。

为做好保密工作，管好用好通信设备，最初办公室成立了总机班。1993 年，成立了电信科，下设话务班、维修班，话务员最多时 9 人、维修人员 6 人。2003 年，撤销总机班。

水电十三局相继制定了《水电十三局电话管理办法（试行）》、《水电十三局机关电话管理办法》、《水电十三局加强公费直拨电话管理的暂行办法》、《水电十三局内部电话使用管理规定》等多项管理制度。

（二）电台

1979 年，因水利电力工程需要，经山东省无线电管理委员会（79）鲁无发 056 号文件批复同意，水电十三局在山东省德州市机关院内设置 XSFC－ZD150 型 150 瓦短波无线电台一部，成立了工程局无线电管理领导小组。根据工程需要，陆续在各个施工地点设置了分台，配备了专兼职报务人员。1995 年，电台撤销。

第七节　国　家　安　全

1991 年开始，水电十三局党委加强了对国家安全工作的领导，下发了《关于印发水电十三局国家安全小组工作试行办法的通知》。

1995 年 8 月，水电十三局成立了国家安全工作领导小组，小组成员由 7 人组成，办公室设在武装保卫部，负责国家安全的日常工作。

到 2006 年，水电十三局先后 6 次调整了国家安全领导小组。建立健全国家安全工作领导责任制，按照“谁主管谁负责”的原则，认真履行领导职责，完善并落实责任追究制，做到分工明确，责任到人。公司要害部门确定一名负责同志为国家安全工作的联系人，负责本单位涉及国家安全的事项，加强与国家安全机关的联系，定期向国家安全机关通报本单位开展涉及国家安全工作情况。

随着涉外工作人员的增多，水电十三局开展了境外国家安全工作，加强工程局国家安全组织建设。多次召开出（归）国人员座谈会，并邀请地方国家安全局领导同志进行国家安全知识讲座，印制《海外公民安全文明读本》等。针对局内一些宗教信仰传播情况，建立信教人员名册，对个别组织者进行教育引导。坚决与“法轮功”邪教组织作斗争，同时做好“法轮功”练习者的教育转化工作，共收缴“法轮功”宣传单、音像、书籍 300 余份。

1995、1999 年，水电十三局被山东省国家安全厅、人事厅授予“全省涉外安全保卫工作先进集体”称号。2001 年、2003～2007 年被德州市政府评为先进集体，荣立国家安全工作集体三等功。

第八节 办 公 环 境

1963 年，山东省水利厅提供一栋办公楼作为马颊河疏浚工程局机关办公使用。

1964 年，水电十三局机关搬迁至德州地区乐陵县善化桥办公，同年搬回德州市。

1970 年 9 月，水电十三局机关搬至原德州行政干校办公楼（二层楼，现东风中路 826 号）。

1984 年，水电十二局在二层办公楼前新建局机关六层办公楼，总建筑面积 5103.68 米^2。1988 年竣工，局机关搬入办公。

2002 年，原二层办公楼拆除。

2004 年 6 月 28 日，水电十三局机关办公楼外部装饰工程正式签定合同，由山东国安置业有限公司和山东雄师建筑装饰工程有限公司联营体中标施工。

2005 年 8 月 1 日～9 月 19 日，局机关办公楼由德州市中豪装饰工程有限公司进行内部装修。

第九节 驻 外 机 构

1963 年 8 月，经山东省人民委员会批准，马颊河疏浚工程局在济南市成立办事处。

1963 年，水利电力部将直属单位驻京联合办事处划归水利电力部水利水电建设总局领导。1963 年 10 月，经水电建设总局批准，马颊河疏浚工程局派驻京联合办事处 4 人。

1984 年 5 月，水电十三局决定北京定福庄留守处、北京安德路办事组、上海工作组、济南办事处行政上统一归局办公室领导。

1987 年 10 月，水电十三局北京办事组改为北京办事处，办公地点设在北京市西城区月坛北街水电部宿舍一宅旁门。

1989 年 7 月，经能源部批准、上海市人民政府协作办公室同意，水电十三局在原上海工作组的基础上成立驻上海联络处。

1993 年 2 月，北京办事处、济南办事处、上海联络处划归水电十三局迅通实业公司，对工程局的服务职能保留不变。

1994 年，北京办事处、济南办事处、上海联络处重新划归局办公室管理。

2001 年 2 月，撤销上海办事处。

第十七章 企 业 审 计

第一节 机 构

水电十三局审计处于 1985 年 6 月 24 日正式成立，配备人员 5 名。继审计处成立之后，一分局、四分局审计科成立，其他生产单位配备了1名专（兼）职人员从事审计工作。其他二级机构，审计员大多由财务人员兼任，很少独立开展审计工作。审计人员构成，以财会人员为主，并朝着“三师配备”（会计师、经济师、工程师）方向发展。

1991年末，审计处在册人数7人。

1993年6月25日，水电十三局调整机关机构设置，撤销局审计处，成立局财务审计处。财务审计处下设审计科，定员2人。水电十三局所属二级单位的审计科也全部撤销，财务科改名为财务审计科，多数分局只在财务审计科设一名兼职审计员，小的单位不再保留审计人员。

1995年6月2日，水电十三局决定恢复设立审计处。

1999年，水电十三局进一步健全了两级审计管理体制，局属二级单位或设专门审计机构，或设专职科级审计员或兼职审计员。

2003年3月26日，审计处更名为审计部。

第二节 建 章 立 制

水电十三局审计处（部）先后建立健全了如下规章制度：1986年制定了《水电十三局内部审计工作有关规定及实施细则》、《内部审计工作试行规定实施细则（试行）》；1988年制定了《水电十三局经济合同审计监督办法（试行）》；1995年制定了《水电十三局内部审计工作规定》；1997年制定了《水电十三局年度财务决算报告审计试行办法》；1999年制定了《水电十三局内部审计档案管理办法》、《水电十三局经济责任制兑现（立功）审计暂行办法》、《水电十三局分局长（厂长、经理）离任审计暂行规定》、《水电十三局所属单位审计机构、审计队伍建设暂行规定》、《关于实施局直属单位年度审计工作向职代会报告制度的通知》；2000年制定了《水电十三局内部审计工作程序（试行）》、《水电十三局内部审计工作纪律》、《水电十三局优秀审计项目评选办法（试行）》、《水电十三局启用审计意见书、审计决定和审计建议书暂行办法》、《关于开展对已审项目实施审计复查的通知》；2005年制定了《水电十三局内部审计工作实施细则》，并转发了审计署、山东省审计厅、上级主管部门同期的有关法规制度。水电十三局审计工作在健康、有序、规范的状态下进行。

第三节 内 部 审 计

1985年6月～1991年末，水电十三局内部审计从无到有，逐步走向成熟，期间主要开展了以下几方面的工作：

例行审计。通过对工程局及所属单位财务报表（季度、年度）的合规性、完整性、真实性、正确性、及时性审计复核，保证了工程局的财务报表质量。

财务收支审计。通过对部分单位财务收支的合规性、合法性，财务状况的真实性，财务成果的正确性，以及通过揭露违规违纪行为，充分发挥了审计监督职能，促进了工程局财务管理水平的提高。

除开展上述审计工作外，还参与了一年一度的财务、税收、物价大检查，并配合审计署驻能源部审计局对水电十三局实施的审计调查，以及参与水电总公司组织的对兄弟单位的财税大检查和专项审计。

审计工作为领导决策提供了许多有益的数据。对一些经济悬案、经济效益的真实性等做了较细致的审计，为有关部门及时进行处理提供了依据；及时向领导提出建议，制止、纠正、查处了一些违反财经纪律的行为。

1992年初～1995年5月。水电十三局审计机构变动，审计人员调整，审计工作受到很大影响。1992年8月5日，审计处处长前往巴基斯坦参加能源部审计局派出的审计组，对水电十三局巴基斯坦明普卡什项目进行审计后，留在巴基斯坦KPOD项目部工作。此间，因改革力度大，以前的政策在审计工作中已很难使用，有些年度计划项目被取消。1992年9月～1993年6月，开展了对四分局神头马邑滩灰场项目的财务收支审计和对局属上海宝山石洞口水库项目进行的经济效益审计。1993～1994年，水电十三局财审处审计科完成了对三分局汽车装具厂财务收支审计、五分局赵佩荣局长离任审计，其他更多的工作是配合局纪委，进行职工群众举报事项调查和参与一年一度的财税大检查。局属二级单位的审计科，基本没有开展审计工作。直至1995年6月恢复设立局审计处前，全局审计机构名存实亡。

1995年6月～2002年末，水电十三局恢复审计处，由工程局局长亲自主管审计工作，审计工作重新开始走上正轨。在继续做好原有类别审计项目的基础上逐步开展了以下工作：

离任审计。对所有离任的二级单位主要行政领导均进行了例行审计。

经营业绩审计。经营业绩审计包括对经营发展目标、经济效益目标、管理水平发展目标、人才开发目标、职工福利目标和精神文明建设目标等进行审计。

经济责任审计。经济责任审计包括对二级单位主要行政负责人，年度及任期经济责任审计。审计内容有国有资产使用管理和保值增值情况，财务收支的合法性，资产、负债、权益的真实性，收入、成本、费用和盈亏的真实性，企业各项内部控制制度的健全性、有效性等审计。

立功审计。1999年开始在全局范围内开展了集体立功审计工作，审计范围包括符合水电十三局规定的立功条件且提出了立功申请的二级单位和局直管项目部。审计内容：主要审查核实企业资产、负债、损益的真实性、合理性和合法性；审查和评价考核期各项经济指标的完成情况；检查财经法规和财务制度执行情况，以及企业内部控制制度的建立和运行情况；审查企业资金、财产的安全完整情况等。

经济责任兑现审计。凡与局签订经济责任状或以其他形式承担经济责任的单位，均属局经济责任兑现审计的范围；审计内容与立功审计内容基本相同，但审计程序则更为深入。

经济效益审计。经济效益审计是以审查评价实现经济效益的程度和途径为内容，以促进经济效益提高为目的所实施的审计。主要审查项目实施中人、财、物的合理利用情况。

采用量、本、利分析等方法，对其量差、价差进行对比，对同一地区同类项目进行比较、分析，从而找出影响经济效益的主要因素，并有针对性地提出改善经营管理的建议，从而达到了“一审二帮三促进”的审计目的。

2003～2006年，水电十三局内部审计得到发展，走上了按照计划审计，按照程序审计的规范化轨道，4年的审计工作基本按照审计计划顺利进行。2003年，水电十三局正式建立了审计档案。对审计档案进行整理、登记，将2002年以前的130个审计项目档案移交局档案室。

2003年4月，水电十三局进行机关体制改革，原局审计处人员通过竞聘重新上岗，并撤销原审计处，新设审计部。

2003年12月，审计部抽调1名审计人员，到局清产核资办公室，专职从事清产核资工作。

2004年4月，审计部派员参加了对衢州塔底水利枢纽工程项目开展的“项目管理制度和成本控制”专项效能监察。在集团公司召开的审计工作座谈会暨审计学会理事会年会上，水电十三局做了专题发言。

2004年4月，水电十三局全局专职内审人员中有15人取得了岗位资格证书。

2005年，水电十三局审计部完善内控制度，加大对制度执行情况的检查力度，完善内控体系，通过审计关口的前移，促进被审单位的制度建设，进一步规范经营管理工作。10月，已取得资格证的内审人员完成了后续教育，并顺利通过网上考试。

2006年，水电十三局审计部完成了28个审计项目的审计任务，并根据局经济责任制领导小组的要求，对未经审计的局属二级单位2005年经济指标完成情况进行审计界定。由审计部门牵头，对局机关各部门2005年经费预算执行情况进行审查，通过审计界定和审查，为工程局考核兑现2005年经济责任制，下达2006年机关部门经费预算提供了可靠依据。

为做好审计工作，工程局除了对所属单位审计人员的配备明确职数外，还对其日常管理采取了以下措施：

（1）规定了审计人员的任职条件。自1999年起，水电十三局所属单位审计部门负责人及审计人员必须具有审计、财会或相关经济管理专业大学专科及以上学历，或相关专业中级及以上专业技术职务，并具有履行审计职责所必需的政策理论专业知识。其中审计部门负责人和科级审计人员还必须具有在财会或相关经济管理专业主持过一个部门或主要岗位工作的经历。

（2）审计部门负责人由水电十三局统一聘任。自1999年起所属单位副科级及以上审计负责人任职均由工程局统一下文聘任，并实行统一管理、统一调配。按此规定，水电十三局于1999年一次性将8个主要生产经营单位的审计负责人予以调整。至2002年6月，全局审计部门负责人和编内审计人员全部到位。

（3）对局属单位审计人员实行不定期交流制度。其交流内容包括：局与二级单位之间的交流，各二级单位之间的交流，以及不同专业之间的交流。1999年1月～2006年12月，全局已交流轮岗专职审计干部26人次。从2001年开始，在局审计系统开展了优秀审计项目评选活动。审计处还通过借调所属单位审计、会计人员实施联合审计的方式，对所属单位审计、财务人员进行审计业务交流，既解决了专业审计人员不足的问题，又起到了培训的作用。

1985～2006年，水电十三局内审机构共计完成审计项目324个，查出违纪、违规金额累计达4079万元。2002～2006年，5年提出的197条审计意见和建议中有133条被采纳，采纳率达67.51%，有效地促进了企业经营管理水平和经济效益的提高。

第十八章　企　业　监　察

企业监察是保证企业政令畅通、维护行政纪律、促进廉政建设、改善行政管理、提高行政效能的重要途径之一。水电十三局监察部负责对工程局及所属各单位及其员工执行国家法律、法规、政策、决定、命令的情况及违法、违纪行为进行监察，是水电十三局行使监察职能的主要部门。

第一节　机　　构

水电十三局监察机构随着企业机构的变化在不断变化。

1963年10月17日，马颊河疏浚工程局成立局监察委员会。1965年5月23日，水电十三局党委第一次全体会议选举产生监察委员会。1967年7月，“文化大革命”期间撤销了马颊河疏竣工程局监察委员会，成立了在局革命委员会政治部领导下的监察组。

1980年10月21日，水利部党组批准成立中共水利部第四工程局纪律检查委员会。1984年6月19日，三个局合并成立中共水电部第十三工程局纪律检查委员会。1987年4月14日，经水电十三局第三次党代会选举，水电建设局党组批准，产生了新一届纪律检查委员会。1989年9月27日，水电十三局成立监察室，与纪委合署办公。

2003年3月，水电十三局将监察室更名为监察部，与纪委合署办公。

第二节　建　章　立　制

水电十三局组建初期，建立起监察制度的雏形。在执行监察制度的过程中，特别是在1983年之后，各项制度得到了不断的充实和完善，现已经形成了较为完整的监察制度系列。

1983年，制定了《关于认真贯彻执行中纪委〔1983〕2号文件，坚决纠正党员、干部在建房分房中不正之风的通知》。1985年，制定了《关于进一步加强理想纪律教育的通知》。1987年，印发了《关于认真贯彻执行中央纪委〈关于坚决查处共产党员索贿问题的决定〉的通知》。1990年，印发了《关于进一步学习贯彻中纪委〈党员领导干部犯严重官僚主义失职错误党纪处分的暂行规定〉等四个规定的通知》、《关于对执法执纪、廉政建设情况进行检查的通知》、《局党委、工程局关于在局机关进行思想、作风、纪委整顿的通知》，制定了《十三局行政监察工作的试行办法》，转发了《国家行政机关工作人员贪污贿赂行政处分暂行规定》等。1991年，制定了《关于处分违犯党纪的党员批准权限的暂行规定》。1992年，转发了《中国水利水电工程总公司机关廉政规定》。1993年，下发了《关于严守党纪政纪保障各项制度改革顺利进行的意见》。1995年，制定了《关于各级干部廉洁自律、公正执行公务补充规定》、《关于副处级以上领导干部收入申报的规定》、《关于实行礼品、礼金登记制度的规定》。1996年，印发了《中共水电十三局委员会关于加强领导班子廉洁勤政建设的决议》、《中共水电十三局委员会关于贯彻中央纪委党内监督制度的实施办法》。1997年，下发了《关于开展以“三讲三学”为主要内容的党性党风党纪教育的通知》、《中共水电十三局委员会〈关于贯彻中共中央、国务院关于党政机关厉行节约制止奢侈浪费行为的若干规定〉的实施细则》、《关于对拟提拔任用和职务变动的干部执行党规党纪廉政情况加强监督的通知》。

2000年，下发了《关于认真开展自查自纠加强领导干部廉洁自律工作的通知》、《关于贯彻落实〈国家电力效能监察办法〉的通知》，制定了《水电十三局党风廉政建设责任追究办法（试行）》。2002年，制定了《水电十三局本部工作人员廉政规定》。2003年，印发了《关于局党政领导及部门负责人内部公务活动的六条纪律规定》，转发了《山东省实施〈关于领导干部报告个人重大事项的规定〉办法（试行）》、《水利水电建设集团公司领导干部廉洁自律若干规定》。2004年，制定了《水电十三局效能监察实施细则》，转发了《水利水电建设集团公司〈保廉合同〉管理暂行办法》。2005年，制定了《水电十三局效能监察成果核定办法（试行）》、《水电十三局效能监察优秀成果评选办法（试行）》、《水电十三局纪检监察信息工作考核办法》、《效能监察工作的实施意见》，转发了《国有企业领导人员廉洁从业若干规定（试行）》，下发了《关于贯彻落实中纪委〈关于纪委协助党委组织协调反腐败工作的规定（试行）〉的实施意见》。2006年，印发了《水电十三局开展不正当交易行为自查自纠工作安排意见》，转发了《集团公司关于企业领导人员违纪违规行为纪律处分暂行规定》，下发了《建立健全教育、制度、监督并重的惩治和预防腐败体系实施细则（试行）的通知》，转发了《集团公司关于“三重一大”民主决策的若干规定》等。

第三节 内部监察

水电十三局建局以来，采取多种形式加强内部监察工作，有效地遏制了职务违纪、犯罪，确保水电十三局有序健康地发展。一是坚持落实党风廉政责任制。制定有关规定，形成党风廉政责任体系，全局上下每年坚持层层签订党风廉政责任状，把党风廉政责任制与完成生产经营目标、安全生产目标一起落实、执行、考核。二是坚持廉洁自律约束。加强学习，开展教育，健全制度，规范行为，形成较为完整的行为自律和监督制约体系。三是加大查处案件力度。拓宽信访渠道，加强来访接待，做到不推不拖不积压、件件有着落。四是加强民主监督。实行厂务公开制度，坚持民主评议，把领导干部置于群众的有效监督之下。五是开展治理商业贿赂专项活动。对全局范围内的工程分包、设备物资采购、工程投标和医药采购等方面进行了检查和摸底，进行专项整治。六是坚持责任追究制度。本着“谁主管谁负责，一级抓一级”的原则，无论谁出现问题必须严格追究查处，对查出的责任人给予行政处分，构成违纪和犯罪的都依据有关规定给予处理。

第四节 效 能 监 察

水电十三局从1993年开始进行效能监察工作。2000年下发了《关于贯彻落实〈国家电力公司效能监察办法〉的通知》，2001年成立了局效能监察工作领导小组。多年来，各级监察部门结合单位实际情况，针对容易滋生腐败的工程分包、成本控制、设备物资采购等生产、经营、管理关键环节，开展效能监察工作，收到了较好的效果。

一是加强效能监察的建制工作。按照效能监察的要求，逐步完善了各项制度，规定了管理程序、业务流程和技术规范，依此进行效能监察。二是完善效能监察体系。建立了在企业党政领导下，由主要管理者负责，监察机构组织协调和实施，相关部门密切配合，群众积极参与的效能监察工作领导机制和工作机制。三是做好选题立项。结合实际情况，针对管理的重要环节、关键环节、薄弱环节、工作难点及群众关心的热点，采取调研选题的方法对基础管理工作立项，采取在信访举报线索中确立的方法对群众关注的热点问题立项，采取领导指示立项的方法对领导关注的管理问题立项。四是掌控效能监察全过程。监察中做到“四清楚”，即清楚立项监察内容、清楚项目起止时间、清楚项目负责人、清楚项目实施计划。重点监察不作为、违章行为和拖延作为，把效能监察同业务和效益考核有机结合起来，促进管理体系自我完善。五是积极参与安全执法监察。监察部人员进入企业安全生产委员会，参与重大安全生产事故的调查处理，参与安全生产检查考核，参与安全生产监察的全过程，安全部门对涉及安全生产方面的重大事项及时通报监察部。六是开展全方位效能监察。效能监察的项目涉及水电十三局包括各二级单位的工程分包、成本控制、设备物资采购、工程款结算、追讨债款、岗位履责等生产、经营、管理环节，并不断将效能监察工作向企业管理的全过程和各领域扩展。

自实行效能监察以来，共立项109项，完成率为100%，提出监察建议295条，建立和修订各项制度178项，奖励298人，实现经济效益1557.71万元，并取得了良好的社会效益，为工程局健康稳定发展提供了有力保证。

第十篇　科技　教育培训

第十篇　科技　教育培训

科技。自建局以来，工程局紧紧围绕施工生产开展科研工作，进行施工设备更新改造，施工工艺优化完善，新设备、新材料、新工艺推广应用。20世纪60年代建局初期，水电十三局的科研、技改和新技术推广运用由局技术处主管，实行统一领导、统一规划、统一实施。20世纪70年代，局勘测设计院在工程测量、测绘制图、摄像成图、人造金刚石小口径钻、钻孔堵漏护壁、电子计算机应用，新技术、新结构、新设备、新材料推广等方面取得了数以百计的科技成果。1978年，在第一次全国科学大会上，水电十三局合作完成的科研成果《海河治理经验》，受到了全国科学大会的表彰。潘家口水利枢纽第一期工程获国家级优秀地质勘察金质奖和优秀工程设计金质奖；潘家口水库枢纽整体水工模型试验，代表了当时国内水利工程科学试验的先进水平。

1982年，在全局实行两级科研管理体制，对重点科技项目的选题、经费管理、合同签订及科研成果分类等都作了具体的规定，先后制定了《七·五科研计划》、《科技计划及科技成果管理办法》。1998年2月，工程局提出了“要想多中标就得贯好标”的行动口号，完成了《质量手册》和《程序文件》的编写。1999年，获四川三峡质量保证中心颁发的ISO 9002质量保证体系认证证书。2000年2月，工程局提出了“质量立局、科技兴局”的企业经营战略。2001年，工程局开始对科技研究项目实行内部合同制，对研究课题内容、研究方法、成果目标及科研经费使用都做了明确的规定。2002年，工程局编印出版了首部《企业内部工法汇编》，收集编排全局作业指导书51篇。1978～2006年，工程局共召开4次科技大会。

教育培训。1963年建局时，未设立专门教育机构，职工业余文化教育由工会分管，工人技术教育由劳动工资处分管，干部培训由干部处分管，子弟学校由宣传部分管。1976年10月，成立文教卫生办公室，统一领导全局的教育工作。1981年9月，成立教育处，电大、技校、中学、小学先后由教育处、教育培训中心管理。2001年，职工教育归职工培训中心管理。2006年1月18日，根据企业主辅分离的精神，将中学、小学整体移交山东省德州市德城区教委。技工学校是工程局培训中级技术工人的基地，自1974年开始招生，开办了车、钳、铆、焊、铣磨、内燃机修理、挖泥船驾驶、机舱、电工等12个专业，截至2006年共招生31届，输送毕业生2450名。

第一章 科 学 技 术

第一节 机 构

1965年5月29日，工程局以（65）水马办郭字第228号文，成立局科学研究所，有近20名水工、机电专业技术人员从事施工技术、机电设备改造的研究工作。

“文化大革命”期间，科研所被撤销，科研技术人员下放劳动。科研工作由工程局生产指挥部（生产领导小组）和技术处负责。

1977年，工程局成立科学技术委员会和科研成果评审领导小组，全局科技管理和科技委日常工作由工程技术处负责。

1982年，工程局恢复机械施工研究所，全局的科技管理和科技委日常工作改由机械施工研究所负责。1982年7月，水电部十三局、水利部机械施工局、电力部机械施工局合并后，为加强工程局的科技工作，重新成立局科技委员会。1983年10月，中国水利学会施工专业委员会疏浚学组成立，办公室设在科研所。1988年6月，以（88）局劳人字21号文，成立机械施工研究所，逐步实行企业化管理。局机关进行组织机构改革，将原由科研所负责的科技管理职能和由机电处管理的电算业务归并于科技处管理。

1991年1月，工程局调整充实科学技术委员会，由副局长兼总工程师潘国良任主任，明确了科技委是工程局科学技术领导机构，科技处为科技委的日常办事机构。初步形成由局科技委统一领导，各分局、厂、直属队科技领导小组组成的科技工作体系。1993年8月，科研所成为自主经营、自负盈亏的经济实体，主要从事机械化施工研究与水上设备研制改造。1998、2005年，局科学技术委员会进行了调整。2006年4月20日，以局人资〔2006〕27号文，将局科研所与勘测设计院合并，成立局勘测设计研究院。

第二节 科 研 工 作

自建局以来，工程局紧紧围绕施工生产开展科研工作。主要包括施工设备更新改造，施工工艺优化完善，新设备、新材料、新工艺推广应用及施工设备工装自行研制等。

1. 成立科研所，进行了多项机械设备的试验与改进工作（1963～1966年）

（1）由水电总局、上海水工机械设计室、吉林水工机械厂、水电十三局科研所共同对90米^3/时挖泥船的泥浆浓度进行测定，确认只能达到80米^3/时，因此原90米^3/时挖泥船改称80米^3/时挖泥船。

（2）上海重型机械厂、天津工程机械研究所和水电十三局科研所、安装队联合进行了当时国内第一台也是最大的一台3000米^3/时滚切式挖掘机的作业试验，确认只能达到

1800 米^3/时，该设备后调给工程兵部队。

(3) 在水电总局工程师韩伯宁的协助下，进行了1米^{3}索铲斗改成圆弧斗的试验，对350米^3/时挖泥船的泥泵和绞刀进行了改进。

2. 科研工作由局生产指挥部统一管理，开展群众性科研活动（1966～1978年）

1966～1978年，是工程局科研成果较多的时期，全局共完成双革项目90多项，其中重大项目20多项。

(1) 1966年，实现了80米^3/时挖泥船转移新工地的整体运输；同年，实现了步行式4米^{3}索铲的长距离自行转移。

(2) 1967年，建造土船坞，完成4条350米^3/时挖泥船的坞修任务。

(3) 1970年，修制厂土法上马制造汽车，在原有解放牌汽车引擎的条件下，自制汽车大梁、驾驶室和车厢，成功地仿制了工程局第一台“解放牌”汽车；同年，修制厂试制成功了350米^3/时挖泥船6350柴油机喷油头（能经得住200公斤的压力，圆度误差不超过半根头发丝的1/140），45千瓦自动点焊机和80米^3/时挖泥船可控硅励磁装置。

(4) 修制厂成功研制可控硅4米龙门刨床；自制T68镗床和C16车床，可逆控供电装置，可控硅逆变电焊机，0.5吨/次工频化钢炉；研制成功进口佩尔利尼T20自卸汽车发动机缸盖、缸套、活塞、刹车鼓；自制1米^{3}索铲水平轴，该成果填补了水电系统施工机械配件制造的空白。

(5) 一分局自制了拖轮、工程船，研制了定位桩上升控制限位器、主辅机机油压力自动报警器、泥泵快速掏石装置、清水泵停车报警、横移制动限位控制等。施工处试制成功了磨缸机和镗瓦机、磨锯砂轮机，减轻了劳动强度，提高了生产效率。

(6) 设计院测量队为研究潘家口水库诱发地震问题进行的二等精密水准测量，编制1∶20万海河流域图时采用接触晒印光学镶嵌、全要素刻图、晒印黑图等技术革新，下交漳水库坝址1∶1000测图和地质测绘中采用陆摄成图，南水北调东线方案穿黄枢纽测制大比例尺影像图等，在国内均属领先水平。

(7) 设计院地勘队从1972年开始，与杭州钻机厂协作试用东风油压300型钻机，逐年淘汰老式钻机。至1978年，院内地勘机组全部装备新型东风油压钻机。1975年初，开始试验人造金刚石小口径钻机钻进，至1977年末，钻进进尺已突破5000米，占水电全系统试验总进尺一半以上，岩芯获取率平均为94%，在解决钻具、防震和钻孔的堵漏、护壁等技术问题上，都有独到之处。经过三年实验，小口径人造金刚石钻进技术已完全成熟，1978年在全院机组推广使用，钻探技术跨上了新的阶段。

(8) 1973年，设计院在朱庄水库设计中，首先应用电子计算机，用有限元法分析了坝体应力，解决了坝基缓倾角软弱夹层对浆砌石大坝抗滑稳定的影响问题。后来又为潘家口工程的大坝温控、抗震、稳定、空间应力分析等多项计算任务编制程序和提出分析报告。

(9) 1973年，设计院重建科学试验所以后，新建了水工试验厅和全息光弹性试验台，恢复了水工、结构、材料、岩石等试验组，增添了设备和新建了试验室。为支援马里工程马尔卡拉水闸、潘家口水库、密云水库加固等工程的水工、结构、材料、岩石试验任务顺利完成，提供了物质条件。马尔卡拉水闸河床冲刷和底部淘洞成因研究，潘家口水库枢纽和导流整体水工模型试验，潘家口水库下游消能及采用宽尾墩式溢流坝的试验研究，潘家口水库混凝土碱活性骨料的试验研究，使用全息光弹性试验方法进行潘家口水库宽缝重力坝坝体头部侧水压力作用下的应力状态分析等，都具有较大难度，同时也代表了当时国内的科学试验及研究水平。

(10) 1975 年，设计院与北京大学、水电四局协作合编的三维有限元程序—YD75，还先后应用于铁路桥墩应力分析、火电厂厂房 T 型梁应力分析和龙羊峡拱坝初设方案比较等。

(11) 唐山地震后，设计院承担密云水库加固潮河枢纽泄洪隧洞设计，进水口设计采用了水下岩塞爆破先进技术方案，总爆破方量 530 米^3，总装药量 757.3 公斤，洞口一次爆破成型。

(12) 设计院在潘家口水利枢纽水电站设计中，采用了常规发电机组和抽水蓄能机组相结合的混合型式，这种大型抽水蓄能电站的设计，当时在国内还无先例。潘家口水库溢洪道左端采用的三个宽尾墩式溢流坝，也是一种首创的新型消能工程，连同南水北调穿黄隧洞的超前灌浆堵水的施工方法，在当时都具有较高的设计水平。

3. 工程局召开科技大会后，施工技术、施工科研工作及成果（1978～2006 年）

第一次科技大会后施工科研情况（1978～1992 年）

1978 年，工程局首届科学大会召开，会上表彰了 11 个受到全国、省、部、地区奖励的项目。其中，最显著的成果是工程局在参加根治海河施工中总结出的《海河治理经验》，受到了全国科学大会的表彰与奖励。修制厂在六队协助下试制成功的 350 米^3/时挖泥船集中监测装置，受到山东省科学大会的奖励；疏浚分局 80 米^3/时挖泥船泥泵的改进，修制厂对进口 T148 汽车活塞的液压模锻，受到水电部的表扬；测量内业全要素刻图法也受到水电部规划局的表扬，并在全国水电勘测系统推广；还有饮水除氟等五个项目受到德州地区科学大会的奖励。

工程局更名为水利部四局后，科研项目集中在水上疏浚设备方面。先后进行了海狸 4600 型挖泥船水下潜管的试验、上海淀山湖 200 米^3/时挖泥船水下潜管系统设计与简易潜管试验、天津海河闸下清淤简易潜管生产等，均获成功。其中海狸 4600 型挖泥船水下潜管生产，获水利部 1981 年优秀水利科技成果三等奖。对国产 80、200、350 米^3/时挖泥船的泥泵、叶轮进行了几次较大的改进和试验，也获得成功，改进后的 80 米^3/时挖泥船产量可达 110 米^3/时，生产效率提高近 40%。1984 年，200 米^3/时绞吸式挖泥船泥泵叶轮改进研究成果获水利水电建设总局颁发的水电建设优秀科技成果三等奖。期间还进行了 80 米^3/时挖泥船增加开挖深度的设计与实验、200 米^3/时挖泥船接力泵船的设计和两船接力试验、350 米^3/时挖泥船的技术性能改造设计以及海狸 4600 型挖泥船真空释放阀设计与生产试验等。完成了《(82)水利水电疏浚工程预算定额》的编制与出版审定工作。

1985 年，科研所对 80 米^3/时挖泥船的 1000－38 型泥泵叶轮上采取热喷焊耐磨粉末冶金材料获得成功，提高了叶轮抗磨性。

1986 年，在海狸 4600 型挖泥船上，采取镶嵌与喷焊相结合的修复方案，成功修复了一只进口泥泵叶轮。经生产性试验，抗磨性能达到了进口叶轮水平。

1987 年，完成海狸 4600 型挖泥船泥泵减速箱和辅机减速箱传动齿轮的设计。

1988 年 7 月～1991 年 2 月，科研所先后组织完成了 80 米^3/时挖泥船、200 米^3/时挖泥船的叶轮设计；完成海狸 4600 型挖泥船聚氨酯衬板与抗磨环试制和碳化硅抗磨层衬板与抗磨环试制；对海狸 4600 型挖泥船进行改装高压水切割装置设计与实践；进行了 1 米^{3}索铲改装的强夯机具 240 吨·米夯击能力的设计与试验；完成了海狸 4600 型挖泥船备用机组的改装及部分国产代用设备的选型。三分局采用新工艺，顺利完成了德州火车站跨度为 21 米的预应力混凝土折板的制作和安装。四分局完成了佩尔利尼 T20 自卸汽车连杆、缸体修复和发动机国产化改造。

1991 年，完成了海军舟山军港 100 米^3/时挖泥船的革新设计，与浙江华源技术装备设计研究所合作完成了 500 米^3/时水库清淤船的初步设计。

第二次科技大会后施工科研情况（1992～2002 年）

1992 年，在第二次科技大会上，《疏浚工程施工技术规范》（部颁行业标准）、南水北调（东线）穿黄工程位山洞挖方案、龙二渊过江潜管试验、潍坊寒亭防潮坝主体工程施工方案的优化、海狸 4600 型挖泥船泥泵易损件国产化和岳城水库泄洪洞坝段堆石加固改用砂砾料的合理化建议等六项成果被评为一等奖。

1993 年，将挖掘半径为 17.5 米的 W－1001 型挖掘机改造为挖掘半径大于 27 米的长臂索铲。

1994 年，为解决太浦河疏浚不断航水下施工问题，完成了进口荷兰海狸 3800 型绞吸式挖泥船水下柔性自浮潜管装置的设计与监造。

1998 年，完成了挖泥船长距离封闭式同步接力试验，成功实施了两条海狸 600 型绞吸式挖泥船由紫竹院公园至颐和园西侧全长 8 公里的输泥作业。

1997～1999 年，工程局承建的多项工程实现了新工艺的突破，掌握并完成济南鹊山水库沉沙条渠的高压灌浆工艺；在玉清湖水库大坝工程中，掌握了垂直铺塑等坝基防渗处理技术；在宁夏扶贫扬黄灌溉工程中，掌握了渠槽石方钻爆开挖、大断面渡槽整体浇筑等施工技术；在济南鹊山水库 1、2、3 号泵站，玉清湖水库出库泵站和南四湖二级坝三闸的建设中，掌握了泵送混凝土施工技术；在芜湖 32 号煤码头卸煤坑道的承建中，掌握了在富水沙性地质条件下的深基坑防渗、排水与支护技术。

1993 年起，在公路桥梁施工领域掌握了一系列的施工技术，掌握了大跨度预应力混凝土梁的预制技术和架桥机安装技术。

1998 年，挖泥船聚乙烯塑料浮体在橡胶厂研制成功并批量生产，填补了该产品的国内空白。局勘测设计院在中国建筑科学研究院计算中心购置了建筑、结构、水、电、暖等基本配套的设计软件，开始计算机辅助设计（CAD）的开发应用。

1999 年，在继续做好贯标工作的同时，工程局组织各单位认真修改《质量手册》和《程序文件》，形成了较完善的 ISO 9002 质量保证体系文件。

2000 年，完成国家电力公司水电定额站委托的《水力发电建筑工程预算定额》第八章“疏浚工程”（报批稿）的修编任务。

2001年，科研所完成海狸4600型绞吸式挖泥船绞刀活络齿的仿制；局生产技术处、一分局、科研所、安设处组成的技改小组，对泰山号80米^3/时挖泥船进行了整体改造，改造后的设备达到排距2公里，浓度10%时，流量为800～1000米^3/时；橡胶厂开始对挖泥船泥泵系统耐磨弹性体材料进行研究，2002年成功应用于海狸600型挖泥船泥泵衬板，耐磨性能达到原配件的3倍；局设备租赁公司对小松D80推土机的“四轮一带”成功进行了国产化改造。

2002年，全局完成技术改造和技术开发项目共11项。主要包括：局信息中心完成的工程局网页制作，橡胶厂自行设计制作的尼龙管离心浇注成型机，青岛项目部利用海上信标站完成的GPS定位方法研究与应用，五分局完成的40吨吊车起重臂的更新改造，科研所完成的80米^3/时挖泥船78-12.5-27型泥泵改造，机械厂成功自制的1200马力拼装式（绞吸、斗轮两用）挖泥船，生产技术处完成的《水利水电工程施工手册》（土石方卷）“疏浚与吹填工程”一章。

第三次科技大会后施工科研情况（2003～2005年）

2003年，全局完成并验收的科技项目共9项，主要包括：阿尔及利亚项目半圆形预应力混凝土渠槽离心—振动成型机组及生产工艺研究，工程技术部与镇江科衡公司合作开发的无放射源产量计，设备部完成的自制1200绞吸（斗轮）挖泥船制造技术总结、海狸4604绞吸式挖泥船大修解体工艺，三分局完成的赣州桃江公路桥先简支后连续施工技术研究、吉林敦化引沙隧洞开挖施工技术，五分局完成的贵州绿茵湖水库大坝防渗墙现浇施工技术，四分局的水泥混凝土滑模摊铺机与稳定土摊铺机使用技术等。其中，半圆形预应力混凝土渠槽离心—振动成型机组及生产工艺研究获集团公司科技进步二等奖。

2004年，全局完成并验收的科技项目共7项，主要包括：科研所的自行式混凝土皮带输送机设计、海狸1200型挖泥船环保绞刀头易损件测绘，二分局的通行状态下城市道路安全施工技术总结、钢筋混凝土栅栏板施工技术总结，三分局的淤泥软基框格式钢管桩潮汐围堰研究与应用，四分局的风积砂土路基填筑施工技术总结，五分局的衢州塔底电站灯泡贯流式机组流道支模技术等。其中，淤泥软基框格式钢管桩潮汐围堰研究与应用获集团公司科技进步三等奖。

2005年，全局完成并验收的科技项目共6项，主要包括：橡塑厂的EPS新型浮体的研制，二分局的砂壤土与花岗岩全风化地质条件下引水隧洞开挖技术研究，三分局的涪陵桃子沟水库大坝枢纽混凝土挤压边墙施工技术和淤泥质基础格栅式水泥搅拌桩墙基坑支护技术，四分局的大跨径连拱隧道施工技术研究，信息中心的工程局动态网站设计等。

第四次科技大会后施工科研情况（2005～2006年）

2006年，全局完成并验收的科技项目共6项，主要包括：二分局的花管灌浆法防渗施工技术，三分局的混凝土面板堆石坝无轨滑模施工技术与大跨度拉杆拱高架渡槽施工技术，四分局的现浇预应力连续箱梁施工技术和酸性骨料沥青混凝土配合比研究与应用，橡胶厂的自浮式排泥胶管研制。其中，自浮式排泥胶管研制获集团公司科技进步一等奖，大跨度拉杆拱高架渡槽施工技术获集团公司科技进步二等奖。

第三节　历次科学技术大会

一、首次科学大会

1978 年 12 月 12 日～15 日，工程局召开了首次科学大会。这次大会是在全国科学大会和水电部科学大会之后召开的，出席这次大会的代表 155 人，大会的目的是讨论工程局科技发展八年规划纲要，交流经验，表彰和奖励先进，进一步动员全局职工向科技现代化进军。

会议由郭起光主持，宋泉在会上作了讲话，刘福传达了中央领导在国家计划会上的讲话。代表们讨论了《1978～1985 年科学技术发展规划》。

这次大会是对建局 16 年来科技工作的一次总结和检阅，大会汇编了建局以来重要科技成果 145 项，其中有集体项目 8 项、个人项目 6 项受到大会的奖励，分别是小口径金刚石钻进技术，全要素刻图法，350 米^3/时挖泥船机舱集中监测，液压模锻 T148 铝活塞，1000－34 型泥浆泵，饮用水除氟，电子计算技术，钻探机具改革，独脚拔杆吊大梁，80 米^3/时挖泥船定位桩自动停车、横移钢缆限位等，广播、电视测试仪器的改进，岳城水库观测资料分析报告，急性心肌梗塞抢救。在大会闭幕式上，向先进科技成果项目代表颁发了奖状，并向获奖的先进集体和个人颁发了奖金。这是工程局在“文化大革命”后首次向科技工作者颁发奖金。

二、第二次科学技术大会

1992 年 7 月 27 日～28 日，召开了工程局第二次科技大会。会议的主要内容：传达贯彻总公司 1991 年科技工作座谈会精神和国家有关科技工作的方针政策，总结工程局第一次科学大会以来的科技工作，展示科技成果，表彰并奖励优秀科技成果和优秀科技工作者，讨论工程局今后 5～10 年的科技进步规划设想。

出席这次会议的代表 146 人，特邀代表 6 人。局党委书记刘福、局工会主席刘汉清分别在会上作了讲话，副局长兼总工程师潘国良作了《强化科技意识，依靠科技进步，为振兴十三局而奋斗》的工作报告。

这次大会共申报科技应用成果 210 项，论文、著作及专题报告 162 项。经科技委评审列入局科技成果选编的应用成果及论文著作 260 项，受表彰和奖励的优秀科技工作者 64 名，受奖励的优秀科技成果 26 项。其中一等奖 6 项：部颁水利水电行业标准《疏浚工程施工技术规范》、南水北调（东线）穿黄工程位山洞挖方案——洞挖灌浆、龙二渊过江潜管试验、潍坊寒亭防潮坝主体工程施工方案的优化、海狸 4600 型挖泥船泥泵易损件国产化、岳城水库泄洪洞坝段堆石加固改用砂砾料的合理化建议。另外有 8 个项目获二等奖，12 个项目获三等奖。

大会由局长袁鉴作了总结报告，局领导向获奖的优秀科技工作者和优秀科技成果项目颁发了奖状和奖金。

三、第三次科学技术大会

2000 年 12 月 26 日，水电十三局召开第三次科技大会，出席会议的正式代表 141 人，特邀代表2人。会上传达了国电公司、水电总公司科技大会精神，副局长李长春做了题为《靠科技进步 促经济发展》的工作报告，总结了自第二次科技大会以来，工程局在科技工作方面的经验与不足，这次大会的指导思想：服务企业新世纪发展战略目标要求，适应市场竞争需要，把巩固和提高“老本行”专业的技术领先程度、学习和掌握所需拓展的施工领域常规技术和“三新技术”作为科技工作的重点来抓。倡导全体职工学技术、用技术、创新技术的新风尚，促进科学技术向生产力转化，为振兴水电十三局作贡献。会议讨论了工程局《十五科技发展规划》，表彰和奖励了30项优秀科技成果（其中4项一等奖，7项二等奖，19项三等奖）、24篇优秀论文和100名优秀科技工作者，并颁发了奖状、证书和奖金。各单位制作了反映本单位科技工作成就的展板和展台。最后由局长童劲松作大会总结，要求全局职工要在规划、机制、投入等方面采取有力措施，积极吸纳和用好科技人才，为尽快把水电十三局建成“人才大局、科技大局”而努力奋斗。

四、第四次科学技术大会

2005年12月15日～16日，工程局第四次科技大会在德州召开，大会的主题是“全力打造核心技术，推进‘三步走’跨越式发展进程”。出席会议的正式代表146人。德州市委副书记、常务副市长苗仲华，集团公司党组成员、副总经理孙洪水，集团公司副总工程师宗敦峰，德州市科技局局长秦吉升，原工程局老领导张天存，国家南水北调中线漕河管理部法人代表、原工程局副局长兼总工程师李长春等特约嘉宾应邀参加大会，并做了讲话。

大会由工程局副局长于晓主持，总工程师杨涛向大会做了题为《全力打造核心技术，推进‘三步走’跨越式发展进程》的工作报告。报告对第三次科技大会以来工程局在科技工作方面所取得的成绩及存在的问题，进行了全面、深入的分析概括总结；提出了今后工作的思路、方法和具体要求。会议还对评出的19项优秀科技成果、35篇优秀科技论文和技术总结、86名优秀科技工作者进行了表彰和奖励，工程局局长童劲松为选聘的8名专业技术带头人颁发了聘书。

第四节 施　工　技　术

一、疏浚吹填技术

1962～1969年，水电十三局施工任务单一明确，主要进行河道治理。这一阶段施工技术以人工借助手工工具施工和机械施工并存的施工方式。陆上施工设备有斗容为1、2.5、4米^{3}的索铲及铲运机、推土机，水上设备有40、80、120、350米^3/时绞吸式挖泥船及其配套的泥驳、锚艇、拖轮、交通船等。1966年，新老马颊河共完成土方开挖3236万米^3，其中人工完成1550万米^3，机械疏浚方量1686万米^3。1970～1978年，为挖泥船施工阶段，这一阶段使用21条80米^3/时、3条350米^3/时和1条120米^3/时绞吸式挖泥船，共完成土方挖填6397万米^3。1979年，经国家计委批准从荷兰进口4条海狸4600型挖泥船，其中4601、4604号归水电十三局使用，水电十三局水上施工机械进入了一个新阶段。

二、陆上机械土石方及大件调运安装技术

1962年，水电十三局建局伊始即为机械化施工局，工程局陆上土方设备采用挖掘机、铲运机、推土机、装载机、自卸车等设备施工，采用机械化施工技术。掌握了大型土石方剥离、填筑、围堰筑坝及火电厂储灰场施工技术。

三、土木建筑工程技术

1970年5月，由一小部分钢筋工、木工、混凝土工、泥瓦工、架子工等土建主要工种的老工人作为骨干组建成一支小型土建施工队伍。在此基础上，水电十三局分别施工完成了水坝、水闸、桥梁、道路、车站、住宅、厂房、市政广场、体育馆、给排水等工程。

四、施工技术的发展与变革

（一）第一阶段（1962年12月～1978年12月）

这一阶段处于三年自然灾害和“文化大革命”时期，施工技术相对简单，属于起步阶段。初步掌握了小口径金刚石钻进技术、350米^3/时挖泥船机舱集中检测技术、独脚拔杆吊大梁技术。

（二）第二阶段（1978年12月～1992年12月）

这一阶段技术发展相对缓慢。在河道清淤技术的基础上，又逐步掌握了V型折板施工技术、洞挖灌浆堵水技术、过江潜管技术、堆坝加固技术。

（三）第三阶段（1992年12月～2000年12月）

这一阶段是水电十三局走向市场，进行自我发展的时期，这一时期初步尝试扩大施工领域，并获得了一定的经验和成果。

（1）以治理深圳河一、二期工程，泰国巴帕南水闸上下游引河开挖工程，北京水系治理工程，孟加拉场地吹填工程等项目的成功实施为标志，工程局在河道整治、疏浚吹填施工技术方面有了长足进步，熟练掌握了挖泥船水下修坡、水下铺土工布、水下层层抛石的施工方法；掌握了软基处理、喷锚支护、模袋混凝土护岸施工技术；掌握了环保清淤要点；成功进行了两条海狸600型绞吸式挖泥船长距离封闭式同步接力技术。

（2）以济南鹊山水库沉沙条渠、玉清湖水库的成功承建为标志，工程局在大型平原水库的施工技术与组织方面积累了丰富的经验，掌握了高压灌浆、垂直铺塑等坝基防渗处理技术；通过宁夏扶贫扬黄灌溉工程的承建，熟悉了渠槽石方钻爆开挖、大断面渡槽等施工技术。

（3）以济南鹊山水库1、2、3号泵站，玉清湖水库出库泵站和南四湖二级坝三闸的承建为标志，熟练掌握了泵站与水闸的土建施工技术，并且掌握了泵站与水闸机电设备安装技术，掌握了泵送混凝土技术；通过芜湖32号煤码头卸煤坑道的承建，掌握了在富水沙性地质条件下的深基坑防渗、排水与支护技术。

（4）以柳州至桂林、南宁至北海、九江至景德镇、南宁至吴圩、商丘至开封、嵩明至待补等高速公路的承建为标志，掌握了公路工程施工技术。

（5）以泗水中兴大桥、白浪河特大桥、平原公铁立交桥、减河大桥的成功承建为标志，掌握了大跨度预应力混凝土梁预制技术和架桥机吊装混凝土梁的安装技术。

(6) 以济南鹊山水库 9.8 公里长 DN1800 输水管线、坦桑尼亚 17 公里长 DN600 - DN200 球墨铸铁供水管线和孟加拉 38 公里 DN1800 - DN300 球墨铸铁供水管线的敷设为标志，掌握了给排水管道工程施工技术。

(7) 以黄河小浪底水利枢纽、东北莲花电站和朝阳电站大型弧门、平板门制作安装为标志，掌握了大型平板门和弧门的制作与安装技术。

(四) 第四阶段 (2001 年 1 月～2006 年 12 月)

这一阶段施工技术得到进一步提高，施工领域涉及多个行业。

(1) 以成功自制一条 1200 型 (绞刀/斗轮互换) 挖泥船、孟加拉帕克西大桥项目 150 吨级自航式驳船为标志，掌握了中小型工程船舶的制造技术，并在 2 条 1200 型挖泥船上安装定位桩台车、抛锚扒杆，大大提高了功效，具有较高的先进性。

(2) 以唐山曹妃甸钢铁围海工程为标志，在有 3 公里潜管的情况下，排距达 5.5 公里，掌握了长距离排沙施工技术。

(3) 以孟加拉帕克西大桥水下冲填筑堤一次成型为标志，掌握了水下无围堰冲填筑堤新技术。该工程新筑西导堤水下 15 米深、水上 10 米高，采用无围堰水下直接充填，一次边坡成型。

(4) 以孟加拉帕克西大桥河道整治项目、菲律宾邦邦河项目、青岛船厂疏浚项目、天津港疏浚项目等工程的实施为标志，掌握了 GPS 定位与水下测量技术。

(5) 通过巢湖底泥疏挖及处置工程，掌握了环保清淤的基本要求。

(6) 以衢州塔底河床式电站、江西岭底引水式电站等工程的成功建设为标志，掌握了小型水电站的土建施工技术。

(7) 以临淮岗深孔闸、衢州塔底发电站主厂房和江西岭底电站混凝土坝等工程的成功建设为标志，掌握了大体积混凝土的裂缝控制技术。

(8) 通过衢州塔底水利枢纽工程机组流道施工、肯尼亚输水渡槽施工、巴基斯坦卡拉齐输水箱涵模板台车成功应用，掌握了支模的新工艺；通过云南华盘公路工程，掌握了 39 米高墩柱滑升模板施工技术。

(9) 通过重庆涪陵桃子沟面板堆石坝工程，掌握了混凝土挤压边墙施工新工艺。

(10) 以温州戍浦江河口大闸的成功建设为标志，掌握了深淤泥地基软基处理技术，并研究成功一种框格式钢管桩新型围堰。

(11) 以贵州绿茵湖水库大坝，衢州塔底水利枢纽一、二、三期围堰和临淮岗深孔闸等工程的实施为标志，掌握了冲击钻成槽、液压抓斗成槽工艺及混凝土防渗墙和水泥防渗墙施工技术。

(12) 以江西赣定高速公路桃江特大桥、湖北十堰柳林立交桥的成功建设为标志，掌握了 40 米跨 T 型梁先简支后连续、直径 80 米转换圆盘整体现浇后张预应力施工技术。通过吉林延吉污水处理厂沉淀池工程，掌握了无黏结后张预应力混凝土施工技术。

(13) 以敦化上钩引沙隧洞、云南通海引水隧洞、重庆涪陵马鞍山隧洞、江西岭底电站引水隧洞等工程的承建为标志，掌握了隧洞开挖施工技术。

(14) 通过新疆中巴公路、内蒙那尼公路和阿富汗公路等工程的成功实施，掌握了水泥混凝土、沥青混凝土路面摊铺施工技术。

（15）通过内蒙古哈磴高速公路，掌握了风积沙填筑路基施工技术。

（16）通过坦桑尼亚2号供水工程，掌握了4兆帕压力钢管的焊接、安装施工技术；通过苏丹麦络维大坝钢管的制作，掌握了大直径（8500毫米）渐变断面压力钢管的制造技术和检测工艺。

经过44年的发展，水电十三局从最初的河道清淤，逐步扩展到了水利水电工程、房屋建筑工程、市政公用工程、机电安装工程、公路桥梁工程、电力工程、矿山工程、地基与基础工程等施工领域。2002年5月1日，编辑出版了水电十三局首册《内部工法汇编》，共收集施工作业指导书34篇，内部工法的颁布和推广，提高了工程局的施工技术水平。另外还出版发行了两期作业指导书。

第五节　制作与安装技术

一、制作与安装技术的形成和发展

20世纪80年代以前，工程局修造厂主要对工程局内设备如挖泥船、疏浚起重运输设备进行修理改造与加工，间或承接零星金属结构制作任务。

随着改革开放的日益进展，计划经济逐渐被市场经济所代替，修造厂局内设备修配加工已不适应形势的发展，相继增加了金属结构产品的制作，轻钢厂房、浮桥、挖泥船等制作与安装工作。2006年又开发了风电塔架的制作及机组的安装。

二、制作技术

（一）水工金属结构制作技术

水工金属结构产品是机电安装分局的主要产业，主要品种有平面钢闸门、弧形钢闸门、拦污栅、压力钢管、启闭机等。

1. 数控加工与研磨技术

刚性止水闸门水封座板平面度要求高，是普通平面闸门的20倍，普通水封铁加工以后不能达到要求。2006年，机电安装分局采用数控加工技术控制后再进行研磨的双重加工，成功解决了刚性止水闸门组对间隙不得大于0.1毫米的技术，课题应用于埃塞俄比亚水头达172.05米的深孔阀帽闸门上。

2. 弧形工作面加工技术

弧形工作闸门工作表面一般均为非加工面，但深孔闸门需用该闸门调节流量时，则设计要求对工作面进行整体加工。机电安装分局制作的埃塞俄比亚泰可则电站深孔弧门就为其中一例。

弧面加工技术原理：将弧门门叶固定于工作台，工作台沿某一圆心旋转，加工刀具放置于弧形面板对面的固定立柱上，调整刀具进给量，即可将弧线运动的面板加工。刀具可沿立柱上下行走，可整体加工面板。

该技术的应用，不仅解决了弧面加工，同时克服了以往加工能力不足，致使加工过程门叶需翻身后进行二次加工的难题，一次加工成型。

3. 数控切割技术

数控技术已广泛应用于机械加工行业。2004年，机电安装分局制作的苏丹麦洛维压力钢管，采用数控技术进行编程，输入自动生成。然后由计算机控制切割下料，对大型不规则的异形工件进行完整的切割操作，同时也可对规则工件进行操作，有效提高工作效率。数控切割技术已成功应用于杜伯华压力钢管的岔管部分，还广泛应用于风电塔筒节的切割下料。

4. 二氧化碳气体保护焊焊接技术

2003年，机械厂引进推广了二氧化碳气体保护焊焊接技术，部分取代了普通手弧焊技术。该技术的应用提高了制作质量，焊缝成形好，表面不留缺陷，同时也提高了工作效率，无需清理药皮、焊渣。目前，已广泛应用于金属结构制作。

（二）风电塔架制作技术

风电产业作为可持续的绿色能源，已在全球迅猛发展。2006年，机电安装分局开发研制风电项目。

1. 自动升降工作台，十字架悬臂焊接技术

由于风电塔筒直径较大，且筒段较长，一般20～25米，机电安装分局研发改进十字架焊接技术，可解决环缝焊接问题。逐步改进成为移动升降式焊接操作工作台，不仅保证了焊接技术，同时促进安全技术的可靠运行。

2. 焊接材料技术应用

风电塔架材料与水工金属结构材料略有不同，又因所处环境不同，材料有所变化，一般应用主材为Q345C、D、E，由此焊接材料应随之改变。根据等强匹配原则，并经研究实验，采用焊丝H10Mn2、焊剂SJ301和SJ101与之配合，不仅符合等强原则，同时又满足抗疲劳、冲击性能。另外，采用SJ301、SJ101焊剂，比原采用HJ431焊剂可降低造价，大批应用于风电塔架，可有效提高经济效益。

3. 转台技术

风电塔架的制作施工需要在转动的工作台上进行，安装公司进行开发研制的主动、被动转台，可将筒节按工作要求任意进行转动。目前在组对、焊接、修磨防腐工作中大量使用。

4. 测量技术

法兰平面度是反映塔筒质量的一个主要技术指标。法兰平面度的要求相当严格，法兰直径一般在2800～4200毫米，要求平面度在0.5～2毫米，尤其是上部法兰，不得大于0.5毫米，引进激光侧平仪的测量技术，利用计算机使测量点数据化，直观地显示出测量数据，使测量精确化，保证了产品质量。

三、安装技术

20世纪90年代，机械厂开展金属结构制作安装技术，包括机电（金属结构）安装、中央空调安装、泵站安装、输变电安装等。

1. 采用全站仪、经纬仪及布线结合技术安装闸门埋件

闸门埋件，尤其是弧形闸门支铰，其侧轨位置需通过全站仪、经纬仪测量所得，必要

时增吊线测量，安装时将各段、节闸用拉紧器拉紧，找正中心对正，即可完成安装组对。此技术已广泛应用于平面闸门、弧形闸门及其埋件的安装。

2. 船闸安装技术

20 世纪 2004 年，开展船闸安装技术，大顶子山水利枢纽工程埋件安装中，底枢、顶枢、门柱埋件的安装是关键点。安装中采用放样、安装粗调、固定、精调浇注等技术，可保证安装综合偏差得到有效控制。在门叶安装中，顶枢孔的现场加工尤为关键，以基准点垂球法测量定为顶枢孔中心并加工技术，可保顶枢孔的同轴度与垂直度。

第六节　基础处理技术

2001 年，工程局结合五分局正在进行的产业结构调整、转变经营方式的现实情况，决定将基础处理工程施工，交由五分局具体实施。

自 2002 年 5 月以来，先后掌握了混凝土防渗墙、固结灌浆、帷幕灌浆、悬挂式帷幕防渗、坝体接缝灌浆、花管灌浆等防渗施工技术。

在浙江衢州塔底水利枢纽工程施工中，防渗采用薄壁混凝土截渗墙施工工艺，工程局投入 502.45 万元购置了大型专用设备 BG－24 液压抓斗，成立了抓斗施工队，采用“三爪两抓”施工方法，极大地提高了施工工作效率。

在向家坝电站一期围堰防渗墙工程中，针对堰基覆盖层较厚，且结构松散、组成物质不均，易崩塌等问题，采取了聚能爆破、槽内爆破、抓斗重凿法等措施，成功进行了复杂地层大直径防渗墙达 89 米的作业。

2006 年，巴基斯坦杜伯华电站基础处理工程开始施工，水电站拦河大坝及隧洞进水口等水工建筑物都坐落在沙砾石覆盖层上，地质情况极为复杂。为降低堰底扬压力，减少枢纽整体渗漏量，采用帷幕灌浆进行垂直防渗，施工中运用了花管灌浆施工工艺，经过大量的钻孔及浆材试验，解决了覆盖层深，砾径大，架空较为严重，成孔率较低且花管灌浆花管壁回填料的配比较难等技术难点，取得了较好的施工效果。

2006 年 8 月，工程局获水利水电基础处理工程专业一级承包资质。

第二章　新工艺、新材料、新技术应用

第一节　新工艺、新技术应用

一、挖泥船接力长距离排泥技术

1998 年 8 月～1999 年 5 月，北京“六海”清淤工程中受环保、工期等因素制约，单船输泥无法满足排距 8 公里的施工需要。本工程采用两条拼装式海狸 600 型绞吸式挖泥船进行封闭式同步串联接力，解决了长距离输泥问题，顺利完成任务。

二、环氧棕钢玉修补泥泵气蚀技术

1999 年 5 月，孟加拉场地工程挖泥船吹填部分开工。开工不久即发现两条船在开挖这种砂子时磨损和气蚀都非常严重，挖泥船队于 6 月上旬组成科研攻关小组。攻关小组尝试了多种粘补方法，最后终于摸索出了用棕钢玉与环氧树脂对气蚀孔进行粘补，并辅以工业陶瓷粉粘补的好办法。利用拆检泥泵时进行粘补，完全不影响生产时间，其耐磨效果优于普通钢材。实践证明，采用此法粘补的即将磨穿的 3 只内泵壳均获得成功，而且修补过程利用检修泥泵的机会进行，提高了工程进度，并省去了购置内泵壳的费用，由此节约资金约 200 万元人民币。

三、淤泥软基框格式钢管桩潮汐围堰研究与应用

该项目获得中国水利水电建设集团公司科技进步三等奖和山东省科技进步二等奖。

温州市戍浦江河口大闸枢纽工程采取“一次断流，明渠导流”的方式，施工围堰修筑是一大技术难题。工程施工围堰修筑有以下特点：一是在戍浦江河口位置软基上修筑围堰，地质条件差；二是施工时受潮汐影响大，每天 4 次涨落，落差高达 5.3 米；三是场地狭窄，可供选择的围堰坝型有限，只能选用小断面围堰结构型式；四是台汛期洪峰水位高，10 年一遇洪潮水位时，围堰内外水位高差最大可达 10.27 米；五是受现场位置限制，明渠过流断面只有原河床的 15%，增加了围堰的挡水压力。通过多个方案比较，项目部最终选定了框格式钢管桩内填土围堰结构型式，该围堰施工有三大难题：一是围堰高度达 10.8 米，类似围堰在国内还没有资料可查；二是这种围堰结构计算还没有成熟或准确的理论计算模式；三是框格式钢管桩内填土围堰是准钢结构围堰，同时围堰内土方填筑受潮汐水位影响和结构型式限制，围堰截流和闭气施工难度很大。

对课题进行了认真分析，最终取得了较完善的理论计算成果，并实现了框格式钢管桩内填土围堰在大闸施工中的成功使用。这些成果主要包括：

(1) 理论计算成果。包括框格式钢管桩内填土围堰的框架内力计算、抗倾覆计算、地基整体稳定计算、渗透稳定计算、基坑抗隆起计算和挤淤深度计算。

(2) 在实施中补充和完善围堰设计方案。考虑到本工程围堰结构新、设计理论不够成熟，以及施工中可能出现不利因素等，项目部在围堰施工过程中，认真做好各种资料的收集、分析，及时发现问题，采取积极措施。补充和完善围堰设计方案包括钢管桩整体连接加强、钢管内灌河沙增加刚度、上下游抛固定石笼增加整体稳定、填土体灌水泥浆防渗等措施。

(3) 有效抵抗了 5 次热带风暴潮的袭击。围堰完成后，项目部在运行过程中认真做好围堰的观测、维护工作，确保施工期围堰的安全。

2005 年 3 月，经集团公司项目验收鉴定：该科技成果在沿海地区和河口地区深淤泥质土基础上建造围堰中有一定的推广应用价值，达到国内先进水平。

四、半圆形预应力混凝土渠槽离心—振动成型机组及生产工艺研究

该项目获得 2006 年度中国水利水电建设集团公司第一次科学技术大会优秀科技成果二等奖。在此基础上完成的半圆形预应力混凝土渠槽离心—振动成型工法，获得国家级工法。

半圆形混凝土渠槽成型机与渠槽生产工艺是依托阿尔及利亚米纳灌区改扩建工程研制成功的。米纳灌区改扩建工程所需架设半圆形预应力混凝土渠槽，在阿尔及利亚当地采购渠槽价格昂贵，且产量无法满足工程需求。工程局为此抽调专业技术人员与陕西红旗建材机械有限公司共同研制开发混凝土渠槽成型机，同时对渠槽生产工艺进行技术性试验。经过8个月的试验，终于将渠槽直径为350～1550毫米，长度为7米的半圆形混凝土渠槽成型机试制成功，并掌握了渠槽的全部生产工艺。2004年6月，设备运抵阿尔及利亚，顺利完成组装和试生产。

该项目在研制过程中，解决了一系列的技术难题，包括试制场地选择、材料和配套电机选择、模具研制、制动研制等；渠槽生产线采用振动离心工艺，为达到同时生产两根半圆形渠槽产品的目标，在管模合模处增加了分离隔板；为达到产品内壁均匀和表面光滑的要求，特别设计制作了压辊和布料台车。在混凝土渠槽离心成型机试制成功的基础上，项目组对预应力混凝土渠槽产品进行了数十次的试制，通过配合比试验，水泥、骨料和混凝土塌落度控制，以及布料速度、离心速度、振动时机与时间控制等，终于研制开发出符合要求的混凝土渠槽成形设备，同时掌握了混凝土渠槽的生产工艺技术，圆满完成了课题任务。

第二节　新　材　料

1998年1月～6月，橡胶制品厂自主完成了中密度管的设计和生产。塑料浮体以中密度聚乙烯为外壳，内充高强度聚氨酯发泡体。中密度聚乙烯有优异的柔韧性和抗冲击性，但不耐刺穿，单以聚乙烯做成的浮体刺穿后极易进水下沉；高强度聚氨酯发泡体，强度高、密度低、吸水率低，是泡沫塑料中一种很适合于作漂浮物的材料，但其弱点是不耐冲击，一旦被撞击将支离破碎无法使用，而塑料浮体则最大限度地利用了两者的优点，是目前疏浚工程上普遍使用的一种浮体。塑料浮体有耐腐蚀、易维护、质量轻、体积小、易安装、寿命长等特点，一般能使用10年以上，价格低于钢浮筒。塑料浮体项目从设备、模具、工艺、配方均由橡胶制品厂自行完成，在国内尚属首家。

2002年，水电十三局橡胶制品厂在自主开发塑料浮体的基础上，成功开发MC尼龙管生产线，在聚苯乙烯浮体开发过程中，自主创新完成了聚苯乙烯在塑料壳体内发泡成型新工艺。法兰尼龙管获得实用新型专利（专利号ZL2005 2 0081335.7）。

第三章　获奖成果和专利

第一节　历年获奖成果

水电十三局获奖成果一览表，见表10-3-1。

表 10-3-1　　水电十三局获奖成果一览表

序号	获奖时间	成果名称	获奖级别	主要完成人
1	1978 年	海河治理经验	全国科学大会优秀成果奖	合作完成
2	1983 年	龙二渊过江潜管试验	水利电力部科技进步三等奖	沈亦凡、戴仁光、奚汉祥、姚霭彬
3	1985 年	半腱肌股二头肌泮代瓣术治疗下肢深静脉瓣膜功能不全	德州地区科技进步三等奖	黄平生、吕惠民、王噩文
4	1990 年	经食道心房调搏术	德州地区科技成果三等奖	姚长青
5	2002 年	水力吹填地基水平排水板振动碾压处理法研究	江苏优秀工程咨询成果三等奖	合作完成
6	2006 年	半圆形预应力混凝土渠槽离心—振动成型机组及生产工艺研究	中国水利水电建设集团公司科技进步二等奖	席　阳、崔永三、刘义平、王熙勇、司　林、严六四

第二节　历年获得专利

水电十三局获得专利一览表，见表 10-3-2。

表 10-3-2　　水电十三局获得专利一览表

序号	获得时间	专利名称	专利类型	专利完成人
1	1990-02-18	多用扳手	实用新型	张殿瑞
2	2006-03-15	法兰尼龙管	实用新型	蓝恭琰、王春明、李新建

第四章　教　育　培　训

第一节　机　　构

1962 年建局时，未设立专门教育机构，职工业余文化教育由工会分管，工人技术教育由劳动工资处分管，干部业余培训由干部处分管，子弟学校由宣传部分管。以后随着机构变动，分工有所调整。1976 年 10 月，成立文教卫生办公室（简称文卫办），负责职工教育的综合管理工作，直接管理子弟学校。1979 年 1 月，成立局教育委员会，办公室设在文卫办，统一领导全局的教育工作。1980 年 11 月，技工学校归文卫办管理。

1981 年 9 月，成立教育处。在局教委的领导下，直接管理全局的教育工作。教育处直接管理的有：电大、职工文化学校、技工学校、子弟中学、子弟小学、一分局子弟学校。1986 年，职工文化学校撤销。1987 年，干校、电大、党校合署办公。

工程局教育部门的领导体制和工作职能经历以下三次较大的调整。

教育培训中心（1991 年 1 月～1995 年 12 月）。1991 年，在教育处的基础上成立教育培训中心，统管全局的职教和普教工作，直接领导电大（干校）、技工学校、中学、小学、幼儿园的教学工作，并对各学校党务、团务、工会、行政、经费计划进行管理。教育培训中心设有职教科、普教科、政工科、财务科、党委、工会、团委。

教育处（1996 年 1 月～2001 年 4 月）。这个时期又易名为教育处，工作职能由全职处室改为业务处室。1996 年 7 月 29 日，以局劳发〔1996〕20 号文，明确技工学校、电大（干校）、中学、小学为副处级单位，业务仍由教育处管理。各学校办学自主权得以扩大。1996 年 7 月 30 日，以局党发〔1996〕51 号文，撤销教育处党委，各学校的党务工作改属局机关党委管理。各学校的工会、团委（少先队）分别改属于局工会、局团委管理。

职工培训中心（2001 年 5 月～2006 年 12 月）。2001 年 5 月 21 日，以局人劳处〔2001〕40 号文，撤销局电视大学（干校）和局技工学校的建制，成立局职工培训中心，负责全局职工培训规划和年度计划的实施，会同人事劳动处审批二级单位培训计划，并负责对二级单位年度培训计划完成情况进行考核，办理受培训人员的有关手续及培训档案的建立与管理工作。职工培训中心设办公室、干部培训科、工人培训科；财务独立，在编人员工资及办公经费由局拨款。两校撤销后，未完的教学工作由局职工培训中心完成。职工培训中心又成立了综合部、成人教育科（对外称水电十三局电大）、职业技能教育科（对外称水电十三局技校），工作人员的工资和办公经费通过创收自给自足。职工培训中心成立后，教育处不再管理职工教育，专职管理局中学、小学、幼儿园的工作。

2003 年 4 月 28 日，以局干发〔2003〕7 号文，成立局职工子弟学校，下设中学部和小学部，对外建制不变。职工子弟学校负责中学部、小学部及幼儿园的教育管理工作。2003 年 7 月，以局人资发〔2003〕63 号文，将局职业技能鉴定所划归局职工培训中心。

1982～2006 年，根据国务院的规定，教育经费按职工工资总额的 1.5%提取。

第二节　普　通　教　育

一、子弟小学

子弟小学建于 1963 年，隶属于局教育处管理，教学业务接受市、区两级教育部门指导。主要承担局职工子女的小学教学工作，同时接纳驻地周边单位职工子女的教学工作。1963～1969 年，学制是 6 年制；1970～1983 年，学制是 5 年制；1983 年下半年改为 6 年制。

1963 年 3 月，开始筹建中小学。当时有教职工 6 人，学生 20 名，在露天上课。9 月，借原漳卫南运河管理处三排平房上课，并在原市钢联厂房内设分校。此时，中学也已开学，与小学合校，共有教职工 39 人，在校人数 400 多人。1964 年 12 月，子弟学校搬入小学教学楼内，占地 23.2 亩，建筑面积 2895.74 米^2，分为中学部和小学部。1967 年 9 月，中小学分校。

为适应施工地点分散的特点，工程局还先后在马颊河沿岸、无棣县大山、庆云县任桥、塘坊桥船厂、新乡市卫河工程处等地开办过小学，其中卫河工程处小学附设初中。马颊河工程结束后施工队伍转移，大山、船厂小学即撤销，一部分教师随机构转移到南四湖，成立了新的小学，即后来的一分局小学。

一分局职工子弟学校是局承担南四湖闸下东股引河疏浚时建立的。开始有教师 6 名，租借民房上课，后经两次迁校。1999 年 4 月，撤销一分局职工子弟学校。

小学的党务、工会、少先队工作隶属于教育处管理。1996 年 7 月 3 日，撤销教育处党委后，小学的党务工作归属于局机关党委管理。工会、少先队工作分别划归局工会和团委领导。

2001 年 8 月，全体师生迁入位于德州市新华路 202 号的新校，新校占地面积 3275.85 米^2，教学楼共 4 层，建筑面积 2493.52 米^2。

2006 年 1 月 18 日，根据德州市文件，将小学整体移交山东省德州市德城区教委，移交时有教职员工 40 人，在校生 900 余名。

二、子弟中学

子弟中学隶属局教育处管理，教学业务接受市、区两级教育部门的指导。中学设初中部、高中部，主要承担对局职工子女的初、高中教学任务，同时接纳驻地周边单位职工子女的初、高中教学工作。

1963 年 9 月，中学与小学合校，中学仅有初一、初二两个班，学制是 3 年制。1966 年改为 2 年制，1983 年又恢复 3 年制。1967 年 9 月，中学与小学分校。1965 年，中学部搬入现中学院内，一个学校两处校址。1965 年，仅建平房 5 排，后盖起两层教学楼及办公楼；1985 年，局将原电大的平房划给中学使用。

1965 年 9 月，局委托中学开办半工半读中等技术学校班一期，学制 3 年，招生 35 名，学习内燃机修理专业，毕业后在局内分配工作。

1973 年，开设高中班。1979 年，开设重点班，变教研组管理为年级组管理。从 1990 年起，成立德育工作领导小组，设政教处。1994 年，德州市改革了招生制度，实行划片就近入学，教学质量、教学管理、升学率逐年提高。

中学的党、工、团工作也隶属教育处领导。1996 年 7 月 30 日，撤销教育处党委，中学的党务工作归属于局机关党委管理。中学的工会、团委归于局工会和局团委领导。

2006 年 1 月 18 日，根据德州市文件，将中学整体移交德州市德城区教委，移交时有教职员工 37 人。

第三节　职　工　培　训

建局之初，职工培训由副总工程师贺毅分管，组织了专门班子，对职工进行机械挖河的大规模培训。

1963 年 12 月，将新招的学徒集中起来在德州和乐陵组织学习。1964 年，开办集中培训班，补习初、高中文化，推土机、挖土机、轮机、甲板、电工（船）、修理等技术理论。

截至1965年，职工培训共投资81.3万元。集中培训之后，工人的技术学习主要是以师带徒；干部的技术业务学习，主要是自学，有少数外培。

1964年5月，开始组织职工业余文化学习，先后在德州、任桥、善化桥、大山开办文化班和两个制图班。

“文化大革命”开始后，职工业余教育全面停顿。

1971年恢复招工后，1972年修制厂组织40余名新工人业余学习数学和机械制图。1973～1975年，机械施工处、汽车队、五分局举办新司机培训班8批，培训新司机460余人。

1976年全国科学大会之后，先后开办了业余制图、钣金、钳工工艺、焊接工艺培训班，扫盲班，组织文化、技术、业务学习。1981年2月，中共中央、国务院作出了“关于加强职工教育工作的决定”，采取脱产、半脱产、业余培训等多种形式，重点组织领导干部培训和青工文化技术补课。

1980～1983年，开展全员培训，提高了一线工人的文化素质。在职工培训工作中，干校、电大、职工文化学校，都发挥了很大作用，成为职工培训基地。

职工文化学校是在原电力部机械施工局文化班的基础上，于1982年12月15日正式成立的。职工文化学校先后共办了28个班，培训988人，在局青工文化补课方面发挥了很大作用。1986年8月，职工文化学校撤销。

职工短期培训包括送外培训和内部培训。1992年～2006年底，先后有2607人次被送往高等院校或相关部门参加项目经理、企业管理、工程造价、人力资源管理、工程技术、安全管理、党建、财务、特种设备等方面的培训。

内部培训分干部培训和工人培训，干部培训由局教育部门和职能处室联合举办，开展各种专业知识、管理知识、党的方针政策、法律法规等方面的培训。工人培训由局教育主管部门承办，并同二级单位开展培训相结合。2001年5月，成立职工培训中心，职工年度培训计划实施由培训中心全面负责，采取脱产、半脱产和业余培训等方式。1992年～2006年12月，先后举办了项目经理、计算机、会计准则、ISO 9000贯标、入党积极分子、科技英语、路桥施工技术、挖泥船驾驶及轮机、出国人员、技能鉴定辅导、特种作业人员、汽车驾驶员、葡萄牙语、纪检干部、建造师、安全员、管理体系内审员、施工机械、P3软件、大学生岗前、车工、钳工、铆工、焊工、项目施工技术、民主管理与厂务公开、财务人员继续教育等培训班279期，培训职工11 881人次。其中，干部培训176期，工人培训103期。

第四节　技　工　学　校

技工学校是工程局培训中级技术工人的基地。1963年11月4日，以（63）水马办孙第282号文，成立技工训练班。1966年4月，开办半工半读技术学校。

1974年2月，正式启用水利电力部第十三工程局技工学校印章。技校建有教学楼、实验楼、实习工厂、学生宿舍，占地30亩，总建筑面积4530米^2。从1974年开始招生，截止到2006年共招生31届，2570人（1976年、2000年未招生）。设有车、钳、铆、焊、铣磨、内燃机修理、直流电、船舶电工、船舶轮机、船舶驾驶、内燃机械等12个专业，后又开办了机电一体化、钻探与灌浆、电子、挖泥船施工等专业，输送毕业生2450多名，为工程局培养了大批优秀人才。

1980年起，承担水电总局委托举办的全国水利系统轮机工培训和局职工技术培训。1980～1982年，原水利部机械施工局、电力部机械施工局还与德州技校合办技校。自1992年开始，技校面向社会招生。自1995年起，技校作为局属二级单位。自1999年起，技校毕业生不再包分配，实行自主择业。2001年5月21日，撤销局技工学校建制，成立局职工培训中心，教学工作移交局职工培训中心承办。

1984年，山东省对技校进行验收一次合格。1996年，山东省劳动厅以鲁劳发〔1996〕117号文，批准技校建立职业技能培训基地。1999年，山东省劳动和社会保障厅以鲁劳发〔1999〕199号文，同意工程局职业技能鉴定所设在技校。1999年，以鲁劳发〔1999〕217号文，同意局技校对46个工种的鉴定资格。2000年，以德劳社发〔2000〕2号文，批准技校建立再就业培训基地。2004年，被山东省总工会评为“职业培训示范点”。

第五节　广播电视大学

1979年2月，经山东省教育厅、省广播电视大学批准，在原修造厂“七·二一”大学的基础上成立局广播电视大学，并于同年9月开始招生，由局修造厂代管。1980年8月，以（80）局党发54号文件规定，自1980年9月1日起电大不再由修造厂代管，改由局直接管理。

电大初期，在家属区西区4栋平房内开课，校舍512米^2。职工文化学校撤销后，电视大学迁入其校址。1987年7月29日，局干部学校和局电视大学合并，一套班子，两块牌子。2001年5月21日，撤销局电视大学（干校）的建制，成立局职工培训中心，设立成人教育科，对外称水电十三局电大。

1993年，电大走联合办学的路子，先后同山东省经济管理干部学院、山东省水利职工大学、山东省青年管理干部学院、华北水利水电学院、德州市广播电视大学5所高等院校联合，开办了经济管理、水工建筑、电算化会计、水利水电工程与管理专科班及会计学、水利水电工程本科班，共12届函授学历教育教学班。

自建校以来，电大共开办了电子、机械、会计、统计、物资、工程管理、党政、档案、建筑、幼师、经济管理、水利水电工程、电算化会计、会计学等14个专业，招生1132人，已有659人取得大专、本科毕业证。

第六节　干校　党校

一、干校

1981年3月2日，成立水利部第四工程局干部学校。1982年7月，三个局合并后，在北区五分局办公楼上，划出一层楼为干校校舍。1987 年 7 月 29 日，干校与电大合并。1989 年 10 月 20 日，成立局党校，与电大、干校一套班子，三个牌子，发挥三种职能。设干教科、电教科（党校函授站）和办公室。

干校的职能是培训干部。自 1980 年 4 月，共办了 69 期学习班。学习内容主要是政治课，如科学社会主义、法制、哲学概论、经济体制改革、政治经济学等，也学企业管理等。开始轮训的主要对象是科级以上干部。1985 年以后，一般干部的比例加大。2001 年 5 月，成立职工培训中心，撤销干校编制，成立干部培训科。

二、党校

1989 年 10 月 20 日，成立局党校，与电大、干校一套班子，三个牌子。党校由局党委领导。1990 年，开办了中央党校函授学院党政及经济管理专业大专班；1993 年，又增办了山东省委党校干部业余教育学院涉外经济管理专业大专班。1994 年，开办本科函授班。教学专业设置从政治类转向经济类，开办的有党政、法律、企业管理、涉外经济管理、经济贸易、经济管理等专业。学制大专班为 3 年，本科班为 2 年半。截止到 2006 年 12 月，共举办了 16 届，6 个专业的专科、本科学历教学班，共招收学员 1126 名，送走毕业生 878 名。

第七节　幼　儿　园

建局初期，为解决职工子女入托问题，工程局成立了幼儿园。在局西区和北区设两个分园，总建筑面积为 3200 米^2。幼儿园先后隶属于局行政部、生活服务公司、劳动服务公司、企业处领导，1995 年 4 月，划归局教育处管理。幼儿园的党务工作原属局教育处党委管理，1996 年 7 月，划归局机关党委。幼儿园由最初的服务局职工转为面向社会招生，在园幼儿最多时为 700 多名，15 个教学班。

幼儿园最早是局生活福利单位，自 2001 年 7 月起，工程局逐年减少投入费用。2004 年 1 月，工程局停止对幼儿园的经费拨款，全部实行自负盈亏。

第十一篇 基 地 后 勤

第十一篇 基 地 后 勤

44 年来，水电十三局的后勤基地建设发生了很大的变化。建局之初，德州基地只有山东省水利厅所属水利学校一座未完工的教学楼、10 栋平房，总建筑面积 7600 米^2。1965 年底，工程局建起家属宿舍 10.68 万米^2，修建了医院、学校、托儿所，装修了办公楼，修建了车间仓库，总建筑面积 13.92 万米^2。

1989 年，工程局进行住房制度改革，实施合作集资建房。1999 年，工程局做出“充分利用中心地段存量土地的优势，盘活土地资产，以地换房”的决策，先后对局医院、新华路沿街楼等 4 个地块进行联合开发，共投入土地 11.54 亩，共分得房屋面积 22671 米^2。

为解决职工医疗问题，1964 年 3 月工程局成立了职工医院。建院之初只有几间平房，4 名医护人员；医院先后于 1968、1973、1984 年进行三次扩建；1999 年，以土地置换的方式新建了医院门诊、病房楼，床位增加到 300 张。经过 40 多年的发展，水电十三局医院成为集医疗、科研、教学、急诊急救于一体的二级综合医疗机构，医疗设备、医疗环境、医疗质量也有了很大的改善，医疗服务面向社会，参与当地医疗竞争，并被列为德州市、德城区医疗保险定点医院。

第一章 基地建设与管理

第一节 基 地 建 设

1962 年，水电部决定将马颊河疏浚工程局本部设在山东省德州市，当时的基地只有山东省水利厅所属水利学校一座未完工的教学楼、一座大礼堂和 10 栋平房，总建筑面积 7600 米^2，占地 120 亩。

根据建局时的情况，结合水利电力部要求，在省市规划部门、省建筑设计院的共同参与下，确定了征地规模并进行规划设计。德州基地房屋建筑初步设计为 11.3 万米^2，复审减为 7.8 万米^2，规定家属宿舍为半永久性，造价压缩到 55 元/米^2 以下。要求尽量利用原有建筑，生活住房坚持低标准，福利设施要低于建委标准，生产设施按实际需要，其他设施采用低标准。基地的建设引起广大职工的关注，施工过程中提出许多意见，所以房屋类型很多。

1963 年，4000 多名家属随职工迅速涌向德州，当时的住房不能满足职工及家属的安置需求。部分职工被安排在办公楼里住宿，办公楼过道都住满了人，有的平房一间住两户，大礼堂也以蚊帐作隔墙住过家属。另外，在市区及周边农村租用民房安置家属，有的甚至还住进了羊圈，建设基地刻不容缓。在接收山东省水利厅移交土地 120 亩的基础上，1963 年分两批征地 704 亩（水电部批准征地 800 亩），其中征用土地 545 亩，国有划拨土地159亩。

1965年底，马颊河疏浚工程局先后建起家属宿舍10.68万米^2；单身宿舍4958米^2，其中楼房1658米^2；医院、学校、托儿所12 495米^2；装修了办公楼，修建了车间仓库，总建筑面积13.92万米^2。建立了供水、排水、供电、通信等设施，固定资产投资47.5万元。同时在德州及善化桥、任桥、大山、堤口、平原等18处，投资100万元建设了一批大型临时设施。

1965年，马颊河疏浚工程局基地基本建成后，至1970年只增加零星建筑1331米^2。

1970年，漳卫南管理局并入后，增加建筑面积4098米^2。同年9月，原漳卫南局机关所在的土地房产同德州地区行政干校所在的土地房产无条件对换。1980年5月，将原水电十三局办公大楼及附近其他建筑物土地划归漳卫南管理局所有。

1972年，水电十三局扩建中学，增加了食堂，建造厂房等，增加建筑面积2013米^2。

1973年是增加建筑面积比较多的一年，新建施工处办公室、家属宿舍、单身宿舍和一些生产福利设施，建筑总面积9550米^2。

1974年，水电十三局一分局开始在山东省微山县建设永久性建筑，并逐步扩建。

1976年底，水电十三局征地39亩，为机械施工处办公楼及停车场购地215亩。1984年又征地55.77亩，至此水电十三局基地土地面积合计1134亩。因基地当时没有围墙，后因公路扩建、换房损失、拨给其他单位等，减少土地218亩，德州基地实际占地916亩。微山县一分局占地200亩，天津六队占地22亩，济南办事处占地7.2亩，全局合计占地1145亩。

1977年，水电十三局济南办事处建了一座二层小楼和一栋平房、车库计1270米^2。同年六队在天津北塘建立固定基地。

1974年，水电十三局建成第一栋单元楼。1982年三个局合并后，基地有了较大的扩充。1982年开始，工程局兴建了第一批有暖气设施和前后阳台的单元住宅楼，到1989年工程局房改之前，共建各类职工住宅楼52栋，建造面积74 220米^2，1240户职工住进楼房。

1984年10月，水电十三局局机关办公楼破土动工，1988年1月竣工，建筑面积5156米^2，造价211万元。

1989年，水电十三局抓住国家实施安居工程建设的机遇，决定进行住房制度改革，转换建房机制，实施合作集资建房。先后共合作集资建房58栋，建筑面积24万米^2，2703户职工迁进新居。同时，水电十三局投入土地11.54亩，与当地开发商联合开发建房，工程局共分到房屋2.2万米^2。

2003年4月，水电十三局成立了物业管理公司，与基地管理处实行一套班子，两块牌子，模拟市场化运作，对基地后勤供水、供电、供暖等服务加大了管理力度。

2005年5月，水电十三局进行第9次集资建房，10栋住宅楼同时破土动工，这是规模最大、工期最短的一次建房，历时七个多月，共建住宅楼10幢612套，建筑面积59 615米^2，2005年底交付使用。

2006年开始，水电十三局投入资金325万余元，对小区进行道路整修、地面硬化改造及绿化种植工程。此项工程共整修道路 10 500 米²，硬化地面 42 000 米²，同时为北区居民新建自行车棚 324 米²，在各小区分别修建停车位 57 个，安装庭院灯 44 盏，健身器材 64 件。

第二节　集　资　建　房

1995 年，国家实施安居工程建设。山东省建委以鲁建房发〔1995〕26 号文，批准水电十三局家属区为德州市湖滨南路安居住宅小区，列为省、市重点安居工程，并纳入国家安居工程计划，享受免征城市建设配套费、易地人防建设费、水电增容费、固定资产投资方向调节税、施工营业税等优惠政策，并可申请贷款。国家计委和省计委分别以国计投字〔1996〕535 号文、鲁计基字〔1996〕497 号文，下达了湖滨南路安居小区 1996 年的建设规模为 4 万米²，投资计划为 2800 万元，贷款额度为 800 万元。据此，水电十三局分别在 1996、1997 年进行了第六次一、二期建房，新建住宅楼 11 栋 524 户，建筑面积 41 090 米²，从建行房地产信贷部得到住房贷款 800 万元。之后国家取消安居工程，实施经济适用房政策，水电十三局通过积极工作，取得了地方主管部门的支持，为工程局七、八次建房申请到经济适用房指标 8 万米²，从而减免了部分城建配套等费用。

水电十三局第 9 次合作集资建房争取到多项优惠政策，减免各种税费总计达 1000 多万元。

此外，水电十三局还在天津北塘基地和山东省微山县一分局基地分别建集资楼各一栋。

水电十三局历次职工集资建房情况统计表，见表 11-1-1。

表 11-1-1　　职工集资建房情况统计表

次　数	竣工时间	栋数	户数	建筑面积（米²）	职工集资款（万元）
第一次	1990-11	1	24	1450	29.62
第二次	1992-12	3	72	4862	105.04
第三次	1993-11	4	120	8281	318.25
第四次	1995-11	6	192	14 363	573.48
第五次	1997-01	6	370	26 988	1449.00
第六次一期	1998-01	8	412	30 548	1923.07
第六次二期	1999-09	3	112	10 542	710.10
第七次	2000-12	5	240	24 908	2158.70
第八次	2002-11	12	548	61 212	5036
第九次	2005-12	10	612	59 615	6140.34
合　计		58	2702	242 769	18 443.60

第三节 基 地 管 理

基地管理的主要工作内容为供电，供水，供暖，房屋的分配、管理和修缮，环境卫生和绿化等后勤服务工作。

供电。1992 年 7 月以前，水电十三局德州基地建有东区、南区、北区、医院四处变电所，总容量 1975 千瓦。由于低压输电线路径细、线路长、压降和线损大，用户电表容量小，用户用电受到限制。随着职工生活水平的提高，家庭中各种电器的增加，用电的需求越来越大，水电十三局逐年加大对供电设施的整改力度，增加了西区 630 千瓦箱式变压器、两处变电所，总容量达到 2929 千瓦，并调整了变电所布局，将家属区的高低压供电线路和旧楼房、平房的进户线全部进行了更换，克服了线损、压降超标的现象，使供电系统技术趋于合理，保证了供电质量。1998 年 4 月，取消了对居民生活用电量的限制。2003 年，水电十三局家属区四个小区和医院共有五个变电所、三台箱式变压器，总容量为 3235 千伏·安。2004～2005 年，水电十三局对家属区南区、西区主线路架空线进行了落地电缆供电改造，并对西区楼房和平房机械电表全部更换为节能电子表。对沿街所有的商业户进行了磁卡表更换，采取微机软件的收费管理。通过改造，节省了供电成本，降低了供电损耗，保证了小区的供电质量。

供水。水电十三局建局初期，供水配套设施比较简陋。为了解决职工家属吃水难问题，工程局分别于 1974、1979、1982 年打了 3 口机井，1974 年建水塔 1 座，高 26 米、容量 100 吨。1983 年建了 300、800 吨水池各一个。1981 年自来水进户，结束了 2 幢平房一个水龙头的历史。1991 年又建 150 吨水池 1 个。机械施工局还建水井 1 口，水塔 1 座。德州基地设有水井 4 口，水塔 2 座，水池 3 个。

由于建局初期地下管网是按照平房标准设计的，不符合楼房建筑结构的要求，经过几十年的使用，破损现象十分严重。西区、北区两处水泵房，全年取水量最高达到 140 万米^3，部分居民楼高层上不去水，东区、南区夏天经常是多日无水，大量自来水都从地下白白流走，供用水矛盾十分突出。为解决这个矛盾，1990 年工程局投入 18 万元在南区修建了 150 米^3 水泵房。

1992 年开始，水电十三局重新设计并组织实施了对供水设施的改造，将平房的旧管网和旧楼房的进户管线全部更换，改变了管网和泵站设置不合理的现象，改善了供水水质，居民饮用水从过去的高氟地下水变成优质黄河水。

1998 年，水电十三局在家属区南区、北区安装了变频自动化供水设备，延长了供水时间，降低了能耗，供水效果较前大为好转。

2003 年，水电十三局家属区四个小区全部实现了变频全自动控制恒压供水，解决了小区居民楼高层多年供水不足的问题。

2004 年 7 月，水电十三局家属区四个小区及办公场所结束了长达 30 多年的定时供水历史，实行全天 24 小时不间断供水。在保证正常供水的情况下，水电十三局对老管网和单户集中控制进行供水改造。截至 2006 年底，共改造完成小区单户集中控制率在 50%左右，供水效果得到明显改善。

供暖。1982年以后，水电十三局新建的办公生产用房和职工家属楼都配备供暖设施，同时旧办公楼、单身楼、单元楼及托儿所、小学也都逐步装上了暖气，供暖面积逐步扩大。

1992年前，德州基地有供暖锅炉5处，总容量28吨/时，供暖面积约14万米^2。锅炉均为旧式的，热效率低且污染严重。自1992年开始进行增容改造，容量增至62吨/时，供暖面积扩大为28万余米^2，并且还有一定的容量储备。供暖锅炉房经改造，合并为4处，南区、北区锅炉房进行了大修增容。

2000、2001年，水电十三局在家属区东区、西区新建了锅炉房，分别投资293.6、210万元，并对热力管网全部进行了改造，对旧楼房的室内管道逐年进行了更换，基本上解决了跑、冒、滴、漏问题，保证了室内温度。

2003年5月，水电十三局按照国家节能减排的要求，征得地方水资源等有关部门的批准，投入200余万元对基地北区实施了地热供暖和小区单户供暖控制改造，经过冬季运行达到了预期效果，北区实现了绿色环保地热供暖。

2005年，水电十三局对南区锅炉房进行改造，淘汰了三台4吨老式锅炉，新增了一台节能、高效、环保的10吨锅炉，从根本上解决了南区热力不足的问题。截至2006年底，水电十三局家属区供暖锅炉房为三处，实际在用锅炉容量为50吨/时，供暖效果逐年增强。

燃气。1980年，机械施工局为职工发放煤气罐近400套。1985年起，水电十三局又陆续发放了煤气罐2015套，并建有南、北区煤气站，面积203米^2，至此职工家属基本结束了烧煤的历史。

1999年，水电十三局抓住德州市推广使用天然气的机遇，从第六次二期建房开始，新建住宅楼全部实行天然气进户。

2002年，水电十三局旧楼区的543户也用上了天然气，包括第八次建房在内，工程局已有1443户职工家中通了天然气。

绿化。1963年建局以后，水电十三局的绿化工作由行政处负责，每年统一购买树苗，分到各单位植树。1980年，国家确定3月12日为植树节之后，行政部门由1名干部兼管植树工作，配备了园艺工人。

1985年3月12日，水电十三局成立了以副局长为组长的绿化领导小组，下设办公室，办公室设在基地管理处。基地管理处负责局机关及家属区的绿化工作，并对二级单位的绿化工作进行指导和监督。各二级单位按照局绿化领导小组的要求投资植树栽花，投资额逐年增加。德州驻地各单位，仅1985～1992年即投资19万元。小区树木存活3800多棵，各种花灌木已达3万棵，绿篱2700多米，大小花坛400多个，绿荫覆盖面积达28%，小区基本实现三季有花、四季常青。

1997年，水电十三局投资十几万元在南区建成一个占地2500米^{2}的休闲娱乐花园，内有各种植物几十种。

1998年，德州市人民政府对东风东路进行改造，按照市政府的统一部署和要求，水电十三局又投入大量资金在局机关对面、东风路南侧建成一个1500米^{2}的和谐园。

1999年，水电十三局撤销基地管理分局，成立基地管理处，绿化管理、环境卫生两项职责归基地管理处，日常工作由局爱卫会办公室负责。

2002年，水电十三局第八次建房后，工程局一次性投入70万元，对小区进行了绿化，聘请山东省设计院对小区绿化进行全面策划设计。当年建成绿地2700米^2，建高档花架8处，安装石桌、石凳50组，健身器材70组套，拆除原始的垃圾箱点240个，购置封闭式垃圾箱100个。从此，小区由单一绿化保洁小区变成职工群众休闲、娱乐、健身于一体的小区。

截至2006年底，水电十三局德州基地生活小区道路硬化率达95%，绿化覆盖率达35%，人均绿化面积30米^2。

爱国卫生。1964年10月，马颊河疏浚工程局建立了局爱国卫生委员会，归属卫生处领导。1996年8月，工程局机构调整，爱国卫生委员会划归基地管理处领导。

1998年，由分管局领导担任局爱国卫生委员会主任，下设办公室，归基地管理处管理，并配备专职人员承办日常工作，负责家属区的环境卫生管理。随着爱国卫生委员会从卫生处到基地管理处隶属关系的变动，爱国卫生委员会的管理职能又增加了环境绿化管理。

食堂。马颊河施工初期，工程局在德州基地开办一个大食堂，基地的大部分职工在一起就餐，此外有医院食堂、托儿所食堂。沿河各队（船）及善化桥、任桥、大山都有食堂，最多时全局有30个食堂。后来德州基地建有7个食堂，一、三、四分局外业队及局直属队、80米^3/时挖泥船也自己办食堂。由于各二级单位基本建立各自的食堂，局大食堂撤销，保留机关食堂。

1992年7月，水电十三局机关食堂划归多种经营办公室，逐步由服务职能转变为经营职能。国内外项目部、经理部，均设有职工食堂，并给职工确定较高标准的伙食费。2004年以后，随着新招收的大学生增多，多数二级单位又建起了食堂。

第四节 住 房 管 理

建局前，工程局随工程流动，无固定基地，职工住房多为简易的临建住宅。1962年马颊河疏浚工程局成立以后，在山东省德州市开始建设基地，职工住宅由工程局统一建造，均为半永久性砖混结构和砖木结构平房。职工享受福利分房，基本是无偿使用。

20世纪70年代末以后，水电十三局加大了基地建设的力度，特别是随着住房制度改革的不断深入，住房管理也进一步加强和完善。

一、20世纪70年代住房管理

1979年7月19日，水电十三局制定了《局驻地职工家属住房分配调整和管理暂行规定》。文件规定了职工住房分配标准：新婚夫妇分配12～19米^{2}住房一间；夫妇双方1～3个子女，子女最大在5周岁以上10周岁以下可享受18米^{2}住房（外加厨房）；夫妇双方1～3个子女，子女最大在10周岁以上享受25米^{2}住房；夫妇双方属于多子女（3个以上子女）的老职工，最小子女在10周岁以上的（老人户口在局），可调整居住面积30～40米^{2}住房。

二、20世纪80年代住房管理

1983年1月17日，水电十三局制定《局德州基地职工住宅分配暂行办法》。此次住房分配的原则：干部按职务，技术人员按职称，工人按级别。住房分配顺序是按资历，即按工龄长短顺序排列；结婚户按夫妻双方年龄之和；在同等条件下，优先安排离退休职工、一线职工、科技人员。

住房分配标准分为四个档次：局级领导干部（高级工程师、局副总工程师、局副总会计师和行政14级以上的领导干部），每户住房面积43～53米^2；处级领导干部（工程师、会计师、主治医师和相当于这些职称的其他知识分子），每户住房面积34～38米^2；科队级干部和六级以上高级工（建国前参加革命的一般干部、老工人和解放后参加工作的行政20级以上的一般干部），每户住房面积29～34米^2；一般职工，每户住房面积18～34米^2。

1983年12月18日，水电十三局制定《局驻地职工家属住房分配调整和管理暂行规定》，对职工住房顺序进行了调整，由原来按资历顺序排列，改为按资历和年龄顺序排列，谁工龄长、年龄大谁先分房。

1985年2月26日，水电十三局印发《局德州基地职工住宅分配暂行办法》，决定成立分房领导小组；同时成立了房管组（归属基地管理处领导），负责分房的具体工作。文件对住房分配原则、顺序、标准、条件及房费收取标准作了明确规定。凡局正式职工，有结婚登记证或家属是基地常住人口（有户粮关系），居住有困难和结婚无房的职工均可申请。住房分配原则：干部按职务、专业技术人员按职称、老工人按级别、其他一般人员按家庭人口构成。分配顺序：无论新房、旧房分配或调整，均采用工龄加大专学龄之和按顺序征求本人意见的分配办法；结婚户以领取结婚证书为准，优先安排晚婚青年；在同等条件下，优先考虑离退休职工、知识分子、外业队职工。

住房分配标准有所提高，局级领导干部（高级工程师、总工程师和行政14级以上经批准享受厅、局级待遇的离休干部），每户面积57米^2（相当90型楼房）；处级领导干部（副总工程师、中级职称和行政18级以上经批准享受县、团级待遇的离休干部），每户面积42米^2（相当于70型楼房）；科队级干部（7级以上高级工、建国前参加工作的一般干部和工人以及建国后参加工作的行政20级以上的一般干部），每户面积35米^2（相当于60型楼房）；一般职工27～35米^2（相当于50、60型楼房），并规定5口人以上和4口人的大男大女（12岁以上），每户35米^2（相当于60型楼房）；2～4口人（12岁以下子女），每户27米^2（相当于50型楼房）；新结婚户面积达不到18米^{2}的免收房费。

单身职工可安排单身宿舍，每人6米^2。科队级干部、6级以上工人、工程技术人员、教师、医生可两人一间；处级干部、工程师等可一人一间（标准12～16米^2）。房费收取标准，楼房按层数和新旧不同按0.06～0.09元/米^{2}收取，老楼和平房均按0.05元/米^{2}收取，超出住房标准收取高价房费，按0.5元/米^{2}收取。

三、合作、集资建房管理

1989年5月20日，水电十三局下发《关于合作建房的通知》，决定采取民建公助的形式合作建房，并成立了建房合作社。合作社本着入社自由的原则，以民建公助的形式，在工程局给予一定补贴的情况下，通过筹集职工的资金，用于建造职工住宅楼。首次建房地点确定在南区，建房标准为建筑面积 60 米^2。凡在工程局符合分房条件的均可报名参加合作建房。参加合作建房的职工，同样享受局内供水、供电、供暖等福利待遇。首次合作建房的优惠价暂定平均 225 元/米^2，与实际造价的差额部分由工程局承担。合作建房的产权归合作建房者所有，交清全部房款后由合作社发给市房地产管理部门签发的产权证，建房者有使用权、继承权。合作建房 5 年内不得出售，5 年后允许按房地产管理部门的私房出售规定进入市场交易，但只能售于本局职工或局建房合作社，税后增值部分按投资比例分成，不得出售或转让给非本局职工。

1990 年 2 月 19 日，水电十三局印发《水电十三局结婚户集资建房暂行办法》，决定采取住户集资，工程局给予补助的形式，建造一些单间住房，以缓解结婚户住房困难。房屋按建造面积 90 元/米^2 元计算，住户一次性付款 1500 元，不足部分工程局补贴。凡本局已领取结婚证但没有住房的新婚职工，可报名参加。房屋使用期间，免交房费；按工程局规定，分到其他住房时，必须退出集资房，工程局退还全部建房款。

1990 年 11 月 20 日，水电十三局印发《关于第二次合作建房的通知》，对第一次合作建房作了相应的修订和补充。第二次合作建房地点确定在南区，建造 3 栋三单元四层 72 套住宅楼，建筑面积 65 米^2。工程局内双职工或虽一方为局职工，另一方无经济收入的，优惠价 205 元/米^2；男女双方都有经济收入且一方是局职工的，每户增收 3500 元，产权归合作建房者所有，有永久的使用权、继承权；售房后与工程局按售价的 2∶1 进行税后分成。

1992 年 5 月 23 日，水电十三局印发《关于第三次合作建房工作的会议纪要》，第三次合作建房共 75 户，每套面积分别为 50、60、70 米^2。造价 600 元/米^2 左右。凡男女均为本局职工，按建造面积职工承担 350 元/米^2，超出部分工程局承担。一般职工补贴到 60 米^2，副处级以上和中级职务（技师）补贴到 70 米^2。凡符合法定结婚年龄的未婚职工，也可以参加合作建房，但暂先按单职工标准加收 5000 元，将来结婚后对象为本局职工，退还 5000 元。

1992 年 8 月 13 日，对第三次合作建房工作会议纪要确定的补贴标准进行了修订。从第三次合作建房后，多层住宅楼一律实行按楼体决算价格以 2∶1 的比例分摊，职工个人承担三分之二，工程局补贴三分之一。室外部分由工程局全部承担。

1996 年 3 月 15 日，印发《水电十三局职工合作建房暂行办法》，对购房办法进行了调整，由抽签办法，改为以累计各项得分，按得分高低决定购房权。积分办法为年龄每一年 1 分，工龄每一年 1 分，双方为本局职工加 10 分（离退休职工均加 10 分），教师加 3 分，获省、部级先进生产工作者及劳动模范者加 10 分，获得局级劳动模范者加 5 分。

1996 年 4 月 29 日，水电十三局下发《关于进行第六次合作建房的通知》，文件对购房办法进行了补充，工程局将全部住宅楼分为三部分，分别是拆迁户、无房户、普通户；在拆迁户中，先全资、后垫资、最后为合资，无房户、普通户也照此排序。垫资者在搬进新楼满 2 年时，退还三分之一的购房款。

2001年8月22日，水电十三局下发《关于进行第八次集资建房的通知》，决定从第八次集资建房开始，教师购房与普通职工同等对待。省、部级劳模购房除加10分外，另可享受5%的购房款优惠。全日制正规院校毕业的大专以上（含大专）学历的无房户，单独进行排队、计分。除了按工龄、年龄及双职工累积计分之外，本科学历加5分，局级先进加5分，分局级先进加3分，担任过局直属项目副经理或者现任科级干部者加5分，高级职称加8分，中级职称加5分，助理级加2分。

对职工以成本价购房的面积标准：普通职工88米^2，副处级以上干部或高级以上职称者110米^2，正教授级高工130米^2，副局级以上领导干部150米^2。

2004年7月16日，水电十三局下发《关于进行第九次集资建房的通知》，第九次集资建房的最大特点是由于德州市按市政建设规划，造成水电十三局大面积住宅楼拆除。针对这一特点，工程局对拆迁安置做出了相应的规定。

第五节　盘活土地资源

1999年，德州市人民政府做出了拓宽东风路的决定，指令水电十三局拆除沿东风东路两侧的原湖东饭店、本斋饭店、大招待所和医院的部分房屋。拆除后面临重建问题，根据工程局资金状况，要投入大批资金进行重建力不从心，如果不重建，东风东路两侧都是黄金地段，长时间闲置随时都有失去土地使用权的可能。为此，工程局做出“充分利用中心地段存量土地的优势，盘活土地资产，以地换房”的决策，即工程局以土地为投资，由开发商投入全部建设资金，进行联合开发建设，所建房屋按比例分成。

1998年11月和1999年2月，工程局与新远房地产开发公司先后签订了关于联合开发医院对面（银龙大酒店）地块、集美对面（金龙大酒店）地块的合同。工程局投入土地4.67亩，其中金龙大酒店沿街土地1.39亩，银龙大酒店沿街土地3.28亩，分得房屋7035米^2，其中金龙大酒店1331米^2，银龙大酒店2771米^2，银龙大酒店以东的沿街三、四层住宅、公寓和办公用房2933米^2。金龙大酒店在1999年11月交付使用，银龙大酒店于2000年8月投入使用。与新远公司联合开发所分得的房屋，安置了56名职工，也为大学生提供了住宅公寓，还为基地管理处和监理中心提供了24间办公用房。

1999年2月13日，水电十三局与德州市金益德房地产开发公司签订了关于联合开发职工医院地块的合同。医院门诊楼于1999年11月19日破土动工，2000年11月竣工，12月交付使用。医院病房楼于2000年5月动工，2001年3月交付使用。在职工医院开发项目中，工程局投入土地3.54亩，得到房屋9847米^2，其中医院门诊楼3635米^2，病房楼5377米^2，沿街三楼房屋835米^2。此外，医院的部分沿街房还为奔驰中心及珠海办事处等单位提供了经营办公用房。

1999年3月10日，水电十三局与长城房地产公司签订了关于联合开发新华路沿街商住楼的合同，工程局投入土地3.35亩，得到房屋5789米^2（未含综合楼的4～5层面积1776米^2），其中小学教学楼2489米^2，综合楼1～3楼面积933米^2，西区14号楼18套住宅1667米^2，西区24号楼8套住宅700米^2。西区14号、24号楼和综合楼1999年11月动工，2000 年 10 月竣工；小学教学楼 2000 年 11 月动工，2001 年 7 月交付使用。与长城公司联合开发所建成的房屋，为一分局、二分局、设备租赁公司、设计院、培训中心提供了经营、办公、教学的场所；解决了职工住宅 26 户；为小学的迁址提供了新的教学场地。

水电十三局 4 个地块的联合开发共投入土地 11.54 亩（含工程局所分得的部分房屋占地在内），共分得房屋面积 22 671 米^2。

第二章　医　疗　卫　生

第一节　机　　构

1964 年 3 月，水电部马颊河疏浚工程局成立职工医院，解决职工医疗问题，开展工地卫生工作。

1964 年 11 月，成立计划生育办公室；1965 年 10 月，成立防疫站；相继又成立了爱国卫生委员会办公室，归职工医院领导。

1976 年，水电十三局职工医院与防疫站、爱国卫生委员会办公室、计划生育办公室分开，归文教卫生办公室领导。

1982 年 9 月，水电十三局成立卫生处。职工医院、卫生防疫站、计划生育办公室和爱国卫生委员会办公室四个部门归卫生处领导。1984 年，水电十三局卫生处与职工医院合并，两块牌子，一套班子。行使医疗、卫生防疫、计划生育、爱国卫生职能，对上级卫生部门统称卫生处，对社会和工程局内部称职工医院。

1996 年 8 月，水电十三局机关机构调整，爱国卫生委员会办公室划归基地管理处领导。卫生处行使医疗、卫生防疫和计划生育管理职能。

2001 年 1 月，水电十三局医院实行医院管理委员会领导下的院长负责制，作为法人代表的管委会主任由工程局指派，履行法人代表的职责。管委会由法人代表、院长、工会主席、总会计师、总护士长、财务科长、医生代表 7 人组成。

水电十三局职工医院原门诊楼和病房，是 20 世纪 60 年代初建成的，低矮、窄小、破旧，不能满足职工对医疗卫生的需求。职工医院先后于 1968、1973、1984 年进行三次扩建，1991 年又新建一栋急诊楼。1999 年 2 月，水电十三局以土地置换的方式，与德州市金益德房地产开发公司签订了关于联合开发职工医院地块的合同。医院五层门诊楼于 1999 年 11 月 19 日破土动工，2000 年 12 月竣工投入使用，门诊楼使用面积 3635 米^2。拆建前医院病房床位 170 张，医院八层病房楼于 2000 年 5 月破土动工，2001 年 3 月竣工投入使用，病房床位增加到 300 张，病房楼使用面积 5377 米^2。2002 年又自筹资金建起了影像楼、传染科病房，修建了病区花园，美化了医疗环境。

第二节　医　　疗

1962 年 12 月，由闽江工程局调来 2 名医生、2 名护士开始筹建职工医院。

1963年3月，马颊河疏浚工程局在原漳卫南院内几间平房里成立了卫生所，5月开设了内、外科和药房。后陆续从闽江工程局调来96人，加之分来的大中专毕业生30人，1963年底职工医院有职工126人。

1964年3月，职工医院成立后设门诊部与住院部两部分，门诊部设有内科、外科、儿科、妇产科、牙科、中医科、五官科、注射科、药剂科、检验科等10个主要科室，住院部设有床位120张，院内设有防疫站负责开展防疫保健等卫生工作。局各工程处成立医务所，每个医务所设观测床10张。

1964年10月，医院新楼建成并投入使用，配备常规医疗设备，能治疗内外科常见病、妇科病、接生，完成常规普外手术。卫生防疫以防治肠道传染病和疟疾为主。

为保证工程局外业队职工的医疗，医院还在施工现场设立卫生所或派医务人员驻队。在马颊河施工期间，第一至第七工程队、安装队、动力队各有1～3名医务人员，在大山点设卫生所，有9名医务人员。1971年，南四湖生产指挥部成立后，也相应成立卫生所，有8名医务人员。还在二级坝、杨庄和薛河头设卫生室，有医务人员8名。一分局二级坝和微山医务所有25名医务人员。微山医务所有26间房舍，10张病床，设9个科室，配备医疗设备有200毫安X光机、心电图机、牙科综合治疗机等。医院组成医疗队，经常深入工地为一线职工查体和巡回医疗。局直属工程队则由医院派人轮流驻勤，为一线职工服务。

1976年唐山抗震救灾中，局派出了祁连军、黄平生、许杰、宋修芝、汪乐英五人到650部队医院，参加了对唐山地震伤员的抢救工作，因成绩突出，受到水电部领导的表彰。同时，职工医院按照德州地区、军分区的安排，接受了74名唐山地震伤员的治疗护理任务。

1979年以后，水电十三局医院添置了救护车、400毫安X光机、胃镜、B超等医疗设备，当时在德州市处于较先进水平。1992年以后，先后购置了螺旋CT、血液透析机、大生化、心脏工作站、遥测心电监护系统、电子胃镜、电子肠镜、800毫安数字胃肠机、超声诊断仪、神经功能重建仪、数字影像系统、超声乳化仪、生物共振仪等医疗设备，提高了诊疗水平。

20世纪70年代，内科采用中西医结合治疗胆囊炎、结核性脑膜炎效果良好；对心肌梗塞病人的抢救也取得了一定成绩。

20世纪80年代，水电十三局职工医院开展了胸外、血管外科和显微外科手术。1985年断指再植获得成功。1986年开展了肌泮成形术，治疗原发性深静脉功能不全，填补了德州地区的空白，血管外科处于德州先进水平。内科在心脏电生理检查、中风先兆预测、重症有机磷农药中毒的抢救、重症休克的抢救、哮喘病的防治都有较高水平。超声检查、纤维内窥镜检查及脑电图检查等处于德州地区先进水平。

进入20世纪90年代，医院更加注重引进新技术，不断加强医疗质量管理，加大人才培养力度，提高医疗服务水平，医疗技术、住院病人量、业务收入和社会知名度都有了很大的提高。服务范围也由过去以服务局内职工为主逐步面向社会。2001年，国家实行城镇职工社会医疗保险后，水电十三局医院被列为德州市、德城区医疗保险定点医院。多年来完成学术著作12部，发表学术论文616篇，其中在国家级杂志发表或大会交流的有126篇，省、部级杂志发表238篇。其中获省、部级优秀论文10篇，地区优秀论文15篇。

2001年初，水电十三局对职工医院进行了内部体制改革，实行管理委员会领导下的院长负责制。改变以往的干部任命制，从科主任到院长全部实行公开竞聘。医院还改革了分配制度，按岗位和绩效发放工资，侧重于临床一线职工，充分调动职工的积极性。截至2006年12月，医院共有职工260人，其中专业技术人员237人，高级职称53人，中级职称130人。

经过44年的发展，职工医院已经发展成为一座集医疗、教学、科研、急救、保健、预防为一体的科室设置齐全、技术力量雄厚、医疗设施先进的二级综合医院。

第三节　医　疗　费　用

水电十三局自成立至80年代，职工医疗费用采取职工免费、家属半费的管理办法。随着从计划经济到市场经济的转变，工程局对医疗费用的管理进行了改革。

1978年6月1日，水电十三局下发《关于职工供养直系亲属半费医疗问题的通知》，规定凡本局职工供养的直系亲属，在指定医院治疗，均可报销二分之一医疗费；职工在外地（或农村）供养的直系亲属，可在当地公社、镇以上医院治疗，凭医药费发票并附当地生产大队（街道居委会）证明，可报销二分之一的医疗费；第三胎或多于第三胎的职工子女不能享受半费医疗待遇。

1987年12月26日，水电十三局印发《水电十三局职工医疗费包干办法（试行）》，决定试行职工个人及供养直系亲属医药费指标包干办法，指标内节约部分，按比例分成，超过包干指标部分，按工龄长短的比例报销。特殊病症，取得医院证明，医疗费超过本人包干指标部分全部报销，家属仍按半费报销。工伤住院期间及院外治疗，在医院确定的治疗期内，所发生的一切费用全部报销，治疗期以外所发生的医疗费仍属包干范围内。

1988年4月6日，水电十三局印发《水电十三局职工医疗费包干办法》，对原有办法进行了修改。规定固定职工、长期合同工，在门诊及住院时发生的医药费属包干范围。注射费、检验费、住院床位费、手术费及有规定不能报销的项目以外的治疗费，不属于包干范围；固定职工供养的直系亲属，按规定应享受药费的50%部分包括在职工包干指标中，手术费不在包干指标中，按规定报销50%；双职工都在本局的独生子女均由男方负担医药费；有一方不是本局职工，只能报销50%的一半；职工的妻子在农村，则由本局职工负担；援外职工、离退休职工供养的直系亲属不属包干范围，仍按50%从严报销；供养直系亲属2人以上，职工2人以上都在本局工作，应合理负担，不得重复填报；职工只有一方在本局工作，其供养的直系亲属在2人以上时，本局只负担1人的50%；凡是慢性病、职业病、工伤职工供养的直系亲属的医药费超过包干指标，超支部分按比例报销。

1993年3月1日，水电十三局印发《水电十三局职工医疗费管理办法》，文件根据国家关于推进公费医疗和劳保医疗制度改革，实行医疗费由国家、企业、个人合理负担的基本原则，在国家和上级尚未下达统一的改革办法之前，结合工程局实际，对原有医疗费包干办法进行修订。规定在职职工、离退休职工医药费、住院所发生的费用，一律实行现金结算；门诊挂号费一律自负，除癌症、工伤、精神病治疗期间和计划生育手术费的医药费全部报销外，其他医药费用由个人负担一部分，单位负担一部分，按工龄不同单位报销比例不同；离退休职工和建国前参加工作的退休职工，门诊、住院费均按100%报销。

1995年9月14日，水电十三局印发《水电十三局职工劳保医疗试行办法》，决定试行按职工工龄划开档次、医疗费指数包干、节约归己、超用合理负担的办法。按照工龄的不同，规定了职工医疗补贴标准；离休干部，省、部级劳模，因工致伤致残的，按有关政策规定人员的补贴标准。职工医疗包干费当年有节余，可结转下一年度，作为积累金，用于支付个人医疗费用。

1997年10月18日，水电十三局印发《水电十三局职工劳保医疗试行办法》。试行“费用包干、超支自付、大病分担、适当补助”的管理办法。规定在职及退休（含退职）职工按照年龄递增包干费用，包干费中含职工供养的直系亲属医疗费在内；职工医疗包干费标准按年核定，按月随职工工资发放现金，包干使用，节约归己，超支自负；离休人员（含二等乙级以上革命残废军人），所发生的医疗费据实报销；工伤的首次医疗以及工伤部位复发所发生的医疗费用，可持局技安部门的证明报销；职业病患者，治疗职业病的费用，据实报销；职工当年自行负担的医疗费超过本人上年收入的20%以上，可向单位申请困难补助。

2001年2月13日，水电十三局下发《关于实行职工基本医疗保险有关问题的通知》，根据国家、德州建立城镇职工基本医疗保险制度的规定，凡符合参加医疗保险条件的在职及退休、退职人员，从2001年1月1日起，均参加德州市基本医疗保险。基本医疗保险费的缴费率，用人单位按本单位上年度职工工资总额的6%缴纳，职工个人按上年度本人工资收入的2%缴纳；退休人员个人不缴纳基本医疗保险费；参加基本医疗保险的单位和个人，按年人均40元的标准建立大额医疗救助社会统筹金，用人单位和个人各缴纳20元，个人部分年初一次性从工资中代扣；离休人员、二等乙级以上革命残废军人的医疗待遇不变，医疗费用按原资金渠道解决；建国前退休的老工人，不参加基本医疗保险，医疗费用仍按工程局有关规定执行；退休人员从批准退休的下月起，个人不再缴纳基本医疗保险费，并相应地享受退休人员基本医疗保险待遇。参保时间不足1年的参保者统筹基金年度最高支付限额为缴纳基本医疗保险费实际月数÷12×本年度最高支付限额。职工因病情确需转移到市外医院治疗时，须经德州市基本医疗保险经办机构批准，先由个人垫支并承担转外住院医疗费用的20%，余额部分按基本医疗保险规定比例报销；未经批准的，医疗费用不得从基本医疗保险统筹基金中支付。异地安置、长期异地居住的退休人员和因工作需要驻外地工作1年以上的在职职工，其门诊和住院医疗费用实行年度定额包干管理。

职工因公出差或按规定享受假期期间在异地发生急、危、重症的住院医疗费用，先由个人垫支并承担住院医疗费的20%，余额部分每年年底由工程局统一报德州市基本医疗保险经办机构审核后，按规定比例报销。下岗进再就业中心职工，其基本医疗保险费和大额医疗救助金，包括单位缴费和个人缴费，均由局再就业服务中心分别按照全省上年度社会平均工资的60%为基数和年人均40元的标准缴纳，享受基本医疗保险待遇和大额医疗救助。职工因工（公）负伤的首次治疗以及因工（公）伤部位复发所发生的医疗费用，由职工所在单位报销；职业病患者，其治疗职业病的费用，由所在单位据实报销；女职工计划生育内的医疗费，由职工所在单位予以报销。

2005年3月21日，水电十三局印发《水电十三局建国前老工人医疗管理暂行规定》，工程局建国前老工人在未纳入德州市城镇职工基本医疗保险之前，对其医疗管理做了规定。一是建国前老工人每人每月发给医疗费60元，用于普通疾病门诊就医，包干使用，超支自理。二是建国前老工人患有国家及局规定的“大病病种”中任何一种，对治疗大病种相关的床位费、检查费、规定范围内的药费、治疗费、手术费等，分别按国家规定的八种大病报销95%、局规定的4种大病报销85%；患有德州市规定其他特殊疾病，参照德州市医保规定执行。三是建国前老工人患普通疾病住院发生的医疗费用给予报销75%。四是建国前老工人执行《山东省基本医疗保险药品目录》等规定，在规定范围内的医疗费用，按规定比例报销；规定范围外的费用，一律自理。五是建国前老工人患病可任选德州市一家医保定点医院就医，大病患者实行备案审批制度，大病门诊就医时持医生处方可选择在医院直接购药，也可持处方到药店购药。

第四节　计　划　生　育

1964年11月，马颊河疏浚工程局成立了计划生育委员会，设立计划生育办公室，计生委和计生办作为常设机构，一直延续至今，主要负责全局的计划生育管理工作。到2006年，水电十三局各二级单位都设有计生委和专兼职工作人员，全局现有专兼职计生干部15人。

计划生育办公室成立后，培训了计划生育宣传员，组织职工学习文件，参观市计划生育展览，看科教电影，使广大职工家属提高了认识。到1966年，出生率由1964年的53.8%下降到16.3%，马颊河疏浚工程局被评为全省两个先进典型之一。

1979年，水电十三局独生子女报名率达到95.6%，根据国家计划生育政策规定，落实了一系列奖励政策。

1994年，德州市计划生育实行属地化管理，为使计划生育管理规范化、正规化，工程局计划生育办公室为全局1300余名已婚育龄妇女建立了已婚育龄妇女档卡。

1995年7月，水电十三局成立局计划生育协会，由工程局分管局领导任会长，下设理事17名，全局共发展会员512名。计划生育协会围绕计划生育中心工作，拓展服务领域，提高服务水平，面向广大育龄妇女，充分发挥广大会员的作用，围绕生育、生产、生活开展全程服务。

1999年开始，实行计划生育微机化管理，根据人员变动情况及时调整档卡，实行动态管理，使工程局的计划生育管理工作更加科学化、规范化。多年来，工程局晚婚率、晚育率、独生子女领证率三项指标均达到100%。

2004年，水电十三局紧紧围绕稳定低生育水平、提高人口素质这一中心任务，提升优质服务，加强管理，取得较好的成绩。多次被国家计生委，山东省、德州市计生委评为计划生育先进集体。

第五节　卫　生　防　疫

1965年8月，成立局防疫指挥部，办公室设在职工医院。1965年10月，马颊河疏浚工程局卫生防疫站成立，建站初期卫生防疫工作是全院总动员，医护人员深入家属区，分片包干，随后逐步过渡到由防疫站和爱国卫生委员会办公室工作人员分工管理。防疫站配备职工10余人，爱国卫生委员会办公室有1～2人。

预防“付霍乱”。1964年，德州市发生了50年一遇的大洪水，年降雨量1058.9毫米，超过年平均降雨量的两倍。1965年夏，从平原至无棣全长240公里的马颊河中采集水样937份，培养化验发现付霍乱弧菌阳性84份。山东省卫生厅厅长坐镇德州，沿河两岸组织了400人参加的工作队，进行查源灭源。工程局在沿河施工，水上作业，疫情对职工身体健康威胁极大。淄博市卫生防疫站站长带医疗队一行10人来局协助工作。局成立了以副局长孙积五为首的防疫指挥部，领导开展预防“付霍乱”工作。培训不脱产卫生员186名。1965年5月，注射霍乱疫苗4966人，占应注射人数的99.8%，由于上下一致的努力，局内没有发生“付霍乱”病人。

预防传染病、流行病。针对德州市是发生霍乱和出血热的高发病区，每年都有疫点及疫区，局防疫站防患未然，无疫情时采取积极有效的措施及时接种出血热疫苗和霍乱疫苗；有疫情时既是疫情报告员又是送药消毒员、宣传员。几十年来，工程局内没有发生一例出血热和霍乱病人。

降氟改水。建局后，水电十三局的职工和家属一直饮用含高氟高碘的地下水，对职工健康带来不利影响。工程局于1976年9月建起了除氟站，1978年5月全局发放家庭除氟罐。虽然采取上述措施把水氟控制在国家标准以内，但水碘含量仍高度超标。工程局积极采取措施，于上个世纪90年代初期改饮黄河水，保障了全局职工和家属的身体健康。

劳动卫生职业病的防治。1964年10月，根据水电总局、山东省卫生厅的指示，水电十三局开展了对以风钻工为主的153名工人的粉尘作业拍片查体，查出矽肺病人18人，疑似矽肺5人，矽肺查出率11.8%。工程局对这部分职工给予照顾工作、疗养、住院治疗。97名风钻工调往三门峡工程局，所摄片子一并移交。以后多次复查，除在铸工中发现两名矽肺病人以外，其他粉尘作业工人中未发现新病人。依照《中华人民共和国尘肺职业病防治法》的规定，工程局防疫站每年对全局100多名特殊工种的职工进行健康查体，开展粉尘作业拍片，对查出的疑似矽肺6人，分别给予适当的工作调换和疗养住院治疗。多年来，除原矽肺病人外，无一例新病人出现。

放射防护。水电十三局一直从事河道疏浚工程施工，部分挖泥船船体中配备钴60放射性同位素装置，活度500毫居里。挖泥船在青岛港、长江施工时，防疫站的同志进行多次监测，获取可靠数据。为此，工程局对挖泥船上的放射性装置进行了改善，经过当地放射医学研究所的实地监测，其放射数值已全部控制在安全范围，并发放了使用许可证。

学校卫生防疫。水电十三局防疫站对职工子弟小学进行了生长发育调查和保护视力、防治寄生虫病工作。配合地、市卫生防疫站，对乙型肝炎、流行性脑膜炎进行细菌、血清的采样检查和追踪观察。1992年，水电十三局防疫站对职工子弟中、小学1500多名学生进行了乙肝表面抗原评估与分析，进行了全面的乙肝疫苗接种，保障了学生的身体健康。

1993年，水电十三局防疫站对职工子弟中、小学生进行了贫血调查分析，发现轻度贫血率为5.1%，经过多次与学校及家长协商，防疫站提出了合理化建议，1995年9月进行复检时贫血率已降到了0.2%。另外，防疫站还对小学生每年进行一次生长发育评估，配合德州市卫生防疫站对乙型脑膜炎、流行性脑膜炎进行细菌、血清的采样检查和追踪观察，确保了全局中小学生的身体健康。

计划免疫。水电十三局防疫站每年保证冷链运转12次，接种生物制品达15种，其中四苗（卡介苗、白百破三联、脊灰糖丸、麻疹）覆盖率达98%，实现了国家接种率为95%的目标。防疫站采取常规免疫和加强免疫相结合的方法，建立了较为可靠的免疫屏障。全局儿童无一例传染病发生，连续三年获德州市前三名。

2003年4月，全国许多省市相继发生了“非典”疫情。水电十三局医院迅即成立了“非典”治疗小组、预防应急小组、后勤保障小组，“非典”防治专家小组和紧急医疗救护队，严格执行24小时值班制度及疫情每天上报制度。医院还成立发热门诊、留观病房，同时赶制了大量“非典常见问题解答”宣传单，起到了很好的宣传教育作用。发热门诊自成立以来，门诊量达到500余人，留观病人5人。

第三章 安全保卫

第一节 机构

水电十三局保卫工作机构，自1963年即为处级建制。建局初期，工程局有专职保卫干部5人，下属单位未设保卫机构。

1969年9月，局设保卫组，由局党委政治部分管。1971年以后，局增加专职保卫干部2名，全局组建治安保卫委员会11个，基层治安保卫小组41个，治保成员250余人。1972年，水电十三局在设计院、修制厂、疏浚工程处、机械施工处、建工处、局机关等7个单位，设立保卫组6个，专职保卫人员18名，消防人员1名，兼职保卫人员1名。1978年，水电十三局部分二级单位保卫组改为保卫科，全局有专职保卫人员23人。疏浚工程处、修制厂、技校建立了3个义务消防队，成员400余人，全局还建立了调解组织15个，成员84人。1979年，水电十三局将保卫组改为保卫处，直接由局党委领导。

1982年7月，水利部机械施工局、电力部机械施工局、水电部十三局合并后，三个局保卫机构同时合并，仍称局保卫处。全局专职保卫人员25人，治保会52个，成员335人，调解委员会17个，成员151名。1987年以后，水电十三局先后在教育处、劳动服务公司、五分局、汽修厂成立保卫科，在珠海指挥部和职工医院增设专职保卫人员。

1991 年底，全局共有专职保卫人员 30 名。治保会 52 个，调解委员会 21 个，义务消防队 29 个，护厂队 5 个，治安联防队 1 个，共有成员 837 人。在 3 个二级单位设立了国家安全小组，5 个单位明确了安全员，共有成员 26 名，全局有公安信息员 33 人。

2002 年，水电十三局保卫工作职能设在武装保卫处，保卫工作与人民武装工作合署办公，实行一套人员，两块牌子，定员 5 人。2003 年 3 月，水电十三局机关精简机构，成立武装保卫部，定员 3 人。局直属各二级单位设立保卫科，配备专、兼职保卫干部 12 人，治保会 15 个，门卫、护卫队人员 150 人。

第二节　治 安 保 卫 工 作

建局初期，工程局即制定了各项安全防范措施，如要害部门保卫、机关保密、治安管理、安全防火等制度。安排武装基干民兵在重要物资仓库，大型机械设备、贵重器材堆放场地和重要车间值班巡逻和武装看护。在生产施工保卫工作中制定了岗位责任制、安全责任制等。在“四清”运动中，按省公安厅的意见，对专政对象进行了定性，给一些人戴上了“地、富、反、坏”“四类分子”帽子，当时错整了一些同志。

在“文化大革命”中，由于群众组织夺权，工程局保卫工作机构一度被撤销。群众组织在原机关大楼三楼建立群众专政委员会，成立专案办公室，实行“群众”专政，非法关押了一批老干部和所谓的有各种问题的人，使不少同志受到伤害。

1969 年 9 月，水电十三局实行军管后，解散了群众专政委员会，把保卫工作纳入军管会和党委领导之下，配合公安机关严厉打击了违法犯罪活动。1975 年，挖出訾庆尧盗窃团伙，追回价值万元的赃物。1976 年，查获供应处监守自盗国家统配电缆铜 100 余斤的案件。

1982～1988 年，根据上级统一部署，开展打击流氓犯罪、打击盗窃团伙、打击流窜犯罪、严厉打击刑事犯罪、严厉打击经济犯罪等专项斗争，侦破了一些案件。在此期间，工程局协助公安机关逮捕、判刑、拘留、收审人犯 52 名，侦破盗窃国家和集团财产案件 12 件，贪污受贿案件 26 件，投机诈骗案件 13 件，其他一般案件 125 件，涉案金额计 27 000余元。

1988 年开始，水电十三局对社会和内部治安实行了综合治理，贯彻了“依靠群众，预防为主，管理从严、及时打击、保障安全”的方针，开展了群众性的“四防”工作。在综合治理中，对失足青年分别建档立卡，落实帮教措施。全局建帮教小组 25 个，有帮教人员 69 人。在综合治理中，工程局还制定了安全保卫责任，本着“谁主管谁负责”的原则，把综合治理纳入各单位、各部门的行政管理和企业管理之中，使保卫工作同生产经营和经济效益结合起来。工程局下属 13 个单位同公安机关签订了厂长（经理）任期治安目标责任书。

1989 年，德州地、市公安机关对签订治安目标责任书的 12 个生产单位逐一进行检查，责任书中规定的八项指标均达标准。全局 38 个（德州片）存放现金的保险柜按现金票证管理责任书的规定检查，均符合省“四行一厅”的要求，全部领取了安全财会室的证书。在综合治理中，开展了法制教育，提高广大职工学法、懂法、用法的自觉性。

1991年，水电十三局在东区、南区、北区家属区建立了三个治安巡逻队。

1992年，水电十三局成立了由工程局领导牵头，党政工团各部门为成员的综合治理领导小组，完善管理机制，层层签订责任书，形成齐抓共管的格局。

1993年10月，水电十三局重新组建了治安巡逻队，设队长1人，队员22人。巡逻队在维护家属区的治安方面做了大量工作，累计抓获犯罪嫌疑人72名，协助公安机关处置各类刑事治安案件118起，查获被盗自行车70辆。2000年6月，四分局治安联防队员赵连明会同湖滨北路派出所民警，勇擒持枪抢劫银行罪犯的事迹，被《德州公安报》报道。2003年以后与辖区公安派出所、街道办事处建立协调机制，在小区建立警务室。

1995年开始，水电十三局成立了国家安全工作领导小组，定期召开出（归）国人员座谈会。针对局内一些宗教信仰传播情况，建立信教人员名册，对个别组织者进行教育引导。坚决与“法轮功”邪教组织作斗争，同时做好法轮功练习者的教育转化工作。1995年和1999年，工程局先后两次被山东省国家安全厅、人事厅授予“全省涉外安全保卫工作先进集体”称号。

1996年7月14日，水电十三局保卫处在公安机关协助下破获职工医院CT室发生集成电路板被盗案，追回5块机板，挽回经济损失20万元。同年8月，局青海同卡电站项目部发生运输水电物资车辆及人员被抢打案件，工程局保卫人员会同当地警方在半个月内将被抢物资追回。

1996～1998年，德州市连续开展严打整治斗争，工程局保卫处先后25次协助公安机关对居民小区、中小学和重要部位进行巡查整治，加强对外地施工队伍和流动人口的管理，抓获犯罪嫌疑人14人，打掉4个敲诈中小学生钱财的少年犯罪团伙。

2000年4～7月，水电十三局淮河入海项目部在施工中受到当地人员严重干扰，并酿成流血事件。保卫处先后派出3名同志驻扎在项目部，协助公安机关处理此事，挽回了经济损失。

2001年，水电十三局保卫处配合德州市开展“打黑除恶，缉枪治爆”行动，在工程局住宅区内抓获互联网上通缉的重大贪污嫌疑犯2人，收缴小口径步枪、防暴手枪13支，子弹150发，雷管9根，导火索80米。

2002～2006年，水电十三局治安保卫工作按照“打防并举、重在防范”的原则，全面落实各项防范、安全措施，不断提高综合防控能力，实现了无重大刑事案件、无重大治安案件、无重大治安灾害事故的“三无”目标。

水电十三局逐年加大治安防范力度，重点要害部位的防护措施和报警系统得到加强，人防、物防、技防设施不断完善。各单位财务部门统一安装红外线自动报警系统。2005年，局工业园投入10万元安装了彩色闭路电视监控系统，共有近20只摄像枪，对厂区内各重点要害部位实行24小时监控。

严格落实现金票证安全管理制度，18个财务科室签订现金票证安全管理责任书，明确职责和奖惩制度。

2005年10月，水电十三局组织编辑了《水电十三局安全保卫法规制度选编》。

第三节　消　　防

水电十三局消防工作自1963年建局至2001年，一直归保卫部门负责管理。2003年水电十三局机关机构改革后，由武装保卫部负责全局消防安全管理工作。

水电十三局消防工作历年来坚持“预防为主，防消结合”的工作方针，各单位普遍建立了防火制度，在禁火部位，普遍建立了防火标记，明确了防火责任人的职责。每年春冬两季，组织消防工作大检查，培训义务消防员，组织义务消防队进行灭火演习。全局的消防器材做到了定位定点，定期更换药液，做到随时可用。

2004年5月，制定了《水电十三局消防安全管理制度》。直属各二级单位均与工程局签订了消防安全责任书，落实逐级防火责任制，纳入年度安全生产管理考核内容，奖罚兑现。工程局各单位建立义务消防队，定期培训演练，提高单位自防自救能力。

2004年3月，建立了消防安全重点单位档案和危险物品信息档案。工程局制定了《水电十三局重大火灾事故应急救援预案》、《水电十三局危险化学品事故应急救援预案》和《水电十三局民用爆炸物品事故应急救援预案》。

2005年，水电十三局严格执行国家消防法规，配备消防器材设施。各单位建立了消防器材台账，配备消防器材636台（套)。各类消防设施布局合理，定期维护。节假日期间，重点防火部位均安排专人值班。

水电十三局每年组织开展以查制度、查责任、查措施、查隐患为主要内容的消防安全专项检查，及时发现和整改消防工作中存在的问题。针对季节特点，利用工程局网站、局《开拓者》报等媒体对职工进行消防法规常识的宣传教育，提高职工的防火意识。

第四节　人　民　武　装

1963年9月，马颊河疏浚工程局成立人民武装委员会，由局党委书记张浙任主任委员，同时建立民兵师，张浙任师长兼政委，副局长翟益涛、孙积五任副师长，党委办公室主任孙长新任副政委兼政治部主任，副总工程师贺毅任参谋长，田志书任副参谋长。

1964年，马颊河疏浚工程局一、二、三、四处和济南修配厂等单位建立民兵营，各单位党政领导任民兵营长，队、车间建立民兵连。民兵中分为武装民兵、基干民兵和普通民兵。工程局设立武装部，作为民兵工作的日常办事机构。

“文化大革命”初期，工厂、施工队实行军事化，各工程队、修制厂设立民兵营，营下设连、排、班，总库改为军需连，修建队改为修建连，汽车队改为运输连。

1970年，水电十三局成立机炮连、步兵连、工程连等三个武装民兵连。1974年，水电十三局修制厂成立高炮连。1979年，经山东省军区批准，重新建立水电十三局民兵师，师长童振铎、政委宋泉，下设三个直属民兵连。同时，德州军分区下达命令，成立水电十三局基干民兵团，童振铎任团长兼政委。

党的十一届三中全会以后，随着党的工作重点的转移，压缩了民兵队伍，三个局合并后全局设三七高炮连1个，基干民兵连5个，普通民兵连5个，民兵营1个。

1997年以前，水电十三局共设民兵连4个，分布在机械厂等8家单位，每年进行集中点验。1998年经过整组合编，精简为一个连，人员由300人减至150人。2002～2006年，根据德州军分区德分字〔2006〕7号文件的精神，按照“规模适当、布局合理、结构科学、重点突出、注重实效、协调发展”的要求，对全局民兵组织进行了一次整顿，全局编制为一个民兵营，定员227人。

20世纪六七十年代，除武装部每年集训70名民兵干部和少量教员外，每个民兵营、连都要普训一遍，每年的训练人数都在1000人左右。训练科目有队列、操枪、射击、投弹、爆破、四〇火箭筒射击、班进攻战术及高炮训练和实弹射击等。1966年，女工朱金玉参加德州民兵大比武获“神枪手”光荣称号。

1971年和1972年，全局基干民兵分6批进行了野营拉练训练，每批20天时间，锻炼民兵野战的适应能力和意志。1976年11月，修制厂高炮连在潍北靶厂进行高炮实弹射击，在德州市4个参加打靶的高炮连中名列第一。1976年，唐山发生大地震，上级给水电十三局民兵指挥部下达了到故城飞机场抢运伤员的命令，工程局迅速抽调了30多名民兵组成担架队，动用16部汽车，第一个到达故城飞机场，受到德州军分区赞扬。

1977年5月15日上午，水电十三局中学民兵连进行手榴弹实弹投掷。一女民兵将手榴弹失手落入掩体，掩体里的3名女学生不知所措，局武装部参谋戴克生迅即用身体挡住她们，将即将爆炸的手榴弹扔出掩体，使3名女学生脱险。局党委表彰了戴克生的英雄事迹，授予戴克生“临危不惧排险救人的模范人武干部”光荣称号。

1994年起，水电十三局为配合学校开展素质教育，增强学生国防观念，每年安排对技校、中学新生军训。1995年开始，水电十三局每年组织一次民兵预备役人员集训。

人民防空工程建设。1975年，水电十三局成立了人防办公室，开始修建人防工事，组织全局职工轮流到人防工地义务劳动。在原灯光球场两侧和原设计院新楼地基处，建筑一座500米^{2}的钢筋混凝土的地下工事，总投资9万元。之后，连续几年挖洞，不仅参加德州市人防工程的建设，还在工程局托儿所两侧修筑地下掩体500多米^2，修筑地下通道200多米^2，形成家属区东区、西区掩体与德州市人防主干道相接的地下网络。从1971年开始到1979年，全局共修建人防工事3527米^2。1979年3月，全国人防建设领导小组授予水电十三局“全国人防建设先进单位”称号。

预备役建设。1986年，水电十三局根据省军区和德州军分区的指示，建立了水电十三局预备役部队，工兵营营部设在水电十三局，由水电十三局组建舟桥连，下设4个排，一个连部，共计180多人。

1996年7月，德州预备役师对水电十三局预备役工兵营进行授衔，有17名同志分别被授予校、尉官军衔。

水电十三局积极开展拥军优属工作。每年的春节、“八一”期间，坚持对全局近60户烈属、军属、革命伤残军人走访慰问。积极开展双拥共建活动。每年水电十三局党政工领导到德州军分区训练基地，参加“军事日”活动，加强了军企之间的沟通、了解与合作，密切了军企关系。

第十二篇　党群工作和企业文化建设

第十二篇　党群工作和企业文化建设

从1962年建局到2006年，水电十三局党群组织健全、制度完善、工作扎实有效。各级党群组织围绕工程局各个时期的中心任务，发挥自身优势，为完成上级下达的指令性计划、企业改革发展稳定起到了重要作用。

计划经济时期，局党委作为全局的领导核心，组织带领职工艰苦创业，积极学习新技术，在较短的时间内，完成了由水电站施工到水利疏浚施工的转变，实现了企业的转型。在经过10年艰苦奋斗，圆满完成了马颊河疏浚治理工程之后，又带领职工出色完成了多座水电站建设的“削峰”施工和海河流域治理规划设计、河道管理任务。进入市场经济后，各级党委较好地发挥了政治核心作用，积极推进改革，促进发展，围绕如何适应新形势新任务的变化，适应建立完善现代企业制度的需要，做了大量的工作，尤其是在如何做好特殊环境下的国外项目党建工作方面，摸索出一系列有效的经验做法。

在长期的国际化经营过程中，水电十三局各级党组织，在创建和继承本企业优良传统的基础上，概括提炼出了以“四不”精神（不甘落后、争创一流；不畏艰难、勇挑重担；不怕挫折、锲而不舍；不计名利、乐于奉献）为核心的企业文化，引领全局职工在复杂多变的国内外市场环境中，锐意改革，积极进取，勇于开拓。优良的企业文化，为水电十三局实现跨越式发展提供了强大软实力和精神支撑。

工会、共青团群众组织作为党联系群众的桥梁纽带，建局以来围绕中心，服务大局，维护职工权益，加强民主管理，组织职工、团员青年开展群众性劳动竞赛和经济技术创新工程，开展职工文化体育活动，关心帮助困难职工，做了大量卓有成效的工作。

第一章　水电十三局党委

第一节　机　　构

1963年4月4日，中共马颊河疏浚工程局委员会成立。同年5月2日，启用中共水电部马颊河疏浚工程局委员会公章。当时的局党委以闽江工程局转来山东的党委委员为基础组成。党委下设办事机构有党委办公室、组织部、宣传部、监察委员会。1965年1月25日，成立局政治部，下设办公室、组织处、干部处、宣传处、直属政治处。

1965年5月，马颊河疏浚工程局与卫河疏浚工程局合并后，召开了第一次党代会，选举产生了第一届党委会。马颊河疏浚工程局党委下设4个党委，1个党总支，28个党支部。

1966年“文化大革命”初期，局党委被迫停止工作，工程局组织机构发生了巨大的变化，原有的管理机构被破坏。1967 年 7 月 6 日，撤销中国共产党原马颊河疏浚工程局监委会、政治部，成立局革命委员会政治部，下设组织组、宣传组、监察组、群工组、保卫组等机构。

1969 年 9 月实行军事管制，由军管会对全局所有单位的各项工作实行统一领导。

1970 年 2 月 5 日，山东省革委会党的核心领导小组以（70）56 号文件，同意水电十三局建立革委会党的核心领导小组。1972 年 4 月 2 日，召开水电十三局第二次党代会，撤销党的核心领导小组，恢复工程局党委。局党委下设 9 个党总支，49 个党支部。

1982 年 7 月，三个局合并，由原水利部四局党委常委和两个施工局的常委、委员组成新的水电十三局党委。1982 年 10 月，建立水电十三局党委组织部、宣传部、办公室、纪委、保卫处、武装部、老干部处等机构。

1987 年 4 月，召开了第三次党代会。局党委下设 8 个党委，65 个党支部，全局有党员 1700 人。

1988 年，局机关机构改革，组织部与党委办公室合并，宣传部与教育处合并。1989 年 12 月，重新恢复党委组织部、宣传部，并建立水电十三局党校。

1991 年 3 月，召开了第四次党代会，选举产生了水电十三局党的第四届委员会。全局有 9 个二级党委，1 个直属党总支，5 个直属党支部，96 个基层党支部。

1992～2002 年，水电十三局党委下设的工作机构相对稳定，主要有党委办公室、组织部、宣传部。

1993～1996 年，组织部曾与干部处合署办公。党群机构和部门有局纪委、局工会、局团委、党校等。

1995 年 12 月 28 日，成立局思想政治工作办公室。1996 年 7 月 30 日，恢复局机关党委，党委组织部单独设置，党委宣传部和局思想政治工作办公室实行一套机构，两块牌子，原职能不变。

1996 年召开第五次党代会时，局党委下设 11 个二级党委，4 个直属党总支，11 个直属党支部，120 个基层支部。

2002 年召开第六次党代会时，局党委下设 9 个二级党委，3 个直属党总支，13 个直属党支部，93 个基层党支部，全局有党员 1780 人。本届党委取消常委制。

2003 年，局党委的组织机构发生较大变化。撤销党委办公室、组织部、宣传部，合并成立党委工作部，下设组织处、宣传处（包括机关党委）。

2006 年召开第七次党代会时，局党委下设 8 个二级党委，4 个党总支，22 个直属党支部，93 个基层支部。

第二节　组　织　工　作

组织建设。1963 年局党委建立后，即着手开展基层党组织建设工作。1963 年初，首先成立了金堤河工程处党委。7 月，建立一、二、三、四工程处党委和局机关党总支，各工程处设政治处。随后，建筑工程队、线路工程队、汽车队、混凝土预制厂、医院、子弟小学、安装队、技训班相继建立党支部，全局有党支部28个。至1966年12月，全局有12个党总支，40个党支部，8个直属支部。

“文化大革命”初期至1969年底，全局基层党组织的活动基本停止。

1970年4～11月，经过整党建党，恢复建立党的基层组织，全局有党总支7个，直属党支部11个。随着海河设计院和漳卫南管理局的并入以及四女寺工程、南四湖工程的需要，1971年8月成立南四湖指挥部临时党委，9月成立四女寺枢纽工程临时党委。1972年5月，成立疏浚大队、建筑大队、修制厂、勘测设计大队四个党委。在此期间，为加强对外出支援队伍的领导，曾成立221工程连（大连二电厂工程）党支部和山东省莱芜两座铁路桥建设工地临时党委，工程结束时撤销。1973年4月，成立机械施工处临时党委。1975年4月，建立河道分局临时党委。

从1978年初成立水电部机械施工局到1982年三个局合并前，水利部四局有疏浚分局、卫河分局、河道分局、修造厂、建工处、机关6个二级党委和五、六、七、八队四个直属党支部。三个局合并后，建立一分局、二分局（原卫河分局）、三分局、四分局、汽车吊运队（后改为五分局）、局机关等8个二级党委，以及五队、六队、七队、八队、橡胶厂5个直属党支部。以后又先后建立教育处党委（1988年撤销，1992年初改名为教育培训中心党委），企业处和老干部处党委。

1993年12月，水电十三局召开全局党建工作经验交流会暨思想政治工作研讨会，并建立党建工作研究会。

1995年2月，局党委对全局各级党组织自身建设的状况进行了认真总结和检查，先后召开了局机关党群部门和二级单位党组织负责人两个座谈会，着重分析了全局党的建设特别是组织建设方面存在的问题和不足，在此基础上，提出了《关于贯彻执行〈中共中央关于加强党的建设几个重大问题的决定〉的实施意见》。

1997年，局党委在全局党组织中开展实施“政治核心工程”活动，目的是解决全局党的建设中存在的突出问题，进一步发挥党组织的政治核心作用，争取达到“四个一”的目标，即建设一个好班子，健全一套好制度，建设一支好党员队伍，探索一条改进党建工作的有效途径。在开展“政治核心工程”活动的基础上，制定了《关于加强和改进水电十三局党建工作的近期规划》。

2001年，为适应项目法施工生产需要，加强和改进工程项目党的建设，局党委印发了《水电十三局工程项目经理部党组织工作暂行办法》，对项目党组织的设置、基本职责、工作制度、领导班子建设、党员的教育管理等方面，做出了明确详细的规定。在基层领导体制上，坚持宜兼则兼，宜专则专，不搞“一刀切”，对实行党政“一肩挑”的班子按规定配备了专职副书记。

2002年3月7～8日，局第六次党代会针对工程项目点多面广、高度分散的特点，局党委加强了基层党组织建设，本着“哪里有党员，哪里就有党的组织”的原则，对国内外承接的工程项目，与行政建制同步建立了党组织。

各级党组织结合工作实际，创建新的内容和形式，增强党组织工作的生机和活力。汽修总厂党委坚持开展“党员责任区”活动，五分局党委集中开展“党员身边无事故、党员岗位无亏损”活动，太湖工程项目经理部党总支开展了“共产党员在重点工程上重点发挥作用”活动，机械厂党委实行党员挂牌上岗制度等。

自1987年开始，局党委在全局开展了“三先两优”评选活动。到1991年底，受局党委表彰的优秀党员有314人次，先进党支部82个次，先进党小组133个次。受到德州市直机关党委表彰的优秀党员和优秀党务工作者68人次，先进党支部15个次，先进党委2个次。1992～2002年，全局受到德州市直机关工委、水电总公司党组、国电公司党组表彰的先进党组织26个次，优秀党员和优秀党务工作者71人次。

干部工作。建局以来，工程局按照党管干部的原则，逐年加大了对各级领导班子和领导干部的考核和选拔。自第五次党代会后，局党委每年都抽调人员组成考核组，采取民主测评、个别谈话等方式，对局属二级单位领导班子、局机关处室负责人进行认真考核。在考核的基础上，不断调整、充实、优化二级单位领导班子和局机关处室负责人。对年龄偏大、接近退休的干部安排退二线工作；对经考核认定不适合继续担任领导职务的干部予以免职，改做一般工作。选拔优秀年轻干部进领导班子，逐步形成合理的年龄梯次结构和专业技能结构。

1985年6月，对干部制度进行了改革，除按有关规定选举产生和上级任命的领导干部以外，宣布各级干部一律实行任期制，一般工作人员实行聘任制。

1987年，又规定各级干部实行聘任制、选聘制和目标责任制相结合的干部任用制度，给二级单位下放了科级干部的任用管理权限和二级单位人员之间调动的权限。

从1992年到2002年上半年，共提拔处级干部283名，免去不称职处级干部26名。

1993年，结合“三项制度”改革，在局内全面推行干部聘任制，引入竞争机制，重新聘任了101名正副处级干部，20名处级干部退居二线或办理离退休手续。

1996年，制定了《水电十三局科级干部管理暂行规定》。

1997年，制定了《水电十三局选拔处级及其后备干部实施意见》，对处级及后备干部的选拔、考核、调配、交流、纪律和监督等提出了具体要求。

1998年，对局机关处室领导岗位实行竞争上岗，18名同志竞争15个处室正职领导岗位。

2001～2002年，对局医院、九龙实业公司、职工培训中心和物资处等领导岗位实行公开招聘，竞争上岗，竞聘上岗的采取一年任职试用期制。

2001年7月，开始推行提拔干部考察预告制和任前公示制，提高干部工作的参与度和透明度。为保证交流工作顺利进行，局党委下发了《关于实行领导干部交流任职的暂行规定》。

2001年下半年，对局机关和二级单位的20余名党群处级干部进行了纵向、横向交流，为两级党委换届选举打下基础。

2001年，根据项目法施工的需要，制定了《工程项目经理选聘、培养和管理工作暂行办法》，对国内外项目经理任职的基本条件、选聘程序、职责范围、培养管理等做出明确规定，进一步完善了项目经理选聘任用机制。

第三节　党员队伍

1964年“四清”运动前，全局仅有党员628名，其中干部党员281名，工人党员335名，家属党员12名，党员占职工总数的14%左右。257名技术干部中只有19名党员，占7%。

由于施工战线长，党员分布也不平衡，空白班组较多。“四清”运动后，党组织积极、慎重地发展了一批政治历史清楚的同志入党。到1966年6月，全局有党员727名，占职工总数的16.5%，但仍有空白班组80个，占34.8%。

“文化大革命”开始后，党的组织发展工作受到冲击。

1972年，党中央统一部署进行整党建党，根据当时的形势要求，组织发展工作逐步进入正常。至1976年“文化大革命”结束时，全局有党员1298名，其中51%是“文化大革命”期间入党的，那时新党员多为一线工人，没有预备期。这个时期，没有党员的空白班组问题仍没有解决，全局266个班组，近半数没有党员。

党的十一届三中全会到水电十三局第三次党代会期间，发展党员302名，是发展党员较多的时期。根据中央的要求，着重解决知识分子入党难的问题，先后有张天存、潘国良、贺瑾等一大批优秀知识分子入党。知识分子党员在党员中的比例由建局初期的3%上升到19.2%。这个时期，党员开始有预备期并要进行入党宣誓。

第三次党代会以后，根据组织工作的有关规定，重视在一线工人和青年中发展党员，同时重视培养女同志入党，解决空白班组问题，发展党员166名，党员中干部（不含知识分子）、工人、知识分子的比例为1∶7.4∶5.4，截至1991年底，全局共有党员1705名，占全局职工总数的27%。

1996年召开第五次党代会时，全局共有党员1901名，其中在职党员1465名，离退休党员436名。1997年以来退休职工人数增多，离退休党员数相应增多，在职党员数有所减少。

2000年以后，组织发展工作按照“坚持标准，保证质量，改善结构，慎重发展”的原则进行。一是注重在生产、工作一线发展党员，在青年工人、知识分子中发展党员。二是每年局党委组织部、局党校都联合举办入党积极分子培训班，没有参加培训班学习、没有经过党的基本知识考试的一般不发展入党。由于办班质量高，水电十三局成为德州市直工委批准有办班资格的三个单位之一。三是从1997年开始，实行党员发展对象材料报上级党组织审查制度。2001年，开始实行发展新党员和预备党员转正公示制。

自1992年至2006年底，共发展党员524名，全局共有党员1828名。

第四节　宣传工作

一、思想政治工作

1963年5月11日，在局党委召开的第二次党委会上，针对当时全局面临的形势，分析了职工的思想状况，确定了对职工进行思想动员和教育的措施，部署反复宣传治理马颊河的重大意义和工程局的光荣任务，号召大家学雷锋。

1963年8月，局党委召开党委扩大会议，提出了“全体职工动员起来，为1968年完成马颊河第一期疏浚工程而奋斗”的口号，要求“1963年以增产节约为中心，自力更生，合理安排劳动力，坚决扭转亏损，为积极争取提前超额完成全年任务，胜利过冬而奋斗”。

1965年10月，水电总局政治部学习毛主席著作宣讲队，在工程局德州基地和马颊河沿线进行了8天23场次的宣讲，听讲人数5400多人次，工程局两名学习毛主席著作积极分子李信娥、陈明标也参加了宣讲，水电总局宣讲队巡回宣讲以后，局政治部也组织了学习毛主席著作宣讲队到卫河工地和马颊河沿线进行了宣讲。局党委领导带头学习毛主席著作，成立了理论学习中心组，定期集中学习。

1965年起，政治部每月安排一次政治工作，每季度召开一次政工会议，进行职工思想动态分析，抓活思想；基层党支部依靠党员、团员、班组长开展“一帮一”、“一对红”、“一带二”活动，各队教导员、指导员深入班船、机组进行班前动员、班中鼓劲、班后讲评；局机关派出110多名干部，以处级干部为主，实行政治工作到现场、生产指挥到现场、设计工作到现场、供应工作到现场、计划布置到现场；有任务下去布置、有问题下去解决、有情况下去了解、有经验下去总结。干部与工人实行“五同”（同吃、同住、同劳动、同学习、同活动）。

1966年3月，在全国水利电力政治工作会议上，马颊河疏浚工程局获得“水利电力部先进企业”称号。

1966年下半年以后，受“极左”思潮的影响，学习毛主席著作搞“早请示、晚汇报、天天读”，制定了“坚持学习制度雷打不动，坚持做笔记雷打不动，贯彻最高指示不过夜”等制度。

1979年2月，局党委政治部作出减少政治学习的决定。把过去实行的“天天读”改为每星期学习两个半天，其中一个半天用来学习技术业务；将从前主要用于开大会的大礼堂用于放映电影并对外开放；取消车间（队）一级设立的政治指导员职务，其职责由党支部书记行使。

1985年以来，局党政工团紧紧围绕改革中的重点和难点问题，做了大量扎实有效的工作。一是通过各种形式，向广大职工群众进行改革形势和任务的教育。二是针对改革中出现的问题，靠上去做工作。三是注意维护群众利益，帮助解决实际困难，保证了改革的顺利进行和生产的发展。

1989年初，在全局开展了以“忆十年、话改革”为主要内容的形势教育，针对职工群众反映强烈的难点、热点问题，发动职工“讲身边事、算手中钱、看家中物”进行算账对比。同时，组织专题报告会，由党政领导带头宣讲，说真话，摆实情。在此基础上，组织群众性的演讲报告会，通过职工的现身说法，开展自我教育。仅组织的演讲报告会就达到20多场，听众达3000多人次。这次形势教育，得到了水电总公司领导的肯定和表扬。

1989年10月，局党委成立水电十三局党校，12月恢复党委组织部、宣传部，并采取多种形式，进行形势教育。

1990年初，在各级干部中组织了学哲学的活动。6月，对青年工作进行“基本路线、基本国情”教育。1994年，开展了“市场经济与主人翁”主题教育活动。

1994年，随着国际市场的开拓，水电十三局国外项目不断增多，局党委制定了《关于加强国外工程项目党的建设和思想政治工作的意见》。在项目比较集中、党员人数比较多的巴基斯坦经理部、马来西亚经理部，分别建立了党总支，配备了专兼职书记。

1995年，在全局领导干部中开展了向孔繁森同志学习的活动。

1999年以来，根据中央统一部署，开展了与“法轮功”邪教组织的斗争，及时做好几名退休练功者的教育转化工作。

2002年6月，局党委制定了《关于加强国外经理部、项目部党的建设和职工思想政治工作的意见》，对改进和加强国外项目职工思想政治工作起到了重要指导作用。

二、理论培训

1965年6月，局党委在全局开展了学习毛主席著作的活动。开始确定学习9个月，后一直延续到“文化大革命”。局党委采取了“抓领导，领导抓”、“抓典型传经验”、“抓先进借东风”等方法，不断掀起学习高潮。1966年开始的10年“文化大革命”期间，政治理论学习演变成“天天读、早请示、晚汇报”。

1978年12月，十一届三中全会后，开始全面的拨乱反正。局党委在全局职工中进行了真理标准问题的学习讨论，组织职工学习邓小平在全国理论务虚会上的讲话，统一全局职工的思想认识，解除“两个凡是”的束缚。

1985年3月，全局试行局长负责制以后，局党委集中精力抓党的建设和思想政治工作。在局党校开办了党支部书记培训班，加强对党员干部的理论培训。在干部理论学习中，采用了脱产举办轮训班的办法，一年学习一门课，考试及格者发给结业证书。

1985～1990年，全局217名同志参加了山东省干部马克思主义理论正规化教育。

1992年，局党委根据中央和上级党组织的要求，结合形势和工程局实际，开展了一系列理论教育。比较大的教育活动：1992年组织全局广大干部职工学习邓小平南巡讲话，开展了解放思想大讨论；1993年《邓小平文选》第三卷发表以后，局党委组织全面学习的同时，连续举办了8期学习班，将全局在职副处级以上干部和具有高级职称人员基本轮训了一遍。

1996年，开展了建设有中国特色社会主义理论和党章“双学”活动。1997～1998年，学习贯彻党的十五大及历次全会精神。1999年，在全局领导干部中开展了以“三讲”（讲学习、讲政治、讲正气）为主要内容的党性党风教育。2001～2002年上半年，重点抓了江泽民同志“七一”讲话和“三个代表”重要思想的学习、实践活动。2003～2006年，先后开展了“三讲”活动、先进性教育活动。

三、新闻宣传工作

1965年，局政治部创办了《疏浚生活》报，各工程队普遍建立了广播站，随时宣传工地新闻和好人好事。从创办到2006年，局内部报纸多次改名，但始终保持正常出版发行。多次举办局内通讯员培训班，加强新闻宣传队伍与阵地建设，提高宣传人员素质。

1995年组建《水利水电工程报》水电十三局记者站后，对外新闻宣传工作逐步得到重视，每年有60多篇文章被《人民日报》、《经济日报》、《工人日报》、《中国水利报》等上级新闻单位采用。1998年成立局新闻通讯站，在各基层单位设立通讯分站。

从1992年以来，水电十三局为局电视台累计投资40万元，更新摄录像、编辑等设备，改造有线电视前端设备和传输线路。1997～1999年，局电视台实施邻频改造，有线电视收视频道由原来的7个增加到15个，信号质量明显提高。1999年，局开拓者报社购置了报纸电脑排版系统，报纸由铅字印刷改为胶版印刷，版面得到改观。

1994年局电视台被评为“德州市优秀企业电视台”，1999年《开拓者》报在德州市企业报刊评选中，以最高分被评为一等奖。宣传工作与工程局生产经营相结合，先后对局属太湖工程、深圳河治理工程、北京“六海”清淤工程、玉清湖水库工程以及孟加拉电厂场地项目等进行了重点报道。

2003年，水电十三局成立新闻中心，包括《开拓者》报、有线电视台，与宣传处分开办公。

第五节　统　战　工　作

水电十三局是德州市归侨、侨眷人数最多的单位。从建局之初起，水电十三局的统战工作一直在党委领导之下，党委宣传部为具体工作部门。

“文化大革命”中，部分同志因海外关系受到了不公正对待，一些同志还挨了批斗，被迫中断了同海外亲友的联系。党的十一届三中全会后，局党委根据中央有关文件精神，提出了在政治上充分信任、工作上放手使用、生活上关心照顾的原则，全面落实党的统战、侨务政策。在3年时间中先后纠正了两起归侨、侨眷的错案，清理了46份错整的档案材料。为33名符合条件的归侨、侨眷知识分子评定了技术职称，在归侨、侨眷中提拔科、处级以上干部14人。吸收优秀归侨、侨眷知识分子6人入党，还为不少归侨、侨眷解决了住房和子女入学等问题。

改革开放后，局党委统战工作人员积极向归侨、侨眷宣传党的任务政策、统战政策，并通过他们向海外同胞宣传国内的大好形势，鼓励他们与海外亲友联系，帮助海外亲友消除顾虑，支援国家建设。这期间一大批海外亲属陆续回国探亲，增进了对祖国大陆的了解，加深了感情。1976年，局职工医院副院长贺瑾（中国籍日本人）在与家人阔别30余年后回国探亲。贺瑾在回国探亲时，与广岛县日中友好协会事务局局长田中伯朗共同为建立“三元—德州友好城市”做了不少工作。

进入21世纪，水电十三局统战工作除继续按照上级党委、政府的要求开展统战相关工作外，重点做好局内归侨，侨眷，台、港、澳属，民主党派，非党知识分子，少数民族，宗教信仰人员的工作。建立了水电十三局侨务人员、民主党派人员信息资料库，把创新统战工作作为新时期工作的重点。

水电十三局原总工程师张天存既是侨眷又是台属，退休之后仍牵挂企业的发展，为企业在北京承揽工程项目牵线搭桥，使企业在北京承揽了3000多万元的工程。退休职工姚家康的女婿林山鹤是韩国人，被德州市的经济发展环境所吸引，主动到德州开发区工作。

林山鹤在德州工作2年来，为德州招商引资3000多万元，并在他的家乡韩国大丘举行了第一届德州招商引资大会。同时，他还把德州的经济发展情况翻译成韩文，上了韩国的网站，为德州市经济的发展作出了贡献。老侨眷知识分子张惠玉女士不仅是侨属而且还是台属和烈属，其儿子在对越自卫反击战中英勇牺牲。省、市各级侨办，水电十三局都将其列为重点侨户进行帮扶。

水电十三局党委坚持党的民族宗教政策，支持民主党派工作。截至2006年底，民主党派人士共有12人。其中，中国民主促进会党员11人，中国民主同盟会党员1人。

第六节 领导班子思想作风建设

1963年建局初期，局党委提出了“因陋就简，沿河为家”的指导思想，并做出具体规定：各级领导机关一律不准购置沙发和小汽车，办公桌一律使用闽江工程局带来的旧桌椅。当时，工程局的“一把手”去德州办事都骑自行车，只有出远门才能坐一辆从闽江带来的老福特小轿车。为了让职工有一个比较好的生活条件，决定在德州盖一批砖房，建设一个稳定的生活基地。在当时的条件下，此举被认为有求高、求全、求洋思想，是铺张浪费现象，因而受到国务院的通报批评。

国务院的批评在全局引起了很大震动。1964年7月15日、9月23日，张浙代表局党委领导班子做了两次深刻检查，诚恳接受国务院的批评，表示采取措施坚决纠正工程中的浪费现象。之后，修改了马颊河工程总体设计，压缩了基地规模，降低了住房标准，砍掉了铁路专用线等，节约了一批投资。

80年代初期，在全局开展了“整党建党”活动，使各级领导班子的思想作风建设得到加强。

自1987年第三次党代会开始，到2006年3月第七次党代会，每次党代会后都制定一个《局党委关于加强领导班子自身建设的决议》。

1995年，制定了《水电十三局党政联席会议议事规则》。1996年，局党委下发了《关于加强各级党委（总支）中心组学习的若干规定》，健全并较好地坚持了中心组学习制度。

2001年，根据中纪委、中组部有关文件精神，将民主生活会改为每年召开一次。2002年3月，局党委六届一次全委会提出，开展“转变作风年”和“调查研究年”活动，要求两级党委都要选择一两个单位作为“转变作风年”活动的联系点，主要领导亲自抓并带头搞好调查研究，局领导班子成员每年下基层不少于2个月。

2002年4月，制定了《水电十三局党委工作规则》，其中包括议事规则、会议制度、行文制度、请示报告制度、公务活动制度、督促检查制度等。通过这些规章制度的制定和实施，使局党委的工作更加规范化、制度化，从而提高了办事效率。制定了《公务活动制度》，并对局领导的公务活动作明确规定。一是局党委领导成员从事各种公务活动，必须围绕工作中心，突出重点，注重实效，着眼于研究和解决实际问题。二是局党委领导同志的公务活动，一般情况下由局党委办公室统筹安排。各单位、各部门邀请局党委领导参加某项活动，应向党委办公室报告，由办公室提出拟办意见后，报请被邀领导批示。三是领导同志到基层调查研究，指导工作，要发扬党的密切联系群众的优良传统和作风，坚持勤俭节约的原则，反对讲排场，摆阔气，要轻车简从，与职工同吃同住，不得住豪华宾馆，不得收受下属单位赠送的礼金、礼品。凡在公务活动中收受的礼金、礼品，无论价值大小，均需登记，并将登记表交局纪委，视情况处理。四是局党委成员离开机关临时外出应通知办公室；离开局本部出差要向局主要领导报告，未经同意不得擅自外出。出差归来后应向主要领导汇报，重要事项处理应写出出差报告。

工程局各二级单位也结合自己的实际情况，建立了各项加强领导班子思想作风建设的制度，并采取一定措施保证这些制度规定的贯彻落实，推动和促进了各级领导班子的思想作风建设。

第七节 历次党代会

自1965年到2006年，水电十三局共召开了7次党的代表大会。1965、1972年召开了2次党代会后，经过“文化大革命”的破坏和组织机构几次变化，水电十三局在以后15年中没能召开党的代表大会。1987年，召开第三次党代会，此后局党代会每五年召开一次。

一、中共水利电力部马颊河疏浚工程局第一次代表大会

1965年5月17日，召开中共水利电力部马颊河疏浚工程局第一次党代会。水电部副部长、党组副书记钱正英到会并做报告。德州地委书记李振，水电总局局长朱国华、党委副书记王干国参加会议并讲话。会议选举产生了第一届党委会，张浙为书记，睢仁寿、王泰元、杨泽生为副书记。

中共水利电力部马颊河疏浚工程局第一届委员会委员：

王泰元　王天喜　田志书　刘贵芳　刘　勋　刘庆典　石运法　孙积五　李子鑫
李泽英　沈国泰　沈亦凡　吕振峰　张　浙　杨泽生　陈荣珍　周凤臣　郭　林
赵长利　胡宣仁　胡玉明　施秋德　韩志民　高金才　温克坚　贺　毅　付殿阁
睢仁寿　甄兆同　翟益涛　黎峰瑞

书　记：张　浙

副书记：睢仁寿　王泰元　杨泽生

二、中共水利电力部第十三工程局第二次代表大会

中共水利电力部第十三工程局第二次代表大会于1972年4月2～4日召开，出席大会的代表有252名。

中共水利电力部第十三工程局第二届委员会委员：

丁适存　马体康　王泰元　王天喜　王廷彦(军代表)　王福君　刘　福　孙福增
吕振峰　何子君(军代表)　吴昭敬　沈亦凡　邢学环　陈心玉　李守春(军代表)
初　文(军代表)　初兆贤　苑志荣　周文忠　杨秀良　杨曼传(军代表)　林　岗(军代表)
孟宪春　张广东　张胜永(军代表)　张文喜　张善奎　张福全　张宪明　贺其文
郭　林　曹忠贵　童振铎　谢瑞花　翟作孝　蔡宝福

书　记：初　文

副书记：王泰元　郭　林

三、中共水利电力部第十三工程局第三次代表大会

中共水利电力部第十三工程局第三次代表大会于1987年3月27～28日召开，出席会议的正式代表有216名。大会号召各级党组织和全体共产党员，坚持四项基本原则，坚持改革、开放、搞活的方针，全面正确地贯彻党的十一届三中全会以来的路线、方针、政策，团结和带领全局职工振奋精神，艰苦奋斗，顽强拼搏，开拓进取，为开创水电十三局两个文明建设的新局面而努力奋斗。这次会议上把“从严、求实、开拓、拼搏”确定为水电十三局的企业精神。

中共水利电力部第十三工程局第三届委员会委员：

井庆泗　王广田　王现森　刘　福　刘汉清　刘洪家　任建聪　张保平　张雄山
李作彦　李鸿寿　杨明学　赵　麟　赵佩荣　相进元　陶育华　康明东　潘国良
魏广庆

书　记：刘　福

副书记：康明东

四、中共水利电力部第十三工程局第四次代表大会

中共水利电力部第十三工程局第四次代表大会于1991年4月11～13日召开，出席会议的正式代表有155名。会议提出了今后几年的工作任务和设想：继续坚持党的基本路线，本着从严治党的精神抓好党的建设，进一步提高党组织的战斗力，发挥共产党员的先锋模范作用，充分发挥党组织的政治核心作用，继续进行社会主义、爱国主义、集体主义和反对资产阶级自由化的教育，努力培育“四有”（有理想、有道德、有文化、有纪律）职工队伍。全心全意依靠工人阶级，充分调动一切积极因素，把“从严、求实、开拓、拼搏”的企业精神进一步发扬光大，保证全局沿着社会主义方向稳步前进，保证全局各项任务顺利完成。

中共水利电力部第十三工程局第四届委员会委员：

马凤楹　王万新　王绍卿　史秉存　刘　福　刘汉清　刘鸿来　李作彦　张广旗
张保平　张雄山　陈凤亭　陈桂芝　袁　鉴　倪冀鲁　陶育华　黄正宇　康明东
潘国良　霍光田　魏广庆

书　记：刘　福

副书记：康明东

五、中共中国水利水电第十三工程局第五次代表大会

中共中国水利水电第十三工程局第五次代表大会于1996年3月11～13日召开，出席会议的正式代表有144名。会议提出了今后几年的指导思想：以邓小平建设有中国特色社会主义理论为指导，认真贯彻执行党的各项方针政策，坚持从严治党，把搞好深化改革、转换经营机制、提高经济效益作为各级党组织工作的出发点和落脚点，充分发挥党组织的战斗堡垒作用和党员的先锋模范作用，动员全局职工振奋精神，努力工作，确保水电十三局“五年规划”和局领导班子四年任期目标的实现，初步把水电十三局建成适应社会主义市场经济需要，符合现代企业制度要求，具有专业特色的国有大型企业，为水电十三局下个世纪大发展奠定坚实基础。

中共中国水利水电第十三工程局第五届委员会委员：

马凤楹　左金岱　刘汉清　刘炳刚　刘鸿来　李兴文　李汝伟　李作彦　何宝民
张　林　张广旗　张国栋　陈桂芝　倪冀鲁　陶育华　康明东　童劲松
（增补：　李长春　杜鸿礼　何占颂）

党委常委：

马凤楹　刘汉清　刘炳刚　李作彦　张　林　张广旗　康明东
（增补：李长春　李汝伟　杜鸿礼　何占颂　童劲松）

书　记：张广旗

副书记：康明东

六、中共中国水利水电第十三工程局第六次代表大会

中共中国水利水电第十三工程局第六次代表大会于2002年3月7～8日召开，出席会议的正式代表有116名。大会的指导思想是：以邓小平理论和“三个代表”思想为指导，全面加强和改进党的思想、组织和作风建设，充分发挥党组织的政治核心作用、战斗堡垒作用和共产党员的先锋模范作用，从严治党、从严治企、从严治领导班子，把深化改革、创新发展、提高经济效益作为各级党组织工作的出发点和落脚点，围绕改革、发展和稳定的大局，加强职工思想政治工作和精神文明建设，团结带领全局广大党员、干部和职工群众，振奋精神，锐意改革，扎实工作，确保2002～2005年局长任期目标的实现，把水电十三局建设成为一个适应市场经济规律，符合现代企业制度要求，具有较强核心竞争力，“经营灵活、管理先进、结构合理、资产优良、国内一流”的现代化企业。

中共中国水利水电第十三工程局第六届委员会委员：

刘炳刚　李长春　李汝伟　杜鸿礼　何占颂　郭来泉　姚国良　童劲松　魏　达

书　记：杜鸿礼

副书记：刘炳刚

七、中共中国水利水电第十三工程局第七次代表大会

中共中国水利水电第十三工程局第七次代表大会于2006年3月14～15日召开，出席会议的正式代表有123名。大会的指导思想是：坚持以邓小平理论、“三个代表”重要思想和十六届四中、五中全会精神为指导，以科学发展观统领全局，以生产经营和提高经济效益为中心，以发展为主题，以体制创新、科技创新、管理创新为动力，大力实施“国外为主，国内国外协调持续发展”的战略，实施人才开发战略，努力转变经济增长方式，坚定不移走质量效益型发展道路，充分发挥政治优势，促进“三个文明”同步发展，逐步把水电十三局建成“经营灵活、结构合理、管理先进、资产优良、国内一流”的建筑施工企业。

中共中国水利水电第十三工程局第七届委员会委员：

于　晓　刘延超　刘炳刚　杨　涛　李汝伟　何占颂　陈庆和　姚国良　郭来泉
童劲松　随守信　魏　达

书　记：陈庆和

副书记：刘炳刚

第二章　水电十三局纪委

第一节　机　　构

1963年10月17日，中共马颊河疏浚工程局监察委员会成立，张浙兼任书记、赵广宏为副书记，委员8人。1965年5月，工程局召开第一次党代会，选举产生了监察委员会，睢仁寿为书记（兼）、韩志民为副书记，委员7人。同年底增补2名委员。

“文化大革命”时期，党委的监察机构被取消，从此12年中未设立党的纪律检查机构。

1979年4月，水电十三局成立局纪律检查委员会筹备小组，边兴业为组长。

1980年10月，根据十一大通过的党章关于重新恢复设置党的纪律检查委员会的规定，经水利部党组批准，成立了局纪律检查委员会，张广东任纪委书记（兼），委员9人。三个局合并后，赵麟为纪委书记。

1987年4月，局第三次党代会选举产生了纪委委员7人，赵麟为纪委书记。1987年8月，马凤楹任纪委书记。1987年，建立了各二级单位纪委机构，配备了专兼职纪检人员，局成立了监察室，与纪委合署办公，全局纪检、监察专兼职干部共23人。

1991年4月，局第四次党代会进行了纪委的换届选举。马凤楹任纪委书记，委员7人。

1996年3月，局第五次党代会换届选举产生由7名委员组成的局纪律检查委员会，选举马凤楹为纪委书记。

2001年3月，局纪委书记由局党委副书记刘炳刚兼任。

2002年3月，局第六次党代会选举产生由7名委员组成的纪律检查委员会，选举刘炳刚为纪委书记。

1992～2006年，全局凡设党委的二级单位都建立、健全了纪委，配备了专兼职纪检人员。

第二节　纪　检　工　作

1963年建局初期，监委机构尚不健全，人员缺额较大，监察干部的调整也较频繁。这个时期，全局开展了“五反运动”和“四清运动”，局监委主要是按照党的八大党章规定的任务，检查和处理党员违反党的章程、党的纪律和国家法律、法令的案件，决定和取消对于党员的处分，受理党员的控告和申诉。至“文化大革命”开始前，全局受到党内处分的有23名，其中清除“党内不纯分子”10名。由于受到阶级斗争扩大化和“左”倾思想的影响，“四清运动”中对有些党员、干部进行了不公正处理。

1972 年，局第二次党代会恢复建立党委后，查处党员违纪案件等有关问题由各级党委负责，曾成立专案办公室和临时抽调人员开展这项工作。

1980 年 10 月，恢复建立了局纪委后，纪检工作逐步正常化。

从局纪委成立到 1987 年 3 月局第三次党代会召开的 7 年间，局纪委认真贯彻落实十二大通过的党章和《关于党内政治生活的若干准则》，发挥“保护、惩处、监督、教育”的基本职能，开展了党规、党纪教育，端正党风，查处违纪案件，打击经济领域中的严重犯罪活动等工作。

这 7 年，局纪委共接待群众来信来访 107 件次；先后复议了 18 个人的政治历史问题及其他问题，纠正了 16 名党员、干部错误的政治历史结论；共查处党员违纪案件 35 起，其中开除党籍 5 人，留党察看 4 人，撤销职务 1 人，严重警告 9 人，警告 14 人；抽调 79 名办案人员，开展打击经济领域的严重犯罪活动，全局检举提供 113 个问题和线索，挖出了 1 名“万”字号的经济犯罪分子；揭露和查处了一批经济违纪和不正之风的问题，被开除党籍 1 人，追缴和退赔赃款 6100 元。

1987 年 3 月～1991 年 4 月，局纪委以查处党内违纪案件为中心环节，通过配合财务、物价、税收大检查，民主评议党员干部，受理来信来访，设立检举箱、举报电话等，及时发现和检查各种问题及案件线索。4 年中，共查处各种问题和案件 85 件，其中涉及科级以上干部 52 件，一般党员 33 件，另外还处理申诉案件 19 件；查处违纪党员 6 人，其中受留党察看处分的 1 人，给予党内严重警告处分的 3 人，党内警告的 2 人；受行政处分的党员 6 人，责成作出检查，并在一定范围通报批评的 7 人。

协助党委抓好党风廉政建设是纪委的主要任务。1987 年 3 月后，局党委先后制定了《关于加强自身建设的决议》、《局机关党政副处级以上干部廉洁勤政守则》、《密切联系群众的实施意见》、《领导干部接待群众来信来访制度》等。

1992～1996 年，局召开第五次党代会的 4 年间，局纪委把加强党风廉政建设作为纪检工作的中心任务。先后制定了《关于副处级以上领导干部廉政勤政建设的规定》、《关于各级干部廉洁自律，公正执行公务的补充规定》、《关于副处级以上领导干部收入申报的规定》、《关于实行礼品、礼金登记制度的规定》、《关于经营招待费向职代会报告的制度》等。

坚持不懈地抓好党风、党纪和廉政教育，每年确定一个教育主题。1992 年，集中抓了反腐防变教育，由局领导结合学习体会，进行辅导 20 场次。1993～1994 年，抓了反腐倡廉教育，组织收听了最高人民检察院张思卿检察长“反贪肃贪”录音报告，组织观看了“反贪肃贪”展览。1995 年，结合闽江工程局贪污贿赂案，针对水电十三局个别单位的问题，在全局组织了反腐倡廉大讨论。

1992～1996 年，局纪委共查处举报和申诉的信件 107 件，其中涉及副处级以上领导干部 52 件，科级干部 27 件，一般党员 14 件；通过查办案件挽回经济损失 10 000 余元。受到党纪处分的 6 人，其中开除党籍的 1 人，留党察看的 1 人，党内严重警告的 3 人，党内警告的 1 人。

1996年3月～2002年7月，局纪委把落实党风廉政建设责任制作为党风廉政建设和反腐败工作的重点。

1997年，开始试行党风廉政建设责任制。

1999年，制定了《关于实行党风廉政建设责任制的实施办法》，按要求层层签定了目标责任书。

2000年，制定了《水电十三局党风廉政建设责任追究办法》。形成了一套较为完善的党风廉政建设责任制的制度体系，与生产经营、业务工作同部署、同落实、同检查、同考核，为党风廉政建设和反腐败工作提供了有利的制度保证。2000年，水电十三局被总公司授予“党风廉政建设优良单位”；2001～2006年，连续五年被水电集团公司授予“党风廉政建设优秀单位”。

2000～2006年，加强了党性党风党纪的教育检查，重点抓了《中国共产党纪律处分条例》等五个条规的学习教育，同时注意抓好正反两方面的典型教育。2000年，组织副处级以上干部携配偶共280多人观看了反腐影片《生死抉择》，集中收看并巡回播放录像《胡长清案件警示录》，召开了“反腐倡廉警示教育”座谈会。2001年，开展了向汪洋湖同志学习和利用水电八局原局长湛世明等案件进行警示教育活动。编印了《党风廉政建设文件选编》一书，供领导干部随时学习，对照检查。注意抓好纠风整纪的监督检查，2001年开展了对领导干部及亲属在该领导管辖范围内，个人从事工程分包的清理、纠正工作和领导干部私自与供货商见面洽谈有关设备、物资采购行为的自查自纠工作。2002年上半年对“三重一大”（企业的重大决策、重要干部的任免、重要项目的安排和大额度资金的使用）民主决策程序执行情况进行了检查。

查办案件的力度继续加大，解决了群众反映强烈的一些问题。6年中，接待来信来访71人次，均按规定进行了妥善处理；受理举报48件次，经初核立案6件，受党纪处分5人（涉及处级干部3人）。6年中，没收违纪款26万元，收缴违纪款92.91万元，收缴赃物折合人民币0.4万元，上缴礼品1人次3件，礼金5万元。

2000年，在全局开展了“勤廉兼优”先进典型评选活动，局济南鹊山调蓄水库沉沙条渠项目经理魏达被水电总公司评为“勤廉兼优”先进个人。至2006年，共有21人次被局党委授予“优秀纪检监察干部”称号，1人被德州市纪委授予“优秀纪检监察干部”称号。

第三章 水电十三局工会

第一节 机 构

1963年6月6日，经山东省总工会同意，工程局工会成立。局党委于10月18日研究决定：成立由孙积五、陈荣珍等18人组成的工会工作委员会，张善奎任局工会副主席，由局党委政治部代管。

局工会组建时，配备了15名专职工会干部。全局设9个基层工会组织，共有会员3413人。

1965年4月19～26日，马颊河疏浚工程局召开首届职工代表大会，选举产生了第一届工会委员会，杨泽生任工会主席。全局下设9个基层工会委员会，有会员3544人。

1967年1月～1971年底，全局的各级工会组织瘫痪，机构被解散。

1972年，局属各基层单位相继恢复了工会组织，共有会员3656人，建立了266个工会小组、30个工会分会、7个基层工会委员会。

1973年1月20日，召开第二次工会会员代表大会选举产生了第二届工会委员会，委员41人，常委9人，杨泽生任主席。基层工会委员会11个，全局会员5503人。

1976年3月25日，局工会组建了女职工委员会，在工会领导下，开展女工工作。

1982年，三个局合并后，局工会设三部一室：生产部、组织部、宣教部和办公室。共有工作人员37人，其中专职19人，其他人员18人。全局下设基层工会委员会15个、分会59个、工会小组514个，有会员6230人。

1988年，局机关精减机构，局工会设两部一室，编制15人，下设15个基层工会委员会、65个分会、525个工会小组，全局会员总数为6076人。

1992年2月，为适应新时期工会工作需要，局工会工作机构恢复三部一室：生产部、组织部、宣传部和办公室，定编15人，加俱乐部、电影院，共有工作人员24人。全局下设12个基层工会、73个分会、554个工会小组，会员6015人。

局工会各部室正职和女工委员会主任按副处级配备，局工会副主席为正处级，主席由局党委常委、副局级干部担任，各基层工会的主席也都按同级党、政副职配备。

1998年，由于机构改革，局工会撤销三部一室设置，成立综合办公室，工作人员由13人减至7人。

2002年3月，工会委员会采用委员制，取消常委制。全局共有22个基层工会，会员4400人。

第二节　组　织　活　动

一、劳动技能竞赛

1963年建局初期，工会工作的主要任务是组织职工群众学政治、学文化、学技术，搞好社会主义劳动竞赛，开展群众性的业余文体活动等。工会干部经常深入马颊河沿线，根据各施工点的不同情况开展不同形式的劳动竞赛，全局上下层层开展了以“五好”为主要内容的竞赛热潮，涌现出许多先进集体、生产能手、技术尖子。如曾宪德机组、朱太来机组，这两个机组在开展的1米^{3}索铲竞赛中，创造了月产最高纪录。

20世纪80年代以后，局工会在广泛开展技术学习、技术练兵的基础上，结合生产实际，先后举办了挖泥船操作等五个工种的全局技术比武。局属各级工会组织广泛开展了多种形式的社会主义劳动竞赛，如“单机流动红旗赛”、“百日安全赛”、“红旗设备竞赛”、“优质服务竞赛”、“采暖锅炉竞赛”等，激发了广大职工的主人翁责任感和拼搏精神，促进了生产任务的完成，并涌现出能源部劳动模范罗绪亮，山东省劳动模范孟广发、黄继桑、于成铎等一大批先进个人。在深入开展“双增双节”（增产节约、增收节支）运动的同时，广泛开展了“质量、品种、效益年”活动和“我怎样为‘质量、品种、效益年’作贡献”大讨论。

围绕生产经营这个中心，广泛组织开展技术比武、技术革新和劳动竞赛。1995年，在全局开展了以“四创四降”为主要内容的劳动竞赛。1996年，开展了“我为九五计划作贡献”立功竞赛活动。1997年，围绕增强企业活力这个主题，在全局开展了“技术革新、技术发明、技术创造”和“提合理化建议”活动，职工提合理化建议984条，采纳率为70.4%，实施率为42.3%，各种小改小革为局节约资金达300万元。1998年，开展了“迎接新世纪建功立业竞赛活动”。1999年，在济南玉清湖工地开展了以“六比六赛”为主要内容的劳动竞赛活动，使围坝填筑工程比计划提前2个多月完工，节约资金100多万元。2001年，响应德州市总工会开展实施“经济技术创新工程”的号召，开展了“三杯”（玉清湖杯、华阳杯、宜城杯）劳动竞赛，组织了挖泥船驾驶和轮机工的技术比武活动，12名成绩优秀的一线职工被授予“技术能手”称号，局工会被德州市总工会授予“经济技术创新先进单位”称号。

2002～2006年，局和二级单位工会共举办劳动竞赛42次，有3200余人次参加了比赛，举办技术比武25次，参加职工达2000余人次。2006年，水电十三局工会被山东省总工会授予“合理化建议和技术改进活动先进集体”称号，被德州市总工会授予“‘创建学习型组织，争做知识型职工’十佳先进单位”称号。

二、维护职工合法权益

随着企业改革的深化和劳动关系的变化，工会的维护职能更为突出。在企业改革中，局工会坚持做到两个维护的统一，在维护企业总体利益的同时，努力维护广大职工的具体利益。

1995年，局工会着重做好建立平等协商制度和集体合同制度。通过深入调查研究，召开专门会议，广泛征求职工意见，起草并在四届五次职代会上通过了水电十三局集体合同。

1998年11月，水电十三局按中央精神出台了《下岗职工基本生活保障和再就业办法》，并由职代会联席会议通过。

2002年，工会聘请了德州市总工会和市劳动局的专家举办讲座，对局60余名劳动争议调解员进行了培训。2003年，局根据山东省有关文件精神，提高了企业职工因病或非因公死亡供养直系亲属生活补助标准。

2006年，局工会代表职工与工程局开展了集体协商，在福利与保险、劳动安全与卫生、劳动报酬等方面，都增加了新的内容。修订了水电十三局集体合同，并提交七届一次职代会讨论通过，局工会主席代表职工，与局长在集体合同上签字。

2006年，全局广泛开展了劳动关系和谐单位创建活动，并被德州市评为“AAA”级劳动关系和谐单位。局工会认真做好职工来信来访处理工作，2002～2006年共处理来信来访1213件，协助党委和行政妥善处理了部分解除劳动合同人员上访的群体性事件。

坚持不懈地开展“送温暖”活动。各级工会建立了困难职工档案，定期走访慰问困难职工和家属。多年以来，每逢元旦、春节，局党政工领导都走访慰问特困职工。2002～2006年，共救助困难职工2956人次，发放救助金342万元，局工会开展的“金秋助学”活动，共救助困难职工子女76名，发放救助金6.88万元。2004年起，工会组织为缓解职工看病难问题，拨出专项资金，为全体职工投了团体补充医疗保险。

三、文体活动

1963年，局工会在德州基地借用德州市委党校礼堂，建立了局工人文化宫，开展电影、图书、文体、宣传等活动。

1964年底，局工人文化宫由市委党校迁回局内。局工会除定期在灯光球场放映露天电影外，还把两部16毫米的电影放映机组织起来，轮流到马颊河沿线各施工点，每月定期为一线职工放映电影。还购置了一批书籍，以机组为单位集体借阅，半个月调换一次。在职工比较集中的施工点，开办了阅览室，订了杂志、报纸供职工阅读。各单位工会组织还为较大的机组或班组订了报纸，组织了读报组，有的班组选出了读报员，经常组织职工学习时事政治，提高职工的思想政治觉悟。

1965年，工会、团组织开展“月月有晚会，处处有歌声”活动，局工会和各基层工会排练了话剧《年轻的一代》、《千万不要忘记》等剧目，赴各施工点演出，活跃了职工业余文化生活。

“文化大革命”初期，工会除了处理生老病死的工作外，其他活动被迫停止。

1972年开始，各级工会组织逐步恢复或重新组建后，各项活动也相继开展起来，尤其文体活动比较活跃。局男、女篮球队在德州地区联赛中多次取得好成绩，一度饮誉州城。

1983年10月，水电十三局协办了全国水电系统第一届篮球赛，全国水电系统17个代表队近300名运动员参加了比赛。水电总局政治部副主任刘冠三为组委会主任，水电十三局韩金城、赵麟、王超群、李中华为副主任，邀请水电总局录像中心来局录制了录像片。

1997年香港回归之际，局工会组织了大型广场文艺汇演，各单位创作演出17个大型歌舞节目，1500多名职工观看了演出。

2002～2006年，局工会依托职工文体协会，举办了多种形式的文体活动。举办了女职工健身操比赛、“工业园杯”羽毛球比赛、“美在家庭”才艺表演、职工太极拳表演、“水电十三局40周年成就图片展”、“建局40周年文艺汇演”等活动。

2002～2006年，在省市工会组织的文体活动中取得了多项荣誉。在体育比赛中，参加了德州市举办的“电力彩虹杯”女子健身操大赛，获得了三等奖。在德州市举办的多次乒乓球比赛中，水电十三局选手名列前茅。在德州市第八套广播体操比赛中获得一等奖。在德州市第二届运动会上，水电十三局组成了由45名运动员参加的代表队，参加了六大项目的比赛，夺得金牌2枚，银牌1枚，铜牌3枚，水电十三局被组委会授予“体育道德风尚奖”。在德州市交谊舞比赛中，水电十三局选派的4对选手获得了团体第一名。在德州市“诚信杯”健美操比赛中，获得了一等奖，并代表德州市参加了全省职工健身操大赛，获得了团体三等奖。在“金车杯”拔河比赛中，获得女子组第一名，男子组第三名。

在德州市“电信杯”首届羽毛球大赛中，取得了团体第一名。水电十三局还协办了山东省“够级”比赛活动，被山东省体育局和山东省体育协会授予“热心支持体育事业贡献奖”。

四、女工工作

局女工组织认真贯彻国务院颁发的《女职工劳动保护规定》，关心女工的特殊利益，重视做好“五期”（经期、孕期、产期、哺乳期、更年期）保护。吴翠宝、刘兰华分别出席了山东省第六次、第七次妇女代表大会。

1995 年，局女工委举办“迎世妇会联欢活动”，全局女职工，以举行文艺演出等形式迎接大会召开，展现了水电十三局女职工的风采。2002 年，局女工委开展了“巾帼文明示范岗”、“巾帼建功标兵”、“女职工素质达标”、“文明家庭”评选活动。2003 年，组织 600 多名女职工参加了“爱心保健”知识讲座活动。2004 年，女工委配合纪委在全局开展了“争做廉内助，树立好家风”活动。2005 年，女工委在全局开展了“鹊桥工程”，为大龄青年解决婚姻问题。2006 年，局女工委被山东省总工会授予“山东省先进女职工集体”称号。

五、工会经费管理

水电十三局工会认真做好工会经费的“收、管、用”工作。建局以来，工会一直设有会计人员负责财务工作。从 2002 年 1 月 1 日起，局工会财务工作由当时的局财务处，移交局资金结算中心代理，加强了对工会财务预算的控制，并严格执行工会主席“一支笔”审批制度。在经费有限的情况下，精打细算、量入为出、保证重点、统筹兼顾，保证了工会活动的正常开展。工会经费主要用于工会各项活动、培训、送温暖活动、劳动竞赛、技术比武、职工补充保险等各种活动，并按规定及时上缴工会经费。

六、职工经济技术创新工程

自 2003 年开始，水电十三局工会组织职工参与技术革新、技术协作、发明创造和合理化建议活动，涌现出一批技术标兵和攻关能手。

2005 年，水电十三局清江隔河岩水库大坝漏水处理攻关小组，被全国总工会授予“全国职工创新示范岗”荣誉称号，水电十三局医院眼科主任赵峰被山东省总工会授予“山东省职工创新能手”称号，水电十三局机电安装分局职工程海林获得“山东省知识型职工先进个人”称号。

2006 年，局工会召开了职工经济技术创新工程先进事迹表彰大会，对涌现出的先进集体和先进个人进行了表彰。有 4 个单位荣获“先进单位”称号，33 个集体被授予“先进集体”称号，70 名个人被授予“先进个人”称号。在山东省职工技协理论研讨会上，水电十三局工会被山东省职工技协授予“职工技协先进集体”称号。

第三节　历次职代会

一、第一次职工代表大会

1965 年 4 月 19～26 日，工程局召开了第一次职工代表大会，327 名正式代表出席了会议。水电建设总局局长、水电部社教工作队队长朱国华和德州专区工会领导、中共德州市委的有关领导出席了开幕式。

这次大会的主要任务有三项：一是掀起生产新高潮；二是帮助局领导“洗手、洗澡”，提高对“四清”的认识；三是选举产生工程局第一届工会委员会。

大会选举产生了马颊河疏浚工程局第一届工会委员会，杨泽生任工会主席。

1966～1981年，由于“文化大革命”的影响和水电部分合等原因，职代会中断了15年之久。

1982年三个局合并后，对原三个局的443名职工代表和57名主席团成员的资格均予以承认。由于各种原因，三个局合并后一段时间内没有召开职工代表大会，但先后召开了六次主席团会议或主席团扩大会议，分别审议或讨论通过了《职工住宅调整分配暂行办法(草案)》、《水电十三局调资实施方案》、《关于企业全面整顿申请验收报告》、《贯彻〈国营工业企业 职工代表大会暂行条例〉实施细则》、《贯彻〈职工奖惩条例〉实施细则》和《职工守则》等重要文件。

二、第二次职工代表大会

1984年11月20～24日，水电十三局召开第二次职工代表大会，这是三个局合并后召开的第一次职代会。会议审议通过了韩金城局长作的行政工作报告，与会代表还讨论了《水电十三局职工药费改革办法》和《德州基地职工住宅分配暂行办法》(因不够完善，未通过)。

选举产生了水电十三局第二届工会委员会，李中华任工会主席。

三、第三次职工代表大会

1988年1月20～24日，工程局召开第三次职工代表暨工会会员代表大会，会议审议通过了《局内部承包经营责任制办法》、《局职工医药费包干办法》、《关于局集体福利事业管理和核算的改进办法》、《职工代表大会条例实施细则》、《职工职业道德规范》。选举产生由29人组成的第三届工会委员会，局工会常委12人，刘汉清任工会主席。

从1988年局三届一次职代会召开以来，局职工代表大会每年定期召开一次，基本做到制度化、规范化。

四、第四次职工代表大会

第四次职工代表暨工会会员代表大会于1992年2月26～29日召开，应到正式代表223名。经选举产生了由29人组成的局第四届工会委员会，工会常委13名，刘汉清任工会主席。

五、第五次职工代表大会

1997年2月26～28日，局第五次职工代表暨工会会员代表大会召开，与会代表听取和审议了张林所作的行政工作报告，张训化所作的财务工作报告，魏达所作的经济责任制执行情况和安排的报告，以及水电十三局《“九五”科技发展规划》。选举产生了由27人组成的第五届工会委员会，工会常委15人，刘汉清任工会主席。

六、第六次职工代表大会

2002年3月，局第六次职工代表暨工会会员代表大会召开，选举产生了由21人组成的第六届工会委员会，工会委员会从本届起取消常委制，采用委员制，选举李汝伟为工会主席。

七、第七次职工代表大会

2006年3月，召开局第七次职工代表大会，选举产生了由17人组成的第七届工会委员会和5人组成的工会经费审查委员会，李汝伟任工会主席。

2000～2006年，局职代会改为与每年的党政工作会议一并召开。

第四章　水电十三局团委

第一节　机　　构

1963年7月2日，共青团山东省委下发了（63）32号文，通知成立水电部马颊河疏浚工程局团委，由赵民、黎家瑛等13人组成，委托德州团地委领导。1963年，全局有团员388名，设8个团支部。1965年，卫河疏浚工程局和马颊河疏浚工程局合并，全局有团员979名，9个基层总支，53个团支部。

1964年，对局团委组成人员进行了调整，局团委委员7人，艾相银任局团委书记。对外称马颊河疏浚工程局团委，对内称局政治部青年工作处。

1966年，“文化大革命”开始后，团组织遭到破坏。1972年，经过2年的“整团建团”后，建立5个基层团委，3个团总支，41个团支部，恢复了团的组织生活，全局团员785名。

1988年，局第三次团代会召开之前，解决了局基层团干部享受同级部门负责人待遇的问题。

第二节　组　织　活　动

1963～1966年，主要是在团员和青年中开展学雷锋、做好事和学习毛主席著作的活动，围绕生产开展了一系列劳动竞赛和突击队活动。“文化大革命”开始后，团的各级组织停止了活动。

1970年，开始了“整团建团”，重新恢复和建立了团的各级组织，团的工作逐步转入正常。1975年，全局成立青年突击队43个。1976年8月唐山地震后，一部分灾区伤员运来德州治疗，局团委组织救援小分队接运伤员。

粉碎“四人帮”后，团的工作有了新转机。局团委开展了“理想、纪律教育”、“当改革闯将，做江河主人，为四化立功”、“双增双节”以及“五小智慧杯”等活动；在学校团队工作中开展了“创造杯”、“万枚四有小金星”、“爱劳动小金星”、“奋飞之鹰”等活动，在“万枚四有小金星”活动中，有5个项目被评为省级优秀。

从1986年始，局团委开展了“庆功杯”、“青年杯”等文体活动和文艺汇演。1987年，局团委组织跳交谊舞。1987～1991年，局团委会同有关部门，在岳城水库工地、机械厂、河套工地开展了青工技术比武和劳动竞赛。

1990年，开展“学雷锋、树新风、讲奉献”活动，全局共成立便民服务队10个。1991年，各级团组织普遍建立了学雷锋责任区。1979年10月，河道分局四女寺管理处木工蔡立功，被团中央授予“全国新长征突击手”称号；四分局卫长峡，被授予“80年代全国电力优秀青年”称号；子弟小学教师张建新，被授予“全国辅导员技能技巧比赛能手”称号。

1992年后，在全局开展了“坚持立国之本，确立人生航标”系列活动，“高举团旗跟党走，艰苦奋斗创功业”和“青春立功”活动，以及“党在我心中”主题系列活动。参与组织了纪念毛主席诞辰100周年、抗战胜利50周年、迎香港澳门回归文艺汇演等活动。

1992～1996年，局团委举办了两届“十杰”青年评选。开展了以“青春立功”为主要内容的系列活动：岗位练兵、劳动竞赛、技能比武、提合理化建议、“五小”智慧杯、青年全优岗等。有3名同志被授予山东省“青春立功活动一等功”和“省新长征突击手”称号。

1997年，各单位都成立了“青年志愿者”服务队。1999年，开展推优入党工作，共推荐优秀团员45名，其中34名被吸收为中共党员。2000年，开展了以技术创新、管理创新为主要内容的“创新创效”活动。

1996～2006年，开展了争创“青年文明号”、“青年岗位能手”活动，10多支青年突击队活跃在生产一线。涌现出了优秀“青年岗位能手”蓝恭琰、黄李琴、韩东、高宗文，舍己救人、见义勇为的青年职工王俊刚、李伟经等先进人物。

第三节 历次团代会

第一次团代会于1965年9月召开，李子鑫任团委书记。

第二次团代会于1973年3月召开，刘汉清任团委书记。1976年，共有7个直属团委，1个团总支，54个团支部，团员1165名。

在第二次和第三次团代会期间，王继章、提福秀、田林海曾任团委书记或主持工作的副书记。

第三次团代会于1988年1月召开，张保平任团委书记。1988年，全局有团员2023名，有9个基层团委，1个团总支，84个团支部。

第四次团代会于1991年5月召开，张保平任团委书记。1991年，全局有10个基层团委，1个团总支、92个团支部，团员1512名。

1993年6月，张红钢任代理团委书记。1996年5月，朱治明任团委书记。

第五次团代会于1996年7月召开，朱治明任团委书记。局团委下设基层团委12个，团总支2个，直属团支部3个，全局共有团员1393名。

1997年8月，安郁军任团委书记。2001年6月，王笑任团委副书记，主持团委工作。

第六次团代会于2002年5月召开，王笑任团委书记。下设基层团委10个，团总支3个，直属团支部3个，全局共有团员1056名。

第七次团代会于2006年7月召开，米志勇任团委书记。下设基层团委7个，团总支

3个，50余个团支部，850名团员。

水电十三局历任团委书记名录，见表12-4-1。

表12-4-1　　水电十三局历任团委书记名录

姓　名	职　务	任职时间	备　注
艾相银	团委书记	1964～1965-09	
李子鑫	团委书记	1965-09～1973-03	
刘汉清	团委书记	1973-03～1975-04	
王继章	团委书记	1975-04～1978-05	
提福秀	团委书记	1978-05～1984-01	
田林海	团委书记	1984-01～1986-04	
张保平	团委书记	1988-01～1993-06	
张红钢	团委书记	1993-06～1996-05	
朱治明	团委书记	1996-05～1997-06	
安郁军	团委书记	1997-08～2001-06	
王　笑	团委书记	2001-06～2006-01	
米志勇	团委书记	2006-01～	

第五章　学会、协会、研究会

第一节　机械疏浚学组

机械疏浚学组成立于1983年10月，隶属中国水利学会施工专业委员会，挂靠在水电十三局。水利部建设开发司基建处、水利部三峡技术论证办公室、长江葛洲坝工程局、第五工程公司、安徽省水利机械疏浚工程局等五个单位为副组长单位。

1988年，经能源部科技司批准，由机械疏浚学组兼管水利电力科技情报研究所、水利水电机械疏浚情报网。

1990年，中国水力发电工程学会机械化与施工管理专业委员会，又接纳机械疏浚学组为该专委会的成员。由此，机械疏浚学组（情报网）以一套班子肩负两会一网布置的工作任务，第一任学组组长为水电十三局总工程师张天存，第二任学组组长为水电十三局副局长潘国良。

机械疏浚学组（情报网）有水利、水电、交通、中船等系统的疏浚主管部门、疏浚施工单位、科研设计等院校和船舶、疏浚设备机器制造厂家等共75个成员单位，拥有机械疏浚生产能力约每年1.9亿米^3，个人会员300余人。

机械疏浚学组从成立伊始，即按“发挥行业会（网）作用，广泛联合、努力开拓、主动服务”的方针进行工作。多年来，在疏浚同行之间不拘所属系统和部门，开展技术情报、经验交流、协作攻关，组织技术培训，编制规范、定额、手册等工作，取得一定成效。从1983年起，已在湖北沙市、上海、山东德州、浙江湖州等地组织召开了多次经验交流会，其中沙市会议是接受交通部门的委托主持召开的，湖州会议以疏浚企业管理为中心内容，由交通系统沿海与内河两航道分网联合召开。出版了学组学术刊物《疏浚与吹填》，面向全国多次举办专业培训班。由学组承担修订的SL 17—1990《疏浚工程施工技术规范》，已于1990年12月由水利部颁发执行。

第二节　企业管理协会

1984年12月，水电十三局筹建局企业管理协会。

1985年8月8日，水电十三局企业管理协会召开成立大会，协会由35人组成第一届理事会，韩金城任名誉会长，张剑英任会长。企业管理协会性质、宗旨和任务：联系水电系统和工程局研究现代化管理科学理论及实际工作的同志，开展国内外企业管理理论、管理体制、管理制度、管理技术、管理方法和经济政策的研究、介绍，提高本局的现代化管理水平；任务是当好参谋、助手，面向施工生产，搞好服务咨询，协助有关部门搞好干部培训工作。并提出了在一年内或更长时间内专门研究的三个重点课题：一是固定资产管理和基本折旧基金计提问题；二是机构改革问题；三是如何进一步压缩流动资金、加速资金周转问题等。

1988年8月，选举产生了企业管理协会第二届理事会，袁鉴任理事长，张剑英、康明东、张天存、黄正宇、刘汉清、周一之（常务）任副理事长，潘德琮任秘书长。

局企业管理协会成立以后，分别加入了中国施工企业管理协会、山东省企业管理协会，袁鉴、刘福加入了中国水利电力企业家协会水利分会，袁鉴加入了山东省企业家协会，刘福、康明东加入了山东省企业管理协会。刘福还当选为水利电力管理科学研究会常务理事，袁鉴、康明东、李森为该会理事。1990年8月，水电十三局企业管理协会被中国水电企业管理协会、企业家协会评为1989年度优秀企业管理协会。周一之、潘德琮先后被评为水电企业管理协会、中国施工企业管理协会、山东省企业管理协会优秀工作者。

1992年8月，召开局企业管理协会第三次会员代表大会，选举产生企业管理协会第三届理事会。袁鉴任理事长，张剑英、康明东、张天存、黄正宇、刘汉清、周一之、张广旗、肖仲谋、潘德琮任副理事长。

第三节　职工思想政治工作研究会

局职工思想政治工作研究会成立于1987年8月，是在水电部成立思想政治工作研究会后，根据上级的要求成立的。康明东任会长，吕书永、张雄山、刘汉清、魏广庆任副会长。1987年冬，水电总公司在葛洲坝工程局成立水利电力思想政治工作研究会水电建设学组，水电十三局职工思想政治工作研究会加入学组成为团体会员。1988 年，加入德州地区职工思想政治工作研究会成为团体会员。汽修厂、三分局、四分局等单位也先后建立职工思想政治工作研究分会，积极地开展工作，不定期地分析思想动态。

第四节　离退休职工科技协会

水电十三局离退休职工科技协会是经德州地区科协批准，于 1988 年 9 月正式成立的。到 1991 年 9 月，共有会员 86 名，其中高级工程师 5 名，高级经济师 1 名，高级会计师 2 名，教师 5 名，技师 6 名，医师 4 名，理事长冯淑芳，副理事长赵勋、王椿本，韩金城、张天存为顾问。科技协会分工程机电、财会经济、文教卫生三个组。

在科技协会的领导下，开办了离退休职工技术服务部，1988 年 10 月，经德州市工商管理局批准，发给营业执照，正式开业。

科技协会成立以来，派出 1 名工程师为德州木料公司龙门吊基混凝土浇捣监理质量，派出 3 名老工人为德州第二造纸厂驻厂进行电器维修和运行人员的培养。接受机械疏浚学组聘请，协助学组做了学术交流、组建情报网等工作，协助学组举办工程预算和定额培训班，还承担了水电站清淤方案调查及投估算任务。为德州审计事务所选送了 3 名会计师参加社会审计工作。

第五节　体育协会、文学艺术协会

水电十三局体育协会成立于 1963 年 1 月 13 日，当时叫中国动力体育协会马颊河疏浚工程局理事会。1965 年，工程局参加德州市篮球赛，男、女篮球队均获第三名。子弟学校少年乒乓球队获山东省亚军。建局初期，开展过群众性的游泳活动，参加的青年职工有数百人，还组成游泳队，参加了水电部组织的横渡长江活动。

1984 年 3 月，成立水利电力体育协会十三局理事会，名誉理事长韩金城，理事长岳兆铭，副理事长 9 名，理事 7 名。

1984 年 5 月，根据水电总公司党委（84）水建党字第 93 号文，成立了水电十三局文学艺术协会，名誉主席韩金城，主席吕书永。1995 年，康明东任局文学艺术协会名誉主席，刘汉清任主席。

1979 年 10 月，编印了水电十三局职工业余文艺作品选《水声》。1988 年，编印了本局职工业余文学作品集《浪花》。徐继强的小说《推土机手的爱》、王蕾的诗《浪花的自白》被《中国水利》杂志和《中国水利电力报》选用，徐继强的小说《湖风》被《江河文学》采用，郑武英的散文《一只带弹痕的手》被《大众日报》采用，郑武英的报告文学《一个日本人的终身追求》被《江河文学》采用。

2002 年，局党委组织力量，采写了 45 位省部级、局级劳动模范的先进事迹，创作出报告文学 45 篇，编辑出版了《禹魂》一书，在全局起到了弘扬企业精神、推动发展的作用。

第六节　书法协会、集邮协会

局书法协会成立于1988年12月3日，副局长张雄山任局书法协会主席，席宝家、李文杰任书法协会副主席。局书法协会是本局书法爱好者自愿结合的群众组织，书法协会在局文学艺术协会的领导下工作，活跃职工文化生活。成立以来多次组织了书法美术展览。

局集邮协会于1987年成立，是德州地区集邮协会下属组织，第一届代表会议选举康明东为名誉会长，李国勇为会长，余华明、曾庆雅为副会长，会员150余人。

局集邮协会成立后，先后举办了6次邮展，贴片千余张，参展作者40余人，参观总人数达2万余人次。其中康明东、訾衢青、金阳创作的《中华魂》体育邮集，参加山东省邮展（1990年）获三等奖；《光辉七十年》邮集参加山东省邮展获纪念奖。

局集邮协会于1992年4月举行第二届代表会议，选举康明东为会长，左金岱、余华明、金阳、訾衢青为副会长，会员250人。

第六章　企　业　文　化

第一节　企　业　精　神

水电十三局的企业精神是伴随着工程局各阶段、各时期的发展而形成的，经过几代水电十三局人的共同努力，于上世纪80年代中期总结、提炼出了“从严、求实、开拓、拼搏”的企业精神。

1963年，工程局建局伊始，是中国水利水电战线上第一支专业机械化疏浚队伍。当时的口号是“因陋就简、沿河为家”。全局干部职工疏洪导水，治理江河，筑堤建坝，铺路架桥，在艰苦的岁月中谱写了光辉的篇章，也为培育独具特色的企业精神打下了坚实的基础。

1987年，水电十三局人走出国门进入国际市场，克服了常人难以想象的困难，经历了无数严峻考验，打开了南亚市场，逐步拓展到东非、西南非、北非、中东、南亚五个比较稳定的区域性市场，逐步总结提炼出“不甘落后，争创一流；不畏艰难，勇挑重担；不怕挫折，锲而不舍；不计名利，乐于奉献”的团队精神。这“四种精神”是对20世纪80年代“从严、求实、开拓、拼搏”企业精神的传承与发展，概括了工程局20多年来开拓国内外市场所走过的历程，集中体现了水电十三局人的优良品质，是水电十三局走出困境、取得跨越式发展的核心动力和根本原因。

第二节　企　业　形　象

建局44年来，水电十三局重质量、守合同、讲信誉，积极履行社会责任，在国内外树立了良好的企业形象。工程局先后赢得山东省"重合同守信用企业"、"AAA级信用企业"资质等级。2000～2006年，水电十三局年年获得山东省"文明单位"称号；2000～2004年，连续五年荣获集团公司"文明单位"称号；2000、2001年获得国家电力公司"双文明单位"称号；2002年，承建的南宁至吴圩机场高速公路被评为全国"市政金杯示范工程"；2006年，参建的安徽省临淮岗洪水控制工程获得国家工程质量最高奖"鲁班奖"；2005年，工程局获得全国总工会授予的"全国模范职工之家"称号；2006年9月，获得山东省"热心体育事业贡献奖"；2004年，被授予山东省"富民兴鲁"劳动奖状，"全国质量效益型先进施工企业"等称号。

多年来，山东省、德州市政府给予水电十三局大力的支持和帮助，水电十三局也为地方的经济建设和各项事业的发展作出了贡献，并主动承担企业的社会责任，树立了水电十三局良好的企业形象。

建局初期，工程局即大力支持地方建设。1963年9月，工程局出动300多名职工，投资85 000元，修建了德州长途汽车站至堤岭宽14米、全长2.5公里的碴石大道，并由副市长周国栋命名为闽江路。1964年6月，工程竣工后由德州市城建局接管，后改建为柏油路，现名东风路、湖滨南路。

1963年夏，河北、山东、河南普降暴雨，漳卫南运河发生特大洪水，德州市区平地积水2尺，运河堤防告急，直接威胁天津。中央决定在四女寺上游恩县大洼内分蓄洪水，拆除四女寺木桥、炸坝。张浙局长带领队伍奔赴四女寺，赶在洪峰到来之前，拆除了四女寺木桥，解除了下游德州市的洪水威胁。

1965年9月山东大旱，庆云县全年降雨只有180毫米。工程局指示各挖泥船抽水支援当地人民抗旱。在庆云县境内施工的二处、三处，帮助沿河公社建起大刘、杨家、冯家、李店四个扬水站，有效灌溉面积15 000余亩；5条挖泥船将扬出的水全部用于抗旱，浇地10 000余亩，帮助庆云县战胜旱灾夺取丰收。1968年秋，工程局派出80多名干部，进入张大庄、张敖等公社，帮助抢种小麦和组建公社、大队革命委员会的工作。

1970年，马颊河疏浚工程结束后，工程局近千名职工和20多条挖泥船调到济宁地区组建疏浚大队，承担南四湖治理工程。一分局大力支援微山县经济建设，无偿支援修建了马庄、奎子、刘庄、南庄、斑村、彭口闸、沙河崖等排灌站和引水渠，对促进农业发展起到很大作用。

1970年8月，工程局派出104工程连和三队支援山东小三线建设，完成莱芜两座铁路大桥的施工任务。1971年2月，工程局无偿支援山东淄博太河水库大坝施工，完成土方13万米^3。1971年9月，无偿支援济南城建，在大明湖施工1年，完成工程量51万米^3。1973年7月，德州武城县遭到日降300毫米的暴雨袭击，局四女寺管理处和建工处帮助排除涝水400万余米^3，保住了10万亩庄稼。

1970年春，水电十三局派挖泥船无偿为德州市开挖新湖，一年挖土30万米^3，到1972年10月，开挖出总面积600余亩、深3.8米的水面，总挖泥量80多万米^3，吹填造地960亩。将昔日芦苇丛生的盐碱洼地，改造成碧波荡漾的湖面，被德州市政府命名为新湖。新湖开挖后，德州市砌筑了1100米的护岸，修筑了游船码头，建起了湖心公园和假山，现已成为德州市中心休闲游览区，是新德州的象征。在水电十三局吹填造地的地基上，新建了德州地委办公楼、百货大楼、地区邮电局、地直礼堂、地区老干部局、市消防队、市文化馆等几十个单位。水电十三局对德州新湖建设所作的贡献，载入德州市政协编辑出版的《德州文史（第二辑）》之中。

1975～1976年，工程局组织30名干部分两批参加了德州地区学大寨工作队，在平原、齐河、禹城等县驻村，协助开展学大寨运动，推动县、乡农业发展。

1979年，工程局筹措资金92万元支援地方建设。1985～1987年，工程局支援德州市城建部门140万元，修建了湖滨南路及路口大转盘。1984年和1987年，分别赞助德州人民公园和儿童乐园建设。1984年，德州市新建振华玻璃厂，工程局筹措资金200万元，由其使用达8年之久，保证了该厂按期投产。

1986年8月，工程局无偿支援德州市开挖沟盘河水库，解决市民用水问题。沟盘河水库位于德州市东郊，距德州市7公里。1989年8月工程全部完工，共开挖土方132万米^3，为德州人民饮用黄河水，缓解用水紧张作出了贡献。

1988年4月，工程局为支援地方建设，派出干部到陵县、宁津、武城等县挂职。

2006年开始，工程局响应中央号召，开展支持社会主义新农村建设活动，派出干部组成驻村工作组，并拨出数十万元资金，帮助当地农村发展经济，解决农村群众生产生活中遇到的困难，受到地方政府表彰。

第三节　企业文化活动

从20世纪60年代初期起，水电十三局的文化活动曾经相当活跃。有业余篮球队、足球队、文艺宣传队等群众性组织，开展了大量的经常性文艺、体育活动，对教育引导职工艰苦创业，活跃职工业余文化生活，激发劳动热情起到了重要作用。

1992年，是水电十三局建局30周年，国务院总理李鹏为水电十三局题词“疏洪导水，造福人民”。局党委、水电十三局举行了隆重的局庆纪念活动：一是组织编写了局史《水电十三局30年》；二是征集创作了局徽、局旗、局歌；三是在11月2日举行李鹏题词纪念碑落成仪式和建局30周年庆祝大会；四是举办大型文艺演出、书法美术作品展等。通过局庆各项活动的开展，增强了企业的凝聚力、向心力，加强了与业主单位、地方领导和部门的联系，同时对进一步弘扬水电十三局“从严、求实、开拓、拼搏”的企业精神起到了积极作用。1993年，编辑出版了《水电十三局建局30周年局庆辑录》、老局长张浙的回忆录《我的一生》，《江河文学》杂志推出了水电十三局小说、散文、诗歌和报告文学专辑，德州地区经济台播出了水电十三局专题系列报道。

对内培育企业精神，对外积极宣传企业形象。1998年，水电十三局编印了水电十三局宣传广告画册，利用局1200挖泥船在北京“六海”疏浚之际，连续三次组织方队参加北京电视台《五彩缤纷》节目。2000年，在济南市泉城广场进行企业宣传活动。近些年来，中央电视台、珠海电视台、齐鲁电视台相继播发了水电十三局在内蒙元宝山、广东珠海、济南玉清湖等工地施工的新闻和专题片。

三分局、职工医院是水电十三局开展企业文化建设较好的单位。2002 年 3 月，三分局组织 30 多名管理人员参观了青岛海尔集团，出台了分局企业形象设计、统一标识实施细则，强化了企业精神、企业作风、企业经营方针、企业质量方针、企业中长期发展战略。完善美化办公环境，在各工地统一制作彩门、标牌，项目部各种管理体系图表、工程效果图统一尺寸规范上墙，施工管理人员统一工装、安全帽，在统一标识方面做出了有益的探索。

2001 年，职工医院利用体制改革、新病房楼和门诊大楼启用的契机，积极推动企业文化建设。确立了“爱岗敬业，救死扶伤”的企业精神，树立了“视每位患者为亲人”的服务理念，形成了“看一个病人，交一个朋友，创一份名气”的经营理念，在全院开展了规范管理、规范行为、规范用药、规范收费，让病人满意的“四规范一满意”活动。在全市医院的行风大检查中，职工医院满意度获得第一，并荣获“全省行风建设先进单位”称号。

2002 年，水电十三局充分利用宣传舆论工具和各种宣传手段，加强对外宣传，树立企业形象。编辑制作了《铸就辉煌》专题片，举办了“辉煌 40 年”图片摄影展。

2003 年，起草了水电十三局企业文化建设规划，编印了《培育企业文化，壮大企业实力》等四本学习材料，大大推动了全局各单位的企业文化建设活动。2004 年，开展了全局“知局情、爱企业”知识竞赛活动，活动分为书面竞赛和现场比赛两部分，内容以局 40 年历史和劳动模范事迹为主，在全局掀起了一个“忆局史、学先进、比干劲、多贡献”的热潮。

2005 年，围绕促进学习、提高素质、凝聚人心，努力开展行之有效的企业文化活动。编辑印制了《提升我们的基本素质》、《告诉您，人生经验 112》、《简简单单看管理》等三本企业文化学习丛书，发到每个职工手中。

2006 年，起草制定了《水电十三局 2006～2010 年局企业文化发展建设规划》，对全局企业文化建设提出了总体要求和工作部署。贯彻以人为本思想，不断创新企业文化工作。用近一年的时间，收集了百余幅反映水电十三局发展成就的图片和资料，编辑印制了局新版宣传画册，树立了企业形象；还编辑出版了一套以奋斗、亲情、思考和健康为主题的《建设和谐企业生活丛书》，推动了职工素质工程的建设。配合企业文化的开展，每年都为新分大学生讲水电十三局企业发展史。

第四节　文　化　载　体

一、《开拓者》报

《开拓者》报是水电十三局党委主办发行的企业报。1964 年 4 月 7 日创刊，时名《马颊河工作》报，发行量 500 份。1965 年 6 月 22 日，《马颊河工作》报改名为《疏浚生活》报。从此开始正式记录报纸期号，即为第一期。此前的《马颊河工作》与《疏浚生活》共编发了 75 期。1967 年 8 月 1 日，“文化大革命”中《疏浚生活》改名为《风雷激》。

1970 年 8 月 22 日，《风雷激》改名为《水利战士》；1981 年 1 月 2 日，《水利战士》

改名为《疏浚报》；1983年1月8日，《疏浚报》改名为《十三局报》。

1984年，在山东省新闻出版管理局正式登记备案，报纸刊号为山东省报纸登记证003号。

1985年1月10日，《十三局报》改名为《开拓者报》。此时，报纸共出刊800期。

1990年10月11日，水电十三局党委隆重召开《开拓者报》出版25周年暨出报1000期纪念大会，高度赞扬了报纸在宣传党和国家的方针政策，推动水电十三局改革、发展，推动两个文明建设等方面所作出的突出贡献。

1998年5月6日，《开拓者报》改名为《开拓者》，每期发行量2000份。

水电十三局的内部报纸自创刊到1999年7月5日第1280期，一直采用手工排版、铅字印刷，由本局印刷厂承印。自1999年7月15日第1281期报纸起，采用激光照排、胶版印刷。2002年10月31日，出版了首期彩色报纸。

2003年3月26日，局机关调整部门设置，水电十三局报社划归于新成立的新闻中心，设总编辑和副总编辑各一人，每期发行2000份。同年4月18日，《开拓者》改版，每版版头增设栏目名称。2004年开始，逢职代会等重大事件，报纸用铜版纸印刷，增出四版。

2006年11月3日起，水电十三局网站首页开设《开拓者》电子版栏目，报纸采用PDF格式文档的形式进行在线阅读。

1965年6月～2006年12月底，共出报纸1505期。曾担任报社总编辑（负责人）的有方义达、王炳鑫、吕书永、陶育华、周松山、苏剑波、李京丽、庞云翼等。

二、水电十三局网站

2004年2月23日，水电十三局局域网正式开通，隶属局办公室。同年9月，成立信息中心，为局网站的业务管理部门，负责提供网站规划、建设、运行、维护和管理等方面技术支持。

网站管理。根据工作需要，设置内部、外部两个网站，内部网站用于工程局内部沟通和交流、信息和资料的共享，局直属各单位、机关各部门均可在网站上设置主页和栏目，并作为责任方进行管理；外部网站用于宣传和信息发布等。

电子信箱管理。电子信箱供局所属单位和员工个人使用。电子信箱的开设、更改和撤销，必须填写水电十三局电子信箱用户申请登记表，报信息中心核实后开通。各单位（部门）可在水电十三局网站上设立公开信箱，但要有专人负责管理和维护，做到每日查看邮件，对提出问题的信件及时回复，并予以登记。

上网信息管理。水电十三局网站是对内、对外宣传的窗口，主要任务是展示企业形象，加强水电十三局与社会的沟通及内部信息交流。内网包括各单位主页。外网包括按职能划分的栏目：企业概况、工程业绩、企业新闻、国际工程、人力资源等。

网站安全管理。水电十三局网站加强安全技术手段的应用，对网站系统的安全进行实时监控，网站内容定期进行备份，指定专人保管。各上网单位依据《互联网信息服务管理办法》、《互联网电子公告服务管理规定》和《水电十三局信息化建设管理办法（试行）》，加强了网上互动内容的监管，确保信息安全。

改版。2005 年 8 月，推出改版后的外网网站。2006 年 4 月 7 日，内网改版，增加中标喜讯、项目动态、在建工程、职工园地、公共信息等栏目。

三、广播电视

1963 年建局初期，建立了工程局广播室，同时在各工地建立了广播室，开展宣传鼓动工作。在驻德州各单位、各家属区安装了一批高音喇叭，每天定时转播中央广播电台新闻和工程局新闻。

1981 年，按上级要求，为减少城市噪声，局广播室撤销。1984 年，局购买了录像设备，建立了录像中心。1987 年，采用个人集资和局里补贴的形式，建立了 2000 多户的闭路电视系统，当年 8 月开通试播。1990 年，改造演播厅、购置必要的配套设备等，发展成为可以转播 7 个频道，同时播送 7 套节目的闭路电视台。2003 年，水电十三局有线电视并入德州广播电视网，德州电视台开辟第 11 频道为水电十三局专用频道，每周播发两次《十三局新闻》和文艺节目。位于微山县的一分局基地，也建成了闭路电视系统，所有职工家属都可以在家看到多频道清晰电视。

第七章　文明单位创建

第一节　机　　构

水电十三局文明单位创建活动起步于 1982 年。1996 年，工程局建立了党委统一领导、党政共同负责、各部门分工明确、党政工团齐抓共管的领导体制和工作机制。

工程局成立了文明单位建设领导小组，制定了管理考评办法，并召开了文明单位建设推进大会，健全了文明单位建设保证体系。由党政领导班子成员组成的文明单位建设领导小组，定期研究部署文明单位建设工作，任命局级、推荐上报总公司级以上文明单位；由局机关有关部门人员组成的考评工作小组，负责局级文明单位的各项考评、检查和验收工作。各二级单位都相应建立了领导小组和工作班子。文明单位、文明项目部、文明班组、文明小区创建活动在全局广泛持久地开展起来。

文明单位的创建工作有力地促进了各单位、各项目的生产和管理，促进了文明施工，涌现了北京“六海”项目部、深圳河项目部、白浪河项目部等一批文明项目部和三分局、职工医院、橡胶厂等一批文明单位。

第二节　创　建　活　动

以 1982 年的“文明礼貌月”活动为起点，开展了“五讲四美三热爱”活动，活动中突出了理想、纪律教育这个重点，把精神文明建设纳入综合治理的轨道，取得显著的成绩，先后有汽修厂、四分局、医院、托儿所被德州市授予“文明单位”称号。

1996 年以来，创建文明单位活动有计划、有目标，各种群众性的创建活动在水电十三局各单位广泛开展。

一是以先进带动全体，营造“比、学、赶、超”的创建氛围。在创建工作中，注重推荐、评选涌现出的先进单位，尤其是发展步伐快的单位。

二是在创建工作中，坚持“升、降、撤”的动态管理制度。对文明工程的申报和复查严格标准，对不符合标准或出现了一票否决情况的单位撤销其“文明工程”称号。

三是创建活动具有广泛性。工程局各单位都成立了文明工程建设领导小组和工作班子，创建活动按照“六达标”的要求，有计划、有目标，各种群众性的创建活动在各单位广泛开展并取得显著成效。

四是创建活动不断规范化。1996年，水电十三局第五次党代会通过了《水电十三局1996～2000年精神文明建设规划》，这是水电十三局在精神文明建设方面的第一个规划。2002年，第六次党代会通过了《水电十三局2002～2005年精神文明建设规划》。2006年，第七次党代会通过了《水电十三局2006～2009年精神文明建设规划纲要》。同年，调整了文明单位建设领导和工作机构，重新修订了全局文明单位、文明工程、文明科室等创建工作实施办法，并严格按照文件要求，按申报、自查、考评、总结反馈等程序实施操作，使创建工作真正起到检查督促、弥补不足、鼓励先进、推动发展的作用。

五是将创建工作与全局各项工作紧密结合。在创建工作中注重以活动促创建，把党风廉政建设、工会共青团工作、综合管理考核、三项责任制考核等活动都作为有效载体，把创建工作落到实处。

第三节　创　建　荣　誉

从1998年起，水电十三局连续3年被评为德州市“双文明建设单位”；2000～2001年度获得国电公司“双文明单位”荣誉称号；2000～2004年，连续5年被集团公司评为“文明单位”，2000～2006年，连续6年被评为山东省“文明单位”。

1996、1997年，三分局连续2年被国家电力公司授予“文明单位”称号；1998年，全局共有3个二级单位获得集团公司“文明单位”称号，4个二级单位获得局“文明单位”称号；1999～2001年，共有4个二级单位分别获得集团、局两级“文明单位”称号，其中三分局荣获国家电力公司2000～2001年度双“文明单位”称号；2002年，共有5个二级单位、1个项目部荣获集团、局两级“文明单位”称号；2003年，4个二级单位、1个项目部荣获集团、局两级“文明单位”称号；2004年，5个二级单位荣获集团公司“文明单位”称号，6个二级单位荣获局“文明单位”称号。

第十三篇　人　　物

第十三篇　人　　物

在水电十三局44年的发展历程中，涌现出众多的优秀人物。他们在各自的工作岗位上，为企业发展作出了突出的贡献。其中有享受国家政府特殊津贴的专家，有为企业的海外事业献出年轻生命的革命烈士，更有大批为工程局发展默默奉献的先模人物。据统计，建局44年来，全局共产生了24名省部级劳动模范、先进生产工作者，29名市级劳动模范和186名工程局劳动模范。此外，还有775名获得高级专业技术职务任职资格的人员。

第一章　人　物　传　略

第一节　工程局历任主要领导

张　浙（1918-11～2003-04）

山东淄博人，高中文化，1937年12月参加革命工作，1938年12月加入中国共产党。1937年12月，参加第五战区抗敌青年军团；1939年，任第五战区第四区区长；1940年7月～1948年，先后任安徽省寿县、凤阳县区长、区委书记；1948～1949年，任辽宁通化县、本溪县县委书记；1949～1952年，任江西于都县县委书记；1952～1954年5月，任江西赣州地委秘书长、副书记；1954年5月，调入水利水电建设系统，任筹建燃料工业部上犹江水力发电工程局局长，1956年7月，兼任上犹江水力发电工程局党委书记；1957年6月，任古田水力发电工程局党委书记、局长；1958年11月～1963年4月，任闽江水力发电工程局局长、党委副书记；1963年4月～1965年5月，任水电部马颊河疏浚工程局党委书记兼局长；1965年5月～1971年6月，任水电部马颊河疏浚工程局党委书记、革委会副主任。1971年6月，调往长江葛洲坝工程局。

郭　林（1919-12～）

河南沁阳人，1936年春参加革命工作，1937年11月加入中国共产党。1936～1938年，在华北军政干部训练所学习；1938～1939年，任河南沁阳中心县委区委书记；1939～1941年，在延安中央党校40班学习；1941～1942年，任太岳区三地委秘书长；1942～1943年，任山西沁水县委宣传部长；1943～1945年，任山西青城县委代理书记；1945～1947年，任山西垣曲县委副书记；1947～1948年，任山西四地委党校负责人兼地委宣传科长；1949年3～8月，任中国人民解放军长江支队六大队一中队政委；1949年9月～1952年7月，任福建省福安县委书记；1952年8月～1954年7月，任福安地委宣传部长；1954年8月～1955年7月，任水电部华东水电局副局长兼黄坛口水电工程处处长；1955年8月～1959年4月，任水电部西南水电局副局长、狮子滩工程局局长；1959年5

月～1961年，任水电部北京永定河工程局主任；1962年～1965年4月，任水电部卫河疏浚工程局局长；1965年5月～1978年2月，任水电部马颊河疏浚工程局代理局长，水电部十三局党委副书记、革委会副主任，“文化大革命”期间受到迫害；1978年5月，调往水利部黄河水利委员会河南黄河河务局。

初　文（1924-12～）

山东牟平人，初中文化，1944年9月参加革命工作，1946年9月加入中国共产党。1946年11月～1948年，任部队政治指导员；1948年8月～1954年，任部队参谋、股长、科长；1954年11月～1955年，任副团长；1955年3月～1956年，任炮12师副参谋长；1956年8月～1960年8月，在军事学院学习；1960年8月～1962年，任军委炮司科长、办公室副主任；1962年8月～1965年，任炮12师副参谋长；1965年12月～1969年8月，任济南军区炮训大队副大队长；1969年9月～1975年4月，任水电部十三局军管会主任、革委会主任、党的核心组组长、党委书记。

宋　泉（1921-11～1982-12）

江苏赣榆人，高中文化，1938年7月参加革命工作，1939年7月加入中国共产党。曾任中共赣榆县七区区委书记，中共海城市委组织科长，1949年任南下干部纵队政治部宣传组长。新中国成立后，先后任浙江省委组织部党员管理科科长，中共中央国家机关党委党员管理科科长、组织处处长、企业处处长；1957年3月～1958年8月，在电力部北京勘测设计院任党委副书记；1958年8月～1964年8月，在水利电力部北京设计院任党委副书记、书记兼院长；1964年8月～1965年5月，在水电部官厅水库“四清”工作组；1965年5月～1970年6月，“文化大革命”期间被审查；1970年6月～1971年6月，在宁夏水利电力部五七干校劳动；1971年6月～1975年5月，在贵州任中共水电部第九工程局核心组副组长、革委会第一副主任、党委书记；1975年5月～1982年12月，在水电部十三局、水利部第四工程局任党委第一副书记、革委会第一副主任、代理党委书记。

韩金城（1925-10～2006-01）

河北任丘人，大专学历，高级工程师，1940年9月参加革命工作，1946年11月加入中国共产党。1940～1948年，任河北任丘短师训练班学员、小学教员、晋察冀边区铁路学院学员；1948～1950年，在冀中运河、华北水利委员会工作；1950～1957年，在北京官厅水库工程局任人事科长、一队党总支书记；1957～1959年，在河南三门峡水电工程局一分局任工会主席；1959～1979年12月，先后在内蒙三盛公工程局任副局长、革委会主任，内蒙水电局组长，内蒙水建公司主任、党委副书记；1979年12月～1982年9月，任水利部机械施工局局长、党委副书记；1982年9月～1983年5月，任水电部十三局副书记、代理局长；1983年5月～1984年11月，任水电部十三局局长、党委副书记；1984年11月～1988年3月，任水电部十三局巡视员。

肖　杰（1927-02～2005-10）

河北大城人，初中学历，1944年3月参加革命工作，1943年10月加入中国共产党。

1944年3月～1944年12月，在河北大城县二区青救会；1945年1月～1945年8月，在大城区区委任宣传委员；1945年8月～1948年6月，任大城县区委书记；1948年6月～1949年11月，任大城县县委宣传部副部长；1949年11月～1951年6月，在华北革命大学学习；1951年6月～1952年6月，在天津地委组织部工作；1952年6月～1953年9月，在天津胜芳镇委任宣传部长、副书记；1953年9月～1954年12月，在华北干部文化补习学校学习；1954年12月～1956年12月，在官厅水库工程处党委任宣传部长；1956年12月～1960年5月，在新安江工程局动力厂机械化站、机电处任党委书记、处长；1964年3月～1966年11月，在新安江工程局任副局长；1966年11月～1971年12月，"文化大革命"期间被迫害；1971年12月～1978年8月，任新安江工程局革委会副主任、核心组副组长；1978年8月～1983年3月，在水电部四局任局长兼党委副书记；1983年6月～1986年12月，任水电部十三局党委书记。

袁　鉴（1943-01～）

江苏南通人，大学学历，高级工程师，1967年9月毕业于武汉水利电力学院治河工程系治河专业，同年参加工作，1982年6月加入中国共产党。1967年9月～1971年9月，在水电部马颊河疏浚工程局三队；1971年10月～1977年12月，在水电部十三局建工处任技术员；1978年1月～1981年7月，在水电部十三局技术处设计室任助理工程师；1981年8月～1983年10月，在水电部十三局直属六队任副队长、工程师；1983年11月～1984年5月，在水电部十三局技术处任处长，兼任水电十三局企业整顿办公室主任；1984年6月～1984年11月，任水电部十三局副局长；1984年12月～1995年5月，任水电十三局局长。曾参加了莱芜汶河铁路桥、四女寺枢纽扩建、海河闸下疏浚、长江无为大堤加固、葛洲坝大江截流二江上导渠清淤等工程。

刘　福（1937-10～）

北京房山人，大学学历，高级政工师，1959年4月参加工作，1959年10月加入中国共产党。1959年4月～1961年9月，在水电部刘家峡水力发电工程局任技术员；1961年9月～1962年11月，在兰州西固热电厂党委组织部；1962年12月～1965年12月，在水电部卫河疏浚工程局党委宣传部任干事；1965年12月～1967年2月，在水电部马颊河疏浚工程局政治部办公室任秘书；1967年3月～1969年9月，在水电部十三局汽车队下放劳动；1969年10月～1973年9月，任水电部十三局办公室秘书、副主任、主任；1973年9月～1976年4月，在水电部十三局修造厂任党委书记、革委会主任；1976年4月～1979年10月，任水电部十三局党委常委、生产领导小组副组长；1979年10月～1982年7月，任水利部第四工程局副局长；1982年7月～1984年10月，任水电部十三局副局长；1984年10月～1986年6月，在南京河海大学水利电力管理干部学院学习；1986年7月～1987年3月，任水电部十三局副局长、党委副书记；1987年4月～1995年5月，任水电十三局党委书记；1995年6月～1997年10月，任水电十三局咨询。

张　林（1945-03～）

山东曲阜人，大学学历，高级工程师，1968年12月毕业于大连工学院水工专业，同年参加工作，1984年7月加入中国共产党。1968年12月～1980年9月，在水电部一局灌浆队任技术员；1980年9月～1982年9月，在电力部机械施工局任工程师；1982年9月～1990年12月，在水电部十三局四分局任副科长、副局长、局长；1991年1月～1995年5月，任水电十三局副局长；1995年5月～1997年10月，任水电十三局局长。曾参加过内蒙古元宝山露天煤矿剥离工程的编投标和岳城水库大坝加高工程建设。

张广旗（1942－05～）

山东泰安人，大学学历，高级工程师，1968年7月毕业于华东水利学院水工专业，同年参加工作，1984年8月加入中国共产党。1968年12月～1970年10月，在水电部马颊河疏浚工程局三队当技术员；1970年11月～1971年3月，在水电部十三局南调北留办公室工作；1971年4月～1979年12月，在水电部十三局南四湖指挥部办公室工作；1979年12月～1984年1月，先后任水电部十三局一分局一队副队长、一分局计调科副科长；1984年2月～1985年4月，任水电部十三局八队队长；1985年4月～1990年12月，任水电部十三局一分局局长；1991年1月～1995年5月，任水电部十三局副局长；1995年5月～2001年12月，任水电十三局党委书记兼副局长。

童劲松（1949－09～）

湖南湘乡人，中专学历，高级工程师，1970年1月参加工作，1981年1月加入中国共产党。1970年1月～1971年5月，在山东禹城商业局辛店供销社当验级员；1971年6月～1971年8月，在湖北宜昌三三〇工程局工作；1971年9月～1983年3月，在机械施工局五队任统计员、管理员、副队长；1983年3月～1983年12月，在水电部十三局四分局十一队任队长、书记；1983年12月～1987年10月，在水电部十三局四分局任党委副书记；1987年10月～1992年6月，在水电部十三局巴基斯坦KPOD/DPOD项目任副经理、经理、书记；1992年6月～1995年6月，在水电十三局巴基斯坦贾米诺项目任经理、书记、局项目协调组长；1995年6月～1996年1月，任水电十三局局长助理，分管巴基斯坦工作；1996年1月～1997年10月，任水电十三局副局长；1997年10月～2003年12月，任水电十三局局长；2003年12月～2004年10月，任水电十三局局长兼党委书记；2004年10月～2007年1月，任水电十三局局长；2007年1月调往水电港航公司。先后荣获“山东省劳动模范”、“全国优秀施工企业家”、“山东省十大优秀创业者”、“全国优秀水利企业家”、“全国电力建设优秀施工企业家”、“第二届山东十大先模人物”等荣誉称号。

杜鸿礼（1956－11～）

山东临沂人，研究生学历，高级经济师，1974年4月参加工作，1977年7月加入中国共产党。1982年1月～1983年3月，任电力工业部机关党委宣传处干事；1983年4月～1984年7月，任水电部二局一公司政工科干事；1984年8月～1988年7月，任水电部二局党委宣传处干事；1988年8月～1989年2月，任水电总公司综合管理部秘书；1989年3月～1994年2月，任水电总公司综合管理部副主任；1994年3月～1997年4月，任水电总公司综合管理部主任；1997年5月～2000年10月，任水电总公司办公室主任；2000年10月～2001年12月，任水电总公司企划经营部主任；2001年12月～2002年4月，任水电十三局党委副书记；2002年4月～2003年12月，任水电十三局党委书记。

陈庆和（1952－04～）

河南濮阳人，大学学历，高级政工师，1969年3月参加工作，1980年1月加入中国共产党。1969年3月～1974年1月，在北京第六建筑公司；1974年1月～1977年1月，在水电四局石泉分局安装队；1977年1月～1980年1月，在北京大学哲学系学习；1980年1月～1984年3月，任水电三局党委宣传部干事；1984年3月～1986年5月，任水电三局党委宣传部副部长、部长；1986年5月～1988年3月，任水电三局第一工程处党委书记兼纪委书记，兼任水电三局漫湾工程指挥部党委副书记；1988年3月～1993年3月，任水电三局党委宣传部部长；1993年3月～1994年7月，任水电三局办公室主任；1994年7月～1999年2月，任水电三局党委副书记，同年12月兼纪委书记；1999年2月～2004年10月，任水电三局党委书记；2004年10月～2006年12月，任水电十三局党委书记。

第二节　享受国务院政府特殊津贴专家

张天存（1925－10～）

河北清苑人，大学学历，教授级高级工程师，1992年享受国务院政府特殊津贴。1947年6月毕业于天津工商大学建筑土木系，1949年2月参加革命工作，1983年5月加入中国共产党。1947年8月～1949年2月，在国民政府官厅水库工程局任助理工程师；1949年2月～1950年4月，在华北水利工程总局官厅水库工程处任助理工程师；1950年4月～1952年11月，在中国人民志愿军后勤二分部任连级科员、参谋；1952年11月～1957年12月，在河北独流进洪闸工程处任工程师兼施工队长；1957年12月～1958年8月，被下放劳动；1958年8月～1958年12月，在紫荆关水电站工程科任工程师、副科长；1959年1月～1966年7月，先后在水电部永定河工程局、卫河疏浚工程局、马颊河疏浚工程局任主任工程师；1966年7月～1972年5月，“文化大革命”期间受迫害；1972年5月～1974年3月，在水电部十三局建工处工作；1974年3月～1979年4月，任水电部十三局设计院设计室负责人；1979年4月～1982年9月，任水电部十三局技术处主任工程师、副处长；1982年9月～1987年1月，任水电部十三局总工程师、疏浚学组组长。参与了《中国农业百科全书》水利卷、《疏浚与吹填》汇编文集、《中国水利百科全书》七个条目的编纂工作。

沈亦凡（1924－05～1996－09）

山东莱州人，大学学历，教授级高级工程师，1992年享受国务院政府特殊津贴。1948年7月毕业于原西北工学院水利工程专业，1948年8月参加工作，1956年6月加入中国共产党。1949年～1958年，先后在天津华北水利局、天津水利部工程总局任技术员、工程师；1958年～1964年，在北京水电部水利水电建设总局、永定河水利发电工程局任科长、代总工程师；1964年1月～1970年4月，在水电部卫河疏浚工程局、水电部马颊河疏浚工程局任副总工程师；1970年4月～1974年2月，任水电部十三局工程组副组长；1974年2月～1974年11月，曾赴马里进行水利考察；1974年11月～1979年10月，任水利部四局副总工程师；1979年10月～1982年9月，任水利部四局副局长兼总工程师；1982年9月～1984年6月，任水电部十三局副局长；1984年6月～1989年5月，任水电部十三局技术咨询。先后参与主持了潮白新河的开挖工程，独流减河工程，官厅水库工程，上马岑水电站工程，马颊河，卫河疏浚工程的勘测施工；主持并组织了马颊河、漳卫新河下游段的施工设计，参加过潘家口水库、南水北调穿黄工程及岳城水库抗震加固，四女寺枢纽扩建工程等项目技术施工方案的审定工作。

第三节　省、部级劳动模范

陈光忠　山东齐河人，1950年7月出生，中国共产党党员。1978年10月参加工作，1978年分配到水电部机械施工局汽吊队担任司机，同年11月，被派往葛洲坝工地从事大件运输工作，为葛洲坝水电站建设作出了突出贡献，1982年被山东省政府授予“劳动模范”称号。

孟广发　河北武清人，1935年8月出生，中国共产党党员。1958年参加工作，先后在密云水库、河南卫河疏浚工程局一工区、水电部十三局七队当修理工、推土机司机。1977年6月～1992年4月，任水电部十三局四分局第五、第十工程队党支部书记。先后参加了近20项国家大型水利电力工程建设，为水电建设作出了贡献。连续5次被评为局劳动模范，1984年被水电部授予“劳动模范”称号，1986年被山东省政府授予“劳动模范”称号。

于成铎　辽宁盖县人，1935年4月出生，1987年4月加入中国共产党，技师。1952年12月参加工作，先后在北京水电总公司建筑工程公司翻砂厂，江西上犹水电站，福建古田、闽江水电站，水电十三局机械厂担任技师。先后8次被评为局级劳动模范，1954年被燃料工业部水电总局评为二级劳动模范，1992年被授予“山东省劳动模范”称号，1994年被授予“全国电力工业劳动模范”称号。

黄继桑　福建南安人，1939年3月出生，1958年参加工作，1984年加入中国共产党。在水电十三局汽修总厂先后任修理技师、班长、车间主任、厂长助理。他修理技术高超，勤奋敬业，数十年如一日。连续6年被评为局劳动模范，1989年被授予“山东省劳动模范”称号。

罗绪亮　山东定陶人，1949年10月出生，中国共产党党员。1978年9月分配到水电部十三局四分局任推土机司机，先后参加了岳城水库、九景公路、广西柳桂公路等工程建设。1989年被授予“能源部劳动模范”称号。

赵士哲　山东陵县人，1940年10月出生，中国共产党党员。1958年8月参加工作，1958年～1962年12月，在内蒙古水利厅牧区钻井总队当地质员；1964年1月～1980年12月，在内蒙古水利厅牧区钻井总队任会计；1983年4月～1997年4月，在水电十三局任工地指挥、经营科长，一分局、四分局副局长，三分局局长。参加了国家重点防汛工程岳城水库工程建设。多次被评为局级劳动模范，1994年被国家电力部授予“劳动模范”称号。

童劲松 湖南湘乡人，1949 年 9 月出生，1970 年 1 月参加工作，1981 年 1 月加入中国共产党。先后任队长、四分局党委副书记、巴基斯坦 KPOD/DPOD 项目经理、巴基斯坦贾米诺项目经理、水电十三局局长助理；1996 年 1 月，任水电十三局副局长；1997 年 10 月，任水电十三局局长。该同志任局长以来，改革旧的管理体制，转换经营机制，开拓国内外市场，使水电部十三局走出了低谷，走上了跨越式发展道路。多次被评为局级劳动模范，1995 年被评为山东省劳动模范，2003 年获“山东省十大优秀创业者”称号，2004 年获“全国优秀水利企业家”、“第二届山东十大先模人物”等称号。

张光泽 湖北郧县人，1947 年 6 月出生，中国共产党党员。1968 年在水电部十三局参加工作，先后任修理班班长、车间主任、厂长助理，巴基斯坦项目副经理，深圳河治理项目副经理，二分局副局长，北京水系治理项目常务副经理，兴达公司经理。多次被评为局级劳动模范，1999 年被国家电力公司授予“劳动模范”称号。

杨 涛 山东省鱼台人，1964 年 8 月出生，中国共产党党员，教授级高级工程师。1986 年毕业于河海大学，同年到水电部十三局工作，先后任技术员，工程师，三分局副局长、局长，水电十三局技术处处长，济南玉清湖水库项目经理，水电十三局总工程师。先后参加了引黄济青工程、巴基斯坦贾米诺工程、济南玉清湖水库工程等国内外工程项目建设。2002 年被授予“山东省富民兴鲁”奖章，2003 年被山东省政府授予“劳动模范”称号，2005 年获“全国建筑业企业优秀项目经理”称号。

第四节 革 命 烈 士

王 鹏（1972－06～2004－10）

河北易县人，1972 年 6 月出生于青海省西宁市。1996 年 7 月毕业于西安地质学院测量专业，同年分配至水电十三局工作。先后在局太湖治理工程项目、六分局巢湖项目、北京水系治理项目、巴基斯坦高摩赞水电站项目担任技术员、助理工程师、工程师。2004 年 10 月 14 日，在震惊中外的巴基斯坦人质事件中壮烈牺牲。2005 年 10 月，经国家民政部批准，山东省人民政府授予王鹏“革命烈士”荣誉称号。

2004 年 10 月 9 日，王鹏与同事王恩德在去高摩赞水电站施工现场的路上，突然遭遇 5 名不明身份的恐怖分子绑架。恐怖分子妄图通过劫持中国工程师，要挟巴基斯坦政府满足他们提出的条件。从遇到劫匪被困开始直至最后，王鹏与王恩德一起，临危不惧，正气凛然，机智勇敢地与恐怖分子做斗争，并巧妙地向项目部送出 7 封信，表达了他不畏强暴、捍卫国家尊严、与恐怖分子斗争到底的决心。10 月 14 日，王鹏被恐怖分子残忍杀害，年仅 32 岁。胡锦涛总书记、温家宝总理通过外交部长唐家璇、山东省长韩寓群转达了对王鹏家属的亲切慰问；联合国秘书长安南强烈谴责恐怖分子的罪恶行径，并对受害人家属表示慰问。

附：王鹏遗书

阚总、项目部全体兄弟们：
我和王老兄目前暂时安全，
请转告全体弟兄及我的妻子，不要为
我们担心，我想念大家！
目前歹徒急于要求政府保证他
们能安全离开，今天中午12:00以前他们
希望听到消息，否则可能会采取行动
请尽快谈判，我们等待好消息！
他们手上有对讲机（自带）已和组织
联系上。
王、王
2004.10.11 10:00

阚总、项目部全体兄弟们：

我和王老兄目前暂时安全，请转告全体弟兄及我的妻子，不要为我们担心，我想念大家。

目前歹徒急于要求政府保证他们能安全离开，今天中午 12：00 以前他们希望听到消息，否则可能会采取行动，请尽快谈判，我们等待好消息！

他们手上有对讲机（自带），已和组织联系上。

2004 年 10 月 11 日 10 时

（此为一个自称被绑架警察的弟弟的人，声称将信放在鞋子里带出来的，送到 TANK 镇中国人手里。）

訾经理：

我们会冷静，保持清醒头脑和歹徒周旋到底，坚持到胜利的那一刻！我相信政府、项目部的同志们会想办法的。你们放心，我和王老兄会周旋到最后一刻！请转告我和王老兄的家人，不用为我们担心，我们会回去团聚的。

2004 年 10 月 11 日 12 时 30 分

（信件内容根据无线通话记录整理）

第二章 人 物 名 录

第一节 省部级劳动模范、先进工作者、五好职工名录

省部级劳动模范、先进工作者、五好职工名录见表13-2-1。

表13-2-1 省部级劳动模范、先进工作者、五好职工名录

序号	姓名	性别	时任职务或工种	授予称号	授予时间	授予单位
1	谢瑞花	女		先进生产者	1957	浙江省政府
2	叶樟炎	男		先进生产者	1959	福建省政府
3	殷龙海	男		劳动模范	1959	福建省政府
4	毕学生	男		先进生产者	1960	吉林省政府
5	任玉风	女	职工医院护士	“五好”职工	1966	省工交财“五好”职工代表大会
6	杨春法	男	挖土机工	“五好”职工	1966	省工交财“五好”职工代表大会
7	朱德贵	男	一分局工人	“五好”职工	1966	省工交财“五好”职工代表大会
8	荆延芝	男	四女寺管理处工人	先进生产者	1978	水利部
9	林锦统	男	援外人员	先进生产者	1978	外经部
10	曲德生	男	四分局工人	先进生产者	1978	电力部
11	韦万华	男	三分局木工	先进生产者	1978	水利部
12	杨文新	男	设计院地勘二队机长	先进生产者	1978	水利部
13	张墨宗	男	四分局司机	先进生产者	1978	电力部
14	张庆祥	男	一分局司机	先进生产者	1978	水利部
15	朱泰来	男	四分局工人	先进生产者	1978	电力部
16	陈光忠	男	五分局司机	劳动模范	1982	山东省政府
17	孟广发	男	四分局十队支部书记	劳动模范	1984	水电部
18	孟广发	男	四分局十队支部书记	劳动模范	1986	山东省政府
19	黄继桑	男	汽修厂技师	劳动模范	1989	山东省政府
20	罗绪亮	男	四分局工人	劳动模范	1989	能源部
21	于成铎	男	机械厂技师	劳动模范	1992	山东省政府
22	于成铎	男	机械厂技师	劳动模范	1994	电力部
23	赵士哲	男	三分局局长	劳动模范	1994	电力部
24	童劲松	男	巴基斯坦项目经理	劳动模范	1995	山东省政府
25	张光泽	男	北京项目部常务副经理	劳动模范	1999	国家电力公司
26	杨　涛	男	济南玉清湖项目经理	劳动模范	2003	山东省政府

第二节　市级劳动模范名录

市级劳动模范名录见表13-2-2。

表13-2-2　　　　市级劳动模范名录

序号	姓　名	性别	时任职务或工种	授予称号	授予时间	授予单位
1	吴连贵	男	四分局八队队长	“富民兴鲁”奖章	1987	山东省总工会
2	欧阳云治	男	局直属七队艇长	“富民兴鲁”奖章	1988	山东省总工会
3	孟广发	男	四分局十队党支部书记	劳动模范	1988	德州地区行署
4	欧阳云治	男	局直属七队艇长	劳动模范	1988	德州地区行署
5	祁玉贵	男	四分局四队队长	“富民兴鲁”奖章	1990	山东省总工会
6	祁玉贵	男	四分局四队队长	劳动模范	1990	德州地区行署
7	杨世根	男	汽修厂副厂长	劳动模范	1990	德州地区行署
8	尚宣成	男	四分局司机	劳动模范	1990	德州地区行署
9	聂元奎	男	四分局施工队长	劳动模范	1990	德州地区行署
10	黄少华	男	一分局二队副队长	劳动模范	1990	德州地区行署
11	谢锷光	男	机械厂电镀工	劳动模范	1990	德州地区行署
12	董翠梅	男	子弟小学教师	劳动模范	1990	德州地区行署
13	吕国仕	男	四分局十队队长	“富民兴鲁”奖章	1991	山东省总工会
14	赵佩荣	男	五分局局长	劳动模范	1992	德州地区行署
15	秦兆重	男	四分局三队队长	劳动模范	1992	德州地区行署
16	童劲松	男	巴基斯坦KPOD/DPOP项目经理	劳动模范	1992	德州地区行署
17	董保计	男	五分局司机	“富民兴鲁”奖章	1993	山东省总工会
18	门寿林	男	五分局司机	劳动模范	1994	德州地区行署
19	杨志国	男	修理车间副主任	劳动模范	1994	德州地区行署
20	杨志国	男	汽修总厂车间主任	“富民兴鲁”奖章	1996	山东省总工会
21	李友宝	男	四分局项目经理	劳动模范	1996	德州市政府
22	孙成俭	男	四分局汽车司机	“富民兴鲁”奖章	1999	山东省总工会
23	戚继舫	男	三分局副局长	“富民兴鲁”奖章	2000	山东省总工会
24	盛玉明	男	局孟加拉场地项目经理	劳动模范	2000	德州市政府
25	刘汉清	男	十三局工会主席	“富民兴鲁”奖章	2001	山东省总工会
26	杨　涛	男	济南玉清湖项目部经理	“富民兴鲁”奖章	2002	山东省总工会
27	何宝民	男	四分局局长	劳动模范	2002	德州市政府
28	李小涛	男	三分局项目经理	劳动模范	2004	德州市政府
29	刘炳刚	男	十三局党委副书记	劳动模范	2006	德州市政府

第三节　集团公司劳动模范、先进生产工作者名录

集团公司劳动模范、先进生产工作者名录见表13-2-3。

表13-2-3　　集团公司劳动模范、先进生产工作者名录

序号	姓　名	性别	时任职务或工种	授予称号	授予时间	授予单位
1	刘晓辉	男	三分局局长	劳动模范	2003-05	集团公司
2	孔德泰	男	五分局吊车司机	劳动模范	2003-05	集团公司
3	何宝民	男	四分局局长	先进生产工作者	2005-04	集团公司
4	李志勇	男	三分局建安公司经理	先进生产工作者	2005-04	集团公司

第四节　工程局标兵、劳动模范名录

工程局标兵、劳动模范名录见表13-2-4。

表13-2-4　　工程局标兵、劳动模范名录

序号	姓 名	性别	时任职务或工种	授予称号	授予时间	授予单位
1	杨振兴	男		标兵	1964	水电八局
2	宋修芝	男	局医院护士长	标兵	1977	水电十三局
3	张墨宗	男	四分局司机	标兵	1977	水电十三局
4	韦万华	男	三分局木工	标兵	1978	水电十三局
5	曲德生	男	四分局工人	标兵	1978	水电十三局
6	朱泰来	男	四分局工人	标兵	1978	水电十三局
7	张洪娥	男	中学教师	标兵	1978	水电十三局
8	杨文新	男	设计院地勘二队机长	标兵	1978	水电十三局
9	荆延芝	男	四女寺管理处工人	标兵	1978	水电十三局
10	龚惠龙	男	地勘二队组长	标兵	1978	水电十三局
11	廖太琪	男	三分局库工	标兵	1978	水电十三局
12	王宏昌	男	局直属五队船长	劳动模范	1982	水电十三局
13	陈光忠	男	五分局司机	劳动模范	1982	水电十三局
14	孟广发	男	四分局十队党支部书记	劳动模范	1982	水电十三局
15	魏连军	男	一分局船长	劳动模范	1982	水电十三局
16	丁洪合	男	局直属五队队长	劳动模范	1983	水电十三局
17	王宏昌	男	局直属五队船长	劳动模范	1983	水电十三局

续表

序号	姓名	性别	时任职务或工种	授予称号	授予时间	授予单位
18	陈光忠	男	五分局司机	劳动模范	1983	水电十三局
19	孟广发	男	四分局十队党支部书记	劳动模范	1983	水电十三局
20	唐铁贤	男	机械厂副厂长	劳动模范	1983	水电十三局
21	魏连军	男	一分局船长	劳动模范	1983	水电十三局
22	王宏昌	男	局直属五队船长	劳动模范	1984	水电十三局
23	孟广发	男	四分局十队党支部书记	劳动模范	1984	水电十三局
24	唐铁贤	男	机械厂副厂长	劳动模范	1984	水电十三局
25	魏连军	男	一分局船长	劳动模范	1984	水电十三局
26	王现森	男	四分局党委书记	劳动模范	1985	水电十三局
27	乔观海	男	四分局司机	劳动模范	1985	水电十三局
28	吴连贵	男	四分局八队队长	劳动模范	1985	水电十三局
29	杜春田	男	局服务公司经理	劳动模范	1985	水电十三局
30	孟广发	男	四分局十队党支部书记	劳动模范	1985	水电十三局
31	郝建奇	男	四分局司机	劳动模范	1985	水电十三局
32	丁洪合	男	局直属五队队长	劳动模范	1986	水电十三局
33	于成铎	男	机械厂技师	劳动模范	1986	水电十三局
34	王现森	男	四分局党委书记	劳动模范	1986	水电十三局
35	汤求知	男	子弟小学教师	劳动模范	1986	水电十三局
36	吴连贵	男	四分局八队队长	劳动模范	1986	水电十三局
37	杜春田	男	局服务公司经理	劳动模范	1986	水电十三局
38	孟广发	男	四分局十队党支部书记	劳动模范	1986	水电十三局
39	黄继桑	男	汽修厂技师	劳动模范	1986	水电十三局
40	董保计	男	五分局司机	劳动模范	1986	水电十三局
41	楚先垒	男	四分局库工	劳动模范	1986	水电十三局
42	于成铎	男	机械厂技师	劳动模范	1987	水电十三局
43	左金岱	男	局服务公司经理	劳动模范	1987	水电十三局
44	欧阳云治	男	局直属七队艇长	劳动模范	1987	水电十三局
45	种道伦	男	一分局工人	劳动模范	1987	水电十三局
46	黄继桑	男	汽修厂技师	劳动模范	1987	水电十三局
47	曾庆凌	男	三分局工人	劳动模范	1987	水电十三局
48	于成铎	男	机械厂技师	劳动模范	1988	水电十三局
49	井　峰	男	局服务公司土方队队长	劳动模范	1988	水电十三局
50	刘立冬	男	局服务公司副经理	劳动模范	1988	水电十三局

续表

序号	姓 名	性别	时任职务或工种	授予称号	授予时间	授予单位
51	祁玉贵	男	四分局四队队长	劳动模范	1988	水电十三局
52	吴连贵	男	四分局八队队长	劳动模范	1988	水电十三局
53	陈宏友	男	局直属七队船长	劳动模范	1988	水电十三局
54	罗绪亮	男	四分局推土机工	劳动模范	1988	水电十三局
55	赵守珍	男	四分局工人	劳动模范	1988	水电十三局
56	常玉山	男	局直属七队党支部书记	劳动模范	1988	水电十三局
57	黄继桑	男	汽修厂技师	劳动模范	1988	水电十三局
58	刘崇敬	男	三分局商河工地书记	劳动模范	1989	水电十三局
59	祁玉贵	男	四分局四队队长	劳动模范	1989	水电十三局
60	杨世根	男	汽修厂副厂长	劳动模范	1989	水电十三局
61	尚宣成	男	四分局司机	劳动模范	1989	水电十三局
62	罗绪亮	男	四分局推土机工	劳动模范	1989	水电十三局
63	聂元奎	男	四分局二队党支部书记	劳动模范	1989	水电十三局
64	黄少华	男	一分局二队副队长	劳动模范	1989	水电十三局
65	黄继桑	男	汽修厂技师	劳动模范	1989	水电十三局
66	谢锷光	男	机械厂电镀工	劳动模范	1989	水电十三局
67	吕国仕	男	四分局十队队长	劳动模范	1990	水电十三局
68	张振东	男	三分局二队队长	劳动模范	1990	水电十三局
69	杨炳玉	男	五分局三队调度	劳动模范	1990	水电十三局
70	郝一珩	男	三分局副局长	劳动模范	1990	水电十三局
71	席 阳	男	四分局副局长	劳动模范	1990	水电十三局
72	黄继桑	男	汽修厂技师	劳动模范	1990	水电十三局
73	于 晓	男	四分局河套工地指挥	劳动模范	1991	水电十三局
74	于成铎	男	机械厂技师	劳动模范	1991	水电十三局
75	杨振平	男	一分局工人	劳动模范	1991	水电十三局
76	赵士哲	男	三分局局长	劳动模范	1991	水电十三局
77	赵佩荣	男	五分局局长	劳动模范	1991	水电十三局
78	席 阳	男	四分局副局长	劳动模范	1991	水电十三局
79	秦兆重	男	四分局三队队长	劳动模范	1991	水电十三局
80	黄继桑	男	汽修厂技师	劳动模范	1991	水电十三局
81	童劲松	男	巴基斯坦 KPOD/DPOP 项目经理	劳动模范	1991	水电十三局
82	鲁盛发	男	企业处汽车队队长	劳动模范	1991	水电十三局
83	于成铎	男	机械厂技师	劳动模范	1992	水电十三局

续表

序号	姓 名	性别	时任职务或工种	授予称号	授予时间	授予单位
84	杨志国	男	汽修厂发动机班班长	劳动模范	1992	水电十三局
85	举文海	男	企业处技师	劳动模范	1992	水电十三局
86	赵士哲	男	三分局局长	劳动模范	1992	水电十三局
87	赵国祥	男	四分局分队长	劳动模范	1992	水电十三局
88	赵景涛	男	四分局山西指挥部指挥	劳动模范	1992	水电十三局
89	倪冀鲁	男	一分局局长	劳动模范	1992	水电十三局
90	常玉山	男	珠海指挥部常务指挥	劳动模范	1992	水电十三局
91	童劲松	男	巴基斯坦 KPOD/DPOP 项目经理	劳动模范	1992	水电十三局
92	董保计	男	五分局司机	劳动模范	1992	水电十三局
93	于成铎	男	机械厂技师	劳动模范	1993	水电十三局
94	门寿林	男	五分局司机	劳动模范	1993	水电十三局
95	张敏华	男	四分局副局长	劳动模范	1993	水电十三局
96	杨志国	男	车间主任、生产科长、	劳动模范	1993	水电十三局
97	赵士哲	男	三分局局长	劳动模范	1993	水电十三局
98	常玉山	男	珠海公司总经理	劳动模范	1993	水电十三局
99	童劲松	男	巴基斯坦贾米诺项目经理	劳动模范	1993	水电十三局
100	于 晓	男	四分局副局长	劳动模范	1994	水电十三局
101	于成铎	男	机械厂技师	劳动模范	1994	水电十三局
102	王德山	男	五分局项目经理	劳动模范	1994	水电十三局
103	闫修春	男	太湖项目经理部副总工	劳动模范	1994	水电十三局
104	杨志国	男	修理车间副主任	劳动模范	1994	水电十三局
105	施清江	男	一分局副队长	劳动模范	1994	水电十三局
106	梁 真	男	企业处队长	劳动模范	1994	水电十三局
107	童劲松	男	贾米诺项目经理	劳动模范	1994	水电十三局
108	谢懋澜	男	米普、帕特一期项目经理	劳动模范	1994	水电十三局
109	于成铎	男	机械厂技师	劳动模范	1995	水电十三局
110	李友宝	男	四分局项目经理	劳动模范	1995	水电十三局
111	杨志国	男	修理车间主任	劳动模范	1995	水电十三局
112	殷国宝	男	三分局总经济师	劳动模范	1995	水电十三局
113	张秀峰	男	水利电力部第一工程局	劳动模范	1996	水电一局
114	杨志国	男	汽修总厂一分厂副厂长支部书记	劳动模范	1996	水电十三局
115	殷国宝	男	三分局总经济师	劳动模范	1996	水电十三局
116	刘兆祥	男	机械厂结构车间主任	劳动模范	1997	水电十三局

续表

序号	姓 名	性别	时任职务或工种	授予称号	授予时间	授予单位
117	张秀峰	男	水利电力部第一工程局	劳动模范	1997	水电一局
118	杨志国	男	汽修总厂生产科科长	劳动模范	1997	水电十三局
119	殷国宝	男	三分局总经济师	劳动模范	1997	水电十三局
120	张光泽	男	北京项目部常务副经理	劳动模范	1998	水电十三局
121	杨志国	男	汽修总厂副厂长	劳动模范	1998	水电十三局
122	张光泽	男	兴达公司经理	劳动模范	1999	水电十三局
123	赵景涛	男	深圳河项目经理	劳动模范	1999	水电十三局
124	索建梅	女	机械厂钳工班班长	劳动模范	1999	水电十三局
125	耿金富	男	局巴基斯坦 7A7B 项目经理	劳动模范	1999	水电十三局
126	戚继舫	男	三分局副局长	劳动模范	1999	水电十三局
127	韩伯信	男	局巴基斯坦帕二项目经理	劳动模范	1999	水电十三局
128	于　晓	男	巴基斯坦经理部经理	劳动模范	2000	水电十三局
129	王春明	男	橡胶制品厂厂长	劳动模范	2000	水电十三局
130	宋德春	男	汽修总厂吊车司机	劳动模范	2000	水电十三局
131	张光泽	男	兴达公司经理	劳动模范	2000	水电十三局
132	郭育伍	男	三分局项目经理	劳动模范	2000	水电十三局
133	盛玉明	男	局孟加拉场地项目经理	劳动模范	2000	水电十三局
134	随守信	男	局泰国项目经理	劳动模范	2000	水电十三局
135	戴烈阳	男	青岛项目部常务副经理	劳动模范	2000	水电十三局
136	陈道春	男	孟加拉达卡供水合同三项目经理	劳动模范	2001	水电十三局
137	林学惠	男	兴达公司海狸 600－1 号船长	劳动模范	2001	水电十三局
138	徐建亭	男	三分局副局长	劳动模范	2001	水电十三局
139	徐德阳	男	巴基斯坦那拉渠项目经理	劳动模范	2001	水电十三局
140	秦　超	男	坦桑尼亚塔布拉项目经理	劳动模范	2001	水电十三局
141	王海涛	男	四分局施工队长	劳动模范	2002	水电十三局
142	刘晓辉	男	三分局局长	劳动模范	2002	水电十三局
143	张发敢	男	海狸 4601 挖泥船队拖轮船长	劳动模范	2002	水电十三局
144	杨世平	男	市场开发部一处处长	劳动模范	2002	水电十三局
145	郭明水	男	兴达公司副经理	劳动模范	2002	水电十三局
146	韩　东	男	坦桑尼亚伊古麦鲁项目经理	劳动模范	2002	水电十三局
147	潘美峰	男	二分局测量队长	劳动模范	2002	水电十三局
148	孔德泰	男	五分局液压抓斗操作手	劳动模范	2003	水电十三局
149	朱东洲	男	橡胶厂销售人员	劳动模范	2003	水电十三局

续表

序号	姓 名	性别	时任职务或工种	授予称号	授予时间	授予单位
150	张世越	男	二分局副总工兼临淮岗项目副总工	劳动模范	2003	水电十三局
151	张洪志	男	兴达公司施工队队长	劳动模范	2003	水电十三局
152	李华奎	男	局市场开发部二处处长	劳动模范	2003	水电十三局
153	杨长才	男	局国际工程部总工	劳动模范	2003	水电十三局
154	黄维民	男	三分局驻西藏办事处主任、项目经理	劳动模范	2003	水电十三局
155	程为平	女	四分局生产经营科科长	劳动模范	2003	水电十三局
156	王守新	男	460 船队副队长	劳动模范	2004	水电十三局
157	朱庆杰	男	局小车班班长	劳动模范	2004	水电十三局
158	米兰彬	男	机电安装分局局长	劳动模范	2004	水电十三局
159	李振旺	男	孟加拉帕可西项目部经理	劳动模范	2004	水电十三局
160	李瑞昌	男	三分局项目经理	劳动模范	2004	水电十三局
161	杨思松	男	局国际工程部一处总工	劳动模范	2004	水电十三局
162	房德贵	男	疏浚工程处项目施工副队长	劳动模范	2004	水电十三局
163	黄彦德	男	二分局局长	劳动模范	2004	水电十三局
164	孙金辉	男	国外项目经理	劳动模范	2005	水电十三局
165	曲士新	男	三分局局长、党委书记	劳动模范	2005	水电十三局
166	李久春	男	项目经理	劳动模范	2005	水电十三局
167	李章中	男	市场开发部处长	劳动模范	2005	水电十三局
168	李瑞祥	男	国外项目经理	劳动模范	2005	水电十三局
169	苏方生	男	橡胶制品厂销售科	劳动模范	2005	水电十三局
170	邹 伟	男	多种经营处水电宾馆经理	劳动模范	2005	水电十三局
171	孟 红	女	局幼儿园园长	劳动模范	2005	水电十三局
172	金显颂	男	市场部国际三处副处长	劳动模范	2005	水电十三局
173	赵庆斌	男	局质安部主任	劳动模范	2005	水电十三局
174	徐继强	男	二分局项目经理	劳动模范	2005	水电十三局
175	高 宇	男	疏浚工程处	劳动模范	2005	水电十三局
176	张淑枝	女	机电安装分局副总工程师	劳动模范	2006	水电十三局
177	李新安	男	橡胶厂销售科副科长	劳动模范	2006	水电十三局
178	李 青	男	项目经理	劳动模范	2006	水电十三局
179	郑德奎	男	卡塔尔路赛场地项目副经理	劳动模范	2006	水电十三局
180	林德军	男	国际工程部翻译科科长	劳动模范	2006	水电十三局
181	徐世东	男	四分局局长助理、项目经理	劳动模范	2006	水电十三局
182	索华炜	男	市场开发部综合处处长	劳动模范	2006	水电十三局

续表

序号	姓 名	性别	时任职务或工种	授予称号	授予时间	授予单位
183	曹兰芝	女	十三局医院皮肤科主任	劳动模范	2006	水电十三局
184	葛　鹏	男	项目经理	劳动模范	2006	水电十三局
185	褚　勇	男	项目总工	劳动模范	2006	水电十三局
186	谭秀芬	女	二分局工会主席	劳动模范	2006	水电十三局

第五节　获高级专业技术职务任职资格人员名录

一、高级工程技术管理人员

(一) 教授级高级工程师（59人）

于伟明　王　兖　王志清　王奇雄　孔祥瑞　叶国治　刘建平　刘翰臣　孙善居
李　森　李长春　李华奎　李国勇　李俊元　李重阳　李振旺　李章中　严六四
张天存　何占颂　何辉文　陈　元　沈大洲　沈亦凡　陈强明　杨　涛　杨长才
杨昭恭　周一之　周志辉　迟玉珊　金显颂　郑少峰　郑德奎　洪学才　赵永兴
姚霭彬　秦　超　贾仰平　阎国权　奚汉祥　徐德阳　唐培洪　黄林栋　黄黔生
崔永三　屠世刚　随守信　韩　东　彭　锟　董绍宝　董洪福　傅秉正　温建明
谢懋澜　潘国良　戴仁光　魏丽萍　瞿正忠

(二) 高级工程师（280人）

卜凡波　于　晓　于政强　马　军　马书明　马素金　王　恪　王宁坤　王玉志
王加勇　王全合　王延立　王金刚　王春明　王保红　王保雨　王庭安　王培彬
王裕民　王瑞卿　王鲜阳　王熙勇　车伟力　尹福铨　邓延洁　包幸武　叶志民
叶秀珍　叶国生　石凤欣　卢东光　史秉存　付　璋　付宝泉　冯朋东　司圣文
成其敏　曲　岩　吕永金　任予光　伍志恒　仰正富　朱长友　朱元立　朱永岭
朱汉哲　朱国祥　朱明磊　朱俊福　乔铭荣　乔树玺　许敖根　许章闽　孙支龙
孙秀宝　孙金辉　孙红梅　孙鲁华　孙鸿英　刘义平　刘元虎　刘光明　刘佩河
刘俊芬　刘起涛　刘崇竞　刘福凯　刘懋恒　闫修春　齐汝沂　齐宗海　齐国栋
齐保军　江迎宪　何远来　何洪茂　吴　旭　吴　玲　吴玉华　吴成江　宋业恒
宋建华　张　林　张　勇　张　镇　张子良　张广旗　张云利　张凤民　张凤鸣
张世越　张玉富　张光泽　张如荣　张延峰　张京生　张国湘　张学兵　张建华
张法云　张树祥　张洪伟　张振东　张桂玲　张浦深　张爱顺　张敏华　张淑枝
张著新　张善庆　张福华　张锦昭　李　莉　李　蘅　李书明　李支菲　李方武
李长青　李占忠　李正满　李玉祥　李田起　李军波　李庆威　李成信　李西彬
李作彦　李志岭　李更显　李国栋　李宝芝　李建国　李桂林　李航洲　李铁军
李敏丽　李章柱　李鸿辰　李葆生　李瑞祥　杜兴坤　杨世平　杨玉娟　杨思松
杨德臣　汪建民　沈　涛　肖世筠　谷鸿琛　辛炳烈　邱　泳　陆佑华　陈万德

陈子元　陈子俊　陈良栋　陈国祯　陈法宝　陈修华　陈前进　陈祥瑞　季　奇
单文慧　周　建　周广伍　周创巨　周明威　周振西　岳启发　林沄涛　林春天
林树春　林荣根　线世敏　罗仲秋　苗玉良　郑卫国　郑花香　郑洪成　郑济伟
金玉珠　俞志泉　俞春盛　姚信增　姜士栋　姜应新　姜京洪　姜国福　姜朝魁
赵海军　柳爱华　段松林　赵　勋　赵　璇　赵云峰　赵化祥　赵庆斌　赵志虎
赵国郁　赵明江　赵茂铨　赵景涛　赵登秋　赵震坤　郝一珩　郦　敏　郦嘉庭
钟　义　卿锡善　唐介甫　席　阳　徐　直　徐庆元　徐秀枝　徐建亭　徐顺明
徐福恒　栾新顺　殷国宝　耿庆忠　耿金富　袁　鉴　郭　先　郭孝辉　郭洪飞
郭振刚　郭鸿飞　钱信昌　陶自珍　陶育华　顾少山　高广玉　高宗文　高素风
阎鸿宾　崔号金　常玉山　常志华　梁　真　梁建国　梁德生　盛玉明　黄大健
黄志平　黄学益　龚剑津　彭文超　曾兴亮　程世刚　程立群　程京巧　童劲松
董恩玉　董得贵　蒋　浩　蒋正惠　蒋觉平　谢长宁　谢继忠　韩在华　韩金城
裘赤军　廖通杨　熊三舫　翟德勤　蔡厚德　谭光复　谭隽宁　阚建平　阚建江
潘永江　潘行强　潘德琮　薛林浩　霍学金　戴金国　戴烈阳　魏　红　魏　达
魏玉峰

（三）高级经济师（57人）

于克野　于宝华　于瑞波　孔德景　方　成　王书利　王江珍　代继义　冯淑芳
冯新军　刘延超　刘晓辉　成其中　朱元立　邢子越　何宝民　吴　松　宋建忠
宋萍萍　张　慧　张建利　张树祥　张雄山　李茂华　杨世英　杨世根　杨建军
邹　伟　陈　松　陈凤阁　陈国祯　尚东梅　庞春梅　林云涛　罗汉昌　郑绍刚
姚光友　姚瑞丽　赵　光　赵云川　席　民　郭祖忠　高圣英　崔清华　盛仲存
黄正宇　黄晓洁　程为平　谢传良　谢树辉　韩晓欣　蒙茂田　潘韵萍　潘德琮
穆新海　魏　达　魏建萍

（四）高级统计师（7人）

李汉新　罗南江　胥毓荣　郭孝鹏　董晓燕　蒋觉平　魏万里

（五）高级会计师（62人）

于凤德　马秀娥　马岩志　孔德勤　方　昉　方永民　方秀娟　王爱萍　代素雯
白　钢　白金垣　边艳志　刘玉芳　刘荣华　刘桂萍　刘莉民　刘淑兰　刘翔翔
安郁珍　朱以成　汤顺奎　许秉臣　许树相　许梧冈　阮希江　余　梅　张乃义
张训化　张建华　张建良　张剑英　张爱卿　李　伟　李中波　李秀蓉　李妹荣
李超英　杨小玲　肖仲谋　邱德慧　陈玉峰　周文华　周秀云　孟跃勤　尚芬芬
林素贞　林镜明　姚　红　姚国良　宫素芬　赵　莹　赵新亭　郝向阳　唐　一
徐利娅　袁立华　屠东海　董晓斌　谢岭贤　韩国立　鲍凤兰　魏国祥

（六）高级审计师（1人）

姜兰永

（七）副译审（5人）

田海华　张　旻　张耀正　林冬青　林德军

二、高级政工师（122 人）

丁丽萍　于　明　马凤楹　马玉荣　井庆泗　毛庆明　王　兰　王　生　王　玮
王文珩　王兴祥　王存圣　王秀珍　王学恭　王金香　王淑君　王鲁博　王新华
王福臣　王福金　王德新　代继义　冯占连　冯伯川　冯若河　卢玉兰　史秉存
左金岱　乔秀良　刘　福　刘文超　刘兰华　刘汉清　刘延超　刘国梁　刘洪家
刘炳刚　刘家成　刘桂玲　刘锡钢　吕兰英　吕瑞来　孙　波　孙立华　孙会学
孙保国　安郁军　成其榕　曲士新　曲建邦　牟书智　许少勋　许立志　吴成江
宋金海　宋爱民　张永山　张红钢　张国栋　张建华　张金凤　张金柱　张保平
张洪娥　张恩茂　张雄山　李　慧　李汝伟　李作彦　李怀英　李晓燕　李桂荣
李淑华　李鸿寿　李富文　李景生　李德顺　束　立　杨焕诚　沈　清　苏剑波
陈凤亭　陈劲松　陈茂军　陈桂芝　周广忠　周中强　周松山　周爱芹　岳兆铭
庞云翼　林锦统　武　卫　苑吉峰　金立业　姜朋霞　相进元　赵乃明　赵光熹
赵福平　倪冀鲁　党玉平　奚翠兰　耿喜江　郭来泉　钱春立　陶育华　高广玉
高文乙　高金荣　常玉山　康明东　黄　站　彭道明　程寿桐　董秀喜　韩伯信
韩秀兰　谭秀芬　潘韵萍　霍光田　魏广庆

三、高级医疗卫生人员

（一）主任医师（8 人）

王桂华　王朝晖　刘治军　朱昌栋　张方蕊　徐海波　黄平生　黄素娥

（二）副主任医师（78 人）

马　末　马　晖　马岱岭　马春旺　孔宪忠　王向东　王如菊　王志逵　王洪英
王晓环　王桂芳　王惠荣　王墨文　冯建华　左文平　任剑峰　刘京海　刘承银
刘豫荣　吕惠民　孙凤芹　孙台文　孙吉珍　安增霞　朱　霞　朱延庆　许立群
许曙光　余长祥　宋庆江　张　平　张仲森　张传宾　张兴镇　张洪禄　李天山
李国章　李洪娟　李美卿　李振坤　杜秀云　杨艳青　闵建华　陈　娟　陈则霖
陈学勇　陈贻铨　周风岭　周明德　孟广亮　武长坤　罗殿贵　范明顺　郑　宏
姚长清　洪华健　赵　峰　赵丽珍　赵连浩　赵性稳　赵树毓　赵玲亭　唐济清
郭天彝　郭莹莹　郭德禄　曹兰芝　程秀玲　董学勇　谢玉芳　韩　伟　韩秀梅
管国强　翟子玉　蔡祥文　潘丽颖　鞠永山　魏星明

（三）副主任药师（3 人）

刘立明　孟兰玉　鲁丽琳

（四）副主任护师（2 人）

王炳花　张　敏

（五）副主任检验师（1 人）

马元林

（六）副主任技师（3 人）

冯鲁周　刘小娟　周汉臣

四、高级教师、讲师、副研究馆员

(一) 中学高级教师 (66人)

丁　于　丁爱红　马长彪　方　峰　王　伟　王　成　王左文　王秀荣　付秀芬
刘义祥　刘世海　刘究峰　刘春生　刘洪青　刘焕程　刘银洲　孙丽娟　孙丽莹
巩　兵　朱治明　牟　峰　纪立智　许　晶　许建中　许维娟　齐崇民　余华明
吴士芹　吴立新　张　波　张子亭　张淑敏　李　青　李　禹　李　琳　李世君
李兰英　李正忠　李先利　李静平　杨密丽　杨德政　肖兆熊　邵为瓒　周俊英
孟　红　林　梓　贺安喜　赵　光　赵君宏　赵学君　钟向真　徐炳胜　袁　伟
郭新华　陶洪霞　高云鹏　高凤珍　梁　宏　黄兰芳　温桂琴　程玉合　潘永卿
潘丽丽　霍　静　魏延滨

(二) 高级讲师 (20人)

丁家顺　于淑英　孔秀英　王　芹　田美华　刘树彬　孙善居　朱福源　许敖根
张文华　张本宝　张茂生　沈春燕　周志兰　席宝家　贾敬德　高　静　崔世梅
崔金生　魏丽萍

(三) 副研究馆员 (1人)

杨苏飞

附　　录

一、水电十三局更名及组织机构沿革文件

水利电力部文件

（63）水电劳组字第18号

关于收回大型水利水电工程、勘测设计机构名称问题的批复

水利水电建设总局：

你局水（62）人字第216号报告收悉。现将收回的大型水利水电工程及勘测设计单位、停缓建工程以及新建工程单位的机构名称等问题，批复如下：

一、关于收回的水利水电工程及勘测设计单位的机构名称：

（略）

二、关于停缓建工程的机构名称：

（略）

三、山东马颊河疏浚工程即将上马，定名为“水利电力部马颊河疏浚工程局”。

四、（略）

上述单位的机构名称自1963年元月份起改定。新机构名称的印章责成你局颁发。

一九六三年一月十一日
（中华人民共和国水利电力部章）

中国共产党福建省委员会组织部文件

组党甲字第537号

按照中央水利电力部通知，从闽江工程局抽调职工3500人转移到山东省治理马颊河工程，马颊河工程局党委会暂以闽江工程局转去的党委委员为基础组成，需要调整时请你们再考虑确定，现将转去的党委委员名单介绍给你部，并由孙长新同志带往联系成立马颊河工程局党委会的有关事宜，至请接洽为盼。

附：原闽江工程局调往马颊河工程局的党委委员、常委名单：

孙长新　党委常委，党委办公室主任；

杨秀良　党委常委，党委组织部长；

付殿阁　党委委员，局计调室主任；
贺　毅　党委委员，副总工程师；
沈国泰　党委委员，工区主任；
陈荣珍　党委委员，局劳工处长；
贾培芳　党委委员，局供应处长；
胡玉明　党委委员，分党委书记；
陈健飞　党委委员，工人；
何发源　党委委员，工人。

为了减少旅途往返时间，这批党员组织关系的转移手续，我们同意闽江工程局党委的意见，由该局党委组织部直接转移至你省，并建议由你省马颊河工程局党委接收，是否可以，请你们研究确定。

此致

敬礼

中共福建省委组织部（印）
一九六三年二月二十三日

关于公布中共马颊河疏浚工程局委员会委员的通知

（63）马党办字第003号

经中共山东省委批准，由张浙、翟益涛、孙积五、孙长新、杨秀良、付殿阁、贺毅、沈国泰、陈荣珍、贾培芳、胡玉明、陈健飞、何发源等十三名同志组成中国共产党马颊河疏浚工程局委员会。张浙、翟益涛、孙积五、孙长新、杨秀良等五位同志为常委。并由张浙同志任书记。

中共马颊河疏浚工程局委员会（印）
一九六三年五月二十五日

水利电力部

关于卫河疏浚工程局与马颊河疏浚工程局合并的通知

（65）水电水劳字第59号

卫河、马颊河疏浚工程局：

为加强平原河道机械疏浚工程的统一领导，决定：卫河疏浚工程局与马颊河疏浚工程局合并统称马颊河疏浚工程局。在马颊河疏浚工程局领导下成立卫河疏浚工程处。有关原两局的工程、业务统由合并后的马颊河疏浚工程局负责安排与管理。各项统计报表，今年仍按两个项目分别填报，并由马颊河疏浚工程局汇总上报。

中华人民共和国水利电力部（印）
一九六五年五月二十一日

山东省人民委员会文件

（65）鲁水字113号

山东省人民委员会关于建立马颊河治理工程联合指挥部的通知

水电部马颊河疏浚工程局，德州、惠民专员公署：

为了加强马颊河疏浚工程的领导，由水电部马颊河疏浚工程局和德州、惠民专员公署共同组成马颊河治理工程联合指挥部。由马颊河疏浚工程局张浙同志任指挥，德州专区陈吉士同志、惠民专区王玉华同志任副指挥。无棣县人民委员会的郭洪涛同志参加联合指挥部的工作。

山东省人民委员会
一九六五年五月二十六日

中国人民解放军水利电力部第十三工程局军事管制委员会

水利电力部第十三工程局革命委员会为启用公章由

（70）水军革字第001号

根据中国人民解放军水利电力部军事管制委员会通知，我局改名为“水利电力部第十三工程局”。兹刻制木质圆形印章两枚，文曰：“中国人民解放军水利电力部第十三工程局军事管制委员会”、“水利电力部第十三工程局革命委员会”，自即日起开始启用。原“中国人民解放军水利电力部马颊河疏浚工程局军事管理委员会”、“水利电力部马颊河疏浚工程局革命委员会”公章同时废止。除报请上级备案外，请各兄弟单位查照。

我局所属各单位公章，待陆续刻制后使用。

我局地址仍为山东省德州市三里庄。电报挂号：3030

中国人民解放军水利电力部第十三工程局军事管制委员会
水利电力部第十三工程局革命委员会（印）
一九七〇年元月五日

中国人民解放军水利电力部军事管制委员会

（70）水电军生综字第54号

关于漳卫南运河管理局由第十三工程局统一领导的通知

中国人民解放军水利电力部第十三工程局军管会、革委会，水利电力部漳卫南运河管理局：

遵照伟大领袖毛主席“认真搞好斗、批、改”的指示，经与有关方面协商，责成第十三工程局革命委员会对漳卫南运河管理局实行统一领导。漳卫南运河管理局的全体革命职工，要更高地举起毛泽东思想伟大红旗，突出无产阶级政治，深入持久地开展革命大批判，抓革命，促生产，促工作，促战备，“团结起来，争取更大的胜利”，为落实“九大”提出的各项战斗任务而奋斗！

中国人民解放军水利电力部军事管制委员会（印）
一九七〇年六月二十日

中华人民共和国水利电力部

（70）水电综字第62号

关于将海河勘测设计院下放给第十三工程局领导的通知

海河勘测设计院革命委员会，第十三工程局军管会、革委会：

为了使勘测、设计、施工紧密结合，有利于知识分子接受工农兵再教育，搞好思想革命化和设计革命化。现决定撤销海河勘测设计院，将现有人员（已决定调给其他单位的除外）全部下放到第十三工程局。并按“三结合”原则组成相应的机构。承担当前和今后的勘测设计任务；该院现有的全部设备、器材由第十三工程局统一安排使用。

勘测设计人员下放到建设基层单位是设计体制改革上的一场革命。是搞好设计部门斗、批、改的重大组织措施。希望你们更高地举起毛泽东思想伟大旗帜，突出无产阶级政治，狠批刘少奇反革命修正主义路线，肃清其余毒。提高广大职工的阶级斗争和路线斗争觉悟，切实做好思想工作和组织工作。

中华人民共和国水利电力部（印）
一九七〇年九月九日

水利部文件

（79）水规字第17号

关于撤销十一、十三局所属设计院并移交天津院统一领导的通知

十一、十三工程局，天津勘测设计院：

水利部天津勘测设计院自年初宣布筹建以来，在天津市委和有关部门的大力协助下，做了不少工作。为了便于统筹调配力量，更好地完成国家下达的勘测设计任务，现决定把十一局勘测设计院和十三局勘测设计院正式移交给水利部天津勘测设计院领导。为了作好交接工作，有关问题通知如下：

一、自一九七九年八月一日起，撤销十一局勘测设计院和十三局勘测设计院。在原机构的基础上分别成立水利部天津勘测设计院第一和第二勘测设计总队。勘测设计总队属县、团级单位。

二、第一和第二勘测设计总队的公章，由天津勘测设计院负责颁发。撤销的原勘测设计院的公章由天津院负责收回注销。

三、关于工程局和勘测设计院划分后的人员去留问题。应按过去历次协商的原则抓紧办理和划分手续。

四、器材、设备和财务要抓紧清理，交接核清。十一、十三局勘测设计院一九七九年事业费预算全部划转天津院；固定资产、材料物资及往来款项按一九七八年决算数办理移交；一九七九年部拨十一、十三局勘测设计院事业费限额转给天津院，两个院已支用部分分别在当地开户行办理银行签证手续，结余限额由两院分别汇入天津院。

五、十一局勘测设计院和十三局勘测设计院移交给天津院领导后，工资标准按天津地区标准执行。

六、撤销单位的原有物资供应渠道，需要保留的要尽量保留，需要变动关系的要抓紧办理变动手续。要保证不因机构变动影响工作。

七、天津勘测设计院在交接的过程中，要生产和建院同时抓，认真贯彻调整、改革、整顿、提高的方针，在保证完成国家下达的规划和勘测设计任务的同时，抓紧搞好建院工作。

中华人民共和国水利部（印）
一九七九年七月二日

水利部第四工程局文件

（79）局办字第1号

关于更改单位名称并启用新公章的通知

局属各单位：

接水利部（79）水劳字第41号文件“关于部直属单位更改名称的通知”，我局的单位名称由“水利电力部第十三工程局”改为“水利部第四工程局”。新公章自即日起正式启用，原“水利电力部第十三工程局”印章同时作废。

特此通知

水利部第四工程局
一九七九年十二月四日

电力工业部文件

[急件]（80）电水字第26号

关于成立“电力工业部机械施工局”的函

山东省人民政府：

根据原水利电力部党组（79）水电党字第38号“关于撤销水利电力部分别成立水利部、电力工业部的报告”规定：“部属德州机械施工局的人员、设备和房屋，百分之七十归电力部”。在此基础上，我部决定成立“电力工业部机械施工局”。请转知有关单位。其印章我部已以（80）电办字第2号文通知该局启用。

（公章）
一九八〇年四月十日

水 利 部 文 件

（80）水劳字第31号

关于机械施工局机构设置报告的批复

水利部机械施工局：

(80) 局字第 1 号《关于水利部机械施工局机构设置的报告》悉。

根据生产和工作需要，现就你局机构设置和有关问题批复如下：

1. 局职能机构设办公室、生产技术处、安全处、劳动工资处、财务处、物资处、行政处。为减少层次，职能处下一般不设科。

2. 局下设五个队（三个汽车队、一个起重牵引机械队、一个土方队），一个修配厂。

3. 全局总编制暂定 1500 人，以后视承担的生产任务逐步达到。

4. 你局为地师级单位，下设的队、厂按科级待遇。所属机构的印章，由你局自行刻制后颁发。

（水利部公章）
一九八Ｏ年五月八日

水利部第四工程局文件

(82) 局办字 104 号

关于我局改称“水利电力部第十三工程局”的通知

局属各单位、机关各处室：

水利电力部 (82) 水电劳字第 12 号文件，对两部合并后部直属单位的名称作了相应更改，我局改称为“水利电力部第十三工程局”。

特此通知

水利部第四工程局（印）
一九八二年五月十七日

水利电力部文件

(82) 水电水建字第 39 号

关于第十三工程局和机械施工局合并的通知

第十三工程局、机械施工局：

为加快水利水电建设，更好地统一使用大型水利水电施工机械，发挥专业化队伍的作用，提高经济效益，我部决定将第十三工程局和机械施工局合并，仍称“水利电力部第十三工程局”。有关合并中的具体事项由水利水电建设总公司组织实施。

中华人民共和国水利电力部
一九八二年七月三日

水利电力部水利水电建设总局

（86）水劳便字第43号

水电十三局：

据部（82）水电水建字第39号文，部决定将机械施工局与你局合并，仍称水利电力部第十三工程局，属地师级单位。

水电施工企业共十七个工程局均属地师级单位，由水总代部领导，你局由水总领导，亦属地师级单位。

上述部有关文件均已抄报国家计委、财政部并抄山东省人民政府计委等有关部门。

中华人民共和国水利电力部（印）
水利电力部水利水电建设总局（印）
一九八六年九月二十五日

中国水利水电第十三工程局文件

〔1992〕局办字19号

关于变更局名称和启用新印章的通知

局属各单位、机关各处室：

根据中国水利水电工程总公司中水电劳（1992）60号文件《关于变更水利水电企业名称的通知》的精神，我局由原“水利电力部第十三工程局”改名为“中国水利水电第十三工程局”，从即日启用新印章，原印章同时作废。

特此通知

中国水利水电第十三工程局（印）
一九九二年十月四日

中国水利水电第十三工程局文件

局人劳发〔1998〕17号

关于成立中国水电十三局投标公司的通知

局直属各单位、机关各处室：

为加强我局对外经营工作，积极开拓国内外工程承包市场，规范编、投标及合同管理工作，经局党政联席会议研究，决定成立中国水电十三局投标公司。投标公司下设：国际工程部、国内工程一部、国内工程二部、国内工程三部、综合部。

同时撤销中国水电十三局经营合同处。

特此通知

中国水利水电第十三工程局（印）
一九九八年四月三日

中国水利水电第十三工程局文件

局人劳发〔2002〕11号

关于成立局市场开发部、国际工程部的通知

局直属各单位、机关各处室：

为适应市场经济发展的需要，加大对外经营力度，根据水电总公司有关机构设置的要求，经局党政联席会议研究，决定：

一、成立中国水利水电第十三工程局市场开发部，下设四个处，即综合处、一处、二处、三处；

二、成立中国水利水电第十三工程局国际工程部，下设四个处，即综合处、一处、二处、三处；

三、撤销中国水利水电第十三工程局投标公司；

撤销中国水利水电第十三工程局国外工程处。

特此通知

中国水利水电第十三工程局（印）
二〇〇二年二月九日

二、马 颊 河 八 年

□张　浙

（一）筹 建 阶 段

闽江建溪工程停工，闽江工程局的队伍，除一部分在古田二级、三级电站继续施工

外，大部分人员窝工，只好到外单位去支援找饭吃。先后担负了福建葫芦山铁矿、邵武煤矿、大泪溪水电站、大洲木材拦河缆、德化公路、建宁运粮等任务，但仍然吃不饱。于是人员大量精简，临时民工全部退场，干部外调一批，调到建溪林业局和地方一批，到1962年底，闽江工程局尚有职工6000余人。

这时，水电部把闽江工程局第一书记庄炎林和我（工程局长）叫到北京，钱正英部长对我们说："现在山东马颊河需要治理，水电部拟调闽江工程局前去施工，现征求你们的意见。"当时我和庄炎林都表示服从调动，然后回局向党委传达。

年底，我和副书记乔坦、副总工程师贺毅、供应处副处长张连明等四人又到北京，水电部钱部长对我们说："我们把你们调到山东去治理马颊河的意见，告诉了山东省，好客的山东省表示欢迎，现在他们派水利厅厅长江国栋来迎接你们。"随即要我们和江厅长见面，一同去山东省接头，由水电总局局长朱国华陪同我们一起到山东。栗再温副省长表示欢迎，并说："这是为子孙造福的事，我们大力支持你们，有什么困难只管提出来。"我们也没提什么困难，当时决定工程局设在德州，并立即把德州市长叫来，带我们到了德州，陪我们到各处去看了看，最后确定以水利厅水利学校校址为工程局基地，从周围划给了500亩地以建设基地，当时水利学校只有一所三层的教学楼和一个食堂，我们还需要修建大量房屋，基地地址定下后，我们便回到闽江工程局调队伍。

根据水电部指示，闽江工程局人员、设备按四、六开分家，即60%调山东，40%留福建继续进行古田二、三、四级电站施工。领导干部第一书记庄炎林调回省委，两个副书记王采三和乔坦留闽江，局长兼书记张浙、副局长翟益涛、孙积五、副总工程师贺毅北调，副局长罗少锋、蔡文元、总工程师马钟珩留闽江，闽江工程局交福建省领导，改为"福建省闽江工程局"。

1963年初开始分家，根据水电部的指示，共抽调3600人到山东，在大批人员到马颊河之前，先抽调300人去修一个水闸，由副局长翟益涛率队前往，到山东馆陶县施工，由沈国泰担任工程处长兼任书记，由石运法担任副书记，要求1963年汛期前完工。

从1963年5月开始，闽江的大批人员开始转移，为了使职工顺利转移，我采取了路费包干的办法，即把每个人的车费包括卧铺费、行李费、旅馆费、途中伙食辅助费一齐包干使用，个人可顺道回家探亲，不另发探亲费，一些江西人、浙江人、江苏人、安徽人、山东人都可顺道回家探亲，限期到达目的地，节约归己，职工都很高兴。

等到人员大部分转移后，我于7月份带着家属孩子经由上海乘船到青岛然后到德州。到了德州，因为没有宿舍，暂时借住漳卫南运河管理局的宿舍，幸亏离工程局办公室不太远，每天到水利学校去上班，其余人员就住在水利学校楼上，家属就住在食堂里，食堂住不下，就在附近农村租民房住，一直从三里庄、马庄住到十多里以外的村庄。于是我们抓紧盖房子，在500亩地范围内，作好规划，开始备料，准备施工。

这年8月，河南、山东遭受水灾袭击，河南的水经运河流经德州，流向天津，为了确保天津不被洪水袭击，中央决定在德州四女寺以上恩县洼分蓄洪水，四女寺桥需拆除，防洪指挥部决定调马颊河队伍去拆桥，我带着队伍奔赴四女寺，赶在洪峰到来之前，将木桥拆除，以免被水冲坏，给下游带来损失。那一天，经过一天半夜的战斗，终于完成了任务，我一天没吃饭，到了半夜才吃上饭，回来休息。可是到家一看，满院子都是水了，水已浸到屋里，连床底下都是几十公分深的水，往床底下一瞧，竟发现有一条几寸长的鱼，我也没法逮住它，只好任它游去罢了。

马颊河沿岸，也都被洪水淹了，并且发生了水利纠纷。在下游的县区怕淹，纷纷堵坝拦水，上游的县区就扒堤拆坝，于是发生纠纷。最后由区委书记带领民兵，架起机枪准备战斗。水利部部长钱正英忙去制止，对区委书记说："你是中国共产党党员，不是一个区的共产党员，怎么能光顾一个区的效益呢?"区委书记抱头大哭说："我不带队去打，我们区的老百姓不让啊!"最后还是说服了他，不动武了，听从水利指挥部的安排，让水下泄。

（二）基地建设

防洪任务过后，开始了基地建设。自从与山东省人民政府接头后，水电部才正式下文，1963年2月14日，水电总局通知，我局定名为"水利电力部马颊河疏浚工程局"并颁发公章一枚，于4月2日起启用。

当年7月1日，局党委公布局党委委员名单，经中共山东省委批准，由张浙、翟益涛、孙积五、孙长新、杨秀良、陈荣珍、付殿阁、贺毅、沈国泰、贾培芳、胡玉明、陈健飞、何发源组成党委会，我任书记。党委由省委委托德州地委领导，我为地委委员。

局党委决定工程局组织机构：局下设八处、一室、一院，即行政处、财务处、供应处、劳工处、保卫处、技术处、机械处、质安处、计划调度室、职工医院。生产单位设五个处：一处设于乐陵、二处设于庆云、三处设于无棣、四处设于德州基地，另外还有金堤河工程处。一处党委书记杨秀良、二处书记朱锡景、三处书记沈国泰。四处未成立，金堤河工程于1963年下半年撤销。1963年冬，我又偕二处负责人到天津，找河北省人民政府接上头，因为二处施工段庆云当时归河北省。

地方大力支持基地建设，对于砖瓦灰砂石，都保证供应，并组织小驴车帮助运输，我们设计的单身宿舍为三层楼房，家属宿舍为平房，造价为40元/米^2，家属宿舍分甲、乙、丙三种，分别为30米^2、25米^2、18米^2，有厨房没有卫生间，设公共厕所。设计好后，全体职工齐动手来盖房子，除宿舍外，我重点抓了一厂、一院、一校，即职工医院、修配厂、子弟学校（包括中学、小学、幼儿园），由于材料供应及时，房建进度很快，几个月的时间，一大片平房和楼房拔地而起，基地初具规模了。为了从工程局通往火车站的路畅通，我们用碎石铺路面修了一条马路，德州市人代会，特为此作出决议，命名这条路为"闽江路"。由此而引起一阵麻烦，有人向中央寄信告我们：马颊河工程局不挖河而大修基地，还修什么"闽江路"，大摆阔气。信寄到国务院，谭震林副总理看了信，指示水电部要检查马颊河的铺张浪费现象，并通报全国，我在全体职工大会上传达了国务院的通报，对基地建设进行了压缩，由原来的500亩压缩到200亩，将300亩地退给农民，并告知德州市，不准再叫闽江路了。房屋造价也尽量节约，由40元/米^{2}降到36元/米^2。一、二、三处的房子一律用土坯打垒，不准盖砖瓦房子。德州基地的学校竣工，由省调给部分教师加上闽江转来的部分教师，于当年秋后就开学上课了。

为了加强修配力量，山东省水利厅将其所属一厂修配厂移交给马颊河，在德州厂房未修好以前，暂在济南继续生产，待德州修配厂修好以后，才搬来德州。水电部又从密云水库调来部分司机，以加强汽车运输力量。

为了与省联系工作方便，我们在济南设立了马颊河工程局驻济南办事处，由张依文负责。

各处的干打垒房子陆续盖起来了，各处的职工陆续搬到工程处去住，准备施工。

在马颊河工程开工之前，水电部对马颊河是人工施工还是机械化施工争论很大，直到1963年8月6日，北京会议才决定马颊河机械化施工。于是订购设备，包括挖泥船、挖土机、铲运机、推土机，价值一亿元，到1964年才陆续到货。

1964年3月，一处开始准备，4月份开始试挖。

1963年底，省委派王泰元同志来局担任党委副书记。

为使德州基地修建房屋力量专业化，工程局成立了房建队，周木金担任队长，李瀛洲担任书记。

（三）开 始 施 工

马颊河疏浚工程，主要将马颊河加宽加深，扩大行洪能力，以利排泄洪水。在河南一段，主要用人工挖；在山东段，主要用机械、工程牵涉到德州专区、惠民专区，于是山东人民政府决定建立马颊河治理工程联合指挥部，张浙任指挥，德州专区副专员陈吉士、惠民专员王玉华任副指挥。

1964年4月，一处首先开始试挖，因为马颊河的工人，原来都是修大坝的工人，对挖河可以说是新手，挖泥船有的人见都没见过，刚刚学习操作有点不顺手，经过一段试验，渐渐顺手了，开始用80米^3/时的小挖泥船挖，每小时只挖40～50米^3，后来甚至超过了80米^3。

挖泥船陆续到货，二、三处也陆续开始挖，后来又添置了两艘350米^3/时的挖泥船，用到三处靠近海口处，效率更高了。有时每小时能超过400米^3。

挖土机改为索铲，开始用一立方索铲，后来到货几台四立方索铲，用四立方索铲挖土效率很高，由于对机械操作不熟练，水电部由云南和浙江调来两位曾到苏联学习四立方索铲的人员（苏学士和姜继业），来带徒弟，渐渐有更多的人能上机操作了。

为了培养更多的技术工人，我们在济南招收学徒600人，招收高初中毕业生来培训，逐渐充实了机械操作人员。为了充实政治工作人员，由山东省委选出政工干部7人来局，其中王一庆担任工会副主席，艾相银担任团委书记，郭庆云担任团委副书记，王洪斌担任组织部副部长，韩志民担任一处处长，李锡三担任三处副处长，李书堂担任宣传部副部长。由于索铲挖土不能弃土太远，为了加宽河堤，必须由民工来协助倒淤，把索铲挖出的淤泥倒运到数十米以外，筑成新堤以加大河流行洪能力。

由于河道挖深加宽，原来行人不用桥的状况需要改变，我们每隔几公里修筑桥梁一座，以利行人过河，桥带闸可以蓄水，以灌溉良田。

1964 年，又从部队转业来 12 名干部，其中有刘庆典、刘登荣、周凤臣、霍振中、王福君、张宪明、张俊玉、吕振峰、吴兆敬、胡清昕、张福全、田中英。

（四）“四清”运动

1964 年 3 月 29 日，以水电总局局长朱国华同志为首的总局工作组到达马颊河，水电部确定马颊河工程局为水电系统第一批“四清”试点单位，“四清”工作队由水电总局派出，工作组成员由水电系统各单位抽调，共 50 余人。

总局工作组到马颊河工程局领导开展“四清”运动，工作组到局后工程局领导干部处于半靠边站的状态，工作组分成抓生产、抓运动两个班子，使工作不致停顿。

朱国华到局后，由我陪同到德州地委去请示运动如何搞法，地委第一书记付爱农同志接见了我们，付爱农说：“运动往往是先反右后反左，运动应当是宁左勿右，因为左是方法问题，右是立场问题。”于是，“四清”运动在这种宁左勿右的错误指导思想下开展起来了。

运动首先在局机关进行，局领导干部逐个检查接受批判，在群众同意后宣布“下楼”，我检查了两次便“下楼”了，副局长翟益涛因脾气不好，得罪人多，检查几次也不能“下楼”，翟益涛向我发牢骚，认为工作抓得紧反而引来很多意见，不如不做工作好，再要他检查他也不检查了。后来经我和朱国华同志同他谈话，对抓生产工作成绩做了肯定，他才心平气和地又做了检查，经过朱国华向群众说服，才让他“下楼”。王泰元同志因为刚到任不久，没有让他检查，就吸收他参加了工作组抓运动。

在主要领导“下楼”后，运动转入各单位，工作组分到三个工程处和机关各处室，对中层干部进行清理，也几乎是人人过关，对个别重点人物则连续批判达数十次。对中层干部清理完后，转入清理基层干部和群众，尤其对家庭成分不好的人进行清理，运动有扩大化的现象。对家庭是地主而本人不是地主的人，也一律加以“阶级异己分子”罪名，予以开除公职。如财务处长陈显绪、二处长梁连杰等，均清洗回家，工人中也有被清洗回家的，在处理干部回家时均召开群众大会，让我去宣布处理决定，我也只好违心地去宣布，并找被处理的人谈话。

到了 1964 年下半年，中央颁布了 23 条，指出“这次运动的重点是整那些走资本主义的当权派”，对前一段运动扩大化的错误有了部分纠正，但纠正不彻底。

因为运动开始过左，致使有的人害怕运动而自杀。例如：二处炊事员梁国栋，因喝醉了酒胡说他吃过人心而被批判，他说不清楚而自杀了。干部因被批判而消极怠工，不愿积极去抓工作，后来我向钱正英部长反映了这情况，她在干部大会上做了解释，说明前一段运动过“左”，对受批判的同志赔礼道歉，才恢复了干部情绪，积极投入到生产中去。

1965 年 8 月，“四清”运动结束，在结束前，于 5 月 17 日召开了工程局第一次党代会，由睢仁寿同志致开幕词，我做了工作报告，会议选举了新的党委，我重新当选为党委书记，王泰元同志为副书记。在会上钱正英部长做了讲话，提出“为建设一支每年挖泥一千万方的机械化施工队伍而奋斗。”会后转入掀起生产高潮、学大庆的轰轰烈烈的群众运动。

1965年5月21日，水电部指示卫河疏浚工程局与马颊河疏浚工程局合并，仍称马颊河疏浚工程局。我仍为党委书记，郭林任代理局长。随后翟益涛调离工程局。原卫河党委书记睢仁寿同志也调离工程局，王泰元仍为副书记，孙积五、赵长利、胡宣仁为副局长，杨泽生为副书记兼工会主席。

（五）学大庆运动

1965年3月，我随水电部赴大庆参观团到大庆去学习，三月份在北满仍是冰天雪地，北风凛冽。我们在指挥部听了几个报告，就深入到基层单位学习，我被分配到大庆修理厂去学习。在修理厂蹲了两个星期，在工人筑起的干打垒土房里住，房里生了地炉，烧的是废原油，室内倒也暖和，但室外可冻得够呛，晚上与工人一起学习生活。与工人同到食堂吃饭，吃的是苞米面，菜是豆腐白菜；跟工人上下班，学习他们交接班制度（五交五不交、五接五不接）；创五好班组、五好设备、五好仓库等；参加他们的“评功摆好”活动；学习他们的“三老四严”作风。在修理厂蹲点以后，又参观了整个油田，学习他们艰苦创业的精神，受益匪浅。

从大庆回局后，我们制订了学大庆计划，决心创造大庆式企业，广泛开创五好活动、五好班组、五好设备、五好仓库等活动，轰轰烈烈地开展起来。提倡“三老四严、四个一样、五到现场”，开展劳动竞赛；发扬艰苦奋斗的精神。我在党委扩大会上提出“四个一”，即减少一千人、降低一毛钱、一年一千万方、提前一年完工，职工干劲很大。

为了减少一千人，我们向兄弟单位调出六七百人，其中有贵州九局、三门峡十一局、四川水电局（后来改为基建工程兵61支队）、青铜峡工程局等单位，处级干部刘平调九局，孙长新、何荣光调四川，局级干部翟益涛调四川，工程师胡成俊调四川。

为了实现局党委扩大会议上提出的“四个一”，我们向好些单位调出六七百人。工程造价，原订每方土2元，要降低一毛钱也不容易，我们广泛开展了增产节约运动，发扬一厘钱精神，实行班组核算，提倡节约一度电、一厘钱、一滴油、一个劳力，到年底节约资金一百万元。

1965年，我们超额完成了一千万方的任务，为提前一年完工打下了基础，工程原定1967年完工，现在可以设想，到1966年完工大有希望。

在1965年底水电总局学大庆评比会上，我局被评为先进单位，但还不是水电系统最好单位，水电九局被评为标兵单位，水电总局号召向九局学习，会后组织各单位到贵州九局去参观学习。我参加了参观团到贵州去向九局学习，主要学习他们艰苦奋斗的精神，他们十几年来仍然住在简易工棚里面毫无怨言，比起我们马颊河的生活条件差远了。他们从一个工程完工后向另一个工程转移，既没有火车又不坐汽车，全体职工每人打起背包，徒步行走几百里去到新工地，比起我们从闽江每人乘火车还要坐卧铺的情况，他们真是太艰苦了。

1966年初，由水电部刘澜波部长和王英先副部长率领，我随参观团到四川、贵州去参观成昆铁路，顺便参观了龚咀水电站，映秀湾水电站、贵州修文电站等工程。我从贵州和四川回来，分别向工程局全体职工进行了传达，并进一步制订学大庆的计划，决心在1966年争取更大成绩，夺取水电系统标兵称号。

为了使机关更好地为基层服务，1967年春，工程局将局机关迁到原一处住址善化桥，都住在干打垒房子里，办公和宿舍在一起，局党委也一起搬下去。

为了更便于指挥生产，撤销三个工程处，工程局直辖七个工程队。为了向大庆学习，我们办起了农场，又办起了家属工厂——喇叭厂。

1966年初，中央提出向人民解放军学习的号召，我们积极响应，并派党委副书记王泰元同志到北京参观空军政治学院，回来作了传达，全局展开学习解放军的活动，并在全局大办民兵师，组织比武，并参加了德州军分区组织的大比武，朱金玉获“神枪手”光荣称号。正当我局轰轰烈烈地开展学大庆、学人民解放军之际，“五一六”指示发表了，一场“史无前例”的运动开始了。

（六）文化大革命

文化大革命开始，我们对这场大革命确实“很不理解、很不认真”。我起初认为“文化大革命”可能是对文化界的革命运动，而我们搞水利工程的单位，不是文化单位，没有什么搞头，所以只重点抓住子弟学校，对子弟学校教员冯占连进行了批斗，并把他打成了“现行反革命”。

1966年8月，局党委召开三次全委会，对搞不搞文化大革命争论很大。

9月，我到德州地委请示地委书记李振，李振对我说：“运动暂时不开展，要挺起腰来做工作”。我又到了北京向水电部水电总局请示，水电总局朱国华和水电部长钱正英都表示：中央有指示，工矿企业暂时不搞文化大革命，要专心致志地搞好生产。由于马颊河工程将要完工，对下一步工程如何安排，钱正英说：“考虑把你们调到江苏去挖河。”但未作最后决定。我回到工程局，作了暂不搞运动的部署，到根治海河工程去参观。可是全国运动正在轰轰烈烈地掀起高潮，工程局想稳定也稳不住了，群众自发地组织各种群众组织，大字报满天飞，运动不搞也不行了，学海河的经验也来不及传达。

工程局从善化桥搬回德州，开始搞运动。

运动刚开始，地委派来以路致松为首的工作组，在路致松的“发动”下，局里的运动很快开展起来了。这时中央开始批判刘少奇的“资产阶级反动路线”。派工作组是“资产阶级反动路线”，地委工作组很快撤回去了。

群众组织很快形成了两派，一派是“无产阶级革命造反派大联合司令部”，另一派是“无产阶级革命造反派大联合指挥部”。两派都要当造反派，不做保守派，两派都要向党委“造反”，矛头指向第一把手的我。我成了局内最大的走资本主义的当权派，两派争着斗争我，直到1967年1月29日，大联合司令部宣布夺权，我被下放去劳动，白天劳动，晚上接受批判。

到了5月初，另一派大联合指挥部把我抢走，拉到第二工程队（工程队距离德州200

多里，在无棣县孙家眨河）接受批斗。直到8月15日，省革委王效禹宣布“大联合司令部是坚定的左派”，“大联合指挥部”也不管我了，我回到德州，仍是白天劳动，晚上挨批斗。

1968年，两派互相斗争，武斗不断，每派被打死一个人。由于某种原因造反派忙于派性斗争，无暇顾及批判我。我只是在劳动，直到1968年底，造反派宣布把我“解放”，不再批斗了，但仍继续劳动。

这时劳动也比较自由了，我在修配厂轮流到各个班组去劳动，和工人群众都混熟了。

到1969年，我又到各工程队去劳动，每个队劳动一周，沿河从一队到七队又到104工程队。忽有一日，局革委会副主任、德州军分区参谋长王效轲打电话要找我谈话。我从工程队回来，到军分区去见王参谋长，王参谋长对我相当客气，他对我说：“马颊河工程已结束，水电部要马颊河派人到湖北接受新任务。”并说水电部指名要我去。我因为虽被“解放”了，但并未正式出来工作，我去接受任务似乎不太合适，所以我婉言拒绝去湖北。最后王参谋长也不勉强叫我去，改由造反派头头、局革委会主任彭文超前往。他到了湖北，湖北省决定清江水电站开始施工，要调马颊河队伍前去施工。那时葛洲坝还未决定上马，决定先上清江。可是他走后不久，于9月9日济南军区宣布马颊河工程局实行军管，彭文超回到工程局，还未来得及传达新任务之事就被关起来了，工程局调湖北之事只好暂时搁浅了。

工程局军管之后，军管会发动群众对造反派头头进行批判，同时对我进行了审查。到1969年底，开办学习班，把原局的领导干部集中学习，每人做了检讨，大部分宣布“解放”。我被宣布“解放”，并参加局革委为常委，正式出来工作。在革委会内分管群众工作，包括工会、学校、文教卫生等。

学校已“复课闹革命”，当时由于儿童增加，原有学校校舍和师资都不足，我发动各单位支援增建校舍，并抽调一些新分配来的大学生到学校当教师（当时新分配来的大学生都在下面劳动），使学校增加了活力，走上了正轨。水电学校已不能复课，毕业时间也到了，管他学好未学好，一律分配当工人。

家属重新组织起来，有的参加家属工厂，有的参加农业劳动，有的到德州市做临时工。

工会活动也开展起来了，开始“抓革命、促生产”。

运动转入清理阶级队伍，我被派到修配厂与军代表配合进行清队工作，后来又参加建立领导班子工作组，到各队去建立领导班子。

我因为刚刚“解放”出来工作，事事都小心翼翼，不敢大胆负责，有事先请示军管会主任。

（七）南调葛洲坝

1970年10月，湖北省决定葛洲坝工程开工兴建，清江水电站暂缓兴建，并在宜昌召开会议做准备。会议由湖北省革委会副主任张体学主持，有水电部、交通部、湖北省革委会生产组、长航、铁四院、长办、丹江口工程局、马颊河工程局、宜昌地区革委会、鄂西水电工程指挥部参加的施工准备会议，决定成立长江葛洲坝水利枢纽工程临时领导小组（马颊河有胡玉明参加领导小组），研究了葛洲坝勘测设计与施工队伍组建问题，部署了当前各项施工准备工作。

马颊河工程局参加这次会议的代表是军管会主任初文和副局长胡玉明。他们会后回到马颊河作了传达，即着手动员组织队伍参加葛洲坝大会战。因为葛洲坝属于“三线工程”，职工为能参加三线建设而感到光荣，纷纷要求前去参加会战。当时，根据宜昌会议的决定，从马颊河抽调一千人到葛洲坝参加施工，队伍组成两个团，由我带队去葛洲坝。这时我已出来工作，是革委会的常委，又听说是水电部指名要我到葛洲坝去的，所以我不再推辞，欣然接受了带队前往葛洲坝的任务。立即挑选精兵强将，组建队伍，准备南下。

两团的机构初步建立了，五团团长沈国泰，六团团长朱锡景，局级领导干部原决定由胡玉明副局长前去，后来决定付殿阁副局长前去，胡玉明不去了。

因为葛洲坝是三线建设，调去的人员必须政治上纯洁，在清理阶级队伍中发现有问题的人一律不准调去。处级干部调去十名。另外有十几个病号不在分配之列，我向军管会提出：“这些病号我都要。”于是把一些病号列入南调名单，后来初文发现这些人并不是不能工作，所以推翻将这些人南调的诺言，只允许部分人员南调，这些人到了南方，成了工作中的骨干，病也好了。

我及时挑选了数十人担任先遣队，并在武汉市、襄樊市设立了转运站，局成立了转移办公室，负责人员设备的转移。

这次转移不再实行包干制办法，因为包干制已受到批判，是“修正主义路线”。人员转移均采取实报实销的办法。

我于 1970 年 12 月，由马颊河出发，经武汉到达宜昌，开始了建设葛洲坝的工作。其他人员也陆续出发前往葛洲坝，共有 2325 人调去了葛洲坝。因为原十三局的职工大部分是南方人，都愿意到南方去，动员工作很顺利。由于葛洲坝刚开工，没有家属宿舍，家属暂时不去葛洲坝。但是家属纷纷自动前去，没有宿舍就租民房住，有的住在猪圈里和牛棚里甚至厕所里，再困难也要去。因为家属在德州，大部分没有工作，想葛洲坝刚开工，用人的地方一定很多，早去能找到个工作。职工南调，家属留在德州，夫妻分居，增加了不少困难。所以家属纷纷自动前去葛洲坝，给葛洲坝工地增加了不少压力。

我去宜昌是一个人先去的，家属小孩都留在德州，到 1971 年 2 月，我打算接家属小孩去宜昌。可是听说军管会不让我的家属离开马颊河，原因是造反派头头彭文超说，我从宜昌带柑橘送给他，其中夹着一张纸条，上面写着“坚持就是胜利”，意思是让他坚持下去，不要向军管会低头。这时他还被关着，不知他这话从何说起。军管会信以为真，把我家属留下，还要我回德州接受批判。我听说之后，向葛洲坝军代表朱俊功汇报，准备回德州一趟。朱俊功向张体学汇报了，张体学不同意我回去，说：“既然让他带队来，就应该信任他。”后来军管会经过审查，证明彭文超的话是假的，所以于 3 月初将我的家属小孩放行。当时我正在武汉参加省党代会，我的家属小孩到达武汉，我和他们一起到了宜昌。没有家属宿舍，临时借用宜昌制药厂的办公室居住，算是在葛洲坝安家了。

这件事军管会知道不大妥当，1984 年我回马颊河时，遇到原军管会主任初文，这时他已离开马颊河工程局，住在德州军区干休所。他跑来看我，热情地对我说："现在要彻底否定文化大革命，要彻底否定军管，当时我还整过你，实在对不起，特向你赔礼道歉。"我说："文化大革命已经被彻底否定了，过去的事，就让他过去吧！这不是你一个人的错误，包括毛主席都是错误的，何况当时执行的是林彪、四人帮的路线啊！"因为有了共同语言，两人交谈非常融洽。

马颊河八年，也是不平凡的八年。四清运动、文化大革命加上以前反右倾，可谓"三起二落"，最后站起来，挺胸前进。

(选自张浙回忆录：《我的一生》)

三、开拓拼搏在巴基斯坦

——记水电十三局局长童劲松

公元 20 世纪 80 年代，神州大地，一个古老的民族把大门向世界敞开。中国的建筑施工企业也开始迈出国门，在国际施工领域开拓耕耘。在这些中国建筑施工企业中，有一家就是水电部第十三工程局。

1987 年 10 月，童劲松从巴基斯坦著名的航空港卡拉奇机场走出，那时候，这位三十六七岁的汉子已透露出成熟和自信。此前，他已经在葛洲坝、密云水库、石家庄热电厂、胜利油田等国内工程初露锋芒，担任水电部十三局第四分局党委副书记。这次出行，他是履行巴基斯坦 KPOD/DPOD 排渠工程项目副经理职责的。

童劲松走出机场，走进巴方来迎接的汽车，再辗转来到巴基斯坦南部信德首巴丁地区，他的眼前是一望无际的盐碱荒滩，草木不生，人烟罕见，只有几只踽踽而行的野狗和水泽里惊飞的野鸭群欢迎这位来客。

这就是童劲松就任项目副经理的地方——巴基斯坦印度河左岸 KPOD/DPOD 排渠工程的现场。它是水电十三局走向市场后首次承接的国外项目。

(一)

KPOD/DPOD 排渠工程分两个部分，一是将长 56 公里的 KPOD 旧渠拓宽加深，并沿渠新建渡槽、大桥、出水口等建筑物；二是将长 34 公里的 DPOD 自然渠道疏浚，沿两侧修筑路堤。整个工程土方开挖量 916 $米^3$，混凝土工程量 10 000 $米^3$。合同还要求，施工期间排渠及其支渠仍得照常运行。

这么大的一个工程，开工初期因资金短缺，他们拥有的设备仅为液压反铲 5 台，国产 D85 推土机 7 台，国产 80 $米^3$/时挖泥船两艘。整个 KPOD 渠道适应挖泥船施工的地段不足 15 公里，绝大部分工程量需要土方机械来完成。业主和英国咨询固执地认为，中国人设备少且不配套，不可能在合同期内完成排渠工程，频频施加压力，要求十三局增加索铲等专项设备。项目部内部也有人信心不足，持怀疑态度。如何看待这个问题，在项目部班子成员会议上，童劲松亮明了他的观点：旧渠扩建施工主要矛盾是排水问题，只要排水问题解决了，没有索铲，不增加设备，完全能按期完成工程。他提出了“分、堵、蓄、抽、导”五字排水方案，即将旧渠扩建由带水施工完全改变为旱地施工。另外施工时采取集中设备，自下而上，分段交替开挖的方法，把每一作业区划为三段，第一段为前期排水、清障、准备，第二段为主要土方开挖，第三段为整形、收尾，以此交替前进。

经理部上下认识统一了，中国施工人员硬是在英国咨询的怀疑目光下把工程干下去了。实践证明，按童劲松的方案施工不仅解决了反铲臂短，在老渠道两侧扩挖，中间留下埂子的问题，而且由于不带水作业，施工条件大大改善，反铲开挖效率、推土机弃土效率都大大提高，施工质量有了保证，施工成本也降低了。业主和咨询感叹，中国人真行！不再提增加索铲等设备的事了。

“生产要上去，人员要下去。”童劲松是这么说的，也是这么做的。他带领几名中方施工、机修人员搬到了远离营地的施工现场，住的是帐篷，喝的是苦涩的渠水。巴基斯坦南部素有“亚洲火炉”之称，气候干旱少雨，高温季节长，白天太阳火辣辣的。工地没有一片遮荫的树木，夜晚帐篷里仍热得像烤箱，令人无法入睡。到了刮风季节，热风夹着尘暴呼啸而来，吹得人睁不开眼，迈不开步，面前树起一道道黄色的屏障，帐篷一次次被风暴掀起。早晨一觉醒来，毛毯上厚厚一层尘土。偌大一个工地，连童劲松一共就3个搞施工的，他们不分彼此，不分早晚，既是施工员，又是测量工，还是操作手，样样都得干。缺少交通工具，一天往返几十公里就凭两条腿。巴方雇员技术素质差，童劲松就亲自示范，手把手教；语言不通，就英语、汉语、乌尔都语、手势一起用。由于劳累过度，童劲松血压升高，肾结石复发，但他仍硬挺着不离开现场。

几个月下来，童劲松皮肤晒黑了，人变瘦了。巴方雇员对这位不知疲倦的中国人肃然起敬，同伴们也给他起了个绰号——“童铁人”。

一次，业主巴基斯坦水利电力发展局主席率检查团到工地来视察。当听说中国的经理、工程师与巴方雇员一样住工地帐篷时，十分惊讶。特意到帐篷里看了看，并热情邀请童劲松等中方人员与他一道在帐篷前合影留念，此时业主似乎才明白了中国人为什么能将工程干得这么快的奥秘。

（二）

1992年6月，童劲松受命兼任十三局在巴基斯坦的第二个工程——贾米诺项目经理。

贾米诺是一条灌渠，被巴基斯坦人称为“母亲河”的印度河水，在萨卡被一座六十六孔的大闸拦住，然后经过170余公里的那拉渠流淌到这里，滋润着桑格尔地区的大片土地。渠首老建筑物上赫然镌刻的“1898”几个大字标志着它的年龄。如今时光已流过了将近一个世纪，原有的渠道显得狭小不够用了。1989年，十三局以中水公司的名义承接了该灌渠扩建工程，即将全长89公里的老渠大堤加高加宽，并在老堤旁边平行填筑一道新堤，形成三堤两渠的“姊妹渠”。

当他接手贾米诺项目时，比较容易施工的地段已经完工，摆在他面前的是最难干的11公里沼泽低洼段。英国咨询曾断言："中国人干不了这一段，中国人在将其他施工条件比较好的地段干完后，会抛下这段沼泽地溜掉。"并几次在世行官员面前诋毁中方。因而，能否在这个地段填筑新堤已绝非简单的施工问题，而是关系到中国人的信誉和形象。

童劲松驱车来到施工现场，跃入眼帘的是漫无边际的沼泽地，蒲苇丛生，荆棘遍地，人根本无法进去。这个鬼地方原始地面高程比设计图纸给出的数据平均低两米多，有的地方竟低达3.5米，给施工造成了意想不到的困难。童劲松让一辆推土机在前面开路，他和同伴紧随其后查勘地形。有的地段水深或泥陷，他们就让推土机停下来，踩着土坎或者干脆涉水前行。苇丛中有窜动的野猪，水塘里潜伏着凶恶的鳄鱼、毒蛇。担任警卫的巴方警察害怕了，说什么也不敢往深处走了。童劲松示意警察们可以留下，他独自继续向前跋涉。为了取得第一手资料，他早把个人安危置之度外。

实践出真知。一个大胆新颖的施工方案逐渐地在他脑海中形成：另外开挖一条导流明渠，将沼泽地段上游和段内的大部分积水排掉，再用陆上设备（反铲、推土机）、水上设备（80方挖泥船）相结合进行施工，就近取土筑堤。

童劲松与业主、咨询开始交涉谈判。他紧紧抓住对方提供的标书施工图纸中沼泽地段的高程与原始地面高程有较大误差的缺陷，主动进攻，要求他们签发施工变更令，采用我方的施工方案，并且要求由于另辟排渠，工程量增加，按合同条款给予经济补偿。那位被称为"彭定康第二"的英国咨询对童劲松提出的施工方案很不服气，但又拿不出什么更好的办法，在拖延了几个月之后，很不情愿地同意了新的施工方案。

沼泽地段施工期间，世行检查团、业主等多次来现场察看。他们目睹了十三局用挖泥船、反铲等在沼泽芦苇丛中联合作业填筑新堤的独特施工方法后点头称是，就连骄横的英国咨询也无不感慨地说："中国人真了不起，把治理黄河的办法用到巴基斯坦来了。"

童劲松常讲："我们搞国际承包工程的根本目的就是为企业多创效益，作为一个项目经理，只抓施工质量、进度是不行的，必须加强管理工作，向科学管理要效益。"他根据项目实际，制定推行了目标成本管理责任制，使降低成本消耗与职工经济利益挂起钩来，奖节罚超，改变了职工只管干，不管算的状况。职工们说，别看童劲松不爱言语，可他对每周、每天的施工计划心中有数，每台设备投放在哪儿，下道工序该干什么安排得有条不紊，环环相扣，不窝工，不做无效投入。

后来，国外项目职工收入高了，通过各种关系找他要求出国的人很多。而他宁愿得罪人，也不考虑情面进闲人，始终保持队伍精干、高效，用较少的人员为工程局创造较大的效益。

（三）

童劲松在巴基斯坦工作的8年中，既品尝过成功的喜悦，也经历了种种磨难和挫折，对"当项目经理难，当海外项目经理更难"这句话有切身体会。

1991年初，水电十三局与国内某窗口单位合作，投标KPOD下游的潮汐连接渠。按约定由十三局负责该项目勘察、施工方案设计及报价。

潮汐连接渠的位置，在印度洋边的滩涂地带，有的地方露出水面，大部分地方被海水覆盖着，砂砾、淤泥、软泥，地质条件复杂。其他几家外国公司的人到现场一看：茫茫大海，要从水中筑堤修渠，这活根本没法干！纷纷退出竞标。

为了摸清现场情况，童劲松背上干粮、水壶，拄着一条棍子，冒着生命危险，毅然只身一人向茫茫海水中走去。3 天下来，他徒步涉水勘查了方圆 42 公里^2 的滩涂水域。本来就身材瘦小的他，整个人像脱了一层皮，两条腿被海水浸泡得变了形。艰辛的考察使他掌握了现场的水深、土质等各种情况，设计出新颖独特、高质量的施工组织方案，并与其他同志编报了利润率颇高又具竞争力的报价。然而工程中标后，窗口单位看到该工程预计能赢得上千万美元的利润，竟然见利忘义，突然变卦，将本该由十三局承担施工的潮汐连接渠变为自营工程。毁约的消息传来，童劲松气得半晌说不出话来，最后仰天一声长叹，两行苦涩的泪水从两颊滚落。

KPOD 排渠完工后，由于自然回淤，个别段面欠挖以及与咨询之间的关系等诸多复杂因素，工程验收一度很不顺利，甚至被迫返工。

这时候，风言风语产生了，“事后诸葛亮”也出现了。在外部的打击和内部的暂时不理解面前，童劲松没有为自己辩护，更没有气馁畏缩。他顶着巨大的压力，硬是在业主不再付工程款的情况下，自筹资金，带领职工将 KPOD 排渠从上到下重新搞一遍。他很快从“潮汐连接渠”的阴影中走了出来，默默地全身心地投入到新的工程投标工作中去。他发誓，一定要再为工程局抱回个大“金娃娃”。

在国际招标工程中，承包人按合同条款进行索赔，以维护自己的利益是承包人的正当权利。然而，在合同的执行过程中，特别是巴基斯坦这样的国度里，承包人要想取得索赔的成功并非易事，能否索赔，以什么方式索赔，要获得业主、咨询、世行逐级认可。业主总是不愿多承担责任，不愿往外多掏钱的。“菲迪克”条款赋予了咨询权力，似乎也赋予了他们傲慢。因工程设计出自他们之手，同意索赔则常常意味着承认自己设计有错误，是有损面子的。因此每一次关于索赔的谈判都十分艰苦。在 KPOD 和贾米诺两个工程施工过程中，童劲松究竟参加了多少次谈判，恐怕连他自己也说不清了。

他在谈判中总是表现得很有耐心，注重策略，步步为营。沼泽地段的索赔，前后时间长达 22 个月，大大小小的谈判近百次，且不就谈判的技巧，单就参与这“马拉松”的过程，就可以看出童劲松具有何等坚强的意志和惊人的毅力。索赔的成功不仅大大改善了贾米诺工程的经济状况，而且也为经济利益捆在一起的 KPOD 工程的资金提供创造了条件。

业主和咨询是苛刻的，与他们的“磨合”是艰难的。童劲松常对经理部人员讲，我们在不丧失原则，不损害国家和企业利益的前提下，要与业主和咨询搞好关系，从经营中出效益；同时要把崇高的尊严变成无声的行动，追求一流的工程、一流的质量。1994 年底至 1995 年初，贾米诺、KPOD/DPOD 两个工程先后拿到了验收合格证书，共完成产值 3500 多万美元，并且实现了较好的综合经济效益。

“童劲松是一个顾全大局的人。”上至局领导下至国外项目职工这样评价他。十三局在巴基斯坦的明普卡什、帕特菲德二期工程上马时，要从童劲松的项目抽调一批机械设备。

在国外，施工人员的收入是与产值和效益挂钩的，设备调走了，生产势必受到影响。项目上的职工一时想不通，产生怨言。其实想到这些年自我积累添置的一批挖掘机、装载机等设备要被调走，童劲松心里也很舍不得。可他清楚作为一个共产党员、一个项目经理必须树立全局一盘棋的思想，必须以大局为重，无条件服从十三局的整体利益。他与职工谈心，做起耐心细致的思想工作。设备减少了，我们可以从其他方面想办法，抓管理，练内功，挖潜力，靠科学施工来增产增效。

十三局在巴基斯坦的施工项目多了起来，工程局又给童劲松压上了工程项目协调组组长的担子。各项目相距都在几百公里，他经常风尘仆仆奔波其间，努力在工程投标、资金使用、人员设备相互调配等方面做好组织协调工作。巴基斯坦社会治安状况不好，偏僻的工地上土匪强盗出没无常，童劲松曾几次在途中遇到险情。谈起这些经历，他毫不介意："我这人命大，土匪的子弹奈何不了我。"

除夕之夜，简陋的营地张灯结彩，洋溢着春节喜庆的气氛，一阵浓烈的鞭炮声响过之后，工地的会餐开始了。平时不喝酒的童劲松这会儿把酒杯斟满，同患难与共的战友们挨个碰杯。每逢佳节倍思亲，他十分理解他们此时的心境，劝大家开怀多喝点。当大家坐在电视机前观看央视春晚转播时，他悄悄地走出屋外。

旷野寂静无声，天际淡月疏星，夜风带着大海潮湿的气息拂面而来，撩起他染上微霜的鬓发。他的思绪飞到了万里之遥的祖国。从1987年开始，连续8个春节他都是在异国他乡度过的。此时此刻，他更强烈地感到对抱病卧床的老母、辛劳持家的妻子和正处于求学阶段的儿女欠下了这辈子难以偿还的感情债。

古老的印度河水日夜不息地奔流着，它是最好的见证人。

经过童劲松以及一批又一批出国人员的努力，十三局人在巴基斯坦站稳了脚跟。施工经验由少变多，施工规模由小到大，工程任务一个接着一个。他在那里不仅为企业获得了较好的效益，而且从中看到了一个美好发展前景。

（四）

1996年1月，童劲松告别了为之奋斗8年的巴基斯坦，回国担任水电十三局副局长。

1997年10月，他又临危受命挑起了水电十三局局长的重担。这时的十三局作为一个已有30多年历史的国有大型企业，正处于连续多年亏损的困境之中，生产任务不饱满，全局年总产值只有二三亿元，职工工资收入低，在水电系统18个工程局综合考核中排名倒数一二。

上任伊始，童劲松感到了巨大的压力，同时也显示了坚定的信心。经过深思熟虑，他提出企业第一个四年规划：1998年理顺关系打基础，1999年巩固提高上台阶，2000年从长计议求发展，2001年总结经验创新高。对内从转变思想观念入手，强化各项激励与约束机制，调动广大干部职工的积极性；对外成立专门的投标公司，加大经营工作力度，巩固原有工程市场，积极开辟新的施工领域，并提出了"质量求生存、信誉求发展、管理求效益"的口号。在企业改革方面，他逐步实施主辅分离、改制分流，盘活工程局土地资源，通过土地置换，在德州经济开发区购置260亩土地，建设成水电十三局工业园，为企业多元化发展提供了广阔空间。

为了企业的翻身，废寝忘食，对他来说根本没有双休日的概念。五一、国庆、春节，他到国内外工地看望慰问职工，使干部职工受到极大的鼓舞。为了承揽工程任务，他一年有大半年时间在外奔波。

经过他与局领导班子的发奋努力，水电十三局逐步走向发展振兴之路。在他第一个局长任期（1998～2001）里，全局共完成企业总产值19.8亿元，经济效益逐年好转，国有资产连年增值，职工人均收入逐年提高。1999～2001年，在全国水电总公司系统企业经济效益指标考核中，水电十三局资产经营位列前三名。

2002～2005年，是童劲松的第二个局长任期。他高度重视企业发展战略的研究制定。2002年，提出“国内国外相互促进、共同发展”的发展战略；2003年，对企业核心业务进行重新定位，提出实现“经营灵活、结构合理、管理先进、资产优良、国内一流”目标；2005年，提出“国外为主，国内国外协调持续发展”的战略方针。四年累计完成企业总产值45亿元，累计签订工程合同额94亿元，平均每年保持98%的增长率；全局职工年人均收入稳步增长；企业走上了跨越式发展的坦途。

从亚洲的巴基斯坦、孟加拉、菲律宾、卡塔尔、乌兹别克，到非洲的坦桑尼亚、肯尼亚、安哥拉、阿尔及利亚，童劲松担任水电十三局局长8年来，在亚洲和非洲拓展了五个区域性市场，把水电十三局带上了一条国际化发展之路，成为水电系统走向国际市场的排头兵。在水电建设集团年度综合考核中，水电十三局连续四年名列前4名。到2006年，水电十三局的国际业务收入达到了总收入的60%以上，成为中国水电集团系统名副其实的国际化强局。

童劲松为企业、为国家做出了突出的贡献，党和人民也给予他很多的荣誉。1995年被山东省政府授予“劳动模范”称号，2001年被建设部评为“全国优秀建筑企业经理”，2003年荣获“山东省十大优秀创业者”之一，2004年荣获“全国优秀水利企业家”、“第二届山东十大先模人物”称号等。

（赵星　云翼）

后　　记

按照中国水利水电建设集团公司志统一编纂计划，《中国水利水电建设集团公司志　中国水利水电第十三工程局卷》经过各方面的共同努力，顺利地完成了编纂工作。

载入本志书中的内容，起于1962年11月水电十三局的前身——水电部马颊河疏浚工程局建立，止于2006年12月底，共记载了水电十三局44年的史实。为了说明来龙去脉，个别内容往前有所追溯，往后有所延伸。本志书包含了从组织机构沿革到国内、国外经营，后勤基地建设，党群工作等方方面面的重要内容，是一部全面记载水电十三局发展历程的资料性书籍。当然，一部七十多万字的局志，不可能也不必要把水电十三局40多年的所有事件、人物全部记述。但是我们仍然希望读者能从这些简略的记述中，了解到水电十三局的发展脉络、变迁轨迹以及可供借鉴的有益经验。

本书是在《中国水电十三局三十年》、《中国水利水电第十三工程局局史（1992～2002)》的基础上，组织全局各部门、各单位广泛参与，增写了2002～2006年的内容以后，按照志书的体例规范要求，“变史为志”改写而成的。全书共分13篇、59章、233节。其中，疏浚与吹填工程，水利水电、火电工程，非水电工程，国际化经营，企业改革，党群工作和企业文化建设部分由苏剑波负责；大事记，企业管理，工业、多种经营，基地后勤部分，由张建中负责；体制与机构，勘测设计和河道管理，科技、教育培训，人物，附录部分由韩国芬负责；概述部分由苏剑波、韩国芬执笔。

参与2002～2006年内容资料收集和初稿编写的，还有水电十三局总部机关各职能部门、各二级单位的部分人员。他们是丁丽萍、于克野、牛漪、王玮、王琪、王文珏、王莉敏、付文博、史建波、司玉芝、巨风、田晓华、任秀娟、刘霞、刘天牧、刘佩和、刘春燕、孙秀宝、孙雅玲、成其榕、朱明磊、朱爱红、严六四、吴月琳、张泽、张华、张士美、张东雷、李慧、李林岳、李新建、杨传刚、杨苏飞、陈劲松、周洪科、尚东梅、庞云翼、武卫、武建君、郑花香、金英凤、姚新、姚瑞丽、赵彦、赵璇、赵媛媛、贾书琮、郭本强、郭树芳、郭素华、高斌、梁景颂、董桂芝、韩孟红、韩冀辰、魏楠、魏小丽、魏凤安等。他们在繁忙的本职工作之余，加班加点，认真查找资料，核实数据，调查研究，为本书提供了质量较好的初稿。

本志书的编纂出版，得益于史志专家们的指导帮助，更得益于水电十三局历任领导多年来重视史志编纂工作。从20世纪九十年代到本世纪初，水电十三局先后两次组织力量，搜集资料，采写史实，考证编研，并编纂出版了两本局史，一本是《中国水电十三局三十年》，一本是《中国水利水电第十三工程局局史（1992～2002)》。两部局史，记载了建局40年以来的史实，也为本志书提供了丰富翔实的史料。

在本书编纂过程中，水电十三局党政领导给予了高度重视，总经理何占颂多次过问，党委书记于晓专门召开会议部署任务，一些离退休老同志，也提供了一些重要史料，提出了很好的意见建议，在此一并致以衷心的感谢！

由于时间仓促，经验不足，编写水平有限，本书还有许多不尽如人意之处，恳请专家和广大读者批评指正。

编　者

2012 年 6 月

图书在版编目(CIP)数据

中国水利水电建设集团公司志．中国水利水电第十三工程局卷．1962～2006/中国水利水电建设集团公司史志编辑委员会编．—北京：中国电力出版社，2012．5

ISBN 978-7-5123-2986-7

Ⅰ．①中… Ⅱ．①中… Ⅲ．①水利水电工程-工业企业-概况-中国-1962～2006 Ⅳ．①F426．9

中国版本图书馆CIP数据核字(2012)第083189号

中国电力出版社出版、发行

（北京市东城区北京站西街19号 100005 http://www.cepp.sgcc.com.cn）

北京盛通印刷股份有限公司印刷

各地新华书店经售

*

2012年8月第一版 2012年8月北京第一次印刷

787毫米×1092毫米 16开本 31.75印张 722千字 24插页

定价**167.00**元